池田真朗 編

宅建ダイジェスト六法

2020年度新法対応版

信山社

はしがき

宅地建物取引士資格試験は、2019年の段階で、約27万人が申し込み、約22万人が受験し、約3万7千人が合格するという大規模なものである。宅地建物取引業法に基づくこの資格（2014年度までは、宅地建物取引主任者と称された）は、実際には合格後に試験を実施した都道府県知事の資格登録を受け、かつ、当該知事の発行する宅地建物取引士証の交付を受けて資格者となるものである。

そしてもちろん宅地建物取引業においては、一定の基準で資格者の配置が国土交通省令によって義務付けられているのであるが、それ以外の業種においても、この資格試験を企業が法律知識習得の研修手段として活用したり、大学生の就職活動においては、民事法の学修成果の一種の証明書として評価されることも多い。

しかしながら、この試験の受験者の準備状況を見てみると、出題範囲となる法律が多岐にわたることもあって、もっぱらいわゆる過去問を中心とした学習を行っており、当該法律の条文にも当たらない受験者が多数みられる。しかし、そのような学習だけでは、対象法律の体系的な理解のない、場当たり的な受験対策になってしまうのであって、たとえ合格しても、業務の遂行に十分な能力がついているとは言いがたいように思われる。

せめて、この試験の主要な対象となる、宅地建物取引業法と民法くらいは、きちんと条文に当たり、法の制度趣旨を十分に理解して資格者となるべきなのではなかろうか。しかしながら、実はこの２法を完全収録し、かつこの資格試験に必要なその他の法律のダイジェストを収録した「宅建六法」というべきものは、類書が非常に少なく、かつコンパクトにそれらを収録するものは皆無という現状がある。

そうすると、宅地建物取引士受験者に適切な法文の情報を提供する必要性は非常に高いのではないか。そして、そのような関係法文を収録した一書は、資格者となってからの業務にも相当に役に立つはずである。本書を編んだ理由は、ひとえにそのような点にある。

幸い、2019年度版から初刊行した本書は、多くの受験者等から好評を得て、ここに2020年度新法対応版を世に送る運びとなった。特に本年度の留意すべき点は、2017年に債権法を中心に大改正を受けた民法が、本年2020年４月1日から施行されたことで、この試験の出題が実施年度の４月１日時点の法令を基準とするため、受験者には改正民法の徹底した理解が求められるという状況にある。「新法対応版」を緊急出版する所以である。

加えて今回は、より一層の改良を図り、これまでコンパクトさの追求から収録を断念していた税法等について、新たに地方税法(抄)の中に、頻出の不動産取得税、固定資産税の重要部分を収録し、不動産鑑定評価基準、地価公示法についても新規に抄録した。過去の出題傾向に鑑みると、本書収録の範囲で出題の９割前後はカバーできると思われる。

学生、社会人を問わず、多くの宅地建物取引士資格試験受験者が、過去問中心の受験準備に本書による法令参照を加えて、より本質的な理解を深めた資格者となることを念願してやまない。

2020年４月

池田真朗

◈目　次◈

<凡　例>

1　編集方針

宅地建物取引士資格試験に必要とされる法律を厳選し，必要に応じ抄録した．宅建試験50問のうち，出題数が20問の「宅建業法」，14問の「権利関係」，8問の「法令上の制限」，8問の「税・その他」の分野から収録した．

2　法令等の基準日および改正

① 基準日は2020（令和2）年4月1日現在．
② 制定後の改正経過については，最終改正日のみを表記した．

3　法令の収録

① 官報および総務省行政管理局による提供データをもとにした．
② 収録法令は，厳選16件．

4　法令等の表記

① 横組みとし，条文の条・項等については，漢字は算用数字にかえ，「第1条」，「②」（項），「1」（号）とした．
② 条文内が2項以上あるものには，「①，②，③，…」を付した．

5　法令中の一部省略

① 収録法令中において，一部省略したものについては，法令名の後に「(抄)」を付した．
② 附則については，地方税法を除き省略することとした．

Ⅰ　宅建業法

1 宅地建物取引業法

昭27・6・10法律第176号，昭27・8・1施行，
最終改正：令元・6・14法律第37号

［目　次］

◆第1章　総　則

（目　的）

第1条　この法律は，宅地建物取引業を営む者について免許制度を実施し，その事業に対し必要な規制を行うことにより，その業務の適正な運営と宅地及び建物の取引の公正とを確保するとともに，宅地建物取引業の健全な発達を促進し，もつて購入者等の利益の保護と宅地及び建物の流通の円滑化とを図ることを目的とする．

（用語の定義）

第2条　この法律において次の各号に掲げる用語の意義は，それぞれ当該各号の定めるところによる．

1　宅地　建物の敷地に供せられる土地をいい，都市計画法（昭和43年法律第100号）第8条第1項第1号の用途地域内のその他の土地で，道路，公園，河川その他政令で定める公共の用に供する施設の用に供せられているもの以外のものを含むものとする．

2　宅地建物取引業　宅地若しくは建物（建物の一部を含む．以下同じ．）の売買若しくは交換又は宅地若しくは建物の売買，交換若しくは貸借の代理若しくは媒介をする行為で業として行うものをいう．

3　宅地建物取引業者　第3条第1項の免許を受けて宅地建物取引業を営む者をいう．

4　宅地建物取引士　第22条の2第1項の宅地建物取引士証の交付を受けた者をいう．

◆第2章　免　許

（免　許）

第3条　①　宅地建物取引業を営もうとする者は，二以上の都道府県の区域内に事務所（本店，支店その他の政令で定めるものをいう．以下同じ．）を設置してその事業を営もうとする場合にあつては国土交通大臣の，一の都道府県の区域内にのみ事務所を設置してその事業を営もうとする場合にあつては当該事務所の所在地を管轄する都道府県知事の免許を受けなければならない．

②　前項の免許の有効期間は，5年とする．

③　前項の有効期間の満了後引き続き宅地建物取引業を営もうとする者は，免許の更新を受けなければならない．

④　前項の免許の更新の申請があつた場合において，第2項の有効期間の満了の日までにその申請について処分がなされないときは，従前の免許は，同項の有効期間の満了後もその処分がなされるまでの間は，なお効力を有する．

⑤　前項の場合において，免許の更新がなされたときは，その免許の有効期間は，従前の免許の有効期間の満了の日の翌日から起算するものとする．

⑥　第1項の免許のうち国土交通大臣の免許を受けようとする者は，登録免許税法（昭和42年法律第35号）の定めるところにより登録免許税を，第3項の規定により国土交通大臣の免許の更新を受けようとする者は，政令の定めるところにより手数料を，それぞれ納めなければならない．

（免許の条件）

第3条の2　①　国土交通大臣又は都道府県知事は，前条第1項の免許（同条第3項の免許の更新を含む．第25条第6項を除き，以下同じ．）に条件を付し，及びこれを変更することができる．

②　前項の条件は，宅地建物取引業の適正な運営並びに宅地及び建物の取引の公正を確保するため必要な最小限度のものに限り，かつ，当該免許を受ける者に不当な義務を課することとならないものでなければならない．

（免許の申請）

第4条　①　第3条第1項の免許を受けようとする者は，二以上の都道府県の区域内に事務所を設置してその事業を営もうとする場合にあつては国土交通大臣に，一の都道府県の区域内にのみ事務所を設置してその事業を営もうとする場合にあつては当該事務所の所在地を管轄する都道府県知事に，次に掲げる事項を記載した免許申請書を提出しなければならない．

1　商号又は名称

2　法人である場合においては，その役員の氏名及び政令で定める使用人があるときは，その者の氏名

3　個人である場合においては，その者の氏名及び政令で定める使用人があるときは，その者の氏名

4　事務所の名称及び所在地

5　前号の事務所ごとに置かれる第31条の3第1項に規定する者（同条第2項の規定によりその者とみなされる者を含む．第8条第2項第6号において同じ．）の氏名

6　他に事業を行つているときは，その事業の種類

②　前項の免許申請書には，次の各号に掲げる書類を添付しなければならない．

1　宅地建物取引業経歴書

2　第5条第1項各号に該当しないことを誓約する書面

3　事務所について第31条の3第1項に規定する要件を備えていることを証する書面

4　その他国土交通省令で定める書面

（免許の基準）

第5条　①　国土交通大臣又は都道府県知事は，第3条第

１項の免許を受けようとする者が次の各号のいずれかに該当する場合又は免許申請書若しくはその添付書類中に重要な事項について虚偽の記載があり，若しくは重要な事実の記載が欠けている場合においては，免許をしてはならない．
1 破産手続開始の決定を受けて復権を得ない者
2 第66条第１項第８号又は第９号に該当することにより免許を取り消され，その取消しの日から５年を経過しない者（当該免許を取り消された者が法人である場合においては，当該取消しに係る聴聞の期日及び場所の公示の日前60日以内に当該法人の役員（業務を執行する社員，取締役，執行役又はこれらに準ずる者をいい，相談役，顧問，その他いかなる名称を有する者であるかを問わず，法人に対し業務を執行する社員，取締役，執行役又はこれらに準ずる者と同等以上の支配力を有するものと認められる者を含む．以下この条，第18条第１項，第65条第２項及び第66条第１項において同じ．）であつた者で当該取消しの日から５年を経過しないものを含む．）
3 第66条第１項第８号又は第９号に該当するとして免許の取消処分の聴聞の期日及び場所が公示された日から当該処分をする日又は当該処分をしないことを決定する日までの間に第11条第１項第４号又は第５号の規定による届出があつた者（解散又は宅地建物取引業の廃止について相当の理由がある者を除く．）で当該届出の日から５年を経過しないもの
4 前号に規定する期間内に合併により消滅した法人又は第11条第１項第４号若しくは第５号の規定による届出があつた法人（合併，解散又は宅地建物取引業の廃止について相当の理由がある法人を除く．）の前号の公示の日前60日以内に役員であつた者で当該消滅又は届出の日から５年を経過しないもの
5 禁錮以上の刑に処せられ，その刑の執行を終わり，又は執行を受けることがなくなつた日から５年を経過しない者
6 この法律若しくは暴力団員による不当な行為の防止等に関する法律（平成３年法律第77号）の規定（同法第32条の３第７項及び第32条の11第１項の規定を除く．第18条第１項第７号の２及び第52条第７号ハにおいて同じ．）に違反したことにより，又は刑法（明治40年法律第45号）第204条，第206条，208条，第208条の２，第222条若しくは第247条の罪若しくは暴力行為等処罰に関する法律（大正15年法律第60号）の罪を犯したことにより，罰金の刑に処せられ，その刑の執行を終わり，又は執行を受けることがなくなつた日から５年を経過しない者
7 暴力団員による不当な行為の防止等に関する法律第２条第６号に規定する暴力団員又は同号に規定する暴力団員でなくなつた日から５年を経過しない者（以下「暴力団員等」という．）
8 免許の申請前５年以内に宅地建物取引業に関し不正又は著しく不当な行為をした者
9 宅地建物取引業に関し不正又は不誠実な行為をするおそれが明らかな者
10 心身の故障により宅地建物取引業を適正に営むことができない者として国土交通省令で定めるもの
11 営業に関し成年者と同一の行為能力を有しない未成年者でその法定代理人（法定代理人が法人である場合においては，その役員を含む．）が前各号のいずれかに該当するもの
12 法人でその役員又は政令で定める使用人のうちに第１号から第10号までのいずれかに該当する者のあるもの
13 個人で政令で定める使用人のうちに第１号から第10号までのいずれかに該当する者のあるもの
14 暴力団員等がその事業活動を支配する者
15 事務所について第31条の３に規定する要件を欠く者

② 国土交通大臣又は都道府県知事は，免許をしない場合においては，その理由を附した書面をもつて，申請者にその旨を通知しなければならない．

（免許証の交付）

第６条 国土交通大臣又は都道府県知事は，第３条第１項の免許をしたときは，免許証を交付しなければならない．

（免許換えの場合における従前の免許の効力）

第７条 ① 宅地建物取引業者が第３条第１項の免許を受けた後次の各号の１に該当して引き続き宅地建物取引業を営もうとする場合において同項の規定により国土交通大臣又は都道府県知事の免許を受けたときは，その者に係る従前の国土交通大臣又は都道府県知事の免許は，その効力を失う．
1 国土交通大臣の免許を受けた者が一の都道府県の区域内にのみ事務所を有することとなつたとき．
2 都道府県知事の免許を受けた者が当該都道府県の区域内における事務所を廃止して，他の一の都道府県の区域内に事務所を設置することとなつたとき．
3 都道府県知事の免許を受けた者が二以上の都道府県の区域内に事務所を有することとなつたとき．

② 第３条第４項の規定は，宅地建物取引業者が前項各号の１に該当して引き続き宅地建物取引業を営もうとする場合において第４条第１項の規定による申請があつたときについて準用する．

（宅地建物取引業者名簿）

第８条 ① 国土交通省及び都道府県に，それぞれ宅地建物取引業者名簿を備える．

② 国土交通大臣又は都道府県知事は，宅地建物取引業者名簿に，国土交通大臣にあつてはその免許を受けた宅地建物取引業者に関する次に掲げる事項を，都道府県知事にあつてはその免許を受けた宅地建物取引業者及び国土交通大臣の免許を受けた宅地建物取引業者で当該都道府県の区域内に主たる事務所を有するものに関する次に掲げる事項を登載しなければならない．
1 免許証番号及び免許の年月日
2 商号又は名称
3 法人である場合においては，その役員の氏名及び政令で定める使用人があるときは，その者の氏名
4 個人である場合においては，その者の氏名及び政令

で定める使用人があるときは,その者の氏名
5 事務所の名称及び所在地
6 前号の事務所ごとに置かれる第31条の3第1項に規定する者の氏名
7 第50条の2第1項の認可を受けているときは,その旨及び認可の年月日
8 その他国土交通省令で定める事項

（変更の届出）
第9条 宅地建物取引業者は,前条第2項第2号から第6号までに掲げる事項について変更があつた場合においては,国土交通省令の定めるところにより,30日以内に,その旨をその免許を受けた国土交通大臣又は都道府県知事に届け出なければならない.

（宅地建物取引業者名簿等の閲覧）
第10条 国土交通大臣又は都道府県知事は,国土交通省令の定めるところにより,宅地建物取引業者名簿並びに免許の申請及び前条の届出に係る書類又はこれらの写しを一般の閲覧に供しなければならない.

（廃業等の届出）
第11条 ① 宅地建物取引業者が次の各号のいずれかに該当することとなつた場合においては,当該各号に掲げる者は,その日（第1号の場合にあつては,その事実を知つた日）から30日以内に,その旨をその免許を受けた国土交通大臣又は都道府県知事に届け出なければならない.
1 宅地建物取引業者が死亡した場合 その相続人
2 法人が合併により消滅した場合 その法人を代表する役員であつた者
3 宅地建物取引業者について破産手続開始の決定があつた場合 その破産管財人
4 法人が合併及び破産手続開始の決定以外の理由により解散した場合 その清算人
5 宅地建物取引業を廃止した場合 宅地建物取引業者であつた個人又は宅地建物取引業者であつた法人を代表する役員

② 前項第3号から第5号までの規定により届出があつたときは,第3条第1項の免許は,その効力を失う.

（無免許事業等の禁止）
第12条 ① 第3条第1項の免許を受けない者は,宅地建物取引業を営んではならない.
② 第3条第1項の免許を受けない者は,宅地建物取引業を営む旨の表示をし,又は宅地建物取引業を営む目的をもつて,広告をしてはならない.

（名義貸しの禁止）
第13条 ① 宅地建物取引業者は,自己の名義をもつて,他人に宅地建物取引業を営ませてはならない.
② 宅地建物取引業者は,自己の名義をもつて,他人に,宅地建物取引業を営む旨の表示をさせ,又は宅地建物取引業を営む目的をもつてする広告をさせてはならない.

（国土交通省令への委任）
第14条 第3条から第11条までに規定するもののほか,免許の申請,免許証の交付,書換交付,再交付及び返納並びに宅地建物取引業者名簿の登載,訂正及び消除について必要な事項は,国土交通省令で定める.

◈第3章 宅地建物取引士

（宅地建物取引士の業務処理の原則）
第15条 宅地建物取引士は,宅地建物取引業の業務に従事するときは,宅地又は建物の取引の専門家として,購入者等の利益の保護及び円滑な宅地又は建物の流通に資するよう,公正かつ誠実にこの法律に定める事務を行うとともに,宅地建物取引業に関連する業務に従事する者との連携に努めなければならない.

（信用失墜行為の禁止）
第15条の2 宅地建物取引士は,宅地建物取引士の信用又は品位を害するような行為をしてはならない.

（知識及び能力の維持向上）
第15条の3 宅地建物取引士は,宅地又は建物の取引に係る事務に必要な知識及び能力の維持向上に努めなければならない.

（試 験）
第16条 ① 都道府県知事は,国土交通省令の定めるところにより,宅地建物取引士資格試験（以下「試験」という.）を行わなければならない.
② 試験は,宅地建物取引業に関して,必要な知識について行う.
③ 第17条の3から第17条の5までの規定により国土交通大臣の登録を受けた者（以下「登録講習機関」という.）が国土交通省令で定めるところにより行う講習（以下「登録講習」という.）の課程を修了した者については,国土交通省令で定めるところにより,試験の一部を免除する.

（指 定）
第16条の2 ① 都道府県知事は,国土交通大臣の指定する者に,試験の実施に関する事務（以下「試験事務」という.）を行わせることができる.
② 前項の規定による指定は,試験事務を行おうとする者の申請により行う.
③ 都道府県知事は,第1項の規定により国土交通大臣の指定する者に試験事務を行わせるときは,試験事務を行わないものとする.

（指定の基準）
第16条の3 ① 国土交通大臣は,前条第2項の規定による申請が次の各号に適合していると認めるときでなければ,同条第1項の規定による指定をしてはならない.
1 職員,設備,試験事務の実施の方法その他の事項についての試験事務の実施に関する計画が試験事務の適正かつ確実な実施のために適切なものであること.
2 前号の試験事務の実施に関する計画の適正かつ確実な実施に必要な経理的及び技術的な基礎を有するものであること.
3 申請者が,試験事務以外の業務を行つている場合には,その業務を行うことによつて試験事務が不公正になるおそれがないこと.

② 国土交通大臣は,前条第2項の規定による申請をした者が,次の各号のいずれかに該当するときは,同条第1項の規定による指定をしてはならない.

1 一般社団法人又は一般財団法人以外の者であること.
2 この法律に違反して,刑に処せられ,その執行を終わり,又は執行を受けることがなくなつた日から起算して2年を経過しない者であること.
3 第16条の15第1項又は第2項の規定により指定を取り消され,その取消しの日から起算して2年を経過しない者であること.
4 その役員のうちに,次のいずれかに該当する者があること.
イ 第2号に該当する者
ロ 第16条の6第2項の規定による命令により解任され,その解任の日から起算して2年を経過しない者

(指定の公示等)
第16条の4 ① 国土交通大臣は,第16条の2第1項の規定による指定をしたときは,当該指定を受けた者の名称及び主たる事務所の所在地並びに当該指定をした日を公示しなければならない.
② 第16条の2第1項の規定による指定を受けた者(以下「指定試験機関」という.)は,その名称又は主たる事務所の所在地を変更しようとするときは,変更しようとする日の2週間前までに,その旨を国土交通大臣に届け出なければならない.
③ 国土交通大臣は,前項の規定による届出があつたときは,その旨を公示しなければならない.

(委任の公示等)
第16条の5 ① 第16条の2第1項の規定により指定試験機関にその試験事務を行わせることとした都道府県知事(以下「委任都道府県知事」という.)は,当該指定試験機関の名称,主たる事務所の所在地及び当該試験事務を取り扱う事務所の所在地並びに当該指定試験機関に試験事務を行わせることとした日を公示しなければならない.
② 指定試験機関は,その名称,主たる事務所の所在地又は試験事務を取り扱う事務所の所在地を変更しようとするときは,委任都道府県知事(試験事務を取り扱う事務所の所在地については,関係委任都道府県知事)に,変更しようとする日の2週間前までに,その旨を届け出なければならない.
③ 委任都道府県知事は,前項の規定による届出があつたときは,その旨を公示しなければならない.

(役員の選任及び解任)
第16条の6 ① 指定試験機関の役員の選任及び解任は,国土交通大臣の認可を受けなければ,その効力を生じない.
② 国土交通大臣は,指定試験機関の役員が,この法律(この法律に基づく命令又は処分を含む.)若しくは第16条の9第1項の試験事務規程に違反する行為をしたとき,又は試験事務に関し著しく不適当な行為をしたときは,指定試験機関に対し,その役員を解任すべきことを命ずることができる.

(試験委員)
第16条の7 ① 指定試験機関は,国土交通省令で定める要件を備える者のうちから宅地建物取引士資格試験委員(以下「試験委員」という.)を選任し,試験の問題の作成及び採点を行わせなければならない.
② 指定試験機関は,前項の試験委員を選任し,又は解任したときは,遅滞なく,その旨を国土交通大臣に届け出なければならない.
③ 前条第2項の規定は,第1項の試験委員の解任について準用する.

(秘密保持義務等)
第16条の8 ① 指定試験機関の役員若しくは職員(前条第1項の試験委員を含む.次項において同じ.)又はこれらの職にあつた者は,試験事務に関して知り得た秘密を漏らしてはならない.
② 試験事務に従事する指定試験機関の役員及び職員は,刑法その他の罰則の適用については,法令により公務に従事する職員とみなす.

(試験事務規程)
第16条の9 ① 指定試験機関は,国土交通省令で定める試験事務の実施に関する事項について試験事務規程を定め,国土交通大臣の認可を受けなければならない.これを変更しようとするときも,同様とする.
② 指定試験機関は,前項後段の規定により試験事務規程を変更しようとするときは,委任都道府県知事の意見を聴かなければならない.
③ 国土交通大臣は,第1項の規定により認可をした試験事務規程が試験事務の適正かつ確実な実施上不適当となつたと認めるときは,指定試験機関に対し,これを変更すべきことを命ずることができる.

(事業計画等)
第16条の10 ① 指定試験機関は,毎事業年度,事業計画及び収支予算を作成し,当該事業年度の開始前に(第16条の2第1項の規定による指定を受けた日の属する事業年度にあつては,その指定を受けた後遅滞なく),国土交通大臣の認可を受けなければならない.これを変更しようとするときも,同様とする.
② 指定試験機関は,事業計画及び収支予算を作成し,又は変更しようとするときは,委任都道府県知事の意見を聴かなければならない.
③ 指定試験機関は,毎事業年度,事業報告書及び収支決算書を作成し,当該事業年度の終了後3月以内に,国土交通大臣及び委任都道府県知事に提出しなければならない.

(帳簿の備付け等)
第16条の11 指定試験機関は,国土交通省令で定めるところにより,試験事務に関する事項で国土交通省令で定めるものを記載した帳簿を備え,保存しなければならない.

(監督命令等)
第16条の12 ① 国土交通大臣は,試験事務の適正な実施を確保するため必要があると認めるときは,指定試験機関に対し,試験事務に関し監督上必要な命令をすることができる.
② 委任都道府県知事は,その行わせることとした試験事

務の適正な実施を確保するため必要があると認めるときは，指定試験機関に対し，当該試験事務の適正な実施のために必要な措置をとるべきことを指示することができる．

（報告及び検査）

第16条の13 ① 国土交通大臣は，試験事務の適正な実施を確保するため必要があると認めるときは，指定試験機関に対し，試験事務の状況に関し必要な報告を求め，又はその職員に，指定試験機関の事務所に立ち入り，試験事務の状況若しくは設備，帳簿，書類その他の物件を検査させることができる．

② 委任都道府県知事は，その行わせることとした試験事務の適正な実施を確保するため必要があると認めるときは，指定試験機関に対し，当該試験事務の状況に関し必要な報告を求め，又はその職員に，当該試験事務を取り扱う指定試験機関の事務所に立ち入り，当該試験事務の状況若しくは設備，帳簿，書類その他の物件を検査させることができる．

③ 第１項又は前項の規定により立入検査をする職員は，その身分を示す証明書を携帯し，関係人の請求があつたときは，これを提示しなければならない．

④ 第１項又は第２項の規定による立入検査の権限は，犯罪捜査のために認められたものと解してはならない．

（試験事務の休廃止）

第16条の14 ① 指定試験機関は，国土交通大臣の許可を受けなければ，試験事務の全部又は一部を休止し，又は廃止してはならない．

② 国土交通大臣は，指定試験機関の試験事務の全部又は一部の休止又は廃止により試験事務の適正かつ確実な実施が損なわれるおそれがないと認めるときでなければ，前項の規定による許可をしてはならない．

③ 国土交通大臣は，第１項の規定による許可をしようとするときは，関係委任都道府県知事の意見を聴かなければならない．

④ 国土交通大臣は，第１項の規定による許可をしたときは，その旨を，関係委任都道府県知事に通知するとともに，公示しなければならない．

（指定の取消し等）

第16条の15 ① 国土交通大臣は，指定試験機関が第16条の３第２項各号（第３号を除く．）の１に該当するに至つたときは，当該指定試験機関の指定を取り消さなければならない．

② 国土交通大臣は，指定試験機関が次の各号の１に該当するときは，当該指定試験機関に対し，その指定を取り消し，又は期間を定めて試験事務の全部若しくは一部の停止を命ずることができる．

１ 第16条の３第１項各号の１に適合しなくなつたと認められるとき．

２ 第16条の７第１項，第16条の10第１項若しくは第３項，第16条の11又は前条第１項の規定に違反したとき．

３ 第16条の６第２項（第16条の７第３項において準用する場合を含む．），第16条の９第３項又は第16条の12第１項の規定による命令に違反したとき．

４ 第16条の９第１項の規定により認可を受けた試験事務規程によらないで試験事務を行つたとき．

５ 不正な手段により第16条の２第１項の規定による指定を受けたとき．

③ 国土交通大臣は，前２項の規定による処分に係る聴聞を行うに当たつては，その期日の１週間前までに，行政手続法（平成５年法律第88号）第15条第１項の規定による通知をし，かつ，聴聞の期日及び場所を公示しなければならない．

④ 前項の通知を行政手続法第15条第３項に規定する方法によつて行う場合においては，同条第１項の規定により聴聞の期日までにおくべき相当な期間は，２週間を下回つてはならない．

⑤ 第３項の聴聞の期日における審理は，公開により行わなければならない．

⑥ 国土交通大臣は，第１項又は第２項の規定による処分をしたときは，その旨を，関係委任都道府県知事に通知するとともに，公示しなければならない．

（委任の撤回の通知等）

第16条の16 ① 委任都道府県知事は，指定試験機関に試験事務を行わせないこととするときは，その３月前までに，その旨を指定試験機関に通知しなければならない．

② 委任都道府県知事は，指定試験機関に試験事務を行わせないこととしたときは，その旨を公示しなければならない．

（委任都道府県知事による試験の実施）

第16条の17 ① 委任都道府県知事は，指定試験機関が第16条の14第１項の規定により試験事務の全部若しくは一部を休止したとき，国土交通大臣が第16条の15第２項の規定により指定試験機関に対し試験事務の全部若しくは一部の停止を命じたとき，又は指定試験機関が天災その他の事由により試験事務の全部若しくは一部を実施することが困難となつた場合において国土交通大臣が必要があると認めるときは，第16条の２第３項の規定にかかわらず，当該試験事務の全部又は一部を行うものとする．

② 国土交通大臣は，委任都道府県知事が前項の規定により試験事務を行うこととなるとき，又は委任都道府県知事が同項の規定により試験事務を行うこととなる事由がなくなつたときは，速やかにその旨を当該委任都道府県知事に通知しなければならない．

③ 委任都道府県知事は，前項の規定による通知を受けたときは，その旨を公示しなければならない．

（試験事務の引継ぎ等に関する国土交通省令への委任）

第16条の18 前条第１項の規定により委任都道府県知事が試験事務を行うこととなつた場合，国土交通大臣が第16条の14第１項の規定により試験事務の廃止を許可し，若しくは第16条の15第１項若しくは第２項の規定により指定を取り消した場合又は委任都道府県知事が指定試験機関に試験事務を行わせないこととした場合における試験事務の引継ぎその他の必要な事項は，国土交通省令で定める．

（受験手数料）

第16条の19 都道府県は,地方自治法(昭和22年法律第67号)第227条の規定に基づき試験に係る手数料を徴収する場合においては,第16条の2の規定により指定試験機関が行う試験を受けようとする者に,条例で定めるところにより,当該手数料を当該指定試験機関に納めさせ,その収入とすることができる.

(合格の取消し等)

第17条 ① 都道府県知事は,不正の手段によつて試験を受け,又は受けようとした者に対しては,合格の決定を取り消し,又はその試験を受けることを禁止することができる.

② 指定試験機関は,前項に規定する委任都道府県知事の職権を行うことができる.

③ 都道府県知事は,前2項の規定による処分を受けた者に対し,情状により,3年以内の期間を定めて試験を受けることができないものとすることができる.

(指定試験機関がした処分等に係る審査請求)

第17条の2 指定試験機関が行う試験事務に係る処分又はその不作為については,国土交通大臣に対し,審査請求をすることができる.この場合において,国土交通大臣は,行政不服審査法(平成26年法律第68号)第25条第2項及び第3項,第46条第1項及び第2項,第47条並びに第49条第3項の規定の適用については,指定試験機関の上級行政庁とみなす.

(登録講習機関の登録)

第17条の3 第16条第3項の登録は,登録講習の実施に関する業務(以下「講習業務」という.)を行おうとする者の申請により行う.

(欠格条項)

第17条の4 次の各号のいずれかに該当する者は,第16条第3項の登録を受けることができない.

1 この法律又はこの法律に基づく命令に違反し,罰金以上の刑に処せられ,その執行を終わり,又は執行を受けることがなくなつた日から2年を経過しない者
2 第17条の14の規定により第16条第3項の登録を取り消され,その取消しの日から2年を経過しない者
3 法人であつて,講習業務を行う役員のうちに前2号のいずれかに該当する者があるもの

(登録基準等)

第17条の5 ① 国土交通大臣は,第17条の3の規定により登録を申請した者の行う登録講習が,別表の上欄に掲げる科目について,それぞれ同表の下欄に掲げる講師によつて行われるものであるときは,その登録をしなければならない.この場合において,登録に関して必要な手続は,国土交通省令で定める.

② 登録は,登録講習機関登録簿に次に掲げる事項を記載してするものとする.

1 登録年月日及び登録番号
2 登録講習機関の氏名又は名称及び住所並びに法人にあつては,その代表者の氏名
3 登録講習機関が講習業務を行う事務所の所在地
4 前3号に掲げるもののほか,国土交通省令で定める事項

(登録の更新)

第17条の6 ① 第16条第3項の登録は,3年を下らない政令で定める期間ごとにその更新を受けなければ,その期間の経過によつて,その効力を失う.

② 前3条の規定は,前項の登録の更新について準用する.

(講習業務の実施に係る義務)

第17条の7 登録講習機関は,公正に,かつ,第17条の5第1項の規定及び国土交通省令で定める基準に適合する方法により講習業務を行わなければならない.

(登録事項の変更の届出)

第17条の8 登録講習機関は,第17条の5第2項第2号から第4号までに掲げる事項を変更しようとするときは,変更しようとする日の2週間前までに,その旨を国土交通大臣に届け出なければならない.

(講習業務規程)

第17条の9 ① 登録講習機関は,講習業務に関する規程(以下「講習業務規程」という.)を定め,講習業務の開始前に,国土交通大臣に届け出なければならない.これを変更しようとするときも,同様とする.

② 講習業務規程には,登録講習の実施方法,登録講習に関する料金その他の国土交通省令で定める事項を定めておかなければならない.

(業務の休廃止)

第17条の10 登録講習機関は,講習業務の全部又は一部を休止し,又は廃止しようとするときは,国土交通省令で定めるところにより,あらかじめ,その旨を国土交通大臣に届け出なければならない.

(財務諸表等の備付け及び閲覧等)

第17条の11 ① 登録講習機関は,毎事業年度経過後3月以内に,その事業年度の財産目録,貸借対照表及び損益計算書又は収支計算書並びに事業報告書(その作成に代えて電磁的記録(電子的方式,磁気的方式その他の人の知覚によつては認識することができない方式で作られる記録であつて,電子計算機による情報処理の用に供されるものをいう.以下この条において同じ.)の作成がされている場合における当該電磁的記録を含む.次項及び第85条の2において「財務諸表等」という.)を作成し,5年間登録講習機関の事務所に備えて置かなければならない.

② 登録講習を受けようとする者その他の利害関係人は,登録講習機関の業務時間内は,いつでも,次に掲げる請求をすることができる.ただし,第2号又は第4号の請求をするには,登録講習機関の定めた費用を支払わなければならない.

1 財務諸表等が書面をもつて作成されているときは,当該書面の閲覧又は謄写の請求
2 前号の書面の謄本又は抄本の請求
3 財務諸表等が電磁的記録をもつて作成されているときは,当該電磁的記録に記録された事項を国土交通省令で定める方法により表示したものの閲覧又は謄写の請求
4 前号の電磁的記録に記録された事項を電磁的方法であつて国土交通省令で定めるものにより提供する

ことの請求又は当該事項を記載した書面の交付の請求

（適合命令）

第17条の12 国土交通大臣は，登録講習機関が第17条の5第1項の規定に適合しなくなつたと認めるときは，その登録講習機関に対し，同項の規定に適合するため必要な措置をとるべきことを命ずることができる．

（改善命令）

第17条の13 国土交通大臣は，登録講習機関が第17条の7の規定に違反していると認めるときは，その登録講習機関に対し，同条の規定による講習業務を行うべきこと又は登録講習の方法その他の業務の方法の改善に関し必要な措置をとるべきことを命ずることができる．

（登録の取消し等）

第17条の14 国土交通大臣は，登録講習機関が次の各号のいずれかに該当するときは，その登録を取り消し，又は期間を定めて講習業務の全部若しくは一部の停止を命ずることができる．

1 第17条の4第1号又は第3号に該当するに至つたとき．

2 第17条の8から第17条の10まで，第17条の11第1項又は次条の規定に違反したとき．

3 正当な理由がないのに第17条の11第2項各号の規定による請求を拒んだとき．

4 前2条の規定による命令に違反したとき．

5 不正の手段により第16条第3項の登録を受けたとき．

（帳簿の記載）

第17条の15 登録講習機関は，国土交通省令で定めるところにより，帳簿を備え，講習業務に関し国土交通省令で定める事項を記載し，これを保存しなければならない．

（報告の徴収）

第17条の16 国土交通大臣は，講習業務の適正な実施を確保するため必要があると認めるときは，登録講習機関に対し，講習業務の状況に関し必要な報告を求めることができる．

（立入検査）

第17条の17 ① 国土交通大臣は，講習業務の適正な実施を確保するため必要があると認めるときは，その職員に，登録講習機関の事務所に立ち入り，講習業務の状況又は設備，帳簿，書類その他の物件を検査させることができる．

② 前項の規定により立入検査をする職員は，その身分を示す証明書を携帯し，関係人の請求があつたときは，これを提示しなければならない．

③ 第1項の規定による立入検査の権限は，犯罪捜査のために認められたものと解してはならない．

（公　示）

第17条の18 国土交通大臣は，次に掲げる場合には，その旨を官報に公示しなければならない．

1 第16条第3項の登録をしたとき．

2 第17条の8の規定による届出があつたとき．

3 第17条の10の規定による届出があつたとき．

4 第17条の14の規定により第16条第3項の登録を取り消し，又は登録講習の業務の停止を命じたとき．

（宅地建物取引士の登録）

第18条 ① 試験に合格した者で，宅地若しくは建物の取引に関し国土交通省令で定める期間以上の実務の経験を有するもの又は国土交通大臣がその実務の経験を有するものと同等以上の能力を有すると認めたものは，国土交通省令の定めるところにより，当該試験を行つた都道府県知事の登録を受けることができる．ただし，次の各号のいずれかに該当する者については，この限りでない．

1 宅地建物取引業に係る営業に関し成年者と同一の行為能力を有しない未成年者

2 破産手続開始の決定を受けて復権を得ない者

3 第66条第1項第8号又は第9号に該当することにより第3条第1項の免許を取り消され，その取消しの日から5年を経過しない者（当該免許を取り消された者が法人である場合においては，当該取消しに係る聴聞の期日及び場所の公示の日前60日以内にその法人の役員であつた者で当該取消しの日から5年を経過しないもの）

4 第66条第1項第8号又は第9号に該当するとして免許の取消処分の聴聞の期日及び場所が公示された日から当該処分をする日又は当該処分をしないことを決定する日までの間に第11条第1項第5号の規定による届出があつた者（宅地建物取引業の廃止について相当の理由がある者を除く．）で当該届出の日から5年を経過しないもの

5 第5条第1項第4号に該当する者

6 禁錮以上の刑に処せられ，その刑の執行を終わり，又は執行を受けることがなくなつた日から5年を経過しない者

7 この法律若しくは暴力団員による不当な行為の防止等に関する法律の規定に違反したことにより，又は刑法第204条，第206条，第208条，第208条の2，第222条若しくは第247条の罪若しくは暴力行為等処罰に関する法律の罪を犯したことにより，罰金の刑に処せられ，その刑の執行を終わり，又は執行を受けることがなくなつた日から5年を経過しない者

8 暴力団員等

9 第68条の2第1項第2号から第4号まで又は同条第2項第2号若しくは第3号のいずれかに該当することにより登録の消除の処分を受け，その処分の日から5年を経過しない者

10 第68条の2第1項第2号から第4号まで又は同条第2項第2号若しくは第3号のいずれかに該当するとして登録の消除の処分の聴聞の期日及び場所が公示された日から当該処分をする日又は当該処分をしないことを決定する日までの間に登録の消除の申請をした者（登録の消除の申請について相当の理由がある者を除く．）で当該登録が消除された日から5年を経過しないもの

11 第68条第2項又は第4項の規定による禁止の処分を受け，その禁止の期間中に第22条第1号の規定に

よりその登録が消除され,まだその期間が満了しない者
12 心身の故障により宅地建物取引士の事務を適正に行うことができない者として国土交通省令で定めるもの
② 前項の登録は,都道府県知事が,宅地建物取引士資格登録簿に氏名,生年月日,住所その他国土交通省令で定める事項並びに登録番号及び登録年月日を登載してするものとする.

(登録の手続)
第19条 ① 前条第1項の登録を受けることができる者がその登録を受けようとするときは,登録申請書を同項の都道府県知事に提出しなければならない.
② 都道府県知事は,前項の登録申請書の提出があつたときは,遅滞なく,登録をしなければならない.

(登録の移転)
第19条の2 第18条第1項の登録を受けている者は,当該登録をしている都道府県知事の管轄する都道府県以外の都道府県に所在する宅地建物取引業者の事務所の業務に従事し,又は従事しようとするときは,当該事務所の所在地を管轄する都道府県知事に対し,当該登録をしている都道府県知事を経由して,登録の移転の申請をすることができる.ただし,その者が第68条第2項又は第4項の規定による禁止の処分を受け,その禁止の期間が満了していないときは,この限りでない.

(変更の登録)
第20条 第18条第1項の登録を受けている者は,登録を受けている事項に変更があつたときは,遅滞なく,変更の登録を申請しなければならない.

(死亡等の届出)
第21条 第18条第1項の登録を受けている者が次の各号のいずれかに該当することとなつた場合においては,当該各号に定める者は,その日(第1号の場合にあつては,その事実を知つた日)から30日以内に,その旨を当該登録をしている都道府県知事に届け出なければならない.
1 死亡した場合 その相続人
2 第18条第1項第1号から第8号までのいずれかに該当するに至つた場合 本人
3 第18条第1項第12号に該当するに至つた場合 本人又はその法定代理人若しくは同居の親族

(申請等に基づく登録の消除)
第22条 都道府県知事は,次の各号の1に掲げる場合には,第18条第1項の登録を消除しなければならない.
1 本人から登録の消除の申請があつたとき.
2 前条の規定による届出があつたとき.
3 前条第1号の規定による届出がなくて同号に該当する事実が判明したとき.
4 第17条第1項又は第2項の規定により試験の合格の決定を取り消されたとき.

(宅地建物取引士証の交付等)
第22条の2 ① 第18条第1項の登録を受けている者は,登録をしている都道府県知事に対し,宅地建物取引士証の交付を申請することができる.
② 宅地建物取引士証の交付を受けようとする者は,登録をしている都道府県知事が国土交通省令の定めるところにより指定する講習で交付の申請前6月以内に行われるものを受講しなければならない.ただし,試験に合格した日から1年以内に宅地建物取引士証の交付を受けようとする者又は第5項に規定する宅地建物取引士証の交付を受けようとする者については,この限りでない.
③ 宅地建物取引士証(第5項の規定により交付された宅地建物取引士証を除く.)の有効期間は,5年とする.
④ 宅地建物取引士証が交付された後第19条の2の規定により登録の移転があつたときは,当該宅地建物取引士証は,その効力を失う.
⑤ 前項に規定する場合において,登録の移転の申請とともに宅地建物取引士証の交付の申請があつたときは,移転後の都道府県知事は,前項の宅地建物取引士証の有効期間が経過するまでの期間を有効期間とする宅地建物取引士証を交付しなければならない.
⑥ 宅地建物取引士は,第18条第1項の登録が消除されたとき又は宅地建物取引士証が効力を失つたときは,速やかに,宅地建物取引士証をその交付を受けた都道府県知事に返納しなければならない.
⑦ 宅地建物取引士は,第68条第2項又は第4項の規定による禁止の処分を受けたときは,速やかに,宅地建物取引士証をその交付を受けた都道府県知事に提出しなければならない.
⑧ 前項の規定により宅地建物取引士証の提出を受けた都道府県知事は,同項の禁止の期間が満了した場合においてその提出者から返還の請求があつたときは,直ちに,当該宅地建物取引士証を返還しなければならない.

(宅地建物取引士証の有効期間の更新)
第22条の3 ① 宅地建物取引士証の有効期間は,申請により更新する.
② 前条第2項本文の規定は宅地建物取引士証の有効期間の更新を受けようとする者について,同条第3項の規定は更新後の宅地建物取引士証の有効期間について準用する.

(宅地建物取引士証の提示)
第22条の4 宅地建物取引士は,取引の関係者から請求があつたときは,宅地建物取引士証を提示しなければならない.

第23条 削除

(国土交通省令への委任)
第24条 この章に定めるもののほか,試験,登録講習,登録講習機関,指定試験機関,第18条第1項の登録,その移転及び宅地建物取引士証に関し必要な事項は,国土交通省令で定める.

◆ 第4章 営業保証金

(営業保証金の供託等)
第25条 ① 宅地建物取引業者は,営業保証金を主たる事務所のもよりの供託所に供託しなければならない.
② 前項の営業保証金の額は,主たる事務所及びその他の

事務所ごとに,宅地建物取引業者の取引の実情及びその取引の相手方の利益の保護を考慮して,政令で定める額とする.

③ 第1項の営業保証金は,国土交通省令の定めるところにより,国債証券,地方債証券その他の国土交通省令で定める有価証券（社債,株式等の振替に関する法律（平成13年法律第75号）第278条第1項に規定する振替債を含む.）をもつて,これに充てることができる.

④ 宅地建物取引業者は,営業保証金を供託したときは,その供託物受入れの記載のある供託書の写しを添附して,その旨をその免許を受けた国土交通大臣又は都道府県知事に届け出なければならない.

⑤ 宅地建物取引業者は,前項の規定による届出をした後でなければ,その事業を開始してはならない.

⑥ 国土交通大臣又は都道府県知事は,第3条第1項の免許をした日から3月以内に宅地建物取引業者が第4項の規定による届出をしないときは,その届出をすべき旨の催告をしなければならない.

⑦ 国土交通大臣又は都道府県知事は,前項の催告が到達した日から1月以内に宅地建物取引業者が第4項の規定による届出をしないときは,その免許を取り消すことができる.

⑧ 第2項の規定に基づき政令を制定し,又は改廃する場合においては,その政令で,営業保証金の追加の供託又はその取戻しに関して,所要の経過措置（経過措置に関し監督上必要な措置を含む.）を定めることができる.

（事務所新設の場合の営業保証金）

第26条 ① 宅地建物取引業者は,事業の開始後新たに事務所を設置したとき（第7条第1項各号の1に該当する場合において事務所の増設があつたときを含むものとする.）は,当該事務所につき前条第2項の政令で定める額の営業保証金を供託しなければならない.

② 前条第1項及び第3項から第5項までの規定は,前項の規定により供託する場合に準用する.

（営業保証金の還付）

第27条 ① 宅地建物取引業者と宅地建物取引業に関し取引をした者（宅地建物取引業者に該当する者を除く.）は,その取引により生じた債権に関し,宅地建物取引業者が供託した営業保証金について,その債権の弁済を受ける権利を有する.

② 前項の権利の実行に関し必要な事項は,法務省令・国土交通省令で定める.

（営業保証金の不足額の供託）

第28条 ① 宅地建物取引業者は,前条第1項の権利を有する者がその権利を実行したため,営業保証金が第25条第2項の政令で定める額に不足することとなつたときは,法務省令・国土交通省令で定める日から2週間以内にその不足額を供託しなければならない.

② 宅地建物取引業者は,前項の規定により営業保証金を供託したときは,その供託物受入れの記載のある供託書の写しを添附して,2週間以内に,その旨をその免許を受けた国土交通大臣又は都道府県知事に届け出なければならない.

③ 第25条第3項の規定は,第1項の規定により供託する場合に準用する.

（営業保証金の保管替え等）

第29条 ① 宅地建物取引業者は,その主たる事務所を移転したためその最寄りの供託所が変更した場合において,金銭のみをもつて営業保証金を供託しているときは,法務省令・国土交通省令の定めるところにより,遅滞なく,費用を予納して,営業保証金を供託している供託所に対し,移転後の主たる事務所の最寄りの供託所への営業保証金の保管替えを請求し,その他のときは,遅滞なく,営業保証金を移転後の主たる事務所の最寄りの供託所に新たに供託しなければならない.

② 第25条第2項及び第3項の規定は,前項の規定により供託する場合に準用する.

（営業保証金の取戻し）

第30条 ① 第3条第2項の有効期間（同条第4項に規定する場合にあつては,同項の規定によりなお効力を有することとされる期間を含む.第76条において同じ.）が満了したとき,第11条第2項の規定により免許が効力を失つたとき,同条第1項第1号若しくは第2号に該当することとなつたとき,又は第25条第7項,第66条若しくは第67条第1項の規定により免許を取り消されたときは,宅地建物取引業者であつた者又はその承継人（第76条の規定により宅地建物取引業者とみなされる者を除く.）は,当該宅地建物取引業者であつた者が供託した営業保証金を取り戻すことができる.宅地建物取引業者が一部の事務所を廃止した場合において,営業保証金の額が第25条第2項の政令で定める額を超えることとなつたときは,その超過額について,宅地建物取引業者が前条第1項の規定により供託した場合においては,移転前の主たる事務所のもよりの供託所に供託した営業保証金についても,また同様とする.

② 前項の営業保証金の取りもどし（前条第1項の規定により供託した場合における移転前の主たる事務所のもよりの供託所に供託した営業保証金の取りもどしを除く.）は,当該営業保証金につき第27条第1項の権利を有する者に対し,6月を下らない一定期間内に申し出るべき旨を公告し,その期間内にその申出がなかつた場合でなければ,これをすることができない.ただし,営業保証金を取りもどすことができる事由が発生した時から10年を経過したときは,この限りでない.

③ 前項の公告その他営業保証金の取戻しに関し必要な事項は,法務省令・国土交通省令で定める.

◆第5章 業 務

第1節 通 則

（宅地建物取引業者の業務処理の原則）

第31条 ① 宅地建物取引業者は,取引の関係者に対し,信義を旨とし,誠実にその業務を行なわなければならない.

② 宅地建物取引業者は,第50条の2第1項に規定する取引一任代理等を行うに当たつては,投機的取引の抑制が図られるよう配慮しなければならない.

（従業者の教育）

第31条の2 宅地建物取引業者は,その従業者に対し,その業務を適正に実施させるため，必要な教育を行うよう努めなければならない．

（宅地建物取引士の設置）

第31条の3　① 宅地建物取引業者は，その事務所その他国土交通省令で定める場所（以下この条及び第50条第1項において「事務所等」という．）ごとに，事務所等の規模，業務内容等を考慮して国土交通省令で定める数の成年者である専任の宅地建物取引士を置かなければならない．

② 前項の場合において，宅地建物取引業者（法人である場合においては，その役員（業務を執行する社員，取締役，執行役又はこれらに準ずる者をいう．））が宅地建物取引士であるときは，その者が自ら主として業務に従事する事務所等については，その者は，その事務所等に置かれる成年者である専任の宅地建物取引士とみなす．

③ 宅地建物取引業者は，第1項の規定に抵触する事務所等を開設してはならず，既存の事務所等が同項の規定に抵触するに至つたときは，2週間以内に，同項の規定に適合させるため必要な措置を執らなければならない．

（誇大広告等の禁止）

第32条　宅地建物取引業者は，その業務に関して広告をするときは，当該広告に係る宅地又は建物の所在，規模，形質若しくは現在若しくは将来の利用の制限，環境若しくは交通その他の利便又は代金，借賃等の対価の額若しくはその支払方法若しくは代金若しくは交換差金に関する金銭の貸借のあつせんについて，著しく事実に相違する表示をし，又は実際のものよりも著しく優良であり，若しくは有利であると人を誤認させるような表示をしてはならない．

（広告の開始時期の制限）

第33条　宅地建物取引業者は，宅地の造成又は建物の建築に関する工事の完了前においては，当該工事に関し必要とされる都市計画法第29条第1項又は第2項の許可，建築基準法（昭和25年法律第201号）第6条第1項の確認その他法令に基づく許可等の処分で政令で定めるものがあつた後でなければ，当該工事に係る宅地又は建物の売買その他の業務に関する広告をしてはならない．

（自己の所有に属しない宅地又は建物の売買契約締結の制限）

第33条の2　宅地建物取引業者は，自己の所有に属しない宅地又は建物について，自ら売主となる売買契約（予約を含む．）を締結してはならない．ただし，次の各号のいずれかに該当する場合は，この限りでない．

1　宅地建物取引業者が当該宅地又は建物を取得する契約（予約を含み，その効力の発生が条件に係るものを除く．）を締結しているときその他宅地建物取引業者が当該宅地又は建物を取得できることが明らかな場合で国土交通省令・内閣府令で定めるとき．

2　当該宅地又は建物の売買が第41条第1項に規定する売買に該当する場合で当該売買に関して同項第1号又は第2号に掲げる措置が講じられているとき．

（取引態様の明示）

第34条　① 宅地建物取引業者は，宅地又は建物の売買，交換又は貸借に関する広告をするときは，自己が契約の当事者となつて当該売買若しくは交換を成立させるか，代理人として当該売買，交換若しくは貸借を成立させるか，又は媒介して当該売買，交換若しくは貸借を成立させるかの別（次項において「取引態様の別」という．）を明示しなければならない．

② 宅地建物取引業者は，宅地又は建物の売買，交換又は貸借に関する注文を受けたときは，遅滞なく，その注文をした者に対し，取引態様の別を明らかにしなければならない．

（媒介契約）

第34条の2　① 宅地建物取引業者は，宅地又は建物の売買又は交換の媒介の契約（以下この条において「媒介契約」という．）を締結したときは，遅滞なく，次に掲げる事項を記載した書面を作成して記名押印し，依頼者にこれを交付しなければならない．

1　当該宅地の所在，地番その他当該宅地を特定するために必要な表示又は当該建物の所在，種類，構造その他当該建物を特定するために必要な表示

2　当該宅地又は建物を売買すべき価額又はその評価額

3　当該宅地又は建物について，依頼者が他の宅地建物取引業者に重ねて売買又は交換の媒介又は代理を依頼することの許否及びこれを許す場合の他の宅地建物取引業者を明示する義務の存否に関する事項

4　当該建物が既存の建物であるときは，依頼者に対する建物状況調査（建物の構造耐力上主要な部分又は雨水の浸入を防止する部分として国土交通省令で定めるもの（第37条第1項第2号の2において「建物の構造耐力上主要な部分等」という．）の状況の調査であつて，経年変化その他の建物に生じる事象に関する知識及び能力を有する者として国土交通省令で定める者が実施するものをいう．第35条第1項第6号の2イにおいて同じ．）を実施する者のあつせんに関する事項

5　媒介契約の有効期間及び解除に関する事項

6　当該宅地又は建物の第5項に規定する指定流通機構への登録に関する事項

7　報酬に関する事項

8　その他国土交通省令・内閣府令で定める事項

② 宅地建物取引業者は，前項第2号の価額又は評価額について意見を述べるときは，その根拠を明らかにしなければならない．

③ 依頼者が他の宅地建物取引業者に重ねて売買又は交換の媒介又は代理を依頼することを禁ずる媒介契約（以下「専任媒介契約」という．）の有効期間は，3月を超えることができない．これより長い期間を定めたときは，その期間は，3月とする．

④ 前項の有効期間は，依頼者の申出により，更新することができる．ただし，更新の時から3月を超えることができない．

⑤ 宅地建物取引業者は，専任媒介契約を締結したときは，契約の相手方を探索するため，国土交通省令で定める期間内に，当該専任媒介契約の目的物である宅地又は

建物につき，所在，規模，形質，売買すべき価額その他国土交通省令で定める事項を，国土交通省令で定めるところにより，国土交通大臣が指定する者（以下「指定流通機構」という．）に登録しなければならない．

⑥ 前項の規定による登録をした宅地建物取引業者は，第50条の6に規定する登録を証する書面を遅滞なく依頼者に引き渡さなければならない．

⑦ 前項の宅地建物取引業者は，第5項の規定による登録に係る宅地又は建物の売買又は交換の契約が成立したときは，国土交通省令で定めるところにより，遅滞なく，その旨を当該登録に係る指定流通機構に通知しなければならない．

⑧ 媒介契約を締結した宅地建物取引業者は，当該媒介契約の目的物である宅地又は建物の売買又は交換の申込みがあつたときは，遅滞なく，その旨を依頼者に報告しなければならない．

⑨ 専任媒介契約を締結した宅地建物取引業者は，前項に定めるもののほか，依頼者に対し，当該専任媒介契約に係る業務の処理状況を2週間に1回以上（依頼者が当該宅地建物取引業者が探索した相手方以外の者と売買又は交換の契約を締結することができない旨の特約を含む専任媒介契約にあつては，1週間に1回以上）報告しなければならない．

⑩ 第3項から第6項まで及び前2項の規定に反する特約は，無効とする．

（代理契約）

第34条の3 前条の規定は，宅地建物取引業者に宅地又は建物の売買又は交換の代理を依頼する契約について準用する．

（重要事項の説明等）

第35条 ① 宅地建物取引業者は，宅地若しくは建物の売買，交換若しくは貸借の相手方若しくは代理を依頼した者又は宅地建物取引業者が行う媒介に係る売買，交換若しくは貸借の各当事者（以下「宅地建物取引業者の相手方等」という．）に対して，その者が取得し，又は借りようとしている宅地又は建物に関し，その売買，交換又は貸借の契約が成立するまでの間に，宅地建物取引士をして，少なくとも次に掲げる事項について，これらの事項を記載した書面（第5号において図面を必要とするときは，図面）を交付して説明をさせなければならない．

1 当該宅地又は建物の上に存する登記された権利の種類及び内容並びに登記名義人又は登記簿の表題部に記録された所有者の氏名（法人にあつては，その名称）

2 都市計画法，建築基準法その他の法令に基づく制限で契約内容の別（当該契約の目的物が宅地であるか又は建物であるかの別及び当該契約が売買若しくは交換の契約であるか又は貸借の契約であるかの別をいう．以下この条において同じ．）に応じて政令で定めるものに関する事項の概要

3 当該契約が建物の貸借の契約以外のものであるときは，私道に関する負担に関する事項

4 飲用水，電気及びガスの供給並びに排水のための施設の整備の状況（これらの施設が整備されていない場合においては，その整備の見通し及びその整備についての特別の負担に関する事項）

5 当該宅地又は建物が宅地の造成又は建築に関する工事の完了前のものであるときは，その完了時における形状，構造その他国土交通省令・内閣府令で定める事項

6 当該建物が建物の区分所有等に関する法律（昭和37年法律第69号）第2条第1項に規定する区分所有権の目的であるものであるときは，当該建物を所有するための1棟の建物の敷地に関する権利の種類及び内容，同条第4項に規定する共用部分に関する規約の定めその他の1棟の建物又はその敷地（一団地内に数棟の建物があつて，その団地内の土地又はこれに関する権利がそれらの建物の所有者の共有に属する場合には，その土地を含む．）に関する権利及びこれらの管理又は使用に関する事項で契約内容の別に応じて国土交通省令・内閣府令で定めるもの

6の2 当該建物が既存の建物であるときは，次に掲げる事項

イ 建物状況調査（実施後国土交通省令で定める期間を経過していないものに限る．）を実施しているかどうか，及びこれを実施している場合におけるその結果の概要

ロ 設計図書，点検記録その他の建物の建築及び維持保全の状況に関する書類で国土交通省令で定めるものの保存の状況

7 代金，交換差金及び借賃以外に授受される金銭の額及び当該金銭の授受の目的

8 契約の解除に関する事項

9 損害賠償額の予定又は違約金に関する事項

10 第41条第1項に規定する手付金等を受領しようとする場合における同条又は第41条の2の規定による措置の概要

11 支払金又は預り金（宅地建物取引業者の相手方等からその取引の対象となる宅地又は建物に関し受領する代金，交換差金，借賃その他の金銭（第41条第1項又は第41条の2第1項の規定により保全の措置が講ぜられている手付金等を除く．）であつて国土交通省令・内閣府令で定めるものをいう．第64条の3第2項第1号において同じ．）を受領しようとする場合において，同号の規定による保証の措置その他国土交通省令・内閣府令で定める保全措置を講ずるかどうか，及びその措置を講ずる場合におけるその措置の概要

12 代金又は交換差金に関する金銭の貸借のあつせんの内容及び当該あつせんに係る金銭の貸借が成立しないときの措置

13 当該宅地又は建物が種類又は品質に関して契約の内容に適合しない場合におけるその不適合を担保すべき責任の履行に関し保証保険契約の締結その他の措置で国土交通省令・内閣府令で定めるものを講ず

るかどうか,及びその措置を講ずる場合におけるその措置の概要

14 その他宅地建物取引業者の相手方等の利益の保護の必要性及び契約内容の別を勘案して,次のイ又はロに掲げる場合の区分に応じ,それぞれ当該イ又はロに定める命令で定める事項

イ 事業を営む場合以外の場合において宅地又は建物を買い,又は借りようとする個人である宅地建物取引業者の相手方等の利益の保護に資する事項を定める場合 国土交通省令・内閣府令

ロ イに規定する事項以外の事項を定める場合 国土交通省令

② 宅地建物取引業者は,宅地又は建物の割賦販売（代金の全部又は一部について,目的物の引渡し後1年以上の期間にわたり,かつ,2回以上に分割して受領することを条件として販売することをいう.以下同じ.）の相手方に対して,その者が取得しようとする宅地又は建物に関し,その割賦販売の契約が成立するまでの間に,宅地建物取引士をして,前項各号に掲げる事項のほか,次に掲げる事項について,これらの事項を記載した書面を交付して説明をさせなければならない.

1 現金販売価格（宅地又は建物の引渡しまでにその代金の全額を受領する場合の価格をいう.）

2 割賦販売価格（割賦販売の方法により販売する場合の価格をいう.）

3 宅地又は建物の引渡しまでに支払う金銭の額及び賦払金（割賦販売の契約に基づく各回ごとの代金の支払分で目的物の引渡し後のものをいう.第42条第1項において同じ.）の額並びにその支払の時期及び方法

③ 宅地建物取引業者は,宅地又は建物に係る信託（当該宅地建物取引業者を委託者とするものに限る.）の受益権の売主となる場合における売買の相手方に対して,その者が取得しようとしている信託の受益権に係る信託財産である宅地又は建物に関し,その売買の契約が成立するまでの間に,宅地建物取引士をして,少なくとも次に掲げる事項について,これらの事項を記載した書面（第5号において図面を必要とするときは,図面）を交付して説明をさせなければならない.ただし,その売買の相手方の利益の保護のため支障を生ずることがない場合として国土交通省令で定める場合は,この限りでない.

1 当該信託財産である宅地又は建物の上に存する登記された権利の種類及び内容並びに登記名義人又は登記簿の表題部に記録された所有者の氏名（法人にあつては,その名称）

2 当該信託財産である宅地又は建物に係る都市計画法,建築基準法その他の法令に基づく制限で政令で定めるものに関する事項の概要

3 当該信託財産である宅地又は建物に係る私道に関する負担に関する事項

4 当該信託財産である宅地又は建物に係る飲用水,電気及びガスの供給並びに排水のための施設の整備の状況（これらの施設が整備されていない場合においては,その整備の見通し及びその整備についての特別の負担に関する事項）

5 当該信託財産である宅地又は建物が宅地の造成又は建築に関する工事の完了前のものであるときは,その完了時における形状,構造その他国土交通省令で定める事項

6 当該信託財産である建物が建物の区分所有等に関する法律第2条第1項に規定する区分所有権の目的であるものであるときは,当該建物を所有するための1棟の建物の敷地に関する権利の種類及び内容,同条第4項に規定する共用部分に関する規約の定めその他の1棟の建物又はその敷地（一団地内に数棟の建物があつて,その団地内の土地又はこれに関する権利がそれらの建物の所有者の共有に属する場合には,その土地を含む.）に関する権利及びこれらの管理又は使用に関する事項で国土交通省令で定めるもの

7 その他当該信託の受益権の売買の相手方の利益の保護の必要性を勘案して国土交通省令で定める事項

④ 宅地建物取引士は,前3項の説明をするときは,説明の相手方に対し,宅地建物取引士証を提示しなければならない.

⑤ 第1項から第3項までの書面の交付に当たつては,宅地建物取引士は,当該書面に記名押印しなければならない.

⑥ 次の表の第1欄に掲げる者が宅地建物取引業者である場合においては,同表の第2欄に掲げる規定の適用については,これらの規定中同表の第3欄に掲げる字句は,それぞれ同表の第4欄に掲げる字句とし,前2項の規定は,適用しない.

宅地建物取引業者の相手方等	第1項	宅地建物取引士をして,少なくとも次に掲げる事項について,これらの事項	少なくとも次に掲げる事項
		交付して説明をさせなければ	交付しなければ
第2項に規定する宅地又は建物の割賦販売の相手方	第2項	宅地建物取引士をして,前項各号に掲げる事項のほか,次に掲げる事項について,これらの事項	前項各号に掲げる事項のほか,次に掲げる事項
		交付して説明をさせなければ	交付しなければ

⑦ 宅地建物取引業者は,前項の規定により読み替えて適用する第1項又は第2項の規定により交付すべき書面を作成したときは,宅地建物取引士をして,当該書面に記名押印させなければならない.

（供託所等に関する説明）

第35条の2 宅地建物取引業者は,宅地建物取引業者の相手方等（宅地建物取引業者に該当する者を除く.）に対して,当該売買,交換又は貸借の契約が成立するまでの間に,当該宅地建物取引業者が第64条の2第1項の

規定により指定を受けた一般社団法人の社員でないときは第１号に掲げる事項について，当該宅地建物取引業者が同項の規定により指定を受けた一般社団法人の社員であるときは，第64条の８第１項の規定により国土交通大臣の指定する弁済業務開始日前においては第１号及び第２号に掲げる事項について，当該弁済業務開始日以後においては第２号に掲げる事項について説明をするようにしなければならない．

1 営業保証金を供託した主たる事務所の最寄りの供託所及びその所在地
2 社員である旨，当該一般社団法人の名称，住所及び事務所の所在地並びに第64条の７第２項の供託所及びその所在地

（契約締結等の時期の制限）

第36条 宅地建物取引業者は，宅地の造成又は建物の建築に関する工事の完了前においては，当該工事に関し必要とされる都市計画法第29条第１項又は第２項の許可，建築基準法第６条第１項の確認その他法令に基づく許可等の処分で政令で定めるものがあつた後でなければ，当該工事に係る宅地又は建物につき，自ら当事者として，若しくは当事者を代理してその売買若しくは交換の契約を締結し，又はその売買若しくは交換の媒介をしてはならない．

（書面の交付）

第37条 ① 宅地建物取引業者は，宅地又は建物の売買又は交換に関し，自ら当事者として契約を締結したときはその相手方に，当事者を代理して契約を締結したときはその相手方及び代理を依頼した者に，その媒介により契約が成立したときは当該契約の各当事者に，遅滞なく，次に掲げる事項を記載した書面を交付しなければならない．

1 当事者の氏名（法人にあつては，その名称）及び住所
2 当該宅地の所在，地番その他当該宅地を特定するために必要な表示又は当該建物の所在，種類，構造その他当該建物を特定するために必要な表示
2の2 当該建物が既存の建物であるときは，建物の構造耐力上主要な部分等の状況について当事者の双方が確認した事項
3 代金又は交換差金の額並びにその支払の時期及び方法
4 宅地又は建物の引渡しの時期
5 移転登記の申請の時期
6 代金及び交換差金以外の金銭の授受に関する定めがあるときは，その額並びに当該金銭の授受の時期及び目的
7 契約の解除に関する定めがあるときは，その内容
8 損害賠償額の予定又は違約金に関する定めがあるときは，その内容
9 代金又は交換差金についての金銭の貸借のあつせんに関する定めがある場合においては，当該あつせんに係る金銭の貸借が成立しないときの措置
10 天災その他不可抗力による損害の負担に関する定めがあるときは，その内容
11 当該宅地若しくは建物が種類若しくは品質に関して契約の内容に適合しない場合におけるその不適合を担保すべき責任又は当該責任の履行に関して講ずべき保証保険契約の締結その他の措置についての定めがあるときは，その内容
12 当該宅地又は建物に係る租税その他の公課の負担に関する定めがあるときは，その内容

② 宅地建物取引業者は，宅地又は建物の貸借に関し，当事者を代理して契約を締結したときはその相手方及び代理を依頼した者に，その媒介により契約が成立したときは当該契約の各当事者に，次に掲げる事項を記載した書面を交付しなければならない．

1 前項第１号，第２号，第４号，第７号，第８号及び第10号に掲げる事項
2 借賃の額並びにその支払の時期及び方法
3 借賃以外の金銭の授受に関する定めがあるときは，その額並びに当該金銭の授受の時期及び目的

③ 宅地建物取引業者は，前２項の規定により交付すべき書面を作成したときは，宅地建物取引士をして，当該書面に記名押印させなければならない．

（事務所等以外の場所においてした買受けの申込みの撤回等）

第37条の２ ① 宅地建物取引業者が自ら売主となる宅地又は建物の売買契約について，当該宅地建物取引業者の事務所その他国土交通省令・内閣府令で定める場所（以下この条において「事務所等」という．）以外の場所において，当該宅地又は建物の買受けの申込みをした者又は売買契約を締結した買主（事務所等において買受けの申込みをし，事務所等以外の場所において売買契約を締結した買主を除く．）は，次に掲げる場合を除き，書面により，当該買受けの申込みの撤回又は当該売買契約の解除（以下この条において「申込みの撤回等」という．）を行うことができる．この場合において，宅地建物取引業者は，申込みの撤回等に伴う損害賠償又は違約金の支払を請求することができない．

1 買受けの申込みをした者又は買主（以下この条において「申込者等」という．）が，国土交通省令・内閣府令の定めるところにより，申込みの撤回等を行うことができる旨及びその申込みの撤回等を行う場合の方法について告げられた場合において，その告げられた日から起算して８日を経過したとき．
2 申込者等が，当該宅地又は建物の引渡しを受け，かつ，その代金の全部を支払つたとき．

② 申込みの撤回等は，申込者等が前項前段の書面を発した時に，その効力を生ずる．

③ 申込みの撤回等が行われた場合においては，宅地建物取引業者は，申込者等に対し，速やかに，買受けの申込み又は売買契約の締結に際し受領した手付金その他の金銭を返還しなければならない．

④ 前３項の規定に反する特約で申込者等に不利なものは，無効とする．

（損害賠償額の予定等の制限）

第38条 ① 宅地建物取引業者がみずから売主となる宅地

又は建物の売買契約において,当事者の債務の不履行を理由とする契約の解除に伴う損害賠償の額を予定し,又は違約金を定めるときは,これらを合算した額が代金の額の10分の2をこえることとなる定めをしてはならない.

② 前項の規定に反する特約は,代金の額の10分の2をこえる部分について,無効とする.

(手付の額の制限等)

第39条 ① 宅地建物取引業者は,自ら売主となる宅地又は建物の売買契約の締結に際して,代金の額の10分の2を超える額の手付を受領することができない.

② 宅地建物取引業者が,自ら売主となる宅地又は建物の売買契約の締結に際して手付を受領したときは,その手付がいかなる性質のものであつても,買主はその手付を放棄して,当該宅地建物取引業者はその倍額を現実に提供して,契約の解除をすることができる.ただし,その相手方が契約の履行に着手した後は,この限りでない.

③ 前項の規定に反する特約で,買主に不利なものは,無効とする.

(担保責任についての特約の制限)

第40条 ① 宅地建物取引業者は,自ら売主となる宅地又は建物の売買契約において,その目的物が種類又は品質に関して契約の内容に適合しない場合におけるその不適合を担保すべき責任に関し,民法(明治29年法律第89号)第566条に規定する期間についてその目的物の引渡しの日から2年以上となる特約をする場合を除き,同条に規定するものより買主に不利となる特約をしてはならない.

② 前項の規定に反する特約は,無効とする.

(手付金等の保全)

第41条 ① 宅地建物取引業者は,宅地の造成又は建築に関する工事の完了前において行う当該工事に係る宅地又は建物の売買で自ら売主となるものに関しては,次の各号のいずれかに掲げる措置を講じた後でなければ,買主から手付金等(代金の全部又は一部として授受される金銭及び手付金その他の名義をもつて授受される金銭で代金に充当されるものであつて,契約の締結の日以後当該宅地又は建物の引渡し前に支払われるものをいう.以下同じ.)を受領してはならない.ただし,当該宅地若しくは建物について買主への所有権移転の登記がされたとき,買主が所有権の登記をしたとき,又は当該宅地建物取引業者が受領しようとする手付金等の額(既に受領した手付金等があるときは,その額を加えた額)が代金の額の100分の5以下であり,かつ,宅地建物取引業者の取引の実情及びその取引の相手方の利益の保護を考慮して政令で定める額以下であるときは,この限りでない.

1 銀行その他政令で定める金融機関又は国土交通大臣が指定する者(以下この条において「銀行等」という.)との間において,宅地建物取引業者が受領した手付金等の返還債務を負うこととなつた場合において当該銀行等がその債務を連帯して保証することを委託する契約(以下「保証委託契約」という.)を締結し,かつ,当該保証委託契約に基づいて当該銀行等が手付金等の返還債務を連帯して保証することを約する書面を買主に交付すること.

2 保険事業者(保険業法(平成7年法律第105号)第3条第1項又は第185条第1項の免許を受けて保険業を行う者をいう.以下この号において同じ.)との間において,宅地建物取引業者が受領した手付金等の返還債務の不履行により買主に生じた損害のうち少なくとも当該返還債務の不履行に係る手付金等の額に相当する部分を当該保険事業者がうめることを約する保証保険契約を締結し,かつ,保険証券又はこれに代わるべき書面を買主に交付すること.

② 前項第1号の規定による保証委託契約は,銀行等が次の各号に掲げる要件に適合する保証契約を買主との間において成立させることを内容とするものでなければならない.

1 保証債務が,少なくとも宅地建物取引業者が受領した手付金等の返還債務の全部を保証するものであること.

2 保証すべき手付金等の返還債務が,少なくとも宅地建物取引業者が受領した手付金等に係る宅地又は建物の引渡しまでに生じたものであること.

③ 第1項第2号の規定による保証保険契約は,次の各号に掲げる要件に適合するものでなければならない.

1 保険金額が,宅地建物取引業者が受領しようとする手付金等の額(既に受領した手付金等があるときは,その額を加えた額)に相当する金額であること.

2 保険期間が,少なくとも保証保険契約が成立した時から宅地建物取引業者が受領した手付金等に係る宅地又は建物の引渡しまでの期間であること.

④ 宅地建物取引業者が,第1項に規定する宅地又は建物の売買を行う場合(同項ただし書に該当する場合を除く.)において,同項第1号又は第2号に掲げる措置を講じないときは,買主は,手付金等を支払わないことができる.

⑤ 宅地建物取引業者は,次の各号に掲げる措置に代えて,政令で定めるところにより,第1項に規定する買主の承諾を得て,電子情報処理組織を使用する方法その他の情報通信の技術を利用する方法であつて,当該各号に掲げる措置に準ずるものとして国土交通省令・内閣府令で定めるものを講じることができる.この場合において,当該国土交通省令・内閣府令で定める措置を講じた者は,当該各号に掲げる措置を講じたものとみなす.

1 第1項第1号に掲げる措置のうち,当該保証委託契約に基づいて当該銀行等が手付金等の返還債務を連帯して保証することを約する書面を買主に交付する措置

2 第1項第2号に掲げる措置のうち,保険証券に代わるべき書面を買主に交付する措置

第41条の2 ① 宅地建物取引業者は,自ら売主となる宅地又は建物の売買(前条第1項に規定する売買を除

く.）に関しては,同項第1号若しくは第2号に掲げる措置を講じた後又は次の各号に掲げる措置をいずれも講じた後でなければ,買主から手付金等を受領してはならない.ただし,当該宅地若しくは建物について買主への所有権移転の登記がされたとき,買主が所有権の登記をしたとき,又は当該宅地建物取引業者が受領しようとする手付金等の額（既に受領した手付金等があるときは,その額を加えた額）が代金の額の10分の1以下であり,かつ,宅地建物取引業者の取引の実情及びその取引の相手方の利益の保護を考慮して政令で定める額以下であるときは,この限りでない.

1 国土交通大臣が指定する者（以下「指定保管機関」という.）との間において,宅地建物取引業者が自己に代理して当該指定保管機関に当該手付金等を受領させることとするとともに,当該指定保管機関が,当該宅地建物取引業者が受領した手付金等の額に相当する額の金銭を保管することを約する契約（以下「手付金等寄託契約」という.）を締結し,かつ,当該手付金等寄託契約を証する書面を買主に交付すること.

2 買主との間において,買主が宅地建物取引業者に対して有することとなる手付金等の返還を目的とする債権の担保として,手付金等寄託契約に基づく寄託金の返還を目的とする債権について質権を設定する契約（以下「質権設定契約」という.）を締結し,かつ,当該質権設定契約を証する書面を買主に交付し,及び当該質権設定契約による質権の設定を民法第477条の規定による確定日付のある証書をもつて指定保管機関に通知すること.

② 前項第1号の規定による手付金等寄託契約は,次の各号に掲げる要件に適合するものでなければならない.

1 保管される金額が,宅地建物取引業者が受領しようとする手付金等の額（既に受領した手付金等で指定保管機関に保管されていないものがあるときは,その保管されていないものの額を加えた額）に相当する金額であること.

2 保管期間が,少なくとも指定保管機関が宅地建物取引業者に代理して手付金等を受領した時から当該手付金等に係る宅地又は建物の引渡しまでの期間であること.

③ 第1項第2号の規定による質権設定契約は,設定される質権の存続期間が,少なくとも当該質権が設定された時から宅地建物取引業者が受領した手付金等に係る宅地又は建物の引渡しまでの期間であるものでなければならない.

④ 宅地建物取引業者は,第1項各号に掲げる措置を講ずる場合において,既に自ら手付金等を受領しているときは,自ら受領した手付金等の額に相当する額（既に指定保管機関が保管する金銭があるときは,その額を除いた額）の金銭を,買主が手付金等の支払をする前に,指定保管機関に交付しなければならない.

⑤ 宅地建物取引業者が,第1項に規定する宅地又は建物の売買を行う場合（同項ただし書に該当する場合を除く.）において,前条第1項第1号若しくは第2号に掲げる措置を講じないとき,第1項各号の1に掲げる措置を講じないとき,又は前項の規定による金銭の交付をしないときは,買主は,手付金等を支払わないことができる.

⑥ 宅地建物取引業者は,次の各号に掲げる措置に代えて,政令で定めるところにより,第1項に規定する買主の承諾を得て,電子情報処理組織を使用する方法その他の情報通信の技術を利用する方法であつて,当該各号に掲げる措置に準ずるものとして国土交通省令・内閣府令で定めるものを講じることができる.この場合において,当該国土交通省令・内閣府令で定める措置を講じた者は,当該各号に掲げる措置を講じたものとみなす.

1 第1項第1号に掲げる措置のうち,当該手付金等寄託契約を証する書面を買主に交付する措置

2 第1項第2号に掲げる措置のうち,当該質権設定契約を証する書面を買主に交付する措置

（宅地又は建物の割賦販売の契約の解除等の制限）

第42条 ① 宅地建物取引業者は,みずから売主となる宅地又は建物の割賦販売の契約について賦払金の支払の義務が履行されない場合においては,30日以上の相当の期間を定めてその支払を書面で催告し,その期間内にその義務が履行されないときでなければ,賦払金の支払の遅滞を理由として,契約を解除し,又は支払時期の到来していない賦払金の支払を請求することができない.

② 前項の規定に反する特約は,無効とする.

（所有権留保等の禁止）

第43条 ① 宅地建物取引業者は,みずから売主として宅地又は建物の割賦販売を行なつた場合には,当該割賦販売に係る宅地又は建物を買主に引き渡すまで（当該宅地又は建物を引き渡すまでに代金の額の10分の3をこえる額の金銭の支払を受けていない場合にあつては,代金の額の10分の3をこえる額の金銭の支払を受けるまで）に,登記その他引渡し以外の売主の義務を履行しなければならない.ただし,買主が,当該宅地又は建物につき所有権の登記をした後の代金債務について,これを担保するための抵当権若しくは不動産売買の先取特権の登記を申請し,又はこれを保証する保証人を立てる見込みがないときは,この限りでない.

② 宅地建物取引業者は,みずから売主として宅地又は建物の割賦販売を行なつた場合において,当該割賦販売に係る宅地又は建物を買主に引き渡し,かつ,代金の額の10分の3をこえる額の金銭の支払を受けた後は,担保の目的で当該宅地又は建物を譲り受けてはならない.

③ 宅地建物取引業者は,みずから売主として宅地又は建物の売買を行なつた場合において,代金の全部又は一部に充てるための買主の金銭の借入れで,当該宅地又は建物の引渡し後1年以上の期間にわたり,かつ,2回以上に分割して返還することを条件とするものに係る債務を保証したときは,当該宅地又は建物を買主に引き渡すまで（当該宅地又は建物を引き渡すまでに受領した代金の額から当該保証に係る債務で当該宅地又は

建物を引き渡すまでに弁済されていないものの額を控除した額が代金の額の10分の３をこえていない場合にあつては,受領した代金の額から当該保証に係る債務で弁済されていないものの額を控除した額が代金の額の10分の３をこえるまで）に,登記その他引渡し以外の売主の義務を履行しなければならない.ただし,宅地建物取引業者が当該保証債務を履行した場合に取得する求償権及び当該宅地又は建物につき買主が所有権の登記をした後の代金債権について,買主が,これを担保するための抵当権若しくは不動産売買の先取特権の登記を申請し,又はこれを保証する保証人を立てる見込みがないときは,この限りでない.

④ 宅地建物取引業者は,みずから売主として宅地又は建物の売買を行なつた場合において,当該宅地又は建物の代金の全部又は一部に充てるための買主の金銭の借入れで,当該宅地又は建物の引渡し後１年以上の期間にわたり,かつ,２回以上に分割して返還することを条件とするものに係る債務を保証したときは,当該売買に係る宅地又は建物を買主に引き渡し,かつ,受領した代金の額から当該保証に係る債務で弁済されていないものの額を控除した額が代金の額の10分の３をこえる額の金銭の支払を受けた後は,担保の目的で当該宅地又は建物を譲り受けてはならない.

（不当な履行遅延の禁止）

第44条 宅地建物取引業者は,その業務に関してなすべき宅地若しくは建物の登記若しくは引渡し又は取引に係る対価の支払を不当に遅延する行為をしてはならない.

（秘密を守る義務）

第45条 宅地建物取引業者は,正当な理由がある場合でなければ,その業務上取り扱つたことについて知り得た秘密を他に漏らしてはならない.宅地建物取引業を営まなくなつた後であつても,また同様とする.

（報　酬）

第46条 ① 宅地建物取引業者が宅地又は建物の売買,交換又は貸借の代理又は媒介に関して受けることのできる報酬の額は,国土交通大臣の定めるところによる.

② 宅地建物取引業者は,前項の額をこえて報酬を受けてはならない.

③ 国土交通大臣は,第１項の報酬の額を定めたときは,これを告示しなければならない.

④ 宅地建物取引業者は,その事務所ごとに,公衆の見やすい場所に,第１項の規定により国土交通大臣が定めた報酬の額を掲示しなければならない.

（業務に関する禁止事項）

第47条 宅地建物取引業者は,その業務に関して,宅地建物取引業者の相手方等に対し,次に掲げる行為をしてはならない.

１ 宅地若しくは建物の売買,交換若しくは貸借の契約の締結について勧誘をするに際し,又はその契約の申込みの撤回若しくは解除若しくは宅地建物取引業に関する取引により生じた債権の行使を妨げるため,次のいずれかに該当する事項について,故意に事実を告げず,又は不実のことを告げる行為

イ 第35条第１項各号又は第２項各号に掲げる事項

ロ 第35条の２各号に掲げる事項

ハ 第37条第１項各号又は第２項各号（第１号を除く.）に掲げる事項

ニ イからハまでに掲げるもののほか,宅地若しくは建物の所在,規模,形質,現在若しくは将来の利用の制限,環境,交通等の利便,代金,借賃等の対価の額若しくは支払方法その他の取引条件又は当該宅地建物取引業者若しくは取引の関係者の資力若しくは信用に関する事項であつて,宅地建物取引業者の相手方等の判断に重要な影響を及ぼすこととなるもの

２ 不当に高額の報酬を要求する行為

３ 手付について貸付けその他信用の供与をすることにより契約の締結を誘引する行為

第47条の２ ① 宅地建物取引業者又はその代理人,使用人その他の従業者（以下この条において「宅地建物取引業者等」という.）は,宅地建物取引業に係る契約の締結の勧誘をするに際し,宅地建物取引業者の相手方等に対し,利益を生ずることが確実であると誤解させるべき断定的判断を提供する行為をしてはならない.

② 宅地建物取引業者等は,宅地建物取引業に係る契約を締結させ,又は宅地建物取引業に係る契約の申込みの撤回若しくは解除を妨げるため,宅地建物取引業者の相手方等を威迫してはならない.

③ 宅地建物取引業者等は,前２項に定めるもののほか,宅地建物取引業に係る契約の締結に関する行為又は申込みの撤回若しくは解除の妨げに関する行為であつて,第35条第１項第14号イに規定する宅地建物取引業者の相手方等の利益の保護に欠けるものとして国土交通省令・内閣府令で定めるもの及びその他の宅地建物取引業者の相手方等の利益の保護に欠けるものとして国土交通省令で定めるものをしてはならない.

（宅地建物取引業の業務に関し行つた行為の取消しの制限）

第47条の３ 宅地建物取引業者（個人に限り,未成年者を除く.）が宅地建物取引業の業務に関し行つた行為は,行為能力の制限によつては取り消すことができない.

（証明書の携帯等）

第48条 ① 宅地建物取引業者は,国土交通省令の定めるところにより,従業者に,その従業者であることを証する証明書を携帯させなければ,その者をその業務に従事させてはならない.

② 従業者は,取引の関係者の請求があつたときは,前項の証明書を提示しなければならない.

③ 宅地建物取引業者は,国土交通省令で定めるところにより,その事務所ごとに,従業者名簿を備え,従業者の氏名,第１項の証明書の番号その他国土交通省令で定める事項を記載しなければならない.

④ 宅地建物取引業者は,取引の関係者から請求があつたときは,前項の従業者名簿をその者の閲覧に供しなければならない.

（帳簿の備付け）

第49条 宅地建物取引業者は，国土交通省令の定めるところにより，その事務所ごとに，その業務に関する帳簿を備え，宅地建物取引業に関し取引のあつたつど，その年月日，その取引に係る宅地又は建物の所在及び面積その他国土交通省令で定める事項を記載しなければならない．

（標識の掲示等）

第50条 ① 宅地建物取引業者は，事務所等及び事務所等以外の国土交通省令で定めるその業務を行う場所ごとに，公衆の見やすい場所に，国土交通省令で定める標識を掲げなければならない．

② 宅地建物取引業者は，国土交通省令の定めるところにより，あらかじめ，第31条の3第1項の国土交通省令で定める場所について所在地，業務内容，業務を行う期間及び専任の宅地建物取引士の氏名を免許を受けた国土交通大臣又は都道府県知事及びその所在地を管轄する都道府県知事に届け出なければならない．

（取引一任代理等に係る特例）

第50条の2 ① 宅地建物取引業者が，宅地又は建物の売買，交換又は貸借に係る判断の全部又は一部を次に掲げる契約により一任されるとともに当該判断に基づきこれらの取引の代理又は媒介を行うこと（以下「取引一任代理等」という．）について，あらかじめ，国土交通省令で定めるところにより，国土交通大臣の認可を受けたときは，第34条の2及び第34条の3の規定は，当該宅地建物取引業者が行う取引一任代理等については，適用しない．

1 当該宅地建物取引業者が金融商品取引法（昭和23年法律第25号）第29条の登録（同法第28条第4項に規定する投資運用業の種別に係るものに限る．）を受けて次のイ又はロに掲げる者と締結する当該イ又はロに定める契約

イ 当該宅地建物取引業者がその運用の指図を行う委託者指図型投資信託（投資信託及び投資法人に関する法律（昭和26年法律第198号）第2条第1項に規定する委託者指図型投資信託をいう．）の信託財産の受託会社（同法第9条に規定する受託会社をいう．） 同法第3条に規定する投資信託契約

ロ 当該宅地建物取引業者がその資産の運用を行う投資法人（投資信託及び投資法人に関する法律第2条第12項に規定する投資法人をいう．） 同法第188条第1項第4号に規定する委託契約

2 当該宅地建物取引業者が次のイ又はロに掲げる規定に基づき宅地又は建物の売買，交換又は賃貸に係る業務を受託する場合における当該業務を委託する当該イ又はロに定める者と締結する当該業務の委託に関する契約

イ 資産の流動化に関する法律（平成10年法律第105号）第203条 同法第2条第3項に規定する特定目的会社

ロ 資産の流動化に関する法律第284条第2項 同法第2条第16項に規定する受託信託会社等

3 当該宅地建物取引業者が不動産特定共同事業法（平成6年法律第77号）第3条第1項の許可（同法第2条第4項第3号に掲げる行為に係る事業に係るものに限る．）を受けて当該宅地建物取引業者に係る同法第26条の2第1号に規定する委託特例事業者と締結する業務の委託に関する契約

② 前項の認可を受けた宅地建物取引業者（以下「認可宅地建物取引業者」という．）が取引一任代理等を行う場合には，当該取引一任代理等に係る前項各号に掲げる契約の相手方に対しては，次の各号に掲げる規定にかかわらず，当該各号に定める行為をすることを要しない．

1 第35条第1項 同項に規定する書面の交付及び説明

2 第35条第2項 同項に規定する書面の交付及び説明

3 第35条の2 同条に規定する説明

4 第37条第2項 同項に規定する書面の交付

（認可の条件）

第50条の2の2 ① 国土交通大臣は，前条第1項の認可に条件を付し，及びこれを変更することができる．

② 前項の条件は，宅地及び建物の取引の公正を確保するため必要な最小限度のものに限り，かつ，当該認可を受ける者に不当な義務を課することとならないものでなければならない．

（認可の基準等）

第50条の2の3 ① 国土交通大臣は，第50条の2第1項の認可を受けようとする者が次の各号のいずれかに該当するときは，認可をしてはならない．

1 その行おうとする取引一任代理等を健全に遂行するに足りる財産的基礎を有しないこと．

2 その営む業務の収支の見込みが良好でなく，取引一任代理等の公正を害するおそれがあること．

3 その行おうとする取引一任代理等を公正かつ的確に遂行することができる知識及び経験を有しないこと．

② 国土交通大臣は，第50条の2第1項の認可をしない場合においては，その理由を付した書面をもつて，申請者にその旨を通知しなければならない．

③ 国土交通大臣は，第50条の2第1項の認可をした場合であつて，当該宅地建物取引業者が都道府県知事の免許を受けたものであるときは，遅滞なく，その旨を当該都道府県知事に通知しなければならない．

（不動産信託受益権等の売買等に係る特例）

第50条の2の4 金融商品取引業者（金融商品取引法第2条第9項に規定する金融商品取引業者をいう．）又は金融商品仲介業者（同条第12項に規定する金融商品仲介業者をいう．）である宅地建物取引業者が，宅地若しくは建物に係る信託の受益権又は当該受益権に対する投資事業に係る組合契約（民法第667条第1項に規定する組合契約をいう．），匿名組合契約（商法（明治32年法律第48号）第535条に規定する匿名組合契約をいう．）若しくは投資事業有限責任組合契約（投資事業有限責任組合契約に関する法律（平成10年法律第90号）第3条第1項に規定する投資事業有限責任組合契約をいう．）に基づく権利（以下この条において「不動産信託受益権等」という．）の売主となる場合又は

不動産信託受益権等の売買の代理若しくは媒介をする場合においては,これを当該宅地建物取引業者が宅地又は建物に係る信託（当該宅地建物取引業者を委託者とするものに限る.）の受益権の売主となる場合とみなして第35条第３項から第５項までの規定を適用する.この場合において,同条第３項本文中「売買の相手方に対して」とあるのは「売買の相手方又は代理を依頼した者若しくは媒介に係る売買の各当事者（以下「不動産信託受益権売買等の相手方」という.）に対して」と,「信託の受益権に係る」とあるのは「第50条の２の４に規定する不動産信託受益権等に係る」と,同項ただし書中「売買の相手方」とあり,及び同項第７号中「信託の受益権の売買の相手方」とあるのは「不動産信託受益権売買等の相手方」とする.

第２節　指定流通機構

（指定等）

第50条の２の５ ① 第34条の２第５項の規定による指定（以下この節において「指定」という.）は,次に掲げる要件を備える者であつて,次条第１項各号に掲げる業務を適正かつ確実に行うことができると認められるものにつき,国土交通省令で定めるところにより,その者の同意を得て行わなければならない.

１ 宅地及び建物の取引の適正の確保及び流通の円滑化を目的とする一般社団法人又は一般財団法人であること.

２ 第50条の14第１項の規定により指定を取り消され,その取消しの日から５年を経過しない者でないこと.

３ 役員のうちに次のいずれかに該当する者がないこと.

イ　第５条第１項第１号,第５号又は第６号に該当する者

ロ　指定流通機構が第50条の14第１項の規定により指定を取り消された場合において,当該取消しに係る聴聞の期日及び場所の公示の日前60日以内にその指定流通機構の役員であつた者で当該取消しの日から５年を経過しないもの

ハ　心身の故障により指定流通機構の業務を適正に行うことができない者として国土交通省令で定めるもの

② 国土交通大臣は,指定をしたときは,指定流通機構の名称及び主たる事務所の所在地,当該指定をした日その他国土交通省令で定める事項を公示しなければならない.

③ 指定流通機構は,その名称又は主たる事務所の所在地を変更しようとするときは,変更しようとする日の２週間前までに,その旨を国土交通大臣に届け出なければならない.

④ 国土交通大臣は,前項の規定による届出があつたときは,その旨を公示しなければならない.

（指定流通機構の業務）

第50条の３ ① 指定流通機構は,この節の定めるところにより,次に掲げる業務を行うものとする.

１ 専任媒介契約その他の宅地建物取引業に係る契約の目的物である宅地又は建物の登録に関すること.

２ 前号の登録に係る宅地又は建物についての情報を,宅地建物取引業者に対し,定期的に又は依頼に応じて提供すること.

３ 前２号に掲げるもののほか,前号の情報に関する統計の作成その他宅地及び建物の取引の適正の確保及び流通の円滑化を図るために必要な業務

② 指定流通機構は,国土交通省令で定めるところにより,その業務の一部を,国土交通大臣の承認を受けて,他の者に委託することができる.

（差別的取扱いの禁止）

第50条の４ 指定流通機構は,前条第１項第１号及び第２号に掲げる業務（以下この節において「登録業務」という.）の運営に関し,宅地又は建物を登録しようとする者その他指定流通機構を利用しようとする宅地建物取引業者に対して,不当に差別的な取扱いをしてはならない.

（登録業務規程）

第50条の５ ① 指定流通機構は,登録業務に関する規程（以下この節において「登録業務規程」という.）を定め,国土交通大臣の認可を受けなければならない.これを変更しようとするときも,同様とする.

② 登録業務規程には,登録業務の実施方法（登録業務の連携,代行等に関する他の指定流通機構との協定の締結を含む.）,登録業務に関する料金その他の国土交通省令で定める事項を定めておかなければならない.この場合において,当該料金は,能率的な業務運営の下における適正な原価を償う限度のものであり,かつ,公正妥当なものでなければならない.

③ 国土交通大臣は,第１項の認可をした登録業務規程が登録業務の適正かつ確実な実施上不適当となつたと認めるときは,指定流通機構に対し,その登録業務規程を変更すべきことを命ずることができる.

（登録を証する書面の発行）

第50条の６ 指定流通機構は,第34条の２第５項の規定による登録があつたときは,国土交通省令で定めるところにより,当該登録をした宅地建物取引業者に対し,当該登録を証する書面を発行しなければならない.

（売買契約等に係る件数等の公表）

第50条の７ 指定流通機構は,当該指定流通機構に登録された宅地又は建物について,国土交通省令で定めるところにより,毎月の売買又は交換の契約に係る件数その他国土交通省令で定める事項を公表しなければならない.

（事業計画等）

第50条の８ ① 指定流通機構は,毎事業年度,事業計画及び収支予算を作成し,当該事業年度の開始前に（指定を受けた日の属する事業年度にあつては,その指定を受けた後遅滞なく）,国土交通大臣の認可を受けなければならない.これを変更しようとするときも,同様とする.

② 指定流通機構は,毎事業年度,事業報告書及び収支決算書を作成し,当該事業年度の終了後３月以内に,国土交通大臣に提出しなければならない.

（登録業務に関する情報の目的外使用の禁止）
第50条の9 指定流通機構の役員若しくは職員又はこれらの職にあつた者は，登録業務に関して得られた情報を，第50条の3第1項に規定する業務の用に供する目的以外に使用してはならない．
（役員の選任及び解任）
第50条の10 ① 指定流通機構の役員の選任及び解任は，国土交通大臣の認可を受けなければ，その効力を生じない．
② 国土交通大臣は，指定流通機構の役員が，この法律の規定（この法律に基づく命令又は処分を含む．）若しくは第50条の5第1項の規定により認可を受けた登録業務規程に違反する行為をしたとき，又は登録業務に関し著しく不適当な行為をしたときは，指定流通機構に対し，その役員を解任すべきことを命ずることができる．
（監督命令）
第50条の11 国土交通大臣は，第50条の3第1項に規定する業務の適正な実施を確保するため必要があると認めるときは，指定流通機構に対し，当該業務に関し監督上必要な命令をすることができる．
（報告及び検査）
第50条の12 ① 国土交通大臣は，第50条の3第1項に規定する業務の適正な実施を確保するため必要があると認めるときは，指定流通機構に対し，当該業務の状況に関し必要な報告を求め，又はその職員に，指定流通機構の事務所に立ち入り，業務の状況若しくは設備，帳簿，書類その他の物件を検査させることができる．
② 前項の規定により立入検査をする職員は，その身分を示す証明書を携帯し，関係人の請求があつたときは，これを提示しなければならない．
③ 第1項の規定による立入検査の権限は，犯罪捜査のために認められたものと解してはならない．
（登録業務の休廃止）
第50条の13 ① 指定流通機構は，登録業務の全部又は一部を休止し，又は廃止しようとするときは，休止し，又は廃止しようとする日の30日前までに，国土交通省令で定める事項を国土交通大臣に届け出なければならない．
② 国土交通大臣は，前項の届出があつたときは，その旨を公示しなければならない．
（指定の取消し等）
第50条の14 ① 国土交通大臣は，指定流通機構が次の各号のいずれかに該当するときは，当該指定流通機構に対し，その指定を取り消し，又は期間を定めて登録業務の全部若しくは一部の停止を命ずることができる．
1 登録業務を適正かつ確実に実施することができないと認められるとき．
2 この節の規定又は当該規定に基づく命令若しくは処分に違反したとき．
3 第50条の5第1項の規定により認可を受けた登録業務規程によらないで登録業務を行つたとき．
② 第16条の15第3項から第5項までの規定は，前項の規定による処分に係る聴聞について準用する．
③ 国土交通大臣は，第1項の規定による処分をしたときは，その旨を公示しなければならない．
（他の指定流通機構による登録業務の実施等）
第50条の15 ① 国土交通大臣は，第50条の13第1項の規定による登録業務の全部若しくは一部の休止若しくは廃止の届出があつたとき，前条第1項の規定により指定を取り消したとき若しくは登録業務の全部若しくは一部の停止を命じたとき，又は指定流通機構が天災その他の事態により登録業務の全部若しくは一部を実施することが困難となつた場合において必要があると認めるときは，当該登録業務の全部又は一部を，第50条の5第1項の認可をした登録業務規程に従い，他の指定流通機構に行わせることができる．
② 国土交通大臣は，前項の規定により他の指定流通機構に登録業務を行わせることとしたときは，国土交通省令で定めるところにより，その旨を公示しなければならない．
③ 前2項に定めるもののほか，第1項に規定する事由が生じた場合における所要の経過措置は，合理的に必要と判断される範囲内において，国土交通省令で定めることができる．

第3節 指定保証機関

（指　定）
第51条 ① 第41条第1項第1号の指定（以下この節において「指定」という．）は，宅地又は建物の売買に関し宅地建物取引業者が買主から受領する手付金等の返還債務を保証する事業（以下「手付金等保証事業」という．）を営もうとする者の申請により行う．
② 指定を受けようとする者は，国土交通省令の定めるところにより，次に掲げる事項を記載した申請書を国土交通大臣に提出しなければならない．
1 商　号
2 役員の氏名及び住所
3 本店，支店その他政令で定める営業所の名称及び所在地
4 資本金の額
③ 前項の申請書には，次に掲げる書類を添付しなければならない．
1 定款及び事業方法書
2 収支の見積りその他国土交通省令で定める事項を記載した事業計画書
3 手付金等保証事業に係る保証委託契約約款
4 その他国土交通省令で定める書類
④ 前項第1号の事業方法書には，保証の目的の範囲，支店及び政令で定めるその他の営業所の権限に関する事項，保証限度，各保証委託者からの保証の受託の限度，保証委託契約の締結の方法に関する事項，保証の受託の拒否の基準に関する事項その他国土交通省令で定める事項を記載しなければならない．
（指定の基準）
第52条 国土交通大臣は，指定を申請した者が次の各号のいずれかに該当すると認めるときは，その指定をしてはならない．

1 資本金の額が5000万円以上の株式会社でないこと.
2 前号に規定するほか,その行おうとする手付金等保証事業を健全に遂行するに足りる財産的基礎を有しないこと.
3 定款の規定又は事業方法書若しくは事業計画書の内容が法令に違反し,又は事業の適正な運営を確保するのに十分でないこと.
4 手付金等保証事業に係る保証委託契約約款の内容が国土交通省令で定める基準に適合しないこと.
5 第62条第2項の規定により指定を取り消され,その取消しの日から5年を経過しないこと.
6 この法律の規定に違反して罰金の刑に処せられ,その刑の執行を終わり,又は執行を受けることがなくなつた日から5年を経過しないこと.
7 役員のうちに次のいずれかに該当する者のあること.
イ 破産手続開始の決定を受けて復権を得ない者
ロ 禁錮以上の刑に処せられ,その刑の執行を終わり,又は執行を受けることがなくなつた日から5年を経過しない者
ハ この法律若しくは暴力団員による不当な行為の防止等に関する法律の規定に違反したことにより,又は刑法第204条,第206条,第208条,第208条の2,第212条若しくは第247条の罪若しくは暴力行為等処罰に関する法律の罪を犯したことにより,罰金の刑に処せられ,その刑の執行を終わり,又は執行を受けることがなくなつた日から5年を経過しない者
ニ 指定を受けた者（以下この節において「指定保証機関」という.）が第62条第2項の規定により指定を取り消された場合において,当該取消しに係る聴聞の期日及び場所の公示の日前60日以内にその指定保証機関の役員であつた者で当該取消しの日から5年を経過しないもの
ホ 心身の故障により手付金等保証事業を適正に営むことができない者として国土交通省令で定めるもの

（変更の届出）
第53条 指定保証機関は,第51条第2項各号に掲げる事項又は同条第3項第1号若しくは第3号に掲げる書類に記載した事項について変更があつた場合においては,国土交通省令の定めるところにより,2週間以内に,その旨を国土交通大臣に届け出なければならない.

（事業の不開始又は休止に基づく指定の取消し）
第54条 ① 国土交通大臣は,第62条第2項の規定により指定を取り消す場合のほか,指定保証機関が指定を受けた日から3月以内に手付金等保証事業を開始しないとき,又は引き続き3月以上その手付金等保証事業を休止したときは,当該指定保証機関の指定を取り消すことができる.
② 第16条の15第3項から第5項までの規定は,前項の規定による処分に係る聴聞について準用する.

（廃業等の届出）
第55条 ① 指定保証機関が次の各号のいずれかに該当することとなつた場合においては,当該各号に定める者は,2週間以内に,その旨を国土交通大臣に届け出なければならない.
1 合併により消滅した場合　消滅した会社を代表する役員であつた者
2 破産手続開始の決定により解散した場合　その破産管財人
3 合併又は破産手続開始の決定以外の理由により解散した場合　その清算人
4 手付金等保証事業を廃止した場合　その会社を代表する役員
② 前項第2号から第4号までの規定により届出があつたときは,指定は,その効力を失う.

（兼業の制限）
第56条 ① 指定保証機関は,手付金等保証事業以外の事業を営んではならない.ただし,買主の利益の保護のため支障を生ずることがないと認められるものについて,国土交通大臣の承認を受けたときは,この限りでない.
② 指定保証機関が第41条の2第1項第1号の指定を受けたときは,前項ただし書の承認を受けたものとみなす.

（責任準備金の計上）
第57条 ① 指定保証機関は,事業年度末においてまだ経過していない保証契約があるときは,次に掲げる金額のうちいずれか多い金額を,事業年度ごとに責任準備金として計上しなければならない.
1 当該保証契約の保証期間のうちまだ経過していない期間に対応する保証料の総額に相当する金額
2 当該事業年度において受け取つた保証料の総額から当該保証料に係る保証契約に基づいて支払つた保証金（当該保証金の支払に基づく保証委託者からの収入金を除く.）,当該保証料に係る保証契約のために積み立てるべき支払備金及び当該事業年度の事業費の合計額を控除した残額に相当する金額
② 指定保証機関が前項の規定により責任準備金を計上した場合においては,その計上した金額は,法人税法（昭和40年法律第34号）の規定によるその計上した事業年度の所得の金額又はその計上した連結事業年度の連結所得の金額の計算上,損金の額に算入する.
③ 前項の規定により損金の額に算入された責任準備金の金額は,法人税法の規定によるその翌事業年度の所得の金額又はその翌連結事業年度の連結所得の金額の計算上,益金の額に算入する.

（支払備金の積立て）
第58条 指定保証機関は,決算期ごとに,次の各号の1に掲げる金額がある場合においては,支払備金として当該各号に掲げる金額を積み立てなければならない.
1 保証契約に基づいて支払うべき保証金その他の金額のうちに決算期までにその支払が終わらないものがある場合においては,その金額
2 保証契約に基づいて支払う義務が生じたと認められる保証金その他の金額がある場合においては,その支払うべきものと認められる金額

３ 現に保証金その他の金額について訴訟が係属しているために支払つていないものがある場合においては，その金額

（保証基金）

第59条 ① 指定保証機関は，定款の定めるところにより，保証基金を設けなければならない．

② 指定保証機関は，責任準備金をもつて保証債務を支払うことができない場合においては，当該保証債務の弁済に充てる場合に限り，保証基金を使用することができる．

（契約締結の禁止）

第60条 指定保証機関は，その者が宅地建物取引業者との間において締結する保証委託契約に係る保証債務の額の合計額が，政令で定める額をこえることとなるときは，保証委託契約を締結してはならない．

（改善命令）

第61条 国土交通大臣は，指定保証機関が第52条第２号から第４号までの規定に該当することとなつた場合において，買主の利益を保護するため必要かつ適当であると認めるときは，その必要の限度において，当該指定保証機関に対し，財産の状況又はその事業の運営を改善するため必要な措置を執るべきことを命ずることができる．

（指定の取消し等）

第62条 ① 国土交通大臣は，指定保証機関が次の各号の１に該当する場合又はこの法律の規定に違反した場合においては，当該指定保証機関に対して，必要な指示をすることができる．

１ 手付金等保証事業に関しその関係者に損害を与えたとき，又は損害を与えるおそれが大であるとき．

２ 手付金等保証事業に関し不誠実な行為をしたとき．

３ 手付金等保証事業に関し他の法令に違反し，指定保証機関として不適当であると認められるとき．

② 国土交通大臣は，指定保証機関が次の各号の１に該当する場合においては，当該指定保証機関に対し，その指定を取り消し，又は６月以内の期間を定めて手付金等保証事業の全部若しくは一部の停止を命ずることができる．

１ 不正の手段により指定を受けたとき．

２ 第52条第１号，第６号又は第７号に該当することとなつたとき．

３ 第53条の規定による届出を怠つたとき．

４ 第55条第１項の規定による届出がなくて同項第２号から第４号までの１に該当する事実が判明したとき．

５ 第56条第１項の規定に違反して手付金等保証事業以外の事業を営んだとき．

６ 第60条の規定に違反して保証委託契約を締結したとき．

７ 前条の規定による改善命令に違反したとき．

８ 前項の規定による指示に従わなかつたとき．

９ この法律の規定に基づく国土交通大臣の処分に違反したとき．

③ 国土交通大臣は，第１項の規定により必要な指示をし，又は前項の規定により手付金等保証事業の全部若しくは一部の停止を命じようとするときは，行政手続法第13条第１項の規定による意見陳述のための手続の区分にかかわらず，聴聞を行わなければならない．

④ 第16条の15第３項から第５項までの規定は，第１項又は第２項の規定による処分に係る聴聞について準用する．

（事業報告書等の提出）

第63条 ① 指定保証機関は，毎事業年度開始前に，収支の見積りその他国土交通省令で定める事項を記載した事業計画書を作成し，国土交通大臣に提出しなければならない．

② 指定保証機関は，事業計画書に記載した事項を変更したときは，遅滞なく，その旨を国土交通大臣に届け出なければならない．

③ 指定保証機関は，事業年度ごとに，国土交通省令で定める様式による事業報告書を作成し，毎事業年度経過後３月以内に，国土交通大臣に提出しなければならない．

（報告及び検査）

第63条の２ ① 国土交通大臣は，手付金等保証事業の適正な運営を確保するため必要があると認めるときは，指定保証機関に対しその業務に関して報告若しくは資料の提出を命じ，又はその職員をしてその業務を行う場所に立ち入り，業務若しくは財産の状況若しくは帳簿，書類その他業務に関係のある物件を検査させることができる．

② 前項の規定により立入検査をする職員は，その身分を示す証明書を携帯し，関係人の請求があつたときは，これを提示しなければならない．

③ 第１項の規定による立入検査の権限は，犯罪捜査のために認められたものと解してはならない．

第４節　指定保管機関

（指定等）

第63条の３ ① 第41条の２第１項第１号の指定（以下この節において「指定」という．）は，宅地又は建物の売買（第41条第１項に規定する売買を除く．）に関し，宅地建物取引業者に代理して手付金等を受領し，当該宅地建物取引業者が受領した手付金等の額に相当する額の金銭を保管する事業（以下「手付金等保管事業」という．）を営もうとする者の申請により行う．

② 前節（第51条第１項，第57条から第60条まで及び第62条第２項第６号を除く．）の規定は，指定保管機関について準用する．この場合において，第51条第２項第３号中「政令」とあるのは「国土交通省令」と，同条第３項第３号及び第52条第４号中「保証委託契約約款」とあるのは「手付金等寄託契約約款」と，第51条第４項中「保証の目的の範囲，支店及び政令で定めるその他の営業所の権限に関する事項，保証限度，各保証委託者からの保証の受託の限度，保証委託契約の締結の方法に関する事項，保証の受託の拒否の基準に関する事項」とあるのは「手付金等の保管に関する事項」と，第52条第５号及び第７号ニ中「の規定により」とあるのは「又は第64条第１項の規定により」と，第53条中「書類」とあるのは「書類（事業方法書を除く．）」と，第

56条第２項中「第41条の２第１項第１号」とあるのは「第41条第１項第１号」と読み替えるものとする．

(事業方法書の変更)

第63条の４ 指定保管機関は，前条第２項において準用する第51条第３項第１号の事業方法書を変更しようとするときは，国土交通大臣の認可を受けなければならない．

(寄託金保管簿)

第63条の５ 指定保管機関は，国土交通省令で定めるところにより，寄託金保管簿を備え，国土交通省令で定める事項を記載し，これを保存しなければならない．

(指定の取消し等)

第64条 ① 国土交通大臣は，第63条の３第２項において準用する第54条第１項又は第62条第２項の規定により指定を取り消す場合のほか，指定保管機関が次の各号の１に該当する場合においては，当該指定保管機関に対し，その指定を取り消し，又は６月以内の期間を定めて手付金等保管事業の全部若しくは一部の停止を命ずることができる．

１ 第63条の３第２項において準用する第51条第３項第１号の事業方法書（第63条の４の規定による認可を受けたものを含む．第82条において同じ．）によらないで手付金等保管事業を営んだとき．

２ 前条の規定に違反して寄託金保管簿を備えず，これに同条に規定する事項を記載せず，若しくは虚偽の記載をし，又は寄託金保管簿を保存しなかつたとき．

② 国土交通大臣は，前項の規定により手付金等保管事業の全部又は一部の停止を命じようとするときは，行政手続法第13条第１項の規定による意見陳述のための手続の区分にかかわらず，聴聞を行わなければならない．

③ 第16条の15第３項から第５項までの規定は，第１項の規定による処分に係る聴聞について準用する．

◆ 第５章の２ 宅地建物取引業保証協会

(指 定)

第64条の２ ① 国土交通大臣は，次に掲げる要件を備える者の申請があつた場合において，その者が次条第１項各号に掲げる業務の全部について適正な計画を有し，かつ，確実にその業務を行うことができると認められるときは，この章に定めるところにより同項各号に掲げる業務を行う者として，指定することができる．

１ 申請者が一般社団法人であること．

２ 申請者が宅地建物取引業者のみを社員とするものであること．

３ 申請者が第64条の22第１項の規定により指定を取り消され，その取消しの日から５年を経過しない者でないこと．

４ 申請者の役員のうちに次のいずれかに該当する者がないこと．

イ 第５条第１項第１号から第８号までのいずれかに該当する者

ロ 指定を受けた者（以下この章において「宅地建物取引業保証協会」という．）が第64条の22第１項の規定により指定を取り消された場合において，当該取消しに係る聴聞の期日及び場所の公示の日前60日以内にその役員であつた者で当該取消しの日から５年を経過しないもの

ハ 心身の故障により宅地建物取引業保証協会の業務を適正に行うことができない者として国土交通省令で定めるもの

② 国土交通大臣は，前項の規定による指定をしたときは，当該宅地建物取引業保証協会の名称，住所及び事務所の所在地並びに第64条の８第１項の規定により国土交通大臣の指定する弁済業務開始日を官報で公示するとともに，当該宅地建物取引業保証協会の社員である宅地建物取引業者が免許を受けた都道府県知事にその社員である旨を通知するものとする．

③ 宅地建物取引業保証協会は，その名称，住所又は事務所の所在地を変更しようとするときは，あらかじめ，その旨を国土交通大臣に届け出なければならない．

④ 国土交通大臣は，前項の規定による届出があつたときは，その旨を官報に公示しなければならない．

⑤ 第１項の指定の申請に関し必要な事項は，国土交通省令で定める．

(業 務)

第64条の３ ① 宅地建物取引業保証協会は，次に掲げる業務をこの章に定めるところにより適正かつ確実に実施しなければならない．

１ 宅地建物取引業者の相手方等からの社員の取り扱つた宅地建物取引業に係る取引に関する苦情の解決

２ 宅地建物取引士その他宅地建物取引業の業務に従事し，又は従事しようとする者（以下「宅地建物取引士等」という．）に対する研修

３ 社員と宅地建物取引業に関し取引をした者（社員とその者が社員となる前に宅地建物取引業に関し取引をした者を含み，宅地建物取引業者に該当する者を除く．）の有するその取引により生じた債権に関し弁済をする業務（以下「弁済業務」という．）

② 宅地建物取引業保証協会は，前項の業務のほか，次に掲げる業務を行うことができる．

１ 社員である宅地建物取引業者との契約により，当該宅地建物取引業者が受領した支払金又は預り金の返還債務その他宅地建物取引業に関する債務を負うこととなつた場合においてその返還債務その他宅地建物取引業に関する債務を連帯して保証する業務（第64条の17において「一般保証業務」という．）

２ 手付金等保管事業

３ 全国の宅地建物取引業者を直接又は間接の社員とする一般社団法人による宅地建物取引士等に対する研修の実施に要する費用の助成

③ 宅地建物取引業保証協会は，前２項に規定するもののほか，国土交通大臣の承認を受けて，宅地建物取引業の健全な発達を図るため必要な業務を行うことができる．

④ 宅地建物取引業保証協会は，国土交通省令の定めるところにより，その業務の一部を，国土交通大臣の承認を受けて，他の者に委託することができる．

(社員の加入等)

第64条の４ ① 一の宅地建物取引業保証協会の社員であ

る者は，他の宅地建物取引業保証協会の社員となることができない．
② 宅地建物取引業保証協会は，新たに社員が加入し，又は社員がその地位を失つたときは，直ちに，その旨を当該社員である宅地建物取引業者が免許を受けた国土交通大臣又は都道府県知事に報告しなければならない．
③ 宅地建物取引業保証協会は，社員が社員となる前（第64条の８第１項の規定により国土交通大臣の指定する弁済業務開始日前に社員となつた者については当該弁済業務開始日前）に当該社員と宅地建物取引業に関し取引をした者の有するその取引により生じた債権に関し同項の規定による弁済が行なわれることにより弁済業務の円滑な運営に支障を生ずるおそれがあると認めるときは，当該社員に対し，担保の提供を求めることができる．

（苦情の解決）

第64条の５ ① 宅地建物取引業保証協会は，宅地建物取引業者の相手方等から社員の取り扱つた宅地建物取引業に係る取引に関する苦情について解決の申出があつたときは，その相談に応じ，申出人に必要な助言をし，当該苦情に係る事情を調査するとともに，当該社員に対し当該苦情の内容を通知してその迅速な処理を求めなければならない．
② 宅地建物取引業保証協会は，前項の申出に係る苦情の解決について必要があると認めるときは，当該社員に対し，文書若しくは口頭による説明を求め，又は資料の提出を求めることができる．
③ 社員は，宅地建物取引業保証協会から前項の規定による求めがあつたときは，正当な理由がある場合でなければ，これを拒んではならない．
④ 宅地建物取引業保証協会は，第１項の申出及びその解決の結果について社員に周知させなければならない．

（宅地建物取引業に関する研修）

第64条の６ 宅地建物取引業保証協会は，一定の課程を定め，宅地建物取引士の職務に関し必要な知識及び能力についての研修その他宅地建物取引業の業務に従事し，又は従事しようとする者に対する宅地建物取引業に関する研修を実施しなければならない．

（弁済業務保証金の供託）

第64条の７ ① 宅地建物取引業保証協会は，第64条の９第１項又は第２項の規定により弁済業務保証金分担金の納付を受けたときは，その日から１週間以内に，その納付を受けた額に相当する額の弁済業務保証金を供託しなければならない．
② 弁済業務保証金の供託は，法務大臣及び国土交通大臣の定める供託所にしなければならない．
③ 第25条第３項及び第４項の規定は，第１項の規定により供託する場合に準用する．この場合において，同条第４項中「その旨をその免許を受けた国土交通大臣又は都道府県知事に」とあるのは，「当該供託に係る社員である宅地建物取引業者が免許を受けた国土交通大臣又は都道府県知事に当該社員に係る供託をした旨を」と読み替えるものとする．

（弁済業務保証金の還付等）

第64条の８ ① 宅地建物取引業保証協会の社員と宅地建物取引業に関し取引をした者（社員とその者が社員となる前に宅地建物取引業に関し取引をした者を含み，宅地建物取引業者に該当する者を除く．）は，その取引により生じた債権に関し，当該社員が社員でないとしたならばその者が供託すべき第25条第２項の政令で定める営業保証金の額に相当する額の範囲内（当該社員について，既に次項の規定により認証した額があるときはその額を控除し，第64条の10第２項の規定により納付を受けた還付充当金があるときはその額を加えた額の範囲内）において，当該宅地建物取引業保証協会が供託した弁済業務保証金について，当該宅地建物取引業保証協会について国土交通大臣の指定する弁済業務開始日以後，弁済を受ける権利を有する．
② 前項の権利を有する者がその権利を実行しようとするときは，同項の規定により弁済を受けることができる額について当該宅地建物取引業保証協会の認証を受けなければならない．
③ 宅地建物取引業保証協会は，第１項の権利の実行があつた場合においては，法務省令・国土交通省令で定める日から２週間以内に，その権利の実行により還付された弁済業務保証金の額に相当する額の弁済業務保証金を供託しなければならない．
④ 前条第３項の規定は，前項の規定により供託する場合に準用する．
⑤ 第１項の権利の実行に関し必要な事項は法務省令・国土交通省令で，第２項の認証に関し必要な事項は国土交通省令で定める．

（弁済業務保証金分担金の納付等）

第64条の９ ① 次の各号に掲げる者は，当該各号に掲げる日までに，弁済業務保証金に充てるため，主たる事務所及びその他の事務所ごとに政令で定める額の弁済業務保証金分担金を当該宅地建物取引業保証協会に納付しなければならない．
　１ 宅地建物取引業者で宅地建物取引業保証協会に加入しようとする者　その加入しようとする日
　２ 第64条の２第１項の規定による指定の日にその指定を受けた宅地建物取引業保証協会の社員である者　前条第１項の規定により国土交通大臣の指定する弁済業務開始日の１月前の日
② 宅地建物取引業保証協会の社員は，前項の規定による弁済業務保証金分担金を納付した後に，新たに事務所を設置したとき（第７条第１項各号の１に該当する場合において事務所の増設があつたときを含むものとする．）は，その日から２週間以内に，同項の政令で定める額の弁済業務保証金分担金を当該宅地建物取引業保証協会に納付しなければならない．
③ 宅地建物取引業保証協会の社員は，第１項第２号に規定する期日までに，又は前項に規定する期間内に，これらの規定による弁済業務保証金分担金を納付しないときは，その地位を失う．
④ 第１項の規定に基づき政令を制定し，又は改廃する場

合においては,その政令で,弁済業務保証金の追加の供託及び弁済業務保証金分担金の追加納付又は弁済業務保証金の取戻し及び弁済業務保証金分担金の返還に関して,所要の経過措置（経過措置に関し監督上必要な措置を含む.）を定めることができる.

（還付充当金の納付等）

第64条の10 ① 宅地建物取引業保証協会は,第64条の8第1項の権利の実行により弁済業務保証金の還付があつたときは,当該還付に係る社員又は社員であつた者に対し,当該還付額に相当する額の還付充当金を宅地建物取引業保証協会に納付すべきことを通知しなければならない.

② 前項の通知を受けた社員又は社員であつた者は,その通知を受けた日から2週間以内に,その通知された額の還付充当金を当該宅地建物取引業保証協会に納付しなければならない.

③ 宅地建物取引業保証協会の社員は,前項に規定する期間内に第1項の還付充当金を納付しないときは,その地位を失う.

（弁済業務保証金の取戻し等）

第64条の11 ① 宅地建物取引業保証協会は,社員が社員の地位を失つたときは当該社員であつた者が第64条の9第1項及び第2項の規定により納付した弁済業務保証金分担金の額に相当する額の弁済業務保証金を,社員がその一部の事務所を廃止したため当該社員につき同条第1項及び第2項の規定により納付した弁済業務保証金分担金の額が同条第1項の政令で定める額を超えることになつたときはその超過額に相当する額の弁済業務保証金を取り戻すことができる.

② 宅地建物取引業保証協会は,前項の規定により弁済業務保証金を取りもどしたときは,当該社員であつた者又は社員に対し,その取りもどした額に相当する額の弁済業務保証金分担金を返還する.

③ 前項の場合においては,当該社員が社員の地位を失つたときは次項に規定する期間が経過した後に,宅地建物取引業保証協会が当該社員であつた者又は社員に対して債権を有するときはその債権に関し弁済が完了した後に,宅地建物取引業保証協会が当該社員であつた者又は社員に関し第64条の8第2項の規定による認証をしたときは当該認証した額に係る前条第1項の還付充当金の債権に関し弁済が完了した後に,前項の弁済業務保証金分担金を返還する.

④ 宅地建物取引業保証協会は,社員が社員の地位を失つたときは,当該社員であつた者に係る宅地建物取引業に関する取引により生じた債権に関し第64条の8第1項の権利を有する者に対し,6月を下らない一定期間内に同条第2項の規定による認証を受けるため申し出るべき旨を公告しなければならない.

⑤ 宅地建物取引業保証協会は,前項に規定する期間内に申出のなかつた同項の債権に関しては,第64条の8第2項の規定による認証をすることができない.

⑥ 第30条第3項の規定は,第1項の規定により弁済業務保証金を取りもどす場合に準用する.

（弁済業務保証金準備金）

第64条の12 ① 宅地建物取引業保証協会は,第64条の8第3項の規定により弁済業務保証金を供託する場合において還付充当金の納付がなかつたときの弁済業務保証金の供託に充てるため,弁済業務保証金準備金を積み立てなければならない.

② 宅地建物取引業保証協会は,弁済業務保証金（第64条の7第3項及び第64条の8第4項において準用する第25条第3項の規定により供託された有価証券を含む.）から生ずる利息又は配当金を弁済業務保証金準備金に繰り入れなければならない.

③ 宅地建物取引業保証協会は,第64条の8第3項の規定により弁済業務保証金を供託する場合において,第1項の弁済業務保証金準備金をこれに充ててなお不足するときは,その不足額に充てるため,社員に対し,その者に係る第64条の9第1項の政令で定める弁済業務保証金分担金の額に応じ特別弁済業務保証金分担金を宅地建物取引業保証協会に納付すべきことを通知しなければならない.

④ 前項の通知を受けた社員は,その通知を受けた日から1月以内に,その通知された額の特別弁済業務保証金分担金を当該宅地建物取引業保証協会に納付しなければならない.

⑤ 第64条の10第3項の規定は,前項の場合に準用する.

⑥ 宅地建物取引業保証協会は,弁済業務保証金準備金を第64条の8第3項の規定による弁済業務保証金の供託に充てた後において,第64条の10第2項の規定により当該弁済業務保証金の供託に係る還付充当金の納付を受けたときは,その還付充当金を弁済業務保証金準備金に繰り入れなければならない.

⑦ 宅地建物取引業保証協会は,弁済業務保証金準備金の額が国土交通省令で定める額を超えることとなるときは,第64条の3第1項から第3項までに規定する業務の実施に要する費用に充て,又は宅地建物取引業の健全な発達に寄与する事業に出えんするため,国土交通大臣の承認を受けて,その超過額の弁済業務保証金準備金を取り崩すことができる.

（営業保証金の供託の免除）

第64条の13 宅地建物取引業保証協会の社員は,第64条の8第1項の規定により国土交通大臣の指定する弁済業務開始日以後においては,宅地建物取引業者が供託すべき営業保証金を供託することを要しない.

（供託を免除された場合の営業保証金の取りもどし）

第64条の14 ① 宅地建物取引業者は,前条の規定により営業保証金を供託することを要しなくなつたときは,供託した営業保証金を取りもどすことができる.

② 第30条第3項の規定は,前項の規定により営業保証金を取りもどす場合に準用する.

（社員の地位を失つた場合の営業保証金の供託）

第64条の15 宅地建物取引業者は,第64条の8第1項の規定により国土交通大臣の指定する弁済業務開始日以後に宅地建物取引業保証協会の社員の地位を失つたときは,当該地位を失つた日から1週間以内に,第25条第1

項から第３項までの規定により営業保証金を供託しなければならない．この場合においては，同条第４項の規定の適用があるものとする．

（事業計画書等）

第64条の16 ① 宅地建物取引業保証協会は，毎事業年度開始前に（第64条の２第１項の規定による指定を受けた日の属する事業年度にあつては，その指定を受けた後すみやかに），収支の見積りその他国土交通省令で定める事項を記載した事業計画書を作成し，国土交通大臣の承認を受けなければならない．これを変更しようとするときも同様とする．

② 宅地建物取引業保証協会は，事業年度ごとに，国土交通省令で定める様式による事業報告書を作成し，毎事業年度経過後３月以内に，国土交通大臣に提出しなければならない．

（一般保証業務）

第64条の17 ① 宅地建物取引業保証協会は，一般保証業務を行なう場合においては，あらかじめ，国土交通省令の定めるところにより，国土交通大臣の承認を受けなければならない．

② 宅地建物取引業保証協会は，一般保証業務を廃止したときは，その旨を国土交通大臣に届け出なければならない．

③ 第57条から第60条までの規定は，一般保証業務を行なう宅地建物取引業保証協会に準用する．この場合において，第60条中「政令」とあるのは，「国土交通省令」と読み替えるものとする．

（手付金等保管事業）

第64条の17の２ ① 宅地建物取引業保証協会は，手付金等保管事業を行う場合においては，あらかじめ，事業方法書を定め，国土交通省令で定めるところにより，国土交通大臣の承認を受けなければならない．

② 宅地建物取引業保証協会が手付金等保管事業について前項の承認を受けたときは，第41条の２第１項第１号の指定を受けたものとみなす．この場合においては，第63条の３及び第64条の規定は適用せず，第63条の４中「前条第２項において準用する第51条第３項第１号」とあるのは，「第64条の17の２第１項」と読み替えて，同条の規定を適用する．

③ 宅地建物取引業保証協会は，手付金等保管事業を廃止したときは，その旨を国土交通大臣に届け出なければならない．この場合において，届出があつたときは，第１項の承認は，その効力を失う．

（報告及び検査）

第64条の18 第63条の２の規定は，宅地建物取引業保証協会について準用する．この場合において，同条第１項中「手付金等保証事業」とあるのは，「宅地建物取引業保証協会の業務」と読み替えるものとする．

（役員の選任等）

第64条の19 宅地建物取引業保証協会の役員の選任及び解任並びに解散の決議は，国土交通大臣の認可を受けなければ，その効力を生じない．

（改善命令）

第64条の20 国土交通大臣は，この章の規定を施行するため必要があると認めるときは，その必要の限度において，宅地建物取引業保証協会に対し，財産の状況又はその事業の運営を改善するため必要な措置をとるべきことを命ずることができる．

（解任命令）

第64条の21 国土交通大臣は，宅地建物取引業保証協会の役員が，この法律，この法律に基づく命令若しくは処分に違反したとき，又はその在任により当該宅地建物取引業保証協会が第64条の２第１項第４号に掲げる要件に適合しなくなるときは，当該宅地建物取引業保証協会に対し，その役員を解任すべきことを命ずることができる．

（指定の取消し等）

第64条の22 ① 国土交通大臣は，宅地建物取引業保証協会が次の各号の１に該当するときは，当該宅地建物取引業保証協会に対して，第64条の２第１項の規定による指定を取り消すことができる．

1 弁済業務を適正かつ確実に実施することができないと認められるとき．
2 この法律又はこの法律に基づく命令に違反したとき．
3 第64条の20又は前条の規定による処分に違反したとき．

② 国土交通大臣は，第64条の２第１項の規定による指定を取り消したとき，又は宅地建物取引業保証協会が解散したときは，その旨を官報で公示しなければならない．

③ 第16条の15第３項から第５項までの規定は，第１項の規定による処分に係る聴聞について準用する．

（指定の取消し等の場合の営業保証金の供託）

第64条の23 宅地建物取引業保証協会が第64条の２第１項の規定による指定を取り消され，又は解散した場合においては，当該宅地建物取引業保証協会の社員であつた宅地建物取引業者は，前条第２項の規定による公示の日から２週間以内に，第25条第１項から第３項までの規定により営業保証金を供託しなければならない．この場合においては，同条第４項の規定の適用があるものとする．

（指定の取消し等の場合の弁済業務）

第64条の24 ① 第64条の２第１項の規定による指定を取り消され，又は解散した宅地建物取引業保証協会（以下この条及び次条において「旧協会」という．）は，第64条の22第２項の規定による公示の日から１週間以内に，指定を取り消され，又は解散した日において社員であつた宅地建物取引業者に係る宅地建物取引業に関する取引により生じた債権に関し第64条の８第１項の権利を有する者に対し，６月を下らない一定期間内に同条第２項の規定による認証を受けるため申し出るべき旨を公告しなければならない．

② 旧協会は，前項の規定による公告をした後においては，当該公告に定める期間内に申出のあつた同項に規定する債権について，なお第64条の８第２項の規定による認証の事務を行なうものとする．

③ 旧協会は，第１項の公告に定める期間内に第64条の８

第２項の規定による認証を受けるための申出があつた場合において,同項に規定する認証に係る事務が終了したときは,その時において供託されている弁済業務保証金のうちその時までに同項の規定により認証した額で同条第１項の権利が実行されていないものの合計額を控除した額の弁済業務保証金を取りもどすことができる.

④ 旧協会は,第１項の公告に定める期間内に第64条の８第２項の規定による認証を受けるための申出がなかつたときは,供託されている弁済業務保証金を取りもどすことができる.ただし,同項の規定により認証した額で同条第１項の権利が実行されていないものの合計額に相当する額の弁済業務保証金については,この限りでない.

⑤ 旧協会は,第64条の８第２項の規定又は第２項の規定により認証した額で第64条の22第２項の規定による公示の日から10年を経過する日までに第64条の８第１項の権利が実行されていないものに係る弁済業務保証金については,これを取りもどすことができる.

⑥ 第30条第３項の規定は,第１項の規定による公告及び前３項の規定による弁済業務保証金の取りもどしについて準用する.

(指定の取消し等の場合の弁済業務保証金等の交付)

第64条の25 旧協会は,前条第３項から第５項までの規定により取り戻した弁済業務保証金,第64条の２第１項の規定による指定を取り消され,又は解散した日（以下この条において「指定取消し等の日」という.）以後において第64条の10第２項の規定により納付された還付充当金並びに弁済業務保証金準備金（指定取消し等の日以後において第64条の12第４項の規定により納付された特別弁済業務保証金分担金を含む.）を,指定取消し等の日に社員であつた者に対し,これらの者に係る第64条の９第１項の政令で定める弁済業務保証金分担金の額に応じ,国土交通省令の定めるところにより,交付する.

◈ 第６章 監 督

(指示及び業務の停止)

第65条 ① 国土交通大臣又は都道府県知事は,その免許（第50条の２第１項の認可を含む.次項及び第70条第２項において同じ.）を受けた宅地建物取引業者が次の各号のいずれかに該当する場合又はこの法律の規定若しくは特定住宅瑕疵担保責任の履行の確保等に関する法律（平成19年法律第66号.以下この条において「履行確保法」という.）第11条第１項若しくは第６項,第12条第１項,第13条,第15条若しくは履行確保法第16条において読み替えて準用する履行確保法第７条第１項若しくは第２項若しくは第８条第１項若しくは第２項の規定に違反した場合においては,当該宅地建物取引業者に対して,必要な指示をすることができる.

１ 業務に関し取引の関係者に損害を与えたとき又は損害を与えるおそれが大であるとき.

２ 業務に関し取引の公正を害する行為をしたとき又は取引の公正を害するおそれが大であるとき.

３ 業務に関し他の法令（履行確保法及びこれに基づく命令を除く.）に違反し,宅地建物取引業者として不適当であると認められるとき.

４ 宅地建物取引士が,第68条又は第68条の２第１項の規定による処分を受けた場合において,宅地建物取引業者の責めに帰すべき理由があるとき.

② 国土交通大臣又は都道府県知事は,その免許を受けた宅地建物取引業者が次の各号のいずれかに該当する場合においては,当該宅地建物取引業者に対し,１年以内の期間を定めて,その業務の全部又は一部の停止を命ずることができる.

１ 前項第１号又は第２号に該当するとき（認可宅地建物取引業者の行う取引一任代理等に係るものに限る.）.

１の２ 前項第３号又は第４号に該当するとき.

２ 第13条,第25条第５項（第26条第２項において準用する場合を含む.）,第28条第１項,第31条の３第３項,第32条,第33条の２,第34条,第34条の２第１項若しくは第２項（第34条の３において準用する場合を含む.）,第35条第１項から第３項まで,第36条,第37条第１項若しくは第２項,第41条第１項,第41条の２第１項,第43条から第45条まで,第46条第２項,第47条,第47条の２,第48条第１項若しくは第３項,第64条の９第２項,第64条の10第２項,第64条の12第４項,第64条の15前段若しくは第64条の23前段の規定又は履行確保法第11条第１項,第13条若しくは履行確保法第16条において読み替えて準用する履行確保法第７条第１項の規定に違反したとき.

３ 前項又は次項の規定による指示に従わないとき.

４ この法律の規定に基づく国土交通大臣又は都道府県知事の処分に違反したとき.

５ 前３号に規定する場合のほか,宅地建物取引業に関し不正又は著しく不当な行為をしたとき.

６ 営業に関し成年者と同一の行為能力を有しない未成年者である場合において,その法定代理人（法定代理人が法人である場合においては,その役員を含む.）が業務の停止をしようとするとき以前５年以内に宅地建物取引業に関し不正又は著しく不当な行為をしたとき.

７ 法人である場合において,その役員又は政令で定める使用人のうちに業務の停止をしようとするとき以前５年以内に宅地建物取引業に関し不正又は著しく不当な行為をした者があるに至つたとき.

８ 個人である場合において,政令で定める使用人のうちに業務の停止をしようとするとき以前５年以内に宅地建物取引業に関し不正又は著しく不当な行為をした者があるに至つたとき.

③ 都道府県知事は,国土交通大臣又は他の都道府県知事の免許を受けた宅地建物取引業者で当該都道府県の区域内において業務を行うものが,当該都道府県の区域内における業務に関し,第１項各号のいずれかに該当する場合又はこの法律の規定若しくは履行確保法第11条第１項若しくは第６項,第12条第１項,第13条,第15

条若しくは履行確保法第16条において読み替えて準用する履行確保法第7条第1項若しくは第2項若しくは第8条第1項若しくは第2項の規定に違反した場合においては，当該宅地建物取引業者に対して，必要な指示をすることができる．

④ 都道府県知事は，国土交通大臣又は他の都道府県知事の免許を受けた宅地建物取引業者で当該都道府県の区域内において業務を行うものが，当該都道府県の区域内における業務に関し，次の各号のいずれかに該当する場合においては，当該宅地建物取引業者に対し，1年以内の期間を定めて，その業務の全部又は一部の停止を命ずることができる．

1 第1項第3号又は第4号に該当するとき．

2 第13条，第31条の3第3項（事務所に係る部分を除く．），第32条，第33条の2，第34条，第34条の2第1項若しくは第2項（第34条の3において準用する場合を含む．），第35条第1項から第3項まで，第36条，第37条第1項若しくは第2項，第41条第1項，第41条の2第1項，第43条から第45条まで，第46条第2項，第47条，第47条の2又は第48条第1項若しくは第3項の規定に違反したとき．

3 第1項又は前項の規定による指示に従わないとき．

4 この法律の規定に基づく国土交通大臣又は都道府県知事の処分に違反したとき．

5 前3号に規定する場合のほか，不正又は著しく不当な行為をしたとき．

（免許の取消し）

第66条 ① 国土交通大臣又は都道府県知事は，その免許を受けた宅地建物取引業者が次の各号のいずれかに該当する場合においては，当該免許を取り消さなければならない．

1 第5条第1項第1号，第5号から第7号まで，第10号又は第14号のいずれかに該当するに至つたとき．

2 営業に関し成年者と同一の行為能力を有しない未成年者である場合において，その法定代理人（法定代理人が法人である場合においては，その役員を含む．）が第5条第1項第1号から第7号まで又は第10号のいずれかに該当するに至つたとき．

3 法人である場合において，その役員又は政令で定める使用人のうちに第5条第1項第1号から第7号まで又は第10号のいずれかに該当する者があるに至つたとき．

4 個人である場合において，政令で定める使用人のうちに第5条第1項第1号から第7号まで又は第10号のいずれかに該当する者があるに至つたとき．

5 第7条第1項各号のいずれかに該当する場合において第3条第1項の免許を受けていないことが判明したとき．

6 免許を受けてから1年以内に事業を開始せず，又は引き続いて1年以上事業を休止したとき．

7 第11条第1項の規定による届出がなくて同項第3号から第5号までのいずれかに該当する事実が判明したとき．

8 不正の手段により第3条第1項の免許を受けたとき．

9 前条第2項各号のいずれかに該当し情状が特に重いとき又は同条第2項若しくは第4項の規定による業務の停止の処分に違反したとき．

② 国土交通大臣又は都道府県知事は，その免許を受けた宅地建物取引業者が第3条の2第1項の規定により付された条件に違反したときは，当該宅地建物取引業者の免許を取り消すことができる．

第67条 ① 国土交通大臣又は都道府県知事は，その免許を受けた宅地建物取引業者の事務所の所在地を確知できないとき，又はその免許を受けた宅地建物取引業者の所在（法人である場合においては，その役員の所在をいう．）を確知できないときは，官報又は当該都道府県の公報でその事実を公告し，その公告の日から30日を経過しても当該宅地建物取引業者から申出がないときは，当該宅地建物取引業者の免許を取り消すことができる．

② 前項の規定による処分については，行政手続法第3章の規定は，適用しない．

（認可の取消し等）

第67条の2 ① 国土交通大臣は，認可宅地建物取引業者が次の各号のいずれかに該当する場合においては，当該認可を取り消すことができる．

1 認可を受けてから1年以内に第50条の2第1項各号のいずれかに該当する契約を締結せず，又は引き続いて1年以上同項各号のいずれかに該当する契約を締結していないとき．

2 不正の手段により第50条の2第1項の認可を受けたとき．

3 第65条第2項各号のいずれかに該当し情状が特に重いとき，又は同項の規定による業務の停止の処分に違反したとき．

② 国土交通大臣は，認可宅地建物取引業者が第50条の2の2第1項の規定により付された条件に違反したときは，当該認可宅地建物取引業者に係る認可を取り消すことができる．

③ 第3条第2項の有効期間が満了した場合において免許の更新がなされなかつたとき，第11条第2項の規定により免許が効力を失つたとき，又は認可宅地建物取引業者が同条第1項第2号に該当したとき，若しくは第25条第7項，第66条若しくは第67条第1項の規定により免許を取り消されたときは，当該認可宅地建物取引業者に係る認可は，その効力を失う．

（宅地建物取引士としてすべき事務の禁止等）

第68条 ① 都道府県知事は，その登録を受けている宅地建物取引士が次の各号のいずれかに該当する場合においては，当該宅地建物取引士に対し，必要な指示をすることができる．

1 宅地建物取引業者に自己が専任の宅地建物取引士として従事している事務所以外の事務所の専任の宅地建物取引士である旨の表示をすることを許し，当該宅地建物取引業者がその旨の表示をしたとき．

2 他人に自己の名義の使用を許し，当該他人がその名義を使用して宅地建物取引士である旨の表示をしたとき．
3 宅地建物取引士として行う事務に関し不正又は著しく不当な行為をしたとき．

② 都道府県知事は，その登録を受けている宅地建物取引士が前項各号のいずれかに該当する場合又は同項若しくは次項の規定による指示に従わない場合においては，当該宅地建物取引士に対し，1年以内の期間を定めて，宅地建物取引士としてすべき事務を行うことを禁止することができる．

③ 都道府県知事は，当該都道府県の区域内において，他の都道府県知事の登録を受けている宅地建物取引士が第1項各号のいずれかに該当する場合においては，当該宅地建物取引士に対し，必要な指示をすることができる．

④ 都道府県知事は，当該都道府県の区域内において，他の都道府県知事の登録を受けている宅地建物取引士が第1項各号のいずれかに該当する場合又は同項若しくは前項の規定による指示に従わない場合においては，当該宅地建物取引士に対し，1年以内の期間を定めて，宅地建物取引士としてすべき事務を行うことを禁止することができる．

（登録の消除）

第68条の2 ① 都道府県知事は，その登録を受けている宅地建物取引士が次の各号のいずれかに該当する場合においては，当該登録を消除しなければならない．
1 第18条第1項第1号から第8号まで又は第12号のいずれかに該当するに至つたとき．
2 不正の手段により第18条第1項の登録を受けたとき．
3 不正の手段により宅地建物取引士証の交付を受けたとき．
4 前条第1項各号のいずれかに該当し情状が特に重いとき又は同条第2項若しくは第4項の規定による事務の禁止の処分に違反したとき．

② 第18条第1項の登録を受けている者で宅地建物取引士証の交付を受けていないものが次の各号のいずれかに該当する場合においては，当該登録をしている都道府県知事は，当該登録を消除しなければならない．
1 第18条第1項第1号から第8号まで又は第12号のいずれかに該当するに至つたとき．
2 不正の手段により第18条第1項の登録を受けたとき．
3 宅地建物取引士としてすべき事務を行い，情状が特に重いとき．

（聴聞の特例）

第69条 ① 国土交通大臣又は都道府県知事は，第65条又は第68条の規定による処分をしようとするときは，行政手続法第13条第1項の規定による意見陳述のための手続の区分にかかわらず，聴聞を行わなければならない．

② 第16条の15第3項から第5項までの規定は，第65条，第66条，第67条の2第1項若しくは第2項，第68条又は前条の規定による処分に係る聴聞について準用する．

（監督処分の公告等）

第70条 ① 国土交通大臣又は都道府県知事は，第65条第2項若しくは第4項，第66条又は第67条の2第1項若しくは第2項の規定による処分をしたときは，国土交通省令の定めるところにより，その旨を公告しなければならない．

② 国土交通大臣は，第65条第2項の規定による処分（第50条の2第1項の認可に係る処分に限る．）又は第67条の2第1項若しくは第2項の規定による処分をした場合であつて，当該認可宅地建物取引業者が都道府県知事の免許を受けたものであるときは，遅滞なく，その旨を当該都道府県知事に通知しなければならない．

③ 都道府県知事は，第65条第3項又は第4項の規定による処分をしたときは，遅滞なく，その旨を，当該宅地建物取引業者が国土交通大臣の免許を受けたものであるときは国土交通大臣に報告し，当該宅地建物取引業者が他の都道府県知事の免許を受けたものであるときは当該他の都道府県知事に通知しなければならない．

④ 都道府県知事は，第68条第3項又は第4項の規定による処分をしたときは，遅滞なく，その旨を当該宅地建物取引士の登録をしている都道府県知事に通知しなければならない．

（指導等）

第71条 国土交通大臣はすべての宅地建物取引業者に対して，都道府県知事は当該都道府県の区域内で宅地建物取引業を営む宅地建物取引業者に対して，宅地建物取引業の適正な運営を確保し，又は宅地建物取引業の健全な発達を図るため必要な指導，助言及び勧告をすることができる．

（内閣総理大臣との協議等）

第71条の2 ① 国土交通大臣は，その免許を受けた宅地建物取引業者が第31条第1項，第32条から第34条まで，第34条の2第1項（第34条の3において準用する場合を含む．次項において同じ．），第35条（第3項を除き，同条第4項及び第5項にあつては，同条第1項及び第2項に係る部分に限る．次項において同じ．），第35条の2から第45条まで，第47条又は第47条の2の規定に違反した場合（当該宅地建物取引業者が，第35条第1項第14号イに規定する宅地建物取引業者の相手方等と契約を締結する場合に限る．）において，第65条第1項（第2号から第4号までを除く．）若しくは第2項（第1号及び第1号の2を除く．）又は第66条第1項（第1号から第8号までを除く．）の規定による処分をしようとするときは，あらかじめ，内閣総理大臣に協議しなければならない．

② 内閣総理大臣は，国土交通大臣の免許を受けた宅地建物取引業者の第35条第1項第14号イに規定する宅地建物取引業者の相手方等の利益の保護を図るため必要があると認めるときは，国土交通大臣に対し，前項に規定する処分（当該宅地建物取引業者が第31条第1項，第32条から第34条まで，第34条の2第1項，第35条から第45条まで，第47条又は第47条の2の規定に違反した場合（当該宅地建物取引業者が同号イに規定する宅地建物取引業者の相手方等と契約を締結する場合に限る．）におけるものに限る．）に関し，必要な意見を述べるこ

とができる．

（報告及び検査）

第72条 ① 国土交通大臣は，宅地建物取引業を営むすべての者に対して，都道府県知事は，当該都道府県の区域内で宅地建物取引業を営む者に対して，宅地建物取引業の適正な運営を確保するため必要があると認めるときは，その業務について必要な報告を求め，又はその職員に事務所その他その業務を行なう場所に立ち入り，帳簿，書類その他業務に関係のある物件を検査させることができる．

② 内閣総理大臣は，前条第2項の規定による意見を述べるため特に必要があると認めるときは，同項に規定する宅地建物取引業者に対して，その業務について必要な報告を求め，又はその職員に事務所その他その業務を行う場所に立ち入り，帳簿，書類その他業務に関係のある物件を検査させることができる．

③ 国土交通大臣は，全ての宅地建物取引士に対して，都道府県知事は，その登録を受けている宅地建物取引士及び当該都道府県の区域内でその事務を行う宅地建物取引士に対して，宅地建物取引士の事務の適正な遂行を確保するため必要があると認めるときは，その事務について必要な報告を求めることができる．

④ 第1項及び第2項の規定により立入検査をする職員は，その身分を示す証明書を携帯し，関係人の請求があつたときは，これを提示しなければならない．

⑤ 第1項及び第2項の規定による立入検査の権限は，犯罪捜査のために認められたものと解してはならない．

⑥ 内閣総理大臣は，第2項の規定による報告を求め，又は立入検査をしようとするときは，あらかじめ，国土交通大臣に協議しなければならない．

第7章 雑 則

（宅地建物取引業審議会）

第73条 都道府県は，都道府県知事の諮問に応じて宅地建物取引業に関する重要事項を調査審議させるため，地方自治法第138条の4第3項の規定により，宅地建物取引業審議会を置くことができるものとする．

（宅地建物取引業協会及び宅地建物取引業協会連合会）

第74条 ① その名称中に宅地建物取引業協会という文字を用いる一般社団法人（次項に規定するものを除く．）は，宅地建物取引業の適正な運営を確保するとともに宅地建物取引業の健全な発達を図るため，社員の指導及び連絡に関する事務を行うことを目的とし，かつ，一の都道府県の区域内において事業を行う旨及び宅地建物取引業者を社員とする旨の定款の定めがあるものでなければならない．

② その名称中に宅地建物取引業協会連合会という文字を用いる一般社団法人は，宅地建物取引業の適正な運営を確保するとともに宅地建物取引業の健全な発達を図るため，社員の指導及び連絡に関する事務を行うことを目的とし，かつ，全国において事業を行う旨及び前項に規定する一般社団法人（以下「宅地建物取引業協会」という．）を社員とする旨の定款の定めがあるものでなければならない．

③ 前2項に規定する定款の定めは，これを変更することができない．

④ 宅地建物取引業協会及び第2項に規定する一般社団法人（以下「宅地建物取引業協会連合会」という．）は，成立したときは，成立の日から2週間以内に，登記事項証明書及び定款の写しを添えて，その旨を，宅地建物取引業協会にあつては都道府県知事に，宅地建物取引業協会連合会にあつては国土交通大臣に届け出なければならない．

⑤ 国土交通大臣は，宅地建物取引業協会連合会に対して，都道府県知事は，宅地建物取引業協会に対して，宅地建物取引業の適正な運営を確保し，又は宅地建物取引業の健全な発達を図るため，必要な事項に関して報告を求め，又は必要な指導，助言及び勧告をすることができる．

（名称の使用制限）

第75条 宅地建物取引業協会及び宅地建物取引業協会連合会でない者は，宅地建物取引業協会又は宅地建物取引業協会連合会という文字をその名称中に用いてはならない．

（宅地建物取引業者を社員とする一般社団法人による体系的な研修の実施）

第75条の2 宅地建物取引業者を直接又は間接の社員とする一般社団法人は，宅地建物取引士等がその職務に関し必要な知識及び能力を効果的かつ効率的に習得できるよう，法令，金融その他の多様な分野に係る体系的な研修を実施するよう努めなければならない．

（宅地建物取引業者の使用人等の秘密を守る義務）

第75条の3 宅地建物取引業者の使用人その他の従業者は，正当な理由がある場合でなければ，宅地建物取引業の業務を補助したことについて知り得た秘密を他に漏らしてはならない．宅地建物取引業者の使用人その他の従業者でなくなつた後であつても，また同様とする．

（内閣総理大臣への資料提供等）

第75条の4 内閣総理大臣は，国土交通大臣の免許を受けた宅地建物取引業者の第35条第1項第14号イに規定する宅地建物取引業者の相手方等の利益の保護を図るため必要があると認めるときは，国土交通大臣に対し，資料の提供，説明その他必要な協力を求めることができる．

（免許の取消し等に伴う取引の結了）

第76条 第3条第2項の有効期間が満了したとき，第11条第2項の規定により免許が効力を失つたとき，又は宅地建物取引業者が第11条第1項第1号若しくは第2号に該当したとき，若しくは第25条第7項，第66条若しくは第67条第1項の規定により免許を取り消されたときは，当該宅地建物取引業者であつた者又はその一般承継人は，当該宅地建物取引業者が締結した契約に基づく取引を結了する目的の範囲内においては，なお宅地建物取引業者とみなす．

（信託会社等に関する特例）

第77条 ① 第3条から第7条まで，第12条，第25条第7項，第66条及び第67条第1項の規定は，信託業法（平成16年法律第154号）第3条又は第53条第1項の免許を受けた信託会社（政令で定めるものを除く．次項及び第３項において同じ．）には，適用しない．
② 宅地建物取引業を営む信託会社については，前項に掲げる規定を除き，国土交通大臣の免許を受けた宅地建物取引業者とみなしてこの法律の規定を適用する．
③ 信託会社は，宅地建物取引業を営もうとするときは，国土交通省令の定めるところにより，その旨を国土交通大臣に届け出なければならない．
④ 信託業務を兼営する金融機関及び第１項の政令で定める信託会社に対するこの法律の規定の適用に関し必要な事項は，政令で定める．

第77条の２ ① 第３条から第７条まで，第12条，第25条第７項，第66条及び第67条第１項の規定は，認可宅地建物取引業者がその資産の運用を行う登録投資法人（投資信託及び投資法人に関する法律第２条第13項に規定する登録投資法人をいう．）には，適用しない．
② 前項の登録投資法人については，前項に掲げる規定並びに第31条の３，第35条，第35条の２，第37条及び第48条から第50条までの規定を除き，国土交通大臣の免許を受けた宅地建物取引業者とみなしてこの法律の規定を適用する．

第77条の３ ① 第３条から第７条まで，第12条，第25条第７項，第66条及び第67条第１項の規定は，特例事業者（不動産特定共同事業法第２条第９項に規定する特例事業者をいう．次項において同じ．）には，適用しない．
② 特例事業者については，前項に掲げる規定並びに第31条の３，第35条，第35条の２，第37条及び第48条から第50条までの規定を除き，国土交通大臣の免許を受けた宅地建物取引業者とみなしてこの法律の規定を適用する．

（適用の除外）

第78条 ① この法律の規定は，国及び地方公共団体には，適用しない．
② 第33条の２及び第37条の２から第43条までの規定は，宅地建物取引業者相互間の取引については，適用しない．

（権限の委任）

第78条の２ ① この法律に規定する国土交通大臣の権限は，国土交通省令で定めるところにより，その一部を地方整備局長又は北海道開発局長に委任することができる．
② この法律に規定する内閣総理大臣の権限（政令で定めるものを除く．）は，消費者庁長官に委任する．

（申請書等の経由）

第78条の３ ① 第４条第１項，第９条及び第11条第１項の規定により国土交通大臣に提出すべき申請書その他の書類は，その主たる事務所（同項の規定の場合にあつては，同項各号の１に該当することとなつた者の主たる事務所）の所在地を管轄する都道府県知事を経由しなければならない．
② 第50条第２項の規定により国土交通大臣に提出すべき届出書は，その届出に係る業務を行う場所の所在地を管轄する都道府県知事を経由しなければならない．

（事務の区分）

第78条の４ 第８条，第10条，第14条及び前条の規定により都道府県が処理することとされている事務（第８条，第10条及び第14条の規定により処理することとされているものについては，国土交通大臣の免許を受けた宅地建物取引業者に係る宅地建物取引業者名簿の備付け，登載，閲覧，訂正及び消除に関するものに限る．）は，地方自治法第２条第９項第１号に規定する第１号法定受託事務とする．

◈ 第8章 罰 則

第79条 次の各号のいずれかに該当する者は，３年以下の懲役若しくは300万円以下の罰金に処し，又はこれを併科する．
１ 不正の手段によつて第３条第１項の免許を受けた者
２ 第12条第１項の規定に違反した者
３ 第13条第１項の規定に違反して他人に宅地建物取引業を営ませた者
４ 第65条第２項又は第４項の規定による業務の停止の命令に違反して業務を営んだ者

第79条の２ 第47条の規定に違反して同条第１号に掲げる行為をした者は，２年以下の懲役若しくは300万円以下の罰金に処し，又はこれを併科する．

第80条 第47条の規定に違反して同条第２号に掲げる行為をした者は，１年以下の懲役若しくは100万円以下の罰金に処し，又はこれを併科する．

第80条の２ 第16条の８第１項の規定に違反した者は，１年以下の懲役又は100万円以下の罰金に処する．

第80条の３ 第16条の15第２項又は第17条の14の規定による試験事務又は講習業務の停止の命令に違反したときは，その違反行為をした指定試験機関の役員若しくは職員又は登録講習機関（その者が法人である場合にあつては，その役員）若しくはその職員（第83条の２において「指定試験機関等の役員等」という．）は，１年以下の懲役又は100万円以下の罰金に処する．

第81条 次の各号のいずれかに該当する者は，６月以下の懲役若しくは100万円以下の罰金に処し，又はこれを併科する．
１ 第25条第５項（第26条第２項において準用する場合を含む．），第32条又は第44条の規定に違反した者
２ 第47条の規定に違反して同条第３号に掲げる行為をした者

第82条 次の各号のいずれかに該当する者は，100万円以下の罰金に処する．
１ 第４条第１項の免許申請書又は同条第２項の書類に虚偽の記載をして提出した者
２ 第12条第２項，第13条第２項，第31条の３第３項又は第46条第２項の規定に違反した者
３ 不正の手段によつて第41条第１項第１号又は第41条の２第１項第１号の指定を受けた者
４ 第56条第１項の規定に違反して手付金等保証事業以外の事業を営んだ者
５ 第60条（第64条の17第３項において準用する場合を含む．）の規定に違反して保証委託契約を締結した者
６ 第61条（第63条の３第２項において準用する場合を含む．）又は第64条の20の規定による命令に違反

した者

7 第63条の3第2項において準用する第56条第1項の規定に違反して手付金等保管事業以外の事業を営んだ者

8 第63条の3第2項において準用する第51条第3項第1号の事業方法書によらないで手付金等保管事業を営んだ者

第83条 ① 次の各号のいずれかに該当する者は,50万円以下の罰金に処する.

1 第9条,第50条第2項,第53条（第63条の3第2項において準用する場合を含む.）,第63条第2項（第63条の3第2項において準用する場合を含む.）又は第77条第3項の規定による届出をせず,又は虚偽の届出をした者

2 第37条,第46条第4項,第48条第1項又は第50条第1項の規定に違反した者

3 第45条又は第75条の3の規定に違反した者

3の2 第48条第3項の規定に違反して従業者名簿を備えず,又はこれに同項に規定する事項を記載せず,若しくは虚偽の記載をした者

4 第49条の規定による帳簿を備え付けず,又はこれに同条に規定する事項を記載せず,若しくは虚偽の記載をした者

5 第50条の12第1項,第63条第1項若しくは第3項（これらの規定を第63条の3第2項において準用する場合を含む.）,第63条の2第1項（第63条の3第2項及び第64条の18において準用する場合を含む.）又は第72条第1項から第3項までの規定による報告をせず,若しくは事業計画書,事業報告書若しくは資料の提出をせず,又は虚偽の報告をし,若しくは虚偽の記載をした事業計画書,事業報告書若しくは虚偽の資料を提出した者

6 第50条の12第1項,第63条の2第1項（第63条の3第2項及び第64条の18において準用する場合を含む.）又は第72条第1項若しくは第2項の規定による検査を拒み,妨げ,又は忌避した者

7 第63条の5の規定に違反して寄託金保管簿を備えず,これに同条に規定する事項を記載せず,若しくは虚偽の記載をし,又は寄託金保管簿を保存しなかつた者

② 前項第3号の罪は,告訴がなければ公訴を提起することができない.

第83条の2 次の各号のいずれかに該当するときは,その違反行為をした指定試験機関等の役員等は,50万円以下の罰金に処する.

1 第16条の11又は第17条の15の規定に違反して帳簿を備えず,帳簿に記載せず,若しくは帳簿に虚偽の記載をし,又は帳簿を保存しなかつたとき.

2 第16条の13第1項若しくは第2項又は第17条の16の規定による報告を求められて,報告をせず,若しくは虚偽の報告をし,又はこれらの規定による検査を拒み,妨げ,若しくは忌避したとき.

3 第16条の14第1項の規定による許可を受けないで試験事務の全部を廃止し,又は第17条の10の規定による届出をしないで講習業務の全部を廃止したとき.

第84条 法人の代表者又は法人若しくは人の代理人,使用人その他の従業者が,その法人又は人の業務に関し,次の各号に掲げる規定の違反行為をしたときは,その行為者を罰するほか,その法人に対して当該各号に定める罰金刑を,その人に対して各本条の罰金刑を科する.

1 第79条又は第79条の2 1億円以下の罰金刑

2 第80条又は第81条から第83条まで（同条第1項第3号を除く.） 各本条の罰金刑

第85条 第50条の11の規定による命令に違反した者は,30万円以下の過料に処する.

第85条の2 第17条の11第1項の規定に違反して財務諸表等を備えて置かず,財務諸表等に記載すべき事項を記載せず,若しくは虚偽の記載をし,又は正当な理由がないのに同条第2項各号の規定による請求を拒んだ者は,20万円以下の過料に処する.

第86条 第22条の2第6項若しくは第7項,第35条第4項又は第75条の規定に違反した者は,10万円以下の過料に処する.

Ⅱ　権利関係

2 民　法

明29・4・27法律第89号，明31・7・16施行，
最終改正：令元・6・14法律第34号

［目　次］

◈第１編　総　則◈

◈ 第１章　通　則

(基本原則)

第１条 ① 私権は,公共の福祉に適合しなければならない.

② 権利の行使及び義務の履行は,信義に従い誠実に行わなければならない.

③ 権利の濫用は,これを許さない.

(解釈の基準)

第２条 この法律は,個人の尊厳と両性の本質的平等を旨として,解釈しなければならない.

◈ 第２章　人

第１節　権利能力

第３条 ① 私権の享有は,出生に始まる.

② 外国人は,法令又は条約の規定により禁止される場合を除き,私権を享有する.

第２節　意思能力

第３条の２ 法律行為の当事者が意思表示をした時に意思能力を有しなかったときは,その法律行為は,無効とする.

第３節　行為能力

(成　年)

第４条 年齢20歳をもって,成年とする.

(未成年者の法律行為)

第５条 ① 未成年者が法律行為をするには,その法定代理人の同意を得なければならない.ただし,単に権利を得,又は義務を免れる法律行為については,この限りでない.

② 前項の規定に反する法律行為は,取り消すことができる.

③ 第１項の規定にかかわらず,法定代理人が目的を定めて処分を許した財産は,その目的の範囲内において,未成年者が自由に処分することができる.目的を定めないで処分を許した財産を処分するときも,同様とする.

(未成年者の営業の許可)

第６条 ① １種又は数種の営業を許された未成年者は,その営業に関しては,成年者と同一の行為能力を有する.

② 前項の場合において,未成年者がその営業に堪えることができない事由があるときは,その法定代理人は,第４編（親族）の規定に従い,その許可を取り消し,又はこれを制限することができる.

(後見開始の審判)

第７条 精神上の障害により事理を弁識する能力を欠く常況にある者については,家庭裁判所は,本人,配偶者,４親等内の親族,未成年後見人,未成年後見監督人,保佐人,保佐監督人,補助人,補助監督人又は検察官の請求により,後見開始の審判をすることができる.

(成年被後見人及び成年後見人)

第８条 後見開始の審判を受けた者は,成年被後見人とし,これに成年後見人を付する.

(成年被後見人の法律行為)

第９条 成年被後見人の法律行為は,取り消すことができる.ただし,日用品の購入その他日常生活に関する行為については,この限りでない.

(後見開始の審判の取消し)

第10条 第７条に規定する原因が消滅したときは,家庭裁判所は,本人,配偶者,４親等内の親族,後見人（未成年後見人及び成年後見人をいう.以下同じ.）,後見監督人（未成年後見監督人及び成年後見監督人をいう.以下同じ.）又は検察官の請求により,後見開始の審判を取り消さなければならない.

(保佐開始の審判)

第11条 精神上の障害により事理を弁識する能力が著しく不十分である者については,家庭裁判所は,本人,配偶者,４親等内の親族,後見人,後見監督人,補助人,補助監督人又は検察官の請求により,保佐開始の審判をすることができる.ただし,第７条に規定する原因がある者については,この限りでない.

(被保佐人及び保佐人)

第12条 保佐開始の審判を受けた者は,被保佐人とし,これに保佐人を付する.

(保佐人の同意を要する行為等)

第13条 ① 被保佐人が次に掲げる行為をするには,その保佐人の同意を得なければならない.ただし,第９条ただし書に規定する行為については,この限りでない.

１ 元本を領収し,又は利用すること.

2 借財又は保証をすること.
3 不動産その他重要な財産に関する権利の得喪を目的とする行為をすること.
4 訴訟行為をすること.
5 贈与,和解又は仲裁合意（仲裁法（平成15年法律第138号）第2条第1項に規定する仲裁合意をいう.）をすること.
6 相続の承認若しくは放棄又は遺産の分割をすること.
7 贈与の申込みを拒絶し,遺贈を放棄し,負担付贈与の申込みを承諾し,又は負担付遺贈を承認すること.
8 新築,改築,増築又は大修繕をすること.
9 第602条に定める期間を超える賃貸借をすること.
10 前各号に掲げる行為を制限行為能力者（未成年者,成年被後見人,被保佐人及び第17条第1項の審判を受けた被補助人をいう.以下同じ.）の法定代理人としてすること.

② 家庭裁判所は,第11条本文に規定する者又は保佐人若しくは保佐監督人の請求により,被保佐人が前項各号に掲げる行為以外の行為をする場合であってもその保佐人の同意を得なければならない旨の審判をすることができる.ただし,第9条ただし書に規定する行為については,この限りでない.

③ 保佐人の同意を得なければならない行為について,保佐人が被保佐人の利益を害するおそれがないにもかかわらず同意をしないときは,家庭裁判所は,被保佐人の請求により,保佐人の同意に代わる許可を与えることができる.

④ 保佐人の同意を得なければならない行為であって,その同意又はこれに代わる許可を得ないでしたものは,取り消すことができる.

（保佐開始の審判等の取消し）

第14条 ① 第11条本文に規定する原因が消滅したときは,家庭裁判所は,本人,配偶者,4親等内の親族,未成年後見人,未成年後見監督人,保佐人,保佐監督人又は検察官の請求により,保佐開始の審判を取り消さなければならない.

② 家庭裁判所は,前項に規定する者の請求により,前条第2項の審判の全部又は一部を取り消すことができる.

（補助開始の審判）

第15条 ① 精神上の障害により事理を弁識する能力が不十分である者については,家庭裁判所は,本人,配偶者,4親等内の親族,後見人,後見監督人,保佐人,保佐監督人又は検察官の請求により,補助開始の審判をすることができる.ただし,第7条又は第11条本文に規定する原因がある者については,この限りでない.

② 本人以外の者の請求により補助開始の審判をするには,本人の同意がなければならない.

③ 補助開始の審判は,第17条第1項の審判又は第876条の9第1項の審判とともにしなければならない.

（被補助人及び補助人）

第16条 補助開始の審判を受けた者は,被補助人とし,これに補助人を付する.

（補助人の同意を要する旨の審判等）

第17条 ① 家庭裁判所は,第15条第1項本文に規定する者又は補助人若しくは補助監督人の請求により,被補助人が特定の法律行為をするにはその補助人の同意を得なければならない旨の審判をすることができる.ただし,その審判によりその同意を得なければならないものとすることができる行為は,第13条第1項に規定する行為の一部に限る.

② 本人以外の者の請求により前項の審判をするには,本人の同意がなければならない.

③ 補助人の同意を得なければならない行為について,補助人が被補助人の利益を害するおそれがないにもかかわらず同意をしないときは,家庭裁判所は,被補助人の請求により,補助人の同意に代わる許可を与えることができる.

④ 補助人の同意を得なければならない行為であって,その同意又はこれに代わる許可を得ないでしたものは,取り消すことができる.

（補助開始の審判等の取消し）

第18条 ① 第15条第1項本文に規定する原因が消滅したときは,家庭裁判所は,本人,配偶者,4親等内の親族,未成年後見人,未成年後見監督人,補助人,補助監督人又は検察官の請求により,補助開始の審判を取り消さなければならない.

② 家庭裁判所は,前項に規定する者の請求により,前条第1項の審判の全部又は一部を取り消すことができる.

③ 前条第1項の審判及び第876条の9第1項の審判をすべて取り消す場合には,家庭裁判所は,補助開始の審判を取り消さなければならない.

（審判相互の関係）

第19条 ① 後見開始の審判をする場合において,本人が被保佐人又は被補助人であるときは,家庭裁判所は,その本人に係る保佐開始又は補助開始の審判を取り消さなければならない.

② 前項の規定は,保佐開始の審判をする場合において本人が成年被後見人若しくは被補助人であるとき,又は補助開始の審判をする場合において本人が成年被後見人若しくは被保佐人であるときについて準用する.

（制限行為能力者の相手方の催告権）

第20条 ① 制限行為能力者の相手方は,その制限行為能力者が行為能力者（行為能力の制限を受けない者をいう.以下同じ.）となった後,その者に対し,1箇月以上の期間を定めて,その期間内にその取り消すことができる行為を追認するかどうかを確答すべき旨の催告をすることができる.この場合において,その者がその期間内に確答を発しないときは,その行為を追認したものとみなす.

② 制限行為能力者の相手方が,制限行為能力者が行為能力者とならない間に,その法定代理人,保佐人又は補助人に対し,その権限内の行為について前項に規定する催告をした場合において,これらの者が同項の期間内に確答を発しないときも,同項後段と同様とする.

③ 特別の方式を要する行為については,前2項の期間内にその方式を具備した旨の通知を発しないときは,そ

の行為を取り消したものとみなす.
④ 制限行為能力者の相手方は,被保佐人又は第17条第1項の審判を受けた被補助人に対しては,第1項の期間内にその保佐人又は補助人の追認を得るべき旨の催告をすることができる.この場合において,その被保佐人又は被補助人がその期間内にその追認を得た旨の通知を発しないときは,その行為を取り消したものとみなす.
(制限行為能力者の詐術)
第21条 制限行為能力者が行為能力者であることを信じさせるため詐術を用いたときは,その行為を取り消すことができない.

第4節 住 所

(住 所)
第22条 各人の生活の本拠をその者の住所とする.
(居 所)
第23条 ① 住所が知れない場合には,居所を住所とみなす.
② 日本に住所を有しない者は,その者が日本人又は外国人のいずれであるかを問わず,日本における居所をその者の住所とみなす.ただし,準拠法を定める法律に従いその者の住所地法によるべき場合は,この限りでない.
(仮住所)
第24条 ある行為について仮住所を選定したときは,その行為に関しては,その仮住所を住所とみなす.

第5節 不在者の財産の管理及び失踪の宣告

(不在者の財産の管理)
第25条 ① 従来の住所又は居所を去った者(以下「不在者」という.)がその財産の管理人(以下この節において単に「管理人」という.)を置かなかったときは,家庭裁判所は,利害関係人又は検察官の請求により,その財産の管理について必要な処分を命ずることができる.本人の不在中に管理人の権限が消滅したときも,同様とする.
② 前項の規定による命令後,本人が管理人を置いたときは,家庭裁判所は,その管理人,利害関係人又は検察官の請求により,その命令を取り消さなければならない.
(管理人の改任)
第26条 不在者が管理人を置いた場合において,その不在者の生死が明らかでないときは,家庭裁判所は,利害関係人又は検察官の請求により,管理人を改任することができる.
(管理人の職務)
第27条 ① 前2条の規定により家庭裁判所が選任した管理人は,その管理すべき財産の目録を作成しなければならない.この場合において,その費用は,不在者の財産の中から支弁する.
② 不在者の生死が明らかでない場合において,利害関係人又は検察官の請求があるときは,家庭裁判所は,不在者が置いた管理人にも,前項の目録の作成を命ずることができる.
③ 前2項に定めるもののほか,家庭裁判所は,管理人に対し,不在者の財産の保存に必要と認める処分を命ずることができる.
(管理人の権限)
第28条 管理人は,第103条に規定する権限を超える行為を必要とするときは,家庭裁判所の許可を得て,その行為をすることができる.不在者の生死が明らかでない場合において,その管理人が不在者が定めた権限を超える行為を必要とするときも,同様とする.
(管理人の担保提供及び報酬)
第29条 ① 家庭裁判所は,管理人に財産の管理及び返還について相当の担保を立てさせることができる.
② 家庭裁判所は,管理人と不在者との関係その他の事情により,不在者の財産の中から,相当な報酬を管理人に与えることができる.
(失踪の宣告)
第30条 ① 不在者の生死が7年間明らかでないときは,家庭裁判所は,利害関係人の請求により,失踪の宣告をすることができる.
② 戦地に臨んだ者,沈没した船舶の中に在った者その他死亡の原因となるべき危難に遭遇した者の生死が,それぞれ,戦争が止んだ後,船舶が沈没した後又はその他の危難が去った後1年間明らかでないときも,前項と同様とする.
(失踪の宣告の効力)
第31条 前条第1項の規定により失踪の宣告を受けた者は同項の期間が満了した時に,同条第2項の規定により失踪の宣告を受けた者はその危難が去った時に,死亡したものとみなす.
(失踪の宣告の取消し)
第32条 ① 失踪者が生存すること又は前条に規定する時と異なる時に死亡したことの証明があったときは,家庭裁判所は,本人又は利害関係人の請求により,失踪の宣告を取り消さなければならない.この場合において,その取消しは,失踪の宣告後その取消し前に善意でした行為の効力に影響を及ぼさない.
② 失踪の宣告によって財産を得た者は,その取消しによって権利を失う.ただし,現に利益を受けている限度においてのみ,その財産を返還する義務を負う.

第6節 同時死亡の推定

第32条の2 数人の者が死亡した場合において,そのうちの1人が他の者の死亡後になお生存していたことが明らかでないときは,これらの者は,同時に死亡したものと推定する.

◆ 第3章 法 人

(法人の成立等)
第33条 ① 法人は,この法律その他の法律の規定によらなければ,成立しない.
② 学術,技芸,慈善,祭祀,宗教その他の公益を目的とする法人,営利事業を営むことを目的とする法人その他の法人の設立,組織,運営及び管理については,この法律その他の法律の定めるところによる.
(法人の能力)
第34条 法人は,法令の規定に従い,定款その他の基本約款で定められた目的の範囲内において,権利を有し,義務を負う.
(外国法人)

第35条 ① 外国法人は,国,国の行政区画及び外国会社を除き,その成立を認許しない.ただし,法律又は条約の規定により認許された外国法人は,この限りでない.
② 前項の規定により認許された外国法人は,日本において成立する同種の法人と同一の私権を有する.ただし,外国人が享有することのできない権利及び法律又は条約中に特別の規定がある権利については,この限りでない.
(登　記)
第36条 法人及び外国法人は,この法律その他の法令の定めるところにより,登記をするものとする.
(外国法人の登記)
第37条 ① 外国法人（第35条第1項ただし書に規定する外国法人に限る.以下この条において同じ.）が日本に事務所を設けたときは,3週間以内に,その事務所の所在地において,次に掲げる事項を登記しなければならない.
1 外国法人の設立の準拠法
2 目　的
3 名　称
4 事務所の所在場所
5 存続期間を定めたときは,その定め
6 代表者の氏名及び住所
② 前項各号に掲げる事項に変更を生じたときは,3週間以内に,変更の登記をしなければならない.この場合において,登記前にあっては,その変更をもって第三者に対抗することができない.
③ 代表者の職務の執行を停止し,若しくはその職務を代行する者を選任する仮処分命令又はその仮処分命令を変更し,若しくは取り消す決定がされたときは,その登記をしなければならない.この場合においては,前項後段の規定を準用する.
④ 前2項の規定により登記すべき事項が外国において生じたときは,登記の期間は,その通知が到達した日から起算する.
⑤ 外国法人が初めて日本に事務所を設けたときは,その事務所の所在地において登記するまでは,第三者は,その法人の成立を否認することができる.
⑥ 外国法人が事務所を移転したときは,旧所在地においては3週間以内に移転の登記をし,新所在地においては4週間以内に第1項各号に掲げる事項を登記しなければならない.
⑦ 同一の登記所の管轄区域内において事務所を移転したときは,その移転を登記すれば足りる.
⑧ 外国法人の代表者が,この条に規定する登記を怠ったときは,50万円以下の過料に処する.
第38条～第84条 削除

◈ 第4章　物

(定　義)
第85条 この法律において「物」とは,有体物をいう.
(不動産及び動産)
第86条 ① 土地及びその定着物は,不動産とする.
② 不動産以外の物は,すべて動産とする.
(主物及び従物)
第87条 ① 物の所有者が,その物の常用に供するため,自己の所有に属する他の物をこれに附属させたときは,その附属させた物を従物とする.
② 従物は,主物の処分に従う.
(天然果実及び法定果実)
第88条 ① 物の用法に従い収取する産出物を天然果実とする.
② 物の使用の対価として受けるべき金銭その他の物を法定果実とする.
(果実の帰属)
第89条 ① 天然果実は,その元物から分離する時に,これを収取する権利を有する者に帰属する.
② 法定果実は,これを収取する権利の存続期間に応じて,日割計算によりこれを取得する.

◈ 第5章　法律行為

第1節　総　則

(公序良俗)
第90条 公の秩序又は善良の風俗に反する法律行為は,無効とする.
(任意規定と異なる意思表示)
第91条 法律行為の当事者が法令中の公の秩序に関しない規定と異なる意思を表示したときは,その意思に従う.
(任意規定と異なる慣習)
第92条 法令中の公の秩序に関しない規定と異なる慣習がある場合において,法律行為の当事者がその慣習による意思を有しているものと認められるときは,その慣習に従う.

第2節　意思表示

(心裡留保)
第93条 ① 意思表示は,表意者がその真意ではないことを知ってしたときであっても,そのためにその効力を妨げられない.ただし,相手方がその意思表示が表意者の真意ではないことを知り,又は知ることができたときは,その意思表示は,無効とする.
② 前項ただし書の規定による意思表示の無効は,善意の第三者に対抗することができない.
(虚偽表示)
第94条 ① 相手方と通じてした虚偽の意思表示は,無効とする.
② 前項の規定による意思表示の無効は,善意の第三者に対抗することができない.
(錯　誤)
第95条 ① 意思表示は,次に掲げる錯誤に基づくものであって,その錯誤が法律行為の目的及び取引上の社会通念に照らして重要なものであるときは,取り消すことができる.
1 意思表示に対応する意思を欠く錯誤
2 表意者が法律行為の基礎とした事情についてのその認識が真実に反する錯誤
② 前項第2号の規定による意思表示の取消しは,その事情が法律行為の基礎とされていることが表示されていたときに限り,することができる.

③ 錯誤が表意者の重大な過失によるものであった場合には,次に掲げる場合を除き,第1項の規定による意思表示の取消しをすることができない.
1 相手方が表意者に錯誤があることを知り,又は重大な過失によって知らなかったとき.
2 相手方が表意者と同一の錯誤に陥っていたとき.
④ 第1項の規定による意思表示の取消しは,善意でかつ過失がない第三者に対抗することができない.

(詐欺又は強迫)
第96条 ① 詐欺又は強迫による意思表示は,取り消すことができる.
② 相手方に対する意思表示について第三者が詐欺を行った場合においては,相手方がその事実を知り,又は知ることができたときに限り,その意思表示を取り消すことができる.
③ 前2項の規定による詐欺による意思表示の取消しは,善意でかつ過失がない第三者に対抗することができない.

(意思表示の効力発生時期等)
第97条 ① 意思表示は,その通知が相手方に到達した時からその効力を生ずる.
② 相手方が正当な理由なく意思表示の通知が到達することを妨げたときは,その通知は,通常到達すべきであった時に到達したものとみなす.
③ 意思表示は,表意者が通知を発した後に死亡し,意思能力を喪失し,又は行為能力の制限を受けたときであっても,そのためにその効力を妨げられない.

(公示による意思表示)
第98条 ① 意思表示は,表意者が相手方を知ることができず,又はその所在を知ることができないときは,公示の方法によってすることができる.
② 前項の公示は,公示送達に関する民事訴訟法(平成8年法律第109号)の規定に従い,裁判所の掲示場に掲示し,かつ,その掲示があったことを官報に少なくとも1回掲載して行う.ただし,裁判所は,相当と認めるときは,官報への掲載に代えて,市役所,区役所,町村役場又はこれらに準ずる施設の掲示場に掲示すべきことを命ずることができる.
③ 公示による意思表示は,最後に官報に掲載した日又はその掲載に代わる掲示を始めた日から2週間を経過した時に,相手方に到達したものとみなす.ただし,表意者が相手方を知らないこと又はその所在を知らないことについて過失があったときは,到達の効力を生じない.
④ 公示に関する手続は,相手方を知ることができない場合には表意者の住所地の,相手方の所在を知ることができない場合には相手方の最後の住所地の簡易裁判所の管轄に属する.
⑤ 裁判所は,表意者に,公示に関する費用を予納させなければならない.

(意思表示の受領能力)
第98条の2 意思表示の相手方がその意思表示を受けた時に意思能力を有しなかったとき又は未成年者若しくは成年被後見人であったときは,その意思表示をもってその相手方に対抗することができない.ただし,次に掲げる者がその意思表示を知った後は,この限りでない.
1 相手方の法定代理人
2 意思能力を回復し,又は行為能力者となった相手方

第3節 代 理

(代理行為の要件及び効果)
第99条 ① 代理人がその権限内において本人のためにすることを示してした意思表示は,本人に対して直接にその効力を生ずる.
② 前項の規定は,第三者が代理人に対してした意思表示について準用する.

(本人のためにすることを示さない意思表示)
第100条 代理人が本人のためにすることを示さないでした意思表示は,自己のためにしたものとみなす.ただし,相手方が,代理人が本人のためにすることを知り,又は知ることができたときは,前条第1項の規定を準用する.

(代理行為の瑕疵)
第101条 ① 代理人が相手方に対してした意思表示の効力が意思の不存在,錯誤,詐欺,強迫又はある事情を知っていたこと若しくは知らなかったことにつき過失があったことによって影響を受けるべき場合には,その事実の有無は,代理人について決するものとする.
② 相手方が代理人に対してした意思表示の効力が意思表示を受けた者がある事情を知っていたこと又は知らなかったことにつき過失があったことによって影響を受けるべき場合には,その事実の有無は,代理人について決するものとする.
③ 特定の法律行為をすることを委託された代理人がその行為をしたときは,本人は,自ら知っていた事情について代理人が知らなかったことを主張することができない.本人が過失によって知らなかった事情についても,同様とする.

(代理人の行為能力)
第102条 制限行為能力者が代理人としてした行為は,行為能力の制限によっては取り消すことができない.ただし,制限行為能力者が他の制限行為能力者の法定代理人としてした行為については,この限りでない.

(権限の定めのない代理人の権限)
第103条 権限の定めのない代理人は,次に掲げる行為のみをする権限を有する.
1 保存行為
2 代理の目的である物又は権利の性質を変えない範囲内において,その利用又は改良を目的とする行為

(任意代理人による復代理人の選任)
第104条 委任による代理人は,本人の許諾を得たとき,又はやむを得ない事由があるときでなければ,復代理人を選任することができない.

(法定代理人による復代理人の選任)
第105条 法定代理人は,自己の責任で復代理人を選任することができる.この場合において,やむを得ない事由があるときは,本人に対してその選任及び監督についての責任のみを負う.

（復代理人の権限等）
第106条 ① 復代理人は，その権限内の行為について，本人を代表する．
② 復代理人は，本人及び第三者に対して，その権限の範囲内において，代理人と同一の権利を有し，義務を負う．
（代理権の濫用）
第107条 代理人が自己又は第三者の利益を図る目的で代理権の範囲内の行為をした場合において，相手方がその目的を知り，又は知ることができたときは，その行為は，代理権を有しない者がした行為とみなす．
（自己契約及び双方代理等）
第108条 ① 同一の法律行為について，相手方の代理人として，又は当事者双方の代理人としてした行為は，代理権を有しない者がした行為とみなす．ただし，債務の履行及び本人があらかじめ許諾した行為については，この限りでない．
② 前項本文に規定するもののほか，代理人と本人との利益が相反する行為については，代理権を有しない者がした行為とみなす．ただし，本人があらかじめ許諾した行為については，この限りでない．
（代理権授与の表示による表見代理等）
第109条 ① 第三者に対して他人に代理権を与えた旨を表示した者は，その代理権の範囲内においてその他人が第三者との間でした行為について，その責任を負う．ただし，第三者が，その他人が代理権を与えられていないことを知り，又は過失によって知らなかったときは，この限りでない．
② 第三者に対して他人に代理権を与えた旨を表示した者は，その代理権の範囲内においてその他人が第三者との間で行為をしたとすれば前項の規定によりその責任を負うべき場合において，その他人が第三者との間でその代理権の範囲外の行為をしたときは，第三者がその行為についてその他人の代理権があると信ずべき正当な理由があるときに限り，その行為についての責任を負う．
（権限外の行為の表見代理）
第110条 前条第１項本文の規定は，代理人がその権限外の行為をした場合において，第三者が代理人の権限があると信ずべき正当な理由があるときについて準用する．
（代理権の消滅事由）
第111条 ① 代理権は，次に掲げる事由によって消滅する．
　1 本人の死亡
　2 代理人の死亡又は代理人が破産手続開始の決定若しくは後見開始の審判を受けたこと．
② 委任による代理権は，前項各号に掲げる事由のほか，委任の終了によって消滅する．
（代理権消滅後の表見代理等）
第112条 ① 他人に代理権を与えた者は，代理権の消滅後にその代理権の範囲内においてその他人が第三者との間でした行為について，代理権の消滅の事実を知らなかった第三者に対してその責任を負う．ただし，第三者が過失によってその事実を知らなかったときは，この限りでない．
② 他人に代理権を与えた者は，代理権の消滅後に，その代理権の範囲内においてその他人が第三者との間で行為をしたとすれば前項の規定によりその責任を負うべき場合において，その他人が第三者との間でその代理権の範囲外の行為をしたときは，第三者がその行為についてその他人の代理権があると信ずべき正当な理由があるときに限り，その行為についての責任を負う．
（無権代理）
第113条 ① 代理権を有しない者が他人の代理人としてした契約は，本人がその追認をしなければ，本人に対してその効力を生じない．
② 追認又はその拒絶は，相手方に対してしなければ，その相手方に対抗することができない．ただし，相手方がその事実を知ったときは，この限りでない．
（無権代理の相手方の催告権）
第114条 前条の場合において，相手方は，本人に対し，相当の期間を定めて，その期間内に追認をするかどうかを確答すべき旨の催告をすることができる．この場合において，本人がその期間内に確答をしないときは，追認を拒絶したものとみなす．
（無権代理の相手方の取消権）
第115条 代理権を有しない者がした契約は，本人が追認をしない間は，相手方が取り消すことができる．ただし，契約の時において代理権を有しないことを相手方が知っていたときは，この限りでない．
（無権代理行為の追認）
第116条 追認は，別段の意思表示がないときは，契約の時にさかのぼってその効力を生ずる．ただし，第三者の権利を害することはできない．
（無権代理人の責任）
第117条 ① 他人の代理人として契約をした者は，自己の代理権を証明したとき，又は本人の追認を得たときを除き，相手方の選択に従い，相手方に対して履行又は損害賠償の責任を負う．
② 前項の規定は，次に掲げる場合には，適用しない．
　1 他人の代理人として契約をした者が代理権を有しないことを相手方が知っていたとき．
　2 他人の代理人として契約をした者が代理権を有しないことを相手方が過失によって知らなかったとき．ただし，他人の代理人として契約をした者が自己に代理権がないことを知っていたときは，この限りでない．
　3 他人の代理人として契約をした者が行為能力の制限を受けていたとき．
（単独行為の無権代理）
第118条 単独行為については，その行為の時において，相手方が，代理人と称する者が代理権を有しないで行為をすることに同意し，又はその代理権を争わなかったときに限り，第113条から前条までの規定を準用する．代理権を有しない者に対しその同意を得て単独行為をしたときも，同様とする．

第４節　無効及び取消し

(無効な行為の追認)
第119条 無効な行為は,追認によっても,その効力を生じない.ただし,当事者がその行為の無効であることを知って追認をしたときは,新たな行為をしたものとみなす.
(取消権者)
第120条 ① 行為能力の制限によって取り消すことができる行為は,制限行為能力者(他の制限行為能力者の法定代理人としてした行為にあっては,当該他の制限行為能力者を含む.)又はその代理人,承継人若しくは同意をすることができる者に限り,取り消すことができる.
② 錯誤,詐欺又は強迫によって取り消すことができる行為は,瑕疵ある意思表示をした者又はその代理人若しくは承継人に限り,取り消すことができる.
(取消しの効果)
第121条 取り消された行為は,初めから無効であったものとみなす.
(原状回復の義務)
第121条の2 ① 無効な行為に基づく債務の履行として給付を受けた者は,相手方を原状に復させる義務を負う.
② 前項の規定にかかわらず,無効な無償行為に基づく債務の履行として給付を受けた者は,給付を受けた当時その行為が無効であること(給付を受けた後に前条の規定により初めから無効であったものとみなされた行為にあっては,給付を受けた当時その行為が取り消すことができるものであること)を知らなかったときは,その行為によって現に利益を受けている限度において,返還の義務を負う.
③ 第1項の規定にかかわらず,行為の時に意思能力を有しなかった者は,その行為によって現に利益を受けている限度において,返還の義務を負う.行為の時に制限行為能力者であった者についても,同様とする.
(取り消すことができる行為の追認)
第122条 取り消すことができる行為は,第120条に規定する者が追認したときは,以後,取り消すことができない.
(取消し及び追認の方法)
第123条 取り消すことができる行為の相手方が確定している場合には,その取消し又は追認は,相手方に対する意思表示によってする.
(追認の要件)
第124条 ① 取り消すことができる行為の追認は,取消しの原因となっていた状況が消滅し,かつ,取消権を有することを知った後にしなければ,その効力を生じない.
② 次に掲げる場合には,前項の追認は,取消しの原因となっていた状況が消滅した後にすることを要しない.
1 法定代理人又は制限行為能力者の保佐人若しくは補助人が追認をするとき.
2 制限行為能力者(成年被後見人を除く.)が法定代理人,保佐人又は補助人の同意を得て追認をするとき.
(法定追認)
第125条 追認をすることができる時以後に,取り消すことができる行為について次に掲げる事実があったときは,追認をしたものとみなす.ただし,異議をとどめたときは,この限りでない.
1 全部又は一部の履行
2 履行の請求
3 更 改
4 担保の供与
5 取り消すことができる行為によって取得した権利の全部又は一部の譲渡
6 強制執行
(取消権の期間の制限)
第126条 取消権は,追認をすることができる時から5年間行使しないときは,時効によって消滅する.行為の時から20年を経過したときも,同様とする.

第5節 条件及び期限

(条件が成就した場合の効果)
第127条 ① 停止条件付法律行為は,停止条件が成就した時からその効力を生ずる.
② 解除条件付法律行為は,解除条件が成就した時からその効力を失う.
③ 当事者が条件が成就した場合の効果をその成就した時以前にさかのぼらせる意思を表示したときは,その意思に従う.
(条件の成否未定の間における相手方の利益の侵害の禁止)
第128条 条件付法律行為の各当事者は,条件の成否が未定である間は,条件が成就した場合にその法律行為から生ずべき相手方の利益を害することができない.
(条件の成否未定の間における権利の処分等)
第129条 条件の成否が未定である間における当事者の権利義務は,一般の規定に従い,処分し,相続し,若しくは保存し,又はそのために担保を供することができる.
(条件の成就の妨害等)
第130条 ① 条件が成就することによって不利益を受ける当事者が故意にその条件の成就を妨げたときは,相手方は,その条件が成就したものとみなすことができる.
② 条件が成就することによって利益を受ける当事者が不正にその条件を成就させたときは,相手方は,その条件が成就しなかったものとみなすことができる.
(既成条件)
第131条 ① 条件が法律行為の時に既に成就していた場合において,その条件が停止条件であるときはその法律行為は無条件とし,その条件が解除条件であるときはその法律行為は無効とする.
② 条件が成就しないことが法律行為の時に既に確定していた場合において,その条件が停止条件であるときはその法律行為は無効とし,その条件が解除条件であるときはその法律行為は無条件とする.
③ 前2項に規定する場合において,当事者が条件が成就したこと又は成就しなかったことを知らない間は,第128条及び第129条の規定を準用する.
(不法条件)

第132条 不法な条件を付した法律行為は，無効とする．不法な行為をしないことを条件とするものも，同様とする．

（不能条件）
第133条 ① 不能の停止条件を付した法律行為は，無効とする．
② 不能の解除条件を付した法律行為は，無条件とする．

（随意条件）
第134条 停止条件付法律行為は，その条件が単に債務者の意思のみに係るときは，無効とする．

（期限の到来の効果）
第135条 ① 法律行為に始期を付したときは，その法律行為の履行は，期限が到来するまで，これを請求することができない．
② 法律行為に終期を付したときは，その法律行為の効力は，期限が到来した時に消滅する．

（期限の利益及びその放棄）
第136条 ① 期限は，債務者の利益のために定めたものと推定する．
② 期限の利益は，放棄することができる．ただし，これによって相手方の利益を害することはできない．

（期限の利益の喪失）
第137条 次に掲げる場合には，債務者は，期限の利益を主張することができない．
1 債務者が破産手続開始の決定を受けたとき．
2 債務者が担保を滅失させ，損傷させ，又は減少させたとき．
3 債務者が担保を供する義務を負う場合において，これを供しないとき．

◆ 第6章　期間の計算

（期間の計算の通則）
第138条 期間の計算方法は，法令若しくは裁判上の命令に特別の定めがある場合又は法律行為に別段の定めがある場合を除き，この章の規定に従う．

（期間の起算）
第139条 時間によって期間を定めたときは，その期間は，即時から起算する．

第140条 日，週，月又は年によって期間を定めたときは，期間の初日は，算入しない．ただし，その期間が午前0時から始まるときは，この限りでない．

（期間の満了）
第141条 前条の場合には，期間は，その末日の終了をもって満了する．

第142条 期間の末日が日曜日，国民の祝日に関する法律（昭和23年法律第178号）に規定する休日その他の休日に当たるときは，その日に取引をしない慣習がある場合に限り，期間は，その翌日に満了する．

（暦による期間の計算）
第143条 ① 週，月又は年によって期間を定めたときは，その期間は，暦に従って計算する．
② 週，月又は年の初めから期間を起算しないときは，その期間は，最後の週，月又は年においてその起算日に応当する日の前日に満了する．ただし，月又は年によって期間を定めた場合において，最後の月に応当する日がないときは，その月の末日に満了する．

◆ 第7章　時　効

第1節　総　則

（時効の効力）
第144条 時効の効力は，その起算日にさかのぼる．

（時効の援用）
第145条 時効は，当事者（消滅時効にあっては，保証人，物上保証人，第三取得者その他権利の消滅について正当な利益を有する者を含む．）が援用しなければ，裁判所がこれによって裁判をすることができない．

（時効の利益の放棄）
第146条 時効の利益は，あらかじめ放棄することができない．

（裁判上の請求等による時効の完成猶予及び更新）
第147条 ① 次に掲げる事由がある場合には，その事由が終了する（確定判決又は確定判決と同一の効力を有するものによって権利が確定することなくその事由が終了した場合にあっては，その終了の時から6箇月を経過する）までの間は，時効は，完成しない．
1 裁判上の請求
2 支払督促
3 民事訴訟法第275条第1項の和解又は民事調停法（昭和26年法律第222号）若しくは家事事件手続法（平成23年法律第52号）による調停
4 破産手続参加，再生手続参加又は更生手続参加
② 前項の場合において，確定判決又は確定判決と同一の効力を有するものによって権利が確定したときは，時効は，同項各号に掲げる事由が終了した時から新たにその進行を始める．

（強制執行等による時効の完成猶予及び更新）
第148条 ① 次に掲げる事由がある場合には，その事由が終了する（申立ての取下げ又は法律の規定に従わないことによる取消しによってその事由が終了した場合にあっては，その終了の時から6箇月を経過する）までの間は，時効は，完成しない．
1 強制執行
2 担保権の実行
3 民事執行法（昭和54年法律第4号）第195条に規定する担保権の実行としての競売の例による競売
4 民事執行法第196条に規定する財産開示手続又は同法第204条に規定する第三者からの情報取得手続
② 前項の場合には，時効は，同項各号に掲げる事由が終了した時から新たにその進行を始める．ただし，申立ての取下げ又は法律の規定に従わないことによる取消しによってその事由が終了した場合は，この限りでない．

（仮差押え等による時効の完成猶予）
第149条 次に掲げる事由がある場合には，その事由が終了した時から6箇月を経過するまでの間は，時効は，完成しない．
1 仮差押え
2 仮処分

（催告による時効の完成猶予）
第150条 ① 催告があったときは，その時から6箇月を経

過するまでの間は,時効は,完成しない.
② 催告によって時効の完成が猶予されている間にされた再度の催告は,前項の規定による時効の完成猶予の効力を有しない.

(協議を行う旨の合意による時効の完成猶予)
第151条 ① 権利についての協議を行う旨の合意が書面でされたときは,次に掲げる時のいずれか早い時までの間は,時効は,完成しない.
 1 その合意があった時から1年を経過した時
 2 その合意において当事者が協議を行う期間(1年に満たないものに限る.)を定めたときは,その期間を経過した時
 3 当事者の一方から相手方に対して協議の続行を拒絶する旨の通知が書面でされたときは,その通知の時から6箇月を経過した時
② 前項の規定により時効の完成が猶予されている間にされた再度の同項の合意は,同項の規定による時効の完成猶予の効力を有する.ただし,その効力は,時効の完成が猶予されなかったとすれば時効が完成すべき時から通じて5年を超えることができない.
③ 催告によって時効の完成が猶予されている間にされた第1項の合意は,同項の規定による時効の完成猶予の効力を有しない.同項の規定により時効の完成が猶予されている間にされた催告についても,同様とする.
④ 第1項の合意がその内容を記録した電磁的記録(電子的方式,磁気的方式その他人の知覚によっては認識することができない方式で作られる記録であって,電子計算機による情報処理の用に供されるものをいう.以下同じ.)によってされたときは,その合意は,書面によってされたものとみなして,前3項の規定を適用する.
⑤ 前項の規定は,第1項第3号の通知について準用する.

(承認による時効の更新)
第152条 ① 時効は,権利の承認があったときは,その時から新たにその進行を始める.
② 前項の承認をするには,相手方の権利についての処分につき行為能力の制限を受けていないこと又は権限があることを要しない.

(時効の完成猶予又は更新の効力が及ぶ者の範囲)
第153条 ① 第147条又は第148条の規定による時効の完成猶予又は更新は,完成猶予又は更新の事由が生じた当事者及びその承継人の間においてのみ,その効力を有する.
② 第149条から第151条までの規定による時効の完成猶予は,完成猶予の事由が生じた当事者及びその承継人の間においてのみ,その効力を有する.
③ 前条の規定による時効の更新は,更新の事由が生じた当事者及びその承継人の間においてのみ,その効力を有する.

第154条 第148条第1項各号又は第149条各号に掲げる事由に係る手続は,時効の利益を受ける者に対してしないときは,その者に通知をした後でなければ,第148条又は第149条の規定による時効の完成猶予又は更新の効力を生じない.

第155条 削除
第156条 削除
第157条 削除

(未成年者又は成年被後見人と時効の完成猶予)
第158条 ① 時効の期間の満了前6箇月以内の間に未成年者又は成年被後見人に法定代理人がないときは,その未成年者若しくは成年被後見人が行為能力者となった時又は法定代理人が就職した時から6箇月を経過するまでの間は,その未成年者又は成年被後見人に対して,時効は,完成しない.
② 未成年者又は成年被後見人がその財産を管理する父,母又は後見人に対して権利を有するときは,その未成年者若しくは成年被後見人が行為能力者となった時又は後任の法定代理人が就職した時から6箇月を経過するまでの間は,その権利について,時効は,完成しない.

(夫婦間の権利の時効の完成猶予)
第159条 夫婦の一方が他の一方に対して有する権利については,婚姻の解消の時から6箇月を経過するまでの間は,時効は,完成しない.

(相続財産に関する時効の完成猶予)
第160条 相続財産に関しては,相続人が確定した時,管理人が選任された時又は破産手続開始の決定があった時から6箇月を経過するまでの間は,時効は,完成しない.

(天災等による時効の完成猶予)
第161条 時効の期間の満了の時に当たり,天災その他避けることのできない事変のため第147条第1項各号又は第148条第1項各号に掲げる事由に係る手続を行うことができないときは,その障害が消滅した時から3箇月を経過するまでの間は,時効は,完成しない.

第2節 取得時効

(所有権の取得時効)
第162条 ① 20年間,所有の意思をもって,平穏に,かつ,公然と他人の物を占有した者は,その所有権を取得する.
② 10年間,所有の意思をもって,平穏に,かつ,公然と他人の物を占有した者は,その占有の開始の時に,善意であり,かつ,過失がなかったときは,その所有権を取得する.

(所有権以外の財産権の取得時効)
第163条 所有権以外の財産権を,自己のためにする意思をもって,平穏に,かつ,公然と行使する者は,前条の区別に従い20年又は10年を経過した後,その権利を取得する.

(占有の中止等による取得時効の中断)
第164条 第162条の規定による時効は,占有者が任意にその占有を中止し,又は他人によってその占有を奪われたときは,中断する.

第165条 前条の規定は,第163条の場合について準用する.

第3節 消滅時効

(債権等の消滅時効)
第166条 ① 債権は,次に掲げる場合には,時効によって消滅する.
 1 債権者が権利を行使することができることを知っ

た時から５年間行使しないとき．
２ 権利を行使することができる時から10年間行使しないとき．
② 債権又は所有権以外の財産権は，権利を行使することができる時から20年間行使しないときは，時効によって消滅する．
③ 前２項の規定は，始期付権利又は停止条件付権利の目的物を占有する第三者のために，その占有の開始の時から取得時効が進行することを妨げない．ただし，権利者は，その時効を更新するため，いつでも占有者の承認を求めることができる．
（人の生命又は身体の侵害による損害賠償請求権の消滅時効）
第167条 人の生命又は身体の侵害による損害賠償請求権の消滅時効についての前条第１項第２号の規定の適用については，同号中「10年間」とあるのは，「20年間」とする．
（定期金債権の消滅時効）
第168条 ① 定期金の債権は，次に掲げる場合には，時効によって消滅する．
１ 債権者が定期金の債権から生ずる金銭その他の物の給付を目的とする各債権を行使することができることを知った時から10年間行使しないとき．
２ 前号に規定する各債権を行使することができる時から20年間行使しないとき．
② 定期金の債権者は，時効の更新の証拠を得るため，いつでも，その債務者に対して承認書の交付を求めることができる．
（判決で確定した権利の消滅時効）
第169条 ① 確定判決又は確定判決と同一の効力を有するものによって確定した権利については，10年より短い時効期間の定めがあるものであっても，その時効期間は，10年とする．
② 前項の規定は，確定の時に弁済期の到来していない債権については，適用しない．
第170条 削除
第171条 削除
第172条 削除
第173条 削除
第174条 削除

第２編　物　権

第１章　総　則

（物権の創設）
第175条 物権は，この法律その他の法律に定めるもののほか，創設することができない．
（物権の設定及び移転）
第176条 物権の設定及び移転は，当事者の意思表示のみによって，その効力を生ずる．
（不動産に関する物権の変動の対抗要件）
第177条 不動産に関する物権の得喪及び変更は，不動産登記法（平成16年法律第123号）その他の登記に関する法律の定めるところに従いその登記をしなければ，第三者に対抗することができない．
（動産に関する物権の譲渡の対抗要件）
第178条 動産に関する物権の譲渡は，その動産の引渡しがなければ，第三者に対抗することができない．
（混　同）
第179条 ① 同一物について所有権及び他の物権が同一人に帰属したときは，当該他の物権は，消滅する．ただし，その物又は当該他の物権が第三者の権利の目的であるときは，この限りでない．
② 所有権以外の物権及びこれを目的とする他の権利が同一人に帰属したときは，当該他の権利は，消滅する．この場合においては，前項ただし書の規定を準用する．
③ 前2項の規定は，占有権については，適用しない．

第２章　占有権

第１節　占有権の取得

（占有権の取得）
第180条 占有権は，自己のためにする意思をもって物を所持することによって取得する．
（代理占有）
第181条 占有権は，代理人によって取得することができる．
（現実の引渡し及び簡易の引渡し）
第182条 ① 占有権の譲渡は，占有物の引渡しによってする．
② 譲受人又はその代理人が現に占有物を所持する場合には，占有権の譲渡は，当事者の意思表示のみによってすることができる．
（占有改定）
第183条 代理人が自己の占有物を以後本人のために占有する意思を表示したときは，本人は，これによって占有権を取得する．
（指図による占有移転）
第184条 代理人によって占有をする場合において，本人がその代理人に対して以後第三者のためにその物を占有することを命じ，その第三者がこれを承諾したときは，その第三者は，占有権を取得する．
（占有の性質の変更）
第185条 権原の性質上占有者に所有の意思がないものとされる場合には，その占有者が，自己に占有をさせた者に対して所有の意思があることを表示し，又は新たな権原により更に所有の意思をもって占有を始めるのでなければ，占有の性質は，変わらない．
（占有の態様等に関する推定）
第186条 ① 占有者は，所有の意思をもって，善意で，平穏に，かつ，公然と占有をするものと推定する．
② 前後の両時点において占有をした証拠があるときは，占有は，その間継続したものと推定する．
（占有の承継）
第187条 ① 占有者の承継人は，その選択に従い，自己の占有のみを主張し，又は自己の占有に前の占有者の占有を併せて主張することができる．
② 前の占有者の占有を併せて主張する場合には，その瑕疵をも承継する．

第２節　占有権の効力

（占有物について行使する権利の適法の推定）
第188条 占有者が占有物について行使する権利は，適法に有するものと推定する．
（善意の占有者による果実の取得等）
第189条 ① 善意の占有者は，占有物から生ずる果実を取得する．
② 善意の占有者が本権の訴えにおいて敗訴したときは，その訴えの提起の時から悪意の占有者とみなす．
（悪意の占有者による果実の返還等）
第190条 ① 悪意の占有者は，果実を返還し，かつ，既に消費し，過失によって損傷し，又は収取を怠った果実の代価を償還する義務を負う．
② 前項の規定は，暴行若しくは強迫又は隠匿によって占有をしている者について準用する．
（占有者による損害賠償）
第191条 占有物が占有者の責めに帰すべき事由によって滅失し，又は損傷したときは，その回復者に対し，悪意の占有者はその損害の全部の賠償をする義務を負い，善意の占有者はその滅失又は損傷によって現に利益を受けている限度において賠償をする義務を負う．ただし，所有の意思のない占有者は，善意であるときであっても，全部の賠償をしなければならない．
（即時取得）
第192条 取引行為によって，平穏に，かつ，公然と動産の占有を始めた者は，善意であり，かつ，過失がないときは，即時にその動産について行使する権利を取得する．
（盗品又は遺失物の回復）
第193条 前条の場合において，占有物が盗品又は遺失物であるときは，被害者又は遺失者は，盗難又は遺失の時から２年間，占有者に対してその物の回復を請求することができる．
第194条 占有者が，盗品又は遺失物を，競売若しくは公の市場において，又はその物と同種の物を販売する商人から，善意で買い受けたときは，被害者又は遺失者は，占有者が支払った代価を弁償しなければ，その物を回復することができない．
（動物の占有による権利の取得）
第195条 家畜以外の動物で他人が飼育していたものを占有する者は，その占有の開始の時に善意であり，かつ，その動物が飼主の占有を離れた時から１箇月以内に飼主から回復の請求を受けなかったときは，その動物について行使する権利を取得する．
（占有者による費用の償還請求）
第196条 ① 占有者が占有物を返還する場合には，その物の保存のために支出した金額その他の必要費を回復者から償還させることができる．ただし，占有者が果実を取得したときは，通常の必要費は，占有者の負担に帰する．
② 占有者が占有物の改良のために支出した金額その他の有益費については，その価格の増加が現存する場合に限り，回復者の選択に従い，その支出した金額又は増価額を償還させることができる．ただし，悪意の占有者に対しては，裁判所は，回復者の請求により，その償還について相当の期限を許与することができる．
（占有の訴え）
第197条 占有者は，次条から第202条までの規定に従い，占有の訴えを提起することができる．他人のために占有をする者も，同様とする．
（占有保持の訴え）
第198条 占有者がその占有を妨害されたときは，占有保持の訴えにより，その妨害の停止及び損害の賠償を請求することができる．
（占有保全の訴え）
第199条 占有者がその占有を妨害されるおそれがあるときは，占有保全の訴えにより，その妨害の予防又は損害賠償の担保を請求することができる．
（占有回収の訴え）
第200条 ① 占有者がその占有を奪われたときは，占有回収の訴えにより，その物の返還及び損害の賠償を請求することができる．
② 占有回収の訴えは，占有を侵奪した者の特定承継人に対して提起することができない．ただし，その承継人が侵奪の事実を知っていたときは，この限りでない．
（占有の訴えの提起期間）
第201条 ① 占有保持の訴えは，妨害の存する間又はその消滅した後１年以内に提起しなければならない．ただし，工事により占有物に損害を生じた場合において，その工事に着手した時から１年を経過し，又はその工事が完成したときは，これを提起することができない．
② 占有保全の訴えは，妨害の危険の存する間は，提起することができる．この場合において，工事により占有物に損害を生ずるおそれがあるときは，前項ただし書の規定を準用する．
③ 占有回収の訴えは，占有を奪われた時から１年以内に提起しなければならない．
（本権の訴えとの関係）
第202条 ① 占有の訴えは本権の訴えを妨げず，また，本権の訴えは占有の訴えを妨げない．
② 占有の訴えについては，本権に関する理由に基づいて裁判をすることができない．

第３節 占有権の消滅

（占有権の消滅事由）
第203条 占有権は，占有者が占有の意思を放棄し，又は占有物の所持を失うことによって消滅する．ただし，占有者が占有回収の訴えを提起したときは，この限りでない．
（代理占有権の消滅事由）
第204条 ① 代理人によって占有をする場合には，占有権は，次に掲げる事由によって消滅する．
１ 本人が代理人に占有をさせる意思を放棄したこと．
２ 代理人が本人に対して以後自己又は第三者のために占有物を所持する意思を表示したこと．
３ 代理人が占有物の所持を失ったこと．
② 占有権は，代理権の消滅のみによっては，消滅しない．

第４節 準占有

第205条 この章の規定は，自己のためにする意思をもって財産権の行使をする場合について準用する．

◆ 第３章 所有権

第１節　所有権の限界

第１款　所有権の内容及び範囲

（所有権の内容）

第206条 所有者は，法令の制限内において，自由にその所有物の使用，収益及び処分をする権利を有する．

（土地所有権の範囲）

第207条 土地の所有権は，法令の制限内において，その土地の上下に及ぶ．

第208条 削除

第２款　相隣関係

（隣地の使用請求）

第209条 ① 土地の所有者は，境界又はその付近において障壁又は建物を築造し又は修繕するため必要な範囲内で，隣地の使用を請求することができる．ただし，隣人の承諾がなければ，その住家に立ち入ることはできない．

② 前項の場合において，隣人が損害を受けたときは，その償金を請求することができる．

（公道に至るための他の土地の通行権）

第210条 ① 他の土地に囲まれて公道に通じない土地の所有者は，公道に至るため，その土地を囲んでいる他の土地を通行することができる．

② 池沼，河川，水路若しくは海を通らなければ公道に至ることができないとき，又は崖があって土地と公道とに著しい高低差があるときも，前項と同様とする．

第211条 ① 前条の場合には，通行の場所及び方法は，同条の規定による通行権を有する者のために必要であり，かつ，他の土地のために損害が最も少ないものを選ばなければならない．

② 前条の規定による通行権を有する者は，必要があるときは，通路を開設することができる．

第212条 第210条の規定による通行権を有する者は，その通行する他の土地の損害に対して償金を支払わなければならない．ただし，通路の開設のために生じた損害に対するものを除き，１年ごとにその償金を支払うことができる．

第213条 ① 分割によって公道に通じない土地が生じたときは，その土地の所有者は，公道に至るため，他の分割者の所有地のみを通行することができる．この場合においては，償金を支払うことを要しない．

② 前項の規定は，土地の所有者がその土地の一部を譲り渡した場合について準用する．

（自然水流に対する妨害の禁止）

第214条 土地の所有者は，隣地から水が自然に流れて来るのを妨げてはならない．

（水流の障害の除去）

第215条 水流が天災その他避けることのできない事変により低地において閉塞したときは，高地の所有者は，自己の費用で，水流の障害を除去するため必要な工事をすることができる．

（水流に関する工作物の修繕等）

第216条 他の土地に貯水，排水又は引水のために設けられた工作物の破壊又は閉塞により，自己の土地に損害が及び，又は及ぶおそれがある場合には，その土地の所有者は，当該他の土地の所有者に，工作物の修繕若しくは障害の除去をさせ，又は必要があるときは予防工事をさせることができる．

（費用の負担についての慣習）

第217条 前２条の場合において，費用の負担について別段の慣習があるときは，その慣習に従う．

（雨水を隣地に注ぐ工作物の設置の禁止）

第218条 土地の所有者は，直接に雨水を隣地に注ぐ構造の屋根その他の工作物を設けてはならない．

（水流の変更）

第219条 ① 溝，堀その他の水流地の所有者は，対岸の土地が他人の所有に属するときは，その水路又は幅員を変更してはならない．

② 両岸の土地が水流地の所有者に属するときは，その所有者は，水路及び幅員を変更することができる．ただし，水流が隣地と交わる地点において，自然の水路に戻さなければならない．

③ 前２項の規定と異なる慣習があるときは，その慣習に従う．

（排水のための低地の通水）

第220条 高地の所有者は，その高地が浸水した場合にこれを乾かすため，又は自家用若しくは農工業用の余水を排出するため，公の水流又は下水道に至るまで，低地に水を通過させることができる．この場合においては，低地のために損害が最も少ない場所及び方法を選ばなければならない．

（通水用工作物の使用）

第221条 ① 土地の所有者は，その所有地の水を通過させるため，高地又は低地の所有者が設けた工作物を使用することができる．

② 前項の場合には，他人の工作物を使用する者は，その利益を受ける割合に応じて，工作物の設置及び保存の費用を分担しなければならない．

（堰の設置及び使用）

第222条 ① 水流地の所有者は，堰を設ける必要がある場合には，対岸の土地が他人の所有に属するときであっても，その堰を対岸に付着させて設けることができる．ただし，これによって生じた損害に対して償金を支払わなければならない．

② 対岸の土地の所有者は，水流地の一部がその所有に属するときは，前項の堰を使用することができる．

③ 前条第２項の規定は，前項の場合について準用する．

（境界標の設置）

第223条 土地の所有者は，隣地の所有者と共同の費用で，境界標を設けることができる．

（境界標の設置及び保存の費用）

第224条 境界標の設置及び保存の費用は，相隣者が等しい割合で負担する．ただし，測量の費用は，その土地の広狭に応じて分担する．

（囲障の設置）

第225条 ① ２棟の建物がその所有者を異にし，かつ，その間に空地があるときは，各所有者は，他の所有者と共同の費用で，その境界に囲障を設けることができる．

② 当事者間に協議が調わないときは,前項の囲障は,板塀又は竹垣その他これらに類する材料のものであって,かつ,高さ2メートルのものでなければならない.

(囲障の設置及び保存の費用)

第226条 前条の囲障の設置及び保存の費用は,相隣者が等しい割合で負担する.

(相隣者の1人による囲障の設置)

第227条 相隣者の1人は,第225条第2項に規定する材料より良好なものを用い,又は同項に規定する高さを増して囲障を設けることができる.ただし,これによって生ずる費用の増加額を負担しなければならない.

(囲障の設置等に関する慣習)

第228条 前3条の規定と異なる慣習があるときは,その慣習に従う.

(境界標等の共有の推定)

第229条 境界線上に設けた境界標,囲障,障壁,溝及び堀は,相隣者の共有に属するものと推定する.

第230条 ① 1棟の建物の一部を構成する境界線上の障壁については,前条の規定は,適用しない.

② 高さの異なる2棟の隣接する建物を隔てる障壁の高さが,低い建物の高さを超えるときは,その障壁のうち低い建物を超える部分についても,前項と同様とする.ただし,防火障壁については,この限りでない.

(共有の障壁の高さを増す工事)

第231条 ① 相隣者の1人は,共有の障壁の高さを増すことができる.ただし,その障壁がその工事に耐えないときは,自己の費用で,必要な工作を加え,又はその障壁を改築しなければならない.

② 前項の規定により障壁の高さを増したときは,その高さを増した部分は,その工事をした者の単独の所有に属する.

第232条 前条の場合において,隣人が損害を受けたときは,その償金を請求することができる.

(竹木の枝の切除及び根の切取り)

第233条 ① 隣地の竹木の枝が境界線を越えるときは,その竹木の所有者に,その枝を切除させることができる.

② 隣地の竹木の根が境界線を越えるときは,その根を切り取ることができる.

(境界線付近の建築の制限)

第234条 ① 建物を築造するには,境界線から50センチメートル以上の距離を保たなければならない.

② 前項の規定に違反して建築をしようとする者があるときは,隣地の所有者は,その建築を中止させ,又は変更させることができる.ただし,建築に着手した時から1年を経過し,又はその建物が完成した後は,損害賠償の請求のみをすることができる.

第235条 ① 境界線から1メートル未満の距離において他人の宅地を見通すことのできる窓又は縁側(ベランダを含む.次項において同じ.)を設ける者は,目隠しを付けなければならない.

② 前項の距離は,窓又は縁側の最も隣地に近い点から垂直線によって境界線に至るまでを測定して算出する.

(境界線付近の建築に関する慣習)

第236条 前2条の規定と異なる慣習があるときは,その慣習に従う.

(境界線付近の掘削の制限)

第237条 ① 井戸,用水だめ,下水だめ又は肥料だめを掘るには境界線から2メートル以上,池,穴蔵又はし尿だめを掘るには境界線から1メートル以上の距離を保たなければならない.

② 導水管を埋め,又は溝若しくは堀を掘るには,境界線からその深さの2分の1以上の距離を保たなければならない.ただし,1メートルを超えることを要しない.

(境界線付近の掘削に関する注意義務)

第238条 境界線の付近において前条の工事をするときは,土砂の崩壊又は水若しくは汚液の漏出を防ぐため必要な注意をしなければならない.

第2節 所有権の取得

(無主物の帰属)

第239条 ① 所有者のない動産は,所有の意思をもって占有することによって,その所有権を取得する.

② 所有者のない不動産は,国庫に帰属する.

(遺失物の拾得)

第240条 遺失物は,遺失物法(平成18年法律第73号)の定めるところに従い公告をした後3箇月以内にその所有者が判明しないときは,これを拾得した者がその所有権を取得する.

(埋蔵物の発見)

第241条 埋蔵物は,遺失物法の定めるところに従い公告をした後6箇月以内にその所有者が判明しないときは,これを発見した者がその所有権を取得する.ただし,他人の所有する物の中から発見された埋蔵物については,これを発見した者及びその他人が等しい割合でその所有権を取得する.

(不動産の付合)

第242条 不動産の所有者は,その不動産に従として付合した物の所有権を取得する.ただし,権原によってその物を附属させた他人の権利を妨げない.

(動産の付合)

第243条 所有者を異にする数個の動産が,付合により,損傷しなければ分離することができなくなったときは,その合成物の所有権は,主たる動産の所有者に帰属する.分離するのに過分の費用を要するときも,同様とする.

第244条 付合した動産について主従の区別をすることができないときは,各動産の所有者は,その付合の時における価格の割合に応じてその合成物を共有する.

(混 和)

第245条 前2条の規定は,所有者を異にする物が混和して識別することができなくなった場合について準用する.

(加 工)

第246条 ① 他人の動産に工作を加えた者(以下この条において「加工者」という.)があるときは,その加工物の所有権は,材料の所有者に帰属する.ただし,工作によって生じた価格が材料の価格を著しく超えるときは,加工者がその加工物の所有権を取得する.

② 前項に規定する場合において,加工者が材料の一部を

供したときは，その価格に工作によって生じた価格を加えたものが他人の材料の価格を超えるときに限り，加工者がその加工物の所有権を取得する．

（付合，混和又は加工の効果）

第247条 ① 第242条から前条までの規定により物の所有権が消滅したときは，その物について存する他の権利も，消滅する．

② 前項に規定する場合において，物の所有者が，合成物，混和物又は加工物（以下この項において「合成物等」という．）の単独所有者となったときは，その物について存する他の権利は以後その合成物等について存し，物の所有者が合成物等の共有者となったときは，その物について存する他の権利は以後その持分について存する．

（付合，混和又は加工に伴う償金の請求）

第248条 第242条から前条までの規定の適用によって損失を受けた者は，第703条及び第704条の規定に従い，その償金を請求することができる．

第3節　共　有

（共有物の使用）

第249条 各共有者は，共有物の全部について，その持分に応じた使用をすることができる．

（共有持分の割合の推定）

第250条 各共有者の持分は，相等しいものと推定する．

（共有物の変更）

第251条 各共有者は，他の共有者の同意を得なければ，共有物に変更を加えることができない．

（共有物の管理）

第252条 共有物の管理に関する事項は，前条の場合を除き，各共有者の持分の価格に従い，その過半数で決する．ただし，保存行為は，各共有者がすることができる．

（共有物に関する負担）

第253条 ① 各共有者は，その持分に応じ，管理の費用を支払い，その他共有物に関する負担を負う．

② 共有者が１年以内に前項の義務を履行しないときは，他の共有者は，相当の償金を支払ってその者の持分を取得することができる．

（共有物についての債権）

第254条 共有者の１人が共有物について他の共有者に対して有する債権は，その特定承継人に対しても行使することができる．

（持分の放棄及び共有者の死亡）

第255条 共有者の１人が，その持分を放棄したとき，又は死亡して相続人がないときは，その持分は，他の共有者に帰属する．

（共有物の分割請求）

第256条 ① 各共有者は，いつでも共有物の分割を請求することができる．ただし，５年を超えない期間内は分割をしない旨の契約をすることを妨げない．

② 前項ただし書の契約は，更新することができる．ただし，その期間は，更新の時から５年を超えることができない．

第257条 前条の規定は，第229条に規定する共有物については，適用しない．

（裁判による共有物の分割）

第258条 ① 共有物の分割について共有者間に協議が調わないときは，その分割を裁判所に請求することができる．

② 前項の場合において，共有物の現物を分割することができないとき，又は分割によってその価格を著しく減少させるおそれがあるときは，裁判所は，その競売を命ずることができる．

（共有に関する債権の弁済）

第259条 ① 共有者の１人が他の共有者に対して共有に関する債権を有するときは，分割に際し，債務者に帰属すべき共有物の部分をもって，その弁済に充てることができる．

② 債権者は，前項の弁済を受けるため債務者に帰属すべき共有物の部分を売却する必要があるときは，その売却を請求することができる．

（共有物の分割への参加）

第260条 ① 共有物について権利を有する者及び各共有者の債権者は，自己の費用で，分割に参加することができる．

② 前項の規定による参加の請求があったにもかかわらず，その請求をした者を参加させないで分割をしたときは，その分割は，その請求をした者に対抗することができない．

（分割における共有者の担保責任）

第261条 各共有者は，他の共有者が分割によって取得した物について，売主と同じく，その持分に応じて担保の責任を負う．

（共有物に関する証書）

第262条 ① 分割が完了したときは，各分割者は，その取得した物に関する証書を保存しなければならない．

② 共有者の全員又はそのうちの数人に分割した物に関する証書は，その物の最大の部分を取得した者が保存しなければならない．

③ 前項の場合において，最大の部分を取得した者がないときは，分割者間の協議で証書の保存者を定める．協議が調わないときは，裁判所が，これを指定する．

④ 証書の保存者は，他の分割者の請求に応じて，その証書を使用させなければならない．

（共有の性質を有する入会権）

第263条 共有の性質を有する入会権については，各地方の慣習に従うほか，この節の規定を適用する．

（準共有）

第264条 この節の規定は，数人で所有権以外の財産権を有する場合について準用する．ただし，法令に特別の定めがあるときは，この限りでない．

◈ 第4章　地上権

（地上権の内容）

第265条 地上権者は，他人の土地において工作物又は竹木を所有するため，その土地を使用する権利を有する．

（地　代）

第266条 ① 第274条から第276条までの規定は，地上権者が土地の所有者に定期の地代を支払わなければならない場合について準用する.

② 地代については,前項に規定するもののほか,その性質に反しない限り,賃貸借に関する規定を準用する.

(相隣関係の規定の準用)

第267条 前章第1節第2款（相隣関係）の規定は,地上権者間又は地上権者と土地の所有者との間について準用する.ただし,第229条の規定は,境界線上の工作物が地上権の設定後に設けられた場合に限り,地上権者について準用する.

(地上権の存続期間)

第268条 ① 設定行為で地上権の存続期間を定めなかった場合において,別段の慣習がないときは,地上権者は,いつでもその権利を放棄することができる.ただし,地代を支払うべきときは,1年前に予告をし,又は期限の到来していない1年分の地代を支払わなければならない.

② 地上権者が前項の規定によりその権利を放棄しないときは,裁判所は,当事者の請求により,20年以上50年以下の範囲内において,工作物又は竹木の種類及び状況その他地上権の設定当時の事情を考慮して,その存続期間を定める.

(工作物等の収去等)

第269条 ① 地上権者は,その権利が消滅した時に,土地を原状に復してその工作物及び竹木を収去することができる.ただし,土地の所有者が時価相当額を提供してこれを買い取る旨を通知したときは,地上権者は,正当な理由がなければ,これを拒むことができない.

② 前項の規定と異なる慣習があるときは,その慣習に従う.

(地下又は空間を目的とする地上権)

第269条の2 ① 地下又は空間は,工作物を所有するため,上下の範囲を定めて地上権の目的とすることができる.この場合においては,設定行為で,地上権の行使のためにその土地の使用に制限を加えることができる.

② 前項の地上権は,第三者がその土地の使用又は収益をする権利を有する場合においても,その権利又はこれを目的とする権利を有するすべての者の承諾があるときは,設定することができる.この場合において,土地の使用又は収益をする権利を有する者は,その地上権の行使を妨げることができない.

◆ 第5章 永小作権

(永小作権の内容)

第270条 永小作人は,小作料を支払って他人の土地において耕作又は牧畜をする権利を有する.

(永小作人による土地の変更の制限)

第271条 永小作人は,土地に対して,回復することのできない損害を生ずべき変更を加えることができない.

(永小作権の譲渡又は土地の賃貸)

第272条 永小作人は,その権利を他人に譲り渡し,又はその権利の存続期間内において耕作若しくは牧畜のため土地を賃貸することができる.ただし,設定行為で禁じたときは,この限りでない.

(賃貸借に関する規定の準用)

第273条 永小作人の義務については,この章の規定及び設定行為で定めるもののほか,その性質に反しない限り,賃貸借に関する規定を準用する.

(小作料の減免)

第274条 永小作人は,不可抗力により収益について損失を受けたときであっても,小作料の免除又は減額を請求することができない.

(永小作権の放棄)

第275条 永小作人は,不可抗力によって,引き続き3年以上全く収益を得ず,又は5年以上小作料より少ない収益を得たときは,その権利を放棄することができる.

(永小作権の消滅請求)

第276条 永小作人が引き続き2年以上小作料の支払を怠ったときは,土地の所有者は,永小作権の消滅を請求することができる.

(永小作権に関する慣習)

第277条 第271条から前条までの規定と異なる慣習があるときは,その慣習に従う.

(永小作権の存続期間)

第278条 ① 永小作権の存続期間は,20年以上50年以下とする.設定行為で50年より長い期間を定めたときであっても,その期間は,50年とする.

② 永小作権の設定は,更新することができる.ただし,その存続期間は,更新の時から50年を超えることができない.

③ 設定行為で永小作権の存続期間を定めなかったときは,その期間は,別段の慣習がある場合を除き,30年とする.

(工作物等の収去等)

第279条 第269条の規定は,永小作権について準用する.

◆ 第6章 地役権

(地役権の内容)

第280条 地役権者は,設定行為で定めた目的に従い,他人の土地を自己の土地の便益に供する権利を有する.ただし,第3章第1節（所有権の限界）の規定（公の秩序に関するものに限る.）に違反しないものでなければならない.

(地役権の付従性)

第281条 ① 地役権は,要役地（地役権者の土地であって,他人の土地から便益を受けるものをいう.以下同じ.）の所有権に従たるものとして,その所有権とともに移転し,又は要役地について存する他の権利の目的となるものとする.ただし,設定行為に別段の定めがあるときは,この限りでない.

② 地役権は,要役地から分離して譲り渡し,又は他の権利の目的とすることができない.

(地役権の不可分性)

第282条 ① 土地の共有者の1人は,その持分につき,その土地のために又はその土地について存する地役権を消滅させることができない.

② 土地の分割又はその一部の譲渡の場合には,地役権は,その各部のために又はその各部について存する.ただし,地役権がその性質により土地の一部のみに関する

ときは，この限りでない．

（地役権の時効取得）

第283条　地役権は，継続的に行使され，かつ，外形上認識することができるものに限り，時効によって取得することができる．

第284条　① 土地の共有者の1人が時効によって地役権を取得したときは，他の共有者も，これを取得する．

② 共有者に対する時効の更新は，地役権を行使する各共有者に対してしなければ，その効力を生じない．

③ 地役権を行使する共有者が数人ある場合には，その1人について時効の完成猶予の事由があっても，時効は，各共有者のために進行する．

（用水地役権）

第285条　① 用水地役権の承役地（地役権者以外の者の土地であって，要役地の便益に供されるものをいう．以下同じ．）において，水が要役地及び承役地の需要に比して不足するときは，その各土地の需要に応じて，まずこれを生活用に供し，その残余を他の用途に供するものとする．ただし，設定行為に別段の定めがあるときは，この限りでない．

② 同一の承役地について数個の用水地役権を設定したときは，後の地役権者は，前の地役権者の水の使用を妨げてはならない．

（承役地の所有者の工作物の設置義務等）

第286条　設定行為又は設定後の契約により，承役地の所有者が自己の費用で地役権の行使のために工作物を設け，又はその修繕をする義務を負担したときは，承役地の所有者の特定承継人も，その義務を負担する．

第287条　承役地の所有者は，いつでも，地役権に必要な土地の部分の所有権を放棄して地役権者に移転し，これにより前条の義務を免れることができる．

（承役地の所有者の工作物の使用）

第288条　① 承役地の所有者は，地役権の行使を妨げない範囲内において，その行使のために承役地の上に設けられた工作物を使用することができる．

② 前項の場合には，承役地の所有者は，その利益を受ける割合に応じて，工作物の設置及び保存の費用を分担しなければならない．

（承役地の時効取得による地役権の消滅）

第289条　承役地の占有者が取得時効に必要な要件を具備する占有をしたときは，地役権は，これによって消滅する．

第290条　前条の規定による地役権の消滅時効は，地役権者がその権利を行使することによって中断する．

（地役権の消滅時効）

第291条　第166条第2項に規定する消滅時効の期間は，継続的でなく行使される地役権については最後の行使の時から起算し，継続的に行使される地役権についてはその行使を妨げる事実が生じた時から起算する．

第292条　要役地が数人の共有に属する場合において，その1人のために時効の完成猶予又は更新があるときは，その完成猶予又は更新は，他の共有者のためにも，その効力を生ずる．

第293条　地役権者がその権利の一部を行使しないときは，その部分のみが時効によって消滅する．

（共有の性質を有しない入会権）

第294条　共有の性質を有しない入会権については，各地方の慣習に従うほか，この章の規定を準用する．

第7章　留置権

（留置権の内容）

第295条　① 他人の物の占有者は，その物に関して生じた債権を有するときは，その債権の弁済を受けるまで，その物を留置することができる．ただし，その債権が弁済期にないときは，この限りでない．

② 前項の規定は，占有が不法行為によって始まった場合には，適用しない．

（留置権の不可分性）

第296条　留置権者は，債権の全部の弁済を受けるまでは，留置物の全部についてその権利を行使することができる．

（留置権者による果実の収取）

第297条　① 留置権者は，留置物から生ずる果実を収取し，他の債権者に先立って，これを自己の債権の弁済に充当することができる．

② 前項の果実は，まず債権の利息に充当し，なお残余があるときは元本に充当しなければならない．

（留置権者による留置物の保管等）

第298条　① 留置権者は，善良な管理者の注意をもって，留置物を占有しなければならない．

② 留置権者は，債務者の承諾を得なければ，留置物を使用し，賃貸し，又は担保に供することができない．ただし，その物の保存に必要な使用をすることは，この限りでない．

③ 留置権者が前2項の規定に違反したときは，債務者は，留置権の消滅を請求することができる．

（留置権者による費用の償還請求）

第299条　① 留置権者は，留置物について必要費を支出したときは，所有者にその償還をさせることができる．

② 留置権者は，留置物について有益費を支出したときは，これによる価格の増加が現存する場合に限り，所有者の選択に従い，その支出した金額又は増価額を償還させることができる．ただし，裁判所は，所有者の請求により，その償還について相当の期限を許与することができる．

（留置権の行使と債権の消滅時効）

第300条　留置権の行使は，債権の消滅時効の進行を妨げない．

（担保の供与による留置権の消滅）

第301条　債務者は，相当の担保を供して，留置権の消滅を請求することができる．

（占有の喪失による留置権の消滅）

第302条　留置権は，留置権者が留置物の占有を失うことによって，消滅する．ただし，第298条第2項の規定により留置物を賃貸し，又は質権の目的としたときは，この限りでない．

第8章　先取特権

第1節　総　則

（先取特権の内容）

第303条 先取特権者は,この法律その他の法律の規定に従い,その債務者の財産について,他の債権者に先立って自己の債権の弁済を受ける権利を有する.

(物上代位)

第304条 ① 先取特権は,その目的物の売却,賃貸,滅失又は損傷によって債務者が受けるべき金銭その他の物に対しても,行使することができる.ただし,先取特権者は,その払渡し又は引渡しの前に差押えをしなければならない.

② 債務者が先取特権の目的物につき設定した物権の対価についても,前項と同様とする.

(先取特権の不可分性)

第305条 第296条の規定は,先取特権について準用する.

第2節 先取特権の種類

第1款 一般の先取特権

(一般の先取特権)

第306条 次に掲げる原因によって生じた債権を有する者は,債務者の総財産について先取特権を有する.

1 共益の費用
2 雇用関係
3 葬式の費用
4 日用品の供給

(共益費用の先取特権)

第307条 ① 共益の費用の先取特権は,各債権者の共同の利益のためにされた債務者の財産の保存,清算又は配当に関する費用について存在する.

② 前項の費用のうちすべての債権者に有益でなかったものについては,先取特権は,その費用によって利益を受けた債権者に対してのみ存在する.

(雇用関係の先取特権)

第308条 雇用関係の先取特権は,給料その他債務者と使用人との間の雇用関係に基づいて生じた債権について存在する.

(葬式費用の先取特権)

第309条 ① 葬式の費用の先取特権は,債務者のためにされた葬式の費用のうち相当な額について存在する.

② 前項の先取特権は,債務者がその扶養すべき親族のためにした葬式の費用のうち相当な額についても存在する.

(日用品供給の先取特権)

第310条 日用品の供給の先取特権は,債務者又はその扶養すべき同居の親族及びその家事使用人の生活に必要な最後の6箇月間の飲食料品,燃料及び電気の供給について存在する.

第2款 動産の先取特権

(動産の先取特権)

第311条 次に掲げる原因によって生じた債権を有する者は,債務者の特定の動産について先取特権を有する.

1 不動産の賃貸借
2 旅館の宿泊
3 旅客又は荷物の運輸
4 動産の保存
5 動産の売買
6 種苗又は肥料(蚕種又は蚕の飼養に供した桑葉を含む.以下同じ.)の供給
7 農業の労務
8 工業の労務

(不動産賃貸の先取特権)

第312条 不動産の賃貸の先取特権は,その不動産の賃料その他の賃貸借関係から生じた賃借人の債務に関し,賃借人の動産について存在する.

(不動産賃貸の先取特権の目的物の範囲)

第313条 ① 土地の賃貸人の先取特権は,その土地又はその利用のための建物に備え付けられた動産,その土地の利用に供された動産及び賃借人が占有するその土地の果実について存在する.

② 建物の賃貸人の先取特権は,賃借人がその建物に備え付けた動産について存在する.

第314条 賃借権の譲渡又は転貸の場合には,賃貸人の先取特権は,譲受人又は転借人の動産にも及ぶ.譲渡人又は転貸人が受けるべき金銭についても,同様とする.

(不動産賃貸の先取特権の被担保債権の範囲)

第315条 賃借人の財産のすべてを清算する場合には,賃貸人の先取特権は,前期,当期及び次期の賃料その他の債務並びに前期及び当期に生じた損害の賠償債務についてのみ存在する.

第316条 賃貸人は,第622条の2第1項に規定する敷金を受け取っている場合には,その敷金で弁済を受けない債権の部分についてのみ先取特権を有する.

(旅館宿泊の先取特権)

第317条 旅館の宿泊の先取特権は,宿泊客が負担すべき宿泊料及び飲食料に関し,その旅館に在るその宿泊客の手荷物について存在する.

(運輸の先取特権)

第318条 運輸の先取特権は,旅客又は荷物の運送賃及び付随の費用に関し,運送人の占有する荷物について存在する.

(即時取得の規定の準用)

第319条 第192条から第195条までの規定は,第312条から前条までの規定による先取特権について準用する.

(動産保存の先取特権)

第320条 動産の保存の先取特権は,動産の保存のために要した費用又は動産に関する権利の保存,承認若しくは実行のために要した費用に関し,その動産について存在する.

(動産売買の先取特権)

第321条 動産の売買の先取特権は,動産の代価及びその利息に関し,その動産について存在する.

(種苗又は肥料の供給の先取特権)

第322条 種苗又は肥料の供給の先取特権は,種苗又は肥料の代価及びその利息に関し,その種苗又は肥料を用いた後1年以内にこれを用いた土地から生じた果実(蚕種又は蚕の飼養に供した桑葉の使用によって生じた物を含む.)について存在する.

(農業労務の先取特権)

第323条 農業の労務の先取特権は,その労務に従事する者の最後の1年間の賃金に関し,その労務によって生じた果実について存在する.

（工業労務の先取特権）

第324条 工業の労務の先取特権は,その労務に従事する者の最後の3箇月間の賃金に関し,その労務によって生じた製作物について存在する.

第3款　不動産の先取特権

（不動産の先取特権）

第325条 次に掲げる原因によって生じた債権を有する者は,債務者の特定の不動産について先取特権を有する.

1 不動産の保存
2 不動産の工事
3 不動産の売買

（不動産保存の先取特権）

第326条 不動産の保存の先取特権は,不動産の保存のために要した費用又は不動産に関する権利の保存,承認若しくは実行のために要した費用に関し,その不動産について存在する.

（不動産工事の先取特権）

第327条 ① 不動産の工事の先取特権は,工事の設計,施工又は監理をする者が債務者の不動産に関してした工事の費用に関し,その不動産について存在する.

② 前項の先取特権は,工事によって生じた不動産の価格の増加が現存する場合に限り,その増価額についてのみ存在する.

（不動産売買の先取特権）

第328条 不動産の売買の先取特権は,不動産の代価及びその利息に関し,その不動産について存在する.

第3節　先取特権の順位

（一般の先取特権の順位）

第329条 ① 一般の先取特権が互いに競合する場合には,その優先権の順位は,第306条各号に掲げる順序に従う.

② 一般の先取特権と特別の先取特権とが競合する場合には,特別の先取特権は,一般の先取特権に優先する.ただし,共益の費用の先取特権は,その利益を受けたすべての債権者に対して優先する効力を有する.

（動産の先取特権の順位）

第330条 ① 同一の動産について特別の先取特権が互いに競合する場合には,その優先権の順位は,次に掲げる順序に従う.この場合において,第2号に掲げる動産の保存の先取特権について数人の保存者があるときは,後の保存者が前の保存者に優先する.

1 不動産の賃貸,旅館の宿泊及び運輸の先取特権
2 動産の保存の先取特権
3 動産の売買,種苗又は肥料の供給,農業の労務及び工業の労務の先取特権

② 前項の場合において,第1順位の先取特権者は,その債権取得の時において第2順位又は第3順位の先取特権者があることを知っていたときは,これらの者に対して優先権を行使することができない.第1順位の先取特権者のために物を保存した者に対しても,同様とする.

③ 果実に関しては,第1の順位は農業の労務に従事する者に,第2の順位は種苗又は肥料の供給者に,第3の順位は土地の賃貸人に属する.

（不動産の先取特権の順位）

第331条 ① 同一の不動産について特別の先取特権が互いに競合する場合には,その優先権の順位は,第325条各号に掲げる順序に従う.

② 同一の不動産について売買が順次された場合には,売主相互間における不動産売買の先取特権の優先権の順位は,売買の前後による.

（同一順位の先取特権）

第332条 同一の目的物について同一順位の先取特権者が数人あるときは,各先取特権者は,その債権額の割合に応じて弁済を受ける.

第4節　先取特権の効力

（先取特権と第三取得者）

第333条 先取特権は,債務者がその目的である動産をその第三取得者に引き渡した後は,その動産について行使することができない.

（先取特権と動産質権との競合）

第334条 先取特権と動産質権とが競合する場合には,動産質権者は,第330条の規定による第1順位の先取特権者と同一の権利を有する.

（一般の先取特権の効力）

第335条 ① 一般の先取特権者は,まず不動産以外の財産から弁済を受け,なお不足があるのでなければ,不動産から弁済を受けることができない.

② 一般の先取特権者は,不動産については,まず特別担保の目的とされていないものから弁済を受けなければならない.

③ 一般の先取特権者は,前2項の規定に従って配当に加入することを怠ったときは,その配当加入をしたならば弁済を受けることができた額については,登記をした第三者に対してその先取特権を行使することができない.

④ 前3項の規定は,不動産以外の財産の代価に先立って不動産の代価を配当し,又は他の不動産の代価に先立って特別担保の目的である不動産の代価を配当する場合には,適用しない.

（一般の先取特権の対抗力）

第336条 一般の先取特権は,不動産について登記をしなくても,特別担保を有しない債権者に対抗することができる.ただし,登記をした第三者に対しては,この限りでない.

（不動産保存の先取特権の登記）

第337条 不動産の保存の先取特権の効力を保存するためには,保存行為が完了した後直ちに登記をしなければならない.

（不動産工事の先取特権の登記）

第338条 ① 不動産の工事の先取特権の効力を保存するためには,工事を始める前にその費用の予算額を登記しなければならない.この場合において,工事の費用が予算額を超えるときは,先取特権は,その超過額については存在しない.

② 工事によって生じた不動産の増価額は,配当加入の時

に,裁判所が選任した鑑定人に評価させなければならない.

(登記をした不動産保存又は不動産工事の先取特権)

第339条 前2条の規定に従って登記をした先取特権は,抵当権に先立って行使することができる.

(不動産売買の先取特権の登記)

第340条 不動産の売買の先取特権の効力を保存するためには,売買契約と同時に,不動産の代価又はその利息の弁済がされていない旨を登記しなければならない.

(抵当権に関する規定の準用)

第341条 先取特権の効力については,この節に定めるもののほか,その性質に反しない限り,抵当権に関する規定を準用する.

◆ 第9章 質 権

第1節 総 則

(質権の内容)

第342条 質権者は,その債権の担保として債務者又は第三者から受け取った物を占有し,かつ,その物について他の債権者に先立って自己の債権の弁済を受ける権利を有する.

(質権の目的)

第343条 質権は,譲り渡すことができない物をその目的とすることができない.

(質権の設定)

第344条 質権の設定は,債権者にその目的物を引き渡すことによって,その効力を生ずる.

(質権設定者による代理占有の禁止)

第345条 質権者は,質権設定者に,自己に代わって質物の占有をさせることができない.

(質権の被担保債権の範囲)

第346条 質権は,元本,利息,違約金,質権の実行の費用,質物の保存の費用及び債務の不履行又は質物の隠れた瑕疵によって生じた損害の賠償を担保する.ただし,設定行為に別段の定めがあるときは,この限りでない.

(質物の留置)

第347条 質権者は,前条に規定する債権の弁済を受けるまでは,質物を留置することができる.ただし,この権利は,自己に対して優先権を有する債権者に対抗することができない.

(転 質)

第348条 質権者は,その権利の存続期間内において,自己の責任で,質物について,転質をすることができる.この場合において,転質をしたことによって生じた損失については,不可抗力によるものであっても,その責任を負う.

(契約による質物の処分の禁止)

第349条 質権設定者は,設定行為又は債務の弁済期前の契約において,質権者に弁済として質物の所有権を取得させ,その他法律に定める方法によらないで質物を処分させることを約することができない.

(留置権及び先取特権の規定の準用)

第350条 第296条から第300条まで及び第304条の規定は,質権について準用する.

(物上保証人の求償権)

第351条 他人の債務を担保するため質権を設定した者は,その債務を弁済し,又は質権の実行によって質物の所有権を失ったときは,保証債務に関する規定に従い,債務者に対して求償権を有する.

第2節 動産質

(動産質の対抗要件)

第352条 動産質権者は,継続して質物を占有しなければ,その質権をもって第三者に対抗することができない.

(質物の占有の回復)

第353条 動産質権者は,質物の占有を奪われたときは,占有回収の訴えによってのみ,その質物を回復することができる.

(動産質権の実行)

第354条 動産質権者は,その債権の弁済を受けないときは,正当な理由がある場合に限り,鑑定人の評価に従い質物をもって直ちに弁済に充てることを裁判所に請求することができる.この場合において,動産質権者は,あらかじめ,その請求をする旨を債務者に通知しなければならない.

(動産質権の順位)

第355条 同一の動産について数個の質権が設定されたときは,その質権の順位は,設定の前後による.

第3節 不動産質

(不動産質権者による使用及び収益)

第356条 不動産質権者は,質権の目的である不動産の用法に従い,その使用及び収益をすることができる.

(不動産質権者による管理の費用等の負担)

第357条 不動産質権者は,管理の費用を支払い,その他不動産に関する負担を負う.

(不動産質権者による利息の請求の禁止)

第358条 不動産質権者は,その債権の利息を請求することができない.

(設定行為に別段の定めがある場合等)

第359条 前3条の規定は,設定行為に別段の定めがあるとき,又は担保不動産収益執行(民事執行法第180条第2号に規定する担保不動産収益執行をいう.以下同じ.)の開始があったときは,適用しない.

(不動産質権の存続期間)

第360条 ① 不動産質権の存続期間は,10年を超えることができない.設定行為でこれより長い期間を定めたときであっても,その期間は,10年とする.

② 不動産質権の設定は,更新することができる.ただし,その存続期間は,更新の時から10年を超えることができない.

(抵当権の規定の準用)

第361条 不動産質権については,この節に定めるもののほか,その性質に反しない限り,次章(抵当権)の規定を準用する.

第4節 権利質

(権利質の目的等)

第362条 ① 質権は,財産権をその目的とすることができる.

② 前項の質権については,この節に定めるもののほか,

その性質に反しない限り，前３節（総則，動産質及び不動産質）の規定を準用する．

第363条 削除

（債権を目的とする質権の対抗要件）

第364条 債権を目的とする質権の設定（現に発生していない債権を目的とするものを含む．）は，第467条の規定に従い，第三債務者にその質権の設定を通知し，又は第三債務者がこれを承諾しなければ，これをもって第三債務者その他の第三者に対抗することができない．

第365条 削除

（質権者による債権の取立て等）

第366条 ① 質権者は，質権の目的である債権を直接に取り立てることができる．

② 債権の目的物が金銭であるときは，質権者は，自己の債権額に対応する部分に限り，これを取り立てることができる．

③ 前項の債権の弁済期が質権者の債権の弁済期前に到来したときは，質権者は，第三債務者にその弁済をすべき金額を供託させることができる．この場合において，質権は，その供託金について存在する．

④ 債権の目的物が金銭でないときは，質権者は，弁済として受けた物について質権を有する．

第367条 削除

第368条 削除

◈ 第10章　抵当権

第１節　総　則

（抵当権の内容）

第369条 ① 抵当権者は，債務者又は第三者が占有を移転しないで債務の担保に供した不動産について，他の債権者に先立って自己の債権の弁済を受ける権利を有する．

② 地上権及び永小作権も，抵当権の目的とすることができる．この場合においては，この章の規定を準用する．

（抵当権の効力の及ぶ範囲）

第370条 抵当権は，抵当地の上に存する建物を除き，その目的である不動産（以下「抵当不動産」という．）に付加して一体となっている物に及ぶ．ただし，設定行為に別段の定めがある場合及び債務者の行為について第424条第３項に規定する詐害行為取消請求をすることができる場合は，この限りでない．

第371条 抵当権は，その担保する債権について不履行があったときは，その後に生じた抵当不動産の果実に及ぶ．

（留置権等の規定の準用）

第372条 第296条，第304条及び第351条の規定は，抵当権について準用する．

第２節　抵当権の効力

（抵当権の順位）

第373条 同一の不動産について数個の抵当権が設定されたときは，その抵当権の順位は，登記の前後による．

（抵当権の順位の変更）

第374条 ① 抵当権の順位は，各抵当権者の合意によって変更することができる．ただし，利害関係を有する者があるときは，その承諾を得なければならない．

② 前項の規定による順位の変更は，その登記をしなければ，その効力を生じない．

（抵当権の被担保債権の範囲）

第375条 ① 抵当権者は，利息その他の定期金を請求する権利を有するときは，その満期となった最後の２年分についてのみ，その抵当権を行使することができる．ただし，それ以前の定期金についても，満期後に特別の登記をしたときは，その登記の時からその抵当権を行使することを妨げない．

② 前項の規定は，抵当権者が債務の不履行によって生じた損害の賠償を請求する権利を有する場合におけるその最後の２年分についても適用する．ただし，利息その他の定期金と通算して２年分を超えることができない．

（抵当権の処分）

第376条 ① 抵当権者は，その抵当権を他の債権の担保とし，又は同一の債務者に対する他の債権者の利益のためにその抵当権若しくはその順位を譲渡し，若しくは放棄することができる．

② 前項の場合において，抵当権者が数人のためにその抵当権の処分をしたときは，その処分の利益を受ける者の権利の順位は，抵当権の登記にした付記の前後による．

（抵当権の処分の対抗要件）

第377条 ① 前条の場合には，第467条の規定に従い，主たる債務者に抵当権の処分を通知し，又は主たる債務者がこれを承諾しなければ，これをもって主たる債務者，保証人，抵当権設定者及びこれらの者の承継人に対抗することができない．

② 主たる債務者が前項の規定により通知を受け，又は承諾をしたときは，抵当権の処分の利益を受ける者の承諾を得ないでした弁済は，その受益者に対抗することができない．

（代価弁済）

第378条 抵当不動産について所有権又は地上権を買い受けた第三者が，抵当権者の請求に応じてその抵当権者にその代価を弁済したときは，抵当権は，その第三者のために消滅する．

（抵当権消滅請求）

第379条 抵当不動産の第三取得者は，第383条の定めるところにより，抵当権消滅請求をすることができる．

第380条 主たる債務者，保証人及びこれらの者の承継人は，抵当権消滅請求をすることができない．

第381条 抵当不動産の停止条件付第三取得者は，その停止条件の成否が未定である間は，抵当権消滅請求をすることができない．

（抵当権消滅請求の時期）

第382条 抵当不動産の第三取得者は，抵当権の実行としての競売による差押えの効力が発生する前に，抵当権消滅請求をしなければならない．

（抵当権消滅請求の手続）

第383条 抵当不動産の第三取得者は，抵当権消滅請求をするときは，登記をした各債権者に対し，次に掲げる書面を送付しなければならない．

１ 取得の原因及び年月日，譲渡人及び取得者の氏名及

び住所並びに抵当不動産の性質,所在及び代価その他取得者の負担を記載した書面
2 抵当不動産に関する登記事項証明書（現に効力を有する登記事項のすべてを証明したものに限る.）
3 債権者が2箇月以内に抵当権を実行して競売の申立てをしないときは,抵当不動産の第三取得者が第1号に規定する代価又は特に指定した金額を債権の順位に従って弁済し又は供託すべき旨を記載した書面

（債権者のみなし承諾）

第384条 次に掲げる場合には,前条各号に掲げる書面の送付を受けた債権者は,抵当不動産の第三取得者が同条第3号に掲げる書面に記載したところにより提供した同号の代価又は金額を承諾したものとみなす.
1 その債権者が前条各号に掲げる書面の送付を受けた後2箇月以内に抵当権を実行して競売の申立てをしないとき.
2 その債権者が前号の申立てを取り下げたとき.
3 第1号の申立てを却下する旨の決定が確定したとき.
4 第1号の申立てに基づく競売の手続を取り消す旨の決定（民事執行法第188条において準用する同法第63条第3項若しくは第68条の3第3項の規定又は同法第183条第1項第5号の謄本が提出された場合における同条第2項の規定による決定を除く.）が確定したとき.

（競売の申立ての通知）

第385条 第383条各号に掲げる書面の送付を受けた債権者は,前条第1号の申立てをするときは,同号の期間内に,債務者及び抵当不動産の譲渡人にその旨を通知しなければならない.

（抵当権消滅請求の効果）

第386条 登記をしたすべての債権者が抵当不動産の第三取得者の提供した代価又は金額を承諾し,かつ,抵当不動産の第三取得者がその承諾を得た代価又は金額を払い渡し又は供託したときは,抵当権は,消滅する.

（抵当権者の同意の登記がある場合の賃貸借の対抗力）

第387条 ① 登記をした賃貸借は,その登記前に登記をした抵当権を有するすべての者が同意をし,かつ,その同意の登記があるときは,その同意をした抵当権者に対抗することができる.
② 抵当権者が前項の同意をするには,その抵当権を目的とする権利を有する者その他抵当権者の同意によって不利益を受けるべき者の承諾を得なければならない.

（法定地上権）

第388条 土地及びその上に存する建物が同一の所有者に属する場合において,その土地又は建物につき抵当権が設定され,その実行により所有者を異にするに至ったときは,その建物について,地上権が設定されたものとみなす.この場合において,地代は,当事者の請求により,裁判所が定める.

（抵当地の上の建物の競売）

第389条 ① 抵当権の設定後に抵当地に建物が築造されたときは,抵当権者は,土地とともにその建物を競売することができる.ただし,その優先権は,土地の代価についてのみ行使することができる.
② 前項の規定は,その建物の所有者が抵当地を占有するについて抵当権者に対抗することができる権利を有する場合には,適用しない.

（抵当不動産の第三取得者による買受け）

第390条 抵当不動産の第三取得者は,その競売において買受人となることができる.

（抵当不動産の第三取得者による費用の償還請求）

第391条 抵当不動産の第三取得者は,抵当不動産について必要費又は有益費を支出したときは,第196条の区別に従い,抵当不動産の代価から,他の債権者より先にその償還を受けることができる.

（共同抵当における代価の配当）

第392条 ① 債権者が同一の債権の担保として数個の不動産につき抵当権を有する場合において,同時にその代価を配当すべきときは,その各不動産の価額に応じて,その債権の負担を按分する.
② 債権者が同一の債権の担保として数個の不動産につき抵当権を有する場合において,ある不動産の代価のみを配当すべきときは,抵当権者は,その代価から債権の全部の弁済を受けることができる.この場合において,次順位の抵当権者は,その弁済を受ける抵当権者が前項の規定に従い他の不動産の代価から弁済を受けるべき金額を限度として,その抵当権者に代位して抵当権を行使することができる.

（共同抵当における代位の付記登記）

第393条 前条第2項後段の規定により代位によって抵当権を行使する者は,その抵当権の登記にその代位を付記することができる.

（抵当不動産以外の財産からの弁済）

第394条 ① 抵当権者は,抵当不動産の代価から弁済を受けない債権の部分についてのみ,他の財産から弁済を受けることができる.
② 前項の規定は,抵当不動産の代価に先立って他の財産の代価を配当すべき場合には,適用しない.この場合において,他の各債権者は,抵当権者に同項の規定による弁済を受けさせるため,抵当権者に配当すべき金額の供託を請求することができる.

（抵当建物使用者の引渡しの猶予）

第395条 ① 抵当権者に対抗することができない賃貸借により抵当権の目的である建物の使用又は収益をする者であって次に掲げるもの（次項において「抵当建物使用者」という.）は,その建物の競売における買受人の買受けの時から6箇月を経過するまでは,その建物を買受人に引き渡すことを要しない.
1 競売手続の開始前から使用又は収益をする者
2 強制管理又は担保不動産収益執行の管理人が競売手続の開始後にした賃貸借により使用又は収益をする者
② 前項の規定は,買受人の買受けの時より後に同項の建物の使用をしたことの対価について,買受人が抵当建物使用者に対し相当の期間を定めてその1箇月分以上の支払の催告をし,その相当の期間内に履行がない場

合には，適用しない．

第３節　抵当権の消滅

（抵当権の消滅時効）

第396条　抵当権は，債務者及び抵当権設定者に対しては，その担保する債権と同時でなければ，時効によって消滅しない．

（抵当不動産の時効取得による抵当権の消滅）

第397条　債務者又は抵当権設定者でない者が抵当不動産について取得時効に必要な要件を具備する占有をしたときは，抵当権は，これによって消滅する．

（抵当権の目的である地上権等の放棄）

第398条　地上権又は永小作権を抵当権の目的とした地上権者又は永小作人は，その権利を放棄しても，これをもって抵当権者に対抗することができない．

第４節　根抵当

（根抵当権）

第398条の２　①　抵当権は，設定行為で定めるところにより，一定の範囲に属する不特定の債権を極度額の限度において担保するためにも設定することができる．

②　前項の規定による抵当権（以下「根抵当権」という．）の担保すべき不特定の債権の範囲は，債務者との特定の継続的取引契約によって生ずるものその他債務者との一定の種類の取引によって生ずるものに限定して，定めなければならない．

③　特定の原因に基づいて債務者との間に継続して生ずる債権，手形上若しくは小切手上の請求権又は電子記録債権（電子記録債権法（平成19年法律第102号）第２条第１項に規定する電子記録債権をいう．次条第２項において同じ．）は，前項の規定にかかわらず，根抵当権の担保すべき債権とすることができる．

（根抵当権の被担保債権の範囲）

第398条の３　①　根抵当権者は，確定した元本並びに利息その他の定期金及び債務の不履行によって生じた損害の賠償の全部について，極度額を限度として，その根抵当権を行使することができる．

②　債務者との取引によらないで取得する手形上若しくは小切手上の請求権又は電子記録債権を根抵当権の担保すべき債権とした場合において，次に掲げる事由があったときは，その前に取得したものについてのみ，その根抵当権を行使することができる．ただし，その後に取得したものであっても，その事由を知らないで取得したものについては，これを行使することを妨げない．

１　債務者の支払の停止

２　債務者についての破産手続開始，再生手続開始，更生手続開始又は特別清算開始の申立て

３　抵当不動産に対する競売の申立て又は滞納処分による差押え

（根抵当権の被担保債権の範囲及び債務者の変更）

第398条の４　①　元本の確定前においては，根抵当権の担保すべき債権の範囲の変更をすることができる．債務者の変更についても，同様とする．

②　前項の変更をするには，後順位の抵当権者その他の第三者の承諾を得ることを要しない．

③　第１項の変更について元本の確定前に登記をしなかったときは，その変更をしなかったものとみなす．

（根抵当権の極度額の変更）

第398条の５　根抵当権の極度額の変更は，利害関係を有する者の承諾を得なければ，することができない．

（根抵当権の元本確定期日の定め）

第398条の６　①　根抵当権の担保すべき元本については，その確定すべき期日を定め又は変更することができる．

②　第398条の４第２項の規定は，前項の場合について準用する．

③　第１項の期日は，これを定め又は変更した日から５年以内でなければならない．

④　第１項の期日の変更についてその変更前の期日より前に登記をしなかったときは，担保すべき元本は，その変更前の期日に確定する．

（根抵当権の被担保債権の譲渡等）

第398条の７　①　元本の確定前に根抵当権者から債権を取得した者は，その債権について根抵当権を行使することができない．元本の確定前に債務者のために又は債務者に代わって弁済をした者も，同様とする．

②　元本の確定前に債務の引受けがあったときは，根抵当権者は，引受人の債務について，その根抵当権を行使することができない．

③　元本の確定前に免責的債務引受があった場合における債権者は，第472条の４第１項の規定にかかわらず，根抵当権を引受人が負担する債務に移すことができない．

④　元本の確定前に債権者の交替による更改があった場合における更改前の債権者は，第518条第１項の規定にかかわらず，根抵当権を更改後の債務に移すことができない．元本の確定前に債務者の交替による更改があった場合における債権者も，同様とする．

（根抵当権者又は債務者の相続）

第398条の８　①　元本の確定前に根抵当権者について相続が開始したときは，根抵当権は，相続開始の時に存する債権のほか，相続人と根抵当権設定者との合意により定めた相続人が相続の開始後に取得する債権を担保する．

②　元本の確定前にその債務者について相続が開始したときは，根抵当権は，相続開始の時に存する債務のほか，根抵当権者と根抵当権設定者との合意により定めた相続人が相続の開始後に負担する債務を担保する．

③　第398条の４第２項の規定は，前２項の合意をする場合について準用する．

④　第１項及び第２項の合意について相続の開始後６箇月以内に登記をしないときは，担保すべき元本は，相続開始の時に確定したものとみなす．

（根抵当権者又は債務者の合併）

第398条の９　①　元本の確定前に根抵当権者について合併があったときは，根抵当権は，合併の時に存する債権のほか，合併後存続する法人又は合併によって設立された法人が合併後に取得する債権を担保する．

②　元本の確定前にその債務者について合併があったときは，根抵当権は，合併の時に存する債務のほか，合併

後存続する法人又は合併によって設立された法人が合併後に負担する債務を担保する．
③ 前２項の場合には，根抵当権設定者は，担保すべき元本の確定を請求することができる．ただし，前項の場合において，その債務者が根抵当権設定者であるときは，この限りでない．
④ 前項の規定による請求があったときは，担保すべき元本は，合併の時に確定したものとみなす．
⑤ 第３項の規定による請求は，根抵当権設定者が合併のあったことを知った日から２週間を経過したときは，することができない．合併の日から１箇月を経過したときも，同様とする．

（根抵当権者又は債務者の会社分割）

第398条の10 ① 元本の確定前に根抵当権者を分割をする会社とする分割があったときは，根抵当権は，分割の時に存する債権のほか，分割をした会社及び分割により設立された会社又は当該分割をした会社がその事業に関して有する権利義務の全部又は一部を当該会社から承継した会社が分割後に取得する債権を担保する．
② 元本の確定前にその債務者を分割をする会社とする分割があったときは，根抵当権は，分割の時に存する債務のほか，分割をした会社及び分割により設立された会社又は当該分割をした会社がその事業に関して有する権利義務の全部又は一部を当該会社から承継した会社が分割後に負担する債務を担保する．
③ 前条第３項から第５項までの規定は，前２項の場合について準用する．

（根抵当権の処分）

第398条の11 ① 元本の確定前においては，根抵当権者は，第376条第１項の規定による根抵当権の処分をすることができない．ただし，その根抵当権を他の債権の担保とすることを妨げない．
② 第377条第2項の規定は，前項ただし書の場合において元本の確定前にした弁済については，適用しない．

（根抵当権の譲渡）

第398条の12 ① 元本の確定前においては，根抵当権者は，根抵当権設定者の承諾を得て，その根抵当権を譲り渡すことができる．
② 根抵当権者は，その根抵当権を２個の根抵当権に分割して，その一方を前項の規定により譲り渡すことができる．この場合において，その根抵当権を目的とする権利は，譲り渡した根抵当権について消滅する．
③ 前項の規定による譲渡をするには，その根抵当権を目的とする権利を有する者の承諾を得なければならない．

（根抵当権の一部譲渡）

第398条の13 元本の確定前においては，根抵当権者は，根抵当権設定者の承諾を得て，その根抵当権の一部譲渡（譲渡人が譲受人と根抵当権を共有するため，これを分割しないで譲り渡すことをいう．以下この節において同じ．）をすることができる．

（根抵当権の共有）

第398条の14 ① 根抵当権の共有者は，それぞれその債権額の割合に応じて弁済を受ける．ただし，元本の確定前に，これと異なる割合を定め，又はある者が他の者に先立って弁済を受けるべきことを定めたときは，その定めに従う．
② 根抵当権の共有者は，他の共有者の同意を得て，第398条の12第１項の規定によりその権利を譲り渡すことができる．

（抵当権の順位の譲渡又は放棄と根抵当権の譲渡又は一部譲渡）

第398条の15 抵当権の順位の譲渡又は放棄を受けた根抵当権者が，その根抵当権の譲渡又は一部譲渡をしたときは，譲受人は，その順位の譲渡又は放棄の利益を受ける．

（共同根抵当）

第398条の16 第392条及び第393条の規定は，根抵当権については，その設定と同時に同一の債権の担保として数個の不動産につき根抵当権が設定された旨の登記をした場合に限り，適用する．

（共同根抵当の変更等）

第398条の17 ① 前条の登記がされている根抵当権の担保すべき債権の範囲，債務者若しくは極度額の変更又はその譲渡若しくは一部譲渡は，その根抵当権が設定されているすべての不動産について登記をしなければ，その効力を生じない．
② 前条の登記がされている根抵当権の担保すべき元本は，１個の不動産についてのみ確定すべき事由が生じた場合においても，確定する．

（累積根抵当）

第398条の18 数個の不動産につき根抵当権を有する者は，第398条の16の場合を除き，各不動産の代価について，各極度額に至るまで優先権を行使することができる．

（根抵当権の元本の確定請求）

第398条の19 ① 根抵当権設定者は，根抵当権の設定の時から３年を経過したときは，担保すべき元本の確定を請求することができる．この場合において，担保すべき元本は，その請求の時から２週間を経過することによって確定する．
② 根抵当権者は，いつでも，担保すべき元本の確定を請求することができる．この場合において，担保すべき元本は，その請求の時に確定する．
③ 前２項の規定は，担保すべき元本の確定すべき期日の定めがあるときは，適用しない．

（根抵当権の元本の確定事由）

第398条の20 ① 次に掲げる場合には，根抵当権の担保すべき元本は，確定する．
　１ 根抵当権者が抵当不動産について競売若しくは担保不動産収益執行又は第372条において準用する第304条の規定による差押えを申し立てたとき．ただし，競売手続若しくは担保不動産収益執行手続の開始又は差押えがあったときに限る．
　２ 根抵当権者が抵当不動産に対して滞納処分による差押えをしたとき．
　３ 根抵当権者が抵当不動産に対する競売手続の開始又は滞納処分による差押えがあったことを知った時から２週間を経過したとき．

4 債務者又は根抵当権設定者が破産手続開始の決定を受けたとき．

② 前項第３号の競売手続の開始若しくは差押え又は同項第４号の破産手続開始の決定の効力が消滅したときは，担保すべき元本は，確定しなかったものとみなす．ただし，元本が確定したものとしてその根抵当権又はこれを目的とする権利を取得した者があるときは，この限りでない．

（根抵当権の極度額の減額請求）

第398条の21 ① 元本の確定後においては，根抵当権設定者は，その根抵当権の極度額を，現に存する債務の額と以後２年間に生ずべき利息その他の定期金及び債務の不履行による損害賠償の額とを加えた額に減額することを請求することができる．

② 第398条の16の登記がされている根抵当権の極度額の減額については，前項の規定による請求は，そのうちの１個の不動産についてすれば足りる．

（根抵当権の消滅請求）

第398条の22 ① 元本の確定後において現に存する債務の額が根抵当権の極度額を超えるときは，他人の債務を担保するためその根抵当権を設定した者又は抵当不動産について所有権，地上権，永小作権若しくは第三者に対抗することができる賃借権を取得した第三者は，その極度額に相当する金額を払い渡し又は供託して，その根抵当権の消滅請求をすることができる．この場合において，その払渡し又は供託は，弁済の効力を有する．

② 第398条の16の登記がされている根抵当権は，１個の不動産について前項の消滅請求があったときは，消滅する．

③ 第380条及び第381条の規定は，第１項の消滅請求について準用する．

◈第３編　債　権◈

◆第１章　総　則

第１節　債権の目的

（債権の目的）

第399条 債権は，金銭に見積もることができないものであっても，その目的とすることができる．

（特定物の引渡しの場合の注意義務）

第400条 債権の目的が特定物の引渡しであるときは，債務者は，その引渡しをするまで，契約その他の債権の発生原因及び取引上の社会通念に照らして定まる善良な管理者の注意をもって，その物を保存しなければならない．

（種類債権）

第401条 ① 債権の目的物を種類のみで指定した場合において，法律行為の性質又は当事者の意思によってその品質を定めることができないときは，債務者は，中等の品質を有する物を給付しなければならない．

② 前項の場合において，債務者が物の給付をするのに必要な行為を完了し，又は債権者の同意を得てその給付すべき物を指定したときは，以後その物を債権の目的物とする．

（金銭債権）

第402条 ① 債権の目的物が金銭であるときは，債務者は，その選択に従い，各種の通貨で弁済をすることができる．ただし，特定の種類の通貨の給付を債権の目的としたときは，この限りでない．

② 債権の目的物である特定の種類の通貨が弁済期に強制通用の効力を失っているときは，債務者は，他の通貨で弁済をしなければならない．

③ 前２項の規定は，外国の通貨の給付を債権の目的とした場合について準用する．

第403条 外国の通貨で債権額を指定したときは，債務者は，履行地における為替相場により，日本の通貨で弁済をすることができる．

（法定利率）

第404条 ① 利息を生ずべき債権について別段の意思表示がないときは，その利率は，その利息が生じた最初の時点における法定利率による．

② 法定利率は，年３パーセントとする．

③ 前項の規定にかかわらず，法定利率は，法務省令で定めるところにより，３年を１期とし，１期ごとに，次項の規定により変動するものとする．

④ 各期における法定利率は，この項の規定により法定利率に変動があった期のうち直近のもの（以下この項において「直近変動期」という．）における基準割合と当期における基準割合との差に相当する割合（その割合に１パーセント未満の端数があるときは，これを切り捨てる．）を直近変動期における法定利率に加算し，又は減算した割合とする．

⑤ 前項に規定する「基準割合」とは，法務省令で定めるところにより，各期の初日の属する年の６年前の年の１月から前々年の12月までの各月における短期貸付けの平均利率（当該各月において銀行が新たに行った貸付け（貸付期間が１年未満のものに限る．）に係る利率の平均をいう．）の合計を60で除して計算した割合（その割合に0.1パーセント未満の端数があるときは，これを切り捨てる．）として法務大臣が告示するものをいう．

（利息の元本への組入れ）

第405条 利息の支払が１年分以上延滞した場合において，債権者が催告をしても，債務者がその利息を支払わないときは，債権者は，これを元本に組み入れることができる．

（選択債権における選択権の帰属）

第406条 債権の目的が数個の給付の中から選択によって定まるときは，その選択権は，債務者に属する．

（選択権の行使）

第407条 ① 前条の選択権は，相手方に対する意思表示によって行使する．

② 前項の意思表示は，相手方の承諾を得なければ，撤回することができない．

（選択権の移転）

第408条 債権が弁済期にある場合において，相手方から相当の期間を定めて催告をしても，選択権を有する当事者がその期間内に選択をしないときは,その選択権は,相手方に移転する.

(第三者の選択権)

第409条 ① 第三者が選択をすべき場合には,その選択は,債権者又は債務者に対する意思表示によってする.

② 前項に規定する場合において,第三者が選択をすることができず,又は選択をする意思を有しないときは,選択権は,債務者に移転する.

(不能による選択債権の特定)

第410条 債権の目的である給付の中に不能のものがある場合において,その不能が選択権を有する者の過失によるものであるときは,債権は,その残存するものについて存在する.

(選択の効力)

第411条 選択は,債権の発生の時にさかのぼってその効力を生ずる.ただし,第三者の権利を害することはできない.

第2節 債権の効力

第1款 債務不履行の責任等

(履行期と履行遅滞)

第412条 ① 債務の履行について確定期限があるときは,債務者は,その期限の到来した時から遅滞の責任を負う.

② 債務の履行について不確定期限があるときは,債務者は,その期限の到来した後に履行の請求を受けた時又はその期限の到来したことを知った時のいずれか早い時から遅滞の責任を負う.

③ 債務の履行について期限を定めなかったときは,債務者は,履行の請求を受けた時から遅滞の責任を負う.

(履行不能)

第412の2条 ① 債務の履行が契約その他の債務の発生原因及び取引上の社会通念に照らして不能であるときは,債権者は,その債務の履行を請求することができない.

② 契約に基づく債務の履行がその契約の成立の時に不能であったことは,第415条の規定によりその履行の不能によって生じた損害の賠償を請求することを妨げない.

(受領遅滞)

第413条 ① 債権者が債務の履行を受けることを拒み,又は受けることができない場合において,その債務の目的が特定物の引渡しであるときは,債務者は,履行の提供をした時からその引渡しをするまで,自己の財産に対するのと同一の注意をもって,その物を保存すれば足りる.

② 債権者が債務の履行を受けることを拒み,又は受けることができないことによって,その履行の費用が増加したときは,その増加額は,債権者の負担とする.

(履行遅滞中又は受領遅滞中の履行不能と帰責事由)

第413の2条 ① 債務者がその債務について遅滞の責任を負っている間に当事者双方の責めに帰することができない事由によってその債務の履行が不能となったときは,その履行の不能は,債務者の責めに帰すべき事由によるものとみなす.

② 債権者が債務の履行を受けることを拒み,又は受けることができない場合において,履行の提供があった時以後に当事者双方の責めに帰することができない事由によってその債務の履行が不能となったときは,その履行の不能は,債権者の責めに帰すべき事由によるものとみなす.

(履行の強制)

第414条 ① 債務者が任意に債務の履行をしないときは,債権者は,民事執行法その他強制執行の手続に関する法令の規定に従い,直接強制,代替執行,間接強制その他の方法による履行の強制を裁判所に請求することができる.ただし,債務の性質がこれを許さないときは,この限りでない.

② 前項の規定は,損害賠償の請求を妨げない.

(債務不履行による損害賠償)

第415条 ① 債務者がその債務の本旨に従った履行をしないとき又は債務の履行が不能であるときは,債権者は,これによって生じた損害の賠償を請求することができる.ただし,その債務の不履行が契約その他の債務の発生原因及び取引上の社会通念に照らして債務者の責めに帰することができない事由によるものであるときは,この限りでない.

② 前項の規定により損害賠償の請求をすることができる場合において,債権者は,次に掲げるときは,債務の履行に代わる損害賠償の請求をすることができる.

1 債務の履行が不能であるとき.

2 債務者がその債務の履行を拒絶する意思を明確に表示したとき.

3 債務が契約によって生じたものである場合において,その契約が解除され,又は債務の不履行による契約の解除権が発生したとき.

(損害賠償の範囲)

第416条 ① 債務の不履行に対する損害賠償の請求は,これによって通常生ずべき損害の賠償をさせることをその目的とする.

② 特別の事情によって生じた損害であっても,当事者がその事情を予見すべきであったときは,債権者は,その賠償を請求することができる.

(損害賠償の方法)

第417条 損害賠償は,別段の意思表示がないときは,金銭をもってその額を定める.

(中間利息の控除)

第417条の2 ① 将来において取得すべき利益についての損害賠償の額を定める場合において,その利益を取得すべき時までの利息相当額を控除するときは,その損害賠償の請求権が生じた時点における法定利率により,これをする.

② 将来において負担すべき費用についての損害賠償の額を定める場合において,その費用を負担すべき時までの利息相当額を控除するときも,前項と同様とする.

(過失相殺)

第418条 債務の不履行又はこれによる損害の発生若しくは拡大に関して債権者に過失があったときは,裁判所は，これを考慮して，損害賠償の責任及びその額を定める．

（金銭債務の特則）

第419条 ① 金銭の給付を目的とする債務の不履行については，その損害賠償の額は，債務者が遅滞の責任を負った最初の時点における法定利率によって定める．ただし，約定利率が法定利率を超えるときは，約定利率による．

② 前項の損害賠償については，債権者は，損害の証明をすることを要しない．

③ 第１項の損害賠償については，債務者は，不可抗力をもって抗弁とすることができない．

（賠償額の予定）

第420条 ① 当事者は，債務の不履行について損害賠償の額を予定することができる．

② 賠償額の予定は，履行の請求又は解除権の行使を妨げない．

③ 違約金は，賠償額の予定と推定する．

第421条 前条の規定は，当事者が金銭でないものを損害の賠償に充てるべき旨を予定した場合について準用する．

（損害賠償による代位）

第422条 債権者が，損害賠償として，その債権の目的である物又は権利の価額の全部の支払を受けたときは，債務者は，その物又は権利について当然に債権者に代位する．

（代償請求権）

第422条の２ 債務者が，その債務の履行が不能となったのと同一の原因により債務の目的物の代償である権利又は利益を取得したときは，債権者は，その受けた損害の額の限度において，債務者に対し，その権利の移転又はその利益の償還を請求することができる．

第２款　債権者代位権

（債権者代位権の要件）

第423条 ① 債権者は，自己の債権を保全するため必要があるときは，債務者に属する権利（以下「被代位権利」という．）を行使することができる．ただし，債務者の一身に専属する権利及び差押えを禁じられた権利は，この限りでない．

② 債権者は，その債権の期限が到来しない間は，被代位権利を行使することができない．ただし，保存行為は，この限りでない．

③ 債権者は，その債権が強制執行により実現することのできないものであるときは，被代位権利を行使することができない．

（代位行使の範囲）

第423条の２ 債権者は，被代位権利を行使する場合において，被代位権利の目的が可分であるときは，自己の債権の額の限度においてのみ，被代位権利を行使することができる．

（債権者への支払又は引渡し）

第423条の３ 債権者は，被代位権利を行使する場合において，被代位権利が金銭の支払又は動産の引渡しを目的とするものであるときは，相手方に対し，その支払又は引渡しを自己に対してすることを求めることができる．この場合において，相手方が債権者に対してその支払又は引渡しをしたときは，被代位権利は，これによって消滅する．

（相手方の抗弁）

第423条の４ 債権者が被代位権利を行使したときは，相手方は，債務者に対して主張することができる抗弁をもって，債権者に対抗することができる．

（債務者の取立てその他の処分の権限等）

第423条の５ 債権者が被代位権利を行使した場合であっても，債務者は，被代位権利について，自ら取立てその他の処分をすることを妨げられない．この場合においては，相手方も，被代位権利について，債務者に対して履行をすることを妨げられない．

（被代位権利の行使に係る訴えを提起した場合の訴訟告知）

第423条の６ 債権者は，被代位権利の行使に係る訴えを提起したときは，遅滞なく，債務者に対し，訴訟告知をしなければならない．

（登記又は登録の請求権を保全するための債権者代位権）

第423条の７ 登記又は登録をしなければ権利の得喪及び変更を第三者に対抗することができない財産を譲り受けた者は，その譲渡人が第三者に対して有する登記手続又は登録手続をすべきことを請求する権利を行使しないときは，その権利を行使することができる．この場合においては，前３条の規定を準用する．

第３款　詐害行為取消権

第１目　詐害行為取消権の要件

（詐害行為取消請求）

第424条 ① 債権者は，債務者が債権者を害することを知ってした行為の取消しを裁判所に請求することができる．ただし，その行為によって利益を受けた者（以下この款において「受益者」という．）がその行為の時において債権者を害することを知らなかったときは，この限りでない．

② 前項の規定は，財産権を目的としない行為については，適用しない．

③ 債権者は，その債権が第１項に規定する行為の前の原因に基づいて生じたものである場合に限り，同項の規定による請求（以下「詐害行為取消請求」という．）をすることができる．

④ 債権者は，その債権が強制執行により実現することのできないものであるときは，詐害行為取消請求をすることができない．

（相当の対価を得てした財産の処分行為の特則）

第424条の２ 債務者が，その有する財産を処分する行為をした場合において，受益者から相当の対価を取得しているときは，債権者は，次に掲げる要件のいずれにも該当する場合に限り，その行為について，詐害行為取消請求をすることができる．

１ その行為が，不動産の金銭への換価その他の当該処分による財産の種類の変更により，債務者において隠匿，無償の供与その他の債権者を害することとなる処分（以下この条において「隠匿等の処分」という.）をするおそれを現に生じさせるものであること.
2 債務者が,その行為の当時,対価として取得した金銭その他の財産について,隠匿等の処分をする意思を有していたこと.
3 受益者が,その行為の当時,債務者が隠匿等の処分をする意思を有していたことを知っていたこと.

（特定の債権者に対する担保の供与等の特則）

第424条の3 ① 債務者がした既存の債務についての担保の供与又は債務の消滅に関する行為について,債権者は,次に掲げる要件のいずれにも該当する場合に限り,詐害行為取消請求をすることができる.
1 その行為が,債務者が支払不能（債務者が,支払能力を欠くために,その債務のうち弁済期にあるものにつき,一般的かつ継続的に弁済することができない状態をいう.次項第1号において同じ.）の時に行われたものであること.
2 その行為が,債務者と受益者とが通謀して他の債権者を害する意図をもって行われたものであること.
② 前項に規定する行為が,債務者の義務に属せず,又はその時期が債務者の義務に属しないものである場合において,次に掲げる要件のいずれにも該当するときは,債権者は,同項の規定にかかわらず,その行為について,詐害行為取消請求をすることができる.
1 その行為が,債務者が支払不能になる前30日以内に行われたものであること.
2 その行為が,債務者と受益者とが通謀して他の債権者を害する意図をもって行われたものであること.

（過大な代物弁済等の特則）

第424条の4 債務者がした債務の消滅に関する行為であって,受益者の受けた給付の価額がその行為によって消滅した債務の額より過大であるものについて,第424条に規定する要件に該当するときは,債権者は,前条第1項の規定にかかわらず,その消滅した債務の額に相当する部分以外の部分については,詐害行為取消請求をすることができる.

（転得者に対する詐害行為取消請求）

第424条の5 債権者は,受益者に対して詐害行為取消請求をすることができる場合において,受益者に移転した財産を転得した者があるときは,次の各号に掲げる区分に応じ,それぞれ当該各号に定める場合に限り,その転得者に対しても,詐害行為取消請求をすることができる.
1 その転得者が受益者から転得した者である場合　その転得者が,転得の当時,債務者がした行為が債権者を害することを知っていたとき.
2 その転得者が他の転得者から転得した者である場合　その転得者及びその前に転得した全ての転得者が,それぞれの転得の当時,債務者がした行為が債権者を害することを知っていたとき.

第2目　詐害行為取消権の行使の方法等

（財産の返還又は価額の償還の請求）

第424条の6 ① 債権者は,受益者に対する詐害行為取消請求において,債務者がした行為の取消しとともに,その行為によって受益者に移転した財産の返還を請求することができる.受益者がその財産の返還をすることが困難であるときは,債権者は,その価額の償還を請求することができる.
② 債権者は,転得者に対する詐害行為取消請求において,債務者がした行為の取消しとともに,転得者が転得した財産の返還を請求することができる.転得者がその財産の返還をすることが困難であるときは,債権者は,その価額の償還を請求することができる.

（被告及び訴訟告知）

第424条の7 ① 詐害行為取消請求に係る訴えについては,次の各号に掲げる区分に応じ,それぞれ当該各号に定める者を被告とする.
1 受益者に対する詐害行為取消請求に係る訴え　受益者
2 転得者に対する詐害行為取消請求に係る訴え　その詐害行為取消請求の相手方である転得者
② 債権者は,詐害行為取消請求に係る訴えを提起したときは,遅滞なく,債務者に対し,訴訟告知をしなければならない.

（詐害行為の取消しの範囲）

第424条の8 ① 債権者は,詐害行為取消請求をする場合において,債務者がした行為の目的が可分であるときは,自己の債権の額の限度においてのみ,その行為の取消しを請求することができる.
② 債権者が第424条の6第1項後段又は第2項後段の規定により価額の償還を請求する場合についても,前項と同様とする.

（債権者への支払又は引渡し）

第424条の9 ① 債権者は,第424条の6第1項前段又は第2項前段の規定により受益者又は転得者に対して財産の返還を請求する場合において,その返還の請求が金銭の支払又は動産の引渡しを求めるものであるときは,受益者に対してその支払又は引渡しを,転得者に対してその引渡しを,自己に対してすることを求めることができる.この場合において,受益者又は転得者は,債権者に対してその支払又は引渡しをしたときは,債務者に対してその支払又は引渡しをすることを要しない.
② 債権者が第424条の6第1項後段又は第2項後段の規定により受益者又は転得者に対して価額の償還を請求する場合についても,前項と同様とする.

第3目　詐害行為取消権の行使の効果

（認容判決の効力が及ぶ者の範囲）

第425条 詐害行為取消請求を認容する確定判決は,債務者及びその全ての債権者に対してもその効力を有する.

（債務者の受けた反対給付に関する受益者の権利）

第425条の2 債務者がした財産の処分に関する行為（債務の消滅に関する行為を除く.）が取り消されたときは,受益者は,債務者に対し,その財産を取得するためにした反対給付の返還を請求することができる.債務者がその反対給付の返還をすることが困難であるときは，受益者は，その価額の償還を請求することができる．

（受益者の債権の回復）

第425条の3　債務者がした債務の消滅に関する行為が取り消された場合（第424条の4の規定により取り消された場合を除く．）において，受益者が債務者から受けた給付を返還し，又はその価額を償還したときは，受益者の債務者に対する債権は，これによって原状に復する．

（詐害行為取消請求を受けた転得者の権利）

第425条の4　債務者がした行為が転得者に対する詐害行為取消請求によって取り消されたときは，その転得者は，次の各号に掲げる区分に応じ，それぞれ当該各号に定める権利を行使することができる．ただし，その転得者がその前者から財産を取得するためにした反対給付又はその前者から財産を取得することによって消滅した債権の価額を限度とする．

1　第425条の2に規定する行為が取り消された場合　その行為が受益者に対する詐害行為取消請求によって取り消されたとすれば同条の規定により生ずべき受益者の債務者に対する反対給付の返還請求権又はその価額の償還請求権

2　前条に規定する行為が取り消された場合（第424条の4の規定により取り消された場合を除く．）　その行為が受益者に対する詐害行為取消請求によって取り消されたとすれば前条の規定により回復すべき受益者の債務者に対する債権

第4目　詐害行為取消権の期間の制限

第426条　詐害行為取消請求に係る訴えは，債務者が債権者を害することを知って行為をしたことを債権者が知った時から2年を経過したときは，提起することができない．行為の時から10年を経過したときも，同様とする．

第3節　多数当事者の債権及び債務

第1款　総　則

（分割債権及び分割債務）

第427条　数人の債権者又は債務者がある場合において，別段の意思表示がないときは，各債権者又は各債務者は，それぞれ等しい割合で権利を有し，又は義務を負う．

第2款　不可分債権及び不可分債務

（不可分債権）

第428条　次款（連帯債権）の規定（第433条及び第435条の規定を除く．）は，債権の目的がその性質上不可分である場合において，数人の債権者があるときについて準用する．

（不可分債権者の1人との間の更改又は免除）

第429条　不可分債権者の1人と債務者との間に更改又は免除があった場合においても，他の不可分債権者は，債務の全部の履行を請求することができる．この場合においては，その1人の不可分債権者がその権利を失わなければ分与されるべき利益を債務者に償還しなければならない．

（不可分債務）

第430条　第4款（連帯債務）の規定（第440条の規定を除く．）は，債務の目的がその性質上不可分である場合において，数人の債務者があるときについて準用する．

（可分債権又は可分債務への変更）

第431条　不可分債権が可分債権となったときは，各債権者は自己が権利を有する部分についてのみ履行を請求することができ，不可分債務が可分債務となったときは，各債務者はその負担部分についてのみ履行の責任を負う．

第3款　連帯債権

（連帯債権者による履行の請求等）

第432条　債権の目的がその性質上可分である場合において，法令の規定又は当事者の意思表示によって数人が連帯して債権を有するときは，各債権者は，全ての債権者のために全部又は一部の履行を請求することができ，債務者は，全ての債権者のために各債権者に対して履行をすることができる．

（連帯債権者の1人との間の更改又は免除）

第433条　連帯債権者の1人と債務者との間に更改又は免除があったときは，その連帯債権者がその権利を失わなければ分与されるべき利益に係る部分については，他の連帯債権者は，履行を請求することができない．

（連帯債権者の1人との間の相殺）

第434条　債務者が連帯債権者の1人に対して債権を有する場合において，その債務者が相殺を援用したときは，その相殺は，他の連帯債権者に対しても，その効力を生ずる．

（連帯債権者の1人との間の混同）

第435条　連帯債権者の1人と債務者との間に混同があったときは，債務者は，弁済をしたものとみなす．

（相対的効力の原則）

第435条の2　第432条から前条までに規定する場合を除き，連帯債権者の1人の行為又は1人について生じた事由は，他の連帯債権者に対してその効力を生じない．ただし，他の連帯債権者の1人及び債務者が別段の意思を表示したときは，当該他の連帯債権者に対する効力は，その意思に従う．

第4款　連帯債務

（連帯債務者に対する履行の請求）

第436条　債務の目的がその性質上可分である場合において，法令の規定又は当事者の意思表示によって数人が連帯して債務を負担するときは，債権者は，その連帯債務者の1人に対し，又は同時に若しくは順次に全ての連帯債務者に対し，全部又は一部の履行を請求することができる．

（連帯債務者の1人についての法律行為の無効等）

第437条　連帯債務者の1人について法律行為の無効又は取消しの原因があっても，他の連帯債務者の債務は，その効力を妨げられない．

（連帯債務者の1人との間の更改）

第438条　連帯債務者の1人と債権者との間に更改があったときは，債権は，全ての連帯債務者の利益のために消滅する．

（連帯債務者の１人による相殺等）
第439条 ① 連帯債務者の１人が債権者に対して債権を有する場合において，その連帯債務者が相殺を援用したときは，債権は，全ての連帯債務者の利益のために消滅する．
② 前項の債権を有する連帯債務者が相殺を援用しない間は，その連帯債務者の負担部分の限度において，他の連帯債務者は，債権者に対して債務の履行を拒むことができる．
（連帯債務者の１人との間の混同）
第440条 連帯債務者の１人と債権者との間に混同があったときは，その連帯債務者は，弁済をしたものとみなす．
（相対的効力の原則）
第441条 第438条，第439条第１項及び前条に規定する場合を除き，連帯債務者の１人について生じた事由は，他の連帯債務者に対してその効力を生じない．ただし，債権者及び他の連帯債務者の１人が別段の意思を表示したときは，当該他の連帯債務者に対する効力は，その意思に従う．
（連帯債務者間の求償権）
第442条 ① 連帯債務者の１人が弁済をし，その他自己の財産をもって共同の免責を得たときは，その連帯債務者は，その免責を得た額が自己の負担部分を超えるかどうかにかかわらず，他の連帯債務者に対し，その免責を得るために支出した財産の額（その財産の額が共同の免責を得た額を超える場合にあっては，その免責を得た額）のうち各自の負担部分に応じた額の求償権を有する．
② 前項の規定による求償は，弁済その他免責があった日以後の法定利息及び避けることができなかった費用その他の損害の賠償を包含する．
（通知を怠った連帯債務者の求償の制限）
第443条 ① 他の連帯債務者があることを知りながら，連帯債務者の１人が共同の免責を得ることを他の連帯債務者に通知しないで弁済をし，その他自己の財産をもって共同の免責を得た場合において，他の連帯債務者は，債権者に対抗することができる事由を有していたときは，その負担部分について，その事由をもってその免責を得た連帯債務者に対抗することができる．この場合において，相殺をもってその免責を得た連帯債務者に対抗したときは，その連帯債務者は，債権者に対し，相殺によって消滅すべきであった債務の履行を請求することができる．
② 弁済をし，その他自己の財産をもって共同の免責を得た連帯債務者が，他の連帯債務者があることを知りながらその免責を得たことを他の連帯債務者に通知することを怠ったため，他の連帯債務者が善意で弁済その他自己の財産をもって免責を得るための行為をしたときは，当該他の連帯債務者は，その免責を得るための行為を有効であったものとみなすことができる．
（償還をする資力のない者の負担部分の分担）
第444条 ① 連帯債務者の中に償還をする資力のない者があるときは，その償還をすることができない部分は，求償者及び他の資力のある者の間で，各自の負担部分に応じて分割して負担する．
② 前項に規定する場合において，求償者及び他の資力のある者がいずれも負担部分を有しない者であるときは，その償還をすることができない部分は，求償者及び他の資力のある者の間で，等しい割合で分割して負担する．
③ 前２項の規定にかかわらず，償還を受けることができないことについて求償者に過失があるときは，他の連帯債務者に対して分担を請求することができない．
（連帯債務者の１人との間の免除等と求償権）
第445条 連帯債務者の１人に対して債務の免除がされ，又は連帯債務者の１人のために時効が完成した場合においても，他の連帯債務者は，その１人の連帯債務者に対し，第442条第１項の求償権を行使することができる．

第５款 保証債務

第１目 総 則

（保証人の責任等）
第446条 ① 保証人は，主たる債務者がその債務を履行しないときに，その履行をする責任を負う．
② 保証契約は，書面でしなければ，その効力を生じない．
③ 保証契約がその内容を記録した電磁的記録によってされたときは，その保証契約は，書面によってされたものとみなして，前項の規定を適用する．
（保証債務の範囲）
第447条 ① 保証債務は，主たる債務に関する利息，違約金，損害賠償その他その債務に従たるすべてのものを包含する．
② 保証人は，その保証債務についてのみ，違約金又は損害賠償の額を約定することができる．
（保証人の負担と主たる債務の目的又は態様）
第448条 ① 保証人の負担が債務の目的又は態様において主たる債務より重いときは，これを主たる債務の限度に減縮する．
② 主たる債務の目的又は態様が保証契約の締結後に加重されたときであっても，保証人の負担は加重されない．
（取り消すことができる債務の保証）
第449条 行為能力の制限によって取り消すことができる債務を保証した者は，保証契約の時においてその取消しの原因を知っていたときは，主たる債務の不履行の場合又はその債務の取消しの場合においてこれと同一の目的を有する独立の債務を負担したものと推定する．
（保証人の要件）
第450条 ① 債務者が保証人を立てる義務を負う場合には，その保証人は，次に掲げる要件を具備する者でなければならない．
１ 行為能力者であること．
２ 弁済をする資力を有すること．
② 保証人が前項第２号に掲げる要件を欠くに至ったときは，債権者は，同項各号に掲げる要件を具備する者をもってこれに代えることを請求することができる．
③ 前２項の規定は，債権者が保証人を指名した場合には，

適用しない．

（他の担保の供与）

第451条 債務者は，前条第１項各号に掲げる要件を具備する保証人を立てることができないときは，他の担保を供してこれに代えることができる．

（催告の抗弁）

第452条 債権者が保証人に債務の履行を請求したときは，保証人は，まず主たる債務者に催告をすべき旨を請求することができる．ただし，主たる債務者が破産手続開始の決定を受けたとき，又はその行方が知れないときは，この限りでない．

（検索の抗弁）

第453条 債権者が前条の規定に従い主たる債務者に催告をした後であっても，保証人が主たる債務者に弁済をする資力があり，かつ，執行が容易であることを証明したときは，債権者は，まず主たる債務者の財産について執行をしなければならない．

（連帯保証の場合の特則）

第454条 保証人は，主たる債務者と連帯して債務を負担したときは，前２条の権利を有しない．

（催告の抗弁及び検索の抗弁の効果）

第455条 第452条又は第453条の規定により保証人の請求又は証明があったにもかかわらず，債権者が催告又は執行をすることを怠ったために主たる債務者から全部の弁済を得られなかったときは，保証人は，債権者が直ちに催告又は執行をすれば弁済を得ることができた限度において，その義務を免れる．

（数人の保証人がある場合）

第456条 数人の保証人がある場合には，それらの保証人が各別の行為により債務を負担したときであっても，第427条の規定を適用する．

（主たる債務者について生じた事由の効力）

第457条 ① 主たる債務者に対する履行の請求その他の事由による時効の完成猶予及び更新は，保証人に対しても，その効力を生ずる．

② 保証人は，主たる債務者が主張することができる抗弁をもって債権者に対抗することができる．

③ 主たる債務者が債権者に対して相殺権，取消権又は解除権を有するときは，これらの権利の行使によって主たる債務者がその債務を免れるべき限度において，保証人は，債権者に対して債務の履行を拒むことができる．

（連帯保証人について生じた事由の効力）

第458条 第438条，第439条第1項，第440条及び第441条の規定は，主たる債務者と連帯して債務を負担する保証人について生じた事由について準用する．

（主たる債務の履行状況に関する情報の提供義務）

第458条の２ 保証人が主たる債務者の委託を受けて保証をした場合において，保証人の請求があったときは，債権者は，保証人に対し，遅滞なく，主たる債務の元本及び主たる債務に関する利息，違約金，損害賠償その他その債務に従たる全てのものについての不履行の有無並びにこれらの残額及びそのうち弁済期が到来しているものの額に関する情報を提供しなければならない．

（主たる債務者が期限の利益を喪失した場合における情報の提供義務）

第458条の３ ① 主たる債務者が期限の利益を有する場合において，その利益を喪失したときは，債権者は，保証人に対し，その利益の喪失を知った時から２箇月以内に，その旨を通知しなければならない．

② 前項の期間内に同項の通知をしなかったときは，債権者は，保証人に対し，主たる債務者が期限の利益を喪失した時から同項の通知を現にするまでに生じた遅延損害金（期限の利益を喪失しなかったとしても生ずべきものを除く．）に係る保証債務の履行を請求することができない．

③ 前2項の規定は，保証人が法人である場合には，適用しない．

（委託を受けた保証人の求償権）

第459条 ① 保証人が主たる債務者の委託を受けて保証をした場合において，主たる債務者に代わって弁済その他自己の財産をもって債務を消滅させる行為（以下「債務の消滅行為」という．）をしたときは，その保証人は，主たる債務者に対し，そのために支出した財産の額（その財産の額がその債務の消滅行為によって消滅した主たる債務の額を超える場合にあっては，その消滅した額）の求償権を有する．

② 第442条第２項の規定は，前項の場合について準用する．

（委託を受けた保証人が弁済期前に弁済等をした場合の求償権）

第459条の２ ① 保証人が主たる債務者の委託を受けて保証をした場合において，主たる債務の弁済期前に債務の消滅行為をしたときは，その保証人は，主たる債務者に対し，主たる債務者がその当時利益を受けた限度において求償権を有する．この場合において，主たる債務者が債務の消滅行為の日以前に相殺の原因を有していたことを主張するときは，保証人は，債権者に対し，その相殺によって消滅すべきであった債務の履行を請求することができる．

② 前項の規定による求償は，主たる債務の弁済期以後の法定利息及びその弁済期以後に債務の消滅行為をしたとしても避けることができなかった費用その他の損害の賠償を包含する．

③ 第１項の求償権は，主たる債務の弁済期以後でなければ，これを行使することができない．

（委託を受けた保証人の事前の求償権）

第460条 保証人は，主たる債務者の委託を受けて保証をした場合において，次に掲げるときは，主たる債務者に対して，あらかじめ，求償権を行使することができる．

1 主たる債務者が破産手続開始の決定を受け，かつ，債権者がその破産財団の配当に加入しないとき．
2 債務が弁済期にあるとき．ただし，保証契約の後に債権者が主たる債務者に許与した期限は，保証人に対抗することができない．
3 保証人が過失なく債権者に弁済をすべき旨の裁判

の言渡しを受けたとき.

(主たる債務者が保証人に対して償還をする場合)

第461条 ① 前条の規定により主たる債務者が保証人に対して償還をする場合において,債権者が全部の弁済を受けない間は,主たる債務者は,保証人に担保を供させ,又は保証人に対して自己に免責を得させることを請求することができる.

② 前項に規定する場合において,主たる債務者は,供託をし,担保を供し,又は保証人に免責を得させて,その償還の義務を免れることができる.

(委託を受けない保証人の求償権)

第462条 ① 第459条の2第1項の規定は,主たる債務者の委託を受けないで保証をした者が債務の消滅行為をした場合について準用する.

② 主たる債務者の意思に反して保証をした者は,主たる債務者が現に利益を受けている限度においてのみ求償権を有する.この場合において,主たる債務者が求償の日以前に相殺の原因を有していたことを主張するときは,保証人は,債権者に対し,その相殺によって消滅すべきであった債務の履行を請求することができる.

③ 第459条の2第3項の規定は,前2項に規定する保証人が主たる債務の弁済期前に債務の消滅行為をした場合における求償権の行使について準用する.

(通知を怠った保証人の求償の制限等)

第463条 ① 保証人が主たる債務者の委託を受けて保証をした場合において,主たる債務者にあらかじめ通知しないで債務の消滅行為をしたときは,主たる債務者は,債権者に対抗することができた事由をもってその保証人に対抗することができる.この場合において,相殺をもってその保証人に対抗したときは,その保証人は,債権者に対し,相殺によって消滅すべきであった債務の履行を請求することができる.

② 保証人が主たる債務者の委託を受けて保証をした場合において,主たる債務者が債務の消滅行為をしたことを保証人に通知することを怠ったため,その保証人が善意で債務の消滅行為をしたときは,その保証人は,その債務の消滅行為を有効であったものとみなすことができる.

③ 保証人が債務の消滅行為をした後に主たる債務者が債務の消滅行為をした場合においては,保証人が主たる債務者の意思に反して保証をしたときのほか,保証人が債務の消滅行為をしたことを主たる債務者に通知することを怠ったため,主たる債務者が善意で債務の消滅行為をしたときも,主たる債務者は,その債務の消滅行為を有効であったものとみなすことができる.

(連帯債務又は不可分債務の保証人の求償権)

第464条 連帯債務者又は不可分債務者の1人のために保証をした者は,他の債務者に対し,その負担部分のみについて求償権を有する.

(共同保証人間の求償権)

第465条 ① 第442条から第444条までの規定は,数人の保証人がある場合において,そのうちの1人の保証人が,主たる債務が不可分であるため又は各保証人が全額を弁済すべき旨の特約があるため,その全額又は自己の負担部分を超える額を弁済したときについて準用する.

② 第462条の規定は,前項に規定する場合を除き,互いに連帯しない保証人の1人が全額又は自己の負担部分を超える額を弁済したときについて準用する.

第2目 個人根保証契約

(個人根保証契約の保証人の責任等)

第465条の2 ① 一定の範囲に属する不特定の債務を主たる債務とする保証契約(以下「根保証契約」という.)であって保証人が法人でないもの(以下「個人根保証契約」という.)の保証人は,主たる債務の元本,主たる債務に関する利息,違約金,損害賠償その他その債務に従たる全てのもの及びその保証債務について約定された違約金又は損害賠償の額について,その全部に係る極度額を限度として,その履行をする責任を負う.

② 個人根保証契約は,前項に規定する極度額を定めなければ,その効力を生じない.

③ 第446条第2項及び第3項の規定は,個人根保証契約における第1項に規定する極度額の定めについて準用する.

(個人貸金等根保証契約の元本確定期日)

第465条の3 ① 個人根保証契約であってその主たる債務の範囲に金銭の貸渡し又は手形の割引を受けることによって負担する債務(以下「貸金等債務」という.)が含まれるもの(以下「個人貸金等根保証契約」という.)において主たる債務の元本の確定すべき期日(以下「元本確定期日」という.)の定めがある場合において,その元本確定期日がその個人貸金等根保証契約の締結の日から5年を経過する日より後の日と定められているときは,その元本確定期日の定めは,その効力を生じない.

② 個人貸金等根保証契約において元本確定期日の定めがない場合(前項の規定により元本確定期日の定めがその効力を生じない場合を含む.)には,その元本確定期日は,その個人貸金等根保証契約の締結の日から3年を経過する日とする.

③ 個人貸金等根保証契約における元本確定期日の変更をする場合において,変更後の元本確定期日がその変更をした日から5年を経過する日より後の日となるときは,その元本確定期日の変更は,その効力を生じない.ただし,元本確定期日の前2箇月以内に元本確定期日の変更をする場合において,変更後の元本確定期日が変更前の元本確定期日から5年以内の日となるときは,この限りでない.

④ 第446条第2項及び第3項の規定は,個人貸金等根保証契約における元本確定期日の定め及びその変更(その個人貸金等根保証契約の締結の日から3年以内の日を元本確定期日とする旨の定め及び元本確定期日より前の日を変更後の元本確定期日とする変更を除く.)について準用する.

(個人根保証契約の元本の確定事由)

第465条の4 ① 次に掲げる場合には,個人根保証契約における主たる債務の元本は，確定する．ただし，第１号に掲げる場合にあっては，強制執行又は担保権の実行の手続の開始があったときに限る．
１ 債権者が，保証人の財産について，金銭の支払を目的とする債権についての強制執行又は担保権の実行を申し立てたとき．
２ 保証人が破産手続開始の決定を受けたとき．
３ 主たる債務者又は保証人が死亡したとき．
② 前項に規定する場合のほか，個人貸金等根保証契約における主たる債務の元本は，次に掲げる場合にも確定する．ただし，第１号に掲げる場合にあっては，強制執行又は担保権の実行の手続の開始があったときに限る．
１ 債権者が，主たる債務者の財産について，金銭の支払を目的とする債権についての強制執行又は担保権の実行を申し立てたとき．
２ 主たる債務者が破産手続開始の決定を受けたとき．

（保証人が法人である根保証契約の求償権）
第465条の５ ① 保証人が法人である根保証契約において，第465条の２第１項に規定する極度額の定めがないときは，その根保証契約の保証人の主たる債務者に対する求償権に係る債務を主たる債務とする保証契約は，その効力を生じない．
② 保証人が法人である根保証契約であってその主たる債務の範囲に貸金等債務が含まれるものにおいて，元本確定期日の定めがないとき，又は元本確定期日の定め若しくはその変更が第465条の３第１項若しくは第３項の規定を適用するとすればその効力を生じないものであるときは，その根保証契約の保証人の主たる債務者に対する求償権に係る債務を主たる債務とする保証契約は，その効力を生じない．主たる債務の範囲にその求償権に係る債務が含まれる根保証契約も，同様とする．
③ 前２項の規定は，求償権に係る債務を主たる債務とする保証契約又は主たる債務の範囲に求償権に係る債務が含まれる根保証契約の保証人が法人である場合には，適用しない．

第３目　事業に係る債務についての保証契約の特則

（公正証書の作成と保証の効力）
第465条の６ ① 事業のために負担した貸金等債務を主たる債務とする保証契約又は主たる債務の範囲に事業のために負担する貸金等債務が含まれる根保証契約は，その契約の締結に先立ち，その締結の日前１箇月以内に作成された公正証書で保証人になろうとする者が保証債務を履行する意思を表示していなければ，その効力を生じない．
② 前項の公正証書を作成するには，次に掲げる方式に従わなければならない．
１ 保証人になろうとする者が，次のイ又はロに掲げる契約の区分に応じ，それぞれ当該イ又はロに定める事項を公証人に口授すること．
イ　保証契約（ロに掲げるものを除く．）　主たる債務の債権者及び債務者，主たる債務の元本，主たる債務に関する利息，違約金，損害賠償その他その債務に従たる全てのものの定めの有無及びその内容並びに主たる債務者がその債務を履行しないときには，その債務の全額について履行する意思（保証人になろうとする者が主たる債務者と連帯して債務を負担しようとするものである場合には，債権者が主たる債務者に対して催告をしたかどうか，主たる債務者がその債務を履行することができるかどうか，又は他に保証人があるかどうかにかかわらず，その全額について履行する意思）を有していること．
ロ　根保証契約　主たる債務の債権者及び債務者，主たる債務の範囲，根保証契約における極度額，元本確定期日の定めの有無及びその内容並びに主たる債務者がその債務を履行しないときには，極度額の限度において元本確定期日又は第465条の４第１項各号若しくは第２項各号に掲げる事由その他の元本を確定すべき事由が生ずる時までに生ずべき主たる債務の元本及び主たる債務に関する利息，違約金，損害賠償その他その債務に従たる全てのものの全額について履行する意思（保証人になろうとする者が主たる債務者と連帯して債務を負担しようとするものである場合には，債権者が主たる債務者に対して催告をしたかどうか，主たる債務者がその債務を履行することができるかどうか，又は他に保証人があるかどうかにかかわらず，その全額について履行する意思）を有していること．
２ 公証人が，保証人になろうとする者の口述を筆記し，これを保証人になろうとする者に読み聞かせ，又は閲覧させること．
３ 保証人になろうとする者が，筆記の正確なことを承認した後，署名し，印を押すこと．ただし，保証人になろうとする者が署名することができない場合は，公証人がその事由を付記して，署名に代えることができる．
４ 公証人が，その証書は前３号に掲げる方式に従って作ったものである旨を付記して，これに署名し，印を押すこと．
③ 前２項の規定は，保証人になろうとする者が法人である場合には，適用しない．

（保証に係る公正証書の方式の特則）
第465条の７ ① 前条第１項の保証契約又は根保証契約の保証人になろうとする者が口がきけない者である場合には，公証人の前で，同条第２項第１号イ又はロに掲げる契約の区分に応じ，それぞれ当該イ又はロに定める事項を通訳人の通訳により申述し，又は自書して，同号の口授に代えなければならない．この場合における同項第２号の規定の適用については，同号中「口述」とあるのは，「通訳人の通訳による申述又は自書」とする．
② 前条第１項の保証契約又は根保証契約の保証人になろうとする者が耳が聞こえない者である場合には，公

証人は,同条第2項第2号に規定する筆記した内容を通訳人の通訳により保証人になろうとする者に伝えて,同号の読み聞かせに代えることができる.

③ 公証人は,前2項に定める方式に従って公正証書を作ったときは,その旨をその証書に付記しなければならない.

(公正証書の作成と求償権についての保証の効力)

第465条の8 ① 第465条の6第1項及び第2項並びに前条の規定は,事業のために負担した貸金等債務を主たる債務とする保証契約又は主たる債務の範囲に事業のために負担する貸金等債務が含まれる根保証契約の保証人の主たる債務者に対する求償権に係る債務を主たる債務とする保証契約について準用する.主たる債務の範囲にその求償権に係る債務が含まれる根保証契約も,同様とする.

② 前項の規定は,保証人になろうとする者が法人である場合には,適用しない.

(公正証書の作成と保証の効力に関する規定の適用除外)

第465条の9 前3条の規定は,保証人になろうとする者が次に掲げる者である保証契約については,適用しない.

1 主たる債務者が法人である場合のその理事,取締役,執行役又はこれらに準ずる者

2 主たる債務者が法人である場合の次に掲げる者

イ 主たる債務者の総株主の議決権(株主総会において決議をすることができる事項の全部につき議決権を行使することができない株式についての議決権を除く.以下この号において同じ.)の過半数を有する者

ロ 主たる債務者の総株主の議決権の過半数を他の株式会社が有する場合における当該他の株式会社の総株主の議決権の過半数を有する者

ハ 主たる債務者の総株主の議決権の過半数を他の株式会社及び当該他の株式会社の総株主の議決権の過半数を有する者が有する場合における当該他の株式会社の総株主の議決権の過半数を有する者

ニ 株式会社以外の法人が主たる債務者である場合におけるイ,ロ又はハに掲げる者に準ずる者

3 主たる債務者(法人であるものを除く.以下この号において同じ.)と共同して事業を行う者又は主たる債務者が行う事業に現に従事している主たる債務者の配偶者

(契約締結時の情報の提供義務)

第465条の10 ① 主たる債務者は,事業のために負担する債務を主たる債務とする保証又は主たる債務の範囲に事業のために負担する債務が含まれる根保証の委託をするときは,委託を受ける者に対し,次に掲げる事項に関する情報を提供しなければならない.

1 財産及び収支の状況

2 主たる債務以外に負担している債務の有無並びにその額及び履行状況

3 主たる債務の担保として他に提供し,又は提供しようとするものがあるときは,その旨及びその内容

② 主たる債務者が前項各号に掲げる事項に関して情報を提供せず,又は事実と異なる情報を提供したために委託を受けた者がその事項について誤認をし,それによって保証契約の申込み又はその承諾の意思表示をした場合において,主たる債務者がその事項に関して情報を提供せず又は事実と異なる情報を提供したことを債権者が知り又は知ることができたときは,保証人は,保証契約を取り消すことができる.

③ 前2項の規定は,保証をする者が法人である場合には,適用しない.

第4節 債権の譲渡

(債権の譲渡性)

第466条 ① 債権は,譲り渡すことができる.ただし,その性質がこれを許さないときは,この限りでない.

② 当事者が債権の譲渡を禁止し,又は制限する旨の意思表示(以下「譲渡制限の意思表示」という.)をしたときであっても,債権の譲渡は,その効力を妨げられない.

③ 前項に規定する場合には,譲渡制限の意思表示がされたことを知り,又は重大な過失によって知らなかった譲受人その他の第三者に対しては,債務者は,その債務の履行を拒むことができ,かつ,譲渡人に対する弁済その他の債務を消滅させる事由をもってその第三者に対抗することができる.

④ 前項の規定は,債務者が債務を履行しない場合において,同項に規定する第三者が相当の期間を定めて譲渡人への履行の催告をし,その期間内に履行がないときは,その債務者については,適用しない.

(譲渡制限の意思表示がされた債権に係る債務者の供託)

第466条の2 ① 債務者は,譲渡制限の意思表示がされた金銭の給付を目的とする債権が譲渡されたときは,その債権の全額に相当する金銭を債務の履行地(債務の履行地が債権者の現在の住所により定まる場合にあっては,譲渡人の現在の住所を含む.次条において同じ.)の供託所に供託することができる.

② 前項の規定により供託をした債務者は,遅滞なく,譲渡人及び譲受人に供託の通知をしなければならない.

③ 第1項の規定により供託をした金銭は,譲受人に限り,還付を請求することができる.

第466条の3 前条第1項に規定する場合において,譲渡人について破産手続開始の決定があったときは,譲受人(同項の債権の全額を譲り受けた者であって,その債権の譲渡を債務者その他の第三者に対抗することができるものに限る.)は,譲渡制限の意思表示がされたことを知り,又は重大な過失によって知らなかったときであっても,債務者にその債権の全額に相当する金銭を債務の履行地の供託所に供託させることができる.この場合においては,同条第2項及び第3項の規定を準用する.

(譲渡制限の意思表示がされた債権の差押え)

第466条の4 ① 第466条第3項の規定は,譲渡制限の意思表示がされた債権に対する強制執行をした差押債権者に対しては,適用しない.

② 前項の規定にかかわらず，譲受人その他の第三者が譲渡制限の意思表示がされたことを知り，又は重大な過失によって知らなかった場合において，その債権者が同項の債権に対する強制執行をしたときは，債務者は，その債務の履行を拒むことができ，かつ，譲渡人に対する弁済その他の債務を消滅させる事由をもって差押債権者に対抗することができる．

（預金債権又は貯金債権に係る譲渡制限の意思表示の効力）

第466条の5　① 預金口座又は貯金口座に係る預金又は貯金に係る債権（以下「預貯金債権」という．）について当事者がした譲渡制限の意思表示は，第466条第2項の規定にかかわらず，その譲渡制限の意思表示がされたことを知り，又は重大な過失によって知らなかった譲受人その他の第三者に対抗することができる．

② 前項の規定は，譲渡制限の意思表示がされた預貯金債権に対する強制執行をした差押債権者に対しては，適用しない．

（将来債権の譲渡性）

第466条の6　① 債権の譲渡は，その意思表示の時に債権が現に発生していることを要しない．

② 債権が譲渡された場合において，その意思表示の時に債権が現に発生していないときは，譲受人は，発生した債権を当然に取得する．

③ 前項に規定する場合において，譲渡人が次条の規定による通知をし，又は債務者が同条の規定による承諾をした時（以下「対抗要件具備時」という．）までに譲渡制限の意思表示がされたときは，譲受人その他の第三者がそのことを知っていたものとみなして，第466条第3項（譲渡制限の意思表示がされた債権が預貯金債権の場合にあっては，前条第1項）の規定を適用する．

（債権の譲渡の対抗要件）

第467条　① 債権の譲渡（現に発生していない債権の譲渡を含む．）は，譲渡人が債務者に通知をし，又は債務者が承諾をしなければ，債務者その他の第三者に対抗することができない．

② 前項の通知又は承諾は，確定日付のある証書によってしなければ，債務者以外の第三者に対抗することができない．

（債権の譲渡における債務者の抗弁）

第468条　① 債務者は，対抗要件具備時までに譲渡人に対して生じた事由をもって譲受人に対抗することができる．

② 第466条第4項の場合における前項の規定の適用については，同項中「対抗要件具備時」とあるのは，「第466条第4項の相当の期間を経過した時」とし，第466条の3の場合における同項の規定の適用については，同項中「対抗要件具備時」とあるのは，「第466条の3の規定により同条の譲受人から供託の請求を受けた時」とする．

（債権の譲渡における相殺権）

第469条　① 債務者は，対抗要件具備時より前に取得した譲渡人に対する債権による相殺をもって譲受人に対抗することができる．

② 債務者が対抗要件具備時より後に取得した譲渡人に対する債権であっても，その債権が次に掲げるものであるときは，前項と同様とする．ただし，債務者が対抗要件具備時より後に他人の債権を取得したときは，この限りでない．

1　対抗要件具備時より前の原因に基づいて生じた債権

2　前号に掲げるもののほか，譲受人の取得した債権の発生原因である契約に基づいて生じた債権

③ 第466条第4項の場合における前2項の規定の適用については，これらの規定中「対抗要件具備時」とあるのは，「第466条第4項の相当の期間を経過した時」とし，第466条の3の場合におけるこれらの規定の適用については，これらの規定中「対抗要件具備時」とあるのは，「第466条の3の規定により同条の譲受人から供託の請求を受けた時」とする．

第5節　債務の引受け

第1款　併存的債務引受

（併存的債務引受の要件及び効果）

第470条　① 併存的債務引受の引受人は，債務者と連帯して，債務者が債権者に対して負担する債務と同一の内容の債務を負担する．

② 併存的債務引受は，債権者と引受人となる者との契約によってすることができる．

③ 併存的債務引受は，債務者と引受人となる者との契約によってもすることができる．この場合において，併存的債務引受は，債権者が引受人となる者に対して承諾をした時に，その効力を生ずる．

④ 前項の規定によってする併存的債務引受は，第三者のためにする契約に関する規定に従う．

（併存的債務引受における引受人の抗弁等）

第471条　① 引受人は，併存的債務引受により負担した自己の債務について，その効力が生じた時に債務者が主張することができた抗弁をもって債権者に対抗することができる．

② 債務者が債権者に対して取消権又は解除権を有するときは，引受人は，これらの権利の行使によって債務者がその債務を免れるべき限度において，債権者に対して債務の履行を拒むことができる．

第2款　免責的債務引受

（免責的債務引受の要件及び効果）

第472条　① 免責的債務引受の引受人は債務者が債権者に対して負担する債務と同一の内容の債務を負担し，債務者は自己の債務を免れる．

② 免責的債務引受は，債権者と引受人となる者との契約によってすることができる．この場合において，免責的債務引受は，債権者が債務者に対してその契約をした旨を通知した時に，その効力を生ずる．

③ 免責的債務引受は，債務者と引受人となる者が契約をし，債権者が引受人となる者に対して承諾をすることによってもすることができる．

（免責的債務引受における引受人の抗弁等）

第472条の２ ① 引受人は,免責的債務引受により負担した自己の債務について,その効力が生じた時に債務者が主張することができた抗弁をもって債権者に対抗することができる.
② 債務者が債権者に対して取消権又は解除権を有するときは,引受人は,免責的債務引受がなければこれらの権利の行使によって債務者がその債務を免れることができた限度において,債権者に対して債務の履行を拒むことができる.
(免責的債務引受における引受人の求償権)
第472条の３ 免責的債務引受の引受人は,債務者に対して求償権を取得しない.
(免責的債務引受による担保の移転)
第472条の４ ① 債権者は,第472条第１項の規定により債務者が免れる債務の担保として設定された担保権を引受人が負担する債務に移すことができる.ただし,引受人以外の者がこれを設定した場合には,その承諾を得なければならない.
② 前項の規定による担保権の移転は,あらかじめ又は同時に引受人に対してする意思表示によってしなければならない.
③ 前２項の規定は,第472条第１項の規定により債務者が免れる債務の保証をした者があるときについて準用する.
④ 前項の場合において,同項において準用する第１項の承諾は,書面でしなければ,その効力を生じない.
⑤ 前項の承諾がその内容を記録した電磁的記録によってされたときは,その承諾は,書面によってされたものとみなして,同項の規定を適用する.

第６節 債権の消滅

第１款 弁 済

第１目 総 則

(弁 済)
第473条 債務者が債権者に対して債務の弁済をしたときは,その債権は,消滅する.
(第三者の弁済)
第474条 ① 債務の弁済は,第三者もすることができる.
② 弁済をするについて正当な利益を有する者でない第三者は,債務者の意思に反して弁済をすることができない.ただし,債務者の意思に反することを債権者が知らなかったときは,この限りでない.
③ 前項に規定する第三者は,債権者の意思に反して弁済をすることができない.ただし,その第三者が債務者の委託を受けて弁済をする場合において,そのことを債権者が知っていたときは,この限りでない.
④ 前３項の規定は,その債務の性質が第三者の弁済を許さないとき,又は当事者が第三者の弁済を禁止し,若しくは制限する旨の意思表示をしたときは,適用しない.
(弁済として引き渡した物の取戻し)
第475条 弁済をした者が弁済として他人の物を引き渡したときは,その弁済をした者は,更に有効な弁済をしなければ,その物を取り戻すことができない.
(弁済として引き渡した物の消費又は譲渡がされた場合の弁済の効力等)
第476条 前条の場合において,債権者が弁済として受領した物を善意で消費し,又は譲り渡したときは,その弁済は,有効とする.この場合において,債権者が第三者から賠償の請求を受けたときは,弁済をした者に対して求償をすることを妨げない.
(預金又は貯金の口座に対する払込みによる弁済)
第477条 債権者の預金又は貯金の口座に対する払込みによってする弁済は,債権者がその預金又は貯金に係る債権の債務者に対してその払込みに係る金額の払戻しを請求する権利を取得した時に,その効力を生ずる.
(受領権者としての外観を有する者に対する弁済)
第478条 受領権者（債権者及び法令の規定又は当事者の意思表示によって弁済を受領する権限を付与された第三者をいう.以下同じ.）以外の者であって取引上の社会通念に照らして受領権者としての外観を有するものに対してした弁済は,その弁済をした者が善意であり,かつ,過失がなかったときに限り,その効力を有する.
(受領権者以外の者に対する弁済)
第479条 前条の場合を除き,受領権者以外の者に対してした弁済は,債権者がこれによって利益を受けた限度においてのみ,その効力を有する.
第480条 削除
(差押えを受けた債権の第三債務者の弁済)
第481条 ① 差押えを受けた債権の第三債務者が自己の債権者に弁済をしたときは,差押債権者は,その受けた損害の限度において更に弁済をすべき旨を第三債務者に請求することができる.
② 前項の規定は,第三債務者からその債権者に対する求償権の行使を妨げない.
(代物弁済)
第482条 弁済をすることができる者（以下「弁済者」という.）が,債権者との間で,債務者の負担した給付に代えて他の給付をすることにより債務を消滅させる旨の契約をした場合において,その弁済者が当該他の給付をしたときは,その給付は,弁済と同一の効力を有する.
(特定物の現状による引渡し)
第483条 債権の目的が特定物の引渡しである場合において,契約その他の債権の発生原因及び取引上の社会通念に照らしてその引渡しをすべき時の品質を定めることができないときは,弁済をする者は,その引渡しをすべき時の現状でその物を引き渡さなければならない.
(弁済の場所及び時間)
第484条 ① 弁済をすべき場所について別段の意思表示がないときは,特定物の引渡しは債権発生の時にその物が存在した場所において,その他の弁済は債権者の現在の住所において,それぞれしなければならない.
② 法令又は慣習により取引時間の定めがあるときは,その取引時間内に限り,弁済をし,又は弁済の請求をすることができる.
(弁済の費用)
第485条 弁済の費用について別段の意思表示がないとき

は，その費用は，債務者の負担とする．ただし，債権者が住所の移転その他の行為によって弁済の費用を増加させたときは，その増加額は，債権者の負担とする．

（受取証書の交付請求）

第486条　弁済をする者は，弁済と引換えに，弁済を受領する者に対して受取証書の交付を請求することができる．

（債権証書の返還請求）

第487条　債権に関する証書がある場合において，弁済をした者が全部の弁済をしたときは，その証書の返還を請求することができる．

（同種の給付を目的とする数個の債務がある場合の充当）

第488条　① 債務者が同一の債権者に対して同種の給付を目的とする数個の債務を負担する場合において，弁済として提供した給付が全ての債務を消滅させるのに足りないとき（次条第1項に規定する場合を除く．）は，弁済をする者は，給付の時に，その弁済を充当すべき債務を指定することができる．

② 弁済をする者が前項の規定による指定をしないときは，弁済を受領する者は，その受領の時に，その弁済を充当すべき債務を指定することができる．ただし，弁済をする者がその充当に対して直ちに異議を述べたときは，この限りでない．

③ 前2項の場合における弁済の充当の指定は，相手方に対する意思表示によってする．

④ 弁済をする者及び弁済を受領する者がいずれも第1項又は第2項の規定による指定をしないときは，次の各号の定めるところに従い，その弁済を充当する．

1 債務の中に弁済期にあるものと弁済期にないものとがあるときは，弁済期にあるものに先に充当する．

2 全ての債務が弁済期にあるとき，又は弁済期にないときは，債務者のために弁済の利益が多いものに先に充当する．

3 債務者のために弁済の利益が相等しいときは，弁済期が先に到来したもの又は先に到来すべきものに先に充当する．

4 前2号に掲げる事項が相等しい債務の弁済は，各債務の額に応じて充当する．

（元本，利息及び費用を支払うべき場合の充当）

第489条　① 債務者が1個又は数個の債務について元本のほか利息及び費用を支払うべき場合（債務者が数個の債務を負担する場合にあっては，同一の債権者に対して同種の給付を目的とする数個の債務を負担するときに限る．）において，弁済をする者がその債務の全部を消滅させるのに足りない給付をしたときは，これを順次に費用，利息及び元本に充当しなければならない．

② 前条の規定は，前項の場合において，費用，利息又は元本のいずれかの全てを消滅させるのに足りない給付をしたときについて準用する．

（合意による弁済の充当）

第490条　前2条の規定にかかわらず，弁済をする者と弁済を受領する者との間に弁済の充当の順序に関する合意があるときは，その順序に従い，その弁済を充当する．

（数個の給付をすべき場合の充当）

第491条　1個の債務の弁済として数個の給付をすべき場合において，弁済をする者がその債務の全部を消滅させるのに足りない給付をしたときは，前3条の規定を準用する．

（弁済の提供の効果）

第492条　債務者は，弁済の提供の時から，債務を履行しないことによって生ずべき責任を免れる．

（弁済の提供の方法）

第493条　弁済の提供は，債務の本旨に従って現実にしなければならない．ただし，債権者があらかじめその受領を拒み，又は債務の履行について債権者の行為を要するときは，弁済の準備をしたことを通知してその受領の催告をすれば足りる．

第2目　弁済の目的物の供託

（供　託）

第494条　① 弁済者は，次に掲げる場合には，債権者のために弁済の目的物を供託することができる．この場合においては，弁済者が供託をした時に，その債権は，消滅する．

1 弁済の提供をした場合において，債権者がその受領を拒んだとき．

2 債権者が弁済を受領することができないとき．

② 弁済者が債権者を確知することができないときも，前項と同様とする．ただし，弁済者に過失があるときは，この限りでない．

（供託の方法）

第495条　① 前条の規定による供託は，債務の履行地の供託所にしなければならない．

② 供託所について法令に特別の定めがない場合には，裁判所は，弁済者の請求により，供託所の指定及び供託物の保管者の選任をしなければならない．

③ 前条の規定により供託をした者は，遅滞なく，債権者に供託の通知をしなければならない．

（供託物の取戻し）

第496条　① 債権者が供託を受諾せず，又は供託を有効と宣告した判決が確定しない間は，弁済者は，供託物を取り戻すことができる．この場合においては，供託をしなかったものとみなす．

② 前項の規定は，供託によって質権又は抵当権が消滅した場合には，適用しない．

（供託に適しない物等）

第497条　弁済者は，次に掲げる場合には，裁判所の許可を得て，弁済の目的物を競売に付し，その代金を供託することができる．

1 その物が供託に適しないとき．

2 その物について滅失，損傷その他の事由による価格の低落のおそれがあるとき．

3 その物の保存について過分の費用を要するとき．

4 前3号に掲げる場合のほか，その物を供託することが困難な事情があるとき．

（供託物の還付請求等）

第498条　① 弁済の目的物又は前条の代金が供託された場合には，債権者は，供託物の還付を請求することができる.
② 債務者が債権者の給付に対して弁済をすべき場合には,債権者は,その給付をしなければ,供託物を受け取ることができない.

第3目 弁済による代位

(弁済による代位の要件)
第499条 債務者のために弁済をした者は,債権者に代位する.
第500条 第467条の規定は,前条の場合(弁済をするについて正当な利益を有する者が債権者に代位する場合を除く.)について準用する.
(弁済による代位の効果)
第501条 ① 前2条の規定により債権者に代位した者は,債権の効力及び担保としてその債権者が有していた一切の権利を行使することができる.
② 前項の規定による権利の行使は,債権者に代位した者が自己の権利に基づいて債務者に対して求償をすることができる範囲内(保証人の1人が他の保証人に対して債権者に代位する場合には,自己の権利に基づいて当該他の保証人に対して求償をすることができる範囲内)に限り,することができる.
③ 第1項の場合には,前項の規定によるほか,次に掲げるところによる.
1 第三取得者(債務者から担保の目的となっている財産を譲り受けた者をいう.以下この項において同じ.)は,保証人及び物上保証人に対して債権者に代位しない.
2 第三取得者の1人は,各財産の価格に応じて,他の第三取得者に対して債権者に代位する.
3 前号の規定は,物上保証人の1人が他の物上保証人に対して債権者に代位する場合について準用する.
4 保証人と物上保証人との間においては,その数に応じて,債権者に代位する.ただし,物上保証人が数人あるときは,保証人の負担部分を除いた残額について,各財産の価格に応じて,債権者に代位する.
5 第三取得者から担保の目的となっている財産を譲り受けた者は,第三取得者とみなして第1号及び第2号の規定を適用し,物上保証人から担保の目的となっている財産を譲り受けた者は,物上保証人とみなして第1号,第3号及び前号の規定を適用する.
(一部弁済による代位)
第502条 ① 債権の一部について代位弁済があったときは,代位者は,債権者の同意を得て,その弁済をした価額に応じて,債権者とともにその権利を行使することができる.
② 前項の場合であっても,債権者は,単独でその権利を行使することができる.
③ 前2項の場合に債権者が行使する権利は,その債権の担保の目的となっている財産の売却代金その他の当該権利の行使によって得られる金銭について,代位者が行使する権利に優先する.
④ 第1項の場合において,債務の不履行による契約の解除は,債権者のみがすることができる.この場合においては,代位者に対し,その弁済をした価額及びその利息を償還しなければならない.
(債権者による債権証書の交付等)
第503条 ① 代位弁済によって全部の弁済を受けた債権者は,債権に関する証書及び自己の占有する担保物を代位者に交付しなければならない.
② 債権の一部について代位弁済があった場合には,債権者は,債権に関する証書にその代位を記入し,かつ,自己の占有する担保物の保存を代位者に監督させなければならない.
(債権者による担保の喪失等)
第504条 ① 弁済をするについて正当な利益を有する者(以下この項において「代位権者」という.)がある場合において,債権者が故意又は過失によってその担保を喪失し,又は減少させたときは,その代位権者は,代位をするに当たって担保の喪失又は減少によって償還を受けることができなくなる限度において,その責任を免れる.その代位権者が物上保証人である場合において,その代位権者から担保の目的となっている財産を譲り受けた第三者及びその特定承継人についても,同様とする.
② 前項の規定は,債権者が担保を喪失し,又は減少させたことについて取引上の社会通念に照らして合理的な理由があると認められるときは,適用しない.

第2款 相 殺

(相殺の要件等)
第505条 ① 2人が互いに同種の目的を有する債務を負担する場合において,双方の債務が弁済期にあるときは,各債務者は,その対当額について相殺によってその債務を免れることができる.ただし,債務の性質がこれを許さないときは,この限りでない.
② 前項の規定にかかわらず,当事者が相殺を禁止し,又は制限する旨の意思表示をした場合には,その意思表示は,第三者がこれを知り,又は重大な過失によって知らなかったときに限り,その第三者に対抗することができる.
(相殺の方法及び効力)
第506条 ① 相殺は,当事者の一方から相手方に対する意思表示によってする.この場合において,その意思表示には,条件又は期限を付することができない.
② 前項の意思表示は,双方の債務が互いに相殺に適するようになった時にさかのぼってその効力を生ずる.
(履行地の異なる債務の相殺)
第507条 相殺は,双方の債務の履行地が異なるときであっても,することができる.この場合において,相殺をする当事者は,相手方に対し,これによって生じた損害を賠償しなければならない.
(時効により消滅した債権を自働債権とする相殺)
第508条 時効によって消滅した債権がその消滅以前に相殺に適するようになっていた場合には,その債権者は,相殺をすることができる.
(不法行為等により生じた債権を受働債権とする相殺の禁止)

第509条 次に掲げる債務の債務者は，相殺をもって債権者に対抗することができない．ただし，その債権者がその債務に係る債権を他人から譲り受けたときは，この限りでない．
１ 悪意による不法行為に基づく損害賠償の債務
２ 人の生命又は身体の侵害による損害賠償の債務（前号に掲げるものを除く．）

（差押禁止債権を受働債権とする相殺の禁止）

第510条 債権が差押えを禁じたものであるときは，その債務者は，相殺をもって債権者に対抗することができない．

（差押えを受けた債権を受働債権とする相殺の禁止）

第511条 ① 差押えを受けた債権の第三債務者は，差押え後に取得した債権による相殺をもって差押債権者に対抗することはできないが，差押え前に取得した債権による相殺をもって対抗することができる．

② 前項の規定にかかわらず，差押え後に取得した債権が差押え前の原因に基づいて生じたものであるときは，その第三債務者は，その債権による相殺をもって差押債権者に対抗することができる．ただし，第三債務者が差押え後に他人の債権を取得したときは，この限りでない．

（相殺の充当）

第512条 ① 債権者が債務者に対して有する１個又は数個の債権と，債権者が債務者に対して負担する１個又は数個の債務について，債権者が相殺の意思表示をした場合において，当事者が別段の合意をしなかったときは，債権者の有する債権とその負担する債務は，相殺に適するようになった時期の順序に従って，その対当額について相殺によって消滅する．

② 前項の場合において，相殺をする債権者の有する債権がその負担する債務の全部を消滅させるのに足りないときであって，当事者が別段の合意をしなかったときは，次に掲げるところによる．
１ 債権者が数個の債務を負担するとき（次号に規定する場合を除く．）は，第488条第４項第２号から第４号までの規定を準用する．
２ 債権者が負担する１個又は数個の債務について元本のほか利息及び費用を支払うべきときは，第489条の規定を準用する．この場合において，同条第２項中「前条」とあるのは，「前条第４項第２号から第４号まで」と読み替えるものとする．

③ 第１項の場合において，相殺をする債権者の負担する債務がその有する債権の全部を消滅させるのに足りないときは，前項の規定を準用する．

第512条の２ 債権者が債務者に対して有する債権に，１個の債権の弁済として数個の給付をすべきものがある場合における相殺については，前条の規定を準用する．債権者が債務者に対して負担する債務に，１個の債務の弁済として数個の給付をすべきものがある場合における相殺についても，同様とする．

第３款　更　改

（更　改）

第513条 当事者が従前の債務に代えて，新たな債務であって次に掲げるものを発生させる契約をしたときは，従前の債務は，更改によって消滅する．
１ 従前の給付の内容について重要な変更をするもの
２ 従前の債務者が第三者と交替するもの
３ 従前の債権者が第三者と交替するもの

（債務者の交替による更改）

第514条 ① 債務者の交替による更改は，債権者と更改後に債務者となる者との契約によってすることができる．この場合において，更改は，債権者が更改前の債務者に対してその契約をした旨を通知した時に，その効力を生ずる．

② 債務者の交替による更改後の債務者は，更改前の債務者に対して求償権を取得しない．

（債権者の交替による更改）

第515条 ① 債権者の交替による更改は，更改前の債権者，更改後に債権者となる者及び債務者の契約によってすることができる．

② 債権者の交替による更改は，確定日付のある証書によってしなければ，第三者に対抗することができない．

第516条 削除

第517条 削除

（更改後の債務への担保の移転）

第518条 ① 債権者（債権者の交替による更改にあっては，更改前の債権者）は，更改前の債務の目的の限度において，その債務の担保として設定された質権又は抵当権を更改後の債務に移すことができる．ただし，第三者がこれを設定した場合には，その承諾を得なければならない．

② 前項の質権又は抵当権の移転は，あらかじめ又は同時に更改の相手方（債権者の交替による更改にあっては，債務者）に対してする意思表示によってしなければならない．

第４款　免　除

第519条 債権者が債務者に対して債務を免除する意思を表示したときは，その債権は，消滅する．

第５款　混　同

第520条 債権及び債務が同一人に帰属したときは，その債権は，消滅する．ただし，その債権が第三者の権利の目的であるときは，この限りでない．

第７節　有価証券

第１款　指図証券

（指図証券の譲渡）

第520条の２ 指図証券の譲渡は，その証券に譲渡の裏書をして譲受人に交付しなければ，その効力を生じない．

（指図証券の裏書の方式）

第520条の３ 指図証券の譲渡については，その指図証券の性質に応じ，手形法（昭和７年法律第20号）中裏書の方式に関する規定を準用する．

（指図証券の所持人の権利の推定）

第520条の４ 指図証券の所持人が裏書の連続によりその権利を証明するときは，その所持人は，証券上の権利を適法に有するものと推定する．

（指図証券の善意取得）
第520条の５ 何らかの事由により指図証券の占有を失った者がある場合において，その所持人が前条の規定によりその権利を証明するときは，その所持人は，その証券を返還する義務を負わない．ただし，その所持人が悪意又は重大な過失によりその証券を取得したときは，この限りでない．
（指図証券の譲渡における債務者の抗弁の制限）
第520条の６ 指図証券の債務者は，その証券に記載した事項及びその証券の性質から当然に生ずる結果を除き，その証券の譲渡前の債権者に対抗することができた事由をもって善意の譲受人に対抗することができない．
（指図証券の質入れ）
第520条の７ 第520条の２から前条までの規定は，指図証券を目的とする質権の設定について準用する．
（指図証券の弁済の場所）
第520条の８ 指図証券の弁済は，債務者の現在の住所においてしなければならない．
（指図証券の提示と履行遅滞）
第520条の９ 指図証券の債務者は，その債務の履行について期限の定めがあるときであっても，その期限が到来した後に所持人がその証券を提示してその履行の請求をした時から遅滞の責任を負う．
（指図証券の債務者の調査の権利等）
第520条の10 指図証券の債務者は，その証券の所持人並びにその署名及び押印の真偽を調査する権利を有するが，その義務を負わない．ただし，債務者に悪意又は重大な過失があるときは，その弁済は，無効とする．
（指図証券の喪失）
第520条の11 指図証券は，非訟事件手続法（平成23年法律第51号）第100条に規定する公示催告手続によって無効とすることができる．
（指図証券喪失の場合の権利行使方法）
第520条の12 金銭その他の物又は有価証券の給付を目的とする指図証券の所持人がその指図証券を喪失した場合において，非訟事件手続法第114条に規定する公示催告の申立てをしたときは，その債務者に，その債務の目的物を供託させ，又は相当の担保を供してその指図証券の趣旨に従い履行をさせることができる．

第２款 記名式所持人払証券

（記名式所持人払証券の譲渡）
第520条の13 記名式所持人払証券（債権者を指名する記載がされている証券であって，その所持人に弁済をすべき旨が付記されているものをいう．以下同じ．）の譲渡は，その証券を交付しなければ，その効力を生じない．
（記名式所持人払証券の所持人の権利の推定）
第520条の14 記名式所持人払証券の所持人は，証券上の権利を適法に有するものと推定する．
（記名式所持人払証券の善意取得）
第520条の15 何らかの事由により記名式所持人払証券の占有を失った者がある場合において，その所持人が前条の規定によりその権利を証明するときは，その所持人は，その証券を返還する義務を負わない．ただし，その所持人が悪意又は重大な過失によりその証券を取得したときは，この限りでない．
（記名式所持人払証券の譲渡における債務者の抗弁の制限）
第520条の16 記名式所持人払証券の債務者は，その証券に記載した事項及びその証券の性質から当然に生ずる結果を除き，その証券の譲渡前の債権者に対抗することができた事由をもって善意の譲受人に対抗することができない．
（記名式所持人払証券の質入れ）
第520条の17 第520条の13から前条までの規定は，記名式所持人払証券を目的とする質権の設定について準用する．
（指図証券の規定の準用）
第520条の18 第520条の８から第520条の12までの規定は，記名式所持人払証券について準用する．

第３款 その他の記名証券

第520条の19 ① 債権者を指名する記載がされている証券であって指図証券及び記名式所持人払証券以外のものは，債権の譲渡又はこれを目的とする質権の設定に関する方式に従い，かつ，その効力をもってのみ，譲渡し，又は質権の目的とすることができる．
② 第520条の11及び第520条の12の規定は，前項の証券について準用する．

第４款 無記名証券

第520条の20 第２款（記名式所持人払証券）の規定は，無記名証券について準用する．

◈ 第２章 契 約

第１節 総 則

第１款 契約の成立

（契約の締結及び内容の自由）
第521条 ① 何人も，法令に特別の定めがある場合を除き，契約をするかどうかを自由に決定することができる．
② 契約の当事者は，法令の制限内において，契約の内容を自由に決定することができる．
（契約の成立と方式）
第522条 ① 契約は，契約の内容を示してその締結を申し入れる意思表示（以下「申込み」という．）に対して相手方が承諾をしたときに成立する．
② 契約の成立には，法令に特別の定めがある場合を除き，書面の作成その他の方式を具備することを要しない．
（承諾の期間の定めのある申込み）
第523条 ① 承諾の期間を定めてした申込みは，撤回することができない．ただし，申込者が撤回をする権利を留保したときは，この限りでない．
② 申込者が前項の申込みに対して同項の期間内に承諾の通知を受けなかったときは，その申込みは，その効力を失う．
（遅延した承諾の効力）
第524条 申込者は，遅延した承諾を新たな申込みとみなすことができる．
（承諾の期間の定めのない申込み）
第525条 ① 承諾の期間を定めないでした申込みは，申込者が承諾の通知を受けるのに相当な期間を経過するまでは，撤回することができない．ただし，申込者が撤回をする権利を留保したときは，この限りでない．
② 対話者に対してした前項の申込みは，同項の規定にかかわらず，その対話が継続している間は，いつでも撤回することができる．
③ 対話者に対してした第１項の申込みに対して対話が継続している間に申込者が承諾の通知を受けなかったときは，その申込みは，その効力を失う．ただし，申込者が対話の終了後もその申込みが効力を失わない旨を表示したときは，この限りでない．
（申込者の死亡等）
第526条 申込者が申込みの通知を発した後に死亡し，意思能力を有しない常況にある者となり，又は行為能力の制限を受けた場合において，申込者がその事実が生じたとすればその申込みは効力を有しない旨の意思を表示していたとき，又はその相手方が承諾の通知を発するまでにその事実が生じたことを知ったときは，その申込みは，その効力を有しない．
（承諾の通知を必要としない場合における契約の成立時期）
第527条 申込者の意思表示又は取引上の慣習により承諾の通知を必要としない場合には，契約は，承諾の意思表示と認めるべき事実があった時に成立する．
（申込みに変更を加えた承諾）
第528条 承諾者が，申込みに条件を付し，その他変更を加えてこれを承諾したときは，その申込みの拒絶とともに新たな申込みをしたものとみなす．
（懸賞広告）
第529条 ある行為をした者に一定の報酬を与える旨を広告した者（以下「懸賞広告者」という．）は，その行為をした者がその広告を知っていたかどうかにかかわらず，その者に対してその報酬を与える義務を負う．
（指定した行為をする期間の定めのある懸賞広告）
第529条の２ ① 懸賞広告者は，その指定した行為をする期間を定めてした広告を撤回することができない．ただし，その広告において撤回をする権利を留保したときは，この限りでない．
② 前項の広告は，その期間内に指定した行為を完了する者がないときは，その効力を失う．
（指定した行為をする期間の定めのない懸賞広告）
第529条の３ 懸賞広告者は，その指定した行為を完了する者がない間は，その指定した行為をする期間を定めないでした広告を撤回することができる．ただし，その広告中に撤回をしない旨を表示したときは，この限りでない．
（懸賞広告の撤回の方法）
第530条 ① 前の広告と同一の方法による広告の撤回は，これを知らない者に対しても，その効力を有する．
② 広告の撤回は，前の広告と異なる方法によっても，することができる．ただし，その撤回は，これを知った者に対してのみ，その効力を有する．
（懸賞広告の報酬を受ける権利）
第531条 ① 広告に定めた行為をした者が数人あるときは，最初にその行為をした者のみが報酬を受ける権利を有する．
② 数人が同時に前項の行為をした場合には，各自が等しい割合で報酬を受ける権利を有する．ただし，報酬がその性質上分割に適しないとき，又は広告において１人のみがこれを受けるものとしたときは，抽選でこれを受ける者を定める．
③ 前２項の規定は，広告中にこれと異なる意思を表示したときは，適用しない．
（優等懸賞広告）
第532条 ① 広告に定めた行為をした者が数人ある場合において，その優等者のみに報酬を与えるべきときは，その広告は，応募の期間を定めたときに限り，その効力を有する．
② 前項の場合において，応募者中いずれの者の行為が優等であるかは，広告中に定めた者が判定し，広告中に判定をする者を定めなかったときは懸賞広告者が判定する．
③ 応募者は，前項の判定に対して異議を述べることができない．
④ 前条第２項の規定は，数人の行為が同等と判定された場合について準用する．

第２款　契約の効力

（同時履行の抗弁）
第533条 双務契約の当事者の一方は，相手方がその債務の履行（債務の履行に代わる損害賠償の債務の履行を含む．）を提供するまでは，自己の債務の履行を拒むことができる．ただし，相手方の債務が弁済期にないときは，この限りでない．
第534条 削除
第535条 削除
（債務者の危険負担等）
第536条 ① 当事者双方の責めに帰することができない事由によって債務を履行することができなくなったときは，債権者は，反対給付の履行を拒むことができる．
② 債権者の責めに帰すべき事由によって債務を履行することができなくなったときは，債権者は，反対給付の履行を拒むことができない．この場合において，債務者は，自己の債務を免れたことによって利益を得たときは，これを債権者に償還しなければならない．
（第三者のためにする契約）
第537条 ① 契約により当事者の一方が第三者に対してある給付をすることを約したときは，その第三者は，債務者に対して直接にその給付を請求する権利を有する．
② 前項の契約は，その成立の時に第三者が現に存しない場合又は第三者が特定していない場合であっても，そのためにその効力を妨げられない．
③ 第１項の場合において，第三者の権利は，その第三者が債務者に対して同項の契約の利益を享受する意思を表示した時に発生する．
（第三者の権利の確定）
第538条 ① 前条の規定により第三者の権利が発生した

後は,当事者は,これを変更し,又は消滅させることができない.
② 前条の規定により第三者の権利が発生した後に,債務者がその第三者に対する債務を履行しない場合には,同条第1項の契約の相手方は,その第三者の承諾を得なければ,契約を解除することができない.
(債務者の抗弁)
第539条 債務者は,第537条第1項の契約に基づく抗弁をもって,その契約の利益を受ける第三者に対抗することができる.

第3款 契約上の地位の移転

第539条の2 契約の当事者の一方が第三者との間で契約上の地位を譲渡する旨の合意をした場合において,その契約の相手方がその譲渡を承諾したときは,契約上の地位は,その第三者に移転する.

第4款 契約の解除

(解除権の行使)
第540条 ① 契約又は法律の規定により当事者の一方が解除権を有するときは,その解除は,相手方に対する意思表示によってする.
② 前項の意思表示は,撤回することができない.
(催告による解除)
第541条 当事者の一方がその債務を履行しない場合において,相手方が相当の期間を定めてその履行の催告をし,その期間内に履行がないときは,相手方は,契約の解除をすることができる.ただし,その期間を経過した時における債務の不履行がその契約及び取引上の社会通念に照らして軽微であるときは,この限りでない.
(催告によらない解除)
第542条 ① 次に掲げる場合には,債権者は,前条の催告をすることなく,直ちに契約の解除をすることができる.
1 債務の全部の履行が不能であるとき.
2 債務者がその債務の全部の履行を拒絶する意思を明確に表示したとき.
3 債務の一部の履行が不能である場合又は債務者がその債務の一部の履行を拒絶する意思を明確に表示した場合において,残存する部分のみでは契約をした目的を達することができないとき.
4 契約の性質又は当事者の意思表示により,特定の日時又は一定の期間内に履行をしなければ契約をした目的を達することができない場合において,債務者が履行をしないでその時期を経過したとき.
5 前各号に掲げる場合のほか,債務者がその債務の履行をせず,債権者が前条の催告をしても契約をした目的を達するのに足りる履行がされる見込みがないことが明らかであるとき.
② 次に掲げる場合には,債権者は,前条の催告をすることなく,直ちに契約の一部の解除をすることができる.
1 債務の一部の履行が不能であるとき.
2 債務者がその債務の一部の履行を拒絶する意思を明確に表示したとき.
(債権者の責めに帰すべき事由による場合)
第543条 債務の不履行が債権者の責めに帰すべき事由によるものであるときは,債権者は,前2条の規定による契約の解除をすることができない.
(解除権の不可分性)
第544条 ① 当事者の一方が数人ある場合には,契約の解除は,その全員から又はその全員に対してのみ,することができる.
② 前項の場合において,解除権が当事者のうちの1人について消滅したときは,他の者についても消滅する.
(解除の効果)
第545条 ① 当事者の一方がその解除権を行使したときは,各当事者は,その相手方を原状に復させる義務を負う.ただし,第三者の権利を害することはできない.
② 前項本文の場合において,金銭を返還するときは,その受領の時から利息を付さなければならない.
③ 第1項本文の場合において,金銭以外の物を返還するときは,その受領の時以後に生じた果実をも返還しなければならない.
④ 解除権の行使は,損害賠償の請求を妨げない.
(契約の解除と同時履行)
第546条 第533条の規定は,前条の場合について準用する.
(催告による解除権の消滅)
第547条 解除権の行使について期間の定めがないときは,相手方は,解除権を有する者に対し,相当の期間を定めて,その期間内に解除をするかどうかを確答すべき旨の催告をすることができる.この場合において,その期間内に解除の通知を受けないときは,解除権は,消滅する.
(解除権者の故意による目的物の損傷等による解除権の消滅)
第548条 解除権を有する者が故意若しくは過失によって契約の目的物を著しく損傷し,若しくは返還することができなくなったとき,又は加工若しくは改造によってこれを他の種類の物に変えたときは,解除権は,消滅する.ただし,解除権を有する者がその解除権を有することを知らなかったときは,この限りでない.

第5款 定型約款

(定型約款の合意)
第548条の2 ① 定型取引(ある特定の者が不特定多数の者を相手方として行う取引であって,その内容の全部又は一部が画一的であることがその双方にとって合理的なものをいう.以下同じ.)を行うことの合意(次条において「定型取引合意」という.)をした者は,次に掲げる場合には,定型約款(定型取引において,契約の内容とすることを目的としてその特定の者により準備された条項の総体をいう.以下同じ.)の個別の条項についても合意をしたものとみなす.
1 定型約款を契約の内容とする旨の合意をしたとき.
2 定型約款を準備した者(以下「定型約款準備者」という.)があらかじめその定型約款を契約の内容とする旨を相手方に表示していたとき.
② 前項の規定にかかわらず,同項の条項のうち,相手方の権利を制限し,又は相手方の義務を加重する条項であって,その定型取引の態様及びその実情並びに取引

上の社会通念に照らして第1条第2項に規定する基本原則に反して相手方の利益を一方的に害すると認められるものについては,合意をしなかったものとみなす.

（定型約款の内容の表示）

第548条の3 ① 定型取引を行い,又は行おうとする定型約款準備者は,定型取引合意の前又は定型取引合意の後相当の期間内に相手方から請求があった場合には,遅滞なく,相当な方法でその定型約款の内容を示さなければならない.ただし,定型約款準備者が既に相手方に対して定型約款を記載した書面を交付し,又はこれを記録した電磁的記録を提供していたときは,この限りでない.

② 定型約款準備者が定型取引合意の前において前項の請求を拒んだときは,前条の規定は,適用しない.ただし,一時的な通信障害が発生した場合その他正当な事由がある場合は,この限りでない.

（定型約款の変更）

第548条の4 ① 定型約款準備者は,次に掲げる場合には,定型約款の変更をすることにより,変更後の定型約款の条項について合意があったものとみなし,個別に相手方と合意をすることなく契約の内容を変更することができる.

1 定型約款の変更が,相手方の一般の利益に適合するとき.

2 定型約款の変更が,契約をした目的に反せず,かつ,変更の必要性,変更後の内容の相当性,この条の規定により定型約款の変更をすることがある旨の定めの有無及びその内容その他の変更に係る事情に照らして合理的なものであるとき.

② 定型約款準備者は,前項の規定による定型約款の変更をするときは,その効力発生時期を定め,かつ,定型約款を変更する旨及び変更後の定型約款の内容並びにその効力発生時期をインターネットの利用その他の適切な方法により周知しなければならない.

③ 第1項第2号の規定による定型約款の変更は,前項の効力発生時期が到来するまでに同項の規定による周知をしなければ,その効力を生じない.

④ 第548条の2第2項の規定は,第1項の規定による定型約款の変更については,適用しない.

第2節　贈　与

（贈　与）

第549条 贈与は,当事者の一方がある財産を無償で相手方に与える意思を表示し,相手方が受諾をすることによって,その効力を生ずる.

（書面によらない贈与の解除）

第550条 書面によらない贈与は,各当事者が解除をすることができる.ただし,履行の終わった部分については,この限りでない.

（贈与者の引渡義務等）

第551条 ① 贈与者は,贈与の目的である物又は権利を,贈与の目的として特定した時の状態で引き渡し,又は移転することを約したものと推定する.

② 負担付贈与については,贈与者は,その負担の限度において,売主と同じく担保の責任を負う.

（定期贈与）

第552条 定期の給付を目的とする贈与は,贈与者又は受贈者の死亡によって,その効力を失う.

（負担付贈与）

第553条 負担付贈与については,この節に定めるもののほか,その性質に反しない限り,双務契約に関する規定を準用する.

（死因贈与）

第554条 贈与者の死亡によって効力を生ずる贈与については,その性質に反しない限り,遺贈に関する規定を準用する.

第3節　売　買

第1款　総　則

（売　買）

第555条 売買は,当事者の一方がある財産権を相手方に移転することを約し,相手方がこれに対してその代金を支払うことを約することによって,その効力を生ずる.

（売買の一方の予約）

第556条 ① 売買の一方の予約は,相手方が売買を完結する意思を表示した時から,売買の効力を生ずる.

② 前項の意思表示について期間を定めなかったときは,予約者は,相手方に対し,相当の期間を定めて,その期間内に売買を完結するかどうかを確答すべき旨の催告をすることができる.この場合において,相手方がその期間内に確答をしないときは,売買の一方の予約は,その効力を失う.

（手　付）

第557条 ① 買主が売主に手付を交付したときは,買主はその手付を放棄し,売主はその倍額を現実に提供して,契約の解除をすることができる.ただし,その相手方が契約の履行に着手した後は,この限りでない.

② 第545条第4項の規定は,前項の場合には,適用しない.

（売買契約に関する費用）

第558条 売買契約に関する費用は,当事者双方が等しい割合で負担する.

（有償契約への準用）

第559条 この節の規定は,売買以外の有償契約について準用する.ただし,その有償契約の性質がこれを許さないときは,この限りでない.

第2款　売買の効力

（権利移転の対抗要件に係る売主の義務）

第560条 売主は,買主に対し,登記,登録その他の売買の目的である権利の移転についての対抗要件を備えさせる義務を負う.

（他人の権利の売買における売主の義務）

第561条 他人の権利（権利の一部が他人に属する場合におけるその権利の一部を含む.）を売買の目的としたときは,売主は,その権利を取得して買主に移転する義務を負う.

（買主の追完請求権）

第562条 ① 引き渡された目的物が種類,品質又は数量に関して契約の内容に適合しないものであるときは,買主は，売主に対し，目的物の修補，代替物の引渡し又は不足分の引渡しによる履行の追完を請求することができる．ただし，売主は，買主に不相当な負担を課するものでないときは，買主が請求した方法と異なる方法による履行の追完をすることができる．
② 前項の不適合が買主の責めに帰すべき事由によるものであるときは，買主は，同項の規定による履行の追完の請求をすることができない．

（買主の代金減額請求権）
第563条 ① 前条第１項本文に規定する場合において，買主が相当の期間を定めて履行の追完の催告をし，その期間内に履行の追完がないときは，買主は，その不適合の程度に応じて代金の減額を請求することができる．
② 前項の規定にかかわらず，次に掲げる場合には，買主は，同項の催告をすることなく，直ちに代金の減額を請求することができる．
　1 履行の追完が不能であるとき．
　2 売主が履行の追完を拒絶する意思を明確に表示したとき．
　3 契約の性質又は当事者の意思表示により，特定の日時又は一定の期間内に履行をしなければ契約をした目的を達することができない場合において，売主が履行の追完をしないでその時期を経過したとき．
　4 前３号に掲げる場合のほか，買主が前項の催告をしても履行の追完を受ける見込みがないことが明らかであるとき．
③ 第１項の不適合が買主の責めに帰すべき事由によるものであるときは，買主は，前２項の規定による代金の減額の請求をすることができない．

（買主の損害賠償請求及び解除権の行使）
第564条 前２条の規定は，第415条の規定による損害賠償の請求並びに第541条及び第542条の規定による解除権の行使を妨げない．

（移転した権利が契約の内容に適合しない場合における売主の担保責任）
第565条 前３条の規定は，売主が買主に移転した権利が契約の内容に適合しないものである場合（権利の一部が他人に属する場合においてその権利の一部を移転しないときを含む．）について準用する．

（目的物の種類又は品質に関する担保責任の期間の制限）
第566条 売主が種類又は品質に関して契約の内容に適合しない目的物を買主に引き渡した場合において，買主がその不適合を知った時から１年以内にその旨を売主に通知しないときは，買主は，その不適合を理由として，履行の追完の請求，代金の減額の請求，損害賠償の請求及び契約の解除をすることができない．ただし，売主が引渡しの時にその不適合を知り，又は重大な過失によって知らなかったときは，この限りでない．

（目的物の滅失等についての危険の移転）
第567条 ① 売主が買主に目的物（売買の目的として特定したものに限る．以下この条において同じ．）を引き渡した場合において，その引渡しがあった時以後にその目的物が当事者双方の責めに帰することができない事由によって滅失し，又は損傷したときは，買主は，その滅失又は損傷を理由として，履行の追完の請求，代金の減額の請求，損害賠償の請求及び契約の解除をすることができない．この場合において，買主は，代金の支払を拒むことができない．
② 売主が契約の内容に適合する目的物をもって，その引渡しの債務の履行を提供したにもかかわらず，買主がその履行を受けることを拒み，又は受けることができない場合において，その履行の提供があった時以後に当事者双方の責めに帰することができない事由によってその目的物が滅失し，又は損傷したときも，前項と同様とする．

（競売における担保責任等）
第568条 ① 民事執行法その他の法律の規定に基づく競売（以下この条において単に「競売」という．）における買受人は，第541条及び第542条の規定並びに第563条（第565条において準用する場合を含む．）の規定により，債務者に対し，契約の解除をし，又は代金の減額を請求することができる．
② 前項の場合において，債務者が無資力であるときは，買受人は，代金の配当を受けた債権者に対し，その代金の全部又は一部の返還を請求することができる．
③ 前２項の場合において，債務者が物若しくは権利の不存在を知りながら申し出なかったとき，又は債権者がこれを知りながら競売を請求したときは，買受人は，これらの者に対し，損害賠償の請求をすることができる．
④ 前３項の規定は，競売の目的物の種類又は品質に関する不適合については，適用しない．

（債権の売主の担保責任）
第569条 ① 債権の売主が債務者の資力を担保したときは，契約の時における資力を担保したものと推定する．
② 弁済期に至らない債権の売主が債務者の将来の資力を担保したときは，弁済期における資力を担保したものと推定する．

（抵当権等がある場合の買主による費用の償還請求）
第570条 買い受けた不動産について契約の内容に適合しない先取特権，質権又は抵当権が存していた場合において，買主が費用を支出してその不動産の所有権を保存したときは，買主は，売主に対し，その費用の償還を請求することができる．

第571条 削除

（担保責任を負わない旨の特約）
第572条 売主は，第562条第１項本文又は第565条に規定する場合における担保の責任を負わない旨の特約をしたときであっても，知りながら告げなかった事実及び自ら第三者のために設定し又は第三者に譲り渡した権利については，その責任を免れることができない．

（代金の支払期限）
第573条 売買の目的物の引渡しについて期限があるときは，代金の支払についても同一の期限を付したものと推定する．

（代金の支払場所）
第574条 売買の目的物の引渡しと同時に代金を支払うべ

きときは，その引渡しの場所において支払わなければならない．

（果実の帰属及び代金の利息の支払）

第575条 ① まだ引き渡されていない売買の目的物が果実を生じたときは，その果実は，売主に帰属する．

② 買主は，引渡しの日から，代金の利息を支払う義務を負う．ただし，代金の支払について期限があるときは，その期限が到来するまでは，利息を支払うことを要しない．

（権利を取得することができない等のおそれがある場合の買主による代金の支払の拒絶）

第576条 売買の目的について権利を主張する者があることその他の事由により，買主がその買い受けた権利の全部若しくは一部を取得することができず，又は失うおそれがあるときは，買主は，その危険の程度に応じて，代金の全部又は一部の支払を拒むことができる．ただし，売主が相当の担保を供したときは，この限りでない．

（抵当権等の登記がある場合の買主による代金の支払の拒絶）

第577条 ① 買い受けた不動産について契約の内容に適合しない抵当権の登記があるときは，買主は，抵当権消滅請求の手続が終わるまで，その代金の支払を拒むことができる．この場合において，売主は，買主に対し，遅滞なく抵当権消滅請求をすべき旨を請求することができる．

② 前項の規定は，買い受けた不動産について契約の内容に適合しない先取特権又は質権の登記がある場合について準用する．

（売主による代金の供託の請求）

第578条 前2条の場合においては，売主は，買主に対して代金の供託を請求することができる．

第3款　買戻し

（買戻しの特約）

第579条 不動産の売主は，売買契約と同時にした買戻しの特約により，買主が支払った代金（別段の合意をした場合にあっては，その合意により定めた金額．第583条第1項において同じ．）及び契約の費用を返還して，売買の解除をすることができる．この場合において，当事者が別段の意思を表示しなかったときは，不動産の果実と代金の利息とは相殺したものとみなす．

（買戻しの期間）

第580条 ① 買戻しの期間は，10年を超えることができない．特約でこれより長い期間を定めたときは，その期間は，10年とする．

② 買戻しについて期間を定めたときは，その後にこれを伸長することができない．

③ 買戻しについて期間を定めなかったときは，5年以内に買戻しをしなければならない．

（買戻しの特約の対抗力）

第581条 ① 売買契約と同時に買戻しの特約を登記したときは，買戻しは，第三者に対抗することができる．

② 前項の登記がされた後に第605条の2第1項に規定する対抗要件を備えた賃借人の権利は，その残存期間中1年を超えない期間に限り，売主に対抗することができる．ただし，売主を害する目的で賃貸借をしたときは，この限りでない．

（買戻権の代位行使）

第582条 売主の債権者が第423条の規定により売主に代わって買戻しをしようとするときは，買主は，裁判所において選任した鑑定人の評価に従い，不動産の現在の価額から売主が返還すべき金額を控除した残額に達するまで売主の債務を弁済し，なお残余があるときはこれを売主に返還して，買戻権を消滅させることができる．

（買戻しの実行）

第583条 ① 売主は，第580条に規定する期間内に代金及び契約の費用を提供しなければ，買戻しをすることができない．

② 買主又は転得者が不動産について費用を支出したときは，売主は，第196条の規定に従い，その償還をしなければならない．ただし，有益費については，裁判所は，売主の請求により，その償還について相当の期限を許与することができる．

（共有持分の買戻特約付売買）

第584条 不動産の共有者の1人が買戻しの特約を付してその持分を売却した後に，その不動産の分割又は競売があったときは，売主は，買主が受け，若しくは受けるべき部分又は代金について，買戻しをすることができる．ただし，売主に通知をしないでした分割及び競売は，売主に対抗することができない．

第585条 ① 前条の場合において，買主が不動産の競売における買受人となったときは，売主は，競売の代金及び第583条に規定する費用を支払って買戻しをすることができる．この場合において，売主は，その不動産の全部の所有権を取得する．

② 他の共有者が分割を請求したことにより買主が競売における買受人となったときは，売主は，その持分のみについて買戻しをすることはできない．

第4節　交　換

第586条 ① 交換は，当事者が互いに金銭の所有権以外の財産権を移転することを約することによって，その効力を生ずる．

② 当事者の一方が他の権利とともに金銭の所有権を移転することを約した場合におけるその金銭については，売買の代金に関する規定を準用する．

第5節　消費貸借

（消費貸借）

第587条 消費貸借は，当事者の一方が種類，品質及び数量の同じ物をもって返還をすることを約して相手方から金銭その他の物を受け取ることによって，その効力を生ずる．

（書面でする消費貸借等）

第587条の2 ① 前条の規定にかかわらず，書面でする消費貸借は，当事者の一方が金銭その他の物を引き渡すことを約し，相手方がその受け取った物と種類，品質及び数量の同じ物をもって返還をすることを約することによって，その効力を生ずる．

② 書面でする消費貸借の借主は,貸主から金銭その他の物を受け取るまで,契約の解除をすることができる.この場合において,貸主は,その契約の解除によって損害を受けたときは,借主に対し,その賠償を請求することができる.
③ 書面でする消費貸借は,借主が貸主から金銭その他の物を受け取る前に当事者の一方が破産手続開始の決定を受けたときは,その効力を失う.
④ 消費貸借がその内容を記録した電磁的記録によってされたときは,その消費貸借は,書面によってされたものとみなして,前3項の規定を適用する.

(準消費貸借)
第588条 金銭その他の物を給付する義務を負う者がある場合において,当事者がその物を消費貸借の目的とすることを約したときは,消費貸借は,これによって成立したものとみなす.

(利息)
第589条 ① 貸主は,特約がなければ,借主に対して利息を請求することができない.
② 前項の特約があるときは,貸主は,借主が金銭その他の物を受け取った日以後の利息を請求することができる.

(貸主の引渡義務等)
第590条 ① 第551条の規定は,前条第1項の特約のない消費貸借について準用する.
② 前条第1項の特約の有無にかかわらず,貸主から引き渡された物が種類又は品質に関して契約の内容に適合しないものであるときは,借主は,その物の価額を返還することができる.

(返還の時期)
第591条 ① 当事者が返還の時期を定めなかったときは,貸主は,相当の期間を定めて返還の催告をすることができる.
② 借主は,返還の時期の定めの有無にかかわらず,いつでも返還をすることができる.
③ 当事者が返還の時期を定めた場合において,貸主は,借主がその時期の前に返還をしたことによって損害を受けたときは,借主に対し,その賠償を請求することができる.

(価額の償還)
第592条 借主が貸主から受け取った物と種類,品質及び数量の同じ物をもって返還をすることができなくなったときは,その時における物の価額を償還しなければならない.ただし,第402条第2項に規定する場合は,この限りでない.

第6節　使用貸借

(使用貸借)
第593条 使用貸借は,当事者の一方がある物を引き渡すことを約し,相手方がその受け取った物について無償で使用及び収益をして契約が終了したときに返還をすることを約することによって,その効力を生ずる.

(借用物受取り前の貸主による使用貸借の解除)
第593条の2 貸主は,借主が借用物を受け取るまで,契約の解除をすることができる.ただし,書面による使用貸借については,この限りでない.

(借主による使用及び収益)
第594条 ① 借主は,契約又はその目的物の性質によって定まった用法に従い,その物の使用及び収益をしなければならない.
② 借主は,貸主の承諾を得なければ,第三者に借用物の使用又は収益をさせることができない.
③ 借主が前2項の規定に違反して使用又は収益をしたときは,貸主は,契約の解除をすることができる.

(借用物の費用の負担)
第595条 ① 借主は,借用物の通常の必要費を負担する.
② 第583条第2項の規定は,前項の通常の必要費以外の費用について準用する.

(貸主の引渡義務等)
第596条 第551条の規定は,使用貸借について準用する.

(期間満了等による使用貸借の終了)
第597条 ① 当事者が使用貸借の期間を定めたときは,使用貸借は,その期間が満了することによって終了する.
② 当事者が使用貸借の期間を定めなかった場合において,使用及び収益の目的を定めたときは,使用貸借は,借主がその目的に従い使用及び収益を終えることによって終了する.
③ 使用貸借は,借主の死亡によって終了する.

(使用貸借の解除)
第598条 ① 貸主は,前条第2項に規定する場合において,同項の目的に従い借主が使用及び収益をするのに足りる期間を経過したときは,契約の解除をすることができる.
② 当事者が使用貸借の期間並びに使用及び収益の目的を定めなかったときは,貸主は,いつでも契約の解除をすることができる.
③ 借主は,いつでも契約の解除をすることができる.

(借主による収去等)
第599条 ① 借主は,借用物を受け取った後にこれに附属させた物がある場合において,使用貸借が終了したときは,その附属させた物を収去する義務を負う.ただし,借用物から分離することができない物又は分離するのに過分の費用を要する物については,この限りでない.
② 借主は,借用物を受け取った後にこれに附属させた物を収去することができる.
③ 借主は,借用物を受け取った後にこれに生じた損傷がある場合において,使用貸借が終了したときは,その損傷を原状に復する義務を負う.ただし,その損傷が借主の責めに帰することができない事由によるものであるときは,この限りでない.

(損害賠償及び費用の償還の請求権についての期間の制限)
第600条 ① 契約の本旨に反する使用又は収益によって生じた損害の賠償及び借主が支出した費用の償還は,貸主が返還を受けた時から1年以内に請求しなければならない.
② 前項の損害賠償の請求権については,貸主が返還を受

けた時から１年を経過するまでの間は，時効は，完成しない．

第７節　賃貸借

第１款　総　則

（賃貸借）

第601条　賃貸借は，当事者の一方がある物の使用及び収益を相手方にさせることを約し，相手方がこれに対してその賃料を支払うこと及び引渡しを受けた物を契約が終了したときに返還することを約することによって，その効力を生ずる．

（短期賃貸借）

第602条　処分の権限を有しない者が賃貸借をする場合には，次の各号に掲げる賃貸借は，それぞれ当該各号に定める期間を超えることができない．契約でこれより長い期間を定めたときであっても，その期間は，当該各号に定める期間とする．

１　樹木の栽植又は伐採を目的とする山林の賃貸借　10年

２　前号に掲げる賃貸借以外の土地の賃貸借　５年

３　建物の賃貸借　３年

４　動産の賃貸借　６箇月

（短期賃貸借の更新）

第603条　前条に定める期間は，更新することができる．ただし，その期間満了前，土地については１年以内，建物については３箇月以内，動産については１箇月以内に，その更新をしなければならない．

（賃貸借の存続期間）

第604条　①　賃貸借の存続期間は，50年を超えることができない．契約でこれより長い期間を定めたときであっても，その期間は，50年とする．

②　賃貸借の存続期間は，更新することができる．ただし，その期間は，更新の時から50年を超えることができない．

第２款　賃貸借の効力

（不動産賃貸借の対抗力）

第605条　不動産の賃貸借は，これを登記したときは，その不動産について物権を取得した者その他の第三者に対抗することができる．

（不動産の賃貸人たる地位の移転）

第605条の２　①　前条，借地借家法（平成３年法律第90号）第10条又は第31条その他の法令の規定による賃貸借の対抗要件を備えた場合において，その不動産が譲渡されたときは，その不動産の賃貸人たる地位は，その譲受人に移転する．

②　前項の規定にかかわらず，不動産の譲渡人及び譲受人が，賃貸人たる地位を譲渡人に留保する旨及びその不動産を譲受人が譲渡人に賃貸する旨の合意をしたときは，賃貸人たる地位は，譲受人に移転しない．この場合において，譲渡人と譲受人又はその承継人との間の賃貸借が終了したときは，譲渡人に留保されていた賃貸人たる地位は，譲受人又はその承継人に移転する．

③　第１項又は前項後段の規定による賃貸人たる地位の移転は，賃貸物である不動産について所有権の移転の登記をしなければ，賃借人に対抗することができない．

④　第１項又は第２項後段の規定により賃貸人たる地位が譲受人又はその承継人に移転したときは，第608条の規定による費用の償還に係る債務及び第622条の２第１項の規定による同項に規定する敷金の返還に係る債務は，譲受人又はその承継人が承継する．

（合意による不動産の賃貸人たる地位の移転）

第605条の３　不動産の譲渡人が賃貸人であるときは，その賃貸人たる地位は，賃借人の承諾を要しないで，譲渡人と譲受人との合意により，譲受人に移転させることができる．この場合においては，前条第３項及び第４項の規定を準用する．

（不動産の賃借人による妨害の停止の請求等）

第605条の４　不動産の賃借人は，第605条の２第１項に規定する対抗要件を備えた場合において，次の各号に掲げるときは，それぞれ当該各号に定める請求をすることができる．

１　その不動産の占有を第三者が妨害しているとき　その第三者に対する妨害の停止の請求

２　その不動産を第三者が占有しているとき　その第三者に対する返還の請求

（賃貸人による修繕等）

第606条　①　賃貸人は，賃貸物の使用及び収益に必要な修繕をする義務を負う．ただし，賃借人の責めに帰すべき事由によってその修繕が必要となったときは，この限りでない．

②　賃貸人が賃貸物の保存に必要な行為をしようとするときは，賃借人は，これを拒むことができない．

（賃借人の意思に反する保存行為）

第607条　賃貸人が賃借人の意思に反して保存行為をしようとする場合において，そのために賃借人が賃借をした目的を達することができなくなるときは，賃借人は，契約の解除をすることができる．

（賃借人による修繕）

第607条の２　賃借物の修繕が必要である場合において，次に掲げるときは，賃借人は，その修繕をすることができる．

１　賃借人が賃貸人に修繕が必要である旨を通知し，又は賃貸人がその旨を知ったにもかかわらず，賃貸人が相当の期間内に必要な修繕をしないとき．

２　急迫の事情があるとき．

（賃借人による費用の償還請求）

第608条　①　賃借人は，賃借物について賃貸人の負担に属する必要費を支出したときは，賃貸人に対し，直ちにその償還を請求することができる．

②　賃借人が賃借物について有益費を支出したときは，賃貸人は，賃貸借の終了の時に，第196条第２項の規定に従い，その償還をしなければならない．ただし，裁判所は，賃貸人の請求により，その償還について相当の期限を許与することができる．

（減収による賃料の減額請求）

第609条　耕作又は牧畜を目的とする土地の賃借人は，不可抗力によって賃料より少ない収益を得たときは，その収益の額に至るまで，賃料の減額を請求することができる.

(減収による解除)

第610条 前条の場合において,同条の賃借人は,不可抗力によって引き続き2年以上賃料より少ない収益を得たときは,契約の解除をすることができる.

(賃借物の一部滅失等による賃料の減額等)

第611条 ① 賃借物の一部が滅失その他の事由により使用及び収益をすることができなくなった場合において,それが賃借人の責めに帰することができない事由によるものであるときは,賃料は,その使用及び収益をすることができなくなった部分の割合に応じて,減額される.

② 賃借物の一部が滅失その他の事由により使用及び収益をすることができなくなった場合において,残存する部分のみでは賃借人が賃借をした目的を達することができないときは,賃借人は,契約の解除をすることができる.

(賃借権の譲渡及び転貸の制限)

第612条 ① 賃借人は,賃貸人の承諾を得なければ,その賃借権を譲り渡し,又は賃借物を転貸することができない.

② 賃借人が前項の規定に違反して第三者に賃借物の使用又は収益をさせたときは,賃貸人は,契約の解除をすることができる.

(転貸の効果)

第613条 ① 賃借人が適法に賃借物を転貸したときは,転借人は,賃貸人と賃借人との間の賃貸借に基づく賃借人の債務の範囲を限度として,賃貸人に対して転貸借に基づく債務を直接履行する義務を負う.この場合においては,賃料の前払をもって賃貸人に対抗することができない.

② 前項の規定は,賃貸人が賃借人に対してその権利を行使することを妨げない.

③ 賃借人が適法に賃借物を転貸した場合には,賃貸人は,賃借人との間の賃貸借を合意により解除したことをもって転借人に対抗することができない.ただし,その解除の当時,賃貸人が賃借人の債務不履行による解除権を有していたときは,この限りでない.

(賃料の支払時期)

第614条 賃料は,動産,建物及び宅地については毎月末に,その他の土地については毎年末に,支払わなければならない.ただし,収穫の季節があるものについては,その季節の後に遅滞なく支払わなければならない.

(賃借人の通知義務)

第615条 賃借物が修繕を要し,又は賃借物について権利を主張する者があるときは,賃借人は,遅滞なくその旨を賃貸人に通知しなければならない.ただし,賃貸人が既にこれを知っているときは,この限りでない.

(賃借人による使用及び収益)

第616条 第594条第1項の規定は,賃貸借について準用する.

第3款 賃貸借の終了

(賃借物の全部滅失等による賃貸借の終了)

第616条の2 賃借物の全部が滅失その他の事由により使用及び収益をすることができなくなった場合には,賃貸借は,これによって終了する.

(期間の定めのない賃貸借の解約の申入れ)

第617条 ① 当事者が賃貸借の期間を定めなかったときは,各当事者は,いつでも解約の申入れをすることができる.この場合においては,次の各号に掲げる賃貸借は,解約の申入れの日からそれぞれ当該各号に定める期間を経過することによって終了する.

1 土地の賃貸借　1年
2 建物の賃貸借　3箇月
3 動産及び貸席の賃貸借　1日

② 収穫の季節がある土地の賃貸借については,その季節の後次の耕作に着手する前に,解約の申入れをしなければならない.

(期間の定めのある賃貸借の解約をする権利の留保)

第618条 当事者が賃貸借の期間を定めた場合であっても,その一方又は双方がその期間内に解約をする権利を留保したときは,前条の規定を準用する.

(賃貸借の更新の推定等)

第619条 ① 賃貸借の期間が満了した後賃借人が賃借物の使用又は収益を継続する場合において,賃貸人がこれを知りながら異議を述べないときは,従前の賃貸借と同一の条件で更に賃貸借をしたものと推定する.この場合において,各当事者は,第617条の規定により解約の申入れをすることができる.

② 従前の賃貸借について当事者が担保を供していたときは,その担保は,期間の満了によって消滅する.ただし,第622条の2第1項に規定する敷金については,この限りでない.

(賃貸借の解除の効力)

第620条 賃貸借の解除をした場合には,その解除は,将来に向かってのみその効力を生ずる.この場合においては,損害賠償の請求を妨げない.

(賃借人の原状回復義務)

第621条 賃借人は,賃借物を受け取った後にこれに生じた損傷(通常の使用及び収益によって生じた賃借物の損耗並びに賃借物の経年変化を除く.以下この条において同じ.)がある場合において,賃貸借が終了したときは,その損傷を原状に復する義務を負う.ただし,その損傷が賃借人の責めに帰することができない事由によるものであるときは,この限りでない.

(使用貸借の規定の準用)

第622条 第597条第1項,第599条第1項及び第2項並びに第600条の規定は,賃貸借について準用する.

第4款 敷 金

第622条の2 ① 賃貸人は,敷金(いかなる名目によるかを問わず,賃料債務その他の賃貸借に基づいて生ずる賃借人の賃貸人に対する金銭の給付を目的とする債務を担保する目的で,賃借人が賃貸人に交付する金銭をいう.以下この条において同じ.)を受け取っている場合において,次に掲げるときは,賃借人に対し,その受け取った敷金の額から賃貸借に基づいて生じた賃借人の賃貸人に対する金銭の給付を目的とする債務の額を控除した残額を返還しなければならない．

1 賃貸借が終了し，かつ，賃貸物の返還を受けたとき．

2 賃借人が適法に賃借権を譲り渡したとき．

② 賃貸人は，賃借人が賃貸借に基づいて生じた金銭の給付を目的とする債務を履行しないときは，敷金をその債務の弁済に充てることができる．この場合において，賃借人は，賃貸人に対し，敷金をその債務の弁済に充てることを請求することができない．

第８節　雇　用

（雇　用）

第623条 雇用は，当事者の一方が相手方に対して労働に従事することを約し，相手方がこれに対してその報酬を与えることを約することによって，その効力を生ずる．

（報酬の支払時期）

第624条 ① 労働者は，その約した労働を終わった後でなければ，報酬を請求することができない．

② 期間によって定めた報酬は，その期間を経過した後に，請求することができる．

（履行の割合に応じた報酬）

第624条の２ 労働者は，次に掲げる場合には，既にした履行の割合に応じて報酬を請求することができる．

1 使用者の責めに帰することができない事由によって労働に従事することができなくなったとき．

2 雇用が履行の中途で終了したとき．

（使用者の権利の譲渡の制限等）

第625条 ① 使用者は，労働者の承諾を得なければ，その権利を第三者に譲り渡すことができない．

② 労働者は，使用者の承諾を得なければ，自己に代わって第三者を労働に従事させることができない．

③ 労働者が前項の規定に違反して第三者を労働に従事させたときは，使用者は，契約の解除をすることができる．

（期間の定めのある雇用の解除）

第626条 ① 雇用の期間が５年を超え，又はその終期が不確定であるときは，当事者の一方は，５年を経過した後，いつでも契約の解除をすることができる．

② 前項の規定により契約の解除をしようとする者は，それが使用者であるときは３箇月前，労働者であるときは２週間前に，その予告をしなければならない．

（期間の定めのない雇用の解約の申入れ）

第627条 ① 当事者が雇用の期間を定めなかったときは，各当事者は，いつでも解約の申入れをすることができる．この場合において，雇用は，解約の申入れの日から２週間を経過することによって終了する．

② 期間によって報酬を定めた場合には，使用者からの解約の申入れは，次期以後についてすることができる．ただし，その解約の申入れは，当期の前半にしなければならない．

③ ６箇月以上の期間によって報酬を定めた場合には，前項の解約の申入れは，３箇月前にしなければならない．

（やむを得ない事由による雇用の解除）

第628条 当事者が雇用の期間を定めた場合であっても，やむを得ない事由があるときは，各当事者は，直ちに契約の解除をすることができる．この場合において，その事由が当事者の一方の過失によって生じたものであるときは，相手方に対して損害賠償の責任を負う．

（雇用の更新の推定等）

第629条 ① 雇用の期間が満了した後労働者が引き続きその労働に従事する場合において，使用者がこれを知りながら異議を述べないときは，従前の雇用と同一の条件で更に雇用をしたものと推定する．この場合において，各当事者は，第627条の規定により解約の申入れをすることができる．

② 従前の雇用について当事者が担保を供していたときは，その担保は，期間の満了によって消滅する．ただし，身元保証金については，この限りでない．

（雇用の解除の効力）

第630条 第620条の規定は，雇用について準用する．

（使用者についての破産手続の開始による解約の申入れ）

第631条 使用者が破産手続開始の決定を受けた場合には，雇用に期間の定めがあるときであっても，労働者又は破産管財人は，第627条の規定により解約の申入れをすることができる．この場合において，各当事者は，相手方に対し，解約によって生じた損害の賠償を請求することができない．

第９節　請　負

（請　負）

第632条 請負は，当事者の一方がある仕事を完成することを約し，相手方がその仕事の結果に対してその報酬を支払うことを約することによって，その効力を生ずる．

（報酬の支払時期）

第633条 報酬は，仕事の目的物の引渡しと同時に，支払わなければならない．ただし，物の引渡しを要しないときは，第624条第１項の規定を準用する．

（注文者が受ける利益の割合に応じた報酬）

第634条 次に掲げる場合において，請負人が既にした仕事の結果のうち可分な部分の給付によって注文者が利益を受けるときは，その部分を仕事の完成とみなす．この場合において，請負人は，注文者が受ける利益の割合に応じて報酬を請求することができる．

1 注文者の責めに帰することができない事由によって仕事を完成することができなくなったとき．

2 請負が仕事の完成前に解除されたとき．

第635条 削除

（請負人の担保責任の制限）

第636条 請負人が種類又は品質に関して契約の内容に適合しない仕事の目的物を注文者に引き渡したとき（その引渡しを要しない場合にあっては，仕事が終了した時に仕事の目的物が種類又は品質に関して契約の内容に適合しないとき）は，注文者は，注文者の供した材料の性質又は注文者の与えた指図によって生じた不適合を理由として，履行の追完の請求，報酬の減額の請求，損害賠償の請求及び契約の解除をすることができない．ただし，請負人がその材料又は指図が不適当であることを知りながら告げなかったときは，この限りでない．

(目的物の種類又は品質に関する担保責任の期間の制限)
第637条 ① 前条本文に規定する場合において,注文者がその不適合を知った時から１年以内にその旨を請負人に通知しないときは,注文者は,その不適合を理由として,履行の追完の請求,報酬の減額の請求,損害賠償の請求及び契約の解除をすることができない.
② 前項の規定は,仕事の目的物を注文者に引き渡した時(その引渡しを要しない場合にあっては,仕事が終了した時)において,請負人が同項の不適合を知り,又は重大な過失によって知らなかったときは,適用しない.
第638条 削除
第639条 削除
第640条 削除
(注文者による契約の解除)
第641条 請負人が仕事を完成しない間は,注文者は,いつでも損害を賠償して契約の解除をすることができる.
(注文者についての破産手続の開始による解除)
第642条 ① 注文者が破産手続開始の決定を受けたときは,請負人又は破産管財人は,契約の解除をすることができる.ただし,請負人による契約の解除については,仕事を完成した後は,この限りでない.
② 前項に規定する場合において,請負人は,既にした仕事の報酬及びその中に含まれていない費用について,破産財団の配当に加入することができる.
③ 第１項の場合には,契約の解除によって生じた損害の賠償は,破産管財人が契約の解除をした場合における請負人に限り,請求することができる.この場合において,請負人は,その損害賠償について,破産財団の配当に加入する.

第10節 委 任

(委 任)
第643条 委任は,当事者の一方が法律行為をすることを相手方に委託し,相手方がこれを承諾することによって,その効力を生ずる.
(受任者の注意義務)
第644条 受任者は,委任の本旨に従い,善良な管理者の注意をもって,委任事務を処理する義務を負う.
(復受任者の選任等)
第644条の２ ① 受任者は,委任者の許諾を得たとき,又はやむを得ない事由があるときでなければ,復受任者を選任することができない.
② 代理権を付与する委任において,受任者が代理権を有する復受任者を選任したときは,復受任者は,委任者に対して,その権限の範囲内において,受任者と同一の権利を有し,義務を負う.
(受任者による報告)
第645条 受任者は,委任者の請求があるときは,いつでも委任事務の処理の状況を報告し,委任が終了した後は,遅滞なくその経過及び結果を報告しなければならない.
(受任者による受取物の引渡し等)
第646条 ① 受任者は,委任事務を処理するに当たって受け取った金銭その他の物を委任者に引き渡さなければならない.その収取した果実についても,同様とする.
② 受任者は,委任者のために自己の名で取得した権利を委任者に移転しなければならない.
(受任者の金銭の消費についての責任)
第647条 受任者は,委任者に引き渡すべき金額又はその利益のために用いるべき金額を自己のために消費したときは,その消費した日以後の利息を支払わなければならない.この場合において,なお損害があるときは,その賠償の責任を負う.
(受任者の報酬)
第648条 ① 受任者は,特約がなければ,委任者に対して報酬を請求することができない.
② 受任者は,報酬を受けるべき場合には,委任事務を履行した後でなければ,これを請求することができない.ただし,期間によって報酬を定めたときは,第624条第２項の規定を準用する.
③ 受任者は,次に掲げる場合には,既にした履行の割合に応じて報酬を請求することができる.
　1 委任者の責めに帰することができない事由によって委任事務の履行をすることができなくなったとき.
　2 委任が履行の中途で終了したとき.
(成果等に対する報酬)
第648条の２ ① 委任事務の履行により得られる成果に対して報酬を支払うことを約した場合において,その成果が引渡しを要するときは,報酬は,その成果の引渡しと同時に,支払わなければならない.
② 第634条の規定は,委任事務の履行により得られる成果に対して報酬を支払うことを約した場合について準用する.
(受任者による費用の前払請求)
第649条 委任事務を処理するについて費用を要するときは,委任者は,受任者の請求により,その前払をしなければならない.
(受任者による費用等の償還請求等)
第650条 ① 受任者は,委任事務を処理するのに必要と認められる費用を支出したときは,委任者に対し,その費用及び支出の日以後におけるその利息の償還を請求することができる.
② 受任者は,委任事務を処理するのに必要と認められる債務を負担したときは,委任者に対し,自己に代わってその弁済をすることを請求することができる.この場合において,その債務が弁済期にないときは,委任者に対し,相当の担保を供させることができる.
③ 受任者は,委任事務を処理するため自己に過失なく損害を受けたときは,委任者に対し,その賠償を請求することができる.
(委任の解除)
第651条 ① 委任は,各当事者がいつでもその解除をすることができる.
② 前項の規定により委任の解除をした者は,次に掲げる場合には,相手方の損害を賠償しなければならない.ただし,やむを得ない事由があったときは,この限りでない.
　1 相手方に不利な時期に委任を解除したとき.

2 委任者が受任者の利益（専ら報酬を得ることによるものを除く.）をも目的とする委任を解除したとき.

（委任の解除の効力）

第652条 第620条の規定は,委任について準用する.

（委任の終了事由）

第653条 委任は,次に掲げる事由によって終了する.

1 委任者又は受任者の死亡

2 委任者又は受任者が破産手続開始の決定を受けたこと.

3 受任者が後見開始の審判を受けたこと.

（委任の終了後の処分）

第654条 委任が終了した場合において,急迫の事情があるときは,受任者又はその相続人若しくは法定代理人は,委任者又はその相続人若しくは法定代理人が委任事務を処理することができるに至るまで,必要な処分をしなければならない.

（委任の終了の対抗要件）

第655条 委任の終了事由は,これを相手方に通知したとき,又は相手方がこれを知っていたときでなければ,これをもってその相手方に対抗することができない.

（準委任）

第656条 この節の規定は,法律行為でない事務の委託について準用する.

第11節　寄　託

（寄　託）

第657条 寄託は,当事者の一方がある物を保管することを相手方に委託し,相手方がこれを承諾することによって,その効力を生ずる.

（寄託物受取り前の寄託者による寄託の解除等）

第657条の２ ① 寄託者は,受寄者が寄託物を受け取るまで,契約の解除をすることができる.この場合において,受寄者は,その契約の解除によって損害を受けたときは,寄託者に対し,その賠償を請求することができる.

② 無報酬の受寄者は,寄託物を受け取るまで,契約の解除をすることができる.ただし,書面による寄託については,この限りでない.

③ 受寄者（無報酬で寄託を受けた場合にあっては,書面による寄託の受寄者に限る.）は,寄託物を受け取るべき時期を経過したにもかかわらず,寄託者が寄託物を引き渡さない場合において,相当の期間を定めてその引渡しの催告をし,その期間内に引渡しがないときは,契約の解除をすることができる.

（寄託物の使用及び第三者による保管）

第658条 ① 受寄者は,寄託者の承諾を得なければ,寄託物を使用することができない.

② 受寄者は,寄託者の承諾を得たとき,又はやむを得ない事由があるときでなければ,寄託物を第三者に保管させることができない.

③ 再受寄者は,寄託者に対して,その権限の範囲内において,受寄者と同一の権利を有し,義務を負う.

（無報酬の受寄者の注意義務）

第659条 無報酬の受寄者は,自己の財産に対するのと同一の注意をもって,寄託物を保管する義務を負う.

（受寄者の通知義務等）

第660条 ① 寄託物について権利を主張する第三者が受寄者に対して訴えを提起し,又は差押え,仮差押え若しくは仮処分をしたときは,受寄者は,遅滞なくその事実を寄託者に通知しなければならない.ただし,寄託者が既にこれを知っているときは,この限りでない.

② 第三者が寄託物について権利を主張する場合であっても,受寄者は,寄託者の指図がない限り,寄託者に対しその寄託物を返還しなければならない.ただし,受寄者が前項の通知をした場合又は同項ただし書の規定によりその通知を要しない場合において,その寄託物をその第三者に引き渡すべき旨を命ずる確定判決（確定判決と同一の効力を有するものを含む.）があったときであって,その第三者にその寄託物を引き渡したときは,この限りでない.

③ 受寄者は,前項の規定により寄託者に対して寄託物を返還しなければならない場合には,寄託者にその寄託物を引き渡したことによって第三者に損害が生じたときであっても,その賠償の責任を負わない.

（寄託者による損害賠償）

第661条 寄託者は,寄託物の性質又は瑕疵によって生じた損害を受寄者に賠償しなければならない.ただし,寄託者が過失なくその性質若しくは瑕疵を知らなかったとき,又は受寄者がこれを知っていたときは,この限りでない.

（寄託者による返還請求等）

第662条 ① 当事者が寄託物の返還の時期を定めたときであっても,寄託者は,いつでもその返還を請求することができる.

② 前項に規定する場合において,受寄者は,寄託者がその時期の前に返還を請求したことによって損害を受けたときは,寄託者に対し,その賠償を請求することができる.

（寄託物の返還の時期）

第663条 ① 当事者が寄託物の返還の時期を定めなかったときは,受寄者は,いつでもその返還をすることができる.

② 返還の時期の定めがあるときは,受寄者は,やむを得ない事由がなければ,その期限前に返還をすることができない.

（寄託物の返還の場所）

第664条 寄託物の返還は,その保管をすべき場所でしなければならない.ただし,受寄者が正当な事由によってその物を保管する場所を変更したときは,その現在の場所で返還をすることができる.

（損害賠償及び費用の償還の請求権についての期間の制限）

第664条の２ ① 寄託物の一部滅失又は損傷によって生じた損害の賠償及び受寄者が支出した費用の償還は,寄託者が返還を受けた時から１年以内に請求しなければならない.

② 前項の損害賠償の請求権については,寄託者が返還を

受けた時から1年を経過するまでの間は,時効は,完成しない.

(委任の規定の準用)

第665条 第646条から第648条まで,第649条並びに第650条第1項及び第2項の規定は,寄託について準用する.

(混合寄託)

第665条の2 ① 複数の者が寄託した物の種類及び品質が同一である場合には,受寄者は,各寄託者の承諾を得たときに限り,これらを混合して保管することができる.

② 前項の規定に基づき受寄者が複数の寄託者からの寄託物を混合して保管したときは,寄託者は,その寄託した物と同じ数量の物の返還を請求することができる.

③ 前項に規定する場合において,寄託物の一部が滅失したときは,寄託者は,混合して保管されている総寄託物に対するその寄託した物の割合に応じた数量の物の返還を請求することができる.この場合においては,損害賠償の請求を妨げない.

(消費寄託)

第666条 ① 受寄者が契約により寄託物を消費することができる場合には,受寄者は,寄託された物と種類,品質及び数量の同じ物をもって返還しなければならない.

② 第590条及び第592条の規定は,前項に規定する場合について準用する.

③ 第591条第2項及び第3項の規定は,預金又は貯金に係る契約により金銭を寄託した場合について準用する.

第12節 組 合

(組合契約)

第667条 ① 組合契約は,各当事者が出資をして共同の事業を営むことを約することによって,その効力を生ずる.

② 出資は,労務をその目的とすることができる.

(他の組合員の債務不履行)

第667条の2 ① 第533条及び第536条の規定は,組合契約については,適用しない.

② 組合員は,他の組合員が組合契約に基づく債務の履行をしないことを理由として,組合契約を解除することができない.

(組合員の1人についての意思表示の無効等)

第667条の3 組合員の1人について意思表示の無効又は取消しの原因があっても,他の組合員の間においては,組合契約は,その効力を妨げられない.

(組合財産の共有)

第668条 各組合員の出資その他の組合財産は,総組合員の共有に属する.

(金銭出資の不履行の責任)

第669条 金銭を出資の目的とした場合において,組合員がその出資をすることを怠ったときは,その利息を支払うほか,損害の賠償をしなければならない.

(業務の決定及び執行の方法)

第670条 ① 組合の業務は,組合員の過半数をもって決定し,各組合員がこれを執行する.

② 組合の業務の決定及び執行は,組合契約の定めるところにより,1人又は数人の組合員又は第三者に委任することができる.

③ 前項の委任を受けた者(以下「業務執行者」という.)は,組合の業務を決定し,これを執行する.この場合において,業務執行者が数人あるときは,組合の業務は,業務執行者の過半数をもって決定し,各業務執行者がこれを執行する.

④ 前項の規定にかかわらず,組合の業務については,総組合員の同意によって決定し,又は総組合員が執行することを妨げない.

⑤ 組合の常務は,前各項の規定にかかわらず,各組合員又は各業務執行者が単独で行うことができる.ただし,その完了前に他の組合員又は業務執行者が異議を述べたときは,この限りでない.

(組合の代理)

第670条の2 ① 各組合員は,組合の業務を執行する場合において,組合員の過半数の同意を得たときは,他の組合員を代理することができる.

② 前項の規定にかかわらず,業務執行者があるときは,業務執行者のみが組合員を代理することができる.この場合において,業務執行者が数人あるときは,各業務執行者は,業務執行者の過半数の同意を得たときに限り,組合員を代理することができる.

③ 前2項の規定にかかわらず,各組合員又は各業務執行者は,組合の常務を行うときは,単独で組合員を代理することができる.

(委任の規定の準用)

第671条 第644条から第650条までの規定は,組合の業務を決定し,又は執行する組合員について準用する.

(業務執行組合員の辞任及び解任)

第672条 ① 組合契約の定めるところにより1人又は数人の組合員に業務の決定及び執行を委任したときは,その組合員は,正当な事由がなければ,辞任することができない.

② 前項の組合員は,正当な事由がある場合に限り,他の組合員の一致によって解任することができる.

(組合員の組合の業務及び財産状況に関する検査)

第673条 各組合員は,組合の業務の決定及び執行をする権利を有しないときであっても,その業務及び組合財産の状況を検査することができる.

(組合員の損益分配の割合)

第674条 ① 当事者が損益分配の割合を定めなかったときは,その割合は,各組合員の出資の価額に応じて定める.

② 利益又は損失についてのみ分配の割合を定めたときは,その割合は,利益及び損失に共通であるものと推定する.

(組合の債権者の権利の行使)

第675条 ① 組合の債権者は,組合財産についてその権利を行使することができる.

② 組合の債権者は,その選択に従い,各組合員に対して損失分担の割合又は等しい割合でその権利を行使することができる.ただし,組合の債権者がその債権の発生

の時に各組合員の損失分担の割合を知っていたときは，その割合による．
（組合員の持分の処分及び組合財産の分割）
第676条 ① 組合員は，組合財産についてその持分を処分したときは，その処分をもって組合及び組合と取引をした第三者に対抗することができない．
② 組合員は，組合財産である債権について，その持分についての権利を単独で行使することができない．
③ 組合員は，清算前に組合財産の分割を求めることができない．
（組合財産に対する組合員の債権者の権利の行使の禁止）
第677条 組合員の債権者は，組合財産についてその権利を行使することができない．
（組合員の加入）
第677条の2 ① 組合員は，その全員の同意によって，又は組合契約の定めるところにより，新たに組合員を加入させることができる．
② 前項の規定により組合の成立後に加入した組合員は，その加入前に生じた組合の債務については，これを弁済する責任を負わない．
（組合員の脱退）
第678条 ① 組合契約で組合の存続期間を定めなかったとき，又はある組合員の終身の間組合が存続すべきことを定めたときは，各組合員は，いつでも脱退することができる．ただし，やむを得ない事由がある場合を除き，組合に不利な時期に脱退することができない．
② 組合の存続期間を定めた場合であっても，各組合員は，やむを得ない事由があるときは，脱退することができる．
第679条 前条の場合のほか，組合員は，次に掲げる事由によって脱退する．
1 死　亡
2 破産手続開始の決定を受けたこと．
3 後見開始の審判を受けたこと．
4 除　名
（組合員の除名）
第680条 組合員の除名は，正当な事由がある場合に限り，他の組合員の一致によってすることができる．ただし，除名した組合員にその旨を通知しなければ，これをもってその組合員に対抗することができない．
（脱退した組合員の責任等）
第680条の2 ① 脱退した組合員は，その脱退前に生じた組合の債務について，従前の責任の範囲内でこれを弁済する責任を負う．この場合において，債権者が全部の弁済を受けない間は，脱退した組合員は，組合に担保を供させ，又は組合に対して自己に免責を得させることを請求することができる．
② 脱退した組合員は，前項に規定する組合の債務を弁済したときは，組合に対して求償権を有する．
（脱退した組合員の持分の払戻し）
第681条 ① 脱退した組合員と他の組合員との間の計算は，脱退の時における組合財産の状況に従ってしなければならない．
② 脱退した組合員の持分は，その出資の種類を問わず，金銭で払い戻すことができる．
③ 脱退の時にまだ完了していない事項については，その完了後に計算をすることができる．
（組合の解散事由）
第682条 組合は，次に掲げる事由によって解散する．
1 組合の目的である事業の成功又はその成功の不能
2 組合契約で定めた存続期間の満了
3 組合契約で定めた解散の事由の発生
4 総組合員の同意
（組合の解散の請求）
第683条 やむを得ない事由があるときは，各組合員は，組合の解散を請求することができる．
（組合契約の解除の効力）
第684条 第620条の規定は，組合契約について準用する．
（組合の清算及び清算人の選任）
第685条 ① 組合が解散したときは，清算は，総組合員が共同して，又はその選任した清算人がこれをする．
② 清算人の選任は，組合員の過半数で決する．
（清算人の業務の決定及び執行の方法）
第686条 第670条第3項から第5項まで並びに第670条の2第2項及び第3項の規定は，清算人について準用する．
（組合員である清算人の辞任及び解任）
第687条 第672条の規定は，組合契約の定めるところにより組合員の中から清算人を選任した場合について準用する．
（清算人の職務及び権限並びに残余財産の分割方法）
第688条 ① 清算人の職務は，次のとおりとする．
1 現務の結了
2 債権の取立て及び債務の弁済
3 残余財産の引渡し
② 清算人は，前項各号に掲げる職務を行うために必要な一切の行為をすることができる．
③ 残余財産は，各組合員の出資の価額に応じて分割する．

第13節　終身定期金

（終身定期金契約）
第689条 終身定期金契約は，当事者の一方が，自己，相手方又は第三者の死亡に至るまで，定期に金銭その他の物を相手方又は第三者に給付することを約することによって，その効力を生ずる．
（終身定期金の計算）
第690条 終身定期金は，日割りで計算する．
（終身定期金契約の解除）
第691条 ① 終身定期金債務者が終身定期金の元本を受領した場合において，その終身定期金の給付を怠り，又はその他の義務を履行しないときは，相手方は，元本の返還を請求することができる．この場合において，相手方は，既に受け取った終身定期金の中からその元本の利息を控除した残額を終身定期金債務者に返還しなければならない．
② 前項の規定は，損害賠償の請求を妨げない．
（終身定期金契約の解除と同時履行）

第692条 第533条の規定は，前条の場合について準用する．

（終身定期金債権の存続の宣告）

第693条 ① 終身定期金債務者の責めに帰すべき事由によって第689条に規定する死亡が生じたときは，裁判所は，終身定期金債権者又はその相続人の請求により，終身定期金債権が相当の期間存続することを宣告することができる．

② 前項の規定は，第691条の権利の行使を妨げない．

（終身定期金の遺贈）

第694条 この節の規定は，終身定期金の遺贈について準用する．

第14節 和 解

（和 解）

第695条 和解は，当事者が互いに譲歩をしてその間に存する争いをやめることを約することによって，その効力を生ずる．

（和解の効力）

第696条 当事者の一方が和解によって争いの目的である権利を有するものと認められ，又は相手方がこれを有しないものと認められた場合において，その当事者の一方が従来その権利を有していなかった旨の確証又は相手方がこれを有していた旨の確証が得られたときは，その権利は，和解によってその当事者の一方に移転し，又は消滅したものとする．

◈ 第3章 事務管理

（事務管理）

第697条 ① 義務なく他人のために事務の管理を始めた者（以下この章において「管理者」という．）は，その事務の性質に従い，最も本人の利益に適合する方法によって，その事務の管理（以下「事務管理」という．）をしなければならない．

② 管理者は，本人の意思を知っているとき，又はこれを推知することができるときは，その意思に従って事務管理をしなければならない．

（緊急事務管理）

第698条 管理者は，本人の身体，名誉又は財産に対する急迫の危害を免れさせるために事務管理をしたときは，悪意又は重大な過失があるのでなければ，これによって生じた損害を賠償する責任を負わない．

（管理者の通知義務）

第699条 管理者は，事務管理を始めたことを遅滞なく本人に通知しなければならない．ただし，本人が既にこれを知っているときは，この限りでない．

（管理者による事務管理の継続）

第700条 管理者は，本人又はその相続人若しくは法定代理人が管理をすることができるに至るまで，事務管理を継続しなければならない．ただし，事務管理の継続が本人の意思に反し，又は本人に不利であることが明らかであるときは，この限りでない．

（委任の規定の準用）

第701条 第645条から第647条までの規定は，事務管理について準用する．

（管理者による費用の償還請求等）

第702条 ① 管理者は，本人のために有益な費用を支出したときは，本人に対し，その償還を請求することができる．

② 第650条第2項の規定は，管理者が本人のために有益な債務を負担した場合について準用する．

③ 管理者が本人の意思に反して事務管理をしたときは，本人が現に利益を受けている限度においてのみ，前2項の規定を適用する．

◈ 第4章 不当利得

（不当利得の返還義務）

第703条 法律上の原因なく他人の財産又は労務によって利益を受け，そのために他人に損失を及ぼした者（以下この章において「受益者」という．）は，その利益の存する限度において，これを返還する義務を負う．

（悪意の受益者の返還義務等）

第704条 悪意の受益者は，その受けた利益に利息を付して返還しなければならない．この場合において，なお損害があるときは，その賠償の責任を負う．

（債務の不存在を知ってした弁済）

第705条 債務の弁済として給付をした者は，その時において債務の存在しないことを知っていたときは，その給付したものの返還を請求することができない．

（期限前の弁済）

第706条 債務者は，弁済期にない債務の弁済として給付をしたときは，その給付したものの返還を請求することができない．ただし，債務者が錯誤によってその給付をしたときは，債権者は，これによって得た利益を返還しなければならない．

（他人の債務の弁済）

第707条 ① 債務者でない者が錯誤によって債務の弁済をした場合において，債権者が善意で証書を滅失させ若しくは損傷し，担保を放棄し，又は時効によってその債権を失ったときは，その弁済をした者は，返還の請求をすることができない．

② 前項の規定は，弁済をした者から債務者に対する求償権の行使を妨げない．

（不法原因給付）

第708条 不法な原因のために給付をした者は，その給付したものの返還を請求することができない．ただし，不法な原因が受益者についてのみ存したときは，この限りでない．

◈ 第5章 不法行為

（不法行為による損害賠償）

第709条 故意又は過失によって他人の権利又は法律上保護される利益を侵害した者は，これによって生じた損害を賠償する責任を負う．

（財産以外の損害の賠償）

第710条 他人の身体，自由若しくは名誉を侵害した場合又は他人の財産権を侵害した場合のいずれであるかを問わず，前条の規定により損害賠償の責任を負う者は，財産以外の損害に対しても，その賠償をしなければならない．

（近親者に対する損害の賠償）

第711条 他人の生命を侵害した者は，被害者の父母，配偶者及び子に対しては，その財産権が侵害されなかった場合においても，損害の賠償をしなければならない．

（責任能力）

第712条 未成年者は，他人に損害を加えた場合において，自己の行為の責任を弁識するに足りる知能を備えていなかったときは，その行為について賠償の責任を負わない．

第713条 精神上の障害により自己の行為の責任を弁識する能力を欠く状態にある間に他人に損害を加えた者は，その賠償の責任を負わない．ただし，故意又は過失によって一時的にその状態を招いたときは，この限りでない．

（責任無能力者の監督義務者等の責任）

第714条 ① 前2条の規定により責任無能力者がその責任を負わない場合において，その責任無能力者を監督する法定の義務を負う者は，その責任無能力者が第三者に加えた損害を賠償する責任を負う．ただし，監督義務者がその義務を怠らなかったとき，又はその義務を怠らなくても損害が生ずべきであったときは，この限りでない．

② 監督義務者に代わって責任無能力者を監督する者も，前項の責任を負う．

（使用者等の責任）

第715条 ① ある事業のために他人を使用する者は，被用者がその事業の執行について第三者に加えた損害を賠償する責任を負う．ただし，使用者が被用者の選任及びその事業の監督について相当の注意をしたとき，又は相当の注意をしても損害が生ずべきであったときは，この限りでない．

② 使用者に代わって事業を監督する者も，前項の責任を負う．

③ 前2項の規定は，使用者又は監督者から被用者に対する求償権の行使を妨げない．

（注文者の責任）

第716条 注文者は，請負人がその仕事について第三者に加えた損害を賠償する責任を負わない．ただし，注文又は指図についてその注文者に過失があったときは，この限りでない．

（土地の工作物等の占有者及び所有者の責任）

第717条 ① 土地の工作物の設置又は保存に瑕疵があることによって他人に損害を生じたときは，その工作物の占有者は，被害者に対してその損害を賠償する責任を負う．ただし，占有者が損害の発生を防止するのに必要な注意をしたときは，所有者がその損害を賠償しなければならない．

② 前項の規定は，竹木の栽植又は支持に瑕疵がある場合について準用する．

③ 前2項の場合において，損害の原因について他にその責任を負う者があるときは，占有者又は所有者は，その者に対して求償権を行使することができる．

（動物の占有者等の責任）

第718条 ① 動物の占有者は，その動物が他人に加えた損害を賠償する責任を負う．ただし，動物の種類及び性質に従い相当の注意をもってその管理をしたときは，この限りでない．

② 占有者に代わって動物を管理する者も，前項の責任を負う．

（共同不法行為者の責任）

第719条 ① 数人が共同の不法行為によって他人に損害を加えたときは，各自が連帯してその損害を賠償する責任を負う．共同行為者のうちいずれの者がその損害を加えたかを知ることができないときも，同様とする．

② 行為者を教唆した者及び幇助した者は，共同行為者とみなして，前項の規定を適用する．

（正当防衛及び緊急避難）

第720条 ① 他人の不法行為に対し，自己又は第三者の権利又は法律上保護される利益を防衛するため，やむを得ず加害行為をした者は，損害賠償の責任を負わない．ただし，被害者から不法行為をした者に対する損害賠償の請求を妨げない．

② 前項の規定は，他人の物から生じた急迫の危難を避けるためその物を損傷した場合について準用する．

（損害賠償請求権に関する胎児の権利能力）

第721条 胎児は，損害賠償の請求権については，既に生まれたものとみなす．

（損害賠償の方法，中間利息の控除及び過失相殺）

第722条 ① 第417条及び第417条の2の規定は，不法行為による損害賠償について準用する．

② 被害者に過失があったときは，裁判所は，これを考慮して，損害賠償の額を定めることができる．

（名誉毀損における原状回復）

第723条 他人の名誉を毀損した者に対しては，裁判所は，被害者の請求により，損害賠償に代えて，又は損害賠償とともに，名誉を回復するのに適当な処分を命ずることができる．

（不法行為による損害賠償請求権の消滅時効）

第724条 不法行為による損害賠償の請求権は，次に掲げる場合には，時効によって消滅する．

1 被害者又はその法定代理人が損害及び加害者を知った時から3年間行使しないとき．

2 不法行為の時から20年間行使しないとき．

（人の生命又は身体を害する不法行為による損害賠償請求権の消滅時効）

第724条の2 人の生命又は身体を害する不法行為による損害賠償請求権の消滅時効についての前条第1号の規定の適用については，同号中「3年間」とあるのは，「5年間」とする．

◈第4編　親　族◈

◈ 第1章　総　則

（親族の範囲）

第725条 次に掲げる者は，親族とする．

1 6親等内の血族

2 配偶者

3 3親等内の姻族

（親等の計算）
第726条 ① 親等は，親族間の世代数を数えて，これを定める．
② 傍系親族の親等を定めるには，その１人又はその配偶者から同一の祖先にさかのぼり，その祖先から他の１人に下るまでの世代数による．
（縁組による親族関係の発生）
第727条 養子と養親及びその血族との間においては，養子縁組の日から，血族間におけるのと同一の親族関係を生ずる．
（離婚等による姻族関係の終了）
第728条 ① 姻族関係は，離婚によって終了する．
② 夫婦の一方が死亡した場合において，生存配偶者が姻族関係を終了させる意思を表示したときも，前項と同様とする．
（離縁による親族関係の終了）
第729条 養子及びその配偶者並びに養子の直系卑属及びその配偶者と養親及びその血族との親族関係は，離縁によって終了する．
（親族間の扶け合い）
第730条 直系血族及び同居の親族は，互いに扶け合わなければならない．

◈ 第２章　婚　姻

第１節　婚姻の成立

第１款　婚姻の要件

（婚姻適齢）
第731条 男は，18歳に，女は，16歳にならなければ，婚姻をすることができない．
（重婚の禁止）
第732条 配偶者のある者は，重ねて婚姻をすることができない．
（再婚禁止期間）
第733条 ① 女は，前婚の解消又は取消しの日から起算して100日を経過した後でなければ，再婚をすることができない．
② 前項の規定は，次に掲げる場合には，適用しない．
　１ 女が前婚の解消又は取消しの時に懐胎していなかった場合
　２ 女が前婚の解消又は取消しの後に出産した場合
（近親者間の婚姻の禁止）
第734条 ① 直系血族又は３親等内の傍系血族の間では，婚姻をすることができない．ただし，養子と養方の傍系血族との間では，この限りでない．
② 第817条の９の規定により親族関係が終了した後も，前項と同様とする．
（直系姻族間の婚姻の禁止）
第735条 直系姻族の間では，婚姻をすることができない．第728条又は第817条の９の規定により姻族関係が終了した後も，同様とする．
（養親子等の間の婚姻の禁止）
第736条 養子若しくはその配偶者又は養子の直系卑属若しくはその配偶者と養親又はその直系尊属との間では，第729条の規定により親族関係が終了した後でも，婚姻をすることができない．
（未成年者の婚姻についての父母の同意）
第737条 ① 未成年の子が婚姻をするには，父母の同意を得なければならない．
② 父母の一方が同意しないときは，他の一方の同意だけで足りる．父母の一方が知れないとき，死亡したとき，又はその意思を表示することができないときも，同様とする．
（成年被後見人の婚姻）
第738条 成年被後見人が婚姻をするには，その成年後見人の同意を要しない．
（婚姻の届出）
第739条 ① 婚姻は，戸籍法（昭和22年法律第224号）の定めるところにより届け出ることによって，その効力を生ずる．
② 前項の届出は，当事者双方及び成年の証人２人以上が署名した書面で，又はこれらの者から口頭で，しなければならない．
（婚姻の届出の受理）
第740条 婚姻の届出は，その婚姻が第731条から第737条まで及び前条第２項の規定その他の法令の規定に違反しないことを認めた後でなければ，受理することができない．
（外国に在る日本人間の婚姻の方式）
第741条 外国に在る日本人間で婚姻をしようとするときは，その国に駐在する日本の大使，公使又は領事にその届出をすることができる．この場合においては，前２条の規定を準用する．

第２款　婚姻の無効及び取消し

（婚姻の無効）
第742条 婚姻は，次に掲げる場合に限り，無効とする．
　１ 人違いその他の事由によって当事者間に婚姻をする意思がないとき．
　２ 当事者が婚姻の届出をしないとき．ただし，その届出が第739条第２項に定める方式を欠くだけであるときは，婚姻は，そのためにその効力を妨げられない．
（婚姻の取消し）
第743条 婚姻は，次条から第747条までの規定によらなければ，取り消すことができない．
（不適法な婚姻の取消し）
第744条 ① 第731条から第736条までの規定に違反した婚姻は，各当事者，その親族又は検察官から，その取消しを家庭裁判所に請求することができる．ただし，検察官は，当事者の一方が死亡した後は，これを請求することができない．
② 第732条又は第733条の規定に違反した婚姻については，当事者の配偶者又は前配偶者も，その取消しを請求することができる．
（不適齢者の婚姻の取消し）
第745条 ① 第731条の規定に違反した婚姻は，不適齢者が適齢に達したときは，その取消しを請求することができない．
② 不適齢者は，適齢に達した後，なお３箇月間は，その婚

姻の取消しを請求することができる．ただし，適齢に達した後に追認をしたときは，この限りでない．

（再婚禁止期間内にした婚姻の取消し）

第746条 第733条の規定に違反した婚姻は，前婚の解消若しくは取消しの日から起算して100日を経過し，又は女が再婚後に出産したときは，その取消しを請求することができない．

（詐欺又は強迫による婚姻の取消し）

第747条 ① 詐欺又は強迫によって婚姻をした者は，その婚姻の取消しを家庭裁判所に請求することができる．

② 前項の規定による取消権は，当事者が，詐欺を発見し，若しくは強迫を免れた後3箇月を経過し，又は追認をしたときは，消滅する．

（婚姻の取消しの効力）

第748条 ① 婚姻の取消しは，将来に向かってのみその効力を生ずる．

② 婚姻の時においてその取消しの原因があることを知らなかった当事者が，婚姻によって財産を得たときは，現に利益を受けている限度において，その返還をしなければならない．

③ 婚姻の時においてその取消しの原因があることを知っていた当事者は，婚姻によって得た利益の全部を返還しなければならない．この場合において，相手方が善意であったときは，これに対して損害を賠償する責任を負う．

（離婚の規定の準用）

第749条 第728条第1項，第766条から第769条まで，第790条第1項ただし書並びに第819条第2項，第3項，第5項及び第6項の規定は，婚姻の取消しについて準用する．

第2節　婚姻の効力

（夫婦の氏）

第750条 夫婦は，婚姻の際に定めるところに従い，夫又は妻の氏を称する．

（生存配偶者の復氏等）

第751条 ① 夫婦の一方が死亡したときは，生存配偶者は，婚姻前の氏に復することができる．

② 第769条の規定は，前項及び第728条第1項の場合について準用する．

（同居，協力及び扶助の義務）

第752条 夫婦は同居し，互いに協力し扶助しなければならない．

（婚姻による成年擬制）

第753条 未成年者が婚姻をしたときは，これによって成年に達したものとみなす．

（夫婦間の契約の取消権）

第754条 夫婦間でした契約は，婚姻中，いつでも，夫婦の一方からこれを取り消すことができる．ただし，第三者の権利を害することはできない．

第3節　夫婦財産制

第1款　総　則

（夫婦の財産関係）

第755条 夫婦が，婚姻の届出前に，その財産について別段の契約をしなかったときは，その財産関係は，次款に定めるところによる．

（夫婦財産契約の対抗要件）

第756条 夫婦が法定財産制と異なる契約をしたときは，婚姻の届出までにその登記をしなければ，これを夫婦の承継人及び第三者に対抗することができない．

第757条 削除

（夫婦の財産関係の変更の制限等）

第758条 ① 夫婦の財産関係は，婚姻の届出後は，変更することができない．

② 夫婦の一方が，他の一方の財産を管理する場合において，管理が失当であったことによってその財産を危うくしたときは，他の一方は，自らその管理をすることを家庭裁判所に請求することができる．

③ 共有財産については，前項の請求とともに，その分割を請求することができる．

（財産の管理者の変更及び共有財産の分割の対抗要件）

第759条 前条の規定又は第755条の契約の結果により，財産の管理者を変更し，又は共有財産の分割をしたときは，その登記をしなければ，これを夫婦の承継人及び第三者に対抗することができない．

第2款　法定財産制

（婚姻費用の分担）

第760条 夫婦は，その資産，収入その他一切の事情を考慮して，婚姻から生ずる費用を分担する．

（日常の家事に関する債務の連帯責任）

第761条 夫婦の一方が日常の家事に関して第三者と法律行為をしたときは，他の一方は，これによって生じた債務について，連帯してその責任を負う．ただし，第三者に対し責任を負わない旨を予告した場合は，この限りでない．

（夫婦間における財産の帰属）

第762条 ① 夫婦の一方が婚姻前から有する財産及び婚姻中自己の名で得た財産は，その特有財産（夫婦の一方が単独で有する財産をいう．）とする．

② 夫婦のいずれに属するか明らかでない財産は，その共有に属するものと推定する．

第4節　離　婚

第1款　協議上の離婚

（協議上の離婚）

第763条 夫婦は，その協議で，離婚をすることができる．

（婚姻の規定の準用）

第764条 第738条，第739条及び第747条の規定は，協議上の離婚について準用する．

（離婚の届出の受理）

第765条 ① 離婚の届出は，その離婚が前条において準用する第739条第2項の規定及び第819条第1項の規定その他の法令の規定に違反しないことを認めた後でなければ，受理することができない．

② 離婚の届出が前項の規定に違反して受理されたときであっても，離婚は，そのためにその効力を妨げられない．

（離婚後の子の監護に関する事項の定め等）

第766条 ① 父母が協議上の離婚をするときは，子の監護をすべき者,父又は母と子との面会及びその他の交流,子の監護に要する費用の分担その他の子の監護について必要な事項は,その協議で定める.この場合においては,子の利益を最も優先して考慮しなければならない.
② 前項の協議が調わないとき,又は協議をすることができないときは,家庭裁判所が,同項の事項を定める.
③ 家庭裁判所は,必要があると認めるときは,前2項の規定による定めを変更し,その他子の監護について相当な処分を命ずることができる.
④ 前3項の規定によっては,監護の範囲外では,父母の権利義務に変更を生じない.

(離婚による復氏等)

第767条 ① 婚姻によって氏を改めた夫又は妻は,協議上の離婚によって婚姻前の氏に復する.
② 前項の規定により婚姻前の氏に復した夫又は妻は,離婚の日から3箇月以内に戸籍法の定めるところにより届け出ることによって,離婚の際に称していた氏を称することができる.

(財産分与)

第768条 ① 協議上の離婚をした者の一方は,相手方に対して財産の分与を請求することができる.
② 前項の規定による財産の分与について,当事者間に協議が調わないとき,又は協議をすることができないときは,当事者は,家庭裁判所に対して協議に代わる処分を請求することができる.ただし,離婚の時から2年を経過したときは,この限りでない.
③ 前項の場合には,家庭裁判所は,当事者双方がその協力によって得た財産の額その他一切の事情を考慮して,分与をさせるべきかどうか並びに分与の額及び方法を定める.

(離婚による復氏の際の権利の承継)

第769条 ① 婚姻によって氏を改めた夫又は妻が,第897条第1項の権利を承継した後,協議上の離婚をしたときは,当事者その他の関係人の協議で,その権利を承継すべき者を定めなければならない.
② 前項の協議が調わないとき,又は協議をすることができないときは,同項の権利を承継すべき者は,家庭裁判所がこれを定める.

第2款 裁判上の離婚

(裁判上の離婚)

第770条 ① 夫婦の一方は,次に掲げる場合に限り,離婚の訴えを提起することができる.
1 配偶者に不貞な行為があったとき.
2 配偶者から悪意で遺棄されたとき.
3 配偶者の生死が3年以上明らかでないとき.
4 配偶者が強度の精神病にかかり,回復の見込みがないとき.
5 その他婚姻を継続し難い重大な事由があるとき.
② 裁判所は,前項第1号から第4号までに掲げる事由がある場合であっても,一切の事情を考慮して婚姻の継続を相当と認めるときは,離婚の請求を棄却することができる.

(協議上の離婚の規定の準用)

第771条 第766条から第769条までの規定は,裁判上の離婚について準用する.

◈ 第3章 親 子

第1節 実 子

(嫡出の推定)

第772条 ① 妻が婚姻中に懐胎した子は,夫の子と推定する.
② 婚姻の成立の日から200日を経過した後又は婚姻の解消若しくは取消しの日から300日以内に生まれた子は,婚姻中に懐胎したものと推定する.

(父を定めることを目的とする訴え)

第773条 第733条第1項の規定に違反して再婚をした女が出産した場合において,前条の規定によりその子の父を定めることができないときは,裁判所が,これを定める.

(嫡出の否認)

第774条 第772条の場合において,夫は,子が嫡出であることを否認することができる.

(嫡出否認の訴え)

第775条 前条の規定による否認権は,子又は親権を行う母に対する嫡出否認の訴えによって行う.親権を行う母がないときは,家庭裁判所は,特別代理人を選任しなければならない.

(嫡出の承認)

第776条 夫は,子の出生後において,その嫡出であることを承認したときは,その否認権を失う.

(嫡出否認の訴えの出訴期間)

第777条 嫡出否認の訴えは,夫が子の出生を知った時から1年以内に提起しなければならない.

第778条 夫が成年被後見人であるときは,前条の期間は,後見開始の審判の取消しがあった後夫が子の出生を知った時から起算する.

(認 知)

第779条 嫡出でない子は,その父又は母がこれを認知することができる.

(認知能力)

第780条 認知をするには,父又は母が未成年者又は成年被後見人であるときであっても,その法定代理人の同意を要しない.

(認知の方式)

第781条 ① 認知は,戸籍法の定めるところにより届け出ることによってする.
② 認知は,遺言によっても,することができる.

(成年の子の認知)

第782条 成年の子は,その承諾がなければ,これを認知することができない.

(胎児又は死亡した子の認知)

第783条 ① 父は,胎内に在る子でも,認知することができる.この場合においては,母の承諾を得なければならない.
② 父又は母は,死亡した子でも,その直系卑属があるときに限り,認知することができる.この場合において,その直系卑属が成年者であるときは,その承諾を得な

ければならない.

（認知の効力）

第784条 認知は,出生の時にさかのぼってその効力を生ずる.ただし,第三者が既に取得した権利を害することはできない.

（認知の取消しの禁止）

第785条 認知をした父又は母は,その認知を取り消すことができない.

（認知に対する反対の事実の主張）

第786条 子その他の利害関係人は,認知に対して反対の事実を主張することができる.

（認知の訴え）

第787条 子,その直系卑属又はこれらの者の法定代理人は,認知の訴えを提起することができる.ただし,父又は母の死亡の日から3年を経過したときは,この限りでない.

（認知後の子の監護に関する事項の定め等）

第788条 第766条の規定は,父が認知する場合について準用する.

（準　正）

第789条 ① 父が認知した子は,その父母の婚姻によって嫡出子の身分を取得する.

② 婚姻中父母が認知した子は,その認知の時から,嫡出子の身分を取得する.

③ 前2項の規定は,子が既に死亡していた場合について準用する.

（子の氏）

第790条 ① 嫡出である子は,父母の氏を称する.ただし,子の出生前に父母が離婚したときは,離婚の際における父母の氏を称する.

② 嫡出でない子は,母の氏を称する.

（子の氏の変更）

第791条 ① 子が父又は母と氏を異にする場合には,子は,家庭裁判所の許可を得て,戸籍法の定めるところにより届け出ることによって,その父又は母の氏を称することができる.

② 父又は母が氏を改めたことにより子が父母と氏を異にする場合には,子は,父母の婚姻中に限り,前項の許可を得ないで,戸籍法の定めるところにより届け出ることによって,その父母の氏を称することができる.

③ 子が15歳未満であるときは,その法定代理人が,これに代わって,前2項の行為をすることができる.

④ 前3項の規定により氏を改めた未成年の子は,成年に達した時から1年以内に戸籍法の定めるところにより届け出ることによって,従前の氏に復することができる.

第2節　養　子

第1款　縁組の要件

（養親となる者の年齢）

第792条 成年に達した者は,養子をすることができる.

（尊属又は年長者を養子とすることの禁止）

第793条 尊属又は年長者は,これを養子とすることができない.

（後見人が被後見人を養子とする縁組）

第794条 後見人が被後見人（未成年被後見人及び成年被後見人をいう.以下同じ.）を養子とするには,家庭裁判所の許可を得なければならない.後見人の任務が終了した後,まだその管理の計算が終わらない間も,同様とする.

（配偶者のある者が未成年者を養子とする縁組）

第795条 配偶者のある者が未成年者を養子とするには,配偶者とともにしなければならない.ただし,配偶者の嫡出である子を養子とする場合又は配偶者がその意思を表示することができない場合は,この限りでない.

（配偶者のある者の縁組）

第796条 配偶者のある者が縁組をするには,その配偶者の同意を得なければならない.ただし,配偶者とともに縁組をする場合又は配偶者がその意思を表示することができない場合は,この限りでない.

（15歳未満の者を養子とする縁組）

第797条 ① 養子となる者が15歳未満であるときは,その法定代理人が,これに代わって,縁組の承諾をすることができる.

② 法定代理人が前項の承諾をするには,養子となる者の父母でその監護をすべき者であるものが他にあるときは,その同意を得なければならない.養子となる者の父母で親権を停止されているものがあるときも,同様とする.

（未成年者を養子とする縁組）

第798条 未成年者を養子とするには,家庭裁判所の許可を得なければならない.ただし,自己又は配偶者の直系卑属を養子とする場合は,この限りでない.

（婚姻の規定の準用）

第799条 第738条及び第739条の規定は,縁組について準用する.

（縁組の届出の受理）

第800条 縁組の届出は,その縁組が第792条から前条までの規定その他の法令の規定に違反しないことを認めた後でなければ,受理することができない.

（外国に在る日本人間の縁組の方式）

第801条 外国に在る日本人間で縁組をしようとするときは,その国に駐在する日本の大使,公使又は領事にその届出をすることができる.この場合においては,第799条において準用する第739条の規定及び前条の規定を準用する.

第2款　縁組の無効及び取消し

（縁組の無効）

第802条 縁組は,次に掲げる場合に限り,無効とする.

1 人違いその他の事由によって当事者間に縁組をする意思がないとき.

2 当事者が縁組の届出をしないとき.ただし,その届出が第799条において準用する第739条第2項に定める方式を欠くだけであるときは,縁組は,そのためにその効力を妨げられない.

（縁組の取消し）

第803条 縁組は,次条から第808条までの規定によらなければ，取り消すことができない．

（養親が未成年者である場合の縁組の取消し）

第804条　第792条の規定に違反した縁組は，養親又はその法定代理人から，その取消しを家庭裁判所に請求することができる．ただし，養親が，成年に達した後6箇月を経過し，又は追認をしたときは，この限りでない．

（養子が尊属又は年長者である場合の縁組の取消し）

第805条　第793条の規定に違反した縁組は，各当事者又はその親族から，その取消しを家庭裁判所に請求することができる．

（後見人と被後見人との間の無許可縁組の取消し）

第806条　① 第794条の規定に違反した縁組は，養子又はその実方の親族から，その取消しを家庭裁判所に請求することができる．ただし，管理の計算が終わった後，養子が追認をし，又は6箇月を経過したときは，この限りでない．

② 前項ただし書の追認は，養子が，成年に達し，又は行為能力を回復した後にしなければ，その効力を生じない．

③ 養子が，成年に達せず，又は行為能力を回復しない間に，管理の計算が終わった場合には，第1項ただし書の期間は，養子が，成年に達し，又は行為能力を回復した時から起算する．

（配偶者の同意のない縁組等の取消し）

第806条の2　① 第796条の規定に違反した縁組は，縁組の同意をしていない者から，その取消しを家庭裁判所に請求することができる．ただし，その者が，縁組を知った後6箇月を経過し，又は追認をしたときは，この限りでない．

② 詐欺又は強迫によって第796条の同意をした者は，その縁組の取消しを家庭裁判所に請求することができる．ただし，その者が，詐欺を発見し，若しくは強迫を免れた後6箇月を経過し，又は追認をしたときは，この限りでない．

（子の監護をすべき者の同意のない縁組等の取消し）

第806条の3　① 第797条第2項の規定に違反した縁組は，縁組の同意をしていない者から，その取消しを家庭裁判所に請求することができる．ただし，その者が追認をしたとき，又は養子が15歳に達した後6箇月を経過し，若しくは追認をしたときは，この限りでない．

② 前条第2項の規定は，詐欺又は強迫によって第797条第2項の同意をした者について準用する．

（養子が未成年者である場合の無許可縁組の取消し）

第807条　第798条の規定に違反した縁組は，養子，その実方の親族又は養子に代わって縁組の承諾をした者から，その取消しを家庭裁判所に請求することができる．ただし，養子が，成年に達した後6箇月を経過し，又は追認をしたときは，この限りでない．

（婚姻の取消し等の規定の準用）

第808条　① 第747条及び第748条の規定は，縁組について準用する．この場合において，第747条第2項中「3箇月」とあるのは，「6箇月」と読み替えるものとする．

② 第769条及び第816条の規定は，縁組の取消しについて準用する．

第3款　縁組の効力

（嫡出子の身分の取得）

第809条　養子は，縁組の日から，養親の嫡出子の身分を取得する．

（養子の氏）

第810条　養子は，養親の氏を称する．ただし，婚姻によって氏を改めた者については，婚姻の際に定めた氏を称すべき間は，この限りでない．

第4款　離　縁

（協議上の離縁等）

第811条　① 縁組の当事者は，その協議で，離縁をすることができる．

② 養子が15歳未満であるときは，その離縁は，養親と養子の離縁後にその法定代理人となるべき者との協議でこれをする．

③ 前項の場合において，養子の父母が離婚しているときは，その協議で，その一方を養子の離縁後にその親権者となるべき者と定めなければならない．

④ 前項の協議が調わないとき，又は協議をすることができないときは，家庭裁判所は，同項の父若しくは母又は養親の請求によって，協議に代わる審判をすることができる．

⑤ 第2項の法定代理人となるべき者がないときは，家庭裁判所は，養子の親族その他の利害関係人の請求によって，養子の離縁後にその未成年後見人となるべき者を選任する．

⑥ 縁組の当事者の一方が死亡した後に生存当事者が離縁をしようとするときは，家庭裁判所の許可を得て，これをすることができる．

（夫婦である養親と未成年者との離縁）

第811条の2　養親が夫婦である場合において未成年者と離縁をするには，夫婦が共にしなければならない．ただし，夫婦の一方がその意思を表示することができないときは，この限りでない．

（婚姻の規定の準用）

第812条　第738条，第739条及び第747条の規定は，協議上の離縁について準用する．この場合において，同条第2項中「3箇月」とあるのは，「6箇月」と読み替えるものとする．

（離縁の届出の受理）

第813条　① 離縁の届出は，その離縁が前条において準用する第739条第2項の規定並びに第811条及び第811条の2の規定その他の法令の規定に違反しないことを認めた後でなければ，受理することができない．

② 離縁の届出が前項の規定に違反して受理されたときであっても，離縁は，そのためにその効力を妨げられない．

（裁判上の離縁）

第814条　① 縁組の当事者の一方は，次に掲げる場合に限り，離縁の訴えを提起することができる．

1　他の一方から悪意で遺棄されたとき．

2　他の一方の生死が3年以上明らかでないとき．

3　その他縁組を継続し難い重大な事由があるとき．

② 第770条第2項の規定は，前項第1号及び第2号に掲げる場合について準用する．

（養子が15歳未満である場合の離縁の訴えの当事者）

第815条 養子が15歳に達しない間は，第811条の規定により養親と離縁の協議をすることができる者から，又はこれに対して，離縁の訴えを提起することができる．

（離縁による復氏等）

第816条 ① 養子は，離縁によって縁組前の氏に復する．ただし，配偶者とともに養子をした養親の一方のみと離縁をした場合は，この限りでない．

② 縁組の日から7年を経過した後に前項の規定により縁組前の氏に復した者は，離縁の日から3箇月以内に戸籍法の定めるところにより届け出ることによって，離縁の際に称していた氏を称することができる．

（離縁による復氏の際の権利の承継）

第817条 第769条の規定は，離縁について準用する．

第5款 特別養子

（特別養子縁組の成立）

第817条の2 ① 家庭裁判所は，次条から第817条の7までに定める要件があるときは，養親となる者の請求により，実方の血族との親族関係が終了する縁組（以下この款において「特別養子縁組」という．）を成立させることができる．

② 前項に規定する請求をするには，第794条又は第798条の許可を得ることを要しない．

（養親の夫婦共同縁組）

第817条の3 ① 養親となる者は，配偶者のある者でなければならない．

② 夫婦の一方は，他の一方が養親とならないときは，養親となることができない．ただし，夫婦の一方が他の一方の嫡出である子（特別養子縁組以外の縁組による養子を除く．）の養親となる場合は，この限りでない．

（養親となる者の年齢）

第817条の4 25歳に達しない者は，養親となることができない．ただし，養親となる夫婦の一方が25歳に達していない場合においても，その者が20歳に達しているときは，この限りでない．

（養子となる者の年齢）

第817条の5 ① 第817条の2に規定する請求の時に15歳に達している者は，養子となることができない．特別養子縁組が成立するまでに18歳に達した者についても，同様とする．

② 前項前段の規定は，養子となる者が15歳に達する前から引き続き養親となる者に監護されている場合において，15歳に達するまでに第817条の2に規定する請求がされなかったことについてやむを得ない事由があるときは，適用しない．

③ 養子となる者が15歳に達している場合においては，特別養子縁組の成立には，その者の同意がなければならない．

（父母の同意）

第817条の6 特別養子縁組の成立には，養子となる者の父母の同意がなければならない．ただし，父母がその意思を表示することができない場合又は父母による虐待，悪意の遺棄その他養子となる者の利益を著しく害する事由がある場合は，この限りでない．

（子の利益のための特別の必要性）

第817条の7 特別養子縁組は，父母による養子となる者の監護が著しく困難又は不適当であることその他特別の事情がある場合において，子の利益のため特に必要があると認めるときに，これを成立させるものとする．

（監護の状況）

第817条の8 ① 特別養子縁組を成立させるには，養親となる者が養子となる者を6箇月以上の期間監護した状況を考慮しなければならない．

② 前項の期間は，第817条の2に規定する請求の時から起算する．ただし，その請求前の監護の状況が明らかであるときは，この限りでない．

（実方との親族関係の終了）

第817条の9 養子と実方の父母及びその血族との親族関係は，特別養子縁組によって終了する．ただし，第817条の3第2項ただし書に規定する他の一方及びその血族との親族関係については，この限りでない．

（特別養子縁組の離縁）

第817条の10 ① 次の各号のいずれにも該当する場合において，養子の利益のため特に必要があると認めるときは，家庭裁判所は，養子，実父母又は検察官の請求により，特別養子縁組の当事者を離縁させることができる．

1 養親による虐待，悪意の遺棄その他養子の利益を著しく害する事由があること．

2 実父母が相当の監護をすることができること．

② 離縁は，前項の規定による場合のほか，これをすることができない．

（離縁による実方との親族関係の回復）

第817条の11 養子と実父母及びその血族との間においては，離縁の日から，特別養子縁組によって終了した親族関係と同一の親族関係を生ずる．

第4章 親 権

第1節 総 則

（親権者）

第818条 ① 成年に達しない子は，父母の親権に服する．

② 子が養子であるときは，養親の親権に服する．

③ 親権は，父母の婚姻中は，父母が共同して行う．ただし，父母の一方が親権を行うことができないときは，他の一方が行う．

（離婚又は認知の場合の親権者）

第819条 ① 父母が協議上の離婚をするときは，その協議で，その一方を親権者と定めなければならない．

② 裁判上の離婚の場合には，裁判所は，父母の一方を親権者と定める．

③ 子の出生前に父母が離婚した場合には，親権は，母が行う．ただし，子の出生後に，父母の協議で，父を親権者と定めることができる．

④ 父が認知した子に対する親権は，父母の協議で父を親権者と定めたときに限り，父が行う．

⑤ 第1項,第3項又は前項の協議が調わないとき,又は協議をすることができないときは,家庭裁判所は,父又は母の請求によって,協議に代わる審判をすることができる.
⑥ 子の利益のため必要があると認めるときは,家庭裁判所は,子の親族の請求によって,親権者を他の一方に変更することができる.

第2節 親権の効力

(監護及び教育の権利義務)
第820条 親権を行う者は,子の利益のために子の監護及び教育をする権利を有し,義務を負う.
(居所の指定)
第821条 子は,親権を行う者が指定した場所に,その居所を定めなければならない.
(懲 戒)
第822条 親権を行う者は,第820条の規定による監護及び教育に必要な範囲内でその子を懲戒することができる.
(職業の許可)
第823条 ① 子は,親権を行う者の許可を得なければ,職業を営むことができない.
② 親権を行う者は,第6条第2項の場合には,前項の許可を取り消し,又はこれを制限することができる.
(財産の管理及び代表)
第824条 親権を行う者は,子の財産を管理し,かつ,その財産に関する法律行為についてその子を代表する.ただし,その子の行為を目的とする債務を生ずべき場合には,本人の同意を得なければならない.
(父母の一方が共同の名義でした行為の効力)
第825条 父母が共同して親権を行う場合において,父母の一方が,共同の名義で,子に代わって法律行為をし又は子がこれをすることに同意したときは,その行為は,他の一方の意思に反したときであっても,そのためにその効力を妨げられない.ただし,相手方が悪意であったときは,この限りでない.
(利益相反行為)
第826条 ① 親権を行う父又は母とその子との利益が相反する行為については,親権を行う者は,その子のために特別代理人を選任することを家庭裁判所に請求しなければならない.
② 親権を行う者が数人の子に対して親権を行う場合において,その1人と他の子との利益が相反する行為については,親権を行う者は,その一方のために特別代理人を選任することを家庭裁判所に請求しなければならない.
(財産の管理における注意義務)
第827条 親権を行う者は,自己のためにするのと同一の注意をもって,その管理権を行わなければならない.
(財産の管理の計算)
第828条 子が成年に達したときは,親権を行った者は,遅滞なくその管理の計算をしなければならない.ただし,その子の養育及び財産の管理の費用は,その子の財産の収益と相殺したものとみなす.
第829条 前条ただし書の規定は,無償で子に財産を与える第三者が反対の意思を表示したときは,その財産については,これを適用しない.
(第三者が無償で子に与えた財産の管理)
第830条 ① 無償で子に財産を与える第三者が,親権を行う父又は母にこれを管理させない意思を表示したときは,その財産は,父又は母の管理に属しないものとする.
② 前項の財産につき父母が共に管理権を有しない場合において,第三者が管理者を指定しなかったときは,家庭裁判所は,子,その親族又は検察官の請求によって,その管理者を選任する.
③ 第三者が管理者を指定したときであっても,その管理者の権限が消滅し,又はこれを改任する必要がある場合において,第三者が更に管理者を指定しないときも,前項と同様とする.
④ 第27条から第29条までの規定は,前2項の場合について準用する.
(委任の規定の準用)
第831条 第654条及び第655条の規定は,親権を行う者が子の財産を管理する場合及び前条の場合について準用する.
(財産の管理について生じた親子間の債権の消滅時効)
第832条 ① 親権を行った者とその子との間に財産の管理について生じた債権は,その管理権が消滅した時から5年間これを行使しないときは,時効によって消滅する.
② 子がまだ成年に達しない間に管理権が消滅した場合において子に法定代理人がないときは,前項の期間は,その子が成年に達し,又は後任の法定代理人が就職した時から起算する.
(子に代わる親権の行使)
第833条 親権を行う者は,その親権に服する子に代わって親権を行う.

第3節 親権の喪失

(親権喪失の審判)
第834条 父又は母による虐待又は悪意の遺棄があるときその他父又は母による親権の行使が著しく困難又は不適当であることにより子の利益を著しく害するときは,家庭裁判所は,子,その親族,未成年後見人,未成年後見監督人又は検察官の請求により,その父又は母について,親権喪失の審判をすることができる.ただし,2年以内にその原因が消滅する見込みがあるときは,この限りでない.
(親権停止の審判)
第834条の2 ① 父又は母による親権の行使が困難又は不適当であることにより子の利益を害するときは,家庭裁判所は,子,その親族,未成年後見人,未成年後見監督人又は検察官の請求により,その父又は母について,親権停止の審判をすることができる.
② 家庭裁判所は,親権停止の審判をするときは,その原因が消滅するまでに要すると見込まれる期間,子の心身の状態及び生活の状況その他一切の事情を考慮して,2年を超えない範囲内で,親権を停止する期間を定める.
(管理権喪失の審判)
第835条 父又は母による管理権の行使が困難又は不適当

であることにより子の利益を害するときは，家庭裁判所は，子，その親族，未成年後見人，未成年後見監督人又は検察官の請求により，その父又は母について，管理権喪失の審判をすることができる．

（親権喪失，親権停止又は管理権喪失の審判の取消し）

第836条 第834条本文，第834条の2第1項又は前条に規定する原因が消滅したときは，家庭裁判所は，本人又はその親族の請求によって，それぞれ親権喪失，親権停止又は管理権喪失の審判を取り消すことができる．

（親権又は管理権の辞任及び回復）

第837条 ① 親権を行う父又は母は，やむを得ない事由があるときは，家庭裁判所の許可を得て，親権又は管理権を辞することができる．

② 前項の事由が消滅したときは，父又は母は，家庭裁判所の許可を得て，親権又は管理権を回復することができる．

第5章　後　見

第1節　後見の開始

第838条 後見は，次に掲げる場合に開始する．

1 未成年者に対して親権を行う者がないとき，又は親権を行う者が管理権を有しないとき．

2 後見開始の審判があったとき．

第2節　後見の機関

第1款　後見人

（未成年後見人の指定）

第839条 ① 未成年者に対して最後に親権を行う者は，遺言で，未成年後見人を指定することができる．ただし，管理権を有しない者は，この限りでない．

② 親権を行う父母の一方が管理権を有しないときは，他の一方は，前項の規定により未成年後見人の指定をすることができる．

（未成年後見人の選任）

第840条 ① 前条の規定により未成年後見人となるべき者がないときは，家庭裁判所は，未成年被後見人又はその親族その他の利害関係人の請求によって，未成年後見人を選任する．未成年後見人が欠けたときも，同様とする．

② 未成年後見人がある場合においても，家庭裁判所は，必要があると認めるときは，前項に規定する者若しくは未成年後見人の請求により又は職権で，更に未成年後見人を選任することができる．

③ 未成年後見人を選任するには，未成年被後見人の年齢，心身の状態並びに生活及び財産の状況，未成年後見人となる者の職業及び経歴並びに未成年被後見人との利害関係の有無（未成年後見人となる者が法人であるときは，その事業の種類及び内容並びにその法人及びその代表者と未成年被後見人との利害関係の有無），未成年被後見人の意見その他一切の事情を考慮しなければならない．

（父母による未成年後見人の選任の請求）

第841条 父若しくは母が親権若しくは管理権を辞し，又は父若しくは母について親権喪失，親権停止若しくは管理権喪失の審判があったことによって未成年後見人を選任する必要が生じたときは，その父又は母は，遅滞なく未成年後見人の選任を家庭裁判所に請求しなければならない．

第842条 削除

（成年後見人の選任）

第843条 ① 家庭裁判所は，後見開始の審判をするときは，職権で，成年後見人を選任する．

② 成年後見人が欠けたときは，家庭裁判所は，成年被後見人若しくはその親族その他の利害関係人の請求により又は職権で，成年後見人を選任する．

③ 成年後見人が選任されている場合においても，家庭裁判所は，必要があると認めるときは，前項に規定する者若しくは成年後見人の請求により，又は職権で，更に成年後見人を選任することができる．

④ 成年後見人を選任するには，成年被後見人の心身の状態並びに生活及び財産の状況，成年後見人となる者の職業及び経歴並びに成年被後見人との利害関係の有無（成年後見人となる者が法人であるときは，その事業の種類及び内容並びにその法人及びその代表者と成年被後見人との利害関係の有無），成年被後見人の意見その他一切の事情を考慮しなければならない．

（後見人の辞任）

第844条 後見人は，正当な事由があるときは，家庭裁判所の許可を得て，その任務を辞することができる．

（辞任した後見人による新たな後見人の選任の請求）

第845条 後見人がその任務を辞したことによって新たに後見人を選任する必要が生じたときは，その後見人は，遅滞なく新たな後見人の選任を家庭裁判所に請求しなければならない．

（後見人の解任）

第846条 後見人に不正な行為，著しい不行跡その他後見の任務に適しない事由があるときは，家庭裁判所は，後見監督人，被後見人若しくはその親族若しくは検察官の請求により又は職権で，これを解任することができる．

（後見人の欠格事由）

第847条 次に掲げる者は，後見人となることができない．

1 未成年者

2 家庭裁判所で免ぜられた法定代理人，保佐人又は補助人

3 破産者

4 被後見人に対して訴訟をし，又はした者並びにその配偶者及び直系血族

5 行方の知れない者

第2款　後見監督人

（未成年後見監督人の指定）

第848条 未成年後見人を指定することができる者は，遺言で，未成年後見監督人を指定することができる．

（後見監督人の選任）

第849条 家庭裁判所は，必要があると認めるときは，被後見人，その親族若しくは後見人の請求により又は職権で，後見監督人を選任することができる．

（後見監督人の欠格事由）

第850条 後見人の配偶者，直系血族及び兄弟姉妹は，後見

監督人となることができない.

(後見監督人の職務)

第851条 後見監督人の職務は,次のとおりとする.

1 後見人の事務を監督すること.

2 後見人が欠けた場合に,遅滞なくその選任を家庭裁判所に請求すること.

3 急迫の事情がある場合に,必要な処分をすること.

4 後見人又はその代表する者と被後見人との利益が相反する行為について被後見人を代表すること.

(委任及び後見人の規定の準用)

第852条 第644条,第654条,第655条,第844条,第846条,第847条,第861条第2項及び第862条の規定は後見監督人について,第840条第3項及び第857条の2の規定は未成年後見監督人について,第843条第4項,第859条の2及び第859条の3の規定は成年後見監督人について準用する.

第3節 後見の事務

(財産の調査及び目録の作成)

第853条 ① 後見人は,遅滞なく被後見人の財産の調査に着手し,1箇月以内に,その調査を終わり,かつ,その目録を作成しなければならない.ただし,この期間は,家庭裁判所において伸長することができる.

② 財産の調査及びその目録の作成は,後見監督人があるときは,その立会いをもってしなければ,その効力を生じない.

(財産の目録の作成前の権限)

第854条 後見人は,財産の目録の作成を終わるまでは,急迫の必要がある行為のみをする権限を有する.ただし,これをもって善意の第三者に対抗することができない.

(後見人の被後見人に対する債権又は債務の申出義務)

第855条 ① 後見人が,被後見人に対し,債権を有し,又は債務を負う場合において,後見監督人があるときは,財産の調査に着手する前に,これを後見監督人に申し出なければならない.

② 後見人が,被後見人に対し債権を有することを知ってこれを申し出ないときは,その債権を失う.

(被後見人が包括財産を取得した場合についての準用)

第856条 前3条の規定は,後見人が就職した後被後見人が包括財産を取得した場合について準用する.

(未成年被後見人の身上の監護に関する権利義務)

第857条 未成年後見人は,第820条から第823条までに規定する事項について,親権を行う者と同一の権利義務を有する.ただし,親権を行う者が定めた教育の方法及び居所を変更し,営業を許可し,その許可を取り消し,又はこれを制限するには,未成年後見監督人があるときは,その同意を得なければならない.

(未成年後見人が数人ある場合の権限の行使等)

第857条の2 ① 未成年後見人が数人あるときは,共同してその権限を行使する.

② 未成年後見人が数人あるときは,家庭裁判所は,職権で,その一部の者について,財産に関する権限のみを行使すべきことを定めることができる.

③ 未成年後見人が数人あるときは,家庭裁判所は,職権で,財産に関する権限について,各未成年後見人が単独で又は数人の未成年後見人が事務を分掌して,その権限を行使すべきことを定めることができる.

④ 家庭裁判所は,職権で,前2項の規定による定めを取り消すことができる.

⑤ 未成年後見人が数人あるときは,第三者の意思表示は,その1人に対してすれば足りる.

(成年被後見人の意思の尊重及び身上の配慮)

第858条 成年後見人は,成年被後見人の生活,療養看護及び財産の管理に関する事務を行うに当たっては,成年被後見人の意思を尊重し,かつ,その心身の状態及び生活の状況に配慮しなければならない.

(財産の管理及び代表)

第859条 ① 後見人は,被後見人の財産を管理し,かつ,その財産に関する法律行為について被後見人を代表する.

② 第824条ただし書の規定は,前項の場合について準用する.

(成年後見人が数人ある場合の権限の行使等)

第859条の2 ① 成年後見人が数人あるときは,家庭裁判所は,職権で,数人の成年後見人が,共同して又は事務を分掌して,その権限を行使すべきことを定めることができる.

② 家庭裁判所は,職権で,前項の規定による定めを取り消すことができる.

③ 成年後見人が数人あるときは,第三者の意思表示は,その1人に対してすれば足りる.

(成年被後見人の居住用不動産の処分についての許可)

第859条の3 成年後見人は,成年被後見人に代わって,その居住の用に供する建物又はその敷地について,売却,賃貸,賃貸借の解除又は抵当権の設定その他これらに準ずる処分をするには,家庭裁判所の許可を得なければならない.

(利益相反行為)

第860条 第826条の規定は,後見人について準用する.ただし,後見監督人がある場合は,この限りでない.

(成年後見人による郵便物等の管理)

第860条の2 ① 家庭裁判所は,成年後見人がその事務を行うに当たって必要があると認めるときは,成年後見人の請求により,信書の送達の事業を行う者に対し,期間を定めて,成年被後見人に宛てた郵便物又は民間事業者による信書の送達に関する法律(平成14年法律第99号)第2条第3項に規定する信書便物(次条において「郵便物等」という.)を成年後見人に配達すべき旨を嘱託することができる.

② 前項に規定する嘱託の期間は,6箇月を超えることができない.

③ 家庭裁判所は,第1項の規定による審判があった後事情に変更を生じたときは,成年被後見人,成年後見人若しくは成年後見監督人の請求により又は職権で,同項に規定する嘱託を取り消し,又は変更することができる.ただし,その変更の審判においては,同項の規定による審判において定められた期間を伸長することができない.

④ 成年後見人の任務が終了したときは，家庭裁判所は，第１項に規定する嘱託を取り消さなければならない．

第860条の３ ① 成年後見人は，成年被後見人に宛てた郵便物等を受け取ったときは，これを開いて見ることができる．

② 成年後見人は，その受け取った前項の郵便物等で成年後見人の事務に関しないものは，速やかに成年被後見人に交付しなければならない．

③ 成年被後見人は，成年後見人に対し，成年後見人が受け取った第１項の郵便物等（前項の規定により成年被後見人に交付されたものを除く．）の閲覧を求めることができる．

（支出金額の予定及び後見の事務の費用）

第861条 ① 後見人は，その就職の初めにおいて，被後見人の生活，教育又は療養看護及び財産の管理のために毎年支出すべき金額を予定しなければならない．

② 後見人が後見の事務を行うために必要な費用は，被後見人の財産の中から支弁する．

（後見人の報酬）

第862条 家庭裁判所は，後見人及び被後見人の資力その他の事情によって，被後見人の財産の中から，相当な報酬を後見人に与えることができる．

（後見の事務の監督）

第863条 ① 後見監督人又は家庭裁判所は，いつでも，後見人に対し後見の事務の報告若しくは財産の目録の提出を求め，又は後見の事務若しくは被後見人の財産の状況を調査することができる．

② 家庭裁判所は，後見監督人，被後見人若しくはその親族その他の利害関係人の請求により又は職権で，被後見人の財産の管理その他後見の事務について必要な処分を命ずることができる．

（後見監督人の同意を要する行為）

第864条 後見人が，被後見人に代わって営業若しくは第13条第１項各号に掲げる行為をし，又は未成年被後見人がこれをすることに同意するには，後見監督人があるときは，その同意を得なければならない．ただし，同項第１号に掲げる元本の領収については，この限りでない．

第865条 ① 後見人が，前条の規定に違反してし又は同意を与えた行為は，被後見人又は後見人が取り消すことができる．この場合においては，第20条の規定を準用する．

② 前項の規定は，第121条から第126条までの規定の適用を妨げない．

（被後見人の財産等の譲受けの取消し）

第866条 ① 後見人が被後見人の財産又は被後見人に対する第三者の権利を譲り受けたときは，被後見人は，これを取り消すことができる．この場合においては，第20条の規定を準用する．

② 前項の規定は，第121条から第126条までの規定の適用を妨げない．

（未成年被後見人に代わる親権の行使）

第867条 ① 未成年後見人は，未成年被後見人に代わって親権を行う．

② 第853条から第857条まで及び第861条から前条までの規定は，前項の場合について準用する．

（財産に関する権限のみを有する未成年後見人）

第868条 親権を行う者が管理権を有しない場合には，未成年後見人は，財産に関する権限のみを有する．

（委任及び親権の規定の準用）

第869条 第644条及び第830条の規定は，後見について準用する．

第４節　後見の終了

（後見の計算）

第870条 後見人の任務が終了したときは，後見人又はその相続人は，２箇月以内にその管理の計算（以下「後見の計算」という．）をしなければならない．ただし，この期間は，家庭裁判所において伸長することができる．

第871条 後見の計算は，後見監督人があるときは，その立会いをもってしなければならない．

（未成年被後見人と未成年後見人等との間の契約等の取消し）

第872条 ① 未成年被後見人が成年に達した後後見の計算の終了前に，その者と未成年後見人又はその相続人との間でした契約は，その者が取り消すことができる．その者が未成年後見人又はその相続人に対してした単独行為も，同様とする．

② 第20条及び第121条から第126条までの規定は，前項の場合について準用する．

（返還金に対する利息の支払等）

第873条 ① 後見人が被後見人に返還すべき金額及び被後見人が後見人に返還すべき金額には，後見の計算が終了した時から，利息を付さなければならない．

② 後見人は，自己のために被後見人の金銭を消費したときは，その消費の時から，これに利息を付さなければならない．この場合において，なお損害があるときは，その賠償の責任を負う．

（成年被後見人の死亡後の成年後見人の権限）

第873条の２ 成年後見人は，成年被後見人が死亡した場合において，必要があるときは，成年被後見人の相続人の意思に反することが明らかなときを除き，相続人が相続財産を管理することができるに至るまで，次に掲げる行為をすることができる．ただし，第３号に掲げる行為をするには，家庭裁判所の許可を得なければならない．

１ 相続財産に属する特定の財産の保存に必要な行為
２ 相続財産に属する債務（弁済期が到来しているものに限る．）の弁済
３ その死体の火葬又は埋葬に関する契約の締結その他相続財産の保存に必要な行為（前２号に掲げる行為を除く．）

（委任の規定の準用）

第874条 第654条及び第655条の規定は，後見について準用する．

（後見に関して生じた債権の消滅時効）

第875条 ① 第832条の規定は，後見人又は後見監督人と被後見人との間において後見に関して生じた債権の消

滅時効について準用する.
② 前項の消滅時効は,第872条の規定により法律行為を取り消した場合には,その取消しの時から起算する.

◈ 第6章 保佐及び補助

第1節 保 佐

(保佐の開始)
第876条 保佐は,保佐開始の審判によって開始する.
(保佐人及び臨時保佐人の選任等)
第876条の2 ① 家庭裁判所は,保佐開始の審判をするときは,職権で,保佐人を選任する.
② 第843条第2項から第4項まで及び第844条から第847条までの規定は,保佐人について準用する.
③ 保佐人又はその代表する者と被保佐人との利益が相反する行為については,保佐人は,臨時保佐人の選任を家庭裁判所に請求しなければならない.ただし,保佐監督人がある場合は,この限りでない.
(保佐監督人)
第876条の3 ① 家庭裁判所は,必要があると認めるときは,被保佐人,その親族若しくは保佐人の請求により又は職権で,保佐監督人を選任することができる.
② 第644条,第654条,第655条,第843条第4項,第844条,第846条,第847条,第850条,第851条,第859条の2,第859条の3,第861条第2項及び第862条の規定は,保佐監督人について準用する.この場合において,第851条第4号中「被後見人を代表する」とあるのは,「被保佐人を代表し,又は被保佐人がこれをすることに同意する」と読み替えるものとする.
(保佐人に代理権を付与する旨の審判)
第876条の4 ① 家庭裁判所は,第11条本文に規定する者又は保佐人若しくは保佐監督人の請求によって,被保佐人のために特定の法律行為について保佐人に代理権を付与する旨の審判をすることができる.
② 本人以外の者の請求によって前項の審判をするには,本人の同意がなければならない.
③ 家庭裁判所は,第1項に規定する者の請求によって,同項の審判の全部又は一部を取り消すことができる.
(保佐の事務及び保佐人の任務の終了等)
第876条の5 ① 保佐人は,保佐の事務を行うに当たっては,被保佐人の意思を尊重し,かつ,その心身の状態及び生活の状況に配慮しなければならない.
② 第644条,第859条の2,第859条の3,第861条第2項,第862条及び第863条の規定は保佐の事務について,第824条ただし書の規定は保佐人が前条第1項の代理権を付与する旨の審判に基づき被保佐人を代表する場合について準用する.
③ 第654条,第655条,第870条,第871条及び第873条の規定は保佐人の任務が終了した場合について,第832条の規定は保佐人又は保佐監督人と被保佐人との間において保佐に関して生じた債権について準用する.

第2節 補 助

(補助の開始)
第876条の6 補助は,補助開始の審判によって開始する.
(補助人及び臨時補助人の選任等)
第876条の7 ① 家庭裁判所は,補助開始の審判をするときは,職権で,補助人を選任する.
② 第843条第2項から第4項まで及び第844条から第847条までの規定は,補助人について準用する.
③ 補助人又はその代表する者と被補助人との利益が相反する行為については,補助人は,臨時補助人の選任を家庭裁判所に請求しなければならない.ただし,補助監督人がある場合は,この限りでない.
(補助監督人)
第876条の8 ① 家庭裁判所は,必要があると認めるときは,被補助人,その親族若しくは補助人の請求により又は職権で,補助監督人を選任することができる.
② 第644条,第654条,第655条,第843条第4項,第844条,第846条,第847条,第850条,第851条,第859条の2,第859条の3,第861条第2項及び第862条の規定は,補助監督人について準用する.この場合において,第851条第4号中「被後見人を代表する」とあるのは,「被補助人を代表し,又は被補助人がこれをすることに同意する」と読み替えるものとする.
(補助人に代理権を付与する旨の審判)
第876条の9 ① 家庭裁判所は,第15条第1項本文に規定する者又は補助人若しくは補助監督人の請求によって,被補助人のために特定の法律行為について補助人に代理権を付与する旨の審判をすることができる.
② 第876条の4第2項及び第3項の規定は,前項の審判について準用する.
(補助の事務及び補助人の任務の終了等)
第876条の10 ① 第644条,第859条の2,第859条の3,第861条第2項,第862条,第863条及び第876条の5第1項の規定は補助の事務について,第824条ただし書の規定は補助人が前条第1項の代理権を付与する旨の審判に基づき被補助人を代表する場合について準用する.
② 第654条,第655条,第870条,第871条及び第873条の規定は補助人の任務が終了した場合について,第832条の規定は補助人又は補助監督人と被補助人との間において補助に関して生じた債権について準用する.

◈ 第7章 扶 養

(扶養義務者)
第877条 ① 直系血族及び兄弟姉妹は,互いに扶養をする義務がある.
② 家庭裁判所は,特別の事情があるときは,前項に規定する場合のほか,3親等内の親族間においても扶養の義務を負わせることができる.
③ 前項の規定による審判があった後事情に変更を生じたときは,家庭裁判所は,その審判を取り消すことができる.
(扶養の順位)
第878条 扶養をする義務のある者が数人ある場合において,扶養をすべき者の順序について,当事者間に協議が調わないとき,又は協議をすることができないときは,家庭裁判所が,これを定める.扶養を受ける権利のある者が数人ある場合において,扶養義務者の資力がその全員を扶養するのに足りないときの扶養を受けるべき者の順序についても，同様とする．

（扶養の程度又は方法）

第879条 扶養の程度又は方法について，当事者間に協議が調わないとき，又は協議をすることができないときは，扶養権利者の需要，扶養義務者の資力その他一切の事情を考慮して，家庭裁判所が，これを定める．

（扶養に関する協議又は審判の変更又は取消し）

第880条 扶養をすべき者若しくは扶養を受けるべき者の順序又は扶養の程度若しくは方法について協議又は審判があった後事情に変更を生じたときは，家庭裁判所は，その協議又は審判の変更又は取消しをすることができる．

（扶養請求権の処分の禁止）

第881条 扶養を受ける権利は，処分することができない．

第5編　相　続

第1章　総　則

（相続開始の原因）

第882条 相続は，死亡によって開始する．

（相続開始の場所）

第883条 相続は，被相続人の住所において開始する．

（相続回復請求権）

第884条 相続回復の請求権は，相続人又はその法定代理人が相続権を侵害された事実を知った時から５年間行使しないときは，時効によって消滅する．相続開始の時から20年を経過したときも，同様とする．

（相続財産に関する費用）

第885条 相続財産に関する費用は，その財産の中から支弁する．ただし，相続人の過失によるものは，この限りでない．

第2章　相続人

（相続に関する胎児の権利能力）

第886条 ① 胎児は，相続については，既に生まれたものとみなす．

② 前項の規定は，胎児が死体で生まれたときは，適用しない．

（子及びその代襲者等の相続権）

第887条 ① 被相続人の子は，相続人となる．

② 被相続人の子が，相続の開始以前に死亡したとき，又は第891条の規定に該当し，若しくは廃除によって，その相続権を失ったときは，その者の子がこれを代襲して相続人となる．ただし，被相続人の直系卑属でない者は，この限りでない．

③ 前項の規定は，代襲者が，相続の開始以前に死亡し，又は第891条の規定に該当し，若しくは廃除によって，その代襲相続権を失った場合について準用する．

第888条 削除

（直系尊属及び兄弟姉妹の相続権）

第889条 ① 次に掲げる者は，第887条の規定により相続人となるべき者がない場合には，次に掲げる順序の順位に従って相続人となる．

1 被相続人の直系尊属．ただし，親等の異なる者の間では，その近い者を先にする．

2 被相続人の兄弟姉妹

② 第887条第2項の規定は，前項第２号の場合について準用する．

（配偶者の相続権）

第890条 被相続人の配偶者は，常に相続人となる．この場合において，第887条又は前条の規定により相続人となるべき者があるときは，その者と同順位とする．

（相続人の欠格事由）

第891条 次に掲げる者は，相続人となることができない．

1 故意に被相続人又は相続について先順位若しくは同順位にある者を死亡するに至らせ，又は至らせようとしたために，刑に処せられた者

2 被相続人の殺害されたことを知って，これを告発せず，又は告訴しなかった者．ただし，その者に是非の弁別がないとき，又は殺害者が自己の配偶者若しくは直系血族であったときは，この限りでない．

3 詐欺又は強迫によって，被相続人が相続に関する遺言をし，撤回し，取り消し，又は変更することを妨げた者

4 詐欺又は強迫によって，被相続人に相続に関する遺言をさせ，撤回させ，取り消させ，又は変更させた者

5 相続に関する被相続人の遺言書を偽造し，変造し，破棄し，又は隠匿した者

（推定相続人の廃除）

第892条 遺留分を有する推定相続人（相続が開始した場合に相続人となるべき者をいう．以下同じ．）が，被相続人に対して虐待をし，若しくはこれに重大な侮辱を加えたとき，又は推定相続人にその他の著しい非行があったときは，被相続人は，その推定相続人の廃除を家庭裁判所に請求することができる．

（遺言による推定相続人の廃除）

第893条 被相続人が遺言で推定相続人を廃除する意思を表示したときは，遺言執行者は，その遺言が効力を生じた後，遅滞なく，その推定相続人の廃除を家庭裁判所に請求しなければならない．この場合において，その推定相続人の廃除は，被相続人の死亡の時にさかのぼってその効力を生ずる．

（推定相続人の廃除の取消し）

第894条 ① 被相続人は，いつでも，推定相続人の廃除の取消しを家庭裁判所に請求することができる．

② 前条の規定は，推定相続人の廃除の取消しについて準用する．

（推定相続人の廃除に関する審判確定前の遺産の管理）

第895条 ① 推定相続人の廃除又はその取消しの請求があった後その審判が確定する前に相続が開始したときは，家庭裁判所は，親族，利害関係人又は検察官の請求によって，遺産の管理について必要な処分を命ずることができる．推定相続人の廃除の遺言があったときも，同様とする．

② 第27条から第29条までの規定は，前項の規定により家庭裁判所が遺産の管理人を選任した場合について準用する．

第3章　相続の効力

第1節 総 則

(相続の一般的効力)

第896条 相続人は,相続開始の時から,被相続人の財産に属した一切の権利義務を承継する.ただし,被相続人の一身に専属したものは,この限りでない.

(祭祀に関する権利の承継)

第897条 ① 系譜,祭具及び墳墓の所有権は,前条の規定にかかわらず,慣習に従って祖先の祭祀を主宰すべき者が承継する.ただし,被相続人の指定に従って祖先の祭祀を主宰すべき者があるときは,その者が承継する.

② 前項本文の場合において慣習が明らかでないときは,同項の権利を承継すべき者は,家庭裁判所が定める.

(共同相続の効力)

第898条 相続人が数人あるときは,相続財産は,その共有に属する.

第899条 各共同相続人は,その相続分に応じて被相続人の権利義務を承継する.

(共同相続における権利の承継の対抗要件)

第899条の2 ① 相続による権利の承継は,遺産の分割によるものかどうかにかかわらず,次条及び第901条の規定により算定した相続分を超える部分については,登記,登録その他の対抗要件を備えなければ,第三者に対抗することができない.

② 前項の権利が債権である場合において,次条及び第901条の規定により算定した相続分を超えて当該債権を承継した共同相続人が当該債権に係る遺言の内容(遺産の分割により当該債権を承継した場合にあっては,当該債権に係る遺産の分割の内容)を明らかにして債務者にその承継の通知をしたときは,共同相続人の全員が債務者に通知をしたものとみなして,同項の規定を適用する.

第2節 相続分

(法定相続分)

第900条 同順位の相続人が数人あるときは,その相続分は,次の各号の定めるところによる.

1 子及び配偶者が相続人であるときは,子の相続分及び配偶者の相続分は,各2分の1とする.

2 配偶者及び直系尊属が相続人であるときは,配偶者の相続分は,3分の2とし,直系尊属の相続分は,3分の1とする.

3 配偶者及び兄弟姉妹が相続人であるときは,配偶者の相続分は,4分の3とし,兄弟姉妹の相続分は,4分の1とする.

4 子,直系尊属又は兄弟姉妹が数人あるときは,各自の相続分は,相等しいものとする.ただし,父母の一方のみを同じくする兄弟姉妹の相続分は,父母の双方を同じくする兄弟姉妹の相続分の2分の1とする.

(代襲相続人の相続分)

第901条 ① 第887条第2項又は第3項の規定により相続人となる直系卑属の相続分は,その直系尊属が受けるべきであったものと同じとする.ただし,直系卑属が数人あるときは,その各自の直系尊属が受けるべきであった部分について,前条の規定に従ってその相続分を定める.

② 前項の規定は,第889条第2項の規定により兄弟姉妹の子が相続人となる場合について準用する.

(遺言による相続分の指定)

第902条 ① 被相続人は,前2条の規定にかかわらず,遺言で,共同相続人の相続分を定め,又はこれを定めることを第三者に委託することができる.

② 被相続人が,共同相続人中の1人若しくは数人の相続分のみを定め,又はこれを第三者に定めさせたときは,他の共同相続人の相続分は,前2条の規定により定める.

(相続分の指定がある場合の債権者の権利の行使)

第902条の2 被相続人が相続開始の時において有した債務の債権者は,前条の規定による相続分の指定がされた場合であっても,各共同相続人に対し,第900条及び第901条の規定により算定した相続分に応じてその権利を行使することができる.ただし,その債権者が共同相続人の1人に対してその指定された相続分に応じた債務の承継を承認したときは,この限りでない.

(特別受益者の相続分)

第903条 ① 共同相続人中に,被相続人から,遺贈を受け,又は婚姻若しくは養子縁組のため若しくは生計の資本として贈与を受けた者があるときは,被相続人が相続開始の時において有した財産の価額にその贈与の価額を加えたものを相続財産とみなし,第900条から第902条までの規定により算定した相続分の中からその遺贈又は贈与の価額を控除した残額をもってその者の相続分とする.

② 遺贈又は贈与の価額が,相続分の価額に等しく,又はこれを超えるときは,受遺者又は受贈者は,その相続分を受けることができない.

③ 被相続人が前2項の規定と異なった意思を表示したときは,その意思に従う.

④ 婚姻期間が20年以上の夫婦の一方である被相続人が,他の一方に対し,その居住の用に供する建物又はその敷地について遺贈又は贈与をしたときは,当該被相続人は,その遺贈又は贈与について第1項の規定を適用しない旨の意思を表示したものと推定する.

第904条 前条に規定する贈与の価額は,受贈者の行為によって,その目的である財産が滅失し,又はその価格の増減があったときであっても,相続開始の時においてなお原状のままであるものとみなしてこれを定める.

(寄与分)

第904条の2 ① 共同相続人中に,被相続人の事業に関する労務の提供又は財産上の給付,被相続人の療養看護その他の方法により被相続人の財産の維持又は増加について特別の寄与をした者があるときは,被相続人が相続開始の時において有した財産の価額から共同相続人の協議で定めたその者の寄与分を控除したものを相続財産とみなし,第900条から第902条までの規定により算定した相続分に寄与分を加えた額をもってその者の相続分とする.

② 前項の協議が調わないとき,又は協議をすることがで

きないときは,家庭裁判所は,同項に規定する寄与をした者の請求により,寄与の時期,方法及び程度,相続財産の額その他一切の事情を考慮して,寄与分を定める.
③ 寄与分は,被相続人が相続開始の時において有した財産の価額から遺贈の価額を控除した残額を超えることができない.
④ 第2項の請求は,第907条第2項の規定による請求があった場合又は第910条に規定する場合にすることができる.

（相続分の取戻権）
第905条 ① 共同相続人の1人が遺産の分割前にその相続分を第三者に譲り渡したときは,他の共同相続人は,その価額及び費用を償還して,その相続分を譲り受けることができる.
② 前項の権利は,1箇月以内に行使しなければならない.

第3節　遺産の分割

（遺産の分割の基準）
第906条 遺産の分割は,遺産に属する物又は権利の種類及び性質,各相続人の年齢,職業,心身の状態及び生活の状況その他一切の事情を考慮してこれをする.

（遺産の分割前に遺産に属する財産が処分された場合の遺産の範囲）
第906条の2 ① 遺産の分割前に遺産に属する財産が処分された場合であっても,共同相続人は,その全員の同意により,当該処分された財産が遺産の分割時に遺産として存在するものとみなすことができる.
② 前項の規定にかかわらず,共同相続人の1人又は数人により同項の財産が処分されたときは,当該共同相続人については,同項の同意を得ることを要しない.

（遺産の分割の協議又は審判等）
第907条 ① 共同相続人は,次条の規定により被相続人が遺言で禁じた場合を除き,いつでも,その協議で,遺産の全部又は一部の分割をすることができる.
② 遺産の分割について,共同相続人間に協議が調わないとき,又は協議をすることができないときは,各共同相続人は,その全部又は一部の分割を家庭裁判所に請求することができる.ただし,遺産の一部を分割することにより他の共同相続人の利益を害するおそれがある場合におけるその一部の分割については,この限りでない.
③ 前項本文の場合において特別の事由があるときは,家庭裁判所は,期間を定めて,遺産の全部又は一部について,その分割を禁ずることができる.

（遺産の分割の方法の指定及び遺産の分割の禁止）
第908条 被相続人は,遺言で,遺産の分割の方法を定め,若しくはこれを定めることを第三者に委託し,又は相続開始の時から5年を超えない期間を定めて,遺産の分割を禁ずることができる.

（遺産の分割の効力）
第909条 遺産の分割は,相続開始の時にさかのぼってその効力を生ずる.ただし,第三者の権利を害することはできない.

（遺産の分割前における預貯金債権の行使）
第909条の2 各共同相続人は,遺産に属する預貯金債権のうち相続開始の時の債権額の3分の1に第900条及び第901条の規定により算定した当該共同相続人の相続分を乗じた額（標準的な当面の必要生計費,平均的な葬式の費用の額その他の事情を勘案して預貯金債権の債務者ごとに法務省令で定める額を限度とする.）については,単独でその権利を行使することができる.この場合において,当該権利の行使をした預貯金債権については,当該共同相続人が遺産の一部の分割によりこれを取得したものとみなす.

（相続の開始後に認知された者の価額の支払請求権）
第910条 相続の開始後認知によって相続人となった者が遺産の分割を請求しようとする場合において,他の共同相続人が既にその分割その他の処分をしたときは,価額のみによる支払の請求権を有する.

（共同相続人間の担保責任）
第911条 各共同相続人は,他の共同相続人に対して,売主と同じく,その相続分に応じて担保の責任を負う.

（遺産の分割によって受けた債権についての担保責任）
第912条 ① 各共同相続人は,その相続分に応じ,他の共同相続人が遺産の分割によって受けた債権について,その分割の時における債務者の資力を担保する.
② 弁済期に至らない債権及び停止条件付きの債権については,各共同相続人は,弁済をすべき時における債務者の資力を担保する.

（資力のない共同相続人がある場合の担保責任の分担）
第913条 担保の責任を負う共同相続人中に償還をする資力のない者があるときは,その償還することができない部分は,求償者及び他の資力のある者が,それぞれその相続分に応じて分担する.ただし,求償者に過失があるときは,他の共同相続人に対して分担を請求することができない.

（遺言による担保責任の定め）
第914条 前3条の規定は,被相続人が遺言で別段の意思を表示したときは,適用しない.

◈ 第4章　相続の承認及び放棄

第1節　総　則

（相続の承認又は放棄をすべき期間）
第915条 ① 相続人は,自己のために相続の開始があったことを知った時から3箇月以内に,相続について,単純若しくは限定の承認又は放棄をしなければならない.ただし,この期間は,利害関係人又は検察官の請求によって,家庭裁判所において伸長することができる.
② 相続人は,相続の承認又は放棄をする前に,相続財産の調査をすることができる.

第916条 相続人が相続の承認又は放棄をしないで死亡したときは,前条第1項の期間は,その者の相続人が自己のために相続の開始があったことを知った時から起算する.

第917条 相続人が未成年者又は成年被後見人であるときは,第915条第1項の期間は,その法定代理人が未成年者又は成年被後見人のために相続の開始があったことを知った時から起算する.

（相続財産の管理）
第918条 ① 相続人は，その固有財産におけるのと同一の注意をもって，相続財産を管理しなければならない．ただし，相続の承認又は放棄をしたときは，この限りでない．
② 家庭裁判所は，利害関係人又は検察官の請求によって，いつでも，相続財産の保存に必要な処分を命ずることができる．
③ 第27条から第29条までの規定は，前項の規定により家庭裁判所が相続財産の管理人を選任した場合について準用する．
（相続の承認及び放棄の撤回及び取消し）
第919条 ① 相続の承認及び放棄は，第915条第１項の期間内でも，撤回することができない．
② 前項の規定は，第１編（総則）及び前編（親族）の規定により相続の承認又は放棄の取消しをすることを妨げない．
③ 前項の取消権は，追認をすることができる時から６箇月間行使しないときは，時効によって消滅する．相続の承認又は放棄の時から10年を経過したときも，同様とする．
④ 第２項の規定により限定承認又は相続の放棄の取消しをしようとする者は，その旨を家庭裁判所に申述しなければならない．

第２節 相続の承認

第１款 単純承認

（単純承認の効力）
第920条 相続人は，単純承認をしたときは，無限に被相続人の権利義務を承継する．
（法定単純承認）
第921条 次に掲げる場合には，相続人は，単純承認をしたものとみなす．
１ 相続人が相続財産の全部又は一部を処分したとき．ただし，保存行為及び第602条に定める期間を超えない賃貸をすることは，この限りでない．
２ 相続人が第915条第１項の期間内に限定承認又は相続の放棄をしなかったとき．
３ 相続人が，限定承認又は相続の放棄をした後であっても，相続財産の全部若しくは一部を隠匿し，私にこれを消費し，又は悪意でこれを相続財産の目録中に記載しなかったとき．ただし，その相続人が相続の放棄をしたことによって相続人となった者が相続の承認をした後は，この限りでない．

第２款 限定承認

（限定承認）
第922条 相続人は，相続によって得た財産の限度においてのみ被相続人の債務及び遺贈を弁済すべきことを留保して，相続の承認をすることができる．
（共同相続人の限定承認）
第923条 相続人が数人あるときは，限定承認は，共同相続人の全員が共同してのみこれをすることができる．
（限定承認の方式）
第924条 相続人は，限定承認をしようとするときは，第915条第１項の期間内に，相続財産の目録を作成して家庭裁判所に提出し，限定承認をする旨を申述しなければならない．
（限定承認をしたときの権利義務）
第925条 相続人が限定承認をしたときは，その被相続人に対して有した権利義務は，消滅しなかったものとみなす．
（限定承認者による管理）
第926条 ① 限定承認者は，その固有財産におけるのと同一の注意をもって，相続財産の管理を継続しなければならない．
② 第645条，第646条，第650条第１項及び第２項並びに第918条第２項及び第３項の規定は，前項の場合について準用する．
（相続債権者及び受遺者に対する公告及び催告）
第927条 ① 限定承認者は，限定承認をした後５日以内に，すべての相続債権者（相続財産に属する債務の債権者をいう．以下同じ．）及び受遺者に対し，限定承認をしたこと及び一定の期間内にその請求の申出をすべき旨を公告しなければならない．この場合において，その期間は，２箇月を下ることができない．
② 前項の規定による公告には，相続債権者及び受遺者がその期間内に申出をしないときは弁済から除斥されるべき旨を付記しなければならない．ただし，限定承認者は，知れている相続債権者及び受遺者を除斥することができない．
③ 限定承認者は，知れている相続債権者及び受遺者には，各別にその申出の催告をしなければならない．
④ 第１項の規定による公告は，官報に掲載してする．
（公告期間満了前の弁済の拒絶）
第928条 限定承認者は，前条第１項の期間の満了前には，相続債権者及び受遺者に対して弁済を拒むことができる．
（公告期間満了後の弁済）
第929条 第927条第１項の期間が満了した後は，限定承認者は，相続財産をもって，その期間内に同項の申出をした相続債権者その他知れている相続債権者に，それぞれその債権額の割合に応じて弁済をしなければならない．ただし，優先権を有する債権者の権利を害することはできない．
（期限前の債務等の弁済）
第930条 ① 限定承認者は，弁済期に至らない債権であっても，前条の規定に従って弁済をしなければならない．
② 条件付きの債権又は存続期間の不確定な債権は，家庭裁判所が選任した鑑定人の評価に従って弁済をしなければならない．
（受遺者に対する弁済）
第931条 限定承認者は，前２条の規定に従って各相続債権者に弁済をした後でなければ，受遺者に弁済をすることができない．
（弁済のための相続財産の換価）
第932条 前３条の規定に従って弁済をするにつき相続財産を売却する必要があるときは，限定承認者は，これを競売に付さなければならない．ただし，家庭裁判所が選任した鑑定人の評価に従い相続財産の全部又は一部の価額を弁済して，その競売を止めることができる．

（相続債権者及び受遺者の換価手続への参加）

第933条 相続債権者及び受遺者は，自己の費用で，相続財産の競売又は鑑定に参加することができる．この場合においては，第260条第2項の規定を準用する．

（不当な弁済をした限定承認者の責任等）

第934条 ① 限定承認者は，第927条の公告若しくは催告をすることを怠り，又は同条第１項の期間内に相続債権者若しくは受遺者に弁済をしたことによって他の相続債権者若しくは受遺者に弁済をすることができなくなったときは，これによって生じた損害を賠償する責任を負う．第929条から第931条までの規定に違反して弁済をしたときも，同様とする．

② 前項の規定は，情を知って不当に弁済を受けた相続債権者又は受遺者に対する他の相続債権者又は受遺者の求償を妨げない．

③ 第724条の規定は，前２項の場合について準用する．

（公告期間内に申出をしなかった相続債権者及び受遺者）

第935条 第927条第１項の期間内に同項の申出をしなかった相続債権者及び受遺者で限定承認者に知れなかったものは，残余財産についてのみその権利を行使することができる．ただし，相続財産について特別担保を有する者は，この限りでない．

（相続人が数人ある場合の相続財産の管理人）

第936条 ① 相続人が数人ある場合には，家庭裁判所は，相続人の中から，相続財産の管理人を選任しなければならない．

② 前項の相続財産の管理人は，相続人のために，これに代わって，相続財産の管理及び債務の弁済に必要な一切の行為をする．

③ 第926条から前条までの規定は，第１項の相続財産の管理人について準用する．この場合において，第927条第１項中「限定承認をした後５日以内」とあるのは，「その相続財産の管理人の選任があった後10日以内」と読み替えるものとする．

（法定単純承認の事由がある場合の相続債権者）

第937条 限定承認をした共同相続人の１人又は数人について第921条第１号又は第３号に掲げる事由があるときは，相続債権者は，相続財産をもって弁済を受けることができなかった債権額について，当該共同相続人に対し，その相続分に応じて権利を行使することができる．

第３節　相続の放棄

（相続の放棄の方式）

第938条 相続の放棄をしようとする者は，その旨を家庭裁判所に申述しなければならない．

（相続の放棄の効力）

第939条 相続の放棄をした者は，その相続に関しては，初めから相続人とならなかったものとみなす．

（相続の放棄をした者による管理）

第940条 ① 相続の放棄をした者は，その放棄によって相続人となった者が相続財産の管理を始めることができるまで，自己の財産におけるのと同一の注意をもって，その財産の管理を継続しなければならない．

② 第645条，第646条，第650条第１項及び第２項並びに第918条第２項及び第３項の規定は，前項の場合について準用する．

第５章　財産分離

（相続債権者又は受遺者の請求による財産分離）

第941条 ① 相続債権者又は受遺者は，相続開始の時から３箇月以内に，相続人の財産の中から相続財産を分離することを家庭裁判所に請求することができる．相続財産が相続人の固有財産と混合しない間は，その期間の満了後も，同様とする．

② 家庭裁判所が前項の請求によって財産分離を命じたときは，その請求をした者は，５日以内に，他の相続債権者及び受遺者に対し，財産分離の命令があったこと及び一定の期間内に配当加入の申出をすべき旨を公告しなければならない．この場合において，その期間は，２箇月を下ることができない．

③ 前項の規定による公告は，官報に掲載してする．

（財産分離の効力）

第942条 財産分離の請求をした者及び前条第２項の規定により配当加入の申出をした者は，相続財産について，相続人の債権者に先立って弁済を受ける．

（財産分離の請求後の相続財産の管理）

第943条 ① 財産分離の請求があったときは，家庭裁判所は，相続財産の管理について必要な処分を命ずることができる．

② 第27条から第29条までの規定は，前項の規定により家庭裁判所が相続財産の管理人を選任した場合について準用する．

（財産分離の請求後の相続人による管理）

第944条 ① 相続人は，単純承認をした後でも，財産分離の請求があったときは，以後，その固有財産におけるのと同一の注意をもって，相続財産の管理をしなければならない．ただし，家庭裁判所が相続財産の管理人を選任したときは，この限りでない．

② 第645条から第647条まで並びに第650条第１項及び第２項の規定は，前項の場合について準用する．

（不動産についての財産分離の対抗要件）

第945条 財産分離は，不動産については，その登記をしなければ，第三者に対抗することができない．

（物上代位の規定の準用）

第946条 第304条の規定は，財産分離の場合について準用する．

（相続債権者及び受遺者に対する弁済）

第947条 ① 相続人は，第941条第１項及び第２項の期間の満了前には，相続債権者及び受遺者に対して弁済を拒むことができる．

② 財産分離の請求があったときは，相続人は，第941条第２項の期間の満了後に，相続財産をもって，財産分離の請求又は配当加入の申出をした相続債権者及び受遺者に，それぞれその債権額の割合に応じて弁済をしなければならない．ただし，優先権を有する債権者の権利を害することはできない．

③ 第930条から第934条までの規定は,前項の場合について準用する.

(相続人の固有財産からの弁済)

第948条 財産分離の請求をした者及び配当加入の申出をした者は,相続財産をもって全部の弁済を受けることができなかった場合に限り,相続人の固有財産についてその権利を行使することができる.この場合においては,相続人の債権者は,その者に先立って弁済を受けることができる.

(財産分離の請求の防止等)

第949条 相続人は,その固有財産をもって相続債権者若しくは受遺者に弁済をし,又はこれに相当の担保を供して,財産分離の請求を防止し,又はその効力を消滅させることができる.ただし,相続人の債権者が,これによって損害を受けるべきことを証明して,異議を述べたときは,この限りでない.

(相続人の債権者の請求による財産分離)

第950条 ① 相続人が限定承認をすることができる間又は相続財産が相続人の固有財産と混合しない間は,相続人の債権者は,家庭裁判所に対して財産分離の請求をすることができる.

② 第304条,第925条,第927条から第934条まで,第943条から第945条まで及び第948条の規定は,前項の場合について準用する.ただし,第927条の公告及び催告は,財産分離の請求をした債権者がしなければならない.

◈ 第6章 相続人の不存在

(相続財産法人の成立)

第951条 相続人のあることが明らかでないときは,相続財産は,法人とする.

(相続財産の管理人の選任)

第952条 ① 前条の場合には,家庭裁判所は,利害関係人又は検察官の請求によって,相続財産の管理人を選任しなければならない.

② 前項の規定により相続財産の管理人を選任したときは,家庭裁判所は,遅滞なくこれを公告しなければならない.

(不在者の財産の管理人に関する規定の準用)

第953条 第27条から第29条までの規定は,前条第1項の相続財産の管理人(以下この章において単に「相続財産の管理人」という.)について準用する.

(相続財産の管理人の報告)

第954条 相続財産の管理人は,相続債権者又は受遺者の請求があるときは,その請求をした者に相続財産の状況を報告しなければならない.

(相続財産法人の不成立)

第955条 相続人のあることが明らかになったときは,第951条の法人は,成立しなかったものとみなす.ただし,相続財産の管理人がその権限内でした行為の効力を妨げない.

(相続財産の管理人の代理権の消滅)

第956条 ① 相続財産の管理人の代理権は,相続人が相続の承認をした時に消滅する.

② 前項の場合には,相続財産の管理人は,遅滞なく相続人に対して管理の計算をしなければならない.

(相続債権者及び受遺者に対する弁済)

第957条 ① 第952条第2項の公告があった後2箇月以内に相続人のあることが明らかにならなかったときは,相続財産の管理人は,遅滞なく,すべての相続債権者及び受遺者に対し,一定の期間内にその請求の申出をすべき旨を公告しなければならない.この場合において,その期間は,2箇月を下ることができない.

② 第927条第2項から第4項まで及び第928条から第935条まで(第932条ただし書を除く.)の規定は,前項の場合について準用する.

(相続人の捜索の公告)

第958条 前条第1項の期間の満了後,なお相続人のあることが明らかでないときは,家庭裁判所は,相続財産の管理人又は検察官の請求によって,相続人があるならば一定の期間内にその権利を主張すべき旨を公告しなければならない.この場合において,その期間は,6箇月を下ることができない.

(権利を主張する者がない場合)

第958条の2 前条の期間内に相続人としての権利を主張する者がないときは,相続人並びに相続財産の管理人に知れなかった相続債権者及び受遺者は,その権利を行使することができない.

(特別縁故者に対する相続財産の分与)

第958条の3 ① 前条の場合において,相当と認めるときは,家庭裁判所は,被相続人と生計を同じくしていた者,被相続人の療養看護に努めた者その他被相続人と特別の縁故があった者の請求によって,これらの者に,清算後残存すべき相続財産の全部又は一部を与えることができる.

② 前項の請求は,第958条の期間の満了後3箇月以内にしなければならない.

(残余財産の国庫への帰属)

第959条 前条の規定により処分されなかった相続財産は,国庫に帰属する.この場合においては,第956条第2項の規定を準用する.

◈ 第7章 遺 言

第1節 総 則

(遺言の方式)

第960条 遺言は,この法律に定める方式に従わなければ,することができない.

(遺言能力)

第961条 15歳に達した者は,遺言をすることができる.

第962条 第5条,第9条,第13条及び第17条の規定は,遺言については,適用しない.

第963条 遺言者は,遺言をする時においてその能力を有しなければならない.

(包括遺贈及び特定遺贈)

第964条 遺言者は,包括又は特定の名義で,その財産の全部又は一部を処分することができる.

(相続人に関する規定の準用)

第965条 第886条及び第891条の規定は,受遺者について準用する.

（被後見人の遺言の制限）

第966条 ① 被後見人が，後見の計算の終了前に，後見人又はその配偶者若しくは直系卑属の利益となるべき遺言をしたときは，その遺言は，無効とする．

② 前項の規定は，直系血族，配偶者又は兄弟姉妹が後見人である場合には，適用しない．

第2節　遺言の方式

第1款　普通の方式

（普通の方式による遺言の種類）

第967条 遺言は，自筆証書，公正証書又は秘密証書によってしなければならない．ただし，特別の方式によることを許す場合は，この限りでない．

（自筆証書遺言）

第968条 ① 自筆証書によって遺言をするには，遺言者が，その全文，日付及び氏名を自書し，これに印を押さなければならない．

② 前項の規定にかかわらず，自筆証書にこれと一体のものとして相続財産（第997条第1項に規定する場合における同項に規定する権利を含む．）の全部又は一部の目録を添付する場合には，その目録については，自書することを要しない．この場合において，遺言者は，その目録の毎葉（自書によらない記載がその両面にある場合にあっては，その両面）に署名し，印を押さなければならない．

③ 自筆証書（前項の目録を含む．）中の加除その他の変更は，遺言者が，その場所を指示し，これを変更した旨を付記して特にこれに署名し，かつ，その変更の場所に印を押さなければ，その効力を生じない．

（公正証書遺言）

第969条 公正証書によって遺言をするには，次に掲げる方式に従わなければならない．

1 証人2人以上の立会いがあること．

2 遺言者が遺言の趣旨を公証人に口授すること．

3 公証人が，遺言者の口述を筆記し，これを遺言者及び証人に読み聞かせ，又は閲覧させること．

4 遺言者及び証人が，筆記の正確なことを承認した後，各自これに署名し，印を押すこと．ただし，遺言者が署名することができない場合は，公証人がその事由を付記して，署名に代えることができる．

5 公証人が，その証書は前各号に掲げる方式に従って作ったものである旨を付記して，これに署名し，印を押すこと．

（公正証書遺言の方式の特則）

第969条の2 ① 口がきけない者が公正証書によって遺言をする場合には，遺言者は，公証人及び証人の前で，遺言の趣旨を通訳人の通訳により申述し，又は自書して，前条第2号の口授に代えなければならない．この場合における同条第3号の規定の適用については，同号中「口述」とあるのは，「通訳人の通訳による申述又は自書」とする．

② 前条の遺言者又は証人が耳が聞こえない者である場合には，公証人は，同条第3号に規定する筆記した内容を通訳人の通訳により遺言者又は証人に伝えて，同号の読み聞かせに代えることができる．

③ 公証人は，前2項に定める方式に従って公正証書を作ったときは，その旨をその証書に付記しなければならない．

（秘密証書遺言）

第970条 ① 秘密証書によって遺言をするには，次に掲げる方式に従わなければならない．

1 遺言者が，その証書に署名し，印を押すこと．

2 遺言者が，その証書を封じ，証書に用いた印章をもってこれに封印すること．

3 遺言者が，公証人1人及び証人2人以上の前に封書を提出して，自己の遺言書である旨並びにその筆者の氏名及び住所を申述すること．

4 公証人が，その証書を提出した日付及び遺言者の申述を封紙に記載した後，遺言者及び証人とともにこれに署名し，印を押すこと．

② 第968条第3項の規定は，秘密証書による遺言について準用する．

（方式に欠ける秘密証書遺言の効力）

第971条 秘密証書による遺言は，前条に定める方式に欠けるものがあっても，第968条に定める方式を具備しているときは，自筆証書による遺言としてその効力を有する．

（秘密証書遺言の方式の特則）

第972条 ① 口がきけない者が秘密証書によって遺言をする場合には，遺言者は，公証人及び証人の前で，その証書は自己の遺言書である旨並びにその筆者の氏名及び住所を通訳人の通訳により申述し，又は封紙に自書して，第970条第1項第3号の申述に代えなければならない．

② 前項の場合において，遺言者が通訳人の通訳により申述したときは，公証人は，その旨を封紙に記載しなければならない．

③ 第1項の場合において，遺言者が封紙に自書したときは，公証人は，その旨を封紙に記載して，第970条第1項第4号に規定する申述の記載に代えなければならない．

（成年被後見人の遺言）

第973条 ① 成年被後見人が事理を弁識する能力を一時回復した時において遺言をするには，医師2人以上の立会いがなければならない．

② 遺言に立ち会った医師は，遺言者が遺言をする時において精神上の障害により事理を弁識する能力を欠く状態になかった旨を遺言書に付記して，これに署名し，印を押さなければならない．ただし，秘密証書による遺言にあっては，その封紙にその旨の記載をし，署名し，印を押さなければならない．

（証人及び立会人の欠格事由）

第974条 次に掲げる者は，遺言の証人又は立会人となることができない．

1 未成年者

2 推定相続人及び受遺者並びにこれらの配偶者及び直系血族

3 公証人の配偶者，4親等内の親族，書記及び使用人

(共同遺言の禁止)
第975条 遺言は,2人以上の者が同一の証書ですることができない.

第2款 特別の方式

(死亡の危急に迫った者の遺言)
第976条 ① 疾病その他の事由によって死亡の危急に迫った者が遺言をしようとするときは,証人3人以上の立会いをもって,その1人に遺言の趣旨を口授して,これをすることができる.この場合においては,その口授を受けた者が,これを筆記して,遺言者及び他の証人に読み聞かせ,又は閲覧させ,各証人がその筆記の正確なことを承認した後,これに署名し,印を押さなければならない.
② 口がきけない者が前項の規定により遺言をする場合には,遺言者は,証人の前で,遺言の趣旨を通訳人の通訳により申述して,同項の口授に代えなければならない.
③ 第1項後段の遺言者又は他の証人が耳が聞こえない者である場合には,遺言の趣旨の口授又は申述を受けた者は,同項後段に規定する筆記した内容を通訳人の通訳によりその遺言者又は他の証人に伝えて,同項後段の読み聞かせに代えることができる.
④ 前3項の規定によりした遺言は,遺言の日から20日以内に,証人の1人又は利害関係人から家庭裁判所に請求してその確認を得なければ,その効力を生じない.
⑤ 家庭裁判所は,前項の遺言が遺言者の真意に出たものであるとの心証を得なければ,これを確認することができない.

(伝染病隔離者の遺言)
第977条 伝染病のため行政処分によって交通を断たれた場所に在る者は,警察官1人及び証人1人以上の立会いをもって遺言書を作ることができる.

(在船者の遺言)
第978条 船舶中に在る者は,船長又は事務員1人及び証人2人以上の立会いをもって遺言書を作ることができる.

(船舶遭難者の遺言)
第979条 ① 船舶が遭難した場合において,当該船舶中に在って死亡の危急に迫った者は,証人2人以上の立会いをもって口頭で遺言をすることができる.
② 口がきけない者が前項の規定により遺言をする場合には,遺言者は,通訳人の通訳によりこれをしなければならない.
③ 前2項の規定に従ってした遺言は,証人が,その趣旨を筆記して,これに署名し,印を押し,かつ,証人の1人又は利害関係人から遅滞なく家庭裁判所に請求してその確認を得なければ,その効力を生じない.
④ 第976条第5項の規定は,前項の場合について準用する.

(遺言関係者の署名及び押印)
第980条 第977条及び第978条の場合には,遺言者,筆者,立会人及び証人は,各自遺言書に署名し,印を押さなければならない.

(署名又は押印が不能の場合)
第981条 第977条から第979条までの場合において,署名又は印を押すことのできない者があるときは,立会人又は証人は,その事由を付記しなければならない.

(普通の方式による遺言の規定の準用)
第982条 第968条第3項及び第973条から第975条までの規定は,第976条から前条までの規定による遺言について準用する.

(特別の方式による遺言の効力)
第983条 第976条から前条までの規定によりした遺言は,遺言者が普通の方式によって遺言をすることができるようになった時から6箇月間生存するときは,その効力を生じない.

(外国に在る日本人の遺言の方式)
第984条 日本の領事の駐在する地に在る日本人が公正証書又は秘密証書によって遺言をしようとするときは,公証人の職務は,領事が行う.

第3節 遺言の効力

(遺言の効力の発生時期)
第985条 ① 遺言は,遺言者の死亡の時からその効力を生ずる.
② 遺言に停止条件を付した場合において,その条件が遺言者の死亡後に成就したときは,遺言は,条件が成就した時からその効力を生ずる.

(遺贈の放棄)
第986条 ① 受遺者は,遺言者の死亡後,いつでも,遺贈の放棄をすることができる.
② 遺贈の放棄は,遺言者の死亡の時にさかのぼってその効力を生ずる.

(受遺者に対する遺贈の承認又は放棄の催告)
第987条 遺贈義務者(遺贈の履行をする義務を負う者をいう.以下この節において同じ.)その他の利害関係人は,受遺者に対し,相当の期間を定めて,その期間内に遺贈の承認又は放棄をすべき旨の催告をすることができる.この場合において,受遺者がその期間内に遺贈義務者に対してその意思を表示しないときは,遺贈を承認したものとみなす.

(受遺者の相続人による遺贈の承認又は放棄)
第988条 受遺者が遺贈の承認又は放棄をしないで死亡したときは,その相続人は,自己の相続権の範囲内で,遺贈の承認又は放棄をすることができる.ただし,遺言者がその遺言に別段の意思を表示したときは,その意思に従う.

(遺贈の承認及び放棄の撤回及び取消し)
第989条 ① 遺贈の承認及び放棄は,撤回することができない.
② 第919条第2項及び第3項の規定は,遺贈の承認及び放棄について準用する.

(包括受遺者の権利義務)
第990条 包括受遺者は,相続人と同一の権利義務を有する.

(受遺者による担保の請求)
第991条 受遺者は,遺贈が弁済期に至らない間は,遺贈義務者に対して相当の担保を請求することができる.停止条件付きの遺贈についてその条件の成否が未定である間も，同様とする．

（受遺者による果実の取得）

第992条 受遺者は，遺贈の履行を請求することができる時から果実を取得する．ただし，遺言者がその遺言に別段の意思を表示したときは，その意思に従う．

（遺贈義務者による費用の償還請求）

第993条 ① 第299条の規定は，遺贈義務者が遺言者の死亡後に遺贈の目的物について費用を支出した場合について準用する．

② 果実を収取するために支出した通常の必要費は，果実の価格を超えない限度で，その償還を請求することができる．

（受遺者の死亡による遺贈の失効）

第994条 ① 遺贈は，遺言者の死亡以前に受遺者が死亡したときは，その効力を生じない．

② 停止条件付きの遺贈については，受遺者がその条件の成就前に死亡したときも，前項と同様とする．ただし，遺言者がその遺言に別段の意思を表示したときは，その意思に従う．

（遺贈の無効又は失効の場合の財産の帰属）

第995条 遺贈が，その効力を生じないとき，又は放棄によってその効力を失ったときは，受遺者が受けるべきであったものは，相続人に帰属する．ただし，遺言者がその遺言に別段の意思を表示したときは，その意思に従う．

（相続財産に属しない権利の遺贈）

第996条 遺贈は，その目的である権利が遺言者の死亡の時において相続財産に属しなかったときは，その効力を生じない．ただし，その権利が相続財産に属するかどうかにかかわらず，これを遺贈の目的としたものと認められるときは，この限りでない．

第997条 ① 相続財産に属しない権利を目的とする遺贈が前条ただし書の規定により有効であるときは，遺贈義務者は，その権利を取得して受遺者に移転する義務を負う．

② 前項の場合において，同項に規定する権利を取得することができないとき，又はこれを取得するについて過分の費用を要するときは，遺贈義務者は，その価額を弁償しなければならない．ただし，遺言者がその遺言に別段の意思を表示したときは，その意思に従う．

（遺贈義務者の引渡義務）

第998条 遺贈義務者は，遺贈の目的である物又は権利を，相続開始の時（その後に当該物又は権利について遺贈の目的として特定した場合にあっては，その特定した時）の状態で引き渡し，又は移転する義務を負う．ただし，遺言者がその遺言に別段の意思を表示したときは，その意思に従う．

（遺贈の物上代位）

第999条 ① 遺言者が，遺贈の目的物の滅失若しくは変造又はその占有の喪失によって第三者に対して償金を請求する権利を有するときは，その権利を遺贈の目的としたものと推定する．

② 遺贈の目的物が，他の物と付合し，又は混和した場合において，遺言者が第243条から第245条までの規定により合成物又は混和物の単独所有者又は共有者となったときは，その全部の所有権又は持分を遺贈の目的としたものと推定する．

第1000条 削除

（債権の遺贈の物上代位）

第1001条 ① 債権を遺贈の目的とした場合において，遺言者が弁済を受け，かつ，その受け取った物がなお相続財産中に在るときは，その物を遺贈の目的としたものと推定する．

② 金銭を目的とする債権を遺贈の目的とした場合においては，相続財産中にその債権額に相当する金銭がないときであっても，その金額を遺贈の目的としたものと推定する．

（負担付遺贈）

第1002条 ① 負担付遺贈を受けた者は，遺贈の目的の価額を超えない限度においてのみ，負担した義務を履行する責任を負う．

② 受遺者が遺贈の放棄をしたときは，負担の利益を受けるべき者は，自ら受遺者となることができる．ただし，遺言者がその遺言に別段の意思を表示したときは，その意思に従う．

（負担付遺贈の受遺者の免責）

第1003条 負担付遺贈の目的の価額が相続の限定承認又は遺留分回復の訴えによって減少したときは，受遺者は，その減少の割合に応じて，その負担した義務を免れる．ただし，遺言者がその遺言に別段の意思を表示したときは，その意思に従う．

第４節　遺言の執行

（遺言書の検認）

第1004条 ① 遺言書の保管者は，相続の開始を知った後，遅滞なく，これを家庭裁判所に提出して，その検認を請求しなければならない．遺言書の保管者がない場合において，相続人が遺言書を発見した後も，同様とする．

② 前項の規定は，公正証書による遺言については，適用しない．

③ 封印のある遺言書は，家庭裁判所において相続人又はその代理人の立会いがなければ，開封することができない．

（過　料）

第1005条 前条の規定により遺言書を提出することを怠り，その検認を経ないで遺言を執行し，又は家庭裁判所外においてその開封をした者は，５万円以下の過料に処する．

（遺言執行者の指定）

第1006条 ① 遺言者は，遺言で，１人又は数人の遺言執行者を指定し，又はその指定を第三者に委託することができる．

② 遺言執行者の指定の委託を受けた者は，遅滞なく，その指定をして，これを相続人に通知しなければならない．

③ 遺言執行者の指定の委託を受けた者がその委託を辞そうとするときは，遅滞なくその旨を相続人に通知し

なければならない.

(遺言執行者の任務の開始)

第1007条 ① 遺言執行者が就職を承諾したときは,直ちにその任務を行わなければならない.

② 遺言執行者は,その任務を開始したときは,遅滞なく,遺言の内容を相続人に通知しなければならない.

(遺言執行者に対する就職の催告)

第1008条 相続人その他の利害関係人は,遺言執行者に対し,相当の期間を定めて,その期間内に就職を承諾するかどうかを確答すべき旨の催告をすることができる.この場合において,遺言執行者が,その期間内に相続人に対して確答をしないときは,就職を承諾したものとみなす.

(遺言執行者の欠格事由)

第1009条 未成年者及び破産者は,遺言執行者となることができない.

(遺言執行者の選任)

第1010条 遺言執行者がないとき,又はなくなったときは,家庭裁判所は,利害関係人の請求によって,これを選任することができる.

(相続財産の目録の作成)

第1011条 ① 遺言執行者は,遅滞なく,相続財産の目録を作成して,相続人に交付しなければならない.

② 遺言執行者は,相続人の請求があるときは,その立会いをもって相続財産の目録を作成し,又は公証人にこれを作成させなければならない.

(遺言執行者の権利義務)

第1012条 ① 遺言執行者は,遺言の内容を実現するため,相続財産の管理その他遺言の執行に必要な一切の行為をする権利義務を有する.

② 遺言執行者がある場合には,遺贈の履行は,遺言執行者のみが行うことができる.

③ 第644条,第645条から第647条まで及び第650条の規定は,遺言執行者について準用する.

(遺言の執行の妨害行為の禁止)

第1013条 ① 遺言執行者がある場合には,相続人は,相続財産の処分その他遺言の執行を妨げるべき行為をすることができない.

② 前項の規定に違反してした行為は,無効とする.ただし,これをもって善意の第三者に対抗することができない.

③ 前2項の規定は,相続人の債権者(相続債権者を含む.)が相続財産についてその権利を行使することを妨げない.

(特定財産に関する遺言の執行)

第1014条 ① 前3条の規定は,遺言が相続財産のうち特定の財産に関する場合には,その財産についてのみ適用する.

② 遺産の分割の方法の指定として遺産に属する特定の財産を共同相続人の1人又は数人に承継させる旨の遺言(以下「特定財産承継遺言」という.)があったときは,遺言執行者は,当該共同相続人が第899条の2第1項に規定する対抗要件を備えるために必要な行為をすることができる.

③ 前項の財産が預貯金債権である場合には,遺言執行者は,同項に規定する行為のほか,その預金又は貯金の払戻しの請求及びその預金又は貯金に係る契約の解約の申入れをすることができる.ただし,解約の申入れについては,その預貯金債権の全部が特定財産承継遺言の目的である場合に限る.

④ 前2項の規定にかかわらず,被相続人が遺言で別段の意思を表示したときは,その意思に従う.

(遺言執行者の行為の効果)

第1015条 遺言執行者がその権限内において遺言執行者であることを示してした行為は,相続人に対して直接にその効力を生ずる.

(遺言執行者の復任権)

第1016条 ① 遺言執行者は,自己の責任で第三者にその任務を行わせることができる.ただし,遺言者がその遺言に別段の意思を表示したときは,その意思に従う.

② 前項本文の場合において,第三者に任務を行わせることについてやむを得ない事由があるときは,遺言執行者は,相続人に対してその選任及び監督についての責任のみを負う.

(遺言執行者が数人ある場合の任務の執行)

第1017条 ① 遺言執行者が数人ある場合には,その任務の執行は,過半数で決する.ただし,遺言者がその遺言に別段の意思を表示したときは,その意思に従う.

② 各遺言執行者は,前項の規定にかかわらず,保存行為をすることができる.

(遺言執行者の報酬)

第1018条 ① 家庭裁判所は,相続財産の状況その他の事情によって遺言執行者の報酬を定めることができる.ただし,遺言者がその遺言に報酬を定めたときは,この限りでない.

② 第648条第2項及び第3項並びに第648条の2の規定は,遺言執行者が報酬を受けるべき場合について準用する.

(遺言執行者の解任及び辞任)

第1019条 ① 遺言執行者がその任務を怠ったときその他正当な事由があるときは,利害関係人は,その解任を家庭裁判所に請求することができる.

② 遺言執行者は,正当な事由があるときは,家庭裁判所の許可を得て,その任務を辞することができる.

(委任の規定の準用)

第1020条 第654条及び第655条の規定は,遺言執行者の任務が終了した場合について準用する.

(遺言の執行に関する費用の負担)

第1021条 遺言の執行に関する費用は,相続財産の負担とする.ただし,これによって遺留分を減ずることができない.

第5節 遺言の撤回及び取消し

(遺言の撤回)

第1022条 遺言者は,いつでも,遺言の方式に従って,その遺言の全部又は一部を撤回することができる.

(前の遺言と後の遺言との抵触等)

第1023条 ① 前の遺言が後の遺言と抵触するときは,その抵触する部分については,後の遺言で前の遺言を撤回したものとみなす.
② 前項の規定は,遺言が遺言後の生前処分その他の法律行為と抵触する場合について準用する.
(遺言書又は遺贈の目的物の破棄)
第1024条 遺言者が故意に遺言書を破棄したときは,その破棄した部分については,遺言を撤回したものとみなす.遺言者が故意に遺贈の目的物を破棄したときも,同様とする.
(撤回された遺言の効力)
第1025条 前3条の規定により撤回された遺言は,その撤回の行為が,撤回され,取り消され,又は効力を生じなくなるに至ったときであっても,その効力を回復しない.ただし,その行為が錯誤,詐欺又は強迫による場合は,この限りでない.
(遺言の撤回権の放棄の禁止)
第1026条 遺言者は,その遺言を撤回する権利を放棄することができない.
(負担付遺贈に係る遺言の取消し)
第1027条 負担付遺贈を受けた者がその負担した義務を履行しないときは,相続人は,相当の期間を定めてその履行の催告をすることができる.この場合において,その期間内に履行がないときは,その負担付遺贈に係る遺言の取消しを家庭裁判所に請求することができる.

第8章　配偶者の居住の権利

第1節　配偶者居住権

(配偶者居住権)
第1028条 ① 被相続人の配偶者(以下この章において単に「配偶者」という.)は,被相続人の財産に属した建物に相続開始の時に居住していた場合において,次の各号のいずれかに該当するときは,その居住していた建物(以下この節において「居住建物」という.)の全部について無償で使用及び収益をする権利(以下この章において「配偶者居住権」という.)を取得する.ただし,被相続人が相続開始の時に居住建物を配偶者以外の者と共有していた場合にあっては,この限りでない.
1 遺産の分割によって配偶者居住権を取得するものとされたとき.
2 配偶者居住権が遺贈の目的とされたとき.
② 居住建物が配偶者の財産に属することとなった場合であっても,他の者がその共有持分を有するときは,配偶者居住権は,消滅しない.
③ 第903条第4項の規定は,配偶者居住権の遺贈について準用する.
(審判による配偶者居住権の取得)
第1029条 遺産の分割の請求を受けた家庭裁判所は,次に掲げる場合に限り,配偶者が配偶者居住権を取得する旨を定めることができる.
1 共同相続人間に配偶者が配偶者居住権を取得することについて合意が成立しているとき.
2 配偶者が家庭裁判所に対して配偶者居住権の取得を希望する旨を申し出た場合において,居住建物の所有者の受ける不利益の程度を考慮してもなお配偶者の生活を維持するために特に必要があると認めるとき(前号に掲げる場合を除く.).
(配偶者居住権の存続期間)
第1030条 配偶者居住権の存続期間は,配偶者の終身の間とする.ただし,遺産の分割の協議若しくは遺言に別段の定めがあるとき,又は家庭裁判所が遺産の分割の審判において別段の定めをしたときは,その定めるところによる.
(配偶者居住権の登記等)
第1031条 ① 居住建物の所有者は,配偶者(配偶者居住権を取得した配偶者に限る.以下この節において同じ.)に対し,配偶者居住権の設定の登記を備えさせる義務を負う.
② 第605条の規定は配偶者居住権について,第605条の4の規定は配偶者居住権の設定の登記を備えた場合について準用する.
(配偶者による使用及び収益)
第1032条 ① 配偶者は,従前の用法に従い,善良な管理者の注意をもって,居住建物の使用及び収益をしなければならない.ただし,従前居住の用に供していなかった部分について,これを居住の用に供することを妨げない.
② 配偶者居住権は,譲渡することができない.
③ 配偶者は,居住建物の所有者の承諾を得なければ,居住建物の改築若しくは増築をし,又は第三者に居住建物の使用若しくは収益をさせることができない.
④ 配偶者が第1項又は前項の規定に違反した場合において,居住建物の所有者が相当の期間を定めてその是正の催告をし,その期間内に是正がされないときは,居住建物の所有者は,当該配偶者に対する意思表示によって配偶者居住権を消滅させることができる.
(居住建物の修繕等)
第1033条 ① 配偶者は,居住建物の使用及び収益に必要な修繕をすることができる.
② 居住建物の修繕が必要である場合において,配偶者が相当の期間内に必要な修繕をしないときは,居住建物の所有者は,その修繕をすることができる.
③ 居住建物が修繕を要するとき(第1項の規定により配偶者が自らその修繕をするときを除く.),又は居住建物について権利を主張する者があるときは,配偶者は,居住建物の所有者に対し,遅滞なくその旨を通知しなければならない.ただし,居住建物の所有者が既にこれを知っているときは,この限りでない.
(居住建物の費用の負担)
第1034条 ① 配偶者は,居住建物の通常の必要費を負担する.
② 第583条第2項の規定は,前項の通常の必要費以外の費用について準用する.
(居住建物の返還等)
第1035条 ① 配偶者は,配偶者居住権が消滅したときは,居住建物の返還をしなければならない.ただし,配偶者が居住建物について共有持分を有する場合は,居住建物の所有者は,配偶者居住権が消滅したことを理由としては,居住建物の返還を求めることができない.
② 第599条第1項及び第2項並びに第621条の規定は,前項本文の規定により配偶者が相続の開始後に附属させた物がある居住建物又は相続の開始後に生じた損傷がある居住建物の返還をする場合について準用する.

(使用貸借及び賃貸借の規定の準用)

第1036条 第597条第1項及び第3項,第600条,第613条並びに第616条の2の規定は,配偶者居住権について準用する.

第2節 配偶者短期居住権

(配偶者短期居住権)

第1037条 ① 配偶者は,被相続人の財産に属した建物に相続開始の時に無償で居住していた場合には,次の各号に掲げる区分に応じてそれぞれ当該各号に定める日までの間,その居住していた建物(以下この節において「居住建物」という.)の所有権を相続又は遺贈により取得した者(以下この節において「居住建物取得者」という.)に対し,居住建物について無償で使用する権利(居住建物の一部のみを無償で使用していた場合にあっては,その部分について無償で使用する権利.以下この節において「配偶者短期居住権」という.)を有する.ただし,配偶者が,相続開始の時において居住建物に係る配偶者居住権を取得したとき,又は第891条の規定に該当し若しくは廃除によってその相続権を失ったときは,この限りでない.
1 居住建物について配偶者を含む共同相続人間で遺産の分割をすべき場合 遺産の分割により居住建物の帰属が確定した日又は相続開始の時から6箇月を経過する日のいずれか遅い日
2 前号に掲げる場合以外の場合 第3項の申入れの日から6箇月を経過する日
② 前項本文の場合においては,居住建物取得者は,第三者に対する居住建物の譲渡その他の方法により配偶者の居住建物の使用を妨げてはならない.
③ 居住建物取得者は,第1項第1号に掲げる場合を除くほか,いつでも配偶者短期居住権の消滅の申入れをすることができる.

(配偶者による使用)

第1038条 ① 配偶者(配偶者短期居住権を有する配偶者に限る.以下この節において同じ.)は,従前の用法に従い,善良な管理者の注意をもって,居住建物の使用をしなければならない.
② 配偶者は,居住建物取得者の承諾を得なければ,第三者に居住建物の使用をさせることができない.
③ 配偶者が前2項の規定に違反したときは,居住建物取得者は,当該配偶者に対する意思表示によって配偶者短期居住権を消滅させることができる.

(配偶者居住権の取得による配偶者短期居住権の消滅)

第1039条 配偶者が居住建物に係る配偶者居住権を取得したときは,配偶者短期居住権は,消滅する.

(居住建物の返還等)

第1040条 ① 配偶者は,前条に規定する場合を除き,配偶者短期居住権が消滅したときは,居住建物の返還をしなければならない.ただし,配偶者が居住建物について共有持分を有する場合は,居住建物取得者は,配偶者短期居住権が消滅したことを理由としては,居住建物の返還を求めることができない.
② 第599条第1項及び第2項並びに第621条の規定は,前項本文の規定により配偶者が相続の開始後に附属させた物がある居住建物又は相続の開始後に生じた損傷がある居住建物の返還をする場合について準用する.

(使用貸借等の規定の準用)

第1041条 第597条第3項,第600条,第616条の2,第1032条第2項,第1033条及び第1034条の規定は,配偶者短期居住権について準用する.

◆ 第9章 遺留分

(遺留分の帰属及びその割合)

第1042条 ① 兄弟姉妹以外の相続人は,遺留分として,次条第1項に規定する遺留分を算定するための財産の価額に,次の各号に掲げる区分に応じてそれぞれ当該各号に定める割合を乗じた額を受ける.
1 直系尊属のみが相続人である場合 3分の1
2 前号に掲げる場合以外の場合 2分の1
② 相続人が数人ある場合には,前項各号に定める割合は,これらに第900条及び第901条の規定により算定したその各自の相続分を乗じた割合とする.

(遺留分を算定するための財産の価額)

第1043条 ① 遺留分を算定するための財産の価額は,被相続人が相続開始の時において有した財産の価額にその贈与した財産の価額を加えた額から債務の全額を控除した額とする.
② 条件付きの権利又は存続期間の不確定な権利は,家庭裁判所が選任した鑑定人の評価に従って,その価格を定める.

第1044条 ① 贈与は,相続開始前の1年間にしたものに限り,前条の規定によりその価額を算入する.当事者双方が遺留分権利者に損害を加えることを知って贈与をしたときは,1年前の日より前にしたものについても,同様とする.
② 第904条の規定は,前項に規定する贈与の価額について準用する.
③ 相続人に対する贈与についての第1項の規定の適用については,同項中「1年」とあるのは「10年」と,「価額」とあるのは「価額(婚姻若しくは養子縁組のため又は生計の資本として受けた贈与の価額に限る.)」とする.

第1045条 ① 負担付贈与がされた場合における第1043条第1項に規定する贈与した財産の価額は,その目的の価額から負担の価額を控除した額とする.
② 不相当な対価をもってした有償行為は,当事者双方が遺留分権利者に損害を加えることを知ってしたものに限り,当該対価を負担の価額とする負担付贈与とみなす.

(遺留分侵害額の請求)

第1046条 ① 遺留分権利者及びその承継人は,受遺者

（特定財産承継遺言により財産を承継し又は相続分の指定を受けた相続人を含む.以下この章において同じ.）又は受贈者に対し,遺留分侵害額に相当する金銭の支払を請求することができる.

② 遺留分侵害額は,第1042条の規定による遺留分から第1号及び第2号に掲げる額を控除し,これに第3号に掲げる額を加算して算定する.

1 遺留分権利者が受けた遺贈又は第903条第1項に規定する贈与の価額

2 第900条から第902条まで,第903条及び第904条の規定により算定した相続分に応じて遺留分権利者が取得すべき遺産の価額

3 被相続人が相続開始の時において有した債務のうち,第899条の規定により遺留分権利者が承継する債務（次条第3項において「遺留分権利者承継債務」という.）の額

（受遺者又は受贈者の負担額）

第1047条 ① 受遺者又は受贈者は,次の各号の定めるところに従い,遺贈（特定財産承継遺言による財産の承継又は相続分の指定による遺産の取得を含む.以下この章において同じ.）又は贈与（遺留分を算定するための財産の価額に算入されるものに限る.以下この章において同じ.）の目的の価額（受遺者又は受贈者が相続人である場合にあっては,当該価額から第1042条の規定による遺留分として当該相続人が受けるべき額を控除した額）を限度として,遺留分侵害額を負担する.

1 受遺者と受贈者とがあるときは,受遺者が先に負担する.

2 受遺者が複数あるとき,又は受贈者が複数ある場合においてその贈与が同時にされたものであるときは,受遺者又は受贈者がその目的の価額の割合に応じて負担する.ただし,遺言者がその遺言に別段の意思を表示したときは,その意思に従う.

3 受贈者が複数あるとき（前号に規定する場合を除く.）は,後の贈与に係る受贈者から順次前の贈与に係る受贈者が負担する.

② 第904条,第1043条第2項及び第1045条の規定は,前項に規定する遺贈又は贈与の目的の価額について準用する.

③ 前条第1項の請求を受けた受遺者又は受贈者は,遺留分権利者承継債務について弁済その他の債務を消滅させる行為をしたときは,消滅した債務の額の限度において,遺留分権利者に対する意思表示によって第1項の規定により負担する債務を消滅させることができる.この場合において,当該行為によって遺留分権利者に対して取得した求償権は,消滅した当該債務の額の限度において消滅する.

④ 受遺者又は受贈者の無資力によって生じた損失は,遺留分権利者の負担に帰する.

⑤ 裁判所は,受遺者又は受贈者の請求により,第1項の規定により負担する債務の全部又は一部の支払につき相当の期限を許与することができる.

（遺留分侵害額請求権の期間の制限）

第1048条 遺留分侵害額の請求権は,遺留分権利者が,相続の開始及び遺留分を侵害する贈与又は遺贈があったことを知った時から1年間行使しないときは,時効によって消滅する.相続開始の時から10年を経過したときも,同様とする.

（遺留分の放棄）

第1049条 ① 相続の開始前における遺留分の放棄は,家庭裁判所の許可を受けたときに限り,その効力を生ずる.

② 共同相続人の1人のした遺留分の放棄は,他の各共同相続人の遺留分に影響を及ぼさない.

第10章　特別の寄与

第1050条 ① 被相続人に対して無償で療養看護その他の労務の提供をしたことにより被相続人の財産の維持又は増加について特別の寄与をした被相続人の親族（相続人,相続の放棄をした者及び第891条の規定に該当し又は廃除によってその相続権を失った者を除く.以下この条において「特別寄与者」という.）は,相続の開始後,相続人に対し,特別寄与者の寄与に応じた額の金銭（以下この条において「特別寄与料」という.）の支払を請求することができる.

② 前項の規定による特別寄与料の支払について,当事者間に協議が調わないとき,又は協議をすることができないときは,特別寄与者は,家庭裁判所に対して協議に代わる処分を請求することができる.ただし,特別寄与者が相続の開始及び相続人を知った時から6箇月を経過したとき,又は相続開始の時から1年を経過したときは,この限りでない.

③ 前項本文の場合には,家庭裁判所は,寄与の時期,方法及び程度,相続財産の額その他一切の事情を考慮して,特別寄与料の額を定める.

④ 特別寄与料の額は,被相続人が相続開始の時において有した財産の価額から遺贈の価額を控除した残額を超えることができない.

⑤ 相続人が数人ある場合には,各相続人は,特別寄与料の額に第900条から第902条までの規定により算定した当該相続人の相続分を乗じた額を負担する.

3 借地借家法

平3・10・4法律第90号,平4・8・1施行
最終改正：平29・6・2法律第45号

第1章　総　則

（趣　旨）

第1条 この法律は,建物の所有を目的とする地上権及び土地の賃借権の存続期間,効力等並びに建物の賃貸借の契約の更新,効力等に関し特別の定めをするとともに,借地条件の変更等の裁判手続に関し必要な事項を定めるものとする.

（定 義）
第2条 この法律において，次の各号に掲げる用語の意義は，当該各号に定めるところによる．
1 借地権 建物の所有を目的とする地上権又は土地の賃借権をいう．
2 借地権者 借地権を有する者をいう．
3 借地権設定者 借地権者に対して借地権を設定している者をいう．
4 転借地権 建物の所有を目的とする土地の賃借権で借地権者が設定しているものをいう．
5 転借地権者 転借地権を有する者をいう．

◆ 第2章 借 地

第1節 借地権の存続期間等

（借地権の存続期間）
第3条 借地権の存続期間は，30年とする．ただし，契約でこれより長い期間を定めたときは，その期間とする．
（借地権の更新後の期間）
第4条 当事者が借地契約を更新する場合においては，その期間は，更新の日から10年（借地権の設定後の最初の更新にあっては，20年）とする．ただし，当事者がこれより長い期間を定めたときは，その期間とする．
（借地契約の更新請求等）
第5条 ① 借地権の存続期間が満了する場合において，借地権者が契約の更新を請求したときは，建物がある場合に限り，前条の規定によるもののほか，従前の契約と同一の条件で契約を更新したものとみなす．ただし，借地権設定者が遅滞なく異議を述べたときは，この限りでない．
② 借地権の存続期間が満了した後，借地権者が土地の使用を継続するときも，建物がある場合に限り，前項と同様とする．
③ 転借地権が設定されている場合においては，転借地権者がする土地の使用の継続を借地権者がする土地の使用の継続とみなして，借地権者と借地権設定者との間について前項の規定を適用する．
（借地契約の更新拒絶の要件）
第6条 前条の異議は，借地権設定者及び借地権者（転借地権者を含む．以下この条において同じ．）が土地の使用を必要とする事情のほか，借地に関する従前の経過及び土地の利用状況並びに借地権設定者が土地の明渡しの条件として又は土地の明渡しと引換えに借地権者に対して財産上の給付をする旨の申出をした場合におけるその申出を考慮して，正当の事由があると認められる場合でなければ，述べることができない．
（建物の再築による借地権の期間の延長）
第7条 ① 借地権の存続期間が満了する前に建物の滅失（借地権者又は転借地権者による取壊しを含む．以下同じ．）があった場合において，借地権者が残存期間を超えて存続すべき建物を築造したときは，その建物を築造するにつき借地権設定者の承諾がある場合に限り，借地権は，承諾があった日又は建物が築造された日のいずれか早い日から20年間存続する．ただし，残存期間がこれより長いとき，又は当事者がこれより長い期間を定めたときは，その期間による．
② 借地権者が借地権設定者に対し残存期間を超えて存続すべき建物を新たに築造する旨を通知した場合において，借地権設定者がその通知を受けた後2月以内に異議を述べなかったときは，その建物を築造するにつき前項の借地権設定者の承諾があったものとみなす．ただし，契約の更新の後（同項の規定により借地権の存続期間が延長された場合にあっては，借地権の当初の存続期間が満了すべき日の後．次条及び第18条において同じ．）に通知があった場合においては，この限りでない．
③ 転借地権が設定されている場合においては，転借地権者がする建物の築造を借地権者がする建物の築造とみなして，借地権者と借地権設定者との間について第1項の規定を適用する．
（借地契約の更新後の建物の滅失による解約等）
第8条 ① 契約の更新の後に建物の滅失があった場合においては，借地権者は，地上権の放棄又は土地の賃貸借の解約の申入れをすることができる．
② 前項に規定する場合において，借地権者が借地権設定者の承諾を得ないで残存期間を超えて存続すべき建物を築造したときは，借地権設定者は，地上権の消滅の請求又は土地の賃貸借の解約の申入れをすることができる．
③ 前2項の場合においては，借地権は，地上権の放棄若しくは消滅の請求又は土地の賃貸借の解約の申入れがあった日から3月を経過することによって消滅する．
④ 第1項に規定する地上権の放棄又は土地の賃貸借の解約の申入れをする権利は，第2項に規定する地上権の消滅の請求又は土地の賃貸借の解約の申入れをする権利を制限する場合に限り，制限することができる．
⑤ 転借地権が設定されている場合においては，転借地権者がする建物の築造を借地権者がする建物の築造とみなして，借地権者と借地権設定者との間について第2項の規定を適用する．
（強行規定）
第9条 この節の規定に反する特約で借地権者に不利なものは，無効とする．

第2節 借地権の効力

（借地権の対抗力）
第10条 ① 借地権は，その登記がなくても，土地の上に借地権者が登記されている建物を所有するときは，これをもって第三者に対抗することができる．
② 前項の場合において，建物の滅失があっても，借地権者が，その建物を特定するために必要な事項，その滅失があった日及び建物を新たに築造する旨を土地の上の見やすい場所に掲示するときは，借地権は，なお同項の効力を有する．ただし，建物の滅失があった日から2年を経過した後にあっては，その前に建物を新たに築造し，かつ，その建物につき登記した場合に限る．
（地代等増減請求権）
第11条 ① 地代又は土地の借賃（以下この条及び次条において「地代等」という．）が，土地に対する租税その他の公課の増減により，土地の価格の上昇若しくは低下その他の経済事情の変動により，又は近傍類似の土地の地代等に比較して不相当となったときは，契約の条件にかかわらず，当事者は，将来に向かって地代等の額の増減を請求することができる．ただし，一定の期間地代等を増額しない旨の特約がある場合には，その定めに従う．

② 地代等の増額について当事者間に協議が調わないときは，その請求を受けた者は，増額を正当とする裁判が確定するまでは，相当と認める額の地代等を支払うことをもって足りる．ただし，その裁判が確定した場合において，既に支払った額に不足があるときは，その不足額に年一割の割合による支払期後の利息を付してこれを支払わなければならない．

③ 地代等の減額について当事者間に協議が調わないときは，その請求を受けた者は，減額を正当とする裁判が確定するまでは，相当と認める額の地代等の支払を請求することができる．ただし，その裁判が確定した場合において，既に支払を受けた額が正当とされた地代等の額を超えるときは，その超過額に年一割の割合による受領の時からの利息を付してこれを返還しなければならない．

（借地権設定者の先取特権）

第12条 ① 借地権設定者は，弁済期の到来した最後の2年分の地代等について，借地権者がその土地において所有する建物の上に先取特権を有する．

② 前項の先取特権は，地上権又は土地の賃貸借の登記をすることによって，その効力を保存する．

③ 第1項の先取特権は，他の権利に対して優先する効力を有する．ただし，共益費用，不動産保存及び不動産工事の先取特権並びに地上権又は土地の賃貸借の登記より前に登記された質権及び抵当権には後れる．

④ 前3項の規定は，転借地権者がその土地において所有する建物について準用する．

（建物買取請求権）

第13条 ① 借地権の存続期間が満了した場合において，契約の更新がないときは，借地権者は，借地権設定者に対し，建物その他借地権者が権原により土地に附属させた物を時価で買い取るべきことを請求することができる．

② 前項の場合において，建物が借地権の存続期間が満了する前に借地権設定者の承諾を得ないで残存期間を超えて存続すべきものとして新たに築造されたものであるときは，裁判所は，借地権設定者の請求により，代金の全部又は一部の支払につき相当の期限を許与することができる．

③ 前2項の規定は，借地権の存続期間が満了した場合における転借地権者と借地権設定者との間について準用する．

（第三者の建物買取請求権）

第14条 第三者が賃借権の目的である土地の上の建物その他借地権者が権原によって土地に附属させた物を取得した場合において，借地権設定者が賃借権の譲渡又は転貸を承諾しないときは，その第三者は，借地権設定者に対し，建物その他借地権者が権原によって土地に附属させた物を時価で買い取るべきことを請求することができる．

（自己借地権）

第15条 ① 借地権を設定する場合においては，他の者と共に有することとなるときに限り，借地権設定者が自らその借地権を有することを妨げない．

② 借地権が借地権設定者に帰した場合であっても，他の者と共にその借地権を有するときは，その借地権は，消滅しない．

（強行規定）

第16条 第10条，第13条及び第14条の規定に反する特約で借地権者又は転借地権者に不利なものは，無効とする．

第3節 借地条件の変更等

（借地条件の変更及び増改築の許可）

第17条 ① 建物の種類，構造，規模又は用途を制限する旨の借地条件がある場合において，法令による土地利用の規制の変更，付近の土地の利用状況の変化その他の事情の変更により現に借地権を設定するにおいてはその借地条件と異なる建物の所有を目的とすることが相当であるにもかかわらず，借地条件の変更につき当事者間に協議が調わないときは，裁判所は，当事者の申立てにより，その借地条件を変更することができる．

② 増改築を制限する旨の借地条件がある場合において，土地の通常の利用上相当とすべき増改築につき当事者間に協議が調わないときは，裁判所は，借地権者の申立てにより，その増改築についての借地権設定者の承諾に代わる許可を与えることができる．

③ 裁判所は，前2項の裁判をする場合において，当事者間の利益の衡平を図るため必要があるときは，他の借地条件を変更し，財産上の給付を命じ，その他相当の処分をすることができる．

④ 裁判所は，前3項の裁判をするには，借地権の残存期間，土地の状況，借地に関する従前の経過その他一切の事情を考慮しなければならない．

⑤ 転借地権が設定されている場合において，必要があるときは，裁判所は，転借地権者の申立てにより，転借地権とともに借地権につき第1項から第3項までの裁判をすることができる．

⑥ 裁判所は，特に必要がないと認める場合を除き，第1項から第3項まで又は前項の裁判をする前に鑑定委員会の意見を聴かなければならない．

（借地契約の更新後の建物の再築の許可）

第18条 ① 契約の更新の後において，借地権者が残存期間を超えて存続すべき建物を新たに築造することにつきやむを得ない事情があるにもかかわらず，借地権設定者がその建物の築造を承諾しないときは，借地権設定者が地上権の消滅の請求又は土地の賃貸借の解約の申入れをすることができない旨を定めた場合を除き，裁判所は，借地権者の申立てにより，借地権設定者の承諾に代わる許可を与えることができる．この場合において，当事者間の利益の衡平を図るため必要があるときは，延長すべき借地権の期間として第7条第1項の規定による期間と異なる期間を定め,他の借地条件を変更し,財産上の給付を命じ,その他相当の処分をすることができる.
② 裁判所は,前項の裁判をするには,建物の状況,建物の滅失があった場合には滅失に至った事情,借地に関する従前の経過,借地権設定者及び借地権者（転借地権者を含む.）が土地の使用を必要とする事情その他一切の事情を考慮しなければならない.
③ 前条第5項及び第6項の規定は,第1項の裁判をする場合に準用する.

（土地の賃借権の譲渡又は転貸の許可）

第19条 ① 借地権者が賃借権の目的である土地の上の建物を第三者に譲渡しようとする場合において,その第三者が賃借権を取得し,又は転借をしても借地権設定者に不利となるおそれがないにもかかわらず,借地権設定者がその賃借権の譲渡又は転貸を承諾しないときは,裁判所は,借地権者の申立てにより,借地権設定者の承諾に代わる許可を与えることができる.この場合において,当事者間の利益の衡平を図るため必要があるときは,賃借権の譲渡若しくは転貸を条件とする借地条件の変更を命じ,又はその許可を財産上の給付に係らしめることができる.
② 裁判所は,前項の裁判をするには,賃借権の残存期間,借地に関する従前の経過,賃借権の譲渡又は転貸を必要とする事情その他一切の事情を考慮しなければならない.
③ 第1項の申立てがあった場合において,裁判所が定める期間内に借地権設定者が自ら建物の譲渡及び賃借権の譲渡又は転貸を受ける旨の申立てをしたときは,裁判所は,同項の規定にかかわらず,相当の対価及び転貸の条件を定めて,これを命ずることができる.この裁判においては,当事者双方に対し,その義務を同時に履行すべきことを命ずることができる.
④ 前項の申立ては,第1項の申立てが取り下げられたとき,又は不適法として却下されたときは,その効力を失う.
⑤ 第3項の裁判があった後は,第1項又は第3項の申立ては,当事者の合意がある場合でなければ取り下げることができない.
⑥ 裁判所は,特に必要がないと認める場合を除き,第1項又は第3項の裁判をする前に鑑定委員会の意見を聴かなければならない.
⑦ 前各項の規定は,転借地権が設定されている場合における転借地権者と借地権設定者との間について準用する.ただし,借地権設定者が第3項の申立てをするには,借地権者の承諾を得なければならない.

（建物競売等の場合における土地の賃借権の譲渡の許可）

第20条 ① 第三者が賃借権の目的である土地の上の建物を競売又は公売により取得した場合において,その第三者が賃借権を取得しても借地権設定者に不利となるおそれがないにもかかわらず,借地権設定者がその賃借権の譲渡を承諾しないときは,裁判所は,その第三者の申立てにより,借地権設定者の承諾に代わる許可を与えることができる.この場合において,当事者間の利益の衡平を図るため必要があるときは,借地条件を変更し,又は財産上の給付を命ずることができる.
② 前条第2項から第6項までの規定は,前項の申立てがあった場合に準用する.
③ 第1項の申立ては,建物の代金を支払った後2月以内に限り,することができる.
④ 民事調停法（昭和26年法律第222号）第19条の規定は,同条に規定する期間内に第1項の申立てをした場合に準用する.
⑤ 前各項の規定は,転借地権者から競売又は公売により建物を取得した第三者と借地権設定者との間について準用する.ただし,借地権設定者が第2項において準用する前条第3項の申立てをするには,借地権者の承諾を得なければならない.

（強行規定）

第21条 第17条から第19条までの規定に反する特約で借地権者又は転借地権者に不利なものは,無効とする.

第4節　定期借地権等

（定期借地権）

第22条 存続期間を50年以上として借地権を設定する場合においては,第9条及び第16条の規定にかかわらず,契約の更新（更新の請求及び土地の使用の継続によるものを含む.次条第1項において同じ.）及び建物の築造による存続期間の延長がなく,並びに第13条の規定による買取りの請求をしないこととする旨を定めることができる.この場合においては,その特約は,公正証書による等書面によってしなければならない.

（事業用定期借地権等）

第23条 ① 専ら事業の用に供する建物（居住の用に供するものを除く.次項において同じ.）の所有を目的とし,かつ,存続期間を30年以上50年未満として借地権を設定する場合においては,第9条及び第16条の規定にかかわらず,契約の更新及び建物の築造による存続期間の延長がなく,並びに第13条の規定による買取りの請求をしないこととする旨を定めることができる.
② 専ら事業の用に供する建物の所有を目的とし,かつ,存続期間を10年以上30年未満として借地権を設定する場合には,第3条から第8条まで,第13条及び第18条の規定は,適用しない.
③ 前2項に規定する借地権の設定を目的とする契約は,公正証書によってしなければならない.

（建物譲渡特約付借地権）

第24条 ① 借地権を設定する場合（前条第2項に規定する借地権を設定する場合を除く.）においては,第9条の規定にかかわらず,借地権を消滅させるため,その設定後30年以上を経過した日に借地権の目的である土地の上の建物を借地権設定者に相当の対価で譲渡する旨を定めることができる.
② 前項の特約により借地権が消滅した場合において,その借地権者又は建物の賃借人でその消滅後建物の使用を継続しているものが請求をしたときは,請求の時にその建物につきその借地権者又は建物の賃借人と借地権設定者との間で期間の定めのない賃貸借（借地権者

が請求をした場合において，借地権の残存期間があるときは，その残存期間を存続期間とする賃貸借）がされたものとみなす．この場合において，建物の借賃は，当事者の請求により，裁判所が定める．

③ 第１項の特約がある場合において，借地権者又は建物の賃借人と借地権設定者との間でその建物につき第38条第１項の規定による賃貸借契約をしたときは，前項の規定にかかわらず，その定めに従う．

（一時使用目的の借地権）

第25条 第３条から第８条まで，第13条，第17条，第18条及び第22条から前条までの規定は，臨時設備の設置その他一時使用のために借地権を設定したことが明らかな場合には，適用しない．

第３章 借 家

第１節 建物賃貸借契約の更新等

（建物賃貸借契約の更新等）

第26条 ① 建物の賃貸借について期間の定めがある場合において，当事者が期間の満了の１年前から６月前までの間に相手方に対して更新をしない旨の通知又は条件を変更しなければ更新をしない旨の通知をしなかったときは，従前の契約と同一の条件で契約を更新したものとみなす．ただし，その期間は，定めがないものとする．

② 前項の通知をした場合であっても，建物の賃貸借の期間が満了した後建物の賃借人が使用を継続する場合において，建物の賃貸人が遅滞なく異議を述べなかったときも，同項と同様とする．

③ 建物の転貸借がされている場合においては，建物の転借人がする建物の使用の継続を建物の賃借人がする建物の使用の継続とみなして，建物の賃借人と賃貸人との間について前項の規定を適用する．

（解約による建物賃貸借の終了）

第27条 ① 建物の賃貸人が賃貸借の解約の申入れをした場合においては，建物の賃貸借は，解約の申入れの日から６月を経過することによって終了する．

② 前条第２項及び第３項の規定は，建物の賃貸借が解約の申入れによって終了した場合に準用する．

（建物賃貸借契約の更新拒絶等の要件）

第28条 建物の賃貸人による第26条第１項の通知又は建物の賃貸借の解約の申入れは，建物の賃貸人及び賃借人（転借人を含む．以下この条において同じ．）が建物の使用を必要とする事情のほか，建物の賃貸借に関する従前の経過，建物の利用状況及び建物の現況並びに建物の賃貸人が建物の明渡しの条件として又は建物の明渡しと引換えに建物の賃借人に対して財産上の給付をする旨の申出をした場合におけるその申出を考慮して，正当の事由があると認められる場合でなければ，することができない．

（建物賃貸借の期間）

第29条 ① 期間を１年未満とする建物の賃貸借は，期間の定めがない建物の賃貸借とみなす．

② 民法（明治29年法律第89号）第604条の規定は，建物の賃貸借については，適用しない．

（強行規定）

第30条 この節の規定に反する特約で建物の賃借人に不利なものは，無効とする．

第２節 建物賃貸借の効力

（建物賃貸借の対抗力）

第31条 建物の賃貸借は，その登記がなくても，建物の引渡しがあったときは，その後その建物について物権を取得した者に対し，その効力を生ずる．

（借賃増減請求権）

第32条 ① 建物の借賃が，土地若しくは建物に対する租税その他の負担の増減により，土地若しくは建物の価格の上昇若しくは低下その他の経済事情の変動により，又は近傍同種の建物の借賃に比較して不相当となったときは，契約の条件にかかわらず，当事者は，将来に向かって建物の借賃の額の増減を請求することができる．ただし，一定の期間建物の借賃を増額しない旨の特約がある場合には，その定めに従う．

② 建物の借賃の増額について当事者間に協議が調わないときは，その請求を受けた者は，増額を正当とする裁判が確定するまでは，相当と認める額の建物の借賃を支払うことをもって足りる．ただし，その裁判が確定した場合において，既に支払った額に不足があるときは，その不足額に年一割の割合による支払期後の利息を付してこれを支払わなければならない．

③ 建物の借賃の減額について当事者間に協議が調わないときは，その請求を受けた者は，減額を正当とする裁判が確定するまでは，相当と認める額の建物の借賃の支払を請求することができる．ただし，その裁判が確定した場合において，既に支払を受けた額が正当とされた建物の借賃の額を超えるときは，その超過額に年一割の割合による受領の時からの利息を付してこれを返還しなければならない．

（造作買取請求権）

第33条 ① 建物の賃貸人の同意を得て建物に付加した畳，建具その他の造作がある場合には，建物の賃借人は，建物の賃貸借が期間の満了又は解約の申入れによって終了するときに，建物の賃貸人に対し，その造作を時価で買い取るべきことを請求することができる．建物の賃貸人から買い受けた造作についても，同様とする．

② 前項の規定は，建物の賃貸借が期間の満了又は解約の申入れによって終了する場合における建物の転借人と賃貸人との間について準用する．

（建物賃貸借終了の場合における転借人の保護）

第34条 ① 建物の転貸借がされている場合において，建物の賃貸借が期間の満了又は解約の申入れによって終了するときは，建物の賃貸人は，建物の転借人にその旨の通知をしなければ，その終了を建物の転借人に対抗することができない．

② 建物の賃貸人が前項の通知をしたときは，建物の転貸借は，その通知がされた日から６月を経過することによって終了する．

（借地上の建物の賃借人の保護）

第35条 ① 借地権の目的である土地の上の建物につき賃

貸借がされている場合において,借地権の存続期間の満了によって建物の賃借人が土地を明け渡すべきときは,建物の賃借人が借地権の存続期間が満了することをその1年前までに知らなかった場合に限り,裁判所は,建物の賃借人の請求により,建物の賃借人がこれを知った日から1年を超えない範囲内において,土地の明渡しにつき相当の期限を許与することができる.
② 前項の規定により裁判所が期限の許与をしたときは,建物の賃貸借は,その期限が到来することによって終了する.

(居住用建物の賃貸借の承継)

第36条 ① 居住の用に供する建物の賃借人が相続人なしに死亡した場合において,その当時婚姻又は縁組の届出をしていないが,建物の賃借人と事実上夫婦又は養親子と同様の関係にあった同居者があるときは,その同居者は,建物の賃借人の権利義務を承継する.ただし,相続人なしに死亡したことを知った後1月以内に建物の賃貸人に反対の意思を表示したときは,この限りでない.
② 前項本文の場合においては,建物の賃貸借関係に基づき生じた債権又は債務は,同項の規定により建物の賃借人の権利義務を承継した者に帰属する.

(強行規定)

第37条 第31条,第34条及び第35条の規定に反する特約で建物の賃借人又は転借人に不利なものは,無効とする.

第3節 定期建物賃貸借等

(定期建物賃貸借)

第38条 ① 期間の定めがある建物の賃貸借をする場合においては,公正証書による等書面によって契約をするときに限り,第30条の規定にかかわらず,契約の更新がないこととする旨を定めることができる.この場合には,第29条第1項の規定を適用しない.
② 前項の規定による建物の賃貸借をしようとするときは,建物の賃貸人は,あらかじめ,建物の賃借人に対し,同項の規定による建物の賃貸借は契約の更新がなく,期間の満了により当該建物の賃貸借は終了することについて,その旨を記載した書面を交付して説明しなければならない.
③ 建物の賃貸人が前項の規定による説明をしなかったときは,契約の更新がないこととする旨の定めは,無効とする.
④ 第1項の規定による建物の賃貸借において,期間が1年以上である場合には,建物の賃貸人は,期間の満了の1年前から6月前までの間(以下この項において「通知期間」という.)に建物の賃借人に対し期間の満了により建物の賃貸借が終了する旨の通知をしなければ,その終了を建物の賃借人に対抗することができない.ただし,建物の賃貸人が通知期間の経過後建物の賃借人に対しその旨の通知をした場合においては,その通知の日から6月を経過した後は,この限りでない.
⑤ 第1項の規定による居住の用に供する建物の賃貸借(床面積(建物の一部分を賃貸借の目的とする場合にあっては,当該一部分の床面積)が200平方メートル未満の建物に係るものに限る.)において,転勤,療養,親族の介護その他のやむを得ない事情により,建物の賃借人が建物を自己の生活の本拠として使用することが困難となったときは,建物の賃借人は,建物の賃貸借の解約の申入れをすることができる.この場合においては,建物の賃貸借は,解約の申入れの日から1月を経過することによって終了する.
⑥ 前2項の規定に反する特約で建物の賃借人に不利なものは,無効とする.
⑦ 第32条の規定は,第1項の規定による建物の賃貸借において,借賃の改定に係る特約がある場合には,適用しない.

(取壊し予定の建物の賃貸借)

第39条 ① 法令又は契約により一定の期間を経過した後に建物を取り壊すべきことが明らかな場合において,建物の賃貸借をするときは,第30条の規定にかかわらず,建物を取り壊すこととなる時に賃貸借が終了する旨を定めることができる.
② 前項の特約は,同項の建物を取り壊すべき事由を記載した書面によってしなければならない.

(一時使用目的の建物の賃貸借)

第40条 この章の規定は,一時使用のために建物の賃貸借をしたことが明らかな場合には,適用しない.

◆ 第4章 借地条件の変更等の裁判手続

(管轄裁判所)

第41条 第17条第1項,第2項若しくは第5項(第18条第3項において準用する場合を含む.),第18条第1項,第19条第1項(同条第7項において準用する場合を含む.)若しくは第3項(同条第7項及び第20条第2項(同条第5項において準用する場合を含む.)において準用する場合を含む.)又は第20条第1項(同条第5項において準用する場合を含む.)に規定する事件は,借地権の目的である土地の所在地を管轄する地方裁判所が管轄する.ただし,当事者の合意があるときは,その所在地を管轄する簡易裁判所が管轄することを妨げない.

(非訟事件手続法の適用除外及び最高裁判所規則)

第42条 ① 前条の事件については,非訟事件手続法(平成23年法律第51号)第27条,第40条及び第63条第1項後段の規定は,適用しない.
② この法律に定めるもののほか,前条の事件に関し必要な事項は,最高裁判所規則で定める.

(強制参加)

第43条 ① 裁判所は,当事者の申立てにより,当事者となる資格を有する者を第41条の事件の手続に参加させることができる.
② 前項の申立ては,その趣旨及び理由を記載した書面でしなければならない.
③ 第1項の申立てを却下する裁判に対しては,即時抗告をすることができる.

(手続代理人の資格)

第44条 ① 法令により裁判上の行為をすることができる代理人のほか,弁護士でなければ手続代理人となることができない.ただし,簡易裁判所においては,その許可を得て,弁護士でない者を手続代理人とすることができる.
② 前項ただし書の許可は,いつでも取り消すことができる.
（手続代理人の代理権の範囲）
第45条 ① 手続代理人は,委任を受けた事件について,非訟事件手続法第23条第１項に定める事項のほか,第19条第３項（同条第７項及び第20条第２項（同条第５項において準用する場合を含む.）において準用する場合を含む.次項において同じ.）の申立てに関する手続行為（次項に規定するものを除く.）をすることができる.
② 手続代理人は,非訟事件手続法第23条第２項各号に掲げる事項のほか,第19条第３項の申立てについては,特別の委任を受けなければならない.
（事件の記録の閲覧等）
第46条 ① 当事者及び利害関係を疎明した第三者は,裁判所書記官に対し,第41条の事件の記録の閲覧若しくは謄写,その正本,謄本若しくは抄本の交付又は同条の事件に関する事項の証明書の交付を請求することができる.
② 民事訴訟法（平成８年法律第109号）第91条第４項及び第５項の規定は,前項の記録について準用する.
（鑑定委員会）
第47条 ① 鑑定委員会は,３人以上の委員で組織する.
② 鑑定委員は,次に掲げる者の中から,事件ごとに,裁判所が指定する.ただし,特に必要があるときは,それ以外の者の中から指定することを妨げない.
1 地方裁判所が特別の知識経験を有する者その他適当な者の中から毎年あらかじめ選任した者
2 当事者が合意によって選定した者
③ 鑑定委員には,最高裁判所規則で定める旅費,日当及び宿泊料を支給する.
（手続の中止）
第48条 裁判所は,借地権の目的である土地に関する権利関係について訴訟その他の事件が係属するときは,その事件が終了するまで,第41条の事件の手続を中止することができる.
（不適法な申立ての却下）
第49条 申立てが不適法でその不備を補正することができないときは,裁判所は,審問期日を経ないで,申立てを却下することができる.
（申立書の送達）
第50条 ① 裁判所は,前条の場合を除き,第41条の事件の申立書を相手方に送達しなければならない.
② 非訟事件手続法第43条第４項から第６項までの規定は,申立書の送達をすることができない場合（申立書の送達に必要な費用を予納しない場合を含む.）について準用する.
（審問期日）
第51条 ① 裁判所は,審問期日を開き,当事者の陳述を聴かなければならない.
② 当事者は,他の当事者の審問に立ち会うことができる.
（呼出費用の予納がない場合の申立ての却下）
第52条 裁判所は,民事訴訟費用等に関する法律（昭和46年法律第40号）の規定に従い当事者に対する期日の呼出しに必要な費用の予納を相当の期間を定めて申立人に命じた場合において,その予納がないときは,申立てを却下することができる.
（事実の調査の通知）
第53条 裁判所は,事実の調査をしたときは,特に必要がないと認める場合を除き,その旨を当事者及び利害関係参加人に通知しなければならない.
（審理の終結）
第54条 裁判所は,審理を終結するときは,審問期日においてその旨を宣言しなければならない.
（裁判書の送達及び効力の発生）
第55条 ① 第17条第１項から第３項まで若しくは第５項（第18条第３項において準用する場合を含む.）,第18条第１項,第19条第１項（同条第７項において準用する場合を含む.）若しくは第３項（同条第７項及び第20条第２項（同条第５項において準用する場合を含む.）において準用する場合を含む.）又は第20条第１項（同条第５項において準用する場合を含む.）の規定による裁判があったときは,その裁判書を当事者に送達しなければならない.
② 前項の裁判は,確定しなければその効力を生じない.
（理由の付記）
第56条 前条第１項の裁判には,理由を付さなければならない.
（裁判の効力が及ぶ者の範囲）
第57条 第55条第１項の裁判は,当事者又は最終の審問期日の後裁判の確定前の承継人に対し,その効力を有する.
（給付を命ずる裁判の効力）
第58条 第17条第３項若しくは第５項（第18条第３項において準用する場合を含む.）,第18条第１項,第19条第３項（同条第７項及び第20条第２項（同条第５項において準用する場合を含む.）において準用する場合を含む.）又は第20条第１項（同条第５項において準用する場合を含む.）の規定による裁判で給付を命ずるものは,強制執行に関しては,裁判上の和解と同一の効力を有する.
（譲渡又は転貸の許可の裁判の失効）
第59条 第19条第１項（同条第７項において準用する場合を含む.）の規定による裁判は,その効力を生じた後６月以内に借地権者が建物の譲渡をしないときは,その効力を失う.ただし,この期間は,その裁判において伸長し,又は短縮することができる.
（第１審の手続の規定の準用）
第60条 第49条,第50条及び第52条の規定は,第55条第１項の裁判に対する即時抗告があった場合について準用する.

④ 建物の区分所有等に関する法律

昭37・4・4法律第69号,昭38・4・1施行
最終改正：平23・5・25法律第53号

◈ 第1章 建物の区分所有

第1節 総 則

(建物の区分所有)
第1条 1棟の建物に構造上区分された数個の部分で独立して住居,店舗,事務所又は倉庫その他建物としての用途に供することができるものがあるときは,その各部分は,この法律の定めるところにより,それぞれ所有権の目的とすることができる.

(定 義)
第2条 ① この法律において「区分所有権」とは,前条に規定する建物の部分（第4条第2項の規定により共用部分とされたものを除く.）を目的とする所有権をいう.
② この法律において「区分所有者」とは,区分所有権を有する者をいう.
③ この法律において「専有部分」とは,区分所有権の目的たる建物の部分をいう.
④ この法律において「共用部分」とは,専有部分以外の建物の部分,専有部分に属しない建物の附属物及び第4条第2項の規定により共用部分とされた附属の建物をいう.
⑤ この法律において「建物の敷地」とは,建物が所在する土地及び第5条第1項の規定により建物の敷地とされた土地をいう.
⑥ この法律において「敷地利用権」とは,専有部分を所有するための建物の敷地に関する権利をいう.

(区分所有者の団体)
第3条 区分所有者は,全員で,建物並びにその敷地及び附属施設の管理を行うための団体を構成し,この法律の定めるところにより,集会を開き,規約を定め,及び管理者を置くことができる.一部の区分所有者のみの共用に供されるべきことが明らかな共用部分（以下「一部共用部分」という.）をそれらの区分所有者が管理するときも,同様とする.

(共用部分)
第4条 ① 数個の専有部分に通ずる廊下又は階段室その他構造上区分所有者の全員又はその一部の共用に供されるべき建物の部分は,区分所有権の目的とならないものとする.
② 第1条に規定する建物の部分及び附属の建物は,規約により共用部分とすることができる.この場合には,その旨の登記をしなければ,これをもつて第三者に対抗することができない.

(規約による建物の敷地)
第5条 ① 区分所有者が建物及び建物が所在する土地と一体として管理又は使用をする庭,通路その他の土地は,規約により建物の敷地とすることができる.
② 建物が所在する土地が建物の一部の滅失により建物が所在する土地以外の土地となつたときは,その土地は,前項の規定により規約で建物の敷地と定められたものとみなす.建物が所在する土地の一部が分割により建物が所在する土地以外の土地となつたときも,同様とする.

(区分所有者の権利義務等)
第6条 ① 区分所有者は,建物の保存に有害な行為その他建物の管理又は使用に関し区分所有者の共同の利益に反する行為をしてはならない.
② 区分所有者は,その専有部分又は共用部分を保存し,又は改良するため必要な範囲内において,他の区分所有者の専有部分又は自己の所有に属しない共用部分の使用を請求することができる.この場合において,他の区分所有者が損害を受けたときは,その償金を支払わなければならない.
③ 第1項の規定は,区分所有者以外の専有部分の占有者（以下「占有者」という.）に準用する.

(先取特権)
第7条 ① 区分所有者は,共用部分,建物の敷地若しくは共用部分以外の建物の附属施設につき他の区分所有者に対して有する債権又は規約若しくは集会の決議に基づき他の区分所有者に対して有する債権について,債務者の区分所有権（共用部分に関する権利及び敷地利用権を含む.）及び建物に備え付けた動産の上に先取特権を有する.管理者又は管理組合法人がその職務又は業務を行うにつき区分所有者に対して有する債権についても,同様とする.
② 前項の先取特権は,優先権の順位及び効力については,共益費用の先取特権とみなす.
③ 民法（明治29年法律第89号）第319条の規定は,第1項の先取特権に準用する.

(特定承継人の責任)
第8条 前条第1項に規定する債権は,債務者たる区分所有者の特定承継人に対しても行うことができる.

(建物の設置又は保存の瑕疵(かし)に関する推定)
第9条 建物の設置又は保存に瑕疵があることにより他人に損害を生じたときは,その瑕疵は,共用部分の設置又は保存にあるものと推定する.

(区分所有権売渡請求権)
第10条 敷地利用権を有しない区分所有者があるときは,その専有部分の収去を請求する権利を有する者は,その区分所有者に対し,区分所有権を時価で売り渡すべきことを請求することができる.

第2節 共用部分等

(共用部分の共有関係)
第11条 ① 共用部分は,区分所有者全員の共有に属する.ただし,一部共用部分は,これを共用すべき区分所有者の共有に属する.
② 前項の規定は,規約で別段の定めをすることを妨げない.ただし,第27条第1項の場合を除いて,区分所有者以外の者を共用部分の所有者と定めることはできない.

③ 民法第177条の規定は，共用部分には適用しない．

第12条 共用部分が区分所有者の全員又はその一部の共有に属する場合には，その共用部分の共有については，次条から第19条までに定めるところによる．

（共用部分の使用）

第13条 各共有者は，共用部分をその用方に従つて使用することができる．

（共用部分の持分の割合）

第14条 ① 各共有者の持分は，その有する専有部分の床面積の割合による．

② 前項の場合において，一部共用部分（附属の建物であるものを除く．）で床面積を有するものがあるときは，その一部共用部分の床面積は，これを共用すべき各区分所有者の専有部分の床面積の割合により配分して，それぞれその区分所有者の専有部分の床面積に算入するものとする．

③ 前2項の床面積は，壁その他の区画の内側線で囲まれた部分の水平投影面積による．

④ 前3項の規定は，規約で別段の定めをすることを妨げない．

（共用部分の持分の処分）

第15条 ① 共有者の持分は，その有する専有部分の処分に従う．

② 共有者は，この法律に別段の定めがある場合を除いて，その有する専有部分と分離して持分を処分することができない．

（一部共用部分の管理）

第16条 一部共用部分の管理のうち，区分所有者全員の利害に関係するもの又は第31条第2項の規約に定めがあるものは区分所有者全員で，その他のものはこれを共用すべき区分所有者のみで行う．

（共用部分の変更）

第17条 ① 共用部分の変更（その形状又は効用の著しい変更を伴わないものを除く．）は，区分所有者及び議決権の各4分の3以上の多数による集会の決議で決する．ただし，この区分所有者の定数は，規約でその過半数まで減ずることができる．

② 前項の場合において，共用部分の変更が専有部分の使用に特別の影響を及ぼすべきときは，その専有部分の所有者の承諾を得なければならない．

（共用部分の管理）

第18条 ① 共用部分の管理に関する事項は，前条の場合を除いて，集会の決議で決する．ただし，保存行為は，各共有者がすることができる．

② 前項の規定は，規約で別段の定めをすることを妨げない．

③ 前条第2項の規定は，第1項本文の場合に準用する．

④ 共用部分につき損害保険契約をすることは，共用部分の管理に関する事項とみなす．

（共用部分の負担及び利益収取）

第19条 各共有者は，規約に別段の定めがない限りその持分に応じて，共用部分の負担に任じ，共用部分から生ずる利益を収取する．

（管理所有者の権限）

第20条 ① 第11条第2項の規定により規約で共用部分の所有者と定められた区分所有者は，区分所有者全員（一部共用部分については，これを共用すべき区分所有者）のためにその共用部分を管理する義務を負う．この場合には，それらの区分所有者に対し，相当な管理費用を請求することができる．

② 前項の共用部分の所有者は，第17条第1項に規定する共用部分の変更をすることができない．

（共用部分に関する規定の準用）

第21条 建物の敷地又は共用部分以外の附属施設（これらに関する権利を含む．）が区分所有者の共有に属する場合には，第17条から第19条までの規定は，その敷地又は附属施設に準用する．

第3節　敷地利用権

（分離処分の禁止）

第22条 ① 敷地利用権が数人で有する所有権その他の権利である場合には，区分所有者は，その有する専有部分とその専有部分に係る敷地利用権とを分離して処分することができない．ただし，規約に別段の定めがあるときは，この限りでない．

② 前項本文の場合において，区分所有者が数個の専有部分を所有するときは，各専有部分に係る敷地利用権の割合は，第14条第1項から第3項までに定める割合による．ただし，規約でこの割合と異なる割合が定められているときは，その割合による．

③ 前2項の規定は，建物の専有部分の全部を所有する者の敷地利用権が単独で有する所有権その他の権利である場合に準用する．

（分離処分の無効の主張の制限）

第23条 前条第1項本文（同条第3項において準用する場合を含む．）の規定に違反する専有部分又は敷地利用権の処分については，その無効を善意の相手方に主張することができない．ただし，不動産登記法（平成16年法律第123号）の定めるところにより分離して処分することができない専有部分及び敷地利用権であることを登記した後に，その処分がされたときは，この限りでない．

（民法第255条の適用除外）

第24条 第22条第1項本文の場合には，民法第255条（同法第264条において準用する場合を含む．）の規定は，敷地利用権には適用しない．

第4節　管理者

（選任及び解任）

第25条 ① 区分所有者は，規約に別段の定めがない限り集会の決議によつて，管理者を選任し，又は解任することができる．

② 管理者に不正な行為その他その職務を行うに適しない事情があるときは，各区分所有者は，その解任を裁判所に請求することができる．

（権　限）

第26条 ① 管理者は，共用部分並びに第21条に規定する場合における当該建物の敷地及び附属施設（次項及び第47条第6項において「共用部分等」という．）を保存し,集会の決議を実行し,並びに規約で定めた行為をする権利を有し,義務を負う.
② 管理者は,その職務に関し,区分所有者を代理する.第18条第4項（第21条において準用する場合を含む.）の規定による損害保険契約に基づく保険金額並びに共用部分等について生じた損害賠償金及び不当利得による返還金の請求及び受領についても,同様とする.
③ 管理者の代理権に加えた制限は,善意の第三者に対抗することができない.
④ 管理者は,規約又は集会の決議により,その職務（第2項後段に規定する事項を含む.）に関し,区分所有者のために,原告又は被告となることができる.
⑤ 管理者は,前項の規約により原告又は被告となつたときは,遅滞なく,区分所有者にその旨を通知しなければならない.この場合には,第35条第2項から第4項までの規定を準用する.

(管理所有)
第27条 ① 管理者は,規約に特別の定めがあるときは,共用部分を所有することができる.
② 第6条第2項及び第20条の規定は,前項の場合に準用する.

(委任の規定の準用)
第28条 この法律及び規約に定めるもののほか,管理者の権利義務は,委任に関する規定に従う.

(区分所有者の責任等)
第29条 ① 管理者がその職務の範囲内において第三者との間にした行為につき区分所有者がその責めに任ずべき割合は,第14条に定める割合と同一の割合とする.ただし,規約で建物並びにその敷地及び附属施設の管理に要する経費につき負担の割合が定められているときは,その割合による.
② 前項の行為により第三者が区分所有者に対して有する債権は,その特定承継人に対しても行うことができる.

第5節 規約及び集会

(規約事項)
第30条 ① 建物又はその敷地若しくは附属施設の管理又は使用に関する区分所有者相互間の事項は,この法律に定めるもののほか,規約で定めることができる.
② 一部共用部分に関する事項で区分所有者全員の利害に関係しないものは,区分所有者全員の規約に定めがある場合を除いて,これを共用すべき区分所有者の規約で定めることができる.
③ 前2項に規定する規約は,専有部分若しくは共用部分又は建物の敷地若しくは附属施設（建物の敷地又は附属施設に関する権利を含む.）につき,これらの形状,面積,位置関係,使用目的及び利用状況並びに区分所有者が支払つた対価その他の事情を総合的に考慮して,区分所有者間の利害の衡平が図られるように定めなければならない.
④ 第1項及び第2項の場合には,区分所有者以外の者の権利を害することができない.
⑤ 規約は,書面又は電磁的記録（電子的方式,磁気的方式その他人の知覚によつては認識することができない方式で作られる記録であつて,電子計算機による情報処理の用に供されるものとして法務省令で定めるものをいう.以下同じ.）により,これを作成しなければならない.

(規約の設定,変更及び廃止)
第31条 ① 規約の設定,変更又は廃止は,区分所有者及び議決権の各4分の3以上の多数による集会の決議によつてする.この場合において,規約の設定,変更又は廃止が一部の区分所有者の権利に特別の影響を及ぼすべきときは,その承諾を得なければならない.
② 前条第2項に規定する事項についての区分所有者全員の規約の設定,変更又は廃止は,当該一部共用部分を共用すべき区分所有者の4分の1を超える者又はその議決権の4分の1を超える議決権を有する者が反対したときは,することができない.

(公正証書による規約の設定)
第32条 最初に建物の専有部分の全部を所有する者は,公正証書により,第4条第2項,第5条第1項並びに第22条第1項ただし書及び第2項ただし書（これらの規定を同条第3項において準用する場合を含む.）の規約を設定することができる.

(規約の保管及び閲覧)
第33条 ① 規約は,管理者が保管しなければならない.ただし,管理者がないときは,建物を使用している区分所有者又はその代理人で規約又は集会の決議で定めるものが保管しなければならない.
② 前項の規定により規約を保管する者は,利害関係人の請求があつたときは,正当な理由がある場合を除いて,規約の閲覧（規約が電磁的記録で作成されているときは,当該電磁的記録に記録された情報の内容を法務省令で定める方法により表示したものの当該規約の保管場所における閲覧）を拒んではならない.
③ 規約の保管場所は,建物内の見やすい場所に掲示しなければならない.

(集会の招集)
第34条 ① 集会は,管理者が招集する.
② 管理者は,少なくとも毎年1回集会を招集しなければならない.
③ 区分所有者の5分の1以上で議決権の5分の1以上を有するものは,管理者に対し,会議の目的たる事項を示して,集会の招集を請求することができる.ただし,この定数は,規約で減ずることができる.
④ 前項の規定による請求がされた場合において,2週間以内にその請求の日から4週間以内の日を会日とする集会の招集の通知が発せられなかつたときは,その請求をした区分所有者は,集会を招集することができる.
⑤ 管理者がないときは,区分所有者の5分の1以上で議決権の5分の1以上を有するものは,集会を招集することができる.ただし,この定数は,規約で減ずることができる.

(招集の通知)
第35条 ① 集会の招集の通知は,会日より少なくとも1週間前に,会議の目的たる事項を示して,各区分所有者に発しなければならない．ただし，この期間は，規約で伸縮することができる．
② 専有部分が数人の共有に属するときは，前項の通知は，第40条の規定により定められた議決権を行使すべき者（その者がないときは，共有者の1人）にすれば足りる．
③ 第1項の通知は，区分所有者が管理者に対して通知を受けるべき場所を通知したときはその場所に，これを通知しなかつたときは区分所有者の所有する専有部分が所在する場所にあててすれば足りる．この場合には，同項の通知は，通常それが到達すべき時に到達したものとみなす．
④ 建物内に住所を有する区分所有者又は前項の通知を受けるべき場所を通知しない区分所有者に対する第1項の通知は，規約に特別の定めがあるときは，建物内の見やすい場所に掲示してすることができる．この場合には，同項の通知は，その掲示をした時に到達したものとみなす．
⑤ 第1項の通知をする場合において，会議の目的たる事項が第17条第1項，第31条第1項，第61条第5項，第62条第1項，第68条第1項又は第69条第7項に規定する決議事項であるときは，その議案の要領をも通知しなければならない．

（招集手続の省略）

第36条 集会は，区分所有者全員の同意があるときは，招集の手続を経ないで開くことができる．

（決議事項の制限）

第37条 ① 集会においては，第35条の規定によりあらかじめ通知した事項についてのみ，決議をすることができる．
② 前項の規定は，この法律に集会の決議につき特別の定数が定められている事項を除いて，規約で別段の定めをすることを妨げない．
③ 前2項の規定は，前条の規定による集会には適用しない．

（議決権）

第38条 各区分所有者の議決権は，規約に別段の定めがない限り，第14条に定める割合による．

（議　事）

第39条 ① 集会の議事は，この法律又は規約に別段の定めがない限り，区分所有者及び議決権の各過半数で決する．
② 議決権は，書面で，又は代理人によつて行使することができる．
③ 区分所有者は，規約又は集会の決議により，前項の規定による書面による議決権の行使に代えて，電磁的方法（電子情報処理組織を使用する方法その他の情報通信の技術を利用する方法であつて法務省令で定めるものをいう．以下同じ．）によつて議決権を行使することができる．

（議決権行使者の指定）

第40条 専有部分が数人の共有に属するときは，共有者は，議決権を行使すべき者1人を定めなければならない．

（議　長）

第41条 集会においては，規約に別段の定めがある場合及び別段の決議をした場合を除いて，管理者又は集会を招集した区分所有者の1人が議長となる．

（議事録）

第42条 ① 集会の議事については，議長は，書面又は電磁的記録により，議事録を作成しなければならない．
② 議事録には，議事の経過の要領及びその結果を記載し，又は記録しなければならない．
③ 前項の場合において，議事録が書面で作成されているときは，議長及び集会に出席した区分所有者の2人がこれに署名押印しなければならない．
④ 第2項の場合において，議事録が電磁的記録で作成されているときは，当該電磁的記録に記録された情報については，議長及び集会に出席した区分所有者の2人が行う法務省令で定める署名押印に代わる措置を執らなければならない．
⑤ 第33条の規定は，議事録について準用する．

（事務の報告）

第43条 管理者は，集会において，毎年1回一定の時期に，その事務に関する報告をしなければならない．

（占有者の意見陳述権）

第44条 ① 区分所有者の承諾を得て専有部分を占有する者は，会議の目的たる事項につき利害関係を有する場合には，集会に出席して意見を述べることができる．
② 前項に規定する場合には，集会を招集する者は，第35条の規定により招集の通知を発した後遅滞なく，集会の日時，場所及び会議の目的たる事項を建物内の見やすい場所に掲示しなければならない．

（書面又は電磁的方法による決議）

第45条 ① この法律又は規約により集会において決議をすべき場合において，区分所有者全員の承諾があるときは，書面又は電磁的方法による決議をすることができる．ただし，電磁的方法による決議に係る区分所有者の承諾については，法務省令で定めるところによらなければならない．
② この法律又は規約により集会において決議すべきものとされた事項については，区分所有者全員の書面又は電磁的方法による合意があつたときは，書面又は電磁的方法による決議があつたものとみなす．
③ この法律又は規約により集会において決議すべきものとされた事項についての書面又は電磁的方法による決議は，集会の決議と同一の効力を有する．
④ 第33条の規定は，書面又は電磁的方法による決議に係る書面並びに第1項及び第2項の電磁的方法が行われる場合に当該電磁的方法により作成される電磁的記録について準用する．
⑤ 集会に関する規定は，書面又は電磁的方法による決議について準用する．

（規約及び集会の決議の効力）

第46条 ① 規約及び集会の決議は，区分所有者の特定承継人に対しても，その効力を生ずる．
② 占有者は，建物又はその敷地若しくは附属施設の使用方法につき，区分所有者が規約又は集会の決議に基づいて負う義務と同一の義務を負う．

第6節 管理組合法人

（成立等）

第47条 ① 第3条に規定する団体は，区分所有者及び議決権の各4分の3以上の多数による集会の決議で法人となる旨並びにその名称及び事務所を定め，かつ，その主たる事務所の所在地において登記をすることによつて法人となる．

② 前項の規定による法人は，管理組合法人と称する．

③ この法律に規定するもののほか，管理組合法人の登記に関して必要な事項は，政令で定める．

④ 管理組合法人に関して登記すべき事項は，登記した後でなければ，第三者に対抗することができない．

⑤ 管理組合法人の成立前の集会の決議，規約及び管理者の職務の範囲内の行為は，管理組合法人につき効力を生ずる．

⑥ 管理組合法人は，その事務に関し，区分所有者を代理する．第18条第4項（第21条において準用する場合を含む．）の規定による損害保険契約に基づく保険金額並びに共用部分等について生じた損害賠償金及び不当利得による返還金の請求及び受領についても，同様とする．

⑦ 管理組合法人の代理権に加えた制限は，善意の第三者に対抗することができない．

⑧ 管理組合法人は，規約又は集会の決議により，その事務（第6項後段に規定する事項を含む．）に関し，区分所有者のために，原告又は被告となることができる．

⑨ 管理組合法人は，前項の規約により原告又は被告となつたときは，遅滞なく，区分所有者にその旨を通知しなければならない．この場合においては，第35条第2項から第4項までの規定を準用する．

⑩ 一般社団法人及び一般財団法人に関する法律（平成18年法律第48号）第4条及び第78条の規定は管理組合法人に，破産法（平成16年法律第75号）第16条第2項の規定は存立中の管理組合法人に準用する．

⑪ 第4節及び第33条第1項ただし書（第42条第5項及び第45条第4項において準用する場合を含む．）の規定は，管理組合法人には，適用しない．

⑫ 管理組合法人について，第33条第1項本文（第42条第5項及び第45条第4項において準用する場合を含む．以下この項において同じ．）の規定を適用する場合には第33条第1項本文中「管理者が」とあるのは「理事が管理組合法人の事務所において」と，第34条第1項から第3項まで及び第5項，第35条第3項，第41条並びに第43条の規定を適用する場合にはこれらの規定中「管理者」とあるのは「理事」とする．

⑬ 管理組合法人は，法人税法（昭和40年法律第34号）その他法人税に関する法令の規定の適用については，同法第2条第6号に規定する公益法人等とみなす．この場合において，同法第37条の規定を適用する場合には同条第4項中「公益法人等（」とあるのは「公益法人等（管理組合法人並びに」と，同法第66条の規定を適用する場合には同条第1項及び第2項中「普通法人」とあるのは「普通法人（管理組合法人を含む．）」と，同条第3項中「公益法人等（」とあるのは「公益法人等（管理組合法人及び」とする．

⑭ 管理組合法人は，消費税法（昭和63年法律第108号）その他消費税に関する法令の規定の適用については，同法別表第3に掲げる法人とみなす．

（名　称）

第48条 ① 管理組合法人は，その名称中に管理組合法人という文字を用いなければならない．

② 管理組合法人でないものは，その名称中に管理組合法人という文字を用いてはならない．

（財産目録及び区分所有者名簿）

第48条の2 ① 管理組合法人は，設立の時及び毎年1月から3月までの間に財産目録を作成し，常にこれをその主たる事務所に備え置かなければならない．ただし，特に事業年度を設けるものは，設立の時及び毎事業年度の終了の時に財産目録を作成しなければならない．

② 管理組合法人は，区分所有者名簿を備え置き，区分所有者の変更があるごとに必要な変更を加えなければならない．

（理　事）

第49条 ① 管理組合法人には，理事を置かなければならない．

② 理事が数人ある場合において，規約に別段の定めがないときは，管理組合法人の事務は，理事の過半数で決する．

③ 理事は，管理組合法人を代表する．

④ 理事が数人あるときは，各自管理組合法人を代表する．

⑤ 前項の規定は，規約若しくは集会の決議によつて，管理組合法人を代表すべき理事を定め，若しくは数人の理事が共同して管理組合法人を代表すべきことを定め，又は規約の定めに基づき理事の互選によつて管理組合法人を代表すべき理事を定めることを妨げない．

⑥ 理事の任期は，2年とする．ただし，規約で3年以内において別段の期間を定めたときは，その期間とする．

⑦ 理事が欠けた場合又は規約で定めた理事の員数が欠けた場合には，任期の満了又は辞任により退任した理事は，新たに選任された理事（第49条の4第1項の仮理事を含む．）が就任するまで，なおその職務を行う．

⑧ 第25条の規定は，理事に準用する．

（理事の代理権）

第49条の2 理事の代理権に加えた制限は，善意の第三者に対抗することができない．

（理事の代理行為の委任）

第49条の3 理事は，規約又は集会の決議によつて禁止されていないときに限り，特定の行為の代理を他人に委任することができる．

（仮理事）

第49条の4 ① 理事が欠けた場合において，事務が遅滞することにより損害を生ずるおそれがあるときは，裁判所は，利害関係人又は検察官の請求により，仮理事を選任しなければならない．

② 仮理事の選任に関する事件は，管理組合法人の主たる事務所の所在地を管轄する地方裁判所の管轄に属する．

（監　事）

第50条 ① 管理組合法人には,監事を置かなければならない.
② 監事は,理事又は管理組合法人の使用人と兼ねてはならない.
③ 監事の職務は,次のとおりとする.
1 管理組合法人の財産の状況を監査すること.
2 理事の業務の執行の状況を監査すること.
3 財産の状況又は業務の執行について,法令若しくは規約に違反し,又は著しく不当な事項があると認めるときは,集会に報告をすること.
4 前号の報告をするため必要があるときは,集会を招集すること.
④ 第25条,第49条第6項及び第7項並びに前条の規定は,監事に準用する.
(監事の代表権)
第51条 管理組合法人と理事との利益が相反する事項については,監事が管理組合法人を代表する.
(事務の執行)
第52条 ① 管理組合法人の事務は,この法律に定めるもののほか,すべて集会の決議によつて行う.ただし,この法律に集会の決議につき特別の定数が定められている事項及び第57条第2項に規定する事項を除いて,規約で,理事その他の役員が決するものとすることができる.
② 前項の規定にかかわらず,保存行為は,理事が決することができる.
(区分所有者の責任)
第53条 ① 管理組合法人の財産をもつてその債務を完済することができないときは,区分所有者は,第14条に定める割合と同一の割合で,その債務の弁済の責めに任ずる.ただし,第29条第1項ただし書に規定する負担の割合が定められているときは,その割合による.
② 管理組合法人の財産に対する強制執行がその効を奏しなかつたときも,前項と同様とする.
③ 前項の規定は,区分所有者が管理組合法人に資力があり,かつ,執行が容易であることを証明したときは,適用しない.
(特定承継人の責任)
第54条 区分所有者の特定承継人は,その承継前に生じた管理組合法人の債務についても,その区分所有者が前条の規定により負う責任と同一の責任を負う.
(解　散)
第55条 ① 管理組合法人は,次の事由によつて解散する.
1 建物（一部共用部分を共用すべき区分所有者で構成する管理組合法人にあつては,その共用部分）の全部の滅失
2 建物に専有部分がなくなつたこと.
3 集会の決議
② 前項第3号の決議は,区分所有者及び議決権の各4分の3以上の多数でする.
(清算中の管理組合法人の能力)
第55条の2 解散した管理組合法人は,清算の目的の範囲内において,その清算の結了に至るまではなお存続するものとみなす.
(清算人)
第55条の3 管理組合法人が解散したときは,破産手続開始の決定による解散の場合を除き,理事がその清算人となる.ただし,規約に別段の定めがあるとき,又は集会において理事以外の者を選任したときは,この限りでない.
(裁判所による清算人の選任)
第55条の4 前条の規定により清算人となる者がないとき,又は清算人が欠けたため損害を生ずるおそれがあるときは,裁判所は,利害関係人若しくは検察官の請求により又は職権で,清算人を選任することができる.
(清算人の解任)
第55条の5 重要な事由があるときは,裁判所は,利害関係人若しくは検察官の請求により又は職権で,清算人を解任することができる.
(清算人の職務及び権限)
第55条の6 ① 清算人の職務は,次のとおりとする.
1 現務の結了
2 債権の取立て及び債務の弁済
3 残余財産の引渡し
② 清算人は,前項各号に掲げる職務を行うために必要な一切の行為をすることができる.
(債権の申出の催告等)
第55条の7 ① 清算人は,その就職の日から2月以内に,少なくとも3回の公告をもつて,債権者に対し,一定の期間内にその債権の申出をすべき旨の催告をしなければならない.この場合において,その期間は,2月を下ることができない.
② 前項の公告には,債権者がその期間内に申出をしないときは清算から除斥されるべき旨を付記しなければならない.ただし,清算人は,知れている債権者を除斥することができない.
③ 清算人は,知れている債権者には,各別にその申出の催告をしなければならない.
④ 第1項の公告は,官報に掲載してする.
(期間経過後の債権の申出)
第55条の8 前条第1項の期間の経過後に申出をした債権者は,管理組合法人の債務が完済された後まだ権利の帰属すべき者に引き渡されていない財産に対してのみ,請求をすることができる.
(清算中の管理組合法人についての破産手続の開始)
第55条の9 ① 清算中に管理組合法人の財産がその債務を完済するのに足りないことが明らかになつたときは,清算人は,直ちに破産手続開始の申立てをし,その旨を公告しなければならない.
② 清算人は,清算中の管理組合法人が破産手続開始の決定を受けた場合において,破産管財人にその事務を引き継いだときは,その任務を終了したものとする.
③ 前項に規定する場合において,清算中の管理組合法人が既に債権者に支払い,又は権利の帰属すべき者に引き渡したものがあるときは,破産管財人は,これを取り戻すことができる.

④ 第１項の規定による公告は，官報に掲載してする．

（残余財産の帰属）

第56条 解散した管理組合法人の財産は，規約に別段の定めがある場合を除いて，第14条に定める割合と同一の割合で各区分所有者に帰属する．

（裁判所による監督）

第56条の２ ① 管理組合法人の解散及び清算は，裁判所の監督に属する．

② 裁判所は，職権で，いつでも前項の監督に必要な検査をすることができる．

（解散及び清算の監督等に関する事件の管轄）

第56条の３ 管理組合法人の解散及び清算の監督並びに清算人に関する事件は，その主たる事務所の所在地を管轄する地方裁判所の管轄に属する．

（不服申立ての制限）

第56条の４ 清算人の選任の裁判に対しては，不服を申し立てることができない．

（裁判所の選任する清算人の報酬）

第56条の５ 裁判所は，第55条の４の規定により清算人を選任した場合には，管理組合法人が当該清算人に対して支払う報酬の額を定めることができる．この場合においては，裁判所は，当該清算人及び監事の陳述を聴かなければならない．

第56条の６ 削除

（検査役の選任）

第56条の７ ① 裁判所は，管理組合法人の解散及び清算の監督に必要な調査をさせるため，検査役を選任することができる．

② 第56条の４及び第56条の５の規定は，前項の規定により裁判所が検査役を選任した場合について準用する．この場合において，同条中「清算人及び監事」とあるのは，「管理組合法人及び検査役」と読み替えるものとする．

第７節　義務違反者に対する措置

（共同の利益に反する行為の停止等の請求）

第57条 ① 区分所有者が第６条第１項に規定する行為をした場合又はその行為をするおそれがある場合には，他の区分所有者の全員又は管理組合法人は，区分所有者の共同の利益のため，その行為を停止し，その行為の結果を除去し，又はその行為を予防するため必要な措置を執ることを請求することができる．

② 前項の規定に基づき訴訟を提起するには，集会の決議によらなければならない．

③ 管理者又は集会において指定された区分所有者は，集会の決議により，第１項の他の区分所有者の全員のために，前項に規定する訴訟を提起することができる．

④ 前３項の規定は，占有者が第６条第３項において準用する同条第１項に規定する行為をした場合及びその行為をするおそれがある場合に準用する．

（使用禁止の請求）

第58条 ① 前条第１項に規定する場合において，第６条第１項に規定する行為による区分所有者の共同生活上の障害が著しく，前条第１項に規定する請求によつてはその障害を除去して共用部分の利用の確保その他の区分所有者の共同生活の維持を図ることが困難であるときは，他の区分所有者の全員又は管理組合法人は，集会の決議に基づき，訴えをもつて，相当の期間の当該行為に係る区分所有者による専有部分の使用の禁止を請求することができる．

② 前項の決議は，区分所有者及び議決権の各４分の３以上の多数でする．

③ 第１項の決議をするには，あらかじめ，当該区分所有者に対し，弁明する機会を与えなければならない．

④ 前条第３項の規定は，第１項の訴えの提起に準用する．

（区分所有権の競売の請求）

第59条 ① 第57条第１項に規定する場合において，第６条第１項に規定する行為による区分所有者の共同生活上の障害が著しく，他の方法によつてはその障害を除去して共用部分の利用の確保その他の区分所有者の共同生活の維持を図ることが困難であるときは，他の区分所有者の全員又は管理組合法人は，集会の決議に基づき，訴えをもつて，当該行為に係る区分所有者の区分所有権及び敷地利用権の競売を請求することができる．

② 第57条第３項の規定は前項の訴えの提起に，前条第２項及び第３項の規定は前項の決議に準用する．

③ 第１項の規定による判決に基づく競売の申立ては，その判決が確定した日から６月を経過したときは，することができない．

④ 前項の競売においては，競売を申し立てられた区分所有者又はその者の計算において買い受けようとする者は，買受けの申出をすることができない．

（占有者に対する引渡し請求）

第60条 ① 第57条第４項に規定する場合において，第６条第３項において準用する同条第１項に規定する行為による区分所有者の共同生活上の障害が著しく，他の方法によつてはその障害を除去して共用部分の利用の確保その他の区分所有者の共同生活の維持を図ることが困難であるときは，区分所有者の全員又は管理組合法人は，集会の決議に基づき，訴えをもつて，当該行為に係る占有者が占有する専有部分の使用又は収益を目的とする契約の解除及びその専有部分の引渡しを請求することができる．

② 第57条第３項の規定は前項の訴えの提起に，第58条第２項及び第３項の規定は前項の決議に準用する．

③ 第１項の規定による判決に基づき専有部分の引渡しを受けた者は，遅滞なく，その専有部分を占有する権原を有する者にこれを引き渡さなければならない．

第８節　復旧及び建替え

（建物の一部が滅失した場合の復旧等）

第61条 ① 建物の価格の２分の１以下に相当する部分が滅失したときは，各区分所有者は，滅失した共用部分及び自己の専有部分を復旧することができる．ただし，共用部分については，復旧の工事に着手するまでに第３項，次条第１項又は第70条第１項の決議があつたときは，この限りでない．

② 前項の規定により共用部分を復旧した者は，他の区分

所有者に対し，復旧に要した金額を第14条に定める割合に応じて償還すべきことを請求することができる．
③ 第1項本文に規定する場合には，集会において，滅失した共用部分を復旧する旨の決議をすることができる．
④ 前3項の規定は，規約で別段の定めをすることを妨げない．
⑤ 第1項本文に規定する場合を除いて，建物の一部が滅失したときは，集会において，区分所有者及び議決権の各4分の3以上の多数で，滅失した共用部分を復旧する旨の決議をすることができる．
⑥ 前項の決議をした集会の議事録には，その決議についての各区分所有者の賛否をも記載し，又は記録しなければならない．
⑦ 第5項の決議があつた場合において，その決議の日から2週間を経過したときは，次項の場合を除き，その決議に賛成した区分所有者（その承継人を含む．以下この条において「決議賛成者」という．）以外の区分所有者は，決議賛成者の全部又は一部に対し，建物及びその敷地に関する権利を時価で買い取るべきことを請求することができる．この場合において，その請求を受けた決議賛成者は，その請求の日から2月以内に，他の決議賛成者の全部又は一部に対し，決議賛成者以外の区分所有者を除いて算定した第14条に定める割合に応じて当該建物及びその敷地に関する権利を時価で買い取るべきことを請求することができる．
⑧ 第5項の決議の日から2週間以内に，決議賛成者がその全員の合意により建物及びその敷地に関する権利を買い取ることができる者を指定し，かつ，その指定された者（以下この条において「買取指定者」という．）がその旨を決議賛成者以外の区分所有者に対して書面で通知したときは，その通知を受けた区分所有者は，買取指定者に対してのみ，前項前段に規定する請求をすることができる．
⑨ 買取指定者が第7項前段に規定する請求に基づく売買の代金に係る債務の全部又は一部の弁済をしないときは，決議賛成者（買取指定者となつたものを除く．以下この項及び第13項において同じ．）は，連帯してその債務の全部又は一部の弁済の責めに任ずる．ただし，決議賛成者が買取指定者に資力があり，かつ，執行が容易であることを証明したときは，この限りでない．
⑩ 第5項の集会を招集した者（買取指定者の指定がされているときは，当該買取指定者）は，決議賛成者以外の区分所有者に対し，4月以上の期間を定めて，第7項前段に規定する請求をするか否かを確答すべき旨を書面で催告することができる．
⑪ 前項に規定する催告を受けた区分所有者は，前項の規定により定められた期間を経過したときは，第7項前段に規定する請求をすることができない．
⑫ 第5項に規定する場合において，建物の一部が滅失した日から6月以内に同項，次条第1項又は第70条第1項の決議がないときは，各区分所有者は，他の区分所有者に対し，建物及びその敷地に関する権利を時価で買い取るべきことを請求することができる．
⑬ 第2項，第7項，第8項及び前項の場合には，裁判所は，償還若しくは買取りの請求を受けた区分所有者，買取りの請求を受けた買取指定者又は第9項本文に規定する債務について履行の請求を受けた決議賛成者の請求により，償還金又は代金の支払につき相当の期限を許与することができる．

（建替え決議）

第62条 ① 集会においては，区分所有者及び議決権の各5分の4以上の多数で，建物を取り壊し，かつ，当該建物の敷地若しくはその一部の土地又は当該建物の敷地の全部若しくは一部を含む土地に新たに建物を建築する旨の決議（以下「建替え決議」という．）をすることができる．
② 建替え決議においては，次の事項を定めなければならない．
1 新たに建築する建物（以下この項において「再建建物」という．）の設計の概要
2 建物の取壊し及び再建建物の建築に要する費用の概算額
3 前号に規定する費用の分担に関する事項
4 再建建物の区分所有権の帰属に関する事項
③ 前項第3号及び第4号の事項は，各区分所有者の衡平を害しないように定めなければならない．
④ 第1項に規定する決議事項を会議の目的とする集会を招集するときは，第35条第1項の通知は，同項の規定にかかわらず，当該集会の会日より少なくとも2月前に発しなければならない．ただし，この期間は，規約で伸長することができる．
⑤ 前項に規定する場合において，第35条第1項の通知をするときは，同条第5項に規定する議案の要領のほか，次の事項をも通知しなければならない．
1 建替えを必要とする理由
2 建物の建替えをしないとした場合における当該建物の効用の維持又は回復（建物が通常有すべき効用の確保を含む．）をするのに要する費用の額及びその内訳
3 建物の修繕に関する計画が定められているときは，当該計画の内容
4 建物につき修繕積立金として積み立てられている金額
⑥ 第4項の集会を招集した者は，当該集会の会日より少なくとも1月前までに，当該招集の際に通知すべき事項について区分所有者に対し説明を行うための説明会を開催しなければならない．
⑦ 第35条第1項から第4項まで及び第36条の規定は，前項の説明会の開催について準用する．この場合において，第35条第1項ただし書中「伸縮する」とあるのは，「伸長する」と読み替えるものとする．
⑧ 前条第6項の規定は，建替え決議をした集会の議事録について準用する．

（区分所有権等の売渡し請求等）

第63条 ① 建替え決議があつたときは，集会を招集した者は，遅滞なく，建替え決議に賛成しなかつた区分所有

者（その承継人を含む.）に対し,建替え決議の内容により建替えに参加するか否かを回答すべき旨を書面で催告しなければならない.

② 前項に規定する区分所有者は,同項の規定による催告を受けた日から２月以内に回答しなければならない.

③ 前項の期間内に回答しなかつた第１項に規定する区分所有者は,建替えに参加しない旨を回答したものとみなす.

④ 第２項の期間が経過したときは,建替え決議に賛成した各区分所有者若しくは建替え決議の内容により建替えに参加する旨を回答した各区分所有者（これらの者の承継人を含む.）又はこれらの者の全員の合意により区分所有権及び敷地利用権を買い受けることができる者として指定された者（以下「買受指定者」という.）は,同項の期間の満了の日から２月以内に,建替えに参加しない旨を回答した区分所有者（その承継人を含む.）に対し,区分所有権及び敷地利用権を時価で売り渡すべきことを請求することができる.建替え決議があつた後にこの区分所有者から敷地利用権のみを取得した者（その承継人を含む.）の敷地利用権についても,同様とする.

⑤ 前項の規定による請求があつた場合において,建替えに参加しない旨を回答した区分所有者が建物の明渡しによりその生活上著しい困難を生ずるおそれがあり,かつ,建替え決議の遂行に甚だしい影響を及ぼさないものと認めるべき顕著な事由があるときは,裁判所は,その者の請求により,代金の支払又は提供の日から１年を超えない範囲内において,建物の明渡しにつき相当の期限を許与することができる.

⑥ 建替え決議の日から２年以内に建物の取壊しの工事に着手しない場合には,第４項の規定により区分所有権又は敷地利用権を売り渡した者は,この期間の満了の日から６月以内に,買主が支払つた代金に相当する金銭をその区分所有権又は敷地利用権を現在有する者に提供して,これらの権利を売り渡すべきことを請求することができる.ただし,建物の取壊しの工事に着手しなかつたことにつき正当な理由があるときは,この限りでない.

⑦ 前項本文の規定は,同項ただし書に規定する場合において,建物の取壊しの工事の着手を妨げる理由がなくなつた日から６月以内にその着手をしないときに準用する.この場合において,同項本文中「この期間の満了の日から６月以内に」とあるのは,「建物の取壊しの工事の着手を妨げる理由がなくなつたことを知つた日から６月又はその理由がなくなつた日から２年のいずれか早い時期までに」と読み替えるものとする.

（建替えに関する合意）

第64条 建替え決議に賛成した各区分所有者,建替え決議の内容により建替えに参加する旨を回答した各区分所有者及び区分所有権又は敷地利用権を買い受けた各買受指定者（これらの者の承継人を含む.）は,建替え決議の内容により建替えを行う旨の合意をしたものとみなす.

◈ 第２章 団 地

（団地建物所有者の団体）

第65条 １団地内に数棟の建物があつて,その団地内の土地又は附属施設（これらに関する権利を含む.）がそれらの建物の所有者（専有部分のある建物にあつては,区分所有者）の共有に属する場合には,それらの所有者（以下「団地建物所有者」という.）は,全員で,その団地内の土地,附属施設及び専有部分のある建物の管理を行うための団体を構成し,この法律の定めるところにより,集会を開き,規約を定め,及び管理者を置くことができる.

（建物の区分所有に関する規定の準用）

第66条 第７条,第８条,第17条から第19条まで,第25条,第26条,第28条,第29条,第30条第１項及び第３項から第５項まで,第31条第１項並びに第33条から第56条の７までの規定は,前条の場合について準用する.この場合において,これらの規定（第55条第１項第１号を除く.）中「区分所有者」とあるのは「第65条に規定する団地建物所有者」と,「管理組合法人」とあるのは「団地管理組合法人」と,第７条第１項中「共用部分,建物の敷地若しくは共用部分以外の建物の附属施設」とあるのは「第65条に規定する場合における当該土地若しくは附属施設（以下「土地等」という.）」と,「区分所有権」とあるのは「土地等に関する権利,建物又は区分所有権」と,第17条,第18条第１項及び第４項並びに第19条中「共用部分」とあり,第26条第１項中「共用部分並びに第21条に規定する場合における当該建物の敷地及び附属施設」とあり,並びに第29条第１項中「建物並びにその敷地及び附属施設」とあるのは「土地等並びに第68条の規定による規約により管理すべきものと定められた同条第１項第１号に掲げる土地及び附属施設並びに同項第２号に掲げる建物の共用部分」と,第17条第２項,第35条第２項及び第３項,第40条並びに第44条第１項中「専有部分」とあるのは「建物又は専有部分」と,第29条第１項,第38条,第53条第１項及び第56条中「第14条に定める」とあるのは「土地等（これらに関する権利を含む.）の持分の」と,第30条第１項及び第46条第２項中「建物又はその敷地若しくは附属施設」とあるのは「土地等又は第68条第１項各号に掲げる物」と,第30条第３項中「専有部分若しくは共用部分又は建物の敷地若しくは附属施設（建物の敷地又は附属施設に関する権利を含む.）」とあるのは「建物若しくは専有部分若しくは土地等（土地等に関する権利を含む.）又は第68条の規定による規約により管理すべきものと定められた同条第１項第１号に掲げる土地若しくは附属施設（これらに関する権利を含む.）若しくは同項第２号に掲げる建物の共用部分」と,第33条第３項,第35条第４項及び第44条第２項中「建物内」とあるのは「団地内」と,第35条第５項中「第61条第５項,第62条第１項,第68条第１項又は第69条第７項」とあるのは「第69条第１項又は第70条第１項」と,第46条第２項中「占有者」とあるのは「建物又は専有部分を占有する者で第65条に規定する団地建物所有者でないもの」と，第47条第１項中「第３条」とあるのは「第65条」と，第55条第１項第１号中「建物（一部共用部分を共用すべき区分所有者で構成する管理組合法人にあつては，その共用部分）」とあるのは「土地等（これらに関する権利を含む．）」と，同項第２号中「建物に専有部分が」とあるのは「土地等（これらに関する権利を含む．）が第65条に規定する団地建物所有者の共有で」と読み替えるものとする．

（団地共用部分）

第67条 ① １団地内の附属施設たる建物（第１条に規定する建物の部分を含む．）は，前条において準用する第30条第１項の規約により団地共用部分とすることができる．この場合においては，その旨の登記をしなければ，これをもつて第三者に対抗することができない．

② １団地内の数棟の建物の全部を所有する者は，公正証書により，前項の規約を設定することができる．

③ 第11条第１項本文及び第３項並びに第13条から第15条までの規定は，団地共用部分に準用する．この場合において，第11条第１項本文中「区分所有者」とあるのは「第65条に規定する団地建物所有者」と，第14条第１項及び第15条中「専有部分」とあるのは「建物又は専有部分」と読み替えるものとする．

（規約の設定の特例）

第68条 ① 次の物につき第66条において準用する第30条第１項の規約を定めるには，第１号に掲げる土地又は附属施設にあつては当該土地の全部又は附属施設の全部につきそれぞれ共有者の４分の３以上でその持分の４分の３以上を有するものの同意，第２号に掲げる建物にあつてはその全部につきそれぞれ第34条の規定による集会における区分所有者及び議決権の各４分の３以上の多数による決議があることを要する．

1 １団地内の土地又は附属施設（これらに関する権利を含む．）が当該団地内の一部の建物の所有者（専有部分のある建物にあつては，区分所有者）の共有に属する場合における当該土地又は附属施設（専有部分のある建物以外の建物の所有者のみの共有に属するものを除く．）

2 当該団地内の専有部分のある建物

② 第31条第２項の規定は，前項第２号に掲げる建物の一部共用部分に関する事項で区分所有者全員の利害に関係しないものについての同項の集会の決議に準用する．

（団地内の建物の建替え承認決議）

第69条 ① １団地内にある数棟の建物（以下この条及び次条において「団地内建物」という．）の全部又は一部が専有部分のある建物であり，かつ，その団地内の特定の建物（以下この条において「特定建物」という．）の所在する土地（これに関する権利を含む．）が当該団地内建物の第65条に規定する団地建物所有者（以下この条において単に「団地建物所有者」という．）の共有に属する場合においては，次の各号に掲げる区分に応じてそれぞれ当該各号に定める要件に該当する場合であつて当該土地（これに関する権利を含む．）の共有者である当該団地内建物の団地建物所有者で構成される同条に規定する団体又は団地管理組合法人の集会において議決権の４分の３以上の多数による承認の決議（以下「建替え承認決議」という．）を得たときは，当該特定建物の団地建物所有者は，当該特定建物を取り壊し，かつ，当該土地又はこれと一体として管理若しくは使用をする団地内の土地（当該団地内建物の団地建物所有者の共有に属するものに限る．）に新たに建物を建築することができる．

1 当該特定建物が専有部分のある建物である場合　その建替え決議又はその区分所有者の全員の同意があること．

2 当該特定建物が専有部分のある建物以外の建物である場合　その所有者の同意があること．

② 前項の集会における各団地建物所有者の議決権は，第66条において準用する第38条の規定にかかわらず，第66条において準用する第30条第１項の規約に別段の定めがある場合であつても，当該特定建物の所在する土地（これに関する権利を含む．）の持分の割合によるものとする．

③ 第１項各号に定める要件に該当する場合における当該特定建物の団地建物所有者は，建替え承認決議においては，いずれもこれに賛成する旨の議決権の行使をしたものとみなす．ただし，同項第１号に規定する場合において，当該特定建物の区分所有者が団地内建物のうち当該特定建物以外の建物の敷地利用権に基づいて有する議決権の行使については，この限りでない．

④ 第１項の集会を招集するときは，第66条において準用する第35条第１項の通知は，同項の規定にかかわらず，当該集会の会日より少なくとも２月前に，同条第５項に規定する議案の要領のほか，新たに建築する建物の設計の概要（当該建物の当該団地内における位置を含む．）をも示して発しなければならない．ただし，この期間は，第66条において準用する第30条第１項の規約で伸長することができる．

⑤ 第１項の場合において，建替え承認決議に係る建替えが当該特定建物以外の建物（以下この項において「当該他の建物」という．）の建替えに特別の影響を及ぼすべきときは，次の各号に掲げる区分に応じてそれぞれ当該各号に定める者が当該建替え承認決議に賛成しているときに限り，当該特定建物の建替えをすることができる．

1 当該他の建物が専有部分のある建物である場合　第１項の集会において当該他の建物の区分所有者全員の議決権の４分の３以上の議決権を有する区分所有者

2 当該他の建物が専有部分のある建物以外の建物である場合　当該他の建物の所有者

⑥ 第１項の場合において，当該特定建物が２以上あるときは，当該２以上の特定建物の団地建物所有者は，各特定建物の団地建物所有者の合意により，当該２以上の特定建物の建替えについて一括して建替え承認決議に付することができる．

⑦ 前項の場合において，当該特定建物が専有部分のある

建物であるときは,当該特定建物の建替えを会議の目的とする第62条第1項の集会において,当該特定建物の区分所有者及び議決権の各5分の4以上の多数で,当該2以上の特定建物の建替えについて一括して建替え承認決議に付する旨の決議をすることができる.この場合において,その決議があつたときは,当該特定建物の団地建物所有者(区分所有者に限る.)の前項に規定する合意があつたものとみなす.

(団地内の建物の一括建替え決議)

第70条 ① 団地内建物の全部が専有部分のある建物であり,かつ,当該団地内建物の敷地(団地内建物が所在する土地及び第5条第1項の規定により団地内建物の敷地とされた土地をいい,これに関する権利を含む.以下この項及び次項において同じ.)が当該団地内建物の区分所有者の共有に属する場合において,当該団地内建物について第68条第1項(第1号を除く.)の規定により第66条において準用する第30条第1項の規約が定められているときは,第62条第1項の規定にかかわらず,当該団地内建物の敷地の共有者である当該団地内建物の区分所有者で構成される第65条に規定する団体又は団地管理組合法人の集会において,当該団地内建物の区分所有者及び議決権の各5分の4以上の多数で,当該団地内建物につき一括して,その全部を取り壊し,かつ,当該団地内建物の敷地(これに関する権利を除く.以下この項において同じ.)若しくはその一部の土地又は当該団地内建物の敷地の全部若しくは一部を含む土地(第3項第1号においてこれらの土地を「再建団地内敷地」という.)に新たに建物を建築する旨の決議(以下この条において「一括建替え決議」という.)をすることができる.ただし,当該集会において,当該各団地内建物ごとに,それぞれその区分所有者の3分の2以上の者であつて第38条に規定する議決権の合計の3分の2以上の議決権を有するものがその一括建替え決議に賛成した場合でなければならない.

② 前条第2項の規定は,前項本文の各区分所有者の議決権について準用する.この場合において,前条第2項中「当該特定建物の所在する土地(これに関する権利を含む.)」とあるのは,「当該団地内建物の敷地」と読み替えるものとする.

③ 団地内建物の一括建替え決議においては,次の事項を定めなければならない.

1 再建団地内敷地の一体的な利用についての計画の概要

2 新たに建築する建物(以下この項において「再建団地内建物」という.)の設計の概要

3 団地内建物の全部の取壊し及び再建団地内建物の建築に要する費用の概算額

4 前号に規定する費用の分担に関する事項

5 再建団地内建物の区分所有権の帰属に関する事項

④ 第62条第3項から第8項まで,第63条及び第64条の規定は,団地内建物の一括建替え決議について準用する.この場合において,第62条第3項中「前項第3号及び第4号」とあるのは「第70条第3項第4号及び第5号」と,同条第4項中「第1項に規定する」とあるのは「第70条第1項に規定する」と,「第35条第1項」とあるのは「第66条において準用する第35条第1項」と,「規約」とあるのは「第66条において準用する第30条第1項の規約」と,同条第5項中「第35条第1項」とあるのは「第66条において準用する第35条第1項」と,同条第7項中「第35条第1項から第4項まで及び第36条」とあるのは「第66条において準用する第35条第1項から第4項まで及び第36条」と,「第35条第1項ただし書」とあるのは「第66条において準用する第35条第1項ただし書」と,同条第8項中「前条第6項」とあるのは「第61条第6項」と読み替えるものとする.

◈ 第3章 罰 則

第71条 次の各号のいずれかに該当する場合には,その行為をした管理者,理事,規約を保管する者,議長又は清算人は,20万円以下の過料に処する.

1 第33条第1項本文(第42条第5項及び第45条第4項(これらの規定を第66条において準用する場合を含む.)並びに第66条において準用する場合を含む.以下この号において同じ.)又は第47条第12項(第66条において準用する場合を含む.)において読み替えて適用される第33条第1項本文の規定に違反して,規約,議事録又は第45条第4項(第66条において準用する場合を含む.)の書面若しくは電磁的記録の保管をしなかつたとき.

2 第33条第2項(第42条第5項及び第45条第4項(これらの規定を第66条において準用する場合を含む.)並びに第66条において準用する場合を含む.)の規定に違反して,正当な理由がないのに,前号に規定する書類又は電磁的記録に記録された情報の内容を法務省令で定める方法により表示したものの閲覧を拒んだとき.

3 第42条第1項から第4項まで(これらの規定を第66条において準用する場合を含む.)の規定に違反して,議事録を作成せず,又は議事録に記載し,若しくは記録すべき事項を記載せず,若しくは記録せず,若しくは虚偽の記載若しくは記録をしたとき.

4 第43条(第47条第12項(第66条において準用する場合を含む.)において読み替えて適用される場合及び第66条において準用する場合を含む.)の規定に違反して,報告をせず,又は虚偽の報告をしたとき.

5 第47条第3項(第66条において準用する場合を含む.)の規定に基づく政令に定める登記を怠つたとき.

6 第48条の2第1項(第66条において準用する場合を含む.)の規定に違反して,財産目録を作成せず,又は財産目録に不正の記載若しくは記録をしたとき.

7 理事若しくは監事が欠けた場合又は規約で定めたその員数が欠けた場合において,その選任手続を怠つたとき.

8 第55条の7第1項又は第55条の9第1項(これらの規定を第66条において準用する場合を含む.)の規定による公告を怠り,又は不正の公告をしたとき.

9 第55条の9第1項(第66条において準用する場合

を含む.）の規定による破産手続開始の申立てを怠つたとき.

10　第56条の2第2項（第66条において準用する場合を含む.）の規定による検査を妨げたとき.

第72条 第48条第2項（第66条において準用する場合を含む.）の規定に違反した者は,10万円以下の過料に処する.

5 不動産登記法（抄）

平16・6・18法律第123号,平17・3・7施行
最終改正：令元・5・31法律第16号

第1章 総 則

（目 的）

第1条 この法律は,不動産の表示及び不動産に関する権利を公示するための登記に関する制度について定めることにより,国民の権利の保全を図り,もって取引の安全と円滑に資することを目的とする.

（定 義）

第2条 この法律において,次の各号に掲げる用語の意義は,それぞれ当該各号に定めるところによる.

1 不動産　土地又は建物をいう.

2 不動産の表示　不動産についての第27条第1号,第3号若しくは第4号,第34条第1項各号,第43条第1項,第44条第1項各号又は第58条第1項各号に規定する登記事項をいう.

3 表示に関する登記　不動産の表示に関する登記をいう.

4 権利に関する登記　不動産についての次条各号に掲げる権利に関する登記をいう.

5 登記記録　表示に関する登記又は権利に関する登記について,一筆の土地又は1個の建物ごとに第12条の規定により作成される電磁的記録（電子的方式,磁気的方式その他人の知覚によっては認識することができない方式で作られる記録であって,電子計算機による情報処理の用に供されるものをいう.以下同じ.）をいう.

6 登記事項　この法律の規定により登記記録として登記すべき事項をいう.

7 表題部　登記記録のうち,表示に関する登記が記録される部分をいう.

8 権利部　登記記録のうち,権利に関する登記が記録される部分をいう.

9 登記簿　登記記録が記録される帳簿であって,磁気ディスク（これに準ずる方法により一定の事項を確実に記録することができる物を含む.以下同じ.）をもって調製するものをいう.

10 表題部所有者　所有権の登記がない不動産の登記記録の表題部に,所有者として記録されている者をいう.

11 登記名義人　登記記録の権利部に,次条各号に掲げる権利について権利者として記録されている者をいう.

12 登記権利者　権利に関する登記をすることにより,登記上,直接に利益を受ける者をいい,間接に利益を受ける者を除く.

13 登記義務者　権利に関する登記をすることにより,登記上,直接に不利益を受ける登記名義人をいい,間接に不利益を受ける登記名義人を除く.

14 登記識別情報　第22条本文の規定により登記名義人が登記を申請する場合において,当該登記名義人自らが当該登記を申請していることを確認するために用いられる符号その他の情報であって,登記名義人を識別することができるものをいう.

15 変更の登記　登記事項に変更があった場合に当該登記事項を変更する登記をいう.

16 更正の登記　登記事項に錯誤又は遺漏があった場合に当該登記事項を訂正する登記をいう.

17 地番　第35条の規定により一筆の土地ごとに付す番号をいう.

18 地目　土地の用途による分類であって,第34条第2項の法務省令で定めるものをいう.

19 地積　一筆の土地の面積であって,第34条第2項の法務省令で定めるものをいう.

20 表題登記　表示に関する登記のうち,当該不動産について表題部に最初にされる登記をいう.

21 家屋番号　第45条の規定により1個の建物ごとに付す番号をいう.

22 区分建物　1棟の建物の構造上区分された部分で独立して住居,店舗,事務所又は倉庫その他建物としての用途に供することができるものであって,建物の区分所有等に関する法律（昭和37年法律第69号.以下「区分所有法」という.）第2条第3項に規定する専有部分であるもの（区分所有法第4条第2項の規定により共用部分とされたものを含む.）をいう.

23 附属建物　表題登記がある建物に附属する建物であって,当該表題登記がある建物と一体のものとして1個の建物として登記されるものをいう.

24 抵当証券　抵当証券法（昭和6年法律第15号）第1条第1項に規定する抵当証券をいう.

（登記することができる権利等）

第3条 登記は,不動産の表示又は不動産についての次に掲げる権利の保存等（保存,設定,移転,変更,処分の制限又は消滅をいう.次条第2項及び第105条第1号において同じ.）についてする.

1 所有権
2 地上権
3 永小作権
4 地役権
5 先取特権
6 質　権
7 抵当権
8 賃借権

9 配偶者居住権
10 採石権（採石法（昭和25年法律第291号）に規定する採石権をいう.第50条及び第82条において同じ.）

（権利の順位）
第4条 ① 同一の不動産について登記した権利の順位は,法令に別段の定めがある場合を除き,登記の前後による.
② 付記登記（権利に関する登記のうち,既にされた権利に関する登記についてする登記であって,当該既にされた権利に関する登記を変更し,若しくは更正し,又は所有権以外の権利にあってはこれを移転し,若しくはこれを目的とする権利の保存等をするもので当該既にされた権利に関する登記と一体のものとして公示する必要があるものをいう.以下この項及び第66条において同じ.）の順位は主登記（付記登記の対象となる既にされた権利に関する登記をいう.以下この項において同じ.）の順位により,同一の主登記に係る付記登記の順位はその前後による.

（登記がないことを主張することができない第三者）
第5条 ① 詐欺又は強迫によって登記の申請を妨げた第三者は,その登記がないことを主張することができない.
② 他人のために登記を申請する義務を負う第三者は,その登記がないことを主張することができない.ただし,その登記の登記原因（登記の原因となる事実又は法律行為をいう.以下同じ.）が自己の登記の登記原因の後に生じたときは,この限りでない.

◈ 第2章 登記所及び登記官

（登記所）
第6条 ① 登記の事務は,不動産の所在地を管轄する法務局若しくは地方法務局若しくはこれらの支局又はこれらの出張所（以下単に「登記所」という.）がつかさどる.
② 不動産が二以上の登記所の管轄区域にまたがる場合は,法務省令で定めるところにより,法務大臣又は法務局若しくは地方法務局の長が,当該不動産に関する登記の事務をつかさどる登記所を指定する.
③ 前項に規定する場合において,同項の指定がされるまでの間,登記の申請は,当該二以上の登記所のうち,一の登記所にすることができる.

（事務の委任）
第7条 法務大臣は,一の登記所の管轄に属する事務を他の登記所に委任することができる.

（登記官）
第9条 登記所における事務は,登記官（登記所に勤務する法務事務官のうちから,法務局又は地方法務局の長が指定する者をいう.以下同じ.）が取り扱う.

◈ 第3章 登記記録等

（登　記）
第11条 登記は,登記官が登記簿に登記事項を記録することによって行う.

（登記記録の作成）
第12条 登記記録は,表題部及び権利部に区分して作成する.

（登記記録の滅失と回復）
第13条 法務大臣は,登記記録の全部又は一部が滅失したときは,登記官に対し,一定の期間を定めて,当該登記記録の回復に必要な処分を命ずることができる.

（地図等）
第14条 ① 登記所には,地図及び建物所在図を備え付けるものとする.
② 前項の地図は,1筆又は2筆以上の土地ごとに作成し,各土地の区画を明確にし,地番を表示するものとする.
③ 第1項の建物所在図は,1個又は2個以上の建物ごとに作成し,各建物の位置及び家屋番号を表示するものとする.
④ 第1項の規定にかかわらず,登記所には,同項の規定により地図が備え付けられるまでの間,これに代えて,地図に準ずる図面を備え付けることができる.
⑤ 前項の地図に準ずる図面は,一筆又は二筆以上の土地ごとに土地の位置,形状及び地番を表示するものとする.
⑥ 第1項の地図及び建物所在図並びに第4項の地図に準ずる図面は,電磁的記録に記録することができる.

（法務省令への委任）
第15条 この章に定めるもののほか,登記簿及び登記記録並びに地図,建物所在図及び地図に準ずる図面の記録方法その他の登記の事務に関し必要な事項は,法務省令で定める.

◈ 第4章 登記手続

第1節 総 則

（当事者の申請又は嘱託による登記）
第16条 ① 登記は,法令に別段の定めがある場合を除き,当事者の申請又は官庁若しくは公署の嘱託がなければ,することができない.
② 第2条第14号,第5条,第6条第3項,第10条及びこの章（この条,第27条,第28条,第32条,第34条,第35条,第41条,第43条から第46条まで,第51条第5項及び第6項,第53条第2項,第56条,第58条第1項及び第4項,第59条第1号,第3号から第6号まで及び第8号,第66条,第67条,第71条,第73条第1項第2号から第4号まで,第2項及び第3項,第76条,第78条から第86条まで,第88条,第90条から第92条まで,第94条,第95条第1項,第96条,第97条,第98条第2項,第101条,第102条,第106条,第108条,第112条,第114条から第117条まで並びに第118条第2項,第5項及び第6項を除く.）の規定は,官庁又は公署の嘱託による登記の手続について準用する.

（代理権の不消滅）
第17条 登記の申請をする者の委任による代理人の権限は,次に掲げる事由によっては,消滅しない.
1 本人の死亡
2 本人である法人の合併による消滅
3 本人である受託者の信託に関する任務の終了
4 法定代理人の死亡又はその代理権の消滅若しくは変更

（申請の方法）
第18条 登記の申請は,次に掲げる方法のいずれかにより,不動産を識別するために必要な事項,申請人の氏名又は名称,登記の目的その他の登記の申請に必要な事項として政令で定める情報（以下「申請情報」という.）

を登記所に提供してしなければならない.

1 法務省令で定めるところにより電子情報処理組織(登記所の使用に係る電子計算機(入出力装置を含む.以下この号において同じ.)と申請人又はその代理人の使用に係る電子計算機とを電気通信回線で接続した電子情報処理組織をいう.)を使用する方法

2 申請情報を記載した書面(法務省令で定めるところにより申請情報の全部又は一部を記録した磁気ディスクを含む.)を提出する方法

(受 付)

第19条 ① 登記官は,前条の規定により申請情報が登記所に提供されたときは,法務省令で定めるところにより,当該申請情報に係る登記の申請の受付をしなければならない.

② 同一の不動産に関し二以上の申請がされた場合において,その前後が明らかでないときは,これらの申請は,同時にされたものとみなす.

③ 登記官は,申請の受付をしたときは,当該申請に受付番号を付さなければならない.この場合において,同一の不動産に関し同時に二以上の申請がされたとき(前項の規定により同時にされたものとみなされるときを含む.)は,同一の受付番号を付するものとする.

(登記の順序)

第20条 登記官は,同一の不動産に関し権利に関する登記の申請が2以上あったときは,これらの登記を受付番号の順序に従ってしなければならない.

(登記識別情報の通知)

第21条 登記官は,その登記をすることによって申請人自らが登記名義人となる場合において,当該登記を完了したときは,法務省令で定めるところにより,速やかに,当該申請人に対し,当該登記に係る登記識別情報を通知しなければならない.ただし,当該申請人があらかじめ登記識別情報の通知を希望しない旨の申出をした場合その他の法務省令で定める場合は,この限りでない.

(登記識別情報の提供)

第22条 登記権利者及び登記義務者が共同して権利に関する登記の申請をする場合その他登記名義人が政令で定める登記の申請をする場合には,申請人は,その申請情報と併せて登記義務者(政令で定める登記の申請にあっては,登記名義人.次条第1項,第2項及び第4項各号において同じ.)の登記識別情報を提供しなければならない.ただし,前条ただし書の規定により登記識別情報が通知されなかった場合その他の申請人が登記識別情報を提供することができないことにつき正当な理由がある場合は,この限りでない.

(事前通知等)

第23条 ① 登記官は,申請人が前条に規定する申請をする場合において,同条ただし書の規定により登記識別情報を提供することができないときは,法務省令で定める方法により,同条に規定する登記義務者に対し,当該申請があった旨及び当該申請の内容が真実であると思料するときは法務省令で定める期間内に法務省令で定めるところによりその旨の申出をすべき旨を通知しなければならない.この場合において,登記官は,当該期間内にあっては,当該申出がない限り,当該申請に係る登記をすることができない.

② 登記官は,前項の登記の申請が所有権に関するものである場合において,同項の登記義務者の住所について変更の登記がされているときは,法務省令で定める場合を除き,同項の申請に基づいて登記をする前に,法務省令で定める方法により,同項の規定による通知のほか,当該登記義務者の登記記録上の前の住所にあてて,当該申請があった旨を通知しなければならない.

③ 前2項の規定は,登記官が第25条(第10号を除く.)の規定により申請を却下すべき場合には,適用しない.

④ 第1項の規定は,同項に規定する場合において,次の各号のいずれかに掲げるときは,適用しない.

1 当該申請が登記の申請の代理を業とすることができる代理人によってされた場合であって,登記官が当該代理人から法務省令で定めるところにより当該申請人が第1項の登記義務者であることを確認するために必要な情報の提供を受け,かつ,その内容を相当と認めるとき.

2 当該申請に係る申請情報(委任による代理人によって申請する場合にあっては,その権限を証する情報)を記載し,又は記録した書面又は電磁的記録について,公証人(公証人法(明治41年法律第53号)第8条の規定により公証人の職務を行う法務事務官を含む.)から当該申請人が第1項の登記義務者であることを確認するために必要な認証がされ,かつ,登記官がその内容を相当と認めるとき.

(登記官による本人確認)

第24条 ① 登記官は,登記の申請があった場合において,申請人となるべき者以外の者が申請していると疑うに足りる相当な理由があると認めるときは,次条の規定により当該申請を却下すべき場合を除き,申請人又はその代表者若しくは代理人に対し,出頭を求め,質問をし,又は文書の提示その他必要な情報の提供を求める方法により,当該申請人の申請の権限の有無を調査しなければならない.

② 登記官は,前項に規定する申請人又はその代表者若しくは代理人が遠隔の地に居住しているとき,その他相当と認めるときは,他の登記所の登記官に同項の調査を嘱託することができる.

(申請の却下)

第25条 登記官は,次に掲げる場合には,理由を付した決定で,登記の申請を却下しなければならない.ただし,当該申請の不備が補正することができるものである場合において,登記官が定めた相当の期間内に,申請人がこれを補正したときは,この限りでない.

1 申請に係る不動産の所在地が当該申請を受けた登記所の管轄に属しないとき.

2 申請が登記事項(他の法令の規定により登記記録として登記すべき事項を含む.)以外の事項の登記を目的とするとき.

3 申請に係る登記が既に登記されているとき.

4 申請の権限を有しない者の申請によるとき.
5 申請情報又はその提供の方法がこの法律に基づく命令又はその他の法令の規定により定められた方式に適合しないとき.
6 申請情報の内容である不動産又は登記の目的である権利が登記記録と合致しないとき.
7 申請情報の内容である登記義務者(第65条,第77条,第89条第1項(同条第2項(第95条第2項において準用する場合を含む.)及び第95条第2項において準用する場合を含む.),第93条(第95条第2項において準用する場合を含む.)又は第110条前段の場合にあっては,登記名義人)の氏名若しくは名称又は住所が登記記録と合致しないとき.
8 申請情報の内容が第61条に規定する登記原因を証する情報の内容と合致しないとき.
9 第22条本文若しくは第61条の規定又はこの法律に基づく命令若しくはその他の法令の規定により申請情報と併せて提供しなければならないものとされている情報が提供されないとき.
10 第23条第1項に規定する期間内に同項の申出がないとき.
11 表示に関する登記の申請に係る不動産の表示が第29条の規定による登記官の調査の結果と合致しないとき.
12 登録免許税を納付しないとき.
13 前各号に掲げる場合のほか,登記すべきものでないときとして政令で定めるとき.

(政令への委任)
第26条 この章に定めるもののほか,申請情報の提供の方法並びに申請情報と併せて提供することが必要な情報及びその提供の方法その他の登記申請の手続に関し必要な事項は,政令で定める.

第2節 表示に関する登記

第1款 通 則

(表示に関する登記の登記事項)
第27条 土地及び建物の表示に関する登記の登記事項は,次のとおりとする.
1 登記原因及びその日付
2 登記の年月日
3 所有権の登記がない不動産(共用部分(区分所有法第4条第2項に規定する共用部分をいう.以下同じ.)である旨の登記又は団地共用部分(区分所有法第67条第1項に規定する団地共用部分をいう.以下同じ.)である旨の登記がある建物を除く.)については,所有者の氏名又は名称及び住所並びに所有者が2人以上であるときはその所有者ごとの持分
4 前3号に掲げるもののほか,不動産を識別するために必要な事項として法務省令で定めるもの

(職権による表示に関する登記)
第28条 表示に関する登記は,登記官が,職権ですることができる.

(登記官による調査)
第29条 ① 登記官は,表示に関する登記について第18条の規定により申請があった場合及び前条の規定により職権で登記しようとする場合において,必要があると認めるときは,当該不動産の表示に関する事項を調査することができる.
② 登記官は,前項の調査をする場合において,必要があると認めるときは,日出から日没までの間に限り,当該不動産を検査し,又は当該不動産の所有者その他の関係者に対し,文書若しくは電磁的記録に記録された事項を法務省令で定める方法により表示したものの提示を求め,若しくは質問をすることができる.この場合において,登記官は,その身分を示す証明書を携帯し,関係者の請求があったときは,これを提示しなければならない.

(一般承継人による申請)
第30条 表題部所有者又は所有権の登記名義人が表示に関する登記の申請人となることができる場合において,当該表題部所有者又は登記名義人について相続その他の一般承継があったときは,相続人その他の一般承継人は,当該表示に関する登記を申請することができる.

(表題部所有者の氏名等の変更の登記又は更正の登記)
第31条 表題部所有者の氏名若しくは名称又は住所についての変更の登記又は更正の登記は,表題部所有者以外の者は,申請することができない.

(表題部所有者の変更等に関する登記手続)
第32条 表題部所有者又はその持分についての変更は,当該不動産について所有権の保存の登記をした後において,その所有権の移転の登記の手続をするのでなければ,登記することができない.

(表題部所有者の更正の登記等)
第33条 ① 不動産の所有者と当該不動産の表題部所有者とが異なる場合においてする当該表題部所有者についての更正の登記は,当該不動産の所有者以外の者は,申請することができない.
② 前項の場合において,当該不動産の所有者は,当該表題部所有者の承諾があるときでなければ,申請することができない.
③ 不動産の表題部所有者である共有者の持分についての更正の登記は,当該共有者以外の者は,申請することができない.
④ 前項の更正の登記をする共有者は,当該更正の登記によってその持分を更正することとなる他の共有者の承諾があるときでなければ,申請することができない.

第2款 土地の表示に関する登記

(土地の表示に関する登記の登記事項)
第34条 ① 土地の表示に関する登記の登記事項は,第27条各号に掲げるもののほか,次のとおりとする.
1 土地の所在する市,区,郡,町,村及び字
2 地 番
3 地 目
4 地 積
② 前項第3号の地目及び同項第4号の地積に関し必要な事項は,法務省令で定める.

(地 番)

第35条 登記所は,法務省令で定めるところにより,地番を付すべき区域（第39条第２項及び第41条第２号において「地番区域」という.）を定め,一筆の土地ごとに地番を付さなければならない.

(土地の表題登記の申請)

第36条 新たに生じた土地又は表題登記がない土地の所有権を取得した者は,その所有権の取得の日から１月以内に,表題登記を申請しなければならない.

(地目又は地積の変更の登記の申請)

第37条 ① 地目又は地積について変更があったときは,表題部所有者又は所有権の登記名義人は,その変更があった日から１月以内に,当該地目又は地積に関する変更の登記を申請しなければならない.

② 地目又は地積について変更があった後に表題部所有者又は所有権の登記名義人となった者は,その者に係る表題部所有者についての更正の登記又は所有権の登記があった日から１月以内に,当該地目又は地積に関する変更の登記を申請しなければならない.

(土地の表題部の更正の登記の申請)

第38条 第27条第１号,第２号若しくは第４号（同号にあっては,法務省令で定めるものに限る.）又は第34条第１項第１号,第３号若しくは第４号に掲げる登記事項に関する更正の登記は,表題部所有者又は所有権の登記名義人以外の者は,申請することができない.

(分筆又は合筆の登記)

第39条 ① 分筆又は合筆の登記は,表題部所有者又は所有権の登記名義人以外の者は,申請することができない.

② 登記官は,前項の申請がない場合であっても,一筆の土地の一部が別の地目となり,又は地番区域（地番区域でない字を含む.第41条第２号において同じ.）を異にするに至ったときは,職権で,その土地の分筆の登記をしなければならない.

③ 登記官は,第１項の申請がない場合であっても,第14条第１項の地図を作成するため必要があると認めるときは,第１項に規定する表題部所有者又は所有権の登記名義人の異議がないときに限り,職権で,分筆又は合筆の登記をすることができる.

(分筆に伴う権利の消滅の登記)

第40条 登記官は,所有権の登記以外の権利に関する登記がある土地について分筆の登記をする場合において,当該分筆の登記の申請情報と併せて当該権利に関する登記に係る権利の登記名義人（当該権利に関する登記が抵当権の登記である場合において,抵当証券が発行されているときは,当該抵当証券の所持人又は裏書人を含む.）が当該権利を分筆後のいずれかの土地について消滅させることを承諾したことを証する情報が提供されたとき（当該権利を目的とする第三者の権利に関する登記がある場合にあっては,当該第三者が承諾したことを証する情報が併せて提供されたときに限る.）は,法務省令で定めるところにより,当該承諾に係る土地について当該権利が消滅した旨を登記しなければならない.

(合筆の登記の制限)

第41条 次に掲げる合筆の登記は,することができない.

1 相互に接続していない土地の合筆の登記
2 地目又は地番区域が相互に異なる土地の合筆の登記
3 表題部所有者又は所有権の登記名義人が相互に異なる土地の合筆の登記
4 表題部所有者又は所有権の登記名義人が相互に持分を異にする土地の合筆の登記
5 所有権の登記がない土地と所有権の登記がある土地との合筆の登記
6 所有権の登記以外の権利に関する登記がある土地（権利に関する登記であって,合筆後の土地の登記記録に登記することができるものとして法務省令で定めるものがある土地を除く.）の合筆の登記

(土地の滅失の登記の申請)

第42条 土地が滅失したときは,表題部所有者又は所有権の登記名義人は,その滅失の日から１月以内に,当該土地の滅失の登記を申請しなければならない.

第３款 建物の表示に関する登記

(建物の表示に関する登記の登記事項)

第44条 ① 建物の表示に関する登記の登記事項は,第27条各号に掲げるもののほか,次のとおりとする.

1 建物の所在する市,区,郡,町,村,字及び土地の地番（区分建物である建物にあっては,当該建物が属する１棟の建物の所在する市,区,郡,町,村,字及び土地の地番）
2 家屋番号
3 建物の種類,構造及び床面積
4 建物の名称があるときは,その名称
5 附属建物があるときは,その所在する市,区,郡,町,村,字及び土地の地番（区分建物である附属建物にあっては,当該附属建物が属する１棟の建物の所在する市,区,郡,町,村,字及び土地の地番）並びに種類,構造及び床面積
6 建物が共用部分又は団地共用部分であるときは,その旨
7 建物又は附属建物が区分建物であるときは,当該建物又は附属建物が属する１棟の建物の構造及び床面積
8 建物又は附属建物が区分建物である場合であって,当該建物又は附属建物が属する１棟の建物の名称があるときは,その名称
9 建物又は附属建物が区分建物である場合において,当該区分建物について区分所有法第２条第６項に規定する敷地利用権（登記されたものに限る.）であって,区分所有法第22条第１項本文（同条第３項において準用する場合を含む.）の規定により区分所有者の有する専有部分と分離して処分することができないもの（以下「敷地権」という.）があるときは,その敷地権

② 前項第３号,第５号及び第７号の建物の種類,構造及び床面積に関し必要な事項は,法務省令で定める.

(家屋番号)

第45条 登記所は,法務省令で定めるところにより,１個の建物ごとに家屋番号を付さなければならない.

(敷地権である旨の登記)

第46条 登記官は,表示に関する登記のうち,区分建物に関する敷地権について表題部に最初に登記をするときは,当該敷地権の目的である土地の登記記録について,職権で,当該登記記録中の所有権,地上権その他の権利が敷地権である旨の登記をしなければならない.

(建物の表題登記の申請)

第47条 ① 新築した建物又は区分建物以外の表題登記がない建物の所有権を取得した者は,その所有権の取得の日から１月以内に,表題登記を申請しなければならない.

② 区分建物である建物を新築した場合において,その所有者について相続その他の一般承継があったときは,相続人その他の一般承継人も,被承継人を表題部所有者とする当該建物についての表題登記を申請することができる.

(区分建物についての建物の表題登記の申請方法)

第48条 ① 区分建物が属する１棟の建物が新築された場合又は表題登記がない建物に接続して区分建物が新築されて１棟の建物となった場合における当該区分建物についての表題登記の申請は,当該新築された１棟の建物又は当該区分建物が属することとなった１棟の建物に属する他の区分建物についての表題登記の申請と併せてしなければならない.

② 前項の場合において,当該区分建物の所有者は,他の区分建物の所有者に代わって,当該他の区分建物についての表題登記を申請することができる.

③ 表題登記がある建物（区分建物を除く.）に接続して区分建物が新築された場合における当該区分建物についての表題登記の申請は,当該表題登記がある建物についての表題部の変更の登記の申請と併せてしなければならない.

④ 前項の場合において,当該区分建物の所有者は,当該表題登記がある建物の表題部所有者若しくは所有権の登記名義人又はこれらの者の相続人その他の一般承継人に代わって,当該表題登記がある建物についての表題部の変更の登記を申請することができる.

(合体による登記等の申請)

第49条 ① ２以上の建物が合体して１個の建物となった場合において,次の各号に掲げるときは,それぞれ当該各号に定める者は,当該合体の日から１月以内に,合体後の建物についての建物の表題登記及び合体前の建物についての建物の表題部の登記の抹消（以下「合体による登記等」と総称する.）を申請しなければならない.この場合において,第２号に掲げる場合にあっては当該表題登記がない建物の所有者,第４号に掲げる場合にあっては当該表題登記がある建物（所有権の登記がある建物を除く.以下この条において同じ.）の表題部所有者,第６号に掲げる場合にあっては当該表題登記がない建物の所有者及び当該表題登記がある建物の表題部所有者をそれぞれ当該合体後の建物の登記名義人とする所有権の登記を併せて申請しなければならない.

１ 合体前の二以上の建物が表題登記がない建物及び表題登記がある建物のみであるとき.当該表題登記がない建物の所有者又は当該表題登記がある建物の表題部所有者

２ 合体前の二以上の建物が表題登記がない建物及び所有権の登記がある建物のみであるとき.当該表題登記がない建物の所有者又は当該所有権の登記がある建物の所有権の登記名義人

３ 合体前の二以上の建物がいずれも表題登記がある建物であるとき.当該建物の表題部所有者

４ 合体前の二以上の建物が表題登記がある建物及び所有権の登記がある建物のみであるとき.当該表題登記がある建物の表題部所有者又は当該所有権の登記がある建物の所有権の登記名義人

５ 合体前の二以上の建物がいずれも所有権の登記がある建物であるとき.当該建物の所有権の登記名義人

６ 合体前の三以上の建物が表題登記がない建物,表題登記がある建物及び所有権の登記がある建物のみであるとき.当該表題登記がない建物の所有者,当該表題登記がある建物の表題部所有者又は当該所有権の登記がある建物の所有権の登記名義人

② 第47条並びに前条第１項及び第２項の規定は,二以上の建物が合体して１個の建物となった場合において合体前の建物がいずれも表題登記がない建物であるときの当該建物についての表題登記の申請について準用する.この場合において,第47条第１項中「新築した建物又は区分建物以外の表題登記がない建物の所有権を取得した者」とあるのは「いずれも表題登記がない二以上の建物が合体して１個の建物となった場合における当該合体後の建物についての合体時の所有者又は当該合体後の建物が区分建物以外の表題登記がない建物である場合において当該合体時の所有者から所有権を取得した者」と,同条第２項中「区分建物である建物を新築した場合」とあり,及び前条第１項中「区分建物が属する１棟の建物が新築された場合又は表題登記がない建物に接続して区分建物が新築されて１棟の建物となった場合」とあるのは「いずれも表題登記がない二以上の建物が合体して１個の区分建物となった場合」と,同項中「当該新築された１棟の建物又は当該区分建物が属することとなった１棟の建物」とあるのは「当該合体後の区分建物が属する１棟の建物」と読み替えるものとする.

③ 第１項第１号,第２号又は第６号に掲げる場合において,当該二以上の建物（同号に掲げる場合にあっては,当該三以上の建物）が合体して１個の建物となった後当該合体前の表題登記がない建物の所有者から当該合体後の建物について合体前の表題登記がない建物の所有権に相当する持分を取得した者は,その持分の取得の日から１月以内に,合体による登記等を申請しなければならない.

④ 第１項各号に掲げる場合において,当該２以上の建物（同項第６号に掲げる場合にあっては,当該三以上の建

物）が合体して１個の建物となった後に合体前の表題登記がある建物の表題部所有者又は合体前の所有権の登記がある建物の所有権の登記名義人となった者は,その者に係る表題部所有者についての更正の登記又は所有権の登記があった日から一月以内に,合体による登記等を申請しなければならない.

(合体に伴う権利の消滅の登記)

第50条 登記官は,所有権等（所有権,地上権,永小作権,地役権及び採石権をいう.以下この款及び118条第５項において同じ.）の登記以外の権利に関する登記がある建物について合体による登記等をする場合において,当該合体による登記等の申請情報と併せて当該権利に関する登記に係る権利の登記名義人（当該権利に関する登記が抵当権の登記である場合において,抵当証券が発行されているときは,当該抵当証券の所持人又は裏書人を含む.）が合体後の建物について当該権利を消滅させることについて承諾したことを証する情報が提供されたとき（当該権利を目的とする第三者の権利に関する登記がある場合にあっては,当該第三者が承諾したことを証する情報が併せて提供されたときに限る.）は,法務省令で定めるところにより,当該権利が消滅した旨を登記しなければならない.

(建物の表題部の変更の登記)

第51条 ① 第44条第１項各号（第２号及び第６号を除く.）に掲げる登記事項について変更があったときは,表題部所有者又は所有権の登記名義人（共用部分である旨の登記又は団地共用部分である旨の登記がある建物の場合にあっては,所有者）は,当該変更があった日から１月以内に,当該登記事項に関する変更の登記を申請しなければならない.

② 前項の登記事項について変更があった後に表題部所有者又は所有権の登記名義人となった者は,その者に係る表題部所有者についての更正の登記又は所有権の登記があった日から１月以内に,当該登記事項に関する変更の登記を申請しなければならない.

③ 第１項の登記事項について変更があった後に共用部分である旨の登記又は団地共用部分である旨の登記があったときは,所有者（前２項の規定により登記を申請しなければならない者を除く.）は,共用部分である旨の登記又は団地共用部分である旨の登記がされた日から１月以内に,当該登記事項に関する変更の登記を申請しなければならない.

④ 共用部分である旨の登記又は団地共用部分である旨の登記がある建物について,第１項の登記事項について変更があった後に所有権を取得した者（前項の規定により登記を申請しなければならない者を除く.）は,その所有権の取得の日から１月以内に,当該登記事項に関する変更の登記を申請しなければならない.

⑤ 建物が区分建物である場合において,第44条第１項第１号（区分建物である建物に係るものに限る.）又は第７号から第９号までに掲げる登記事項（同号に掲げる登記事項にあっては,法務省令で定めるものに限る.次項及び第53条第２項において同じ.）に関する変更の登記は,当該登記に係る区分建物と同じ１棟の建物に属する他の区分建物についてされた変更の登記としての効力を有する.

⑥ 前項の場合において,同項に規定する登記事項に関する変更の登記がされたときは,登記官は,職権で,当該１棟の建物に属する他の区分建物について,当該登記事項に関する変更の登記をしなければならない.

(区分建物となったことによる建物の表題部の変更の登記)

第52条 ① 表題登記がある建物（区分建物を除く.）に接続して区分建物が新築されて１棟の建物となったことにより当該表題登記がある建物が区分建物になった場合における当該表題登記がある建物についての表題部の変更の登記の申請は,当該新築に係る区分建物についての表題登記の申請と併せてしなければならない.

② 前項の場合において,当該表題登記がある建物の表題部所有者又は所有権の登記名義人は,当該新築に係る区分建物の所有者に代わって,当該新築に係る区分建物についての表題登記を申請することができる.

③ いずれも表題登記がある二以上の建物（区分建物を除く.）が増築その他の工事により相互に接続して区分建物になった場合における当該表題登記がある二以上の建物についての表題部の変更の登記の申請は,一括してしなければならない.

④ 前項の場合において,当該表題登記がある二以上の建物のうち,表題登記がある一の建物の表題部所有者又は所有権の登記名義人は,表題登記がある他の建物の表題部所有者若しくは所有権の登記名義人又はこれらの者の相続人その他の一般承継人に代わって,当該表題登記がある他の建物について表題部の変更の登記を申請することができる.

(建物の表題部の更正の登記)

第53条 ① 第27条第１号,第２号若しくは第４号（同号にあっては,法務省令で定めるものに限る.）又は第44条第１項各号（第２号及び第６号を除く.）に掲げる登記事項に関する更正の登記は,表題部所有者又は所有権の登記名義人（共用部分である旨の登記又は団地共用部分である旨の登記がある建物の場合にあっては,所有者）以外の者は,申請することができない.

② 第51条第５項及び第６項の規定は,建物が区分建物である場合における同条第５項に規定する登記事項に関する表題部の更正の登記について準用する.

(建物の分割,区分又は合併の登記)

第54条 ① 次に掲げる登記は,表題部所有者又は所有権の登記名義人以外の者は,申請することができない.

1 建物の分割の登記（表題登記がある建物の附属建物を当該表題登記がある建物の登記記録から分割して登記記録上別の１個の建物とする登記をいう.以下同じ.）

2 建物の区分の登記（表題登記がある建物又は附属建物の部分であって区分建物に該当するものを登記記録上区分建物とする登記をいう.以下同じ.）

3 建物の合併の登記（表題登記がある建物を登記記録上他の表題登記がある建物の附属建物とする登記

又は表題登記がある区分建物を登記記録上これと接続する他の区分建物である表題登記がある建物若しくは附属建物に合併して１個の建物とする登記をいう．以下同じ．）
② 共用部分である旨の登記又は団地共用部分である旨の登記がある建物についての建物の分割の登記又は建物の区分の登記は，所有者以外の者は，申請することができない．
③ 第40条の規定は，所有権等の登記以外の権利に関する登記がある建物についての建物の分割の登記又は建物の区分の登記をするときについて準用する．

（特定登記）
第55条 ① 登記官は，敷地権付き区分建物（区分建物に関する敷地権の登記がある建物をいう．第73条第１項及び第３項，第74条第２項並びに第76条第１項において同じ．）のうち特定登記（所有権等の登記以外の権利に関する登記であって，第73条第１項の規定により敷地権についてされた登記としての効力を有するものをいう．以下この条において同じ．）があるものについて，第44条第１項第９号の敷地利用権が区分所有者の有する専有部分と分離して処分することができるものとなったことにより敷地権の変更の登記をする場合において，当該変更の登記の申請情報と併せて特定登記に係る権利の登記名義人（当該特定登記が抵当権の登記である場合において，抵当証券が発行されているときは，当該抵当証券の所持人又は裏書人を含む．）が当該変更の登記後の当該建物又は当該敷地権の目的であった土地について当該特定登記に係る権利を消滅させることを承諾したことを証する情報が提供されたとき（当該特定登記に係る権利を目的とする第三者の権利に関する登記がある場合にあっては，当該第三者が承諾したことを証する情報が併せて提供されたときに限る．）は，法務省令で定めるところにより，当該承諾に係る建物又は土地について当該特定登記に係る権利が消滅した旨を登記しなければならない．
② 前項の規定は，特定登記がある建物について敷地権の不存在を原因とする表題部の更正の登記について準用する．この場合において，同項中「第44条第１項第９号の敷地利用権が区分所有者の有する専有部分と分離して処分することができるものとなったことにより敷地権の変更の登記」とあるのは「敷地権の不存在を原因とする表題部の更正の登記」と，「当該変更の登記」とあるのは「当該更正の登記」と読み替えるものとする．
③ 第１項の規定は，特定登記がある建物の合体又は合併により当該建物が敷地権のない建物となる場合における合体による登記等又は建物の合併の登記について準用する．この場合において，同項中「第44条第１項第９号の敷地利用権が区分所有者の有する専有部分と分離して処分することができるものとなったことにより敷地権の変更の登記」とあるのは「当該建物の合体又は合併により当該建物が敷地権のない建物となる場合における合体による登記等又は建物の合併の登記」と，「当該変更の登記」とあるのは「当該合体による登記等又は当該建物の合併の登記」と読み替えるものとする．
④ 第１項の規定は，特定登記がある建物の滅失の登記について準用する．この場合において，同項中「第44条第１項第９号の敷地利用権が区分所有者の有する専有部分と分離して処分することができるものとなったことにより敷地権の変更の登記」とあるのは「建物の滅失の登記」と，「当該変更の登記」とあるのは「当該建物の滅失の登記」と，「当該建物又は当該敷地権の目的であった土地」とあるのは「当該敷地権の目的であった土地」と，「当該承諾に係る建物又は土地」とあるのは「当該土地」と読み替えるものとする．

（建物の合併の登記の制限）
第56条 次に掲げる建物の合併の登記は，することができない．
1 共用部分である旨の登記又は団地共用部分である旨の登記がある建物の合併の登記
2 表題部所有者又は所有権の登記名義人が相互に異なる建物の合併の登記
3 表題部所有者又は所有権の登記名義人が相互に持分を異にする建物の合併の登記
4 所有権の登記がない建物と所有権の登記がある建物との建物の合併の登記
5 所有権等の登記以外の権利に関する登記がある建物（権利に関する登記であって，合併後の建物の登記記録に登記することができるものとして法務省令で定めるものがある建物を除く．）の建物の合併の登記

（建物の滅失の登記の申請）
第57条 建物が滅失したときは，表題部所有者又は所有権の登記名義人（共用部分である旨の登記又は団地共用部分である旨の登記がある建物の場合にあっては，所有者）は，その滅失の日から１月以内に，当該建物の滅失の登記を申請しなければならない．

（共用部分である旨の登記等）
第58条 ① 共用部分である旨の登記又は団地共用部分である旨の登記に係る建物の表示に関する登記の登記事項は，第27条各号（第３号を除く．）及び第44条第１項各号（第６号を除く．）に掲げるもののほか，次のとおりとする．
1 共用部分である旨の登記にあっては，当該共用部分である建物が当該建物の属する１棟の建物以外の１棟の建物に属する建物の区分所有者の共用に供されるものであるときは，その旨
2 団地共用部分である旨の登記にあっては，当該団地共用部分を共用すべき者の所有する建物（当該建物が区分建物であるときは，当該建物が属する１棟の建物）
② 共用部分である旨の登記又は団地共用部分である旨の登記は，当該共用部分である旨の登記又は団地共用部分である旨の登記をする建物の表題部所有者又は所有権の登記名義人以外の者は，申請することができない．
③ 共用部分である旨の登記又は団地共用部分である旨の登記は，当該共用部分又は団地共用部分である建物

に所有権等の登記以外の権利に関する登記があるときは,当該権利に関する登記に係る権利の登記名義人(当該権利に関する登記が抵当権の登記である場合において,抵当証券が発行されているときは,当該抵当証券の所持人又は裏書人を含む.)の承諾があるとき(当該権利を目的とする第三者の権利に関する登記がある場合にあっては,当該第三者の承諾を得たときに限る.)でなければ,申請することができない.

④ 登記官は,共用部分である旨の登記又は団地共用部分である旨の登記をするときは,職権で,当該建物について表題部所有者の登記又は権利に関する登記を抹消しなければならない.

⑤ 第1項各号に掲げる登記事項についての変更の登記又は更正の登記は,当該共用部分である旨の登記又は団地共用部分である旨の登記がある建物の所有者以外の者は,申請することができない.

⑥ 共用部分である旨の登記又は団地共用部分である旨の登記がある建物について共用部分である旨又は団地共用部分である旨を定めた規約を廃止した場合には,当該建物の所有者は,当該規約の廃止の日から1月以内に,当該建物の表題登記を申請しなければならない.

⑦ 前項の規約を廃止した後に当該建物の所有権を取得した者は,その所有権の取得の日から1月以内に,当該建物の表題登記を申請しなければならない.

第3節　権利に関する登記

第1款　通　則

(権利に関する登記の登記事項)

第59条 権利に関する登記の登記事項は,次のとおりとする.

1 登記の目的
2 申請の受付の年月日及び受付番号
3 登記原因及びその日付
4 登記に係る権利の権利者の氏名又は名称及び住所並びに登記名義人が2人以上であるときは当該権利の登記名義人ごとの持分
5 登記の目的である権利の消滅に関する定めがあるときは,その定め
6 共有物分割禁止の定め(共有物若しくは所有権以外の財産権について民法(明治29年法律第89号)第256条第1項ただし書(同法第264条において準用する場合を含む.)の規定により分割をしない旨の契約をした場合若しくは同法第908条の規定により被相続人が遺言で共有物若しくは所有権以外の財産権について分割を禁止した場合における共有物若しくは所有権以外の財産権の分割を禁止する定め又は同法第907条第3項の規定により家庭裁判所が遺産である共有物若しくは所有権以外の財産権についてした分割を禁止する審判をいう.第65条において同じ.)があるときは,その定め
7 民法第423条その他の法令の規定により他人に代わって登記を申請した者(以下「代位者」という.)があるときは,当該代位者の氏名又は名称及び住所並びに代位原因
8 第2号に掲げるもののほか,権利の順位を明らかにするために必要な事項として法務省令で定めるもの

(共同申請)

第60条 権利に関する登記の申請は,法令に別段の定めがある場合を除き,登記権利者及び登記義務者が共同してしなければならない.

(登記原因証明情報の提供)

第61条 権利に関する登記を申請する場合には,申請人は,法令に別段の定めがある場合を除き,その申請情報と併せて登記原因を証する情報を提供しなければならない.

(一般承継人による申請)

第62条 登記権利者,登記義務者又は登記名義人が権利に関する登記の申請人となることができる場合において,当該登記権利者,登記義務者又は登記名義人について相続その他の一般承継があったときは,相続人その他の一般承継人は,当該権利に関する登記を申請することができる.

(判決による登記等)

第63条 ① 第60条,第65条又は第89条第1項(同条第2項(第95条第2項において準用する場合を含む.)及び第95条第2項において準用する場合を含む.)の規定にかかわらず,これらの規定により申請を共同してしなければならない者の一方に登記手続をすべきことを命ずる確定判決による登記は,当該申請を共同してしなければならない者の他方が単独で申請することができる.

② 相続又は法人の合併による権利の移転の登記は,登記権利者が単独で申請することができる.

(登記名義人の氏名等の変更の登記又は更正の登記等)

第64条 ① 登記名義人の氏名若しくは名称又は住所についての変更の登記又は更正の登記は,登記名義人が単独で申請することができる.

② 抵当証券が発行されている場合における債務者の氏名若しくは名称又は住所についての変更の登記又は更正の登記は,債務者が単独で申請することができる.

(共有物分割禁止の定めの登記)

第65条 共有物分割禁止の定めに係る権利の変更の登記の申請は,当該権利の共有者であるすべての登記名義人が共同してしなければならない.

(権利の変更の登記又は更正の登記)

第66条 権利の変更の登記又は更正の登記は,登記上の利害関係を有する第三者(権利の変更の登記又は更正の登記につき利害関係を有する抵当証券の所持人又は裏書人を含む.以下この条において同じ.)の承諾がある場合及び当該第三者がない場合に限り,付記登記によってすることができる.

(登記の更正)

第67条 ① 登記官は,権利に関する登記に錯誤又は遺漏があることを発見したときは,遅滞なく,その旨を登記権利者及び登記義務者(登記権利者及び登記義務者がない場合にあっては,登記名義人.第3項及び第71条第1項において同じ.)に通知しなければならない.ただし,登記権利者,登記義務者又は登記名義人がそれぞれ2人以上あるときは,その1人に対し通知すれば足りる.

② 登記官は,前項の場合において,登記の錯誤又は遺漏

が登記官の過誤によるものであるときは,遅滞なく,当該登記官を監督する法務局又は地方法務局の長の許可を得て,登記の更正をしなければならない.ただし,登記上の利害関係を有する第三者(当該登記の更正につき利害関係を有する抵当証券の所持人又は裏書人を含む.以下この項において同じ.)がある場合にあっては,当該第三者の承諾があるときに限る.

③ 登記官が前項の登記の更正をしたときは,その旨を登記権利者及び登記義務者に通知しなければならない.この場合においては,第1項ただし書の規定を準用する.

④ 第1項及び前項の通知は,代位者にもしなければならない.この場合においては,第1項ただし書の規定を準用する.

(登記の抹消)

第68条 権利に関する登記の抹消は,登記上の利害関係を有する第三者(当該登記の抹消につき利害関係を有する抵当証券の所持人又は裏書人を含む.以下この条において同じ.)がある場合には,当該第三者の承諾があるときに限り,申請することができる.

(職権による登記の抹消)

第71条 ① 登記官は,権利に関する登記を完了した後に当該登記が第25条第1号から第3号まで又は第13号に該当することを発見したときは,登記権利者及び登記義務者並びに登記上の利害関係を有する第三者に対し,1月以内の期間を定め,当該登記の抹消について異議のある者がその期間内に書面で異議を述べないときは,当該登記を抹消する旨を通知しなければならない.

② 登記官は,通知を受けるべき者の住所又は居所が知れないときは,法務省令で定めるところにより,前項の通知に代えて,通知をすべき内容を公告しなければならない.

③ 登記官は,第1項の異議を述べた者がある場合において,当該異議に理由がないと認めるときは決定で当該異議を却下し,当該異議に理由があると認めるときは決定でその旨を宣言し,かつ,当該異議を述べた者に通知しなければならない.

④ 登記官は,第1項の異議を述べた者がないとき,又は前項の規定により当該異議を却下したときは,職権で,第1項に規定する登記を抹消しなければならない.

(抹消された登記の回復)

第72条 抹消された登記(権利に関する登記に限る.)の回復は,登記上の利害関係を有する第三者(当該登記の回復につき利害関係を有する抵当証券の所持人又は裏書人を含む.以下この条において同じ.)がある場合には,当該第三者の承諾があるときに限り,申請することができる.

(敷地権付き区分建物に関する登記等)

第73条 ① 敷地権付き区分建物についての所有権又は担保権(一般の先取特権,質権又は抵当権をいう.以下この条において同じ.)に係る権利に関する登記は,第46条の規定により敷地権である旨の登記をした土地の敷地権についてされた登記としての効力を有する.ただし,次に掲げる登記は,この限りでない.

1 敷地権付き区分建物についての所有権又は担保権に係る権利に関する登記であって,区分建物に関する敷地権の登記をする前に登記されたもの(担保権に係る権利に関する登記にあっては,当該登記の目的等(登記の目的,申請の受付の年月日及び受付番号並びに登記原因及びその日付をいう.以下この号において同じ.)が当該敷地権となった土地の権利についてされた担保権に係る権利に関する登記の目的等と同一であるものを除く.)

2 敷地権付き区分建物についての所有権に係る仮登記であって,区分建物に関する敷地権の登記をした後に登記されたものであり,かつ,その登記原因が当該建物の当該敷地権が生ずる前に生じたもの

3 敷地権付き区分建物についての質権又は抵当権に係る権利に関する登記であって,区分建物に関する敷地権の登記をした後に登記されたものであり,かつ,その登記原因が当該建物の当該敷地権が生ずる前に生じたもの

4 敷地権付き区分建物についての所有権又は質権若しくは抵当権に係る権利に関する登記であって,区分建物に関する敷地権の登記をした後に登記されたものであり,かつ,その登記原因が当該建物の当該敷地権が生じた後に生じたもの(区分所有法第22条第1項本文(同条第3項において準用する場合を含む.)の規定により区分所有者の有する専有部分とその専有部分に係る敷地利用権とを分離して処分することができない場合(以下この条において「分離処分禁止の場合」という.)を除く.)

② 第46条の規定により敷地権である旨の登記をした土地には,敷地権の移転の登記又は敷地権を目的とする担保権に係る権利に関する登記をすることができない.ただし,当該土地が敷地権の目的となった後にその登記原因が生じたもの(分離処分禁止の場合を除く.)又は敷地権についての仮登記若しくは質権若しくは抵当権に係る権利に関する登記であって当該土地が敷地権の目的となる前にその登記原因が生じたものは,この限りでない.

③ 敷地権付き区分建物には,当該建物のみの所有権の移転を登記原因とする所有権の登記又は当該建物のみを目的とする担保権に係る権利に関する登記をすることができない.ただし,当該建物の敷地権が生じた後にその登記原因が生じたもの(分離処分禁止の場合を除く.)又は当該建物のみの所有権についての仮登記若しくは当該建物のみを目的とする質権若しくは抵当権に係る権利に関する登記であって当該建物の敷地権が生ずる前にその登記原因が生じたものは,この限りでない.

第2款 所有権に関する登記

(所有権の保存の登記)

第74条 ① 所有権の保存の登記は,次に掲げる者以外の者は,申請することができない.

1 表題部所有者又はその相続人その他の一般承継人

2 所有権を有することが確定判決によって確認され

た者

3 収用（土地収用法（昭和26年法律第219号）その他の法律の規定による収用をいう.第118条第1項及び第3項から第5項までにおいて同じ.）によって所有権を取得した者

② 区分建物にあっては,表題部所有者から所有権を取得した者も,前項の登記を申請することができる.この場合において,当該建物が敷地権付き区分建物であるときは,当該敷地権の登記名義人の承諾を得なければならない.

（表題登記がない不動産についてする所有権の保存の登記）

第75条 登記官は,前条第1項第2号又は第3号に掲げる者の申請に基づいて表題登記がない不動産について所有権の保存の登記をするときは,当該不動産に関する不動産の表示のうち法務省令で定めるものを登記しなければならない.

（所有権の保存の登記の登記事項等）

第76条 ① 所有権の保存の登記においては,第59条第3号の規定にかかわらず,登記原因及びその日付を登記することを要しない.ただし,敷地権付き区分建物について第74条第2項の規定により所有権の保存の登記をする場合は,この限りでない.

② 登記官は,所有権の登記がない不動産について嘱託により所有権の処分の制限の登記をするときは,職権で,所有権の保存の登記をしなければならない.

③ 前条の規定は,表題登記がない不動産について嘱託により所有権の処分の制限の登記をする場合について準用する.

（所有権の登記の抹消）

第77条 所有権の登記の抹消は,所有権の移転の登記がない場合に限り,所有権の登記名義人が単独で申請することができる.

第3款　用益権に関する登記

（地上権の登記の登記事項）

第78条 地上権の登記の登記事項は,第59条各号に掲げるもののほか,次のとおりとする.

1 地上権設定の目的

2 地代又はその支払時期の定めがあるときは,その定め

3 存続期間又は借地借家法（平成3年法律第90号）第22条前段若しくは第23条第1項若しくは大規模な災害の被災地における借地借家に関する特別措置法（平成25年法律第61号）第7条第1項の定めがあるときは,その定め

4 地上権設定の目的が借地借家法第23条第1項又は第2項に規定する建物の所有であるときは,その旨

5 民法第269条の2第1項前段に規定する地上権の設定にあっては,その目的である地下又は空間の上下の範囲及び同項後段の定めがあるときはその定め

（賃借権の登記等の登記事項）

第81条 賃借権の登記又は賃借物の転貸の登記の登記事項は,第59条各号に掲げるもののほか,次のとおりとする.

1 賃　料

2 存続期間又は賃料の支払時期の定めがあるときは,その定め

3 賃借権の譲渡又は賃借物の転貸を許す旨の定めがあるときは,その定め

4 敷金があるときは,その旨

5 賃貸人が財産の処分につき行為能力の制限を受けた者又は財産の処分の権限を有しない者であるときは,その旨

6 土地の賃借権設定の目的が建物の所有であるときは,その旨

7 前号に規定する場合において建物が借地借家法第23条第1項又は第2項に規定する建物であるときは,その旨

8 借地借家法第22条前段,第23条第1項,第38条第1項前段若しくは第39条第1項,高齢者の居住の安定確保に関する法律（平成13年法律第26号）第52条又は大規模な災害の被災地における借地借家に関する特別措置法第7条第1項の定めがあるときは,その定め

（配偶者居住権の登記の登記事項）

第81条の2 配偶者居住権の登記の登記事項は,第59条各号に掲げるもののほか,次のとおりとする.

1 存続期間

2 第三者に居住建物（民法第1028条第1項に規定する居住建物をいう.）の使用又は収益をさせることを許す旨の定めがあるときは,その定め

第4款　担保権等に関する登記

（担保権の登記の登記事項）

第83条 ① 先取特権,質権若しくは転質又は抵当権の登記の登記事項は,第59条各号に掲げるもののほか,次のとおりとする.

1 債権額（一定の金額を目的としない債権については,その価額）

2 債務者の氏名又は名称及び住所

3 所有権以外の権利を目的とするときは,その目的となる権利

4 二以上の不動産に関する権利を目的とするときは,当該二以上の不動産及び当該権利

5 外国通貨で第1号の債権額を指定した債権を担保する質権若しくは転質又は抵当権の登記にあっては,本邦通貨で表示した担保限度額

② 登記官は,前項第4号に掲げる事項を明らかにするため,法務省令で定めるところにより,共同担保目録を作成することができる.

（建物を新築する場合の不動産工事の先取特権の保存の登記）

第86条 ① 建物を新築する場合における不動産工事の先取特権の保存の登記については,当該建物の所有者となるべき者を登記義務者とみなす.この場合においては,第22条本文の規定は,適用しない.

② 前項の登記の登記事項は,第59条各号及び第83条第1項各号（第3号を除く.）に掲げるもののほか,次のとおりとする.

1 新築する建物並びに当該建物の種類,構造及び床面

積は設計書による旨
2 登記義務者の氏名又は名称及び住所
③ 前項第1号の規定は,所有権の登記がある建物の附属建物を新築する場合における不動産工事の先取特権の保存の登記について準用する.

(抵当権の登記の登記事項)
第88条 ① 抵当権(根抵当権(民法第398条の2第1項の規定による抵当権をいう.以下同じ.)を除く.)の登記の登記事項は,第59条各号及び第83条第1項各号に掲げるもののほか,次のとおりとする.
1 利息に関する定めがあるときは,その定め
2 民法第375条第2項に規定する損害の賠償額の定めがあるときは,その定め
3 債権に付した条件があるときは,その条件
4 民法第370条ただし書の別段の定めがあるときは,その定め
5 抵当証券発行の定めがあるときは,その定め
6 前号の定めがある場合において元本又は利息の弁済期又は支払場所の定めがあるときは,その定め
② 根抵当権の登記の登記事項は,第59条各号及び第83条第1項各号(第1号を除く.)に掲げるもののほか,次のとおりとする.
1 担保すべき債権の範囲及び極度額
2 民法第370条ただし書の別段の定めがあるときは,その定め
3 担保すべき元本の確定すべき期日の定めがあるときは,その定め
4 民法第398条の14第1項ただし書の定めがあるときは,その定め

(抵当権の順位の変更の登記等)
第89条 ① 抵当権の順位の変更の登記の申請は,順位を変更する当該抵当権の登記名義人が共同してしなければならない.
② 前項の規定は,民法第398条の104第1項ただし書の定めがある場合の当該定めの登記の申請について準用する.

(抵当権の処分の登記)
第90条 第83条及び第88条の規定は,民法第376条第1項の規定により抵当権を他の債権のための担保とし,又は抵当権を譲渡し,若しくは放棄する場合の登記について準用する.

(共同抵当の代位の登記)
第91条 ① 民法第393条の規定による代位の登記の登記事項は,第59条各号に掲げるもののほか,先順位の抵当権者が弁済を受けた不動産に関する権利,当該不動産の代価及び当該弁済を受けた額とする.
② 第83条及び第88条の規定は,前項の登記について準用する.

(根抵当権当事者の相続に関する合意の登記の制限)
第92条 民法第398条の8第1項又は第2項の合意の登記は,当該相続による根抵当権の移転又は債務者の変更の登記をした後でなければ,することができない.

(根抵当権の元本の確定の登記)
第93条 民法第398条の19第2項又は第398条の20第1項第3号若しくは第4号の規定により根抵当権の担保すべき元本が確定した場合の登記は,第60条の規定にかかわらず,当該根抵当権の登記名義人が単独で申請することができる.ただし,同項第3号又は第4号の規定により根抵当権の担保すべき元本が確定した場合における申請は,当該根抵当権又はこれを目的とする権利の取得の登記の申請と併せてしなければならない.

(質権の登記等の登記事項)
第95条 ① 質権又は転質の登記の登記事項は,第59条各号及び第83条第1項各号に掲げるもののほか,次のとおりとする.
1 存続期間の定めがあるときは,その定め
2 利息に関する定めがあるときは,その定め
3 違約金又は賠償額の定めがあるときは,その定め
4 債権に付した条件があるときは,その条件
5 民法第346条ただし書の別段の定めがあるときは,その定め
6 民法第359条の規定によりその設定行為について別段の定め(同法第356条又は第357条に規定するものに限る.)があるときは,その定め
7 民法第361条において準用する同法第370条ただし書の別段の定めがあるときは,その定め
② 第88条第2項及び第89条から第93条までの規定は,質権について準用する.この場合において,第90条及び第91条第2項中「第88条」とあるのは,「第95条第1項又は同条第2項において準用する第88条第2項」と読み替えるものとする.

(買戻しの特約の登記の登記事項)
第96条 買戻しの特約の登記の登記事項は,第59条各号に掲げるもののほか,買主が支払った代金(民法第579条の別段の合意をした場合にあっては,その合意により定めた金額)及び契約の費用並びに買戻しの期間の定めがあるときはその定めとする.

第5款 信託に関する登記

(信託の登記の登記事項)
第97条 ① 信託の登記の登記事項は,第59条各号に掲げるもののほか,次のとおりとする.
1 委託者,受託者及び受益者の氏名又は名称及び住所
2 受益者の指定に関する条件又は受益者を定める方法の定めがあるときは,その定め
3 信託管理人があるときは,その氏名又は名称及び住所
4 受益者代理人があるときは,その氏名又は名称及び住所
5 信託法(平成18年法律第108号)第185条第3項に規定する受益証券発行信託であるときは,その旨
6 信託法第258条第1項に規定する受益者の定めのない信託であるときは,その旨
7 公益信託ニ関スル法律(大正11年法律第62号)第1条に規定する公益信託であるときは,その旨
8 信託の目的
9 信託財産の管理方法
10 信託の終了の事由

11 その他の信託の条項
② 前項第2号から第6号までに掲げる事項のいずれかを登記したときは,同項第1号の受益者(同項第4号に掲げる事項を登記した場合にあっては,当該受益者代理人が代理する受益者に限る.)の氏名又は名称及び住所を登記することを要しない.
③ 登記官は,第1項各号に掲げる事項を明らかにするため,法務省令で定めるところにより,信託目録を作成することができる.

(信託の登記の申請方法等)
第98条 ① 信託の登記の申請は,当該信託に係る権利の保存,設定,移転又は変更の登記の申請と同時にしなければならない.
② 信託の登記は,受託者が単独で申請することができる.
③ 信託法第3条第3号に掲げる方法によってされた信託による権利の変更の登記は,受託者が単独で申請することができる.

(代位による信託の登記の申請)
第99条 受益者又は委託者は,受託者に代わって信託の登記を申請することができる.

第6款 仮登記

(仮登記)
第105条 仮登記は,次に掲げる場合にすることができる.
1 第3条各号に掲げる権利について保存等があった場合において,当該保存等に係る登記の申請をするために登記所に対し提供しなければならない情報であって,第25条第9号の申請情報と併せて提供しなければならないものとされているもののうち法務省令で定めるものを提供することができないとき.
2 第3条各号に掲げる権利の設定,移転,変更又は消滅に関して請求権(始期付き又は停止条件付きのものその他将来確定することが見込まれるものを含む.)を保全しようとするとき.

(仮登記に基づく本登記の順位)
第106条 仮登記に基づいて本登記(仮登記がされた後,これと同一の不動産についてされる同一の権利についての権利に関する登記であって,当該不動産に係る登記記録に当該仮登記に基づく登記であることが記録されているものをいう.以下同じ.)をした場合は,当該本登記の順位は,当該仮登記の順位による.

(仮登記の申請方法)
第107条 ① 仮登記は,仮登記の登記義務者の承諾があるとき及び次条に規定する仮登記を命ずる処分があるときは,第60条の規定にかかわらず,当該仮登記の登記権利者が単独で申請することができる.
② 仮登記の登記権利者及び登記義務者が共同して仮登記を申請する場合については,第22条本文の規定は,適用しない.

(仮登記を命ずる処分)
第108条 ① 裁判所は,仮登記の登記権利者の申立てにより,仮登記を命ずる処分をすることができる.
② 前項の申立てをするときは,仮登記の原因となる事実を疎明しなければならない.
③ 第1項の申立てに係る事件は,不動産の所在地を管轄する地方裁判所の管轄に専属する.
④ 第1項の申立てを却下した決定に対しては,即時抗告をすることができる.
⑤ 非訟事件手続法第2条及び第2編(同法第5条,第6条,第7条第2項,第40条,第59条,第66条第1項及び第2項並びに第72条を除く.)の規定は,前項の即時抗告について準用する.

(仮登記に基づく本登記)
第109条 ① 所有権に関する仮登記に基づく本登記は,登記上の利害関係を有する第三者(本登記につき利害関係を有する抵当証券の所持人又は裏書人を含む.以下この条において同じ.)がある場合には,当該第三者の承諾があるときに限り,申請することができる.
② 登記官は,前項の規定による申請に基づいて登記をするときは,職権で,同項の第三者の権利に関する登記を抹消しなければならない.

(仮登記の抹消)
第110条 仮登記の抹消は,第60条の規定にかかわらず,仮登記の登記名義人が単独で申請することができる.仮登記の登記名義人の承諾がある場合における当該仮登記の登記上の利害関係人も,同様とする.

第7款 仮処分に関する登記

(仮処分の登記に後れる登記の抹消)
第111条 ① 所有権について民事保全法(平成元年法律第91号)第53条第1項の規定による処分禁止の登記(同条第2項に規定する保全仮登記(以下「保全仮登記」という.)とともにしたものを除く.以下この条において同じ.)がされた後,当該処分禁止の登記に係る仮処分の債権者が当該仮処分の債務者を登記義務者とする所有権の登記(仮登記を除く.)を申請する場合においては,当該債権者は,当該処分禁止の登記に後れる登記の抹消を単独で申請することができる.
② 前項の規定は,所有権以外の権利について民事保全法第53条第1項の規定による処分禁止の登記がされた後,当該処分禁止の登記に係る仮処分の債権者が当該仮処分の債務者を登記義務者とする当該権利の移転又は消滅に関し登記(仮登記を除く.)を申請する場合について準用する.
③ 登記官は,第1項(前項において準用する場合を含む.)の申請に基づいて当該処分禁止の登記に後れる登記を抹消するときは,職権で,当該処分禁止の登記も抹消しなければならない.

(保全仮登記に基づく本登記の順位)
第112条 保全仮登記に基づいて本登記をした場合は,当該本登記の順位は,当該保全仮登記の順位による.

(保全仮登記に係る仮処分の登記に後れる登記の抹消)
第113条 不動産の使用又は収益をする権利について保全仮登記がされた後,当該保全仮登記に係る仮処分の債権者が本登記を申請する場合においては,当該債権者は,所有権以外の不動産の使用若しくは収益をする権利又は当該権利を目的とする権利に関する登記であって当該保全仮登記とともにした処分禁止の登記に後れるものの抹消を単独で申請することができる．

（処分禁止の登記の抹消）

第114条 登記官は，保全仮登記に基づく本登記をするときは，職権で，当該保全仮登記とともにした処分禁止の登記を抹消しなければならない．

◆ 第5章 登記事項の証明等

（登記事項証明書の交付等）

第119条 ① 何人も，登記官に対し，手数料を納付して，登記記録に記録されている事項の全部又は一部を証明した書面（以下「登記事項証明書」という．）の交付を請求することができる．

② 何人も，登記官に対し，手数料を納付して，登記記録に記録されている事項の概要を記載した書面の交付を請求することができる．

③ 前2項の手数料の額は，物価の状況，登記事項証明書の交付に要する実費その他一切の事情を考慮して政令で定める．

④ 第1項及び第2項の手数料の納付は，収入印紙をもってしなければならない．ただし，法務省令で定める方法で登記事項証明書の交付を請求するときは，法務省令で定めるところにより，現金をもってすることができる．

⑤ 第1項の交付の請求は，法務省令で定める場合を除き，請求に係る不動産の所在地を管轄する登記所以外の登記所の登記官に対してもすることができる．

（地図の写しの交付等）

第120条 ① 何人も，登記官に対し，手数料を納付して，地図，建物所在図又は地図に準ずる図面（以下この条において「地図等」という．）の全部又は一部の写し（地図等が電磁的記録に記録されているときは，当該記録された情報の内容を証明した書面）の交付を請求することができる．

② 何人も，登記官に対し，手数料を納付して，地図等（地図等が電磁的記録に記録されているときは，当該記録された情報の内容を法務省令で定める方法により表示したもの）の閲覧を請求することができる．

③ 前条第3項から第5項までの規定は，地図等について準用する．

（登記簿の附属書類の写しの交付等）

第121条 ① 何人も，登記官に対し，手数料を納付して，登記簿の附属書類（電磁的記録を含む．以下同じ．）のうち政令で定める図面の全部又は一部の写し（これらの図面が電磁的記録に記録されているときは，当該記録された情報の内容を証明した書面）の交付を請求することができる．

② 何人も，登記官に対し，手数料を納付して，登記簿の附属書類（電磁的記録にあっては，記録された情報の内容を法務省令で定める方法により表示したもの）の閲覧を請求することができる．ただし，前項の図面以外のものについては，請求人が利害関係を有する部分に限る．

③ 第119条第3項から第5項までの規定は，登記簿の附属書類について準用する．

（法務省令への委任）

第122条 この法律に定めるもののほか，登記簿，地図，建物所在図及び地図に準ずる図面並びに登記簿の附属書類（第153条及び第155条において「登記簿等」という．）の公開に関し必要な事項は，法務省令で定める．

◆ 第6章 筆界特定

第1節 総 則

（定 義）

第123条 この章において，次の各号に掲げる用語の意義は，それぞれ当該各号に定めるところによる．

1 筆界 表題登記がある一筆の土地（以下単に「一筆の土地」という．）とこれに隣接する他の土地（表題登記がない土地を含む．以下同じ．）との間において，当該一筆の土地が登記された時にその境を構成するものとされた2以上の点及びこれらを結ぶ直線をいう．

2 筆界特定 一筆の土地及びこれに隣接する他の土地について，この章の定めるところにより，筆界の現地における位置を特定すること（その位置を特定することができないときは，その位置の範囲を特定すること）をいう．

3 対象土地 筆界特定の対象となる筆界で相互に隣接する一筆の土地及び他の土地をいう．

4 関係土地 対象土地以外の土地（表題登記がない土地を含む．）であって，筆界特定の対象となる筆界上の点を含む他の筆界で対象土地の一方又は双方と接するものをいう．

5 所有権登記名義人等 所有権の登記がある一筆の土地にあっては所有権の登記名義人，所有権の登記がない一筆の土地にあっては表題部所有者，表題登記がない土地にあっては所有者をいい，所有権の登記名義人又は表題部所有者の相続人その他の一般承継人を含む．

第2節 筆界特定の手続

第1款 筆界特定の申請

（筆界特定の申請）

第131条 ① 土地の所有権登記名義人等は，筆界特定登記官に対し，当該土地とこれに隣接する他の土地との筆界について，筆界特定の申請をすることができる．

② 筆界特定の申請は，次に掲げる事項を明らかにしてしなければならない．

1 申請の趣旨

2 筆界特定の申請人の氏名又は名称及び住所

3 対象土地に係る第34条第1項第1号及び第2号に掲げる事項（表題登記がない土地にあっては，同項第1号に掲げる事項）

4 対象土地について筆界特定を必要とする理由

5 前各号に掲げるもののほか，法務省令で定める事項

③ 筆界特定の申請人は，政令で定めるところにより，手数料を納付しなければならない．

（申請の却下）

第132条 ① 筆界特定登記官は，次に掲げる場合には，理由を付した決定で，筆界特定の申請を却下しなければならない．ただし，当該申請の不備が補正することができるものである場合において，筆界特定登記官が定め

た相当の期間内に,筆界特定の申請人がこれを補正したときは,この限りでない.
1 対象土地の所在地が当該申請を受けた法務局又は地方法務局の管轄に属しないとき.
2 申請の権限を有しない者の申請によるとき.
3 申請が前条第2項の規定に違反するとき.
4 筆界特定申請情報の提供の方法がこの法律に基づく命令の規定により定められた方式に適合しないとき.
5 申請が対象土地の所有権の境界の特定その他筆界特定以外の事項を目的とするものと認められるとき.
6 対象土地の筆界について,既に民事訴訟の手続により筆界の確定を求める訴えに係る判決(訴えを不適法として却下したものを除く.第148条において同じ.)が確定しているとき.
7 対象土地の筆界について,既に筆界特定登記官による筆界特定がされているとき.ただし,対象土地について更に筆界特定をする特段の必要があると認められる場合を除く.
8 手数料を納付しないとき.
9 第146条第5項の規定により予納を命じた場合においてその予納がないとき.

② 前項の規定による筆界特定の申請の却下は,登記官の処分とみなす.

(筆界特定の申請の通知)

第133条 ① 筆界特定の申請があったときは,筆界特定登記官は,遅滞なく,法務省令で定めるところにより,その旨を公告し,かつ,その旨を次に掲げる者(以下「関係人」という.)に通知しなければならない.ただし,前条第1項の規定により当該申請を却下すべき場合は,この限りでない.
1 対象土地の所有権登記名義人等であって筆界特定の申請人以外のもの
2 関係土地の所有権登記名義人等

② 前項本文の場合において,関係人の所在が判明しないときは,同項本文の規定による通知を,関係人の氏名又は名称,通知をすべき事項及び当該事項を記載した書面をいつでも関係人に交付する旨を対象土地の所在地を管轄する法務局又は地方法務局の掲示場に掲示することによって行うことができる.この場合においては,掲示を始めた日から2週間を経過したときに,当該通知が関係人に到達したものとみなす.

第3節 筆界特定

第4節 雑 則

(筆界特定書等の写しの交付等)

第149条 ① 何人も,登記官に対し,手数料を納付して,筆界特定手続記録のうち筆界特定書又は政令で定める図面の全部又は一部(以下この条及び第153条において「筆界特定書等」という.)の写し(筆界特定書等が電磁的記録をもって作成されているときは,当該記録された情報の内容を証明した書面)の交付を請求することができる.

◈ 第7章 雑 則

(登記識別情報の安全確保)

第151条 ① 登記官は,その取り扱う登記識別情報の漏えい,滅失又はき損の防止その他の登記識別情報の安全管理のために必要かつ適切な措置を講じなければならない.

② 登記官その他の不動産登記の事務に従事する法務局若しくは地方法務局若しくはこれらの支局又はこれらの出張所に勤務する法務事務官又はその職にあった者は,その事務に関して知り得た登記識別情報の作成又は管理に関する秘密を漏らしてはならない.

◈ 第8章 罰 則

(秘密を漏らした罪)

第159条 第151条第2項の規定に違反して登記識別情報の作成又は管理に関する秘密を漏らした者は,2年以下の懲役又は100万円以下の罰金に処する.

(虚偽の登記名義人確認情報を提供した罪)

第160条 第23条第4項第1号(第16条第2項において準用する場合を含む.)の規定による情報の提供をする場合において,虚偽の情報を提供した者は,2年以下の懲役又は50万円以下の罰金に処する.

(不正に登記識別情報を取得等した罪)

第161条 ① 登記簿に不実の記録をさせることとなる登記の申請又は嘱託の用に供する目的で,登記識別情報を取得した者は,2年以下の懲役又は50万円以下の罰金に処する.情を知って,その情報を提供した者も,同様とする.

② 不正に取得された登記識別情報を,前項の目的で保管した者も,同項と同様とする.

(検査の妨害等の罪)

第162条 次の各号のいずれかに該当する者は,30万円以下の罰金に処する.
1 第29条第2項(第16条第2項において準用する場合を含む.次号において同じ.)の規定による検査を拒み,妨げ,又は忌避した者
2 第29条第2項の規定による文書若しくは電磁的記録に記録された事項を法務省令で定める方法により表示したものの提示をせず,若しくは虚偽の文書若しくは電磁的記録に記録された事項を法務省令で定める方法により表示したものを提示し,又は質問に対し陳述をせず,若しくは虚偽の陳述をした者
3 第137条第5項の規定に違反して,同条第1項の規定による立入りを拒み,又は妨げた者

(両罰規定)

第163条 法人の代表者又は法人若しくは人の代理人,使用人その他の従業者が,その法人又は人の業務に関し,第160条又は前条の違反行為をしたときは,行為者を罰するほか,その法人又は人に対しても,各本条の罰金刑を科する.

(過 料)

第164条 第36条,第37条第1項若しくは第2項,第42条,第47条第1項(第49条第2項において準用する場合を含む.),第49条第1項,第3項若しくは第4項,第51条第1項から第4項まで,第57条又は第58条第6項若しくは第7項の規定による申請をすべき義務がある者がそ

の申請を怠ったときは,10万円以下の過料に処する.

⑥ 所有者不明土地の利用の円滑化等に関する特別措置法(抄)

平30・6・13法律第49号,平30・11・15施行

◈ 第1章 総 則

(目 的)

第1条 この法律は、社会経済情勢の変化に伴い所有者不明土地が増加していることに鑑み、所有者不明土地の利用の円滑化及び土地の所有者の効果的な探索を図るため、国土交通大臣及び法務大臣による基本方針の策定について定めるとともに、地域福利増進事業の実施のための措置、所有者不明土地の収用又は使用に関する土地収用法(昭和26年法律第219号)の特例、土地の所有者等に関する情報の利用及び提供その他の特別の措置を講じ、もって国土の適正かつ合理的な利用に寄与することを目的とする。

(定 義)

第2条 ① この法律において「所有者不明土地」とは、相当な努力が払われたと認められるものとして政令で定める方法により探索を行ってもなおその所有者の全部又は一部を確知することができない一筆の土地をいう。

② この法律において「特定所有者不明土地」とは、所有者不明土地のうち、現に建築物(物置その他の政令で定める簡易な構造の建築物で政令で定める規模未満のもの(以下「簡易建築物」という。)を除く。)が存せず、かつ、業務の用その他の特別の用途に供されていない土地をいう。

③ この法律において「地域福利増進事業」とは、次に掲げる事業であって、地域住民その他の者の共同の福祉又は利便の増進を図るために行われるものをいう。

1 道路法(昭和27年法律第180号)による道路、駐車場法(昭和32年法律第106号)による路外駐車場その他一般交通の用に供する施設の整備に関する事業

2 学校教育法(昭和22年法律第26号)による学校又はこれに準ずるその他の教育のための施設の整備に関する事業

3 社会教育法(昭和24年法律第207号)による公民館(同法第42条に規定する公民館に類似する施設を含む。)又は図書館法(昭和25年法律第118号)による図書館(同法第29条に規定する図書館と同種の施設を含む。)の整備に関する事業

4 社会福祉法(昭和26年法律第45号)による社会福祉事業の用に供する施設の整備に関する事業

5 病院、療養所、診療所又は助産所の整備に関する事業

6 公園、緑地、広場又は運動場の整備に関する事業

7 住宅(被災者の居住の用に供するものに限る。)の整備に関する事業であって、災害(発生した日から起算して3年を経過していないものに限る。次号イにおいて同じ。)に際し災害救助法(昭和22年法律第118号)が適用された同法第2条に規定する市町村の区域内において行われるもの

8 購買施設、教養文化施設その他の施設で地域住民その他の者の共同の福祉又は利便の増進に資するものとして政令で定めるものの整備に関する事業であって、次に掲げる区域内において行われるもの

イ 災害に際し災害救助法が適用された同法第2条に規定する市町村の区域

ロ その周辺の地域において当該施設と同種の施設が著しく不足している区域

9 前各号に掲げる事業のほか、土地収用法第3条各号に掲げるもののうち地域住民その他の者の共同の福祉又は利便の増進に資するものとして政令で定めるものの整備に関する事業

10 前各号に掲げる事業のために欠くことができない通路、材料置場その他の施設の整備に関する事業

④ この法律において「特定登記未了土地」とは、所有権の登記名義人の死亡後に相続登記等(相続による所有権の移転の登記その他の所有権の登記をいう。以下同じ。)がされていない土地であって、土地収用法第3条各号に掲げるものに関する事業(第27条第1項及び第39条第1項において「収用適格事業」という。)を実施しようとする区域の適切な選定その他の公共の利益となる事業の円滑な遂行を図るため当該土地の所有権の登記名義人となり得る者を探索する必要があるものをいう。

◈ 第2章 基本方針等

◈ 第3章 所有者不明土地の利用の円滑化のための特別の措置

◈ 第4章 土地の所有者の効果的な探索のための特別の措置

◈ 第5章 雑 則

◈ 第6章 罰 則

Ⅲ 法令上の制限

7 都市計画法(抄)

昭43・6・15法律第100号,昭44・6・14施行,
最終改正:平30・4・25法律第22号

◆第1章 総 則

(目 的)

第1条 この法律は,都市計画の内容及びその決定手続,都市計画制限,都市計画事業その他都市計画に関し必要な事項を定めることにより,都市の健全な発展と秩序ある整備を図り,もつて国土の均衡ある発展と公共の福祉の増進に寄与することを目的とする.

(都市計画の基本理念)

第2条 都市計画は,農林漁業との健全な調和を図りつつ,健康で文化的な都市生活及び機能的な都市活動を確保すべきこと並びにこのためには適正な制限のもとに土地の合理的な利用が図られるべきことを基本理念として定めるものとする.

(国,地方公共団体及び住民の責務)

第3条 国及び地方公共団体は,都市の整備,開発その他都市計画の適切な遂行に努めなければならない.

2 都市の住民は,国及び地方公共団体がこの法律の目的を達成するため行なう措置に協力し,良好な都市環境の形成に努めなければならない.

3 国及び地方公共団体は,都市の住民に対し,都市計画に関する知識の普及及び情報の提供に努めなければならない.

(定 義)

第4条 ① この法律において「都市計画」とは,都市の健全な発展と秩序ある整備を図るための土地利用,都市施設の整備及び市街地開発事業に関する計画で,次章の規定に従い定められたものをいう.

② この法律において「都市計画区域」とは次条の規定により指定された区域を,「準都市計画区域」とは第5条の2の規定により指定された区域をいう.

③ この法律において「地域地区」とは,第8条第1項各号に掲げる地域,地区又は街区をいう.

④ この法律において「促進区域」とは,第10条の2第1項各号に掲げる区域をいう.

⑤ この法律において「都市施設」とは,都市計画において定められるべき第11条第1項各号に掲げる施設をいう.

⑥ この法律において「都市計画施設」とは,都市計画において定められた第11条第1項各号に掲げる施設をいう.

⑦ この法律において「市街地開発事業」とは,第12条第1項各号に掲げる事業をいう.

⑧ この法律において「市街地開発事業等予定区域」とは,第12条の2第1項各号に掲げる予定区域をいう.

⑨ この法律において「地区計画等」とは,第12条の4第1項各号に掲げる計画をいう.

⑩ この法律において「建築物」とは建築基準法(昭和25年法律第201号)第2条第1号に定める建築物を,「建築」とは同条第13号に定める建築をいう.

⑪ この法律において「特定工作物」とは,コンクリートプラントその他周辺の地域の環境の悪化をもたらすおそれがある工作物で政令で定めるもの(以下「第1種特定工作物」という.)又はゴルフコースその他大規模な工作物で政令で定めるもの(以下「第2種特定工作物」という.)をいう.

⑫ この法律において「開発行為」とは,主として建築物の建築又は特定工作物の建設の用に供する目的で行なう土地の区画形質の変更をいう.

⑬ この法律において「開発区域」とは,開発行為をする土地の区域をいう.

⑭ この法律において「公共施設」とは,道路,公園その他政令で定める公共の用に供する施設をいう.

⑮ この法律において「都市計画事業」とは,この法律で定めるところにより第59条の規定による認可又は承認を受けて行なわれる都市計画施設の整備に関する事業及び市街地開発事業をいう.

⑯ この法律において「施行者」とは,都市計画事業を施行する者をいう.

(都市計画区域)

第5条 ① 都道府県は,市又は人口,就業者数その他の事項が政令で定める要件に該当する町村の中心の市街地を含み,かつ,自然的及び社会的条件並びに人口,土地利用,交通量その他国土交通省令で定める事項に関する現況及び推移を勘案して,一体の都市として総合的に整備し,開発し,及び保全する必要がある区域を都市計画区域として指定するものとする.この場合において,必要があるときは,当該市町村の区域外にわたり,都市計画区域を指定することができる.

② 都道府県は,前項の規定によるもののほか,首都圏整備法(昭和31年法律第83号)による都市開発区域,近畿圏整備法(昭和38年法律第129号)による都市開発区域,中部圏開発整備法(昭和41年法律第102号)による都市開発区域その他新たに住居都市,工業都市その他の都市として開発し,及び保全する必要がある区域を都市計画区域として指定するものとする.

③ 都道府県は,前2項の規定により都市計画区域を指定しようとするときは,あらかじめ,関係市町村及び都道府県都市計画審議会の意見を聴くとともに,国土交通省令で定めるところにより,国土交通大臣に協議し,その同意を得なければならない.

④ 2以上の都府県の区域にわたる都市計画区域は,第1項及び第2項の規定にかかわらず,国土交通大臣が,あらかじめ,関係都府県の意見を聴いて指定するものとする.この場合において,関係都府県が意見を述べようとするときは,あらかじめ,関係市町村及び都道府県都市計画審議会の意見を聴かなければならない.

⑤ 都市計画区域の指定は,国土交通省令で定めるところにより,公告することによつて行なう.

⑯ 前各項の規定は，都市計画区域の変更又は廃止について準用する．

（準都市計画区域）

第５条の２ ① 都道府県は，都市計画区域外の区域のうち，相当数の建築物その他の工作物（以下「建築物等」という．）の建築若しくは建設又はこれらの敷地の造成が現に行われ，又は行われると見込まれる区域を含み，かつ，自然的及び社会的条件並びに農業振興地域の整備に関する法律（昭和44年法律第58号）その他の法令による土地利用の規制の状況その他国土交通省令で定める事項に関する現況及び推移を勘案して，そのまま土地利用を整序し，又は環境を保全するための措置を講ずることなく放置すれば，将来における一体の都市としての整備，開発及び保全に支障が生じるおそれがあると認められる一定の区域を，準都市計画区域として指定することができる．

② 都道府県は，前項の規定により準都市計画区域を指定しようとするときは，あらかじめ，関係市町村及び都道府県都市計画審議会の意見を聴かなければならない．

③ 準都市計画区域の指定は，国土交通省令で定めるところにより，公告することによつて行う．

④ 前３項の規定は，準都市計画区域の変更又は廃止について準用する．

⑤ 準都市計画区域の全部又は一部について都市計画区域が指定されたときは，当該準都市計画区域は，前項の規定にかかわらず，廃止され，又は当該都市計画区域と重複する区域以外の区域に変更されたものとみなす．

（都市計画に関する基礎調査）

第６条 ① 都道府県は，都市計画区域について，おおむね５年ごとに，都市計画に関する基礎調査として，国土交通省令で定めるところにより，人口規模，産業分類別の就業人口の規模，市街地の面積，土地利用，交通量その他国土交通省令で定める事項に関する現況及び将来の見通しについての調査を行うものとする．

② 都道府県は，準都市計画区域について，必要があると認めるときは，都市計画に関する基礎調査として，国土交通省令で定めるところにより，土地利用その他国土交通省令で定める事項に関する現況及び将来の見通しについての調査を行うものとする．

③ 都道府県は，前２項の規定による基礎調査を行うため必要があると認めるときは，関係市町村に対し，資料の提出その他必要な協力を求めることができる．

④ 都道府県は，第１項又は第２項の規定による基礎調査の結果を，国土交通省令で定めるところにより，関係市町村長に通知しなければならない．

⑤ 国土交通大臣は，この法律を施行するため必要があると認めるときは，都道府県に対し，第１項又は第２項の規定による基礎調査の結果について必要な報告を求めることができる．

◆ 第２章 都市計画

第１節 都市計画の内容

（都市計画区域の整備，開発及び保全の方針）

第６条の２ ① 都市計画区域については，都市計画に，当該都市計画区域の整備，開発及び保全の方針を定めるものとする．

② 都市計画区域の整備，開発及び保全の方針には，第１号に掲げる事項を定めるものとするとともに，第２号及び第３号に掲げる事項を定めるよう努めるものとする．

１ 次条第１項に規定する区域区分の決定の有無及び当該区域区分を定めるときはその方針

２ 都市計画の目標

３ 第１号に掲げるもののほか，土地利用，都市施設の整備及び市街地開発事業に関する主要な都市計画の決定の方針

③ 都市計画区域について定められる都市計画（第11条第１項後段の規定により都市計画区域外において定められる都市施設（以下「区域外都市施設」という．）に関するものを含む．）は，当該都市計画区域の整備，開発及び保全の方針に即したものでなければならない．

（区域区分）

第７条 ① 都市計画区域について無秩序な市街化を防止し，計画的な市街化を図るため必要があるときは，都市計画に，市街化区域と市街化調整区域との区分（以下「区域区分」という．）を定めることができる．ただし，次に掲げる都市計画区域については，区域区分を定めるものとする．

１ 次に掲げる土地の区域の全部又は一部を含む都市計画区域

イ 首都圏整備法第２条第３項に規定する既成市街地又は同条第４項に規定する近郊整備地帯

ロ 近畿圏整備法第２条第３項に規定する既成都市区域又は同条第４項に規定する近郊整備区域

ハ 中部圏開発整備法第２条第３項に規定する都市整備区域

２ 前号に掲げるもののほか，大都市に係る都市計画区域として政令で定めるもの

② 市街化区域は，すでに市街地を形成している区域及びおおむね10年以内に優先的かつ計画的に市街化を図るべき区域とする．

③ 市街化調整区域は，市街化を抑制すべき区域とする．

（都市再開発方針等）

第７条の２ ① 都市計画区域については，都市計画に，次に掲げる方針（以下「都市再開発方針等」という．）を定めることができる．

１ 都市再開発法（昭和44年法律第38号）第２条の３第１項又は第２項の規定による都市再開発の方針

２ 大都市地域における住宅及び住宅地の供給の促進に関する特別措置法（昭和50年法律第67号）第４条第１項の規定による住宅市街地の開発整備の方針

３ 地方拠点都市地域の整備及び産業業務施設の再配置の促進に関する法律（平成４年法律第76号）第30条の規定による拠点業務市街地の開発整備の方針

４ 密集市街地における防災街区の整備の促進に関する法律（平成９年法律第49号．以下「密集市街地整備法」という．）第３条第１項の規定による防災街

区整備方針

② 都市計画区域について定められる都市計画(区域外都市施設に関するものを含む.)は,都市再開発方針等に即したものでなければならない.

(地域地区)

第8条 ① 都市計画区域については,都市計画に,次に掲げる地域,地区又は街区を定めることができる.

1 第1種低層住居専用地域,第2種低層住居専用地域,第1種中高層住居専用地域,第2種中高層住居専用地域,第1種住居地域,第2種住居地域,準住居地域,田園住居地域,近隣商業地域,商業地域,準工業地域,工業地域又は工業専用地域(以下「用途地域」と総称する.)

2 特別用途地区

2の2 特定用途制限地域

2の3 特例容積率適用地区

2の4 高層住居誘導地区

3 高度地区又は高度利用地区

4 特定街区

4の2 都市再生特別措置法(平成14年法律第22号)第36条第1項の規定による都市再生特別地区,同法第89条の規定による居住調整地域又は同法第109条第1項の規定による特定用途誘導地区

5 防火地域又は準防火地域

5の2 密集市街地整備法第31条第1項の規定による特定防災街区整備地区

6 景観法(平成16年法律第110号)第61条第1項の規定による景観地区

7 風致地区

8 駐車場法(昭和32年法律第106号)第3条第1項の規定による駐車場整備地区

9 臨港地区

10 古都における歴史的風土の保存に関する特別措置法(昭和41年法律第1号)第6条第1項の規定による歴史的風土特別保存地区

11 明日香村における歴史的風土の保存及び生活環境の整備等に関する特別措置法(昭和55年法律第60号)第3条第1項の規定による第1種歴史的風土保存地区又は第2種歴史的風土保存地区

12 都市緑地法(昭和48年法律第72号)第5条の規定による緑地保全地域,同法第12条の規定による特別緑地保全地区又は同法第34条第1項の規定による緑化地域

13 流通業務市街地の整備に関する法律(昭和41年法律第110号)第4条第1項の規定による流通業務地区

14 生産緑地法(昭和49年法律第68号)第3条第1項の規定による生産緑地地区

15 文化財保護法(昭和25年法律第214号)第143条第1項の規定による伝統的建造物群保存地区

16 特定空港周辺航空機騒音対策特別措置法(昭和53年法律第26号)第4条第1項の規定による航空機騒音障害防止地区又は航空機騒音障害防止特別地区

② 準都市計画区域については,都市計画に,前項第1号から第2号の2まで,第3号(高度地区に係る部分に限る.),第6号,第7号,第12号(都市緑地法第5条の規定による緑地保全地域に係る部分に限る.)又は第15号に掲げる地域又は地区を定めることができる.

③ 地域地区については,都市計画に,第1号及び第2号に掲げる事項を定めるものとするとともに,第3号に掲げる事項を定めるよう努めるものとする.

1 地域地区の種類(特別用途地区にあつては,その指定により実現を図るべき特別の目的を明らかにした特別用途地区の種類),位置及び区域

2 次に掲げる地域地区については,それぞれ次に定める事項

イ 用途地域　建築基準法第52条第1項第1号から第4号までに規定する建築物の容積率(延べ面積の敷地面積に対する割合をいう.以下同じ.)並びに同法第53条の2第1項及び第2項に規定する建築物の敷地面積の最低限度(建築物の敷地面積の最低限度にあつては,当該地域における市街地の環境を確保するため必要な場合に限る.)

ロ 第1種低層住居専用地域,第2種低層住居専用地域又は田園住居地域　建築基準法第53条第1項第1号に規定する建築物の建蔽率(建築面積の敷地面積に対する割合をいう.以下同じ.),同法第54条に規定する外壁の後退距離の限度(低層住宅に係る良好な住居の環境を保護するため必要な場合に限る.)及び同法第55条第1項に規定する建築物の高さの限度

ハ 第1種中高層住居専用地域,第2種中高層住居専用地域,第1種住居地域,第2種住居地域,準住居地域,近隣商業地域,準工業地域,工業地域又は工業専用地域　建築基準法第53条第1項第1号から第3号まで又は第5号に規定する建築物の建蔽率

ニ 特定用途制限地域　制限すべき特定の建築物等の用途の概要

ホ 特例容積率適用地区　建築物の高さの最高限度(当該地区における市街地の環境を確保するために必要な場合に限る.)

ヘ 高層住居誘導地区　建築基準法第52条第1項第5号に規定する建築物の容積率,建築物の建蔽率の最高限度(当該地区における市街地の環境を確保するため必要な場合に限る.次条第17項において同じ.)及び建築物の敷地面積の最低限度(当該地区における市街地の環境を確保するため必要な場合に限る.次条第17項において同じ.)

ト 高度地区　建築物の高さの最高限度又は最低限度(準都市計画区域内にあつては,建築物の高さの最高限度.次条第18項において同じ.)

チ 高度利用地区　建築物の容積率の最高限度及び最低限度,建築物の建蔽率の最高限度,建築物の建築面積の最低限度並びに壁面の位置の制限(壁面の位置の制限にあつては,敷地内に道路(都市計画において定められた計画道路を含む.以下この号において同じ.)に接して有効な空間を確保し

て市街地の環境の向上を図るため必要な場合における当該道路に面する壁面の位置に限る.次条第19項において同じ.)
リ 特定街区 建築物の容積率並びに建築物の高さの最高限度及び壁面の位置の制限
3 面積その他の政令で定める事項
④ 都市再生特別地区,特定用途誘導地区,特定防災街区整備地区,景観地区及び緑化地域について都市計画に定めるべき事項は,前項第1号及び第3号に掲げるもののほか,別に法律で定める.
第9条 ① 第1種低層住居専用地域は,低層住宅に係る良好な住居の環境を保護するため定める地域とする.
② 第2種低層住居専用地域は,主として低層住宅に係る良好な住居の環境を保護するため定める地域とする.
③ 第1種中高層住居専用地域は,中高層住宅に係る良好な住居の環境を保護するため定める地域とする.
④ 第2種中高層住居専用地域は,主として中高層住宅に係る良好な住居の環境を保護するため定める地域とする.
⑤ 第1種住居地域は,住居の環境を保護するため定める地域とする.
⑥ 第2種住居地域は,主として住居の環境を保護するため定める地域とする.
⑦ 準住居地域は,道路の沿道としての地域の特性にふさわしい業務の利便の増進を図りつつ,これと調和した住居の環境を保護するため定める地域とする.
⑧ 田園住居地域は,農業の利便の増進を図りつつ,これと調和した低層住宅に係る良好な住居の環境を保護するため定める地域とする.
⑨ 近隣商業地域は,近隣の住宅地の住民に対する日用品の供給を行うことを主たる内容とする商業その他の業務の利便を増進するため定める地域とする.
⑩ 商業地域は,主として商業その他の業務の利便を増進するため定める地域とする.
⑪ 準工業地域は,主として環境の悪化をもたらすおそれのない工業の利便を増進するため定める地域とする.
⑫ 工業地域は,主として工業の利便を増進するため定める地域とする.
⑬ 工業専用地域は,工業の利便を増進するため定める地域とする.
⑭ 特別用途地区は,用途地域内の一定の地区における当該地区の特性にふさわしい土地利用の増進,環境の保護等の特別の目的の実現を図るため当該用途地域の指定を補完して定める地区とする.
⑮ 特定用途制限地域は,用途地域が定められていない土地の区域(市街化調整区域を除く.)内において,その良好な環境の形成又は保持のため当該地域の特性に応じて合理的な土地利用が行われるよう,制限すべき特定の建築物等の用途の概要を定める地域とする.
⑯ 特例容積率適用地区は,第1種中高層住居専用地域,第2種中高層住居専用地域,第1種住居地域,第2種住居地域,準住居地域,近隣商業地域,商業地域,準工業地域又は工業地域内の適正な配置及び規模の公共施設を備えた土地の区域において,建築基準法第52条第1項から第9項までの規定による建築物の容積率の限度からみて未利用となつている建築物の容積の活用を促進して土地の高度利用を図るため定める地区とする.
⑰ 高層住居誘導地区は,住居と住居以外の用途とを適正に配分し,利便性の高い高層住宅の建設を誘導するため,第1種住居地域,第2種住居地域,準住居地域,近隣商業地域又は準工業地域でこれらの地域に関する都市計画において建築基準法第52条第1項第2号に規定する建築物の容積率が10分の40又は10分の50と定められたものの内において,建築物の容積率の最高限度,建築物の建蔽率の最高限度及び建築物の敷地面積の最低限度を定める地区とする.
⑱ 高度地区は,用途地域内において市街地の環境を維持し,又は土地利用の増進を図るため,建築物の高さの最高限度又は最低限度を定める地区とする.
⑲ 高度利用地区は,用途地域内の市街地における土地の合理的かつ健全な高度利用と都市機能の更新とを図るため,建築物の容積率の最高限度及び最低限度,建築物の建蔽率の最高限度,建築物の建築面積の最低限度並びに壁面の位置の制限を定める地区とする.
⑳ 特定街区は,市街地の整備改善を図るため街区の整備又は造成が行われる地区について,その街区内における建築物の容積率並びに建築物の高さの最高限度及び壁面の位置の制限を定める街区とする.
㉑ 防火地域又は準防火地域は,市街地における火災の危険を防除するため定める地域とする.
㉒ 風致地区は,都市の風致を維持するため定める地区とする.
㉓ 臨港地区は,港湾を管理運営するため定める地区とする.
第10条 地域地区内における建築物その他の工作物に関する制限については,この法律に特に定めるもののほか,別に法律で定める.
(促進区域)
第10条の2 ① 都市計画区域については,都市計画に,次に掲げる区域を定めることができる.
1 都市再開発法第7条第1項の規定による市街地再開発促進区域
2 大都市地域における住宅及び住宅地の供給の促進に関する特別措置法第5条第1項の規定による土地区画整理促進区域
3 大都市地域における住宅及び住宅地の供給の促進に関する特別措置法第24条第1項の規定による住宅街区整備促進区域
4 地方拠点都市地域の整備及び産業業務施設の再配置の促進に関する法律第19条第1項の規定による拠点業務市街地整備土地区画整理促進区域
② 促進区域については,都市計画に,促進区域の種類,名称,位置及び区域のほか,別に法律で定める事項を定めるものとするとともに,区域の面積その他の政令で定める事項を定めるよう努めるものとする.
③ 促進区域内における建築物の建築その他の行為に関する制限については,別に法律で定める.
(遊休土地転換利用促進地区)

第10条の3 ① 都市計画区域については,都市計画に,次に掲げる条件に該当する土地の区域について,遊休土地転換利用促進地区を定めることができる.
1 当該区域内の土地が,相当期間にわたり住宅の用,事業の用に供する施設の用その他の用途に供されていないことその他の政令で定める要件に該当していること.
2 当該区域内の土地が前号の要件に該当していることが,当該区域及びその周辺の地域における計画的な土地利用の増進を図る上で著しく支障となつていること.
3 当該区域内の土地の有効かつ適切な利用を促進することが,当該都市の機能の増進に寄与すること.
4 おおむね5000平方メートル以上の規模の区域であること.
5 当該区域が市街化区域内にあること.
② 遊休土地転換利用促進地区については,都市計画に,名称,位置及び区域を定めるものとするとともに,区域の面積その他の政令で定める事項を定めるよう努めるものとする.
(被災市街地復興推進地域)
第10条の4 ① 都市計画区域については,都市計画に,被災市街地復興特別措置法(平成7年法律第14号)第5条第1項の規定による被災市街地復興推進地域を定めることができる.
② 被災市街地復興推進地域については,都市計画に,名称,位置及び区域のほか,別に法律で定める事項を定めるものとするとともに,区域の面積その他の政令で定める事項を定めるよう努めるものとする.
③ 被災市街地復興推進地域内における建築物の建築その他の行為に関する制限については,別に法律で定める.
(都市施設)
第11条 ① 都市計画区域については,都市計画に,次に掲げる施設を定めることができる.この場合において,特に必要があるときは,当該都市計画区域外においても,これらの施設を定めることができる.
1 道路,都市高速鉄道,駐車場,自動車ターミナルその他の交通施設
2 公園,緑地,広場,墓園その他の公共空地
3 水道,電気供給施設,ガス供給施設,下水道,汚物処理場,ごみ焼却場その他の供給施設又は処理施設
4 河川,運河その他の水路
5 学校,図書館,研究施設その他の教育文化施設
6 病院,保育所その他の医療施設又は社会福祉施設
7 市場,と畜場又は火葬場
8 1団地の住宅施設(1団地における50戸以上の集団住宅及びこれらに附帯する通路その他の施設をいう.)
9 1団地の官公庁施設(1団地の国家機関又は地方公共団体の建築物及びこれらに附帯する通路その他の施設をいう.)
10 流通業務団地
11 1団地の津波防災拠点市街地形成施設(津波防災地域づくりに関する法律(平成23年法律第123号)第2条第15項に規定する1団地の津波防災拠点市街地形成施設をいう.)
12 1団地の復興再生拠点市街地形成施設(福島復興再生特別措置法(平成24年法律第25号)第32条第1項に規定する1団地の復興再生拠点市街地形成施設をいう.)
13 1団地の復興拠点市街地形成施設(大規模災害からの復興に関する法律(平成25年法律第55号)第2条第8号に規定する1団地の復興拠点市街地形成施設をいう.)
14 その他政令で定める施設
② 都市施設については,都市計画に,都市施設の種類,名称,位置及び区域を定めるものとするとともに,面積その他の政令で定める事項を定めるよう努めるものとする.
③ 道路,都市高速鉄道,河川その他の政令で定める都市施設については,前項に規定するもののほか,適正かつ合理的な土地利用を図るため必要があるときは,当該都市施設の区域の地下又は空間について,当該都市施設を整備する立体的な範囲を都市計画に定めることができる.この場合において,地下に当該立体的な範囲を定めるときは,併せて当該立体的な範囲からの離隔距離の最小限度及び載荷重の最大限度(当該離隔距離に応じて定めるものを含む.)を定めることができる.
④ 密集市街地整備法第30条に規定する防災都市施設に係る都市施設,都市再生特別措置法第19条の4の規定により付議して定める都市計画に係る都市施設及び同法第51条第1項の規定により決定又は変更をする都市計画に係る都市施設,都市鉄道等利便増進法(平成17年法律第41号)第19条の規定により付議して定める都市計画に係る都市施設,流通業務団地,1団地の津波防災拠点市街地形成施設,1団地の復興再生拠点市街地形成施設並びに1団地の復興拠点市街地形成施設について都市計画に定めるべき事項は,この法律に定めるもののほか,別に法律で定める.
⑤ 次に掲げる都市施設については,第12条の3第1項の規定により定められる場合を除き,第1号又は第2号に掲げる都市施設にあつては国の機関又は地方公共団体のうちから,第3号に掲げる都市施設にあつては流通業務市街地の整備に関する法律第10条に規定する者のうちから,当該都市施設に関する都市計画事業の施行予定者を都市計画に定めることができる.
1 区域の面積が20ヘクタール以上の1団地の住宅施設
2 1団地の官公庁施設
3 流通業務団地
⑥ 前項の規定により施行予定者が定められた都市施設に関する都市計画は,これを変更して施行予定者を定めないものとすることができない.
(市街地開発事業)
第12条 ① 都市計画区域については,都市計画に,次に掲げる事業を定めることができる.
1 土地区画整理法(昭和29年法律第119号)による土地区画整理事業

2　新住宅市街地開発法（昭和38年法律第134号）による新住宅市街地開発事業
3　首都圏の近郊整備地帯及び都市開発区域の整備に関する法律（昭和33年法律第98号）による工業団地造成事業又は近畿圏の近郊整備区域及び都市開発区域の整備及び開発に関する法律（昭和39年法律第145号）による工業団地造成事業
4　都市再開発法による市街地再開発事業
5　新都市基盤整備法（昭和47年法律第86号）による新都市基盤整備事業
6　大都市地域における住宅及び住宅地の供給の促進に関する特別措置法による住宅街区整備事業
7　密集市街地整備法による防災街区整備事業

（市街地開発事業等予定区域）

第12条の2　①　都市計画区域については，都市計画に，次に掲げる予定区域を定めることができる．
1　新住宅市街地開発事業の予定区域
2　工業団地造成事業の予定区域
3　新都市基盤整備事業の予定区域
4　区域の面積が20ヘクタール以上の1団地の住宅施設の予定区域
5　1団地の官公庁施設の予定区域
6　流通業務団地の予定区域

②　市街地開発事業等予定区域については，都市計画に，市街地開発事業等予定区域の種類，名称，区域，施行予定者を定めるものとするとともに，区域の面積その他の政令で定める事項を定めるよう努めるものとする．

③　施行予定者は，第1項第1号から第3号まで又は第6号に掲げる予定区域にあつてはこれらの事業又は施設に関する法律（新住宅市街地開発法第45条第1項を除く．）において施行者として定められている者のうちから，第1項第4号又は第5号に掲げる予定区域にあつては国の機関又は地方公共団体のうちから定めるものとする．

④　市街地開発事業等予定区域に関する都市計画が定められた場合においては，当該都市計画についての第20条第1項の規定による告示の日から起算して3年以内に，当該市街地開発事業等予定区域に係る市街地開発事業又は都市施設に関する都市計画を定めなければならない．

⑤　前項の期間内に，市街地開発事業等予定区域に係る市街地開発事業又は都市施設に関する都市計画が定められたときは当該都市計画についての第20条第1項の規定による告示の日の翌日から起算して10日を経過した日から，その都市計画が定められなかつたときは前項の期間満了の日の翌日から，将来に向かつて，当該市街地開発事業等予定区域に関する都市計画は，その効力を失う．

（市街地開発事業等予定区域に係る市街地開発事業又は都市施設に関する都市計画に定める事項）

第12条の3　①　市街地開発事業等予定区域に係る市街地開発事業又は都市施設に関する都市計画には，施行予定者をも定めるものとする．

②　前項の都市計画に定める施行区域又は区域及び施行予定者は，当該市街地開発事業等予定区域に関する都市計画に定められた区域及び施行予定者でなければならない．

（地区計画等）

第12条の4　①　都市計画区域については，都市計画に，次に掲げる計画を定めることができる．
1　地区計画
2　密集市街地整備法第32条第1項の規定による防災街区整備地区計画
3　地域における歴史的風致の維持及び向上に関する法律（平成20年法律第40号）第31条第1項の規定による歴史的風致維持向上地区計画
4　幹線道路の沿道の整備に関する法律（昭和55年法律第34号）第9条第1項の規定による沿道地区計画
5　集落地域整備法（昭和62年法律第63号）第5条第1項の規定による集落地区計画

②　地区計画等については，都市計画に，地区計画等の種類，名称，位置及び区域を定めるものとするとともに，区域の面積その他の政令で定める事項を定めるよう努めるものとする．

（地区計画）

第12条の5　①　地区計画は，建築物の建築形態，公共施設その他の施設の配置等からみて，一体としてそれぞれの区域の特性にふさわしい態様を備えた良好な環境の各街区を整備し，開発し，及び保全するための計画とし，次の各号のいずれかに該当する土地の区域について定めるものとする．
1　用途地域が定められている土地の区域
2　用途地域が定められていない土地の区域のうち次のいずれかに該当するもの
イ　住宅市街地の開発その他建築物若しくはその敷地の整備に関する事業が行われる，又は行われた土地の区域
ロ　建築物の建築又はその敷地の造成が無秩序に行われ，又は行われると見込まれる一定の土地の区域で，公共施設の整備の状況，土地利用の動向等からみて不良な街区の環境が形成されるおそれがあるもの
ハ　健全な住宅市街地における良好な居住環境その他優れた街区の環境が形成されている土地の区域

②　地区計画については，前条第2項に定めるもののほか，都市計画に，第1号に掲げる事項を定めるものとするとともに，第2号及び第3号に掲げる事項を定めるよう努めるものとする．
1　主として街区内の居住者等の利用に供される道路，公園その他の政令で定める施設（以下「地区施設」という．）及び建築物等の整備並びに土地の利用に関する計画（以下「地区整備計画」という．）
2　当該地区計画の目標
3　当該区域の整備，開発及び保全に関する方針

③　次に掲げる条件に該当する土地の区域における地区計画については，土地の合理的かつ健全な高度利用と

都市機能の増進とを図るため,一体的かつ総合的な市街地の再開発又は開発整備を実施すべき区域(以下「再開発等促進区」という.)を都市計画に定めることができる.

1 現に土地の利用状況が著しく変化しつつあり,又は著しく変化することが確実であると見込まれる土地の区域であること.

2 土地の合理的かつ健全な高度利用を図るため,適正な配置及び規模の公共施設を整備する必要がある土地の区域であること.

3 当該区域内の土地の高度利用を図ることが,当該都市の機能の増進に貢献することとなる土地の区域であること.

4 用途地域が定められている土地の区域であること.

④ 次に掲げる条件に該当する土地の区域における地区計画については,劇場,店舗,飲食店その他これらに類する用途に供する大規模な建築物(以下「特定大規模建築物」という.)の整備による商業その他の業務の利便の増進を図るため,一体的かつ総合的な市街地の開発整備を実施すべき区域(以下「開発整備促進区」という.)を都市計画に定めることができる.

1 現に土地の利用状況が著しく変化しつつあり,又は著しく変化することが確実であると見込まれる土地の区域であること.

2 特定大規模建築物の整備による商業その他の業務の利便の増進を図るため,適正な配置及び規模の公共施設を整備する必要がある土地の区域であること.

3 当該区域内において特定大規模建築物の整備による商業その他の業務の利便の増進を図ることが,当該都市の機能の増進に貢献することとなる土地の区域であること.

4 第2種住居地域,準住居地域若しくは工業地域が定められている土地の区域又は用途地域が定められていない土地の区域(市街化調整区域を除く.)であること.

⑤ 再開発等促進区又は開発整備促進区を定める地区計画においては,第2項各号に掲げるもののほか,都市計画に,第1号に掲げる事項を定めるものとするとともに,第2号に掲げる事項を定めるよう努めるものとする.

1 道路,公園その他の政令で定める施設(都市計画施設及び地区施設を除く.)の配置及び規模

2 土地利用に関する基本方針

⑥ 再開発等促進区又は開発整備促進区を都市計画に定める際,当該再開発等促進区又は開発整備促進区について,当面建築物又はその敷地の整備と併せて整備されるべき公共施設の整備に関する事業が行われる見込みがないときその他前項第1号に規定する施設の配置及び規模を定めることができない特別の事情があるときは,当該再開発等促進区又は開発整備促進区について同号に規定する施設の配置及び規模を定めることを要しない.

⑦ 地区整備計画においては,次に掲げる事項(市街化調整区域内において定められる地区整備計画については,建築物の容積率の最低限度,建築物の建築面積の最低限度及び建築物等の高さの最低限度を除く.)を定めることができる.

1 地区施設の配置及び規模

2 建築物等の用途の制限,建築物の容積率の最高限度又は最低限度,建築物の建蔽率の最高限度,建築物の敷地面積又は建築面積の最低限度,壁面の位置の制限,壁面後退区域(壁面の位置の制限として定められた限度の線と敷地境界線との間の土地の区域をいう.以下同じ.)における工作物の設置の制限,建築物等の高さの最高限度又は最低限度,建築物等の形態又は色彩その他の意匠の制限,建築物の緑化率(都市緑地法第34条第2項に規定する緑化率をいう.)の最低限度その他建築物等に関する事項で政令で定めるもの

3 現に存する樹林地,草地等で良好な居住環境を確保するため必要なものの保全に関する事項

4 前3号に掲げるもののほか,土地の利用に関する事項で政令で定めるもの

⑧ 地区計画を都市計画に定める際,当該地区計画の区域の全部又は一部について地区整備計画を定めることができない特別の事情があるときは,当該区域の全部又は一部について地区整備計画を定めることを要しない.この場合において,地区計画の区域の一部について地区整備計画を定めるときは,当該地区計画については,地区整備計画の区域をも都市計画に定めなければならない.

(建築物の容積率の最高限度を区域の特性に応じたものと公共施設の整備状況に応じたものとに区分して定める地区整備計画)

第12条の6 地区整備計画においては,適正な配置及び規模の公共施設が整備されていない土地の区域において適正かつ合理的な土地利用の促進を図るため特に必要であると認められるときは,前条第7項第2号の建築物の容積率の最高限度について次の各号に掲げるものごとに数値を区分し,第1号に掲げるものの数値を第2号に掲げるものの数値を超えるものとして定めるものとする.

1 当該地区整備計画の区域の特性(再開発等促進区及び開発整備促進区にあつては,土地利用に関する基本方針に従つて土地利用が変化した後の区域の特性)に応じたもの

2 当該地区整備計画の区域内の公共施設の整備の状況に応じたもの

(区域を区分して建築物の容積を適正に配分する地区整備計画)

第12条の7 地区整備計画(再開発等促進区及び開発整備促進区におけるものを除く.以下この条において同じ.)においては,用途地域内の適正な配置及び規模の公共施設を備えた土地の区域において建築物の容積を適正に配分することが当該地区整備計画の区域の特性に応じた合理的な土地利用の促進を図るため特に必要であると認められるときは,当該地区整備計画の区域

を区分して第12条の５第７項第２号の建築物の容積率の最高限度を定めるものとする.この場合において,当該地区整備計画の区域を区分して定められた建築物の容積率の最高限度の数値にそれぞれの数値の定められた区域の面積を乗じたものの合計は,当該地区整備計画の区域内の用途地域において定められた建築物の容積率の数値に当該数値の定められた区域の面積を乗じたものの合計を超えてはならない.

(高度利用と都市機能の更新とを図る地区整備計画)

第12条の８ 地区整備計画（再開発等促進区及び開発整備促進区におけるものを除く.）においては,用途地域（第１種低層住居専用地域,第２種低層住居専用地域及び田園住居地域を除く.）内の適正な配置及び規模の公共施設を備えた土地の区域において,その合理的かつ健全な高度利用と都市機能の更新とを図るため特に必要であると認められるときは,建築物の容積率の最高限度及び最低限度,建築物の建蔽率の最高限度,建築物の建築面積の最低限度並びに壁面の位置の制限（壁面の位置の制限にあつては,敷地内に道路（都市計画において定められた計画道路及び地区施設である道路を含む.以下この条において同じ.）に接して有効な空間を確保して市街地の環境の向上を図るため必要な場合における当該道路に面する壁面の位置を制限するもの（これを含む壁面の位置の制限を含む.）に限る.）を定めるものとする.

(住居と住居以外の用途とを適正に配分する地区整備計画)

第12条の９ 地区整備計画（開発整備促進区におけるものを除く.以下この条において同じ.）においては,住居と住居以外の用途とを適正に配分することが当該地区整備計画の区域の特性（再開発等促進区にあつては,土地利用に関する基本方針に従つて土地利用が変化した後の区域の特性）に応じた合理的な土地利用の促進を図るため特に必要であると認められるときは,第12条の５第７項第２号の建築物の容積率の最高限度について次の各号に掲げるものごとに数値を区分し,第１号に掲げるものの数値を第２号に掲げるものの数値以上のものとして定めるものとする.

1 その全部又は一部を住宅の用途に供する建築物に係るもの
2 その他の建築物に係るもの

(区域の特性に応じた高さ,配列及び形態を備えた建築物の整備を誘導する地区整備計画)

第12条の10 地区整備計画においては,当該地区整備計画の区域の特性（再開発等促進区及び開発整備促進区にあつては,土地利用に関する基本方針に従つて土地利用が変化した後の区域の特性）に応じた高さ,配列及び形態を備えた建築物を整備することが合理的な土地利用の促進を図るため特に必要であると認められるときは,壁面の位置の制限（道路（都市計画において定められた計画道路及び第12条の５第５項第１号に規定する施設又は地区施設である道路を含む.）に面する壁面の位置を制限するものを含むものに限る.）,壁面後退区域における工作物の設置の制限（当該壁面後退区域において連続的に有効な空地を確保するため必要なものを含むものに限る.）及び建築物の高さの最高限度を定めるものとする.

(道路の上空又は路面下において建築物等の建築又は建設を行うための地区整備計画)

第12条の11 地区整備計画においては,第12条の５第７項に定めるもののほか,市街地の環境を確保しつつ,適正かつ合理的な土地利用の促進と都市機能の増進とを図るため,道路（都市計画において定められた計画道路を含む.）の上空又は路面下において建築物等の建築又は建設を行うことが適切であると認められるときは,当該道路の区域のうち,建築物等の敷地として併せて利用すべき区域を定めることができる.この場合においては,当該区域内における建築物等の建築又は建設の限界であつて空間又は地下について上下の範囲を定めるものをも定めなければならない.

(適正な配置の特定大規模建築物を整備するための地区整備計画)

第12条の12 開発整備促進区における地区整備計画においては,第12条の５第７項に定めるもののほか,土地利用に関する基本方針に従つて土地利用が変化した後の当該地区整備計画の区域の特性に応じた適正な配置の特定大規模建築物を整備することが合理的な土地利用の促進を図るため特に必要であると認められるときは,劇場,店舗,飲食店その他これらに類する用途のうち当該区域において誘導すべき用途及び当該誘導すべき用途に供する特定大規模建築物の敷地として利用すべき土地の区域を定めることができる.

(防災街区整備地区計画等について都市計画に定めるべき事項)

第12条の13 防災街区整備地区計画,歴史的風致維持向上地区計画,沿道地区計画及び集落地区計画について都市計画に定めるべき事項は,第12条の４第２項に定めるもののほか,別に法律で定める.

(都市計画基準)

第13条 ① 都市計画区域について定められる都市計画（区域外都市施設に関するものを含む.次項において同じ.）は,国土形成計画,首都圏整備計画,近畿圏整備計画,中部圏開発整備計画,北海道総合開発計画,沖縄振興計画その他の国土計画又は地方計画に関する法律に基づく計画（当該都市について公害防止計画が定められているときは,当該公害防止計画を含む.第３項において同じ.）及び道路,河川,鉄道,港湾,空港等の施設に関する国の計画に適合するとともに,当該都市の特質を考慮して,次に掲げるところに従つて,土地利用,都市施設の整備及び市街地開発事業に関する事項で当該都市の健全な発展と秩序ある整備を図るため必要なものを,一体的かつ総合的に定めなければならない.この場合においては,当該都市における自然的環境の整備又は保全に配慮しなければならない.

1 都市計画区域の整備,開発及び保全の方針は,当該都市の発展の動向,当該都市計画区域における人口及び産業の現状及び将来の見通し等を勘案して,当該都市計画区域を一体の都市として総合的に整備し，開発し，及び保全することを目途として，当該方針に即して都市計画が適切に定められることとなるように定めること．

2 区域区分は，当該都市の発展の動向，当該都市計画区域における人口及び産業の将来の見通し等を勘案して，産業活動の利便と居住環境の保全との調和を図りつつ，国土の合理的利用を確保し，効率的な公共投資を行うことができるように定めること．

3 都市再開発の方針は，市街化区域内において，計画的な再開発が必要な市街地について定めること．

4 住宅市街地の開発整備の方針は，大都市地域における住宅及び住宅市街地の供給の促進に関する特別措置法第4条第1項に規定する都市計画区域について，良好な住宅市街地の開発整備が図られるように定めること．

5 拠点業務市街地の開発整備の方針は，地方拠点都市地域の整備及び産業業務施設の再配置の促進に関する法律第8条第1項の同意基本計画において定められた同法第2条第2項の拠点地区に係る市街化区域について，当該同意基本計画の達成に資するように定めること．

6 防災街区整備方針は，市街化区域内において，密集市街地整備法第2条第1号の密集市街地内の各街区について同条第2号の防災街区としての整備が図られるように定めること．

7 地域地区は，土地の自然的条件及び土地利用の動向を勘案して，住居，商業，工業その他の用途を適正に配分することにより，都市機能を維持増進し，かつ，住居の環境を保護し，商業，工業等の利便を増進し，良好な景観を形成し，風致を維持し，公害を防止する等適正な都市環境を保持するように定めること．この場合において，市街化区域については，少なくとも用途地域を定めるものとし，市街化調整区域については，原則として用途地域を定めないものとする．

8 促進区域は，市街化区域又は区域区分が定められていない都市計画区域内において，主として関係権利者による市街地の計画的な整備又は開発を促進する必要があると認められる土地の区域について定めること．

9 遊休土地転換利用促進地区は，主として関係権利者による有効かつ適切な利用を促進する必要があると認められる土地の区域について定めること．

10 被災市街地復興推進地域は，大規模な火災，震災その他の災害により相当数の建築物が滅失した市街地の計画的な整備改善を推進して，その緊急かつ健全な復興を図る必要があると認められる土地の区域について定めること．

11 都市施設は，土地利用，交通等の現状及び将来の見通しを勘案して，適切な規模で必要な位置に配置することにより，円滑な都市活動を確保し，良好な都市環境を保持するように定めること．この場合において，市街化区域及び区域区分が定められていない都市計画区域については，少なくとも道路，公園及び下水道を定めるものとし，第1種低層住居専用地域，第2種低層住居専用地域，第1種中高層住居専用地域，第2種中高層住居専用地域，第1種住居地域，第2種住居地域，準住居地域及び田園住居地域については，義務教育施設をも定めるものとする．

12 市街地開発事業は，市街化区域又は区域区分が定められていない都市計画区域内において，一体的に開発し，又は整備する必要がある土地の区域について定めること．

13 市街地開発事業等予定区域は，市街地開発事業に係るものにあつては市街化区域又は区域区分が定められていない都市計画区域内において，一体的に開発し，又は整備する必要がある土地の区域について，都市施設に係るものにあつては当該都市施設が第11号前段の基準に合致することとなるような土地の区域について定めること．

14 地区計画は，公共施設の整備，建築物の建築その他の土地利用の現状及び将来の見通しを勘案し，当該区域の各街区における防災，安全，衛生等に関する機能が確保され，かつ，その良好な環境の形成又は保持のためその区域の特性に応じて合理的な土地利用が行われることを目途として，当該計画に従つて秩序ある開発行為，建築又は施設の整備が行われることとなるように定めること．この場合において，次のイからハまでに掲げる地区計画については，当該イからハまでに定めるところによること．

イ 市街化調整区域における地区計画　市街化区域における市街化の状況等を勘案して，地区計画の区域の周辺における市街化を促進することがない等当該都市計画区域における計画的な市街化を図る上で支障がないように定めること．

ロ 再開発等促進区を定める地区計画　土地の合理的かつ健全な高度利用と都市機能の増進とが図られることを目途として，一体的かつ総合的な市街地の再開発又は開発整備が実施されることとなるように定めること．この場合において，第1種低層住居専用地域，第2種低層住居専用地域及び田園住居地域については，再開発等促進区の周辺の低層住宅に係る良好な住居の環境の保護に支障がないように定めること．

ハ 開発整備促進区を定める地区計画　特定大規模建築物の整備による商業その他の業務の利便の増進が図られることを目途として，一体的かつ総合的な市街地の開発整備が実施されることとなるように定めること．この場合において，第2種住居地域及び準住居地域については，開発整備促進区の周辺の住宅に係る住居の環境の保護に支障がないように定めること．

15 防災街区整備地区計画は，当該区域の各街区が火事又は地震が発生した場合の延焼防止上及び避難上確保されるべき機能を備えるとともに，土地の合理的かつ健全な利用が図られることを目途として，一体的かつ総合的な市街地の整備が行われることとなるように定めること.

16 歴史的風致維持向上地区計画は,地域におけるその固有の歴史及び伝統を反映した人々の活動とその活動が行われる歴史上価値の高い建造物及びその周辺の市街地とが一体となつて形成してきた良好な市街地の環境の維持及び向上並びに土地の合理的かつ健全な利用が図られるように定めること.

17 沿道地区計画は,道路交通騒音により生ずる障害を防止するとともに,適正かつ合理的な土地利用が図られるように定めること.この場合において,沿道再開発等促進区(幹線道路の沿道の整備に関する法律第9条第3項の規定による沿道再開発等促進区をいう.以下同じ.)を定める沿道地区計画については,土地の合理的かつ健全な高度利用と都市機能の増進とが図られることを目途として,一体的かつ総合的な市街地の再開発又は開発整備が実施されることとなるように定めることとし,そのうち第1種低層住居専用地域,第2種低層住居専用地域及び田園住居地域におけるものについては,沿道再開発等促進区の周辺の低層住宅に係る良好な住居の環境の保護に支障がないように定めること.

18 集落地区計画は,営農条件と調和のとれた居住環境を整備するとともに,適正な土地利用が図られるように定めること.

19 前各号の基準を適用するについては,第6条第1項の規定による都市計画に関する基礎調査の結果に基づき,かつ,政府が法律に基づき行う人口,産業,住宅,建築,交通,工場立地その他の調査の結果について配慮すること.

② 都市計画区域について定められる都市計画は,当該都市の住民が健康で文化的な都市生活を享受することができるように,住宅の建設及び居住環境の整備に関する計画を定めなければならない.

③ 準都市計画区域について定められる都市計画は,第1項に規定する国土計画若しくは地方計画又は施設に関する国の計画に適合するとともに,地域の特質を考慮して,次に掲げるところに従つて,土地利用の整序又は環境の保全を図るため必要な事項を定めなければならない.この場合においては,当該地域における自然的環境の整備又は保全及び農林漁業の生産条件の整備に配慮しなければならない.

1 地域地区は,土地の自然的条件及び土地利用の動向を勘案して,住居の環境を保護し,良好な景観を形成し,風致を維持し,公害を防止する等地域の環境を適正に保持するように定めること.

2 前号の基準を適用するについては,第6条第2項の規定による都市計画に関する基礎調査の結果に基づくこと.

④ 都市再開発方針等,第8条第1項第4号の2,第5号の2,第6号,第8号及び第10号から第16号までに掲げる地域地区,促進区域,被災市街地復興推進地域,流通業務団地,1団地の津波防災拠点市街地形成施設,1団地の復興再生拠点市街地形成施設,1団地の復興拠点市街地形成施設,市街地開発事業,市街地開発事業等予定区域(第12条の2第1項第4号及び第5号に掲げるものを除く.),防災街区整備地区計画,歴史的風致維持向上地区計画,沿道地区計画並びに集落地区計画に関する都市計画の策定に関し必要な基準は,前3項に定めるもののほか,別に法律で定める.

⑤ 地区計画を都市計画に定めるについて必要な基準は,第1項及び第2項に定めるもののほか,政令で定める.

⑥ 都市計画の策定に関し必要な技術的基準は,政令で定める.

(都市計画の図書)

第14条 ① 都市計画は,国土交通省令で定めるところにより,総括図,計画図及び計画書によつて表示するものとする.

② 計画図及び計画書における区域区分の表示又は次に掲げる区域の表示は,土地に関し権利を有する者が,自己の権利に係る土地が区域区分により区分される市街化区域若しくは市街化調整区域のいずれの区域に含まれるか又は次に掲げる区域に含まれるかどうかを容易に判断することができるものでなければならない.

1 都市再開発の方針に定められている都市再開発法第2条の3第1項第2号又は第2項の地区の区域

2 防災街区整備方針に定められている防災再開発促進地区(密集市街地整備法第3条第1項第1号に規定する防災再開発促進地区をいう.)の区域

3 地域地区の区域

4 促進区域の区域

5 遊休土地転換利用促進地区の区域

6 被災市街地復興推進地域の区域

7 都市計画施設の区域

8 市街地開発事業の施行区域

9 市街地開発事業等予定区域の区域

10 地区計画の区域(地区計画の区域の一部について再開発等促進区若しくは開発整備促進区又は地区整備計画が定められているときは,地区計画の区域及び再開発等促進区若しくは開発整備促進区又は地区整備計画の区域)

11 防災街区整備地区計画の区域(防災街区整備地区計画の区域について地区防災施設(密集市街地整備法第32条第2項第1号に規定する地区防災施設をいう.以下この号及び第33条第1項において同じ.),特定建築物地区整備計画(密集市街地整備法第32条第2項第1号の規定による特定建築物地区整備計画をいう.以下この号及び第33条第1項において同じ.)又は防災街区整備地区整備計画(密集市街地整備法第32条第2項第2号の規定による防災街区整備地区整備計画をいう.以下この号及び第33条第1項において同じ.)が定められているときは,防災街区整備地区計画の区域及び地区防災施設の区域,特定建築物地区整備計画の区域又は防災街区整備地区整備計画の区域)

12 歴史的風致維持向上地区計画の区域(歴史的風致

維持向上地区計画の区域の一部について地域における歴史的風致の維持及び向上に関する法律第31条第3項第3号に規定する土地の区域又は歴史的風致維持向上地区整備計画（同条第2項第1号の規定による歴史的風致維持向上地区整備計画をいう．以下この号及び第33条第1項において同じ．）が定められているときは，歴史的風致維持向上地区計画の区域及び当該定められた土地の区域又は歴史的風致維持向上地区整備計画の区域）

13 沿道地区計画の区域（沿道地区計画の区域の一部について沿道再開発等促進区又は沿道地区整備計画（幹線道路の沿道の整備に関する法律第9条第2項第1号に掲げる沿道地区整備計画をいう．以下同じ．）が定められているときは，沿道地区計画の区域及び沿道再開発等促進区又は沿道地区整備計画の区域）

14 集落地区計画の区域（集落地区計画の区域の一部について集落地区整備計画（集落地域整備法第5条第3項の規定による集落地区整備計画をいう．以下同じ．）が定められているときは，集落地区計画の区域及び集落地区整備計画の区域）

③ 第11条第3項の規定により都市計画施設の区域について都市施設を整備する立体的な範囲が定められている場合においては，計画図及び計画書における当該立体的な範囲の表示は，当該区域内において建築物の建築をしようとする者が，当該建築が，当該立体的な範囲外において行われるかどうか，同項後段の規定により当該立体的な範囲からの離隔距離の最小限度が定められているときは当該立体的な範囲から最小限度の離隔距離を確保しているかどうかを容易に判断することができるものでなければならない．

第2節　都市計画の決定及び変更

（都市計画を定める者）

第15条 ① 次に掲げる都市計画は都道府県が，その他の都市計画は市町村が定める．

1 都市計画区域の整備，開発及び保全の方針に関する都市計画

2 区域区分に関する都市計画

3 都市再開発方針等に関する都市計画

4 第8条第1項第4号の2，第9号から第13号まで及び第16号に掲げる地域地区（同項第4号の2に掲げる地区にあつては都市再生特別措置法第36条第1項の規定による都市再生特別地区に，第8条第1項第9号に掲げる地区にあつては港湾法（昭和25年法律第218号）第2条第2項の国際戦略港湾，国際拠点港湾又は重要港湾に係るものに，第8条第1項第12号に掲げる地区にあつては都市緑地法第5条の規定による緑地保全地域（2以上の市町村の区域にわたるものに限る．），首都圏近郊緑地保全法（昭和41年法律第101号）第4条第2項第3号の近郊緑地特別保全地区及び近畿圏の保全区域の整備に関する法律（昭和42年法律第103号）第6条第2項の近郊緑地特別保全地区に限る．）に関する都市計画

5 一の市町村の区域を超える広域の見地から決定すべき地域地区として政令で定めるもの又は1の市町村の区域を超える広域の見地から決定すべき都市施設若しくは根幹的都市施設として政令で定めるものに関する都市計画

6 市街地開発事業（土地区画整理事業，市街地再開発事業，住宅街区整備事業及び防災街区整備事業にあつては，政令で定める大規模なものであつて，国の機関又は都道府県が施行すると見込まれるものに限る．）に関する都市計画

7 市街地開発事業等予定区域（第12条の2第1項第4号から第6号までに掲げる予定区域にあつては，一の市町村の区域を超える広域の見地から決定すべき都市施設又は根幹的都市施設の予定区域として政令で定めるものに限る．）に関する都市計画

② 市町村の合併その他の理由により，前項第5号に該当する都市計画が同号に該当しないこととなつたとき，又は同号に該当しない都市計画が同号に該当することとなつたときは，当該都市計画は，それぞれ市町村又は都道府県が決定したものとみなす．

③ 市町村が定める都市計画は，議会の議決を経て定められた当該市町村の建設に関する基本構想に即し，かつ，都道府県が定めた都市計画に適合したものでなければならない．

④ 市町村が定めた都市計画が，都道府県が定めた都市計画と抵触するときは，その限りにおいて，都道府県が定めた都市計画が優先するものとする．

（都道府県の都市計画の案の作成）

第15条の2 ① 市町村は，必要があると認めるときは，都道府県に対し，都道府県が定める都市計画の案の内容となるべき事項を申し出ることができる．

② 都道府県は，都市計画の案を作成しようとするときは，関係市町村に対し，資料の提出その他必要な協力を求めることができる．

（公聴会の開催等）

第16条 ① 都道府県又は市町村は，次項の規定による場合を除くほか，都市計画の案を作成しようとする場合において必要があると認めるときは，公聴会の開催等住民の意見を反映させるために必要な措置を講ずるものとする．

② 都市計画に定める地区計画等の案は，意見の提出方法その他の政令で定める事項について条例で定めるところにより，その案に係る区域内の土地の所有者その他政令で定める利害関係を有する者の意見を求めて作成するものとする．

③ 市町村は，前項の条例において，住民又は利害関係人から地区計画等に関する都市計画の決定若しくは変更又は地区計画等の案の内容となるべき事項を申し出る方法を定めることができる．

（都市計画の案の縦覧等）

第17条 ① 都道府県又は市町村は，都市計画を決定しようとするときは，あらかじめ，国土交通省令で定めるところにより，その旨を公告し，当該都市計画の案を，当該都市計画を決定しようとする理由を記載した書面を

添えて，当該公告の日から２週間公衆の縦覧に供しなければならない．
② 前項の規定による公告があつたときは，関係市町村の住民及び利害関係人は，同項の縦覧期間満了の日までに，縦覧に供された都市計画の案について，都道府県の作成に係るものにあつては都道府県に，市町村の作成に係るものにあつては市町村に，意見書を提出することができる．
③ 特定街区に関する都市計画の案については，政令で定める利害関係を有する者の同意を得なければならない．
④ 遊休土地転換利用促進地区に関する都市計画の案については，当該遊休土地転換利用促進地区内の土地に関する所有権又は地上権その他の政令で定める使用若しくは収益を目的とする権利を有する者の意見を聴かなければならない．
⑤ 都市計画事業の施行予定者を定める都市計画の案については，当該施行予定者の同意を得なければならない．ただし，第12条の３第２項の規定の適用がある事項については，この限りでない．

（条例との関係）

第17条の２ 前２条の規定は，都道府県又は市町村が，住民又は利害関係人に係る都市計画の決定の手続に関する事項（前２条の規定に反しないものに限る．）について，条例で必要な規定を定めることを妨げるものではない．

（都道府県の都市計画の決定）

第18条 ① 都道府県は，関係市町村の意見を聴き，かつ，都道府県都市計画審議会の議を経て，都市計画を決定するものとする．
② 都道府県は，前項の規定により都市計画の案を都道府県都市計画審議会に付議しようとするときは，第17条第２項の規定により提出された意見書の要旨を都道府県都市計画審議会に提出しなければならない．
③ 都道府県は，国の利害に重大な関係がある政令で定める都市計画の決定をしようとするときは，あらかじめ，国土交通省令で定めるところにより，国土交通大臣に協議し，その同意を得なければならない．
④ 国土交通大臣は，国の利害との調整を図る観点から，前項の協議を行うものとする．

（市町村の都市計画に関する基本的な方針）

第18条の２ ① 市町村は，議会の議決を経て定められた当該市町村の建設に関する基本構想並びに都市計画区域の整備，開発及び保全の方針に即し，当該市町村の都市計画に関する基本的な方針（以下この条において「基本方針」という．）を定めるものとする．
② 市町村は，基本方針を定めようとするときは，あらかじめ，公聴会の開催等住民の意見を反映させるために必要な措置を講ずるものとする．
③ 市町村は，基本方針を定めたときは，遅滞なく，これを公表するとともに，都道府県知事に通知しなければならない．
④ 市町村が定める都市計画は，基本方針に即したものでなければならない．

（市町村の都市計画の決定）

第19条 ① 市町村は，市町村都市計画審議会（当該市町村に市町村都市計画審議会が置かれていないときは，当該市町村の存する都道府県の都道府県都市計画審議会）の議を経て，都市計画を決定するものとする．
② 市町村は，前項の規定により都市計画の案を市町村都市計画審議会又は都道府県都市計画審議会に付議しようとするときは，第17条第２項の規定により提出された意見書の要旨を市町村都市計画審議会又は都道府県都市計画審議会に提出しなければならない．
③ 市町村は，都市計画区域又は準都市計画区域について都市計画（都市計画区域について定めるものにあつては区域外都市施設に関するものを含み，地区計画等にあつては当該都市計画に定めようとする事項のうち政令で定める地区施設の配置及び規模その他の事項に限る．）を決定しようとするときは，あらかじめ，都道府県知事に協議しなければならない．この場合において，町村にあつては都道府県知事の同意を得なければならない．
④ 都道府県知事は，一の市町村の区域を超える広域の見地からの調整を図る観点又は都道府県が定め，若しくは定めようとする都市計画との適合を図る観点から，前項の協議を行うものとする．
⑤ 都道府県知事は，第３項の協議を行うに当たり必要があると認めるときは，関係市町村に対し，資料の提出，意見の開陳，説明その他必要な協力を求めることができる．

（都市計画の告示等）

第20条 ① 都道府県又は市町村は，都市計画を決定したときは，その旨を告示し，かつ，都道府県にあつては関係市町村長に，市町村にあつては都道府県知事に，第14条第１項に規定する図書の写しを送付しなければならない．
② 都道府県知事及び市町村長は，国土交通省令で定めるところにより，前項の図書又はその写しを当該都道府県又は市町村の事務所に備え置いて一般の閲覧に供する方法その他の適切な方法により公衆の縦覧に供しなければならない．
③ 都市計画は，第１項の規定による告示があつた日から，その効力を生ずる．

（都市計画の変更）

第21条 ① 都道府県又は市町村は，都市計画区域又は準都市計画区域が変更されたとき，第６条第１項若しくは第２項の規定による都市計画に関する基礎調査又は第13条第１項第19号に規定する政府が行う調査の結果都市計画を変更する必要が明らかとなつたとき，遊休土地転換利用促進地区に関する都市計画についてその目的が達成されたと認めるとき，その他都市計画を変更する必要が生じたときは，遅滞なく，当該都市計画を変更しなければならない．
② 第17条から第18条まで及び前２条の規定は，都市計画の変更（第17条，第18条第２項及び第３項並びに第19条第２項及び第３項の規定については，政令で定める

軽易な変更を除く.)について準用する.この場合において,施行予定者を変更する都市計画の変更については,第17条第5項中「当該施行予定者」とあるのは,「変更前後の施行予定者」と読み替えるものとする.

(都市計画の決定等の提案)

第21条の2 ① 都市計画区域又は準都市計画区域のうち,一体として整備し,開発し,又は保全すべき土地の区域としてふさわしい政令で定める規模以上の一団の土地の区域について,当該土地の所有権又は建物の所有を目的とする対抗要件を備えた地上権若しくは賃借権(臨時設備その他一時使用のため設定されたことが明らかなものを除く.以下「借地権」という.)を有する者(以下この条において「土地所有者等」という.)は,1人で,又は数人共同して,都道府県又は市町村に対し,都市計画(都市計画区域の整備,開発及び保全の方針並びに都市再開発方針等に関するものを除く.次項及び第75条の9第1項において同じ.)の決定又は変更をすることを提案することができる.この場合においては,当該提案に係る都市計画の素案を添えなければならない.

② まちづくりの推進を図る活動を行うことを目的とする特定非営利活動促進法(平成10年法律第7号)第2条第2項の特定非営利活動法人,一般社団法人若しくは一般財団法人その他の営利を目的としない法人,独立行政法人都市再生機構,地方住宅供給公社若しくはまちづくりの推進に関し経験と知識を有するものとして国土交通省令で定める団体又はこれらに準ずるものとして地方公共団体の条例で定める団体は,前項に規定する土地の区域について,都道府県又は市町村に対し,都市計画の決定又は変更をすることを提案することができる.同項後段の規定は,この場合について準用する.

③ 前2項の規定による提案(以下「計画提案」という.)は,次に掲げるところに従つて,国土交通省令で定めるところにより行うものとする.

1 当該計画提案に係る都市計画の素案の内容が,第13条その他の法令の規定に基づく都市計画に関する基準に適合するものであること.

2 当該計画提案に係る都市計画の素案の対象となる土地(国又は地方公共団体の所有している土地で公共施設の用に供されているものを除く.以下この号において同じ.)の区域内の土地所有者等の3分の2以上の同意(同意した者が所有するその区域内の土地の地積と同意した者が有する借地権の目的となつているその区域内の土地の地積の合計が,その区域内の土地の総地積と借地権の目的となつている土地の総地積との合計の3分の2以上となる場合に限る.)を得ていること.

(計画提案に対する都道府県又は市町村の判断等)

第21条の3 都道府県又は市町村は,計画提案が行われたときは,遅滞なく,計画提案を踏まえた都市計画(計画提案に係る都市計画の素案の内容の全部又は一部を実現することとなる都市計画をいう.以下同じ.)の決定又は変更をする必要があるかどうかを判断し,当該都市計画の決定又は変更をする必要があると認めるときは,その案を作成しなければならない.

(計画提案を踏まえた都市計画の案の都道府県都市計画審議会等への付議)

第21条の4 都道府県又は市町村は,計画提案を踏まえた都市計画(当該計画提案に係る都市計画の素案の内容の全部を実現するものを除く.)の決定又は変更をしようとする場合において,第18条第1項又は第19条第1項(これらの規定を第21条第2項において準用する場合を含む.)の規定により都市計画の案を都道府県都市計画審議会又は市町村都市計画審議会に付議しようとするときは,当該都市計画の案に併せて,当該計画提案に係る都市計画の素案を提出しなければならない.

(計画提案を踏まえた都市計画の決定等をしない場合にとるべき措置)

第21条の5 ① 都道府県又は市町村は,計画提案を踏まえた都市計画の決定又は変更をする必要がないと判断したときは,遅滞なく,その旨及びその理由を,当該計画提案をした者に通知しなければならない.

② 都道府県又は市町村は,前項の通知をしようとするときは,あらかじめ,都道府県都市計画審議会(当該市町村に市町村都市計画審議会が置かれているときは,当該市町村都市計画審議会)に当該計画提案に係る都市計画の素案を提出してその意見を聴かなければならない.

(国土交通大臣の定める都市計画)

第22条 ① 二以上の都府県の区域にわたる都市計画区域に係る都市計画は,国土交通大臣及び市町村が定めるものとする.この場合においては,第15条,第15条の2,第17条第1項及び第2項,第21条第1項,第21条の2第1項及び第2項並びに第21条の3中「都道府県」とあり,並びに第19条第3項から第5項までの規定中「都道府県知事」とあるのは「国土交通大臣」と,第17条の2中「都道府県又は市町村」とあるのは「市町村」と,第18条第1項及び第2項中「都道府県は」とあるのは「国土交通大臣は」と,第19条第4項中「都道府県が」とあるのは「国土交通大臣が」と,第20条第1項,第21条の4及び前条中「都道府県又は」とあるのは「国土交通大臣又は」と,第20条第1項中「都道府県にあつては関係市町村長」とあるのは「国土交通大臣にあつては関係都府県知事及び関係市町村長」と,「都道府県知事」とあるのは「国土交通大臣及び都府県知事」とする.

② 国土交通大臣は,都府県が作成する案に基づいて都市計画を定めるものとする.

③ 都府県の合併その他の理由により,二以上の都府県の区域にわたる都市計画区域が一の都府県の区域内の区域となり,又は一の都府県の区域内の都市計画区域が二以上の都府県の区域にわたることとなつた場合における必要な経過措置については,政令で定める.

(準都市計画区域について都市計画区域が指定された場合における都市計画の取扱い)

第23条の2 準都市計画区域の全部又は一部について都市

計画区域が指定されたときは,当該都市計画区域と重複する区域内において定められている都市計画は,当該都市計画区域について定められているものとみなす.

(国土交通大臣の指示等)

第24条 ① 国土交通大臣は,国の利害に重大な関係がある事項に関し,必要があると認めるときは,都道府県に対し,又は都道府県知事を通じて市町村に対し,期限を定めて,都市計画区域の指定又は都市計画の決定若しくは変更のため必要な措置をとるべきことを指示することができる.この場合においては,都道府県又は市町村は,正当な理由がない限り,当該指示に従わなければならない.

② 国の行政機関の長は,その所管に係る事項で国の利害に重大な関係があるものに関し,前項の指示をすべきことを国土交通大臣に対し要請することができる.

③ 第23条第1項及び第2項の規定は,都市計画区域の整備,開発及び保全の方針又は区域区分に関する都市計画に関し第1項の指示をする場合に,同条第5項の規定は,都市施設に関する都市計画に関し第1項の指示をする場合に準用する.

④ 国土交通大臣は,都道府県又は市町村が所定の期限までに正当な理由がなく第1項の規定により指示された措置をとらないときは,正当な理由がないことについて社会資本整備審議会の確認を得た上で,自ら当該措置をとることができるものとする.ただし,市町村がとるべき措置については,国土交通大臣は,自ら行う必要があると認める場合を除き,都道府県に対し,当該措置をとるよう指示するものとする.

⑤ 都道府県は,前項ただし書の規定による指示を受けたときは,当該指示に係る措置をとるものとする.

⑥ 都道府県は,必要があると認めるときは,市町村に対し,期限を定めて,都市計画の決定又は変更のため必要な措置をとるべきことを求めることができる.

⑦ 都道府県は,都市計画の決定又は変更のため必要があるときは,自ら,又は市町村の要請に基づいて,国の関係行政機関の長に対して,都市計画区域又は準都市計画区域に係る第13条第1項に規定する国土計画若しくは地方計画又は施設に関する国の計画の策定又は変更について申し出ることができる.

⑧ 国の行政機関の長は,前項の申出があつたときは,当該申出に係る事項について決定し,その結果を都道府県知事に通知しなければならない.

◈ 第3章 都市計画制限等

第1節 開発行為等の規制

(開発行為の許可)

第29条 ① 都市計画区域又は準都市計画区域内において開発行為をしようとする者は,あらかじめ,国土交通省令で定めるところにより,都道府県知事(地方自治法(昭和22年法律第67号)第252条の19第1項の指定都市又は同法第252条の22第1項の中核市(以下「指定都市等」という.)の区域内にあつては,当該指定都市等の長.以下この節において同じ.)の許可を受けなければならない.ただし,次に掲げる開発行為については,この限りでない.

1 市街化区域,区域区分が定められていない都市計画区域又は準都市計画区域内において行う開発行為で,その規模が,それぞれの区域の区分に応じて政令で定める規模未満であるもの

2 市街化調整区域,区域区分が定められていない都市計画区域又は準都市計画区域内において行う開発行為で,農業,林業若しくは漁業の用に供する政令で定める建築物又はこれらの業務を営む者の居住の用に供する建築物の建築の用に供する目的で行うもの

3 駅舎その他の鉄道の施設,図書館,公民館,変電所その他これらに類する公益上必要な建築物のうち開発区域及びその周辺の地域における適正かつ合理的な土地利用及び環境の保全を図る上で支障がないものとして政令で定める建築物の建築の用に供する目的で行う開発行為

4 都市計画事業の施行として行う開発行為

5 土地区画整理事業の施行として行う開発行為

6 市街地再開発事業の施行として行う開発行為

7 住宅街区整備事業の施行として行う開発行為

8 防災街区整備事業の施行として行う開発行為

9 公有水面埋立法(大正10年法律第57号)第2条第1項の免許を受けた埋立地であつて,まだ同法第22条第2項の告示がないものにおいて行う開発行為

10 非常災害のため必要な応急措置として行う開発行為

11 通常の管理行為,軽易な行為その他の行為で政令で定めるもの

② 都市計画区域及び準都市計画区域外の区域内において,それにより一定の市街地を形成すると見込まれる規模として政令で定める規模以上の開発行為をしようとする者は,あらかじめ,国土交通省令で定めるところにより,都道府県知事の許可を受けなければならない.ただし,次に掲げる開発行為については,この限りでない.

1 農業,林業若しくは漁業の用に供する政令で定める建築物又はこれらの業務を営む者の居住の用に供する建築物の建築の用に供する目的で行う開発行為

2 前項第3号,第4号及び第9号から第11号までに掲げる開発行為

③ 開発区域が,市街化区域,区域区分が定められていない都市計画区域,準都市計画区域又は都市計画区域及び準都市計画区域外の区域のうち二以上の区域にわたる場合における第1項第1号及び前項の規定の適用については,政令で定める.

(許可申請の手続)

第30条 ① 前条第1項又は第2項の許可(以下「開発許可」という.)を受けようとする者は,国土交通省令で定めるところにより,次に掲げる事項を記載した申請書を都道府県知事に提出しなければならない.

1 開発区域(開発区域を工区に分けたときは,開発区域及び工区)の位置,区域及び規模

2 開発区域内において予定される建築物又は特定工作物(以下「予定建築物等」という.)の用途

3 開発行為に関する設計(以下この節において「設

計」という．）
4 工事施行者（開発行為に関する工事の請負人又は請負契約によらないで自らその工事を施行する者をいう．以下同じ．）
5 その他国土交通省令で定める事項
② 前項の申請書には，第32条第1項に規定する同意を得たことを証する書面，同条第2項に規定する協議の経過を示す書面その他国土交通省令で定める図書を添付しなければならない．

（設計者の資格）

第31条 前条の場合において，設計に係る設計図書（開発行為に関する工事のうち国土交通省令で定めるものを実施するため必要な図面（現寸図その他これに類するものを除く．）及び仕様書をいう．）は，国土交通省令で定める資格を有する者の作成したものでなければならない．

（公共施設の管理者の同意等）

第32条 ① 開発許可を申請しようとする者は，あらかじめ，開発行為に関係がある公共施設の管理者と協議し，その同意を得なければならない．
② 開発許可を申請しようとする者は，あらかじめ，開発行為又は開発行為に関する工事により設置される公共施設を管理することとなる者その他政令で定める者と協議しなければならない．
③ 前2項に規定する公共施設の管理者又は公共施設を管理することとなる者は，公共施設の適切な管理を確保する観点から，前2項の協議を行うものとする．

（開発許可の基準）

第33条 ① 都道府県知事は，開発許可の申請があつた場合において，当該申請に係る開発行為が，次に掲げる基準（第4項及び第5項の条例が定められているときは，当該条例で定める制限を含む．）に適合しており，かつ，その申請の手続がこの法律又はこの法律に基づく命令の規定に違反していないと認めるときは，開発許可をしなければならない．
1 次のイ又はロに掲げる場合には，予定建築物等の用途が当該イ又はロに定める用途の制限に適合していること．ただし，都市再生特別地区の区域内において当該都市再生特別地区に定められた誘導すべき用途に適合するものにあつては，この限りでない．
イ 当該申請に係る開発区域内の土地について用途地域，特別用途地区，特定用途制限地域，特定用途誘導地区，流通業務地区又は港湾法第39条第1項の分区（以下「用途地域等」という．）が定められている場合　当該用途地域等内における用途の制限（建築基準法第49条第1項若しくは第2項，第49条の2若しくは第60条の3第3項（これらの規定を同法第88条第2項において準用する場合を含む．）又は港湾法第40条第1項の条例による用途の制限を含む．）
ロ 当該申請に係る開発区域内の土地（都市計画区域（市街化調整区域を除く．）又は準都市計画区域内の土地に限る．）について用途地域等が定められていない場合　建築基準法第48条第14項及び第68条の3第7項（同法第48条第14項に係る部分に限る．）（これらの規定を同法第88条第2項において準用する場合を含む．）の規定による用途の制限
2 主として，自己の居住の用に供する住宅の建築の用に供する目的で行う開発行為以外の開発行為にあつては，道路，公園，広場その他の公共の用に供する空地（消防に必要な水利が十分でない場合に設置する消防の用に供する貯水施設を含む．）が，次に掲げる事項を勘案して，環境の保全上，災害の防止上，通行の安全上又は事業活動の効率上支障がないような規模及び構造で適当に配置され，かつ，開発区域内の主要な道路が，開発区域外の相当規模の道路に接続するように設計が定められていること．この場合において，当該空地に関する都市計画が定められているときは，設計がこれに適合していること．
イ 開発区域の規模，形状及び周辺の状況
ロ 開発区域内の土地の地形及び地盤の性質
ハ 予定建築物等の用途
ニ 予定建築物等の敷地の規模及び配置
3 排水路その他の排水施設が，次に掲げる事項を勘案して，開発区域内の下水道法（昭和33年法律第79号）第2条第1号に規定する下水を有効に排出するとともに，その排出によつて開発区域及びその周辺の地域に溢いつ水等による被害が生じないような構造及び能力で適当に配置されるように設計が定められていること．この場合において，当該排水施設に関する都市計画が定められているときは，設計がこれに適合していること．
イ 当該地域における降水量
ロ 前号イからニまでに掲げる事項及び放流先の状況
4 主として，自己の居住の用に供する住宅の建築の用に供する目的で行う開発行為以外の開発行為にあつては，水道その他の給水施設が，第2号イからニまでに掲げる事項を勘案して，当該開発区域について想定される需要に支障を来さないような構造及び能力で適当に配置されるように設計が定められていること．この場合において，当該給水施設に関する都市計画が定められているときは，設計がこれに適合していること．
5 当該申請に係る開発区域内の土地について地区計画等（次のイからホまでに掲げる地区計画等の区分に応じて，当該イからホまでに定める事項が定められているものに限る．）が定められているときは，予定建築物等の用途又は開発行為の設計が当該地区計画等に定められた内容に即して定められていること．
イ 地区計画　再開発等促進区若しくは開発整備促進区（いずれも第12条の5第5項第1号に規定する施設の配置及び規模が定められているものに限る．）又は地区整備計画
ロ 防災街区整備地区計画　地区防災施設の区域，特定建築物地区整備計画又は防災街区整備地区整備

計画
ハ 歴史的風致維持向上地区計画 歴史的風致維持向上地区整備計画
ニ 沿道地区計画 沿道再開発等促進区（幹線道路の沿道の整備に関する法律第９条第４項第１号に規定する施設の配置及び規模が定められているものに限る.）又は沿道地区整備計画
ホ 集落地区計画 集落地区整備計画

6 当該開発行為の目的に照らして,開発区域における利便の増進と開発区域及びその周辺の地域における環境の保全とが図られるように公共施設,学校その他の公益的施設及び開発区域内において予定される建築物の用途の配分が定められていること.

7 地盤の沈下,崖崩れ,出水その他による災害を防止するため,開発区域内の土地について,地盤の改良,擁壁又は排水施設の設置その他安全上必要な措置が講ぜられるように設計が定められていること.この場合において,開発区域内の土地の全部又は一部が次の表の上欄に掲げる区域内の土地であるときは,当該土地における同表の中欄に掲げる工事の計画が,同表の下欄に掲げる基準に適合していること.

宅地造成等規制法（昭和36年法律第191号）第３条第１項の宅地造成工事規制区域	開発行為に関する工事	宅地造成等規制法第９条の規定に適合するものであること.
津波防災地域づくりに関する法律第72条第１項の津波災害特別警戒区域	津波防災地域づくりに関する法律第73条第１項に規定する特定開発行為（同条第４項各号に掲げる行為を除く.）に関する工事	津波防災地域づくりに関する法律第75条に規定する措置を同条の国土交通省令で定める技術的基準に従い講じるものであること.

8 主として,自己の居住の用に供する住宅の建築又は住宅以外の建築物若しくは特定工作物で自己の業務の用に供するものの建築又は建設の用に供する目的で行う開発行為以外の開発行為にあつては,開発区域内に建築基準法第39条第１項の災害危険区域,地すべり等防止法（昭和33年法律第30号）第３条第１項の地すべり防止区域,土砂災害警戒区域等における土砂災害防止対策の推進に関する法律（平成12年法律第57号）第９条第１項の土砂災害特別警戒区域その他政令で定める開発行為を行うのに適当でない区域内の土地を含まないこと.ただし,開発区域及びその周辺の地域の状況等により支障がないと認められるときは,この限りでない.

9 政令で定める規模以上の開発行為にあつては,開発区域及びその周辺の地域における環境を保全するため,開発行為の目的及び第２号イからニまでに掲げる事項を勘案して,開発区域における植物の生育の確保上必要な樹木の保存,表土の保全その他の必要な措置が講ぜられるように設計が定められていること.

10 政令で定める規模以上の開発行為にあつては,開発区域及びその周辺の地域における環境を保全するため,第２号イからニまでに掲げる事項を勘案して,騒音,振動等による環境の悪化の防止上必要な緑地帯その他の緩衝帯が配置されるように設計が定められていること.

11 政令で定める規模以上の開発行為にあつては,当該開発行為が道路,鉄道等による輸送の便等からみて支障がないと認められること.

12 主として,自己の居住の用に供する住宅の建築の用に供する目的で行う開発行為又は住宅以外の建築物若しくは特定工作物で自己の業務の用に供するものの建築若しくは建設の用に供する目的で行う開発行為（当該開発行為の中断により当該開発区域及びその周辺の地域に出水,崖崩れ,土砂の流出等による被害が生じるおそれがあることを考慮して政令で定める規模以上のものを除く.）以外の開発行為にあつては,申請者に当該開発行為を行うために必要な資力及び信用があること.

13 主として,自己の居住の用に供する住宅の建築の用に供する目的で行う開発行為又は住宅以外の建築物若しくは特定工作物で自己の業務の用に供するものの建築若しくは建設の用に供する目的で行う開発行為（当該開発行為の中断により当該開発区域及びその周辺の地域に出水,崖崩れ,土砂の流出等による被害が生じるおそれがあることを考慮して政令で定める規模以上のものを除く.）以外の開発行為にあつては,工事施行者に当該開発行為に関する工事を完成するために必要な能力があること.

14 当該開発行為をしようとする土地若しくは当該開発行為に関する工事をしようとする土地の区域内の土地又はこれらの土地にある建築物その他の工作物につき当該開発行為の施行又は当該開発行為に関する工事の実施の妨げとなる権利を有する者の相当数の同意を得ていること.

② 前項各号に規定する基準を適用するについて必要な技術的細目は,政令で定める.

③ 地方公共団体は,その地方の自然的条件の特殊性又は公共施設の整備,建築物の建築その他の土地利用の現状及び将来の見通しを勘案し,前項の政令で定める技術的細目のみによつては環境の保全,災害の防止及び利便の増進を図ることが困難であると認められ,又は当該技術的細目によらなくとも環境の保全,災害の防止及び利便の増進上支障がないと認められる場合においては,政令で定める基準に従い,条例で,当該技術的細目において定められた制限を強化し,又は緩和することができる.

④ 地方公共団体は,良好な住居等の環境の形成又は保持のため必要と認める場合においては,政令で定める基準に従い,条例で,区域,目的又は予定される建築物の用途を限り,開発区域内において予定される建築物の敷

地面積の最低限度に関する制限を定めることができる.

⑤ 景観行政団体（景観法第7条第1項に規定する景観行政団体をいう.）は,良好な景観の形成を図るため必要と認める場合においては,同法第8条第2項第1号の景観計画区域内において,政令で定める基準に従い,同条第1項の景観計画に定められた開発行為についての制限の内容を,条例で,開発許可の基準として定めることができる.

⑥ 指定都市等及び地方自治法第252条の17の2第1項の規定に基づきこの節の規定により都道府県知事の権限に属する事務の全部を処理することとされた市町村（以下この節において「事務処理市町村」という.）以外の市町村は,前3項の規定により条例を定めようとするときは,あらかじめ,都道府県知事と協議し,その同意を得なければならない.

⑦ 公有水面埋立法第22条第2項の告示があつた埋立地において行う開発行為については,当該埋立地に関する同法第2条第1項の免許の条件において第1項各号に規定する事項（第4項及び第5項の条例が定められているときは,当該条例で定める事項を含む.）に関する定めがあるときは,その定めをもつて開発許可の基準とし,第1項各号に規定する基準（第4項及び第5項の条例が定められているときは,当該条例で定める制限を含む.）は,当該条件に抵触しない限度において適用する.

⑧ 居住調整地域又は市街地再開発促進区域内における開発許可に関する基準については,第1項に定めるもののほか,別に法律で定める.

第34条 前条の規定にかかわらず,市街化調整区域に係る開発行為（主として第2種特定工作物の建設の用に供する目的で行う開発行為を除く.）については,当該申請に係る開発行為及びその申請の手続が同条に定める要件に該当するほか,当該申請に係る開発行為が次の各号のいずれかに該当すると認める場合でなければ,都道府県知事は,開発許可をしてはならない.

1 主として当該開発区域の周辺の地域において居住している者の利用に供する政令で定める公益上必要な建築物又はこれらの者の日常生活のため必要な物品の販売,加工若しくは修理その他の業務を営む店舗,事業場その他これらに類する建築物の建築の用に供する目的で行う開発行為

2 市街化調整区域内に存する鉱物資源,観光資源その他の資源の有効な利用上必要な建築物又は第1種特定工作物の建築又は建設の用に供する目的で行う開発行為

3 温度,湿度,空気等について特別の条件を必要とする政令で定める事業の用に供する建築物又は第1種特定工作物で,当該特別の条件を必要とするため市街化区域内において建築し,又は建設することが困難なものの建築又は建設の用に供する目的で行う開発行為

4 農業,林業若しくは漁業の用に供する建築物で第29条第1項第2号の政令で定める建築物以外のものの建築又は市街化調整区域内において生産される農産物,林産物若しくは水産物の処理,貯蔵若しくは加工に必要な建築物若しくは第1種特定工作物の建築若しくは建設の用に供する目的で行う開発行為

5 特定農山村地域における農林業等の活性化のための基盤整備の促進に関する法律（平成5年法律第72号）第9条第1項の規定による公告があつた所有権移転等促進計画の定めるところによつて設定され,又は移転された同法第2条第3項第3号の権利に係る土地において当該所有権移転等促進計画に定める利用目的（同項第2号に規定する農林業等活性化基盤施設である建築物の建築の用に供するためのものに限る.）に従つて行う開発行為

6 都道府県が国又は独立行政法人中小企業基盤整備機構と一体となつて助成する中小企業者の行う他の事業者との連携若しくは事業の共同化又は中小企業の集積の活性化に寄与する事業の用に供する建築物又は第1種特定工作物の建築又は建設の用に供する目的で行う開発行為

7 市街化調整区域内において現に工業の用に供されている工場施設における事業と密接な関連を有する事業の用に供する建築物又は第1種特定工作物で,これらの事業活動の効率化を図るため市街化調整区域内において建築し,又は建設することが必要なものの建築又は建設の用に供する目的で行う開発行為

8 政令で定める危険物の貯蔵又は処理に供する建築物又は第1種特定工作物で,市街化区域内において建築し,又は建設することが不適当なものとして政令で定めるものの建築又は建設の用に供する目的で行う開発行為

9 前各号に規定する建築物又は第1種特定工作物のほか,市街化区域内において建築し,又は建設することが困難又は不適当なものとして政令で定める建築物又は第1種特定工作物の建築又は建設の用に供する目的で行う開発行為

10 地区計画又は集落地区計画の区域（地区整備計画又は集落地区整備計画が定められている区域に限る.）内において,当該地区計画又は集落地区計画に定められた内容に適合する建築物又は第1種特定工作物の建築又は建設の用に供する目的で行う開発行為

11 市街化区域に隣接し,又は近接し,かつ,自然的社会的諸条件から市街化区域と一体的な日常生活圏を構成していると認められる地域であつておおむね50以上の建築物（市街化区域内に存するものを含む.）が連たんしている地域のうち,政令で定める基準に従い,都道府県（指定都市等又は事務処理市町村の区域内にあつては,当該指定都市等又は事務処理市町村.以下この号及び次号において同じ.）の条例で指定する土地の区域内において行う開発行為で,予定建築物等の用途が,開発区域及びその周辺の地域における環境の保全上支障があると認められる用途として都道府県の条例で定めるものに該当しないもの

12 開発区域の周辺における市街化を促進するおそれ

がないと認められ,かつ,市街化区域内において行うことが困難又は著しく不適当と認められる開発行為として,政令で定める基準に従い,都道府県の条例で区域,目的又は予定建築物等の用途を限り定められたもの

13 区域区分に関する都市計画が決定され,又は当該都市計画を変更して市街化調整区域が拡張された際,自己の居住若しくは業務の用に供する建築物を建築し,又は自己の業務の用に供する第1種特定工作物を建設する目的で土地又は土地の利用に関する所有権以外の権利を有していた者で,当該都市計画の決定又は変更の日から起算して6月以内に国土交通省令で定める事項を都道府県知事に届け出たものが,当該目的に従つて,当該土地に関する権利の行使として行う開発行為（政令で定める期間内に行うものに限る.）

14 前各号に掲げるもののほか,都道府県知事が開発審査会の議を経て,開発区域の周辺における市街化を促進するおそれがなく,かつ,市街化区域内において行うことが困難又は著しく不適当と認める開発行為

（開発許可の特例）

第34条の2 ① 国又は都道府県,指定都市等若しくは事務処理市町村若しくは都道府県,指定都市等若しくは事務処理市町村がその組織に加わつている一部事務組合,広域連合若しくは港務局（以下「都道府県等」という.）が行う都市計画区域若しくは準都市計画区域内における開発行為（第29条第1項各号に掲げる開発行為を除く.）又は都市計画区域及び準都市計画区域外の区域内における開発行為（同条第2項の政令で定める規模未満の開発行為及び同項各号に掲げる開発行為を除く.）については,当該国の機関又は都道府県等と都道府県知事との協議が成立することをもつて,開発許可があつたものとみなす.

② 第32条の規定は前項の協議を行おうとする国の機関又は都道府県等について,第41条の規定は都道府県知事が同項の協議を成立させる場合について,第47条の規定は同項の協議が成立したときについて準用する.

（許可又は不許可の通知）

第35条 ① 都道府県知事は,開発許可の申請があつたときは,遅滞なく,許可又は不許可の処分をしなければならない.

② 前項の処分をするには,文書をもつて当該申請者に通知しなければならない.

（変更の許可等）

第35条の2 ① 開発許可を受けた者は,第30条第1項各号に掲げる事項の変更をしようとする場合においては,都道府県知事の許可を受けなければならない.ただし,変更の許可の申請に係る開発行為が,第29条第1項の許可に係るものにあつては同項各号に掲げる開発行為,同条第2項の許可に係るものにあつては同項の政令で定める規模未満の開発行為若しくは同項各号に掲げる開発行為に該当するとき,又は国土交通省令で定める軽微な変更をしようとするときは,この限りでない.

（工事完了の検査）

第36条 ① 開発許可を受けた者は,当該開発区域（開発区域を工区に分けたときは,工区）の全部について当該開発行為に関する工事（当該開発行為に関する工事のうち公共施設に関する部分については,当該公共施設に関する工事）を完了したときは,国土交通省令で定めるところにより,その旨を都道府県知事に届け出なければならない.

② 都道府県知事は,前項の規定による届出があつたときは,遅滞なく,当該工事が開発許可の内容に適合しているかどうかについて検査し,その検査の結果当該工事が当該開発許可の内容に適合していると認めたときは,国土交通省令で定める様式の検査済証を当該開発許可を受けた者に交付しなければならない.

③ 都道府県知事は,前項の規定により検査済証を交付したときは,遅滞なく,国土交通省令で定めるところにより,当該工事が完了した旨を公告しなければならない.この場合において,当該工事が津波災害特別警戒区域（津波防災地域づくりに関する法律第72条第1項の津波災害特別警戒区域をいう.以下この項において同じ.）内における同法第73条第1項に規定する特定開発行為（同条第4項各号に掲げる行為を除く.）に係るものであり,かつ,当該工事の完了後において当該工事に係る同条第4項第1号に規定する開発区域（津波災害特別警戒区域内のものに限る.）に地盤面の高さが同法第53条第2項に規定する基準水位以上である土地の区域があるときは,その区域を併せて公告しなければならない.

（建築制限等）

第37条 開発許可を受けた開発区域内の土地においては,前条第3項の公告があるまでの間は,建築物を建築し,又は特定工作物を建設してはならない.ただし,次の各号の1に該当するときは,この限りでない.

1 当該開発行為に関する工事用の仮設建築物又は特定工作物を建築し,又は建設するとき,その他都道府県知事が支障がないと認めたとき.

2 第33条第1項第14号に規定する同意をしていない者が,その権利の行使として建築物を建築し,又は特定工作物を建設するとき.

（開発行為の廃止）

第38条 開発許可を受けた者は,開発行為に関する工事を廃止したときは,遅滞なく,国土交通省令で定めるところにより,その旨を都道府県知事に届け出なければならない.

（開発行為等により設置された公共施設の管理）

第39条 開発許可を受けた開発行為又は開発行為に関する工事により公共施設が設置されたときは,その公共施設は,第36条第3項の公告の日の翌日において,その公共施設の存する市町村の管理に属するものとする.ただし,他の法律に基づく管理者が別にあるとき,又は第32条第2項の協議により管理者について別段の定めをしたときは,それらの者の管理に属するものとする.

（公共施設の用に供する土地の帰属）

第40条 ① 開発許可を受けた開発行為又は開発行為に関する工事により,従前の公共施設に代えて新たな公共施設が設置されることとなる場合においては,従前の公共施設の用に供していた土地で国又は地方公共団体が所有するものは,第36条第3項の公告の日の翌日において当該開発許可を受けた者に帰属するものとし,これに代わるものとして設置された新たな公共施設の用に供する土地は,その日においてそれぞれ国又は当該地方公共団体に帰属するものとする.

② 開発許可を受けた開発行為又は開発行為に関する工事により設置された公共施設の用に供する土地は,前項に規定するもの及び開発許可を受けた者が自ら管理するものを除き,第36条第3項の公告の日の翌日において,前条の規定により当該公共施設を管理すべき者(その者が地方自治法第2条第9項第1号に規定する第1号法定受託事務(以下単に「第1号法定受託事務」という.)として当該公共施設を管理する地方公共団体であるときは,国)に帰属するものとする.

③ 市街化区域内における都市計画施設である幹線街路その他の主要な公共施設で政令で定めるものの用に供する土地が前項の規定により国又は地方公共団体に帰属することとなる場合においては,当該帰属に伴う費用の負担について第32条第2項の協議において別段の定めをした場合を除き,従前の所有者(第36条第3項の公告の日において当該土地を所有していた者をいう.)は,国又は地方公共団体に対し,政令で定めるところにより,当該土地の取得に要すべき費用の額の全部又は一部を負担すべきことを求めることができる.

(建築物の建蔽率等の指定)

第41条 ① 都道府県知事は,用途地域の定められていない土地の区域における開発行為について開発許可をする場合において必要があると認めるときは,当該開発区域内の土地について,建築物の建蔽率,建築物の高さ,壁面の位置その他建築物の敷地,構造及び設備に関する制限を定めることができる.

② 前項の規定により建築物の敷地,構造及び設備に関する制限が定められた土地の区域内においては,建築物は,これらの制限に違反して建築してはならない.ただし,都道府県知事が当該区域及びその周辺の地域における環境の保全上支障がないと認め,又は公益上やむを得ないと認めて許可したときは,この限りでない.

(開発許可を受けた土地における建築等の制限)

第42条 ① 何人も,開発許可を受けた開発区域内においては,第36条第3項の公告があつた後は,当該開発許可に係る予定建築物等以外の建築物又は特定工作物を新築し,又は新設してはならず,また,建築物を改築し,又はその用途を変更して当該開発許可に係る予定の建築物以外の建築物としてはならない.ただし,都道府県知事が当該開発区域における利便の増進上若しくは開発区域及びその周辺の地域における環境の保全上支障がないと認めて許可したとき,又は建築物及び第1種特定工作物で建築基準法第88条第2項の政令で指定する工作物に該当するものにあつては,当該開発区域内の土地について用途地域等が定められているときは,この限りでない.

② 国又は都道府県等が行う行為については,当該国の機関又は都道府県等と都道府県知事との協議が成立することをもつて,前項ただし書の規定による許可があつたものとみなす.

(開発許可を受けた土地以外の土地における建築等の制限)

第43条 ① 何人も,市街化調整区域のうち開発許可を受けた開発区域以外の区域内においては,都道府県知事の許可を受けなければ,第29条第1項第2号若しくは第3号に規定する建築物以外の建築物を新築し,又は第1種特定工作物を新設してはならず,また,建築物を改築し,又はその用途を変更して同項第2号若しくは第3号に規定する建築物以外の建築物としてはならない.ただし,次に掲げる建築物の新築,改築若しくは用途の変更又は第1種特定工作物の新設については,この限りでない.

1 都市計画事業の施行として行う建築物の新築,改築若しくは用途の変更又は第1種特定工作物の新設
2 非常災害のため必要な応急措置として行う建築物の新築,改築若しくは用途の変更又は第1種特定工作物の新設
3 仮設建築物の新築
4 第29条第1項第9号に掲げる開発行為その他の政令で定める開発行為が行われた土地の区域内において行う建築物の新築,改築若しくは用途の変更又は第1種特定工作物の新設
5 通常の管理行為,軽易な行為その他の行為で政令で定めるもの

② 前項の規定による許可の基準は,第33条及び第34条に規定する開発許可の基準の例に準じて,政令で定める.

③ 国又は都道府県等が行う第1項本文の建築物の新築,改築若しくは用途の変更又は第1種特定工作物の新設(同項各号に掲げるものを除く.)については,当該国の機関又は都道府県等と都道府県知事との協議が成立することをもつて,同項の許可があつたものとみなす.

(許可に基づく地位の承継)

第44条 開発許可又は前条第1項の許可を受けた者の相続人その他の一般承継人は,被承継人が有していた当該許可に基づく地位を承継する.

第45条 開発許可を受けた者から当該開発区域内の土地の所有権その他当該開発行為に関する工事を施行する権原を取得した者は,都道府県知事の承認を受けて,当該開発許可を受けた者が有していた当該開発許可に基づく地位を承継することができる.

(開発登録簿)

第46条 都道府県知事は,開発登録簿(以下「登録簿」という.)を調製し,保管しなければならない.

第47条 ① 都道府県知事は,開発許可をしたときは,当該許可に係る土地について,次に掲げる事項を登録簿に登録しなければならない.

1 開発許可の年月日
2 予定建築物等(用途地域等の区域内の建築物及び

第１種特定工作物を除く.）の用途
3 公共施設の種類,位置及び区域
4 前３号に掲げるもののほか,開発許可の内容
5 第41条第１項の規定による制限の内容
6 前各号に定めるもののほか,国土交通省令で定める事項

② 都道府県知事は,第36条の規定による完了検査を行なつた場合において,当該工事が当該開発許可の内容に適合すると認めたときは,登録簿にその旨を附記しなければならない.

③ 第41条第２項ただし書若しくは第42条第１項ただし書の規定による許可があつたとき,又は同条第２項の協議が成立したときも,前項と同様とする.

④ 都道府県知事は,第81条第１項の規定による処分により第１項各号に掲げる事項について変動を生じたときは,登録簿に必要な修正を加えなければならない.

⑤ 都道府県知事は,登録簿を常に公衆の閲覧に供するように保管し,かつ,請求があつたときは,その写しを交付しなければならない.

⑥ 登録簿の調製,閲覧その他登録簿に関し必要な事項は,国土交通省令で定める.

（国及び地方公共団体の援助）

第48条 国及び地方公共団体は,市街化区域内における良好な市街地の開発を促進するため,市街化区域内において開発許可を受けた者に対する必要な技術上の助言又は資金上その他の援助に努めるものとする.

（不服申立て）

第50条 ① 第29条第１項若しくは第２項,第35条の２第１項,第41条第２項ただし書,第42条第１項ただし書若しくは第43条第１項の規定に基づく処分若しくはその不作為又はこれらの規定に違反した者に対する第81条第１項の規定に基づく監督処分についての審査請求は,開発審査会に対してするものとする.この場合において,不作為についての審査請求は,開発審査会に代えて,当該不作為に係る都道府県知事に対してすることもできる.

② 開発審査会は,前項前段の規定による審査請求がされた場合においては,当該審査請求がされた日（行政不服審査法（平成26年法律第68号）第23条の規定により不備を補正すべきことを命じた場合にあつては,当該不備が補正された日）から２月以内に,裁決をしなければならない.

③ 開発審査会は,前項の裁決を行う場合においては,行政不服審査法第24条の規定により当該審査請求を却下する場合を除き,あらかじめ,審査請求人,処分をした行政庁その他の関係人又はこれらの者の代理人の出頭を求めて,公開による口頭審理を行わなければならない.

④ 第１項前段の規定による審査請求については,行政不服審査法第31条の規定は適用せず,前項の口頭審理については,同法第９条第３項の規定により読み替えられた同法第31条第２項から第５項までの規定を準用する.

第１節の３ 市街地開発事業等予定区域の区域内における建築等の規制

（建築等の制限）

第52条の２ ① 市街地開発事業等予定区域に関する都市計画において定められた区域内において,土地の形質の変更を行い,又は建築物の建築その他工作物の建設を行おうとする者は,都道府県知事等の許可を受けなければならない.ただし,次に掲げる行為については,この限りでない.
1 通常の管理行為,軽易な行為その他の行為で政令で定めるもの
2 非常災害のため必要な応急措置として行う行為
3 都市計画事業の施行として行う行為又はこれに準ずる行為として政令で定める行為

② 国が行う行為については,当該国の機関と都道府県知事等との協議が成立することをもつて,前項の規定による許可があつたものとみなす.

③ 第１項の規定は,市街地開発事業等予定区域に係る市街地開発事業又は都市施設に関する都市計画についての第20条第１項の規定による告示があつた後は,当該告示に係る土地の区域内においては,適用しない.

（土地建物等の先買い等）

第52条の３ ① 市街地開発事業等予定区域に関する都市計画についての第20条第１項（第21条第２項において準用する場合を含む.）の規定による告示があつたときは,施行予定者は,すみやかに,国土交通省令で定める事項を公告するとともに,国土交通省令で定めるところにより,当該市街地開発事業等予定区域の区域内の土地又は土地及びこれに定着する建築物その他の工作物（以下「土地建物等」という.）の有償譲渡について,次項から第４項までの規定による制限があることを関係権利者に周知させるため必要な措置を講じなければならない.

② 前項の規定による公告の日の翌日から起算して10日を経過した後に市街地開発事業等予定区域の区域内の土地建物等を有償で譲り渡そうとする者は,当該土地建物等,その予定対価の額（予定対価が金銭以外のものであるときは,これを時価を基準として金銭に見積もつた額.以下この条において同じ.）及び当該土地建物等を譲り渡そうとする相手方その他国土交通省令で定める事項を書面で施行予定者に届け出なければならない.ただし,当該土地建物等の全部又は一部が文化財保護法（昭和25年法律第214号）第46条（同法第83条において準用する場合を含む.）の規定の適用を受けるものであるときは,この限りでない.

③ 前項の規定による届出があつた後30日以内に施行予定者が届出をした者に対し届出に係る土地建物等を買い取るべき旨の通知をしたときは,当該土地建物等について,施行予定者と届出をした者との間に届出書に記載された予定対価の額に相当する代金で,売買が成立したものとみなす.

④ 第２項の規定による届出をした者は,前項の期間（その期間内に施行予定者が届出に係る土地建物等を買い取らない旨の通知をしたときは,その時までの期間）

内は,当該土地建物等を譲り渡してはならない.
⑤ 第3項の規定により土地建物等を買い取つた施行予定者は,当該土地に係る都市計画に適合するようにこれを管理しなければならない.
(土地の買取請求)
第52条の4 ① 市街地開発事業等予定区域に関する都市計画において定められた区域内の土地の所有者は,施行予定者に対し,国土交通省令で定めるところにより,当該土地を時価で買い取るべきことを請求することができる.ただし,当該土地が他人の権利の目的となつているとき,及び当該土地に建築物その他の工作物又は立木に関する法律(明治42年法律第22号)第1条第1項に規定する立木があるときは,この限りでない.
② 前項の規定により買い取るべき土地の価格は,施行予定者と土地の所有者とが協議して定める.第28条第3項の規定は,この場合について準用する.
③ 前条第5項の規定は,第1項の規定により土地を買い取つた施行予定者について準用する.
④ 第1項の規定は,市街地開発事業等予定区域に係る市街地開発事業又は都市施設に関する都市計画についての第20条第1項の規定による告示があつた後は,当該告示に係る土地の区域内においては,適用しない.
(損失の補償)
第52条の5 ① 市街地開発事業等予定区域に関する都市計画に定められた区域が変更された場合において,その変更により当該市街地開発事業等予定区域の区域外となつた土地の所有者又は関係人のうちに当該都市計画が定められたことにより損失を受けた者があるときは,施行予定者が,市街地開発事業等予定区域に係る市街地開発事業又は都市施設に関する都市計画が定められなかつたため第12条の2第5項の規定により市街地開発事業等予定区域に関する都市計画がその効力を失つた場合において,当該市街地開発事業等予定区域の区域内の土地の所有者又は関係人のうちに当該都市計画が定められたことにより損失を受けた者があるときは,当該市街地開発事業等予定区域に係る市街地開発事業又は都市施設に関する都市計画の決定をすべき者が,それぞれその損失の補償をしなければならない.
② 前項の規定による損失の補償は,損失があつたことを知つた日から1年を経過した後においては,請求することができない.
③ 第28条第2項及び第3項の規定は,第1項の場合について準用する.

第2節 都市計画施設等の区域内における建築等の規制

(建築の許可)
第53条 ① 都市計画施設の区域又は市街地開発事業の施行区域内において建築物の建築をしようとする者は,国土交通省令で定めるところにより,都道府県知事等の許可を受けなければならない.ただし,次に掲げる行為については,この限りでない.
1 政令で定める軽易な行為
2 非常災害のため必要な応急措置として行う行為
3 都市計画事業の施行として行う行為又はこれに準ずる行為として政令で定める行為
4 第11条第3項後段の規定により離隔距離の最小限度及び載荷重の最大限度が定められている都市計画施設の区域内において行う行為であつて,当該離隔距離の最小限度及び載荷重の最大限度に適合するもの
5 第12条の11に規定する道路(都市計画施設であるものに限る.)の区域のうち建築物等の敷地として併せて利用すべき区域内において行う行為であつて,当該道路を整備する上で著しい支障を及ぼすおそれがないものとして政令で定めるもの
② 第52条の2第2項の規定は,前項の規定による許可について準用する.
③ 第1項の規定は,第65条第1項に規定する告示があつた後は,当該告示に係る土地の区域内においては,適用しない.
(許可の基準)
第54条 都道府県知事等は,前条第1項の規定による許可の申請があつた場合において,当該申請が次の各号のいずれかに該当するときは,その許可をしなければならない.
1 当該建築が,都市計画施設又は市街地開発事業に関する都市計画のうち建築物について定めるものに適合するものであること.
2 当該建築が,第11条第3項の規定により都市計画施設の区域について都市施設を整備する立体的な範囲が定められている場合において,当該立体的な範囲外において行われ,かつ,当該都市計画施設を整備する上で著しい支障を及ぼすおそれがないと認められること.ただし,当該立体的な範囲が道路である都市施設を整備するものとして空間について定められているときは,安全上,防火上及び衛生上支障がないものとして政令で定める場合に限る.
3 当該建築物が次に掲げる要件に該当し,かつ,容易に移転し,又は除却することができるものであると認められること.
イ 階数が2以下で,かつ,地階を有しないこと.
ロ 主要構造部(建築基準法第2条第5号に定める主要構造部をいう.)が木造,鉄骨造,コンクリートブロック造その他これらに類する構造であること.
(許可の基準の特例等)
第55条 ① 都道府県知事等は,都市計画施設の区域内の土地でその指定したものの区域又は市街地開発事業(土地区画整理事業及び新都市基盤整備事業を除く.)の施行区域(次条及び第57条において「事業予定地」という.)内において行われる建築物の建築については,前条の規定にかかわらず,第53条第1項の許可をしないことができる.ただし,次条第2項の規定により買い取らない旨の通知があつた土地における建築物の建築については,この限りでない.
② 都市計画事業を施行しようとする者その他政令で定める者は,都道府県知事等に対し,前項の規定による土地の指定をすべきこと又は次条第1項の規定による土

地の買取りの申出及び第57条第２項本文の規定による届出の相手方として定めるべきことを申し出ることができる.
③ 都道府県知事等は,前項の規定により土地の指定をすべきことを申し出た者を次条第１項の規定による土地の買取りの申出及び第57条第２項本文の規定による届出の相手方として定めることができる.
④ 都道府県知事等は,第１項の規定による土地の指定をするとき,又は第２項の規定による申出に基づき,若しくは前項の規定により,次条第１項の規定による土地の買取りの申出及び第57条第２項本文の規定による届出の相手方を定めるときは,国土交通省令で定めるところにより,その旨を公告しなければならない.

（土地の買取り）

第56条 ① 都道府県知事等（前条第４項の規定により,土地の買取りの申出の相手方として公告された者があるときは,その者）は,事業予定地内の土地の所有者から,同条第１項本文の規定により建築物の建築が許可されないときはその土地の利用に著しい支障を来すこととなることを理由として,当該土地を買い取るべき旨の申出があつた場合においては,特別の事情がない限り,当該土地を時価で買い取るものとする.
② 前項の規定による申出を受けた者は,遅滞なく,当該土地を買い取る旨又は買い取らない旨を当該土地の所有者に通知しなければならない.
③ 前条第４項の規定により土地の買取りの申出の相手方として公告された者は,前項の規定により土地を買い取らない旨の通知をしたときは,直ちに,その旨を都道府県知事等に通知しなければならない.
④ 第１項の規定により土地を買い取つた者は,当該土地に係る都市計画に適合するようにこれを管理しなければならない.

（土地の先買い等）

第57条 ① 市街地開発事業に関する都市計画についての第20条第１項（第21条第２項において準用する場合を含む.）の規定による告示又は市街地開発事業若しくは市街化区域若しくは区域区分が定められていない都市計画区域内の都市計画施設に係る第55条第４項の規定による公告があつたときは,都道府県知事等（同項の規定により,次項本文の規定による届出の相手方として公告された者があるときは,その者.以下この条において同じ.）は,速やかに,国土交通省令で定める事項を公告するとともに,国土交通省令で定めるところにより,事業予定地内の土地の有償譲渡について,次項から第４項までの規定による制限があることを関係権利者に周知させるため必要な措置を講じなければならない.
② 前項の規定による公告の日の翌日から起算して10日を経過した後に事業予定地内の土地を有償で譲り渡そうとする者（土地及びこれに定着する建築物その他の工作物を有償で譲り渡そうとする者を除く.）は,当該土地,その予定対価の額（予定対価が金銭以外のものであるときは,これを時価を基準として金銭に見積つた額.以下この条において同じ.）及び当該土地を譲り渡そうとする相手方その他国土交通省令で定める事項を書面で都道府県知事等に届け出なければならない.ただし,当該土地の全部又は一部が,文化財保護法第46条（同法第83条において準用する場合を含む.）の規定の適用を受けるものであるとき,又は第66条の公告の日の翌日から起算して10日を経過した後における当該公告に係る都市計画事業を施行する土地に含まれるものであるときは,この限りでない.
③ 前項の規定による届出があつた後30日以内に都道府県知事等が届出をした者に対し届出に係る土地を買い取るべき旨の通知をしたときは,当該土地について,都道府県知事等と届出をした者との間に届出書に記載された予定対価の額に相当する代金で,売買が成立したものとみなす.
④ 第２項の届出をした者は,前項の期間（その期間内に都道府県知事等が届出に係る土地を買い取らない旨の通知をしたときは,その時までの期間）内は,当該土地を譲り渡してはならない.
⑤ 前条第４項の規定は,第３項の規定により土地を買い取つた者について準用する.

（施行予定者が定められている都市計画施設の区域等についての特例）

第57条の２ 施行予定者が定められている都市計画に係る都市計画施設の区域及び市街地開発事業の施行区域（以下「施行予定者が定められている都市計画施設の区域等」という.）については,第53条から前条までの規定は適用せず,次条から第57条の６までに定めるところによる.ただし,第60条の２第２項の規定による公告があつた場合における当該公告に係る都市計画施設の区域及び市街地開発事業の施行区域については,この限りでない.

（建築等の制限）

第57条の３ ① 施行予定者が定められている都市計画施設の区域等内における土地の形質の変更又は建築物の建築その他工作物の建設については,第52条の２第１項及び第２項の規定を準用する.
② 前項の規定は,第65条第１項に規定する告示があつた後は,当該告示に係る土地の区域内においては,適用しない.

（土地建物等の先買い等）

第57条の４ 施行予定者が定められている都市計画施設の区域等内の土地建物等の有償譲渡については,第52条の３の規定を準用する.この場合において,同条第１項中「市街地開発事業等予定区域に関する」とあるのは「施行予定者が定められている都市施設又は市街地開発事業に関する」と,「当該市街地開発事業等予定区域の区域内」とあるのは「当該都市計画施設の区域又は市街地開発事業の施行区域内」と,同条第２項中「市街地開発事業等予定区域の区域内」とあるのは「施行予定者が定められている都市計画施設の区域又は市街地開発事業の施行区域内」と読み替えるものとする.

(土地の買取請求)

第57条の5 施行予定者が定められている都市計画施設の区域等内の土地の買取請求については,第52条の4第1項から第3項までの規定を準用する.

(損失の補償)

第57条の6 ① 施行予定者が定められている市街地開発事業又は都市施設に関する都市計画についての第20条第1項の規定による告示の日から起算して2年を経過する日までの間に当該都市計画に定められた区域又は施行区域が変更された場合において,その変更により当該区域又は施行区域外となつた土地の所有者又は関係人のうちに当該都市計画が定められたことにより損失を受けた者があるときは,当該施行予定者は,その損失を補償しなければならない.

② 第52条の5第2項及び第3項の規定は,前項の場合について準用する.

第3節 風致地区内における建築等の規制

(建築等の規制)

第58条 ① 風致地区内における建築物の建築,宅地の造成,木竹の伐採その他の行為については,政令で定める基準に従い,地方公共団体の条例で,都市の風致を維持するため必要な規制をすることができる.

第4節 地区計画等の区域内における建築等の規制

(建築等の届出等)

第58条の2 ① 地区計画の区域(再開発等促進区若しくは開発整備促進区(いずれも第12条の5第5項第1号に規定する施設の配置及び規模が定められているものに限る.)又は地区整備計画が定められている区域に限る.)内において,土地の区画形質の変更,建築物の建築その他政令で定める行為を行おうとする者は,当該行為に着手する日の30日前までに,国土交通省令で定めるところにより,行為の種類,場所,設計又は施行方法,着手予定日その他国土交通省令で定める事項を市町村長に届け出なければならない.ただし,次に掲げる行為については,この限りでない.

1 通常の管理行為,軽易な行為その他の行為で政令で定めるもの

2 非常災害のため必要な応急措置として行う行為

3 国又は地方公共団体が行う行為

4 都市計画事業の施行として行う行為又はこれに準ずる行為として政令で定める行為

5 第29条第1項の許可を要する行為その他政令で定める行為

② 前項の規定による届出をした者は,その届出に係る事項のうち国土交通省令で定める事項を変更しようとするときは,当該事項の変更に係る行為に着手する日の30日前までに,国土交通省令で定めるところにより,その旨を市町村長に届け出なければならない.

③ 市町村長は,第1項又は前項の規定による届出があつた場合において,その届出に係る行為が地区計画に適合しないと認めるときは,その届出をした者に対し,その届出に係る行為に関し設計の変更その他の必要な措置をとることを勧告することができる.

④ 市町村長は,前項の規定による勧告をした場合において,必要があると認めるときは,その勧告を受けた者に対し,土地に関する権利の処分についてのあつせんその他の必要な措置を講ずるよう努めなければならない.

(他の法律による建築等の規制)

第58条の3 地区計画等の区域内における建築物の建築その他の行為に関する制限については,前条に定めるもののほか,別に法律で定める.

第4章 都市計画事業

第1節 都市計画事業の認可等

(施行者)

第59条 ① 都市計画事業は,市町村が,都道府県知事(第1号法定受託事務として施行する場合にあつては,国土交通大臣)の認可を受けて施行する.

② 都道府県は,市町村が施行することが困難又は不適当な場合その他特別な事情がある場合においては,国土交通大臣の認可を受けて,都市計画事業を施行することができる.

③ 国の機関は,国土交通大臣の承認を受けて,国の利害に重大な関係を有する都市計画事業を施行することができる.

④ 国の機関,都道府県及び市町村以外の者は,事業の施行に関して行政機関の免許,許可,認可等の処分を必要とする場合においてこれらの処分を受けているとき,その他特別な事情がある場合においては,都道府県知事の認可を受けて,都市計画事業を施行することができる.

⑤ 都道府県知事は,前項の認可をしようとするときは,あらかじめ,関係地方公共団体の長の意見をきかなければならない.

⑥ 国土交通大臣又は都道府県知事は,第1項から第4項までの規定による認可又は承認をしようとする場合において,当該都市計画事業が,用排水施設その他農用地の保全若しくは利用上必要な公共の用に供する施設を廃止し,若しくは変更するものであるとき,又はこれらの施設の管理,新設若しくは改良に係る土地改良事業計画に影響を及ぼすおそれがあるものであるときは,当該都市計画事業について,当該施設を管理する者又は当該土地改良事業計画による事業を行う者の意見をきかなければならない.ただし,政令で定める軽易なものについては,この限りでない.

⑦ 施行予定者が定められている都市計画に係る都市計画施設の整備に関する事業及び市街地開発事業は,その定められている者でなければ,施行することができない.

(認可又は承認の申請の義務等)

第60条の2 ① 施行予定者は,当該都市施設又は市街地開発事業に関する都市計画についての第20条第1項の規定による告示(施行予定者が定められていない都市計画がその変更により施行予定者が定められているものとなつた場合にあつては,当該都市計画についての第21条第2項において準用する第20条第1項の規定による告示)の日から起算して2年以内に,当該都市計

画施設の整備に関する事業又は市街地開発事業について第59条の認可又は承認の申請をしなければならない.
② 前項の期間内に同項の認可又は承認の申請がされなかつた場合においては,国土交通大臣又は都道府県知事は,遅滞なく,国土交通省令で定めるところにより,その旨を公告しなければならない.

（都市計画事業の認可等の告示）
第62条 ① 国土交通大臣又は都道府県知事は,第59条の認可又は承認をしたときは,遅滞なく,国土交通省令で定めるところにより,施行者の名称,都市計画事業の種類,事業施行期間及び事業地を告示し,かつ,国土交通大臣にあつては関係都道府県知事及び関係市町村長に,都道府県知事にあつては国土交通大臣及び関係市町村長に,第60条第３項第１号及び第２号に掲げる図書の写しを送付しなければならない.
② 市町村長は,前項の告示に係る事業施行期間の終了の日又は第69条の規定により適用される土地収用法第30条の２の規定により準用される同法第30条第２項の通知を受ける日まで,国土交通省令で定めるところにより,前項の図書の写しを当該市町村の事務所において公衆の縦覧に供しなければならない.

（認可に基づく地位の承継）
第64条 ① 第59条第４項の認可に基づく地位は,相続その他の一般承継による場合のほか,国土交通省令で定めるところにより,都道府県知事の承認を受けて承継することができる.
② 第59条第４項の認可に基づく地位が承継された場合においては,この法律又はこの法律に基づく命令の規定により被承継人がした処分,手続その他の行為は,承継人がしたものとみなし,被承継人に対してした処分,手続その他の行為は,承継人に対してしたものとみなす.

第２節 都市計画事業の施行

（建築等の制限）
第65条 ① 第62条第１項の規定による告示又は新たな事業地の編入に係る第63条第２項において準用する第62条第１項の規定による告示があつた後においては,当該事業地内において,都市計画事業の施行の障害となるおそれがある土地の形質の変更若しくは建築物の建築その他工作物の建設を行い,又は政令で定める移動の容易でない物件の設置若しくは堆積を行おうとする者は,都道府県知事等の許可を受けなければならない.
② 都道府県知事等は,前項の許可の申請があつた場合において,その許可を与えようとするときは,あらかじめ,施行者の意見を聴かなければならない.
③ 第52条の２第２項の規定は,第１項の規定による許可について準用する.

（事業の施行について周知させるための措置）
第66条 前条第１項に規定する告示があつたときは,施行者は,すみやかに,国土交通省令で定める事項を公告するとともに,国土交通省令で定めるところにより,事業地内の土地建物等の有償譲渡について,次条の規定による制限があることを関係権利者に周知させるため必要な措置を講じ,かつ,自己が施行する都市計画事業の概要について,事業地及びその附近地の住民に説明し,これらの者から意見を聴取する等の措置を講ずることにより,事業の施行についてこれらの者の協力が得られるように努めなければならない.

（土地建物等の先買い）
第67条 ① 前条の公告の日の翌日から起算して10日を経過した後に事業地内の土地建物等を有償で譲り渡そうとする者は,当該土地建物等,その予定対価の額（予定対価が金銭以外のものであるときは,これを時価を基準として金銭に見積もつた額.以下この条において同じ.）及び当該土地建物等を譲り渡そうとする相手方その他国土交通省令で定める事項を書面で施行者に届け出なければならない.ただし,当該土地建物等の全部又は一部が文化財保護法第46条（同法第83条において準用する場合を含む.）の規定の適用を受けるものであるときは,この限りでない.
② 前項の規定による届出があつた後30日以内に施行者が届出をした者に対し届出に係る土地建物等を買い取るべき旨の通知をしたときは,当該土地建物等について,施行者と届出をした者との間に届出書に記載された予定対価の額に相当する代金で,売買が成立したものとみなす.
③ 第１項の届出をした者は,前項の期間（その期間内に施行者が届出に係る土地建物等を買い取らない旨の通知をしたときは,その時までの期間）内は,当該土地建物等を譲り渡してはならない.

（土地の買取請求）
第68条 ① 事業地内の土地で,次条の規定により適用される土地収用法第31条の規定により収用の手続が保留されているものの所有者は,施行者に対し,国土交通省令で定めるところにより,当該土地を時価で買い取るべきことを請求することができる.ただし,当該土地が他人の権利の目的となつているとき,及び当該土地に建築物その他の工作物又は立木に関する法律第１条第１項に規定する立木があるときは,この限りでない.
② 前項の規定により買い取るべき土地の価額は,施行者と土地の所有者とが協議して定める.

（都市計画事業のための土地等の収用又は使用）
第70条 ① 都市計画事業については,土地収用法第20条（同法第138条第１項において準用する場合を含む.）の規定による事業の認定は行なわず,第59条の規定による認可又は承認をもつてこれに代えるものとし,第62条第１項の規定による告示をもつて同法第26条第１項（同法第138条第１項において準用する場合を含む.）の規定による事業の認定の告示とみなす.
② 事業計画を変更して新たに事業地に編入した土地については,前項中「第59条」とあるのは「第63条第１項」と,「第62条第１項」とあるのは「第63条第２項において準用する第62条第１項」とする.

◆ 第５章 都市施設等整備協定

◆ 第６章 都市計画協力団体

◆ 第７章 社会資本整備審議会の調査審議等及び都道府県都市計画審議会等

◆第8章 雑 則

(監督処分等)

第81条 ① 国土交通大臣,都道府県知事又は市町村長は,次の各号のいずれかに該当する者に対して,都市計画上必要な限度において,この法律の規定によつてした許可,認可若しくは承認を取り消し,変更し,その効力を停止し,その条件を変更し,若しくは新たに条件を付し,又は工事その他の行為の停止を命じ,若しくは相当の期限を定めて,建築物その他の工作物若しくは物件(以下この条において「工作物等」という.)の改築,移転若しくは除却その他違反を是正するため必要な措置をとることを命ずることができる.

1 この法律若しくはこの法律に基づく命令の規定若しくはこれらの規定に基づく処分に違反した者又は当該違反の事実を知つて,当該違反に係る土地若しくは工作物等を譲り受け,若しくは賃貸借その他により当該違反に係る土地若しくは工作物等を使用する権利を取得した者

2 この法律若しくはこの法律に基づく命令の規定若しくはこれらの規定に基づく処分に違反した工事の注文主若しくは請負人(請負工事の下請人を含む.)又は請負契約によらないで自らその工事をしている者若しくはした者

3 この法律の規定による許可,認可又は承認に付した条件に違反している者

4 詐欺その他不正な手段により,この法律の規定による許可,認可又は承認を受けた者

② 前項の規定により必要な措置をとることを命じようとする場合において,過失がなくて当該措置を命ずべき者を確知することができないときは,国土交通大臣,都道府県知事又は市町村長は,その者の負担において,当該措置を自ら行い,又はその命じた者若しくは委任した者にこれを行わせることができる.この場合においては,相当の期限を定めて,当該措置を行うべき旨及びその期限までに当該措置を行わないときは,国土交通大臣,都道府県知事若しくは市町村長又はその命じた者若しくは委任した者が当該措置を行う旨を,あらかじめ,公告しなければならない.

③ 国土交通大臣,都道府県知事又は市町村長は,第1項の規定による命令をした場合においては,標識の設置その他国土交通省令で定める方法により,その旨を公示しなければならない.

④ 前項の標識は,第1項の規定による命令に係る土地又は工作物等若しくは工作物等の敷地内に設置することができる.この場合においては,同項の規定による命令に係る土地又は工作物等若しくは工作物等の敷地の所有者,管理者又は占有者は,当該標識の設置を拒み,又は妨げてはならない.

◆第9章 罰 則

8 建築基準法(抄)

昭25・5・24法律第201号,昭25・11・23施行,
最終改正:令元・6・14法律第37号

◆第1章 総 則

(目 的)

第1条 この法律は,建築物の敷地,構造,設備及び用途に関する最低の基準を定めて,国民の生命,健康及び財産の保護を図り,もつて公共の福祉の増進に資することを目的とする.

(用語の定義)

第2条 この法律において次の各号に掲げる用語の意義は,それぞれ当該各号に定めるところによる.

1 建築物 土地に定着する工作物のうち,屋根及び柱若しくは壁を有するもの(これに類する構造のものを含む.),これに附属する門若しくは塀,観覧のための工作物又は地下若しくは高架の工作物内に設ける事務所,店舗,興行場,倉庫その他これらに類する施設(鉄道及び軌道の線路敷地内の運転保安に関する施設並びに跨こ線橋,プラットホームの上家,貯蔵槽その他これらに類する施設を除く.)をいい,建築設備を含むものとする.

2 特殊建築物 学校(専修学校及び各種学校を含む.以下同様とする.),体育館,病院,劇場,観覧場,集会場,展示場,百貨店,市場,ダンスホール,遊技場,公衆浴場,旅館,共同住宅,寄宿舎,下宿,工場,倉庫,自動車車庫,危険物の貯蔵場,と畜場,火葬場,汚物処理場その他これらに類する用途に供する建築物をいう.

3 建築設備 建築物に設ける電気,ガス,給水,排水,換気,暖房,冷房,消火,排煙若しくは汚物処理の設備又は煙突,昇降機若しくは避雷針をいう.

4 居室 居住,執務,作業,集会,娯楽その他これらに類する目的のために継続的に使用する室をいう.

5 主要構造部 壁,柱,床,はり,屋根又は階段をいい,建築物の構造上重要でない間仕切壁,間柱,付け柱,揚げ床,最下階の床,回り舞台の床,小ばり,ひさし,局部的な小階段,屋外階段その他これらに類する建築物の部分を除くものとする.

6 延焼のおそれのある部分 隣地境界線,道路中心線又は同一敷地内の2以上の建築物(延べ面積の合計が500平方メートル以内の建築物は,1の建築物とみなす.)相互の外壁間の中心線(ロにおいて「隣地境界線等」という.)から,1階にあつては3メートル以下,2階以上にあつては5メートル以下の距離にある建築物の部分をいう.ただし,次のイ又はロのいずれかに該当する部分を除く.

イ 防火上有効な公園,広場,川その他の空地又は水面,耐火構造の壁その他これらに類するものに面する部分

ロ 建築物の外壁面と隣地境界線等との角度に応じて,当該建築物の周囲において発生する通常の火

災時における火熱により燃焼するおそれのないものとして国土交通大臣が定める部分

7 耐火構造 壁,柱,床その他の建築物の部分の構造のうち,耐火性能（通常の火災が終了するまでの間当該火災による建築物の倒壊及び延焼を防止するために当該建築物の部分に必要とされる性能をいう.）に関して政令で定める技術的基準に適合する鉄筋コンクリート造,れんが造その他の構造で,国土交通大臣が定めた構造方法を用いるもの又は国土交通大臣の認定を受けたものをいう.

7の2 準耐火構造 壁,柱,床その他の建築物の部分の構造のうち,準耐火性能（通常の火災による延焼を抑制するために当該建築物の部分に必要とされる性能をいう.第9号の3ロにおいて同じ.）に関して政令で定める技術的基準に適合するもので,国土交通大臣が定めた構造方法を用いるもの又は国土交通大臣の認定を受けたものをいう.

8 防火構造 建築物の外壁又は軒裏の構造のうち,防火性能（建築物の周囲において発生する通常の火災による延焼を抑制するために当該外壁又は軒裏に必要とされる性能をいう.）に関して政令で定める技術的基準に適合する鉄網モルタル塗,しつくい塗その他の構造で,国土交通大臣が定めた構造方法を用いるもの又は国土交通大臣の認定を受けたものをいう.

9 不燃材料 建築材料のうち,不燃性能（通常の火災時における火熱により燃焼しないことその他の政令で定める性能をいう.）に関して政令で定める技術的基準に適合するもので,国土交通大臣が定めたもの又は国土交通大臣の認定を受けたものをいう.

9の2 耐火建築物 次に掲げる基準に適合する建築物をいう.

イ その主要構造部が⑴又は⑵のいずれかに該当すること.

⑴ 耐火構造であること.

⑵ 次に掲げる性能（外壁以外の主要構造部にあつては,(i)に掲げる性能に限る.）に関して政令で定める技術的基準に適合するものであること.

(i) 当該建築物の構造,建築設備及び用途に応じて屋内において発生が予測される火災による火熱に当該火災が終了するまで耐えること.

(ii) 当該建築物の周囲において発生する通常の火災による火熱に当該火災が終了するまで耐えること.

ロ その外壁の開口部で延焼のおそれのある部分に,防火戸その他の政令で定める防火設備（その構造が遮炎性能（通常の火災時における火炎を有効に遮るために防火設備に必要とされる性能をいう.第27条第1項において同じ.）に関して政令で定める技術的基準に適合するもので,国土交通大臣が定めた構造方法を用いるもの又は国土交通大臣の認定を受けたものに限る.）を有すること.

9の3 準耐火建築物 耐火建築物以外の建築物で,イ又はロのいずれかに該当し,外壁の開口部で延焼のおそれのある部分に前号ロに規定する防火設備を有するものをいう.

イ 主要構造部を準耐火構造としたもの

ロ イに掲げる建築物以外の建築物であつて,イに掲げるものと同等の準耐火性能を有するものとして主要構造部の防火の措置その他の事項について政令で定める技術的基準に適合するもの

10 設計 建築士法（昭和25年法律第202号）第2条第6項に規定する設計をいう.

11 工事監理者 建築士法第2条第8項に規定する工事監理をする者をいう.

12 設計図書 建築物,その敷地又は第88条第1項から第3項までに規定する工作物に関する工事用の図面（現寸図その他これに類するものを除く.）及び仕様書をいう.

13 建築 建築物を新築し,増築し,改築し,又は移転することをいう.

14 大規模の修繕 建築物の主要構造部の1種以上について行う過半の修繕をいう.

15 大規模の模様替 建築物の主要構造部の1種以上について行う過半の模様替をいう.

16 建築主 建築物に関する工事の請負契約の注文者又は請負契約によらないで自らその工事をする者をいう.

17 設計者 その者の責任において,設計図書を作成した者をいい,建築士法第20条の2第3項又は第20条の3第3項の規定により建築物が構造関係規定（同法第20条の2第2項に規定する構造関係規定をいう.第5条の6第2項及び第6条第3項第2号において同じ.）又は設備関係規定（同法第20条の3第2項に規定する設備関係規定をいう.第5条の6第3項及び第6条第3項第3号において同じ.）に適合することを確認した構造設計1級建築士（同法第10条の2の2第4項に規定する構造設計1級建築士をいう.第5条の6第2項及び第6条第3項第2号において同じ.）又は設備設計1級建築士（同法第10条の2の2第4項に規定する設備設計1級建築士をいう.第5条の6第3項及び第6条第3項第3号において同じ.）を含むものとする.

18 工事施工者 建築物,その敷地若しくは第88条第1項から第3項までに規定する工作物に関する工事の請負人又は請負契約によらないで自らこれらの工事をする者をいう.

19 都市計画 都市計画法（昭和43年法律第100号）第4条第1項に規定する都市計画をいう.

20 都市計画区域又は準都市計画区域 それぞれ,都市計画法第4条第2項に規定する都市計画区域又は準都市計画区域をいう.

21 第1種低層住居専用地域,第2種低層住居専用地域,第1種中高層住居専用地域,第2種中高層住居専用

地域,第1種住居地域,第2種住居地域,準住居地域,田園住居地域,近隣商業地域,商業地域,準工業地域,工業地域,工業専用地域,特別用途地区,特定用途制限地域,特例容積率適用地区,高層住居誘導地区,高度地区,高度利用地区,特定街区,都市再生特別地区,特定用途誘導地区,防火地域,準防火地域,特定防災街区整備地区又は景観地区　それぞれ,都市計画法第8条第1項第1号から第6号までに掲げる第1種低層住居専用地域,第2種低層住居専用地域,第1種中高層住居専用地域,第2種中高層住居専用地域,第1種住居地域,第2種住居地域,準住居地域,田園住居地域,近隣商業地域,商業地域,準工業地域,工業地域,工業専用地域,特別用途地区,特定用途制限地域,特例容積率適用地区,高層住居誘導地区,高度地区,高度利用地区,特定街区,都市再生特別地区,特定用途誘導地区,防火地域,準防火地域,特定防災街区整備地区又は景観地区をいう.

22 地区計画　都市計画法第12条の4第1項第1号に掲げる地区計画をいう.

23 地区整備計画　都市計画法第12条の5第2項第1号に掲げる地区整備計画をいう.

24 防災街区整備地区計画　都市計画法第12条の4第1項第2号に掲げる防災街区整備地区計画をいう.

25 特定建築物地区整備計画　密集市街地における防災街区の整備の促進に関する法律（平成9年法律第49号.以下「密集市街地整備法」という.）第32条第2項第1号に規定する特定建築物地区整備計画をいう.

26 防災街区整備地区整備計画　密集市街地整備法第32条第2項第2号に規定する防災街区整備地区整備計画をいう.

27 歴史的風致維持向上地区計画　都市計画法第12条の4第1項第3号に掲げる歴史的風致維持向上地区計画をいう.

28 歴史的風致維持向上地区整備計画　地域における歴史的風致の維持及び向上に関する法律（平成20年法律第40号.以下「地域歴史的風致法」という.）第31条第2項第1号に規定する歴史的風致維持向上地区整備計画をいう.

29 沿道地区計画　都市計画法第12条の4第1項第4号に掲げる沿道地区計画をいう.

30 沿道地区整備計画　幹線道路の沿道の整備に関する法律（昭和55年法律第34号.以下「沿道整備法」という.）第9条第2項第1号に掲げる沿道地区整備計画をいう.

31 集落地区計画　都市計画法第12条の4第1項第5号に掲げる集落地区計画をいう.

32 集落地区整備計画　集落地域整備法（昭和62年法律第63号）第5条第3項に規定する集落地区整備計画をいう.

33 地区計画等　都市計画法第4条第9項に規定する地区計画等をいう.

34 プログラム　電子計算機に対する指令であつて,一の結果を得ることができるように組み合わされたものをいう.

35 特定行政庁　建築主事を置く市町村の区域については当該市町村の長をいい,その他の市町村の区域については都道府県知事をいう.ただし,第97条の2第1項又は第97条の3第1項の規定により建築主事を置く市町村の区域内の政令で定める建築物については,都道府県知事とする.

（適用の除外）

第3条 ① この法律並びにこれに基づく命令及び条例の規定は,次の各号のいずれかに該当する建築物については,適用しない.

1 文化財保護法（昭和25年法律第214号）の規定によつて国宝,重要文化財,重要有形民俗文化財,特別史跡名勝天然記念物又は史跡名勝天然記念物として指定され,又は仮指定された建築物

2 旧重要美術品等の保存に関する法律（昭和8年法律第43号）の規定によつて重要美術品等として認定された建築物

3 文化財保護法第182条第2項の条例その他の条例の定めるところにより現状変更の規制及び保存のための措置が講じられている建築物（次号において「保存建築物」という.）であつて,特定行政庁が建築審査会の同意を得て指定したもの

4 第1号若しくは第2号に掲げる建築物又は保存建築物であつたものの原形を再現する建築物で,特定行政庁が建築審査会の同意を得てその原形の再現がやむを得ないと認めたもの

② この法律又はこれに基づく命令若しくは条例の規定の施行又は適用の際現に存する建築物若しくはその敷地又は現に建築,修繕若しくは模様替の工事中の建築物若しくはその敷地がこれらの規定に適合せず,又はこれらの規定に適合しない部分を有する場合においては,当該建築物,建築物の敷地又は建築物若しくはその敷地の部分に対しては,当該規定は,適用しない.

③ 前項の規定は,次の各号のいずれかに該当する建築物,建築物の敷地又は建築物若しくはその敷地の部分に対しては,適用しない.

1 この法律又はこれに基づく命令若しくは条例を改正する法令による改正（この法律に基づく命令又は条例を廃止すると同時に新たにこれに相当する命令又は条例を制定することを含む.）後のこの法律又はこれに基づく命令若しくは条例の規定の適用の際当該規定に相当する従前の規定に違反している建築物,建築物の敷地又は建築物若しくはその敷地の部分

2 都市計画区域若しくは準都市計画区域の指定若しくは変更,第1種低層住居専用地域,第2種低層住居専用地域,第1種中高層住居専用地域,第2種中高層住居専用地域,第1種住居地域,第2種住居地域,準住居地域,田園住居地域,近隣商業地域,商業地域,準工業地域,工業地域若しくは工業専用地域若しくは防火地域若しくは準防火地域に関する都市計画の決定若しくは変更,第42条第1項,第52条第2項第2号若しくは第3号若しくは第8項,第56条第1項第2

号イ若しくは別表第３備考３の号の区域の指定若しくはその取消し又は第52条第１項第７号,第２項第３号若しくは第８項,第53条第１項第６号,第56条第１項第２号ニ若しくは別表第３(に)欄の５の項に掲げる数値の決定若しくは変更により,第43条第１項,第48条第１項から第14項まで,第52条第１項,第２項,第７項若しくは第８項,第53条第１項から第３項まで,第54条第１項,第55条第１項,第56条第１項,第56条の２第１項若しくは第61条に規定する建築物,建築物の敷地若しくは建築物若しくはその敷地の部分に関する制限又は第43条第３項,第43条の２,第49条から第50条まで若しくは第68条の９の規定に基づく条例に規定する建築物,建築物の敷地若しくは建築物若しくはその敷地の部分に関する制限に変更があつた場合における当該変更後の制限に相当する従前の制限に違反している建築物,建築物の敷地又は建築物若しくはその敷地の部分

３ 工事の着手がこの法律又はこれに基づく命令若しくは条例の規定の施行又は適用の後である増築,改築,移転,大規模の修繕又は大規模の模様替に係る建築物又はその敷地

４ 前号に該当する建築物又はその敷地の部分

５ この法律又はこれに基づく命令若しくは条例の規定に適合するに至つた建築物,建築物の敷地又は建築物若しくはその敷地の部分

（建築主事）

第４条 ① 政令で指定する人口25万以上の市は,その長の指揮監督の下に,第６条第１項の規定による確認に関する事務をつかさどらせるために,建築主事を置かなければならない.

② 市町村（前項の市を除く.）は,その長の指揮監督の下に,第６条第１項の規定による確認に関する事務をつかさどらせるために,建築主事を置くことができる.

③ 市町村は,前項の規定により建築主事を置こうとする場合においては,あらかじめ,その設置について,都道府県知事に協議しなければならない.

④ 市町村が前項の規定により協議して建築主事を置くときは,当該市町村の長は,建築主事が置かれる日の30日前までにその旨を公示し,かつ,これを都道府県知事に通知しなければならない.

⑤ 都道府県は,都道府県知事の指揮監督の下に,第１項又は第２項の規定によつて建築主事を置いた市町村（第97条の２を除き,以下「建築主事を置く市町村」という.）の区域外における建築物に係る第６条第１項の規定による確認に関する事務をつかさどらせるために,建築主事を置かなければならない.

⑥ 第１項,第２項及び前項の建築主事は,市町村又は都道府県の職員で第77条の58第１項の登録を受けた者のうちから,それぞれ市町村の長又は都道府県知事が命ずる.

⑦ 特定行政庁は,その所轄区域を分けて,その区域を所管する建築主事を指定することができる.

（建築基準適合判定資格者検定）

第５条 ① 建築基準適合判定資格者検定は,建築士の設計に係る建築物が第６条第１項の建築基準関係規定に適合するかどうかを判定するために必要な知識及び経験について行う.

② 建築基準適合判定資格者検定は,国土交通大臣が行う.

③ 建築基準適合判定資格者検定は,１級建築士試験に合格した者で,建築行政又は第77条の18第１項の確認検査の業務その他これに類する業務で政令で定めるものに関して,２年以上の実務の経験を有するものでなければ受けることができない.

④ 建築基準適合判定資格者検定に関する事務をつかさどらせるために,国土交通省に,建築基準適合判定資格者検定委員を置く.ただし,次条第１項の指定建築基準適合判定資格者検定機関が同項の建築基準適合判定資格者検定事務を行う場合においては,この限りでない.

⑤ 建築基準適合判定資格者検定委員は,建築及び行政に関し学識経験のある者のうちから,国土交通大臣が命ずる.

⑥ 国土交通大臣は,不正の手段によつて建築基準適合判定資格者検定を受け,又は受けようとした者に対しては,合格の決定を取り消し,又はその建築基準適合判定資格者検定を受けることを禁止することができる.

⑦ 国土交通大臣は,前項又は次条第２項の規定による処分を受けた者に対し,情状により,２年以内の期間を定めて建築基準適合判定資格者検定を受けることができないものとすることができる.

⑧ 前各項に定めるものを除くほか,建築基準適合判定資格者検定の手続及び基準その他建築基準適合判定資格者検定に関し必要な事項は,政令で定める.

（建築基準適合判定資格者検定事務を行う者の指定）

第５条の２ ① 国土交通大臣は,第77条の２から第77条の５までの規定の定めるところにより指定する者（以下「指定建築基準適合判定資格者検定機関」という.）に,建築基準適合判定資格者検定の実施に関する事務（以下「建築基準適合判定資格者検定事務」という.）を行わせることができる.

② 指定建築基準適合判定資格者検定機関は,前条第６項に規定する国土交通大臣の職権を行うことができる.

③ 国土交通大臣は,第１項の規定による指定をしたときは,建築基準適合判定資格者検定事務を行わないものとする.

（受検手数料）

第５条の３ ① 建築基準適合判定資格者検定を受けようとする者（市町村又は都道府県の職員である者を除く.）は,政令で定めるところにより,実費を勘案して政令で定める額の受検手数料を,国（指定建築基準適合判定資格者検定機関が行う建築基準適合判定資格者検定を受けようとする者にあつては,指定建築基準適合判定資格者検定機関）に納めなければならない.

② 前項の規定により指定建築基準適合判定資格者検定機関に納められた受検手数料は,当該指定建築基準適合判定資格者検定機関の収入とする.

（構造計算適合判定資格者検定）

第5条の4 ① 構造計算適合判定資格者検定は,建築士の設計に係る建築物の計画について第6条の3第1項の構造計算適合性判定を行うために必要な知識及び経験について行う.
② 構造計算適合判定資格者検定は,国土交通大臣が行う.
③ 構造計算適合判定資格者検定は,1級建築士試験に合格した者で,第6条の3第1項の構造計算適合性判定の業務その他これに類する業務で政令で定めるものに関して,5年以上の実務の経験を有するものでなければ受けることができない.
④ 構造計算適合判定資格者検定に関する事務をつかさどらせるために,国土交通省に,構造計算適合判定資格者検定委員を置く.ただし,次条第1項の指定構造計算適合判定資格者検定機関が同項の構造計算適合判定資格者検定事務を行う場合においては,この限りでない.
⑤ 第5条第5項の規定は構造計算適合判定資格者検定委員に,同条第6項から第8項までの規定は構造計算適合判定資格者検定について準用する.この場合において,同条第7項中「次条第2項」とあるのは,「第5条の5第2項において準用する第5条の2第2項」と読み替えるものとする.

(構造計算適合判定資格者検定事務を行う者の指定等)

第5条の5 ① 国土交通大臣は,第77条の17の2第1項及び同条第2項において準用する第77条の3から第77条の5までの規定の定めるところにより指定する者(以下「指定構造計算適合判定資格者検定機関」という.)に,構造計算適合判定資格者検定の実施に関する事務(以下「構造計算適合判定資格者検定事務」という.)を行わせることができる.
② 第5条の2第2項及び第5条の3第2項の規定は指定構造計算適合判定資格者検定機関に,第5条の2第3項の規定は構造計算適合判定資格者検定事務に,第5条の3第1項の規定は構造計算適合判定資格者検定について準用する.この場合において,第5条の2第2項中「前条第6項」とあるのは「第5条の4第5項において準用する第5条第6項」と,同条第3項中「第1項」とあるのは「第5条の5第1項」と,第5条の3第1項中「者(市町村又は都道府県の職員である者を除く.)」とあるのは「者」と読み替えるものとする.

(建築物の設計及び工事監理)

第5条の6 ① 建築士法第3条第1項(同条第2項の規定により適用される場合を含む.以下同じ.),第3条の2第1項(同条第2項において準用する同法第3条第2項の規定により適用される場合を含む.以下同じ.)若しくは第3条の3第1項(同条第2項において準用する同法第3条第2項の規定により適用される場合を含む.以下同じ.)に規定する建築物又は同法第3条の2第3項(同法第3条の3第2項において読み替えて準用する場合を含む.以下同じ.)の規定に基づく条例に規定する建築物の工事は,それぞれ当該各条に規定する建築士の設計によらなければ,することができない.
② 建築士法第2条第7項に規定する構造設計図書による同法第20条の2第1項の建築物の工事は,構造設計1級建築士の構造設計(同法第2条第7項に規定する構造設計をいう.以下この項及び次条第3項第2号において同じ.)又は当該建築物が構造関係規定に適合することを構造設計1級建築士が確認した構造設計によらなければ,することができない.
③ 建築士法第2条第7項に規定する設備設計図書による同法第20条の3第1項の建築物の工事は,設備設計1級建築士の設備設計(同法第2条第7項に規定する設備設計をいう.以下この項及び次条第3項第3号において同じ.)又は当該建築物が設備関係規定に適合することを設備設計1級建築士が確認した設備設計によらなければ,することができない.
④ 建築主は,第1項に規定する工事をする場合においては,それぞれ建築士法第3条第1項,第3条の2第1項若しくは第3条の3第1項に規定する建築士又は同法第3条の2第3項の規定に基づく条例に規定する建築士である工事監理者を定めなければならない.
⑤ 前項の規定に違反した工事は,することができない.

(建築物の建築等に関する申請及び確認)

第6条 ① 建築主は,第1号から第3号までに掲げる建築物を建築しようとする場合(増築しようとする場合においては,建築物が増築後において第1号から第3号までに掲げる規模のものとなる場合を含む.),これらの建築物の大規模の修繕若しくは大規模の模様替をしようとする場合又は第4号に掲げる建築物を建築しようとする場合においては,当該工事に着手する前に,その計画が建築基準関係規定(この法律並びにこれに基づく命令及び条例の規定(以下「建築基準法令の規定」という.)その他建築物の敷地,構造又は建築設備に関する法律並びにこれに基づく命令及び条例の規定で政令で定めるものをいう.以下同じ.)に適合するものであることについて,確認の申請書を提出して建築主事の確認を受け,確認済証の交付を受けなければならない.当該確認を受けた建築物の計画の変更(国土交通省令で定める軽微な変更を除く.)をして,第1号から第3号までに掲げる建築物を建築しようとする場合(増築しようとする場合においては,建築物が増築後において第1号から第3号までに掲げる規模のものとなる場合を含む.),これらの建築物の大規模の修繕若しくは大規模の模様替をしようとする場合又は第4号に掲げる建築物を建築しようとする場合も,同様とする.
1 別表第1(い)欄に掲げる用途に供する特殊建築物で,その用途に供する部分の床面積の合計が200平方メートルを超えるもの
2 木造の建築物で3以上の階数を有し,又は延べ面積が500平方メートル,高さが13メートル若しくは軒の高さが9メートルを超えるもの
3 木造以外の建築物で2以上の階数を有し,又は延べ面積が200平方メートルを超えるもの
4 前3号に掲げる建築物を除くほか,都市計画区域若しくは準都市計画区域(いずれも都道府県知事が都

道府県都市計画審議会の意見を聴いて指定する区域を除く.）若しくは景観法（平成16年法律第110号）第74条第１項の準景観地区（市町村長が指定する区域を除く.）内又は都道府県知事が関係市町村の意見を聴いてその区域の全部若しくは一部について指定する区域内における建築物

② 前項の規定は,防火地域及び準防火地域外において建築物を増築し,改築し,又は移転しようとする場合で,その増築,改築又は移転に係る部分の床面積の合計が10平方メートル以内であるときについては,適用しない.

③ 建築主事は,第１項の申請書が提出された場合において,その計画が次の各号のいずれかに該当するときは,当該申請書を受理することができない.

1 建築士法第３条第１項,第３条の２第１項,第３条の３第１項,第20条の２第１項若しくは第20条の３第１項の規定又は同法第３条の２第３項の規定に基づく条例の規定に違反するとき.

2 構造設計１級建築士以外の１級建築士が建築士法第20条の２第１項の建築物の構造設計を行つた場合において,当該建築物が構造関係規定に適合することを構造設計１級建築士が確認した構造設計によるものでないとき.

3 設備設計１級建築士以外の１級建築士が建築士法第20条の３第１項の建築物の設備設計を行つた場合において,当該建築物が設備関係規定に適合することを設備設計１級建築士が確認した設備設計によるものでないとき.

④ 建築主事は,第１項の申請書を受理した場合においては,同項第１号から第３号までに係るものにあつてはその受理した日から35日以内に,同項第４号に係るものにあつてはその受理した日から７日以内に,申請に係る建築物の計画が建築基準関係規定に適合するかどうかを審査し,審査の結果に基づいて建築基準関係規定に適合することを確認したときは,当該申請者に確認済証を交付しなければならない.

⑤ 建築主事は,前項の場合において,申請に係る建築物の計画が第６条の３第１項の構造計算適合性判定を要するものであるときは,建築主から同条第７項の適合判定通知書又はその写しの提出を受けた場合に限り,第１項の規定による確認をすることができる.

⑥ 建築主事は,第４項の場合（申請に係る建築物の計画が第６条の３第１項の特定構造計算基準（第20条第１項第２号イの政令で定める基準に従つた構造計算で同号イに規定する方法によるものによつて確かめられる安全性を有することに係る部分に限る.）に適合するかどうかを審査する場合その他国土交通省令で定める場合に限る.）において,第４項の期間内に当該申請者に第１項の確認済証を交付することができない合理的な理由があるときは,35日の範囲内において,第４項の期間を延長することができる.この場合においては,その旨及びその延長する期間並びにその期間を延長する理由を記載した通知書を同項の期間内に当該申請者に交付しなければならない.

⑦ 建築主事は,第４項の場合において,申請に係る建築物の計画が建築基準関係規定に適合しないことを認めたとき,又は建築基準関係規定に適合するかどうかを決定することができない正当な理由があるときは,その旨及びその理由を記載した通知書を同項の期間（前項の規定により第４項の期間を延長した場合にあつては,当該延長後の期間）内に当該申請者に交付しなければならない.

⑧ 第１項の確認済証の交付を受けた後でなければ,同項の建築物の建築,大規模の修繕又は大規模の模様替の工事は,することができない.

⑨ 第１項の規定による確認の申請書,同項の確認済証並びに第６項及び第７項の通知書の様式は,国土交通省令で定める.

（国土交通大臣等の指定を受けた者による確認）

第６条の２ ① 前条第１項各号に掲げる建築物の計画（前条第３項各号のいずれかに該当するものを除く.）が建築基準関係規定に適合するものであることについて,第77条の18から第77条の21までの規定の定めるところにより国土交通大臣又は都道府県知事が指定した者の確認を受け,国土交通省令で定めるところにより確認済証の交付を受けたときは,当該確認は前条第１項の規定による確認と,当該確認済証は同項の確認済証とみなす.

② 前項の規定による指定は,二以上の都道府県の区域において同項の規定による確認の業務を行おうとする者を指定する場合にあつては国土交通大臣が,一の都道府県の区域において同項の規定による確認の業務を行おうとする者を指定する場合にあつては都道府県知事がするものとする.

③ 第１項の規定による指定を受けた者は,同項の規定による確認の申請を受けた場合において,申請に係る建築物の計画が次条第１項の構造計算適合性判定を要するものであるときは,建築主から同条第７項の適合判定通知書又はその写しの提出を受けた場合に限り,第１項の規定による確認をすることができる.

④ 第１項の規定による指定を受けた者は,同項の規定による確認の申請を受けた場合において,申請に係る建築物の計画が建築基準関係規定に適合しないことを認めたとき,又は建築基準関係規定に適合するかどうかを決定することができない正当な理由があるときは,国土交通省令で定めるところにより,その旨及びその理由を記載した通知書を当該申請者に交付しなければならない.

⑤ 第１項の規定による指定を受けた者は,同項の確認済証又は前項の通知書の交付をしたときは,国土交通省令で定める期間内に,国土交通省令で定めるところにより,確認審査報告書を作成し,当該確認済証又は当該通知書の交付に係る建築物の計画に関する国土交通省令で定める書類を添えて,これを特定行政庁に提出しなければならない.

⑥ 特定行政庁は,前項の規定による確認審査報告書の提出を受けた場合において,第１項の確認済証の交付を

受けた建築物の計画が建築基準関係規定に適合しないと認めるときは，当該建築物の建築主及び当該確認済証を交付した同項の規定による指定を受けた者にその旨を通知しなければならない．この場合において，当該確認済証は，その効力を失う．

⑦ 前項の場合において，特定行政庁は，必要に応じ，第9条第1項又は第10項の命令その他の措置を講ずるものとする．

（構造計算適合性判定）

第6条の3 ① 建築主は，第6条第1項の場合において，申請に係る建築物の計画が第20条第1項第2号若しくは第3号に定める基準（同項第2号イ又は第3号イの政令で定める基準に従つた構造計算で，同項第2号イに規定する方法若しくはプログラムによるもの又は同項第3号イに規定するプログラムによるものによつて確かめられる安全性を有することに係る部分に限る．以下「特定構造計算基準」という．）又は第3条第2項（第86条の9第1項において準用する場合を含む．）の規定により第20条の規定の適用を受けない建築物について第86条の7第1項の政令で定める範囲内において増築若しくは改築をする場合における同項の政令で定める基準（特定構造計算基準に相当する基準として政令で定めるものに限る．以下「特定増改築構造計算基準」という．）に適合するかどうかの確認審査（第6条第4項に規定する審査又は前条第1項の規定による確認のための審査をいう．以下この項において同じ．）を要するものであるときは，構造計算適合性判定（当該建築物の計画が特定構造計算基準又は特定増改築構造計算基準に適合するかどうかの判定をいう．以下同じ．）の申請書を提出して都道府県知事の構造計算適合性判定を受けなければならない．ただし，当該建築物の計画が特定構造計算基準（第20条第1項第2号イの政令で定める基準に従つた構造計算で同号イに規定する方法によるものによつて確かめられる安全性を有することに係る部分のうち確認審査が比較的容易にできるものとして政令で定めるものに限る．）又は特定増改築構造計算基準（確認審査が比較的容易にできるものとして政令で定めるものに限る．）に適合するかどうかを，構造計算に関する高度の専門的知識及び技術を有する者として国土交通省令で定める要件を備える者である建築主事が第6条第4項に規定する審査をする場合又は前条第1項の規定による指定を受けた者が当該国土交通省令で定める要件を備える者である第77条の24第1項の確認検査員に前条第1項の規定による確認のための審査をさせる場合は，この限りでない．

② 都道府県知事は，前項の申請書を受理した場合において，申請に係る建築物の計画が建築基準関係規定に適合するものであることについて当該都道府県に置かれた建築主事が第6条第1項の規定による確認をするときは，当該建築主事を当該申請に係る構造計算適合性判定に関する事務に従事させてはならない．

③ 都道府県知事は，特別な構造方法の建築物の計画について第1項の構造計算適合性判定を行うに当たつて必要があると認めるときは，当該構造方法に係る構造計算に関して専門的な識見を有する者の意見を聴くものとする．

④ 都道府県知事は，第1項の申請書を受理した場合においては，その受理した日から14日以内に，当該申請に係る構造計算適合性判定の結果を記載した通知書を当該申請者に交付しなければならない．

⑤ 都道府県知事は，前項の場合（申請に係る建築物の計画が特定構造計算基準（第20条第1項第2号イの政令で定める基準に従つた構造計算で同号イに規定する方法によるものによつて確かめられる安全性を有することに係る部分に限る．）に適合するかどうかの判定の申請を受けた場合その他国土交通省令で定める場合に限る．）において，前項の期間内に当該申請者に同項の通知書を交付することができない合理的な理由があるときは，35日の範囲内において，同項の期間を延長することができる．この場合においては，その旨及びその延長する期間並びにその期間を延長する理由を記載した通知書を同項の期間内に当該申請者に交付しなければならない．

⑥ 都道府県知事は，第4項の場合において，申請書の記載によつては当該建築物の計画が特定構造計算基準又は特定増改築構造計算基準に適合するかどうかを決定することができない正当な理由があるときは，その旨及びその理由を記載した通知書を同項の期間（前項の規定により第4項の期間を延長した場合にあつては，当該延長後の期間）内に当該申請者に交付しなければならない．

⑦ 建築主は，第4項の規定により同項の通知書の交付を受けた場合において，当該通知書が適合判定通知書（当該建築物の計画が特定構造計算基準又は特定増改築構造計算基準に適合するものであると判定された旨が記載された通知書をいう．以下同じ．）であるときは，第6条第1項又は前条第1項の規定による確認をする建築主事又は同項の規定による指定を受けた者に，当該適合判定通知書又はその写しを提出しなければならない．ただし，当該建築物の計画に係る第6条第7項又は前条第4項の通知書の交付を受けた場合は，この限りでない．

⑧ 建築主は，前項の場合において，建築物の計画が第6条第1項の規定による建築主事の確認に係るものであるときは，同条第4項の期間（同条第6項の規定により同条第4項の期間が延長された場合にあつては，当該延長後の期間）の末日の3日前までに，前項の適合判定通知書又はその写しを当該建築主事に提出しなければならない．

⑨ 第1項の規定による構造計算適合性判定の申請書及び第4項から第6項までの通知書の様式は，国土交通省令で定める．

（建築物の建築に関する確認の特例）

第6条の4 ① 第1号若しくは第2号に掲げる建築物の建築，大規模の修繕若しくは大規模の模様替又は第3号に掲げる建築物の建築に対する第6条及び第6条の

２の規定の適用については，第６条第１項中「政令で定めるものをいう．以下同じ」とあるのは，「政令で定めるものをいい，建築基準法令の規定のうち政令で定める規定を除く．以下この条及び次条において同じ」とする．
１ 第68条の10第１項の認定を受けた型式（次号において「認定型式」という．）に適合する建築材料を用いる建築物
２ 認定型式に適合する建築物の部分を有する建築物
３ 第６条第１項第４号に掲げる建築物で建築士の設計に係るもの
② 前項の規定により読み替えて適用される第６条第１項に規定する政令のうち建築基準法令の規定を定めるものにおいては，建築士の技術水準，建築物の敷地，構造及び用途その他の事情を勘案して，建築士及び建築物の区分に応じ，建築主事の審査を要しないこととしても建築物の安全上，防火上及び衛生上支障がないと認められる規定を定めるものとする．

（建築物に関する完了検査）

第７条 ① 建築主は，第６条第１項の規定による工事を完了したときは，国土交通省令で定めるところにより，建築主事の検査を申請しなければならない．
② 前項の規定による申請は，第６条第１項の規定による工事が完了した日から４日以内に建築主事に到達するように，しなければならない．ただし，申請をしなかつたことについて国土交通省令で定めるやむを得ない理由があるときは，この限りでない．
③ 前項ただし書の場合における検査の申請は，その理由がやんだ日から４日以内に建築主事に到達するように，しなければならない．
④ 建築主事が第１項の規定による申請を受理した場合においては，建築主事又はその委任を受けた当該市町村若しくは都道府県の職員（以下この章において「建築主事等」という．）は，その申請を受理した日から７日以内に，当該工事に係る建築物及びその敷地が建築基準関係規定に適合しているかどうかを検査しなければならない．
⑤ 建築主事等は，前項の規定による検査をした場合において，当該建築物及びその敷地が建築基準関係規定に適合していることを認めたときは，国土交通省令で定めるところにより，当該建築物の建築主に対して検査済証を交付しなければならない．

（国土交通大臣等の指定を受けた者による完了検査）

第７条の２ ① 第77条の18から第77条の21までの規定の定めるところにより国土交通大臣又は都道府県知事が指定した者が，第６条第１項の規定による工事の完了の日から４日が経過する日までに，当該工事に係る建築物及びその敷地が建築基準関係規定に適合しているかどうかの検査を引き受けた場合において，当該検査の引受けに係る工事が完了したときについては，前条第１項から第３項までの規定は，適用しない．
② 前項の規定による指定は，二以上の都道府県の区域において同項の検査の業務を行おうとする者を指定する場合にあつては国土交通大臣が，一の都道府県の区域において同項の検査の業務を行おうとする者を指定する場合にあつては都道府県知事がするものとする．
③ 第１項の規定による指定を受けた者は，同項の規定による検査の引受けを行つたときは，国土交通省令で定めるところにより，その旨を証する書面を建築主に交付するとともに，その旨を建築主事に通知しなければならない．
④ 第１項の規定による指定を受けた者は，同項の規定による検査の引受けを行つたときは，当該検査の引受けを行つた第６条第１項の規定による工事が完了した日又は当該検査の引受けを行つた日のいずれか遅い日から７日以内に，第１項の検査をしなければならない．
⑤ 第１項の規定による指定を受けた者は，同項の検査をした建築物及びその敷地が建築基準関係規定に適合していることを認めたときは，国土交通省令で定めるところにより，当該建築物の建築主に対して検査済証を交付しなければならない．この場合において，当該検査済証は，前条第５項の検査済証とみなす．
⑥ 第１項の規定による指定を受けた者は，同項の検査をしたときは，国土交通省令で定める期間内に，国土交通省令で定めるところにより，完了検査報告書を作成し，同項の検査をした建築物及びその敷地に関する国土交通省令で定める書類を添えて，これを特定行政庁に提出しなければならない．
⑦ 特定行政庁は，前項の規定による完了検査報告書の提出を受けた場合において，第１項の検査をした建築物及びその敷地が建築基準関係規定に適合しないと認めるときは，遅滞なく，第９条第１項又は第７項の規定による命令その他必要な措置を講ずるものとする．

（建築物に関する中間検査）

第７条の３ ① 建築主は，第６条第１項の規定による工事が次の各号のいずれかに該当する工程（以下「特定工程」という．）を含む場合において，当該特定工程に係る工事を終えたときは，その都度，国土交通省令で定めるところにより，建築主事の検査を申請しなければならない．
１ 階数が３以上である共同住宅の床及びはりに鉄筋を配置する工事の工程のうち政令で定める工程
２ 前号に掲げるもののほか，特定行政庁が，その地方の建築物の建築の動向又は工事に関する状況その他の事情を勘案して，区域，期間又は建築物の構造，用途若しくは規模を限つて指定する工程
② 前項の規定による申請は，特定工程に係る工事を終えた日から４日以内に建築主事に到達するように，しなければならない．ただし，申請をしなかつたことについて国土交通省令で定めるやむを得ない理由があるときは，この限りでない．
③ 前項ただし書の場合における検査の申請は，その理由がやんだ日から４日以内に建築主事に到達するように，しなければならない．
④ 建築主事が第１項の規定による申請を受理した場合においては，建築主事等は，その申請を受理した日から

4日以内に,当該申請に係る工事中の建築物等(建築,大規模の修繕又は大規模の模様替の工事中の建築物及びその敷地をいう.以下この章において同じ.)について,検査前に施工された工事に係る建築物の部分及びその敷地が建築基準関係規定に適合するかどうかを検査しなければならない.

⑤ 建築主事等は,前項の規定による検査をした場合において,工事中の建築物等が建築基準関係規定に適合することを認めたときは,国土交通省令で定めるところにより,当該建築主に対して当該特定工程に係る中間検査合格証を交付しなければならない.

⑥ 第1項第1号の政令で定める特定工程ごとに政令で定める当該特定工程後の工程及び特定行政庁が同項第2号の指定と併せて指定する特定工程後の工程(第18条第22項において「特定工程後の工程」と総称する.)に係る工事は,前項の規定による当該特定工程に係る中間検査合格証の交付を受けた後でなければ,これを施工してはならない.

⑦ 建築主事等又は前条第1項の規定による指定を受けた者は,第4項の規定による検査において建築基準関係規定に適合することを認められた工事中の建築物等について,第7条第4項,前条第1項,第4項又は次条第1項の規定による検査をするときは,第4項の規定による検査において建築基準関係規定に適合することを認められた建築物の部分及びその敷地については,これらの規定による検査をすることを要しない.

⑧ 第1項第2号の規定による指定に関して公示その他の必要な事項は,国土交通省令で定める.

(国土交通大臣等の指定を受けた者による中間検査)

第7条の4 ① 第6条第1項の規定による工事が特定工程を含む場合において,第7条の2第1項の規定による指定を受けた者が当該特定工程に係る工事を終えた後の工事中の建築物等について,検査前に施工された工事に係る建築物の部分及びその敷地が建築基準関係規定に適合するかどうかの検査を当該工事を終えた日から4日が経過する日までに引き受けたときについては,前条第1項から第3項までの規定は,適用しない.

② 第7条の2第1項の規定による指定を受けた者は,前項の規定による検査の引受けを行つたときは,国土交通省令で定めるところにより,その旨を証する書面を建築主に交付するとともに,その旨を建築主事に通知しなければならない.

③ 第7条の2第1項の規定による指定を受けた者は,第1項の検査をした場合において,特定工程に係る工事中の建築物等が建築基準関係規定に適合することを認めたときは,国土交通省令で定めるところにより,当該建築主に対して当該特定工程に係る中間検査合格証を交付しなければならない.

④ 前項の規定により交付された特定工程に係る中間検査合格証は,それぞれ,当該特定工程に係る前条第5項の中間検査合格証とみなす.

⑤ 前条第7項の規定の適用については,第3項の規定により特定工程に係る中間検査合格証が交付された第1項の検査は,それぞれ,同条第5項の規定により当該特定工程に係る中間検査合格証が交付された同条第4項の規定による検査とみなす.

⑥ 第7条の2第1項の規定による指定を受けた者は,第1項の検査をしたときは,国土交通省令で定める期間内に,国土交通省令で定めるところにより,中間検査報告書を作成し,同項の検査をした工事中の建築物等に関する国土交通省令で定める書類を添えて,これを特定行政庁に提出しなければならない.

⑦ 特定行政庁は,前項の規定による中間検査報告書の提出を受けた場合において,第1項の検査をした工事中の建築物等が建築基準関係規定に適合しないと認めるときは,遅滞なく,第9条第1項又は第10項の規定による命令その他必要な措置を講ずるものとする.

(建築物に関する検査の特例)

第7条の5 第6条の4第1項第1号若しくは第2号に掲げる建築物の建築,大規模の修繕若しくは大規模の模様替又は同項第3号に掲げる建築物の建築の工事(同号に掲げる建築物の建築の工事にあつては,国土交通省令で定めるところにより建築士である工事監理者によつて設計図書のとおりに実施されたことが確認されたものに限る.)に対する第7条から前条までの規定の適用については,第7条第4項及び第5項中「建築基準関係規定」とあるのは「前条第1項の規定により読み替えて適用される第6条第1項に規定する建築基準関係規定」と,第7条の2第1項,第5項及び第7項,第7条の3第4項,第5項及び第7項並びに前条第1項,第3項及び第7項中「建築基準関係規定」とあるのは「第6条の4第1項の規定により読み替えて適用される第6条第1項に規定する建築基準関係規定」とする.

(検査済証の交付を受けるまでの建築物の使用制限)

第7条の6 ① 第6条第1項第1号から第3号までの建築物を新築する場合又はこれらの建築物(共同住宅以外の住宅及び居室を有しない建築物を除く.)の増築,改築,移転,大規模の修繕若しくは大規模の模様替の工事で,廊下,階段,出入口その他の避難施設,消火栓,スプリンクラーその他の消火設備,排煙設備,非常用の照明装置,非常用の昇降機若しくは防火区画で政令で定めるものに関する工事(政令で定める軽易な工事を除く.以下この項,第18条第24項及び第90条の3において「避難施設等に関する工事」という.)を含むものをする場合においては,当該建築物の建築主は,第7条第5項の検査済証の交付を受けた後でなければ,当該新築に係る建築物又は当該避難施設等に関する工事に係る建築物若しくは建築物の部分を使用し,又は使用させてはならない.ただし,次の各号のいずれかに該当する場合には,検査済証の交付を受ける前においても,仮に,当該建築物又は建築物の部分を使用し,又は使用させることができる.

1 特定行政庁が,安全上,防火上及び避難上支障がないと認めたとき.

2 建築主事又は第7条の2第1項の規定による指定

を受けた者が，安全上，防火上及び避難上支障がないものとして国土交通大臣が定める基準に適合していることを認めたとき．

3　第7条第1項の規定による申請が受理された日（第7条の2第1項の規定による指定を受けた者が同項の規定による検査の引受けを行つた場合にあつては，当該検査の引受けに係る工事が完了した日又は当該検査の引受けを行つた日のいずれか遅い日）から7日を経過したとき．

② 前項第1号及び第2号の規定による認定の申請の手続に関し必要な事項は，国土交通省令で定める．

③ 第7条の2第1項の規定による指定を受けた者は，第1項第2号の規定による認定をしたときは，国土交通省令で定める期間内に，国土交通省令で定めるところにより，仮使用認定報告書を作成し，同号の規定による認定をした建築物に関する国土交通省令で定める書類を添えて，これを特定行政庁に提出しなければならない．

④ 特定行政庁は，前項の規定による仮使用認定報告書の提出を受けた場合において，第1項第2号の規定による認定を受けた建築物が同号の国土交通大臣が定める基準に適合しないと認めるときは，当該建築物の建築主及び当該認定を行つた第7条の2第1項の規定による指定を受けた者にその旨を通知しなければならない．この場合において，当該認定は，その効力を失う．

（維持保全）

第8条 ① 建築物の所有者，管理者又は占有者は，その建築物の敷地，構造及び建築設備を常時適法な状態に維持するように努めなければならない．

② 次の各号のいずれかに該当する建築物の所有者又は管理者は，その建築物の敷地，構造及び建築設備を常時適法な状態に維持するため，必要に応じ，その建築物の維持保全に関する準則又は計画を作成し，その他適切な措置を講じなければならない．ただし，国，都道府県又は建築主事を置く市町村が所有し，又は管理する建築物については，この限りでない．

1　特殊建築物で安全上，防火上又は衛生上特に重要であるものとして政令で定めるもの

2　前号の特殊建築物以外の特殊建築物その他政令で定める建築物で，特定行政庁が指定するもの

③ 国土交通大臣は，前項各号のいずれかに該当する建築物の所有者又は管理者による同項の準則又は計画の適確な作成に資するため，必要な指針を定めることができる．

（違反建築物に対する措置）

第9条 ① 特定行政庁は，建築基準法令の規定又はこの法律の規定に基づく許可に付した条件に違反した建築物又は建築物の敷地については，当該建築物の建築主，当該建築物に関する工事の請負人（請負工事の下請人を含む．）若しくは現場管理者又は当該建築物若しくは建築物の敷地の所有者，管理者若しくは占有者に対して，当該工事の施工の停止を命じ，又は，相当の猶予期限を付けて，当該建築物の除却，移転，改築，増築，修繕，模様替，使用禁止，使用制限その他これらの規定又は条件に対する違反を是正するために必要な措置をとることを命ずることができる．

② 特定行政庁は，前項の措置を命じようとする場合においては，あらかじめ，その措置を命じようとする者に対して，その命じようとする措置及びその事由並びに意見書の提出先及び提出期限を記載した通知書を交付して，その措置を命じようとする者又はその代理人に意見書及び自己に有利な証拠を提出する機会を与えなければならない．

③ 前項の通知書の交付を受けた者は，その交付を受けた日から3日以内に，特定行政庁に対して，意見書の提出に代えて公開による意見の聴取を行うことを請求することができる．

④ 特定行政庁は，前項の規定による意見の聴取の請求があつた場合においては，第1項の措置を命じようとする者又はその代理人の出頭を求めて，公開による意見の聴取を行わなければならない．

⑤ 特定行政庁は，前項の規定による意見の聴取を行う場合においては，第1項の規定によつて命じようとする措置並びに意見の聴取の期日及び場所を，期日の2日前までに，前項に規定する者に通知するとともに，これを公告しなければならない．

⑥ 第4項に規定する者は，意見の聴取に際して，証人を出席させ，かつ，自己に有利な証拠を提出することができる．

⑦ 特定行政庁は，緊急の必要がある場合においては，前5項の規定にかかわらず，これらに定める手続によらないで，仮に，使用禁止又は使用制限の命令をすることができる．

⑧ 前項の命令を受けた者は，その命令を受けた日から3日以内に，特定行政庁に対して公開による意見の聴取を行うことを請求することができる．この場合においては，第4項から第6項までの規定を準用する．ただし，意見の聴取は，その請求があつた日から5日以内に行わなければならない．

⑨ 特定行政庁は，前項の意見の聴取の結果に基づいて，第7項の規定によつて仮にした命令が不当でないと認めた場合においては，第1項の命令をすることができる．意見の聴取の結果，第7項の規定によつて仮にした命令が不当であると認めた場合においては，直ちに，その命令を取り消さなければならない．

⑩ 特定行政庁は，建築基準法令の規定又はこの法律の規定に基づく許可に付した条件に違反することが明らかな建築，修繕又は模様替の工事中の建築物については，緊急の必要があつて第2項から第6項までに定める手続によることができない場合に限り，これらの手続によらないで，当該建築物の建築主又は当該工事の請負人（請負工事の下請人を含む．）若しくは現場管理者に対して，当該工事の施工の停止を命ずることができる．この場合において，これらの者が当該工事の現場にいないときは，当該工事に従事する者に対して，当該工事に係る作業の停止を命ずることができる．

⑪ 第1項の規定により必要な措置を命じようとする場

合において,過失がなくてその措置を命ぜられるべき者を確知することができず,かつ,その違反を放置することが著しく公益に反すると認められるときは,特定行政庁は,その者の負担において,その措置を自ら行い,又はその命じた者若しくは委任した者に行わせることができる.この場合においては,相当の期限を定めて,その措置を行うべき旨及びその期限までにその措置を行わないときは,特定行政庁又はその命じた者若しくは委任した者がその措置を行うべき旨をあらかじめ公告しなければならない.

⑫ 特定行政庁は,第1項の規定により必要な措置を命じた場合において,その措置を命ぜられた者がその措置を履行しないとき,履行しても十分でないとき,又は履行しても同項の期限までに完了する見込みがないときは,行政代執行法(昭和23年法律第43号)の定めるところに従い,みずから義務者のなすべき行為をし,又は第3者をしてこれをさせることができる.

⑬ 特定行政庁は,第1項又は第10項の規定による命令をした場合(建築監視員が第10項の規定による命令をした場合を含む.)においては,標識の設置その他国土交通省令で定める方法により,その旨を公示しなければならない.

⑭ 前項の標識は,第1項又は第10項の規定による命令に係る建築物又は建築物の敷地内に設置することができる.この場合においては,第1項又は第10項の規定による命令に係る建築物又は建築物の敷地の所有者,管理者又は占有者は,当該標識の設置を拒み,又は妨げてはならない.

⑮ 第1項,第7項又は第10項の規定による命令については,行政手続法(平成5年法律第88号)第3章(第12条及び第14条を除く.)の規定は,適用しない.

(建築監視員)

第9条の2 特定行政庁は,政令で定めるところにより,当該市町村又は都道府県の職員のうちから建築監視員を命じ,前条第7項及び第10項に規定する特定行政庁の権限を行なわせることができる.

(違反建築物の設計者等に対する措置)

第9条の3 ① 特定行政庁は,第9条第1項又は第10項の規定による命令をした場合(建築監視員が同条第10項の規定による命令をした場合を含む.)においては,国土交通省令で定めるところにより,当該命令に係る建築物の設計者,工事監理者若しくは工事の請負人(請負工事の下請人を含む.次項において同じ.)若しくは当該建築物について宅地建物取引業に係る取引をした宅地建物取引業者又は当該命令に係る浄化槽の製造業者の氏名又は名称及び住所その他国土交通省令で定める事項を,建築士法,建設業法(昭和24年法律第100号),浄化槽法(昭和58年法律第43号)又は宅地建物取引業法(昭和27年法律第176号)の定めるところによりこれらの者を監督する国土交通大臣又は都道府県知事に通知しなければならない.

② 国土交通大臣又は都道府県知事は,前項の規定による通知を受けた場合においては,遅滞なく,当該通知に係る者について,建築士法,建設業法,浄化槽法又は宅地建物取引業法による免許又は許可の取消し,業務の停止の処分その他必要な措置を講ずるものとし,その結果を同項の規定による通知をした特定行政庁に通知しなければならない.

(第3章の規定に適合しない建築物に対する措置)

第11条 ① 特定行政庁は,建築物の敷地,構造,建築設備又は用途(いずれも第3条第2項(第86条の9第1項において準用する場合を含む.)の規定により第3章の規定又はこれに基づく命令若しくは条例の規定の適用を受けないものに限る.)が公益上著しく支障があると認める場合においては,当該建築物の所在地の市町村の議会の同意を得た場合に限り,当該建築物の所有者,管理者又は占有者に対して,相当の猶予期限を付けて,当該建築物の除却,移転,修繕,模様替,使用禁止又は使用制限を命ずることができる.この場合においては,当該建築物の所在地の市町村は,当該命令に基づく措置によつて通常生ずべき損害を時価によつて補償しなければならない.

② 前項の規定によつて補償を受けることができる者は,その補償金額に不服がある場合においては,政令の定める手続によつて,その決定の通知を受けた日から1月以内に土地収用法(昭和26年法律第219号)第94条第2項の規定による収用委員会の裁決を求めることができる.

(報告,検査等)

第12条 ① 第6条第1項第1号に掲げる建築物で安全上,防火上又は衛生上特に重要であるものとして政令で定めるもの(国,都道府県及び建築主事を置く市町村が所有し,又は管理する建築物(以下この項及び第3項において「国等の建築物」という.)を除く.)及び当該政令で定めるもの以外の特定建築物(同号に掲げる建築物その他政令で定める建築物をいう.以下この条において同じ.)で特定行政庁が指定するもの(国等の建築物を除く.)の所有者(所有者と管理者が異なる場合においては,管理者.第3項において同じ.)は,これらの建築物の敷地,構造及び建築設備について,国土交通省令で定めるところにより,定期に,1級建築士若しくは2級建築士又は建築物調査員資格者証の交付を受けている者(次項及び次条第3項において「建築物調査員」という.)にその状況の調査(これらの建築物の敷地及び構造についての損傷,腐食その他の劣化の状況の点検を含み,これらの建築物の建築設備及び防火戸その他の政令で定める防火設備(以下「建築設備等」という.)についての第3項の検査を除く.)をさせて,その結果を特定行政庁に報告しなければならない.

② 国,都道府県又は建築主事を置く市町村が所有し,又は管理する特定建築物の管理者である国,都道府県若しくは市町村の機関の長又はその委任を受けた者(以下この章において「国の機関の長等」という.)は,当該特定建築物の敷地及び構造について,国土交通省令で定めるところにより,定期に,1級建築士若しくは2

級建築士又は建築物調査員に,損傷,腐食その他の劣化の状況の点検（当該特定建築物の防火戸その他の前項の政令で定める防火設備についての第４項の点検を除く.）をさせなければならない.ただし,当該特定建築物（第６条第１項第１号に掲げる建築物で安全上,防火上又は衛生上特に重要であるものとして前項の政令で定めるもの及び同項の規定により特定行政庁が指定するものを除く.）のうち特定行政庁が安全上,防火上及び衛生上支障がないと認めて建築審査会の同意を得て指定したものについては,この限りでない.

③ 特定建築設備等（昇降機及び特定建築物の昇降機以外の建築設備等をいう.以下この項及び次項において同じ.）で安全上,防火上又は衛生上特に重要であるものとして政令で定めるもの（国等の建築物に設けるものを除く.）及び当該政令で定めるもの以外の特定建築設備等で特定行政庁が指定するもの（国等の建築物に設けるものを除く.）の所有者は,これらの特定建築設備等について,国土交通省令で定めるところにより,定期に,１級建築士若しくは２級建築士又は建築設備等検査員資格者証の交付を受けている者（次項及び第12条の３第２項において「建築設備等検査員」という.）に検査（これらの特定建築設備等についての損傷,腐食その他の劣化の状況の点検を含む.）をさせて,その結果を特定行政庁に報告しなければならない.

④ 国の機関の長等は,国,都道府県又は建築主事を置く市町村が所有し,又は管理する建築物の特定建築設備等について,国土交通省令で定めるところにより,定期に,１級建築士若しくは２級建築士又は建築設備等検査員に,損傷,腐食その他の劣化の状況の点検をさせなければならない.ただし,当該特定建築設備等（前項の政令で定めるもの及び同項の規定により特定行政庁が指定するものを除く.）のうち特定行政庁が安全上,防火上及び衛生上支障がないと認めて建築審査会の同意を得て指定したものについては,この限りでない.

⑤ 特定行政庁,建築主事又は建築監視員は,次に掲げる者に対して,建築物の敷地,構造,建築設備若しくは用途,建築材料若しくは建築設備その他の建築物の部分（以下「建築材料等」という.）の受取若しくは引渡しの状況,建築物に関する工事の計画若しくは施工の状況又は建築物の敷地,構造若しくは建築設備に関する調査（以下「建築物に関する調査」という.）の状況に関する報告を求めることができる.

1 建築物若しくは建築物の敷地の所有者,管理者若しくは占有者,建築主,設計者,建築材料等を製造した者,工事監理者,工事施工者又は建築物に関する調査をした者
2 第77条の21第１項の指定確認検査機関
3 第77条の35の５第１項の指定構造計算適合性判定機関

⑥ 特定行政庁又は建築主事にあつては第６条第４項,第６条の２第６項,第７条第４項,第７条の３第４項,第９条第１項,第10項若しくは第13項,第10条第１項から第３項まで,前条第１項又は第90条の２第１項の規定の施行に必要な限度において,建築監視員にあつては第９条第10項の規定の施行に必要な限度において,当該建築物若しくは建築物の敷地の所有者,管理者若しくは占有者,建築主,設計者,建築材料等を製造した者,工事監理者,工事施工者又は建築物に関する調査をした者に対し,帳簿,書類その他の物件の提出を求めることができる.

（届出及び統計）

第15条 ① 建築主が建築物を建築しようとする場合又は建築物の除却の工事を施工する者が建築物を除却しようとする場合においては,これらの者は,建築主事を経由して,その旨を都道府県知事に届け出なければならない.ただし,当該建築物又は当該工事に係る部分の床面積の合計が10平方メートル以内である場合においては,この限りでない.

② 前項の規定にかかわらず,同項の建築物の建築又は除却が第１号の耐震改修又は第２号の建替えに該当する場合における同項の届出は,それぞれ,当該各号に規定する所管行政庁が都道府県知事であるときは直接当該都道府県知事に対し,市町村の長であるときは当該市町村の長を経由して行わなければならない.

1 建築物の耐震改修の促進に関する法律（平成７年法律第123号）第17条第１項の規定により建築物の耐震改修（増築又は改築に限る.）の計画の認定を同法第２条第３項の所管行政庁に申請する場合の当該耐震改修
2 密集市街地整備法第４条第１項の規定により建替計画の認定を同項の所管行政庁に申請する場合の当該建替え

③ 市町村の長は,当該市町村の区域内における建築物が火災,震災,水災,風災その他の災害により滅失し,又は損壊した場合においては,都道府県知事に報告しなければならない.ただし,当該滅失した建築物又は損壊した建築物の損壊した部分の床面積の合計が10平方メートル以内である場合においては,この限りでない.

④ 都道府県知事は,前３項の規定による届出及び報告に基づき,建築統計を作成し,これを国土交通大臣に送付し,かつ,関係書類を国土交通省令で定める期間保存しなければならない.

⑤ 前各項の規定による届出,報告並びに建築統計の作成及び送付の手続は,国土交通省令で定める.

（報告,検査等）

第15条の２ ① 国土交通大臣は,第１条の目的を達成するため特に必要があると認めるときは,建築物若しくは建築物の敷地の所有者,管理者若しくは占有者,建築主,設計者,建築材料等を製造した者,工事監理者,工事施工者,建築物に関する調査をした者若しくは第68条の10第１項の型式適合認定,第68条の25第１項の構造方法等の認定若しくは第68条の26の特殊構造方法等認定（以下この項において「型式適合認定等」という.）を受けた者に対し,建築物の敷地,構造,建築設備若しくは用途,建築材料等の受取若しくは引渡しの状況,建築物に関する工事の計画若しくは施工の状況若しくは

建築物に関する調査の状況に関する報告若しくは帳簿，書類その他の物件の提出を求め，又はその職員に，建築物，建築物の敷地，建築材料等を製造した者の工場，営業所，事務所，倉庫その他の事業場，建築工事場，建築物に関する調査をした者の営業所，事務所その他の事業場若しくは型式適合認定等を受けた者の事務所その他の事業場に立ち入り，建築物，建築物の敷地，建築設備，建築材料，建築材料等の製造に関係がある物件，設計図書その他建築物に関する工事に関係がある物件，建築物に関する調査に関係がある物件若しくは型式適合認定等に関係がある物件を検査させ，若しくは試験させ，若しくは建築物若しくは建築物の敷地の所有者，管理者若しくは占有者，建築主，設計者，建築材料等を製造した者，工事監理者，工事施工者，建築物に関する調査をした者若しくは型式適合認定等を受けた者に対し必要な事項について質問させることができる．ただし，住居に立ち入る場合においては，あらかじめ，その居住者の承諾を得なければならない．

② 前項の規定により立入検査をする職員は，その身分を示す証明書を携帯し，関係者に提示しなければならない．

③ 第１項の規定による権限は，犯罪捜査のために認められたものと解釈してはならない．

◈ 第２章　建築物の敷地，構造及び建築設備

（敷地の衛生及び安全）

第19条 ① 建築物の敷地は，これに接する道の境より高くなければならず，建築物の地盤面は，これに接する周囲の土地より高くなければならない．ただし，敷地内の排水に支障がない場合又は建築物の用途により防湿の必要がない場合においては，この限りでない．

② 湿潤な土地，出水のおそれの多い土地又はごみその他これに類する物で埋め立てられた土地に建築物を建築する場合においては，盛土，地盤の改良その他衛生上又は安全上必要な措置を講じなければならない．

③ 建築物の敷地には，雨水及び汚水を排出し，又は処理するための適当な下水管，下水溝又はためますその他これらに類する施設をしなければならない．

④ 建築物ががけ崩れ等による被害を受けるおそれのある場合においては，擁壁の設置その他安全上適当な措置を講じなければならない．

（構造耐力）

第20条 ① 建築物は，自重，積載荷重，積雪荷重，風圧，土圧及び水圧並びに地震その他の震動及び衝撃に対して安全な構造のものとして，次の各号に掲げる建築物の区分に応じ，それぞれ当該各号に定める基準に適合するものでなければならない．

1 高さが60メートルを超える建築物　当該建築物の安全上必要な構造方法に関して政令で定める技術的基準に適合するものであること．この場合において，その構造方法は，荷重及び外力によつて建築物の各部分に連続的に生ずる力及び変形を把握することその他の政令で定める基準に従つた構造計算によつて安全性が確かめられたものとして国土交通大臣の認定を受けたものであること．

2 高さが60メートル以下の建築物のうち，第６条第１項第２号に掲げる建築物（高さが13メートル又は軒の高さが９メートルを超えるものに限る．）又は同項第３号に掲げる建築物（地階を除く階数が４以上である鉄骨造の建築物，高さが20メートルを超える鉄筋コンクリート造又は鉄骨鉄筋コンクリート造の建築物その他これらの建築物に準ずるものとして政令で定める建築物に限る．）　次に掲げる基準のいずれかに適合するものであること．

　イ　当該建築物の安全上必要な構造方法に関して政令で定める技術的基準に適合すること．この場合において，その構造方法は，地震力によつて建築物の地上部分の各階に生ずる水平方向の変形を把握することその他の政令で定める基準に従つた構造計算で，国土交通大臣が定めた方法によるもの又は国土交通大臣の認定を受けたプログラムによるものによつて確かめられる安全性を有すること．

　ロ　前号に定める基準に適合すること．

3 高さが60メートル以下の建築物のうち，第６条第１項第２号又は第３号に掲げる建築物その他その主要構造部（床，屋根及び階段を除く．）を石造，れんが造，コンクリートブロック造，無筋コンクリート造その他これらに類する構造とした建築物で高さが13メートル又は軒の高さが９メートルを超えるもの（前号に掲げる建築物を除く．）　次に掲げる基準のいずれかに適合するものであること．

　イ　当該建築物の安全上必要な構造方法に関して政令で定める技術的基準に適合すること．この場合において，その構造方法は，構造耐力上主要な部分ごとに応力度が許容応力度を超えないことを確かめることその他の政令で定める基準に従つた構造計算で，国土交通大臣が定めた方法によるもの又は国土交通大臣の認定を受けたプログラムによるものによつて確かめられる安全性を有すること．

　ロ　前２号に定める基準のいずれかに適合すること．

4 前３号に掲げる建築物以外の建築物　次に掲げる基準のいずれかに適合するものであること．

　イ　当該建築物の安全上必要な構造方法に関して政令で定める技術的基準に適合すること．

　ロ　前３号に定める基準のいずれかに適合すること．

② 前項に規定する基準の適用上一の建築物であつても別の建築物とみなすことができる部分として政令で定める部分が二以上ある建築物の当該建築物の部分は，同項の規定の適用については，それぞれ別の建築物とみなす．

（大規模の建築物の主要構造部等）

第21条 ① 次の各号のいずれかに該当する建築物（その主要構造部（床，屋根及び階段を除く．）の政令で定める部分の全部又は一部に木材，プラスチックその他の可燃材料を用いたものに限る．）は，その主要構造部を通常火災終了時間（建築物の構造，建築設備及び用途に応じて通常の火災が消火の措置により終了するまでに通常要する時間をいう．）が経過するまでの間当該

火災による建築物の倒壊及び延焼を防止するために主要構造部に必要とされる性能に関して政令で定める技術的基準に適合するもので,国土交通大臣が定めた構造方法を用いるもの又は国土交通大臣の認定を受けたものとしなければならない.ただし,その周囲に延焼防止上有効な空地で政令で定める技術的基準に適合するものを有する建築物については,この限りでない.
1 地階を除く階数が4以上である建築物
2 高さが16メートルを超える建築物
3 別表第1(い)欄(5)項又は(6)項に掲げる用途に供する特殊建築物で,高さが13メートルを超えるもの

② 延べ面積が3000平方メートルを超える建築物(その主要構造部(床,屋根及び階段を除く.)の前項の政令で定める部分の全部又は一部に木材,プラスチックその他の可燃材料を用いたものに限る.)は,次の各号のいずれかに適合するものとしなければならない.
1 第2条第9号の2イに掲げる基準に適合するものであること.
2 壁,柱,床その他の建築物の部分又は防火戸その他の政令で定める防火設備(以下この号において「壁等」という.)のうち,通常の火災による延焼を防止するために当該壁等に必要とされる性能に関して政令で定める技術的基準に適合するもので,国土交通大臣が定めた構造方法を用いるもの又は国土交通大臣の認定を受けたものによつて有効に区画し,かつ,各区画の床面積の合計をそれぞれ3000平方メートル以内としたものであること.

(屋　根)

第22条 ① 特定行政庁が防火地域及び準防火地域以外の市街地について指定する区域内にある建築物の屋根の構造は,通常の火災を想定した火の粉による建築物の火災の発生を防止するために屋根に必要とされる性能に関して建築物の構造及び用途の区分に応じて政令で定める技術的基準に適合するもので,国土交通大臣が定めた構造方法を用いるもの又は国土交通大臣の認定を受けたものとしなければならない.ただし,茶室,あずまやその他これらに類する建築物又は延べ面積が10平方メートル以内の物置,納屋その他これらに類する建築物の屋根の延焼のおそれのある部分以外の部分については,この限りでない.

② 特定行政庁は,前項の規定による指定をする場合においては,あらかじめ,都市計画区域内にある区域については都道府県都市計画審議会(市町村都市計画審議会が置かれている市町村の長たる特定行政庁が行う場合にあつては,当該市町村都市計画審議会.第51条を除き,以下同じ.)の意見を聴き,その他の区域については関係市町村の同意を得なければならない.

(外　壁)

第23条 前条第1項の市街地の区域内にある建築物(その主要構造部の第21条第1項の政令で定める部分が木材,プラスチックその他の可燃材料で造られたもの(第25条及び第61条において「木造建築物等」という.)に限る.)は,その外壁で延焼のおそれのある部分の構造を,準防火性能(建築物の周囲において発生する通常の火災による延焼の抑制に一定の効果を発揮するために外壁に必要とされる性能をいう.)に関して政令で定める技術的基準に適合する土塗壁その他の構造で,国土交通大臣が定めた構造方法を用いるもの又は国土交通大臣の認定を受けたものとしなければならない.

(建築物が第22条第1項の市街地の区域の内外にわたる場合の措置)

第24条 建築物が第22条第1項の市街地の区域の内外にわたる場合においては,その全部について同項の市街地の区域内の建築物に関する規定を適用する.

(大規模の木造建築物等の外壁等)

第25条 延べ面積(同一敷地内に二以上の木造建築物等がある場合においては,その延べ面積の合計)が1000平方メートルを超える木造建築物等は,その外壁及び軒裏で延焼のおそれのある部分を防火構造とし,その屋根の構造を第22条第1項に規定する構造としなければならない.

(防火壁等)

第26条 延べ面積が1000平方メートルを超える建築物は,防火上有効な構造の防火壁又は防火床によつて有効に区画し,かつ,各区画の床面積の合計をそれぞれ1000平方メートル以内としなければならない.ただし,次の各号のいずれかに該当する建築物については,この限りでない.
1 耐火建築物又は準耐火建築物
2 卸売市場の上家,機械製作工場その他これらと同等以上に火災の発生のおそれが少ない用途に供する建築物で,次のイ又はロのいずれかに該当するもの
　イ 主要構造部が不燃材料で造られたものその他これに類する構造のもの
　ロ 構造方法,主要構造部の防火の措置その他の事項について防火上必要な政令で定める技術的基準に適合するもの
3 畜舎その他の政令で定める用途に供する建築物で,その周辺地域が農業上の利用に供され,又はこれと同様の状況にあつて,その構造及び用途並びに周囲の状況に関し避難上及び延焼防止上支障がないものとして国土交通大臣が定める基準に適合するもの

(耐火建築物等としなければならない特殊建築物)

第27条 ① 次の各号のいずれかに該当する特殊建築物は,その主要構造部を当該特殊建築物に存する者の全てが当該特殊建築物から地上までの避難を終了するまでの間通常の火災による建築物の倒壊及び延焼を防止するために主要構造部に必要とされる性能に関して政令で定める技術的基準に適合するもので,国土交通大臣が定めた構造方法を用いるもの又は国土交通大臣の認定を受けたものとし,かつ,その外壁の開口部であつて建築物の他の部分から当該開口部へ延焼するおそれがあるものとして政令で定めるものに,防火戸その他の政令で定める防火設備(その構造が遮炎性能に関して政

令で定める技術的基準に適合するもので,国土交通大臣が定めた構造方法を用いるもの又は国土交通大臣の認定を受けたものに限る.)を設けなければならない.

1 別表第1(ろ)欄に掲げる階を同表(い)欄(1)項から(4)項までに掲げる用途に供するもの(階数が3で延べ面積が200平方メートル未満のもの(同表(ろ)欄に掲げる階を同表(い)欄(2)項に掲げる用途で政令で定めるものに供するものにあつては,政令で定める技術的基準に従つて警報設備を設けたものに限る.)を除く.)

2 別表第1(い)欄(1)項から(4)項までに掲げる用途に供するもので,その用途に供する部分(同表(1)項の場合にあつては客席,同表(2)項及び(4)項の場合にあつては2階の部分に限り,かつ,病院及び診療所についてはその部分に患者の収容施設がある場合に限る.)の床面積の合計が同表(は)欄の当該各項に該当するもの

3 別表第1(い)欄(4)項に掲げる用途に供するもので,その用途に供する部分の床面積の合計が3000平方メートル以上のもの

4 劇場,映画館又は演芸場の用途に供するもので,主階が1階にないもの(階数が3以下で延べ面積が200平方メートル未満のものを除く.)

② 次の各号のいずれかに該当する特殊建築物は,耐火建築物としなければならない.

1 別表第1(い)欄(5)項に掲げる用途に供するもので,その用途に供する3階以上の部分の床面積の合計が同表(は)欄(5)項に該当するもの

2 別表第1(ろ)欄(6)項に掲げる階を同表(い)欄(6)項に掲げる用途に供するもの

③ 次の各号のいずれかに該当する特殊建築物は,耐火建築物又は準耐火建築物(別表第1(い)欄(6)項に掲げる用途に供するものにあつては,第2条第9号の3ロに該当する準耐火建築物のうち政令で定めるものを除く.)としなければならない.

1 別表第1(い)欄(5)項又は(6)項に掲げる用途に供するもので,その用途に供する部分の床面積の合計が同表(に)欄の当該各項に該当するもの

2 別表第2(と)項第4号に規定する危険物(安全上及び防火上支障がないものとして政令で定めるものを除く.以下この号において同じ.)の貯蔵場又は処理場の用途に供するもの(貯蔵又は処理に係る危険物の数量が政令で定める限度を超えないものを除く.)

(居室の採光及び換気)

第28条 ① 住宅,学校,病院,診療所,寄宿舎,下宿その他これらに類する建築物で政令で定めるものの居室(居住のための居室,学校の教室,病院の病室その他これらに類するものとして政令で定めるものに限る.)には,採光のための窓その他の開口部を設け,その採光に有効な部分の面積は,その居室の床面積に対して,住宅にあつては7分の1以上,その他の建築物にあつては5分の1から10分の1までの間において政令で定める割合以上としなければならない.ただし,地階若しくは地下工作物内に設ける居室その他これらに類する居室又は温湿度調整を必要とする作業を行う作業室その他用途上やむを得ない居室については,この限りでない.

② 居室には換気のための窓その他の開口部を設け,その換気に有効な部分の面積は,その居室の床面積に対して,20分の1以上としなければならない.ただし,政令で定める技術的基準に従つて換気設備を設けた場合においては,この限りでない.

③ 別表第1(い)欄(1)項に掲げる用途に供する特殊建築物の居室又は建築物の調理室,浴室その他の室でかまど,こんろその他火を使用する設備若しくは器具を設けたもの(政令で定めるものを除く.)には,政令で定める技術的基準に従つて,換気設備を設けなければならない.

④ ふすま,障子その他随時開放することができるもので仕切られた2室は,前3項の規定の適用については,1室とみなす.

(石綿その他の物質の飛散又は発散に対する衛生上の措置)

第28条の2 建築物は,石綿その他の物質の建築材料からの飛散又は発散による衛生上の支障がないよう,次に掲げる基準に適合するものとしなければならない.

1 建築材料に石綿その他の著しく衛生上有害なものとして政令で定める物質(次号及び第3号において「石綿等」という.)を添加しないこと.

2 石綿等をあらかじめ添加した建築材料(石綿等を飛散又は発散させるおそれがないものとして国土交通大臣が定めたもの又は国土交通大臣の認定を受けたものを除く.)を使用しないこと.

3 居室を有する建築物にあつては,前2号に定めるもののほか,石綿等以外の物質でその居室内において衛生上の支障を生ずるおそれがあるものとして政令で定める物質の区分に応じ,建築材料及び換気設備について政令で定める技術的基準に適合すること.

(地階における住宅等の居室)

第29条 住宅の居室,学校の教室,病院の病室又は寄宿舎の寝室で地階に設けるものは,壁及び床の防湿の措置その他の事項について衛生上必要な政令で定める技術的基準に適合するものとしなければならない.

(長屋又は共同住宅の各戸の界壁)

第30条 ① 長屋又は共同住宅の各戸の界壁は,次に掲げる基準に適合するものとしなければならない.

1 その構造が,隣接する住戸からの日常生活に伴い生ずる音を衛生上支障がないように低減するために界壁に必要とされる性能に関して政令で定める技術的基準に適合するもので,国土交通大臣が定めた構造方法を用いるもの又は国土交通大臣の認定を受けたものであること.

2 小屋裏又は天井裏に達するものであること.

② 前項第2号の規定は,長屋又は共同住宅の天井の構造が,隣接する住戸からの日常生活に伴い生ずる音を衛生上支障がないように低減するために天井に必要とされる性能に関して政令で定める技術的基準に適合する

もので,国土交通大臣が定めた構造方法を用いるもの又は国土交通大臣の認定を受けたものである場合においては,適用しない.

(便　所)

第31条 ① 下水道法（昭和33年法律第79号）第2条第8号に規定する処理区域内においては,便所は,水洗便所（汚水管が下水道法第2条第3号に規定する公共下水道に連結されたものに限る.）以外の便所としてはならない.

② 便所から排出する汚物を下水道法第2条第6号に規定する終末処理場を有する公共下水道以外に放流しようとする場合においては,屎尿浄化槽（その構造が汚物処理性能（当該汚物を衛生上支障がないように処理するために屎尿浄化槽に必要とされる性能をいう.）に関して政令で定める技術的基準に適合するもので,国土交通大臣が定めた構造方法を用いるもの又は国土交通大臣の認定を受けたものに限る.）を設けなければならない.

(避雷設備)

第33条 高さ20メートルをこえる建築物には,有効に避雷設備を設けなければならない.ただし,周囲の状況によつて安全上支障がない場合においては,この限りでない.

(昇降機)

第34条 ① 建築物に設ける昇降機は,安全な構造で,かつ,その昇降路の周壁及び開口部は,防火上支障がない構造でなければならない.

② 高さ31メートルをこえる建築物（政令で定めるものを除く.）には,非常用の昇降機を設けなければならない.

(建築材料の品質)

第37条 建築物の基礎,主要構造部その他安全上,防火上又は衛生上重要である政令で定める部分に使用する木材,鋼材,コンクリートその他の建築材料として国土交通大臣が定めるもの（以下この条において「指定建築材料」という.）は,次の各号のいずれかに該当するものでなければならない.

1 その品質が,指定建築材料ごとに国土交通大臣の指定する日本産業規格又は日本農林規格に適合するもの

2 前号に掲げるもののほか,指定建築材料ごとに国土交通大臣が定める安全上,防火上又は衛生上必要な品質に関する技術的基準に適合するものであることについて国土交通大臣の認定を受けたもの

(特殊の構造方法又は建築材料)

第38条 この章の規定及びこれに基づく命令の規定は,その予想しない特殊の構造方法又は建築材料を用いる建築物については,国土交通大臣がその構造方法又は建築材料がこれらの規定に適合するものと同等以上の効力があると認める場合においては,適用しない.

(災害危険区域)

第39条 ① 地方公共団体は,条例で,津波,高潮,出水等による危険の著しい区域を災害危険区域として指定することができる.

② 災害危険区域内における住居の用に供する建築物の建築の禁止その他建築物の建築に関する制限で災害防止上必要なものは,前項の条例で定める.

(地方公共団体の条例による制限の附加)

第40条 地方公共団体は,その地方の気候若しくは風土の特殊性又は特殊建築物の用途若しくは規模に因り,この章の規定又はこれに基く命令の規定のみによつては建築物の安全,防火又は衛生の目的を充分に達し難いと認める場合においては,条例で,建築物の敷地,構造又は建築設備に関して安全上,防火上又は衛生上必要な制限を附加することができる.

(市町村の条例による制限の緩和)

第41条 第6条第1項第4号の区域外においては,市町村は,土地の状況により必要と認める場合においては,国土交通大臣の承認を得て,条例で,区域を限り,第19条,第21条,第28条,第29条及び第36条の規定の全部若しくは一部を適用せず,又はこれらの規定による制限を緩和することができる.ただし,第6条第1項第1号及び第3号の建築物については,この限りでない.

◆ 第3章 都市計画区域等における建築物の敷地,構造,建築設備及び用途

第1節 総 則

(適用区域)

第41条の2 この章（第8節を除く.）の規定は,都市計画区域及び準都市計画区域内に限り,適用する.

(道路の定義)

第42条 ① この章の規定において「道路」とは,次の各号のいずれかに該当する幅員4メートル（特定行政庁がその地方の気候若しくは風土の特殊性又は土地の状況により必要と認めて都道府県都市計画審議会の議を経て指定する区域内においては,6メートル.次項及び第3項において同じ.）以上のもの（地下におけるものを除く.）をいう.

1 道路法（昭和27年法律第180号）による道路

2 都市計画法,土地区画整理法（昭和29年法律第119号）,旧住宅地造成事業に関する法律（昭和39年法律第160号）,都市再開発法（昭和44年法律第38号）,新都市基盤整備法（昭和47年法律第86号）,大都市地域における住宅及び住宅地の供給の促進に関する特別措置法（昭和50年法律第67号）又は密集市街地整備法（第6章に限る.以下この項において同じ.）による道路

3 都市計画区域若しくは準都市計画区域の指定若しくは変更又は第68条の9第1項の規定に基づく条例の制定若しくは改正によりこの章の規定が適用されるに至つた際現に存在する道

4 道路法,都市計画法,土地区画整理法,都市再開発法,新都市基盤整備法,大都市地域における住宅及び住宅地の供給の促進に関する特別措置法又は密集市街地整備法による新設又は変更の事業計画のある道路で,2年以内にその事業が執行される予定のものとして特定行政庁が指定したもの

5 土地を建築物の敷地として利用するため,道路法,都市計画法,土地区画整理法,都市再開発法,新都市基盤整備法,大都市地域における住宅及び住宅地の

供給の促進に関する特別措置法又は密集市街地整備法によらないで築造する政令で定める基準に適合する道で,これを築造しようとする者が特定行政庁からその位置の指定を受けたもの

② 都市計画区域若しくは準都市計画区域の指定若しくは変更又は第68条の9第1項の規定に基づく条例の制定若しくは改正によりこの章の規定が適用されるに至つた際現に建築物が立ち並んでいる幅員4メートル未満の道で,特定行政庁の指定したものは,前項の規定にかかわらず,同項の道路とみなし,その中心線からの水平距離2メートル(同項の規定により指定された区域内においては,3メートル(特定行政庁が周囲の状況により避難及び通行の安全上支障がないと認める場合は,2メートル).以下この項及び次項において同じ.)の線をその道路の境界線とみなす.ただし,当該道がその中心線からの水平距離2メートル未満で崖地,川,線路敷地その他これらに類するものに沿う場合においては,当該崖地等の道の側の境界線及びその境界線から道の側に水平距離4メートルの線をその道路の境界線とみなす.

③ 特定行政庁は,土地の状況に因りやむを得ない場合においては,前項の規定にかかわらず,同項に規定する中心線からの水平距離については2メートル未満1.35メートル以上の範囲内において,同項に規定するがけ地等の境界線からの水平距離については4メートル未満2.7メートル以上の範囲内において,別にその水平距離を指定することができる.

④ 第1項の区域内の幅員6メートル未満の道(第1号又は第2号に該当する道にあつては,幅員4メートル以上のものに限る.)で,特定行政庁が次の各号の1に該当すると認めて指定したものは,同項の規定にかかわらず,同項の道路とみなす.

1 周囲の状況により避難及び通行の安全上支障がないと認められる道
2 地区計画等に定められた道の配置及び規模又はその区域に即して築造される道
3 第1項の区域が指定された際現に道路とされていた道

⑤ 前項第3号に該当すると認めて特定行政庁が指定した幅員4メートル未満の道については,第2項の規定にかかわらず,第1項の区域が指定された際道路の境界線とみなされていた線をその道路の境界線とみなす.

⑥ 特定行政庁は,第2項の規定により幅員1.8メートル未満の道を指定する場合又は第3項の規定により別に水平距離を指定する場合においては,あらかじめ,建築審査会の同意を得なければならない.

第2節 建築物又はその敷地と道路又は壁面線との関係等

(敷地等と道路との関係)

第43条 ① 建築物の敷地は,道路(次に掲げるものを除く.第44条第1項を除き,以下同じ.)に2メートル以上接しなければならない.

1 自動車のみの交通の用に供する道路
2 地区計画の区域(地区整備計画が定められている区域のうち都市計画法第12条の11の規定により建築物その他の工作物の敷地として併せて利用すべき区域として定められている区域に限る.)内の道路

② 前項の規定は,次の各号のいずれかに該当する建築物については,適用しない.

1 その敷地が幅員4メートル以上の道(道路に該当するものを除き,避難及び通行の安全上必要な国土交通省令で定める基準に適合するものに限る.)に2メートル以上接する建築物のうち,利用者が少数であるものとしてその用途及び規模に関し国土交通省令で定める基準に適合するもので,特定行政庁が交通上,安全上,防火上及び衛生上支障がないと認めるもの
2 その敷地の周囲に広い空地を有する建築物その他の国土交通省令で定める基準に適合する建築物で,特定行政庁が交通上,安全上,防火上及び衛生上支障がないと認めて建築審査会の同意を得て許可したもの

③ 地方公共団体は,次の各号のいずれかに該当する建築物について,その用途,規模又は位置の特殊性により,第1項の規定によつては避難又は通行の安全の目的を十分に達成することが困難であると認めるときは,条例で,その敷地が接しなければならない道路の幅員,その敷地が道路に接する部分の長さその他その敷地又は建築物と道路との関係に関して必要な制限を付加することができる.

1 特殊建築物
2 階数が3以上である建築物
3 政令で定める窓その他の開口部を有しない居室を有する建築物
4 延べ面積(同一敷地内に2以上の建築物がある場合にあつては,その延べ面積の合計.次号,第4節,第7節及び別表第3において同じ.)が1000平方メートルを超える建築物
5 その敷地が袋路状道路(その一端のみが他の道路に接続したものをいう.)にのみ接する建築物で,延べ面積が150平方メートルを超えるもの(一戸建ての住宅を除く.)

(その敷地が4メートル未満の道路にのみ接する建築物に対する制限の付加)

第43条の2 地方公共団体は,交通上,安全上,防火上又は衛生上必要があると認めるときは,その敷地が第42条第3項の規定により水平距離が指定された道路にのみ2メートル(前条第3項各号のいずれかに該当する建築物で同項の条例によりその敷地が道路に接する部分の長さの制限が付加されているものにあつては,当該長さ)以上接する建築物について,条例で,その敷地,構造,建築設備又は用途に関して必要な制限を付加することができる.

(道路内の建築制限)

第44条 ① 建築物又は敷地を造成するための擁壁は,道路内に,又は道路に突き出して建築し,又は築造しては

ならない.ただし,次の各号のいずれかに該当する建築物については,この限りでない.
1 地盤面下に設ける建築物
2 公衆便所,巡査派出所その他これらに類する公益上必要な建築物で特定行政庁が通行上支障がないと認めて建築審査会の同意を得て許可したもの
3 第43条第1項第2号の道路の上空又は路面下に設ける建築物のうち,当該道路に係る地区計画の内容に適合し,かつ,政令で定める基準に適合するものであつて特定行政庁が安全上,防火上及び衛生上支障がないと認めるもの
4 公共用歩廊その他政令で定める建築物で特定行政庁が安全上,防火上及び衛生上他の建築物の利便を妨げ,その他周囲の環境を害するおそれがないと認めて許可したもの
② 特定行政庁は,前項第4号の規定による許可をする場合においては,あらかじめ,建築審査会の同意を得なければならない.

(私道の変更又は廃止の制限)

第45条 ① 私道の変更又は廃止によつて,その道路に接する敷地が第43条第1項の規定又は同条第3項の規定に基づく条例の規定に抵触することとなる場合においては,特定行政庁は,その私道の変更又は廃止を禁止し,又は制限することができる.
② 第9条第2項から第6項まで及び第15項の規定は,前項の措置を命ずる場合に準用する.

(壁面線の指定)

第46条 ① 特定行政庁は,街区内における建築物の位置を整えその環境の向上を図るために必要があると認める場合においては,建築審査会の同意を得て,壁面線を指定することができる.この場合においては,あらかじめ,その指定に利害関係を有する者の出頭を求めて公開による意見の聴取を行わなければならない.
② 前項の規定による意見の聴取を行う場合においては,同項の規定による指定の計画並びに意見の聴取の期日及び場所を期日の3日前までに公告しなければならない.
③ 特定行政庁は,第1項の規定による指定をした場合においては,遅滞なく,その旨を公告しなければならない.

(壁面線による建築制限)

第47条 建築物の壁若しくはこれに代る柱又は高さ2メートルをこえる門若しくはへいは,壁面線を越えて建築してはならない.ただし,地盤面下の部分又は特定行政庁が建築審査会の同意を得て許可した歩廊の柱その他これに類するものについては,この限りでない.

第3節 建築物の用途

(用途地域等)

第48条 ① 第1種低層住居専用地域内においては,別表第2(い)項に掲げる建築物以外の建築物は,建築してはならない.ただし,特定行政庁が第1種低層住居専用地域における良好な住居の環境を害するおそれがないと認め,又は公益上やむを得ないと認めて許可した場合においては,この限りでない.
② 第2種低層住居専用地域内においては,別表第2(ろ)項に掲げる建築物以外の建築物は,建築してはならない.ただし,特定行政庁が第2種低層住居専用地域における良好な住居の環境を害するおそれがないと認め,又は公益上やむを得ないと認めて許可した場合においては,この限りでない.
③ 第1種中高層住居専用地域内においては,別表第2(は)項に掲げる建築物以外の建築物は,建築してはならない.ただし,特定行政庁が第1種中高層住居専用地域における良好な住居の環境を害するおそれがないと認め,又は公益上やむを得ないと認めて許可した場合においては,この限りでない.
④ 第2種中高層住居専用地域内においては,別表第2(に)項に掲げる建築物は,建築してはならない.ただし,特定行政庁が第2種中高層住居専用地域における良好な住居の環境を害するおそれがないと認め,又は公益上やむを得ないと認めて許可した場合においては,この限りでない.
⑤ 第1種住居地域内においては,別表第2(ほ)項に掲げる建築物は,建築してはならない.ただし,特定行政庁が第1種住居地域における住居の環境を害するおそれがないと認め,又は公益上やむを得ないと認めて許可した場合においては,この限りでない.
⑥ 第2種住居地域内においては,別表第2(へ)項に掲げる建築物は,建築してはならない.ただし,特定行政庁が第2種住居地域における住居の環境を害するおそれがないと認め,又は公益上やむを得ないと認めて許可した場合においては,この限りでない.
⑦ 準住居地域内においては,別表第2(と)項に掲げる建築物は,建築してはならない.ただし,特定行政庁が準住居地域における住居の環境を害するおそれがないと認め,又は公益上やむを得ないと認めて許可した場合においては,この限りでない.
⑧ 田園住居地域内においては,別表第2(ち)項に掲げる建築物以外の建築物は,建築してはならない.ただし,特定行政庁が農業の利便及び田園住居地域における良好な住居の環境を害するおそれがないと認め,又は公益上やむを得ないと認めて許可した場合においては,この限りでない.
⑨ 近隣商業地域内においては,別表第2(り)項に掲げる建築物は,建築してはならない.ただし,特定行政庁が近隣の住宅地の住民に対する日用品の供給を行うことを主たる内容とする商業その他の業務の利便及び当該住宅地の環境を害するおそれがないと認め,又は公益上やむを得ないと認めて許可した場合においては,この限りでない.
⑩ 商業地域内においては,別表第2(ぬ)項に掲げる建築物は,建築してはならない.ただし,特定行政庁が商業の利便を害するおそれがないと認め,又は公益上やむを得ないと認めて許可した場合においては,この限りでない.
⑪ 準工業地域内においては,別表第2(る)項に掲げる建築物は,建築してはならない.ただし,特定行政庁が安全上若しくは防火上の危険の度若しくは衛生上の有害

の度が低いと認め,又は公益上やむを得ないと認めて許可した場合においては,この限りでない.
⑫ 工業地域内においては,別表第2(を)項に掲げる建築物は,建築してはならない.ただし,特定行政庁が工業の利便上又は公益上必要と認めて許可した場合においては,この限りでない.
⑬ 工業専用地域内においては,別表第2(わ)項に掲げる建築物は,建築してはならない.ただし,特定行政庁が工業の利便を害するおそれがないと認め,又は公益上やむを得ないと認めて許可した場合においては,この限りでない.
⑭ 第1種低層住居専用地域,第2種低層住居専用地域,第1種中高層住居専用地域,第2種中高層住居専用地域,第1種住居地域,第2種住居地域,準住居地域,田園住居地域,近隣商業地域,商業地域,準工業地域,工業地域又は工業専用地域（以下「用途地域」と総称する.）の指定のない区域（都市計画法第7条第1項に規定する市街化調整区域を除く.）内においては,別表第2(か)項に掲げる建築物は,建築してはならない.ただし,特定行政庁が当該区域における適正かつ合理的な土地利用及び環境の保全を図る上で支障がないと認め,又は公益上やむを得ないと認めて許可した場合においては,この限りでない.
⑮ 特定行政庁は,前各項のただし書の規定による許可（次項において「特例許可」という.）をする場合においては,あらかじめ,その許可に利害関係を有する者の出頭を求めて公開により意見を聴取し,かつ,建築審査会の同意を得なければならない.
⑯ 前項の規定にかかわらず,特定行政庁は,第1号に該当する場合においては同項の規定による意見の聴取及び同意の取得を要せず,第2号に該当する場合においては同項の規定による同意の取得を要しない.
1　特例許可を受けた建築物の増築,改築又は移転（これらのうち,政令で定める場合に限る.）について特例許可をする場合
2　日常生活に必要な政令で定める建築物で,騒音又は振動の発生その他の事象による住居の環境の悪化を防止するために必要な国土交通省令で定める措置が講じられているものの建築について特例許可（第1項から第7項までの規定のただし書の規定によるものに限る.）をする場合
⑰ 特定行政庁は,第15項の規定により意見を聴取する場合においては,その許可しようとする建築物の建築の計画並びに意見の聴取の期日及び場所を期日の3日前までに公告しなければならない.

(特別用途地区)

第49条 ① 特別用途地区内においては,前条第1項から第13項までに定めるものを除くほか,その地区の指定の目的のためにする建築物の建築の制限又は禁止に関して必要な規定は,地方公共団体の条例で定める.
② 特別用途地区内においては,地方公共団体は,その地区の指定の目的のために必要と認める場合においては,国土交通大臣の承認を得て,条例で,前条第1項から第13項までの規定による制限を緩和することができる.

(特定用途制限地域)

第49条の2 特定用途制限地域内における建築物の用途の制限は,当該特定用途制限地域に関する都市計画に即し,政令で定める基準に従い,地方公共団体の条例で定める.

(用途地域等における建築物の敷地,構造又は建築設備に対する制限)

第50条 用途地域,特別用途地区,特定用途制限地域,都市再生特別地区又は特定用途誘導地区内における建築物の敷地,構造又は建築設備に関する制限で当該地域又は地区の指定の目的のために必要なものは,地方公共団体の条例で定める.

(卸売市場等の用途に供する特殊建築物の位置)

第51条 都市計画区域内においては,卸売市場,火葬場又はと畜場,汚物処理場,ごみ焼却場その他政令で定める処理施設の用途に供する建築物は,都市計画においてその敷地の位置が決定しているものでなければ,新築し,又は増築してはならない.ただし,特定行政庁が都道府県都市計画審議会（その敷地の位置を都市計画に定めるべき者が市町村であり,かつ,その敷地が所在する市町村に市町村都市計画審議会が置かれている場合にあつては,当該市町村都市計画審議会）の議を経てその敷地の位置が都市計画上支障がないと認めて許可した場合又は政令で定める規模の範囲内において新築し,若しくは増築する場合においては,この限りでない.

第4節　建築物の敷地及び構造

(容積率)

第52条 ① 建築物の延べ面積の敷地面積に対する割合（以下「容積率」という.）は,次の各号に掲げる区分に従い,当該各号に定める数値以下でなければならない.ただし,当該建築物が第5号に掲げる建築物である場合において,第3項の規定により建築物の延べ面積の算定に当たりその床面積が当該建築物の延べ面積に算入されない部分を有するときは,当該部分の床面積を含む当該建築物の容積率は,当該建築物がある第1種住居地域,第2種住居地域,準住居地域,近隣商業地域又は準工業地域に関する都市計画において定められた第2号に定める数値の1.5倍以下でなければならない.
1　第1種低層住居専用地域,第2種低層住居専用地域又は田園住居地域内の建築物（第6号に掲げる建築物を除く.）　10分の5,10分の6,10分の8,10分の10,10分の15又は10分の20のうち当該地域に関する都市計画において定められたもの
2　第1種中高層住居専用地域若しくは第2種中高層住居専用地域内の建築物（第6号に掲げる建築物を除く.）又は第1種住居地域,第2種住居地域,準住居地域,近隣商業地域若しくは準工業地域内の建築物（第5号及び第6号に掲げる建築物を除く.）　10分の10,10分の15,10分の20,10分の30,10分の40又は10分の50のうち当該地域に関する都市計画において定められたもの
3　商業地域内の建築物（第6号に掲げる建築物を除

く.)　10分の20,10分の30,10分の40,10分の50,10分の60,10分の70,10分の80,10分の90,10分の100,10分の110,10分の120又は10分の130のうち当該地域に関する都市計画において定められたもの

4　工業地域内の建築物（第6号に掲げる建築物を除く.）又は工業専用地域内の建築物　10分の10,10分の15,10分の20,10分の30又は10分の40のうち当該地域に関する都市計画において定められたもの

5　高層住居誘導地区内の建築物（第6号に掲げる建築物を除く.）であつて,その住宅の用途に供する部分の床面積の合計がその延べ面積の3分の2以上であるもの（当該高層住居誘導地区に関する都市計画において建築物の敷地面積の最低限度が定められたときは,その敷地面積が当該最低限度以上のものに限る.）　当該建築物がある第1種住居地域,第2種住居地域,準住居地域,近隣商業地域又は準工業地域に関する都市計画において定められた第2号に定める数値から,その1.5倍以下で当該建築物の住宅の用途に供する部分の床面積の合計のその延べ面積に対する割合に応じて政令で定める方法により算出した数値までの範囲内で,当該高層住居誘導地区に関する都市計画において定められたもの

6　特定用途誘導地区内の建築物であつて,その全部又は一部を当該特定用途誘導地区に関する都市計画において定められた誘導すべき用途に供するもの　当該特定用途誘導地区に関する都市計画において定められた数値

7　用途地域の指定のない区域内の建築物　10分の5,10分の8,10分の10,10分の20,10分の30又は10分の40のうち,特定行政庁が土地利用の状況等を考慮し当該区域を区分して都道府県都市計画審議会の議を経て定めるもの

② 前項に定めるもののほか,前面道路（前面道路が二以上あるときは,その幅員の最大のもの.以下この項及び第12項において同じ.）の幅員が12メートル未満である建築物の容積率は,当該前面道路の幅員のメートルの数値に,次の各号に掲げる区分に従い,当該各号に定める数値を乗じたもの以下でなければならない.

1　第1種低層住居専用地域,第2種低層住居専用地域又は田園住居地域内の建築物　10分の4

2　第1種中高層住居専用地域若しくは第2種中高層住居専用地域内の建築物又は第1種住居地域,第2種住居地域若しくは準住居地域内の建築物（高層住居誘導地区内の建築物であつて,その住宅の用途に供する部分の床面積の合計がその延べ面積の3分の2以上であるもの（当該高層住居誘導地区に関する都市計画において建築物の敷地面積の最低限度が定められたときは,その敷地面積が当該最低限度以上のものに限る.第56条第1項第2号ハ及び別表第3の4の項において同じ.）を除く.）　10分の4（特定行政庁が都道府県都市計画審議会の議を経て指定する区域内の建築物にあつては,10分の6）

3　その他の建築物　10分の6（特定行政庁が都道府県都市計画審議会の議を経て指定する区域内の建築物にあつては,10分の4又は10分の8のうち特定行政庁が都道府県都市計画審議会の議を経て定めるもの）

③ 第1項（ただし書を除く.）,前項,第7項,第12項及び第14項,第57条の2第3項第2号,第57条の3第2項,第59条第1項及び第3項,第59条の2第1項,第60条第1項,第60条の2第1項及び第4項,第68条の3第1項,第68条の4,第68条の5（第2号イを除く.第6項において同じ.）,第68条の5の2（第2号イを除く.第6項において同じ.）,第68条の5の3第1項（第1号ロを除く.第6項において同じ.）,第68条の5の4（ただし書及び第1号ロを除く.）,第68条の5の5第1項第1号ロ,第68条の8,第68条の9第1項,第86条第3項及び第4項,第86条の2第2項及び第3項,第86条の5第3項並びに第86条の6第1項に規定する建築物の容積率（第59条第1項,第60条の2第1項及び第68条の9第1項に規定するものについては,建築物の容積率の最高限度に係る場合に限る.第6項において同じ.）の算定の基礎となる延べ面積には,建築物の地階でその天井が地盤面からの高さ1メートル以下にあるものの住宅又は老人ホーム,福祉ホームその他これらに類するもの（以下この項及び第6項において「老人ホーム等」という.）の用途に供する部分（第6項の政令で定める昇降機の昇降路の部分又は共同住宅若しくは老人ホーム等の共用の廊下若しくは階段の用に供する部分を除く.以下この項において同じ.）の床面積（当該床面積が当該建築物の住宅及び老人ホーム等の用途に供する部分の床面積の合計の3分の1を超える場合においては,当該建築物の住宅及び老人ホーム等の用途に供する部分の床面積の合計の3分の1）は,算入しないものとする.

④ 前項の地盤面とは,建築物が周囲の地面と接する位置の平均の高さにおける水平面をいい,その接する位置の高低差が3メートルを超える場合においては,その高低差3メートル以内ごとの平均の高さにおける水平面をいう.

⑤ 地方公共団体は,土地の状況等により必要と認める場合においては,前項の規定にかかわらず,政令で定める基準に従い,条例で,区域を限り,第3項の地盤面を別に定めることができる.

⑥ 第1項,第2項,次項,第12項及び第14項,第57条の2第3項第2号,第57条の3第2項,第59条第1項及び第3項,第59条の2第1項,第60条第1項,第60条の2第1項及び第4項,第68条の3第1項,第68条の4,第68条の5,第68条の5の2,第68条の5の3第1項,第68条の5の4（第1号ロを除く.）,第68条の5の5第1項第1号ロ,第68条の8,第68条の9第1項,第86条第3項及び第4項,第86条の2第2項及び第3項,第86条の5第3項並びに第86条の6第1項に規定する建築物の容積率の算定の基礎となる延べ面積には,政令で定める昇降機の昇降路の部分又は共同住宅若しくは老人ホーム等の共用の廊下若しくは階段の用に供する部分

の床面積は,算入しないものとする.

⑦ 建築物の敷地が第1項及び第2項の規定による建築物の容積率に関する制限を受ける地域,地区又は区域の2以上にわたる場合においては,当該建築物の容積率は,第1項及び第2項の規定による当該各地域,地区又は区域内の建築物の容積率の限度にその敷地の当該地域,地区又は区域内にある各部分の面積の敷地面積に対する割合を乗じて得たものの合計以下でなければならない.

⑧ その全部又は一部を住宅の用途に供する建築物(特定用途誘導地区内の建築物であつて,その一部を当該特定用途誘導地区に関する都市計画において定められた誘導すべき用途に供するものを除く.)であつて次に掲げる条件に該当するものについては,当該建築物がある地域に関する都市計画において定められた第1項第2号又は第3号に定める数値の1.5倍以下で当該建築物の住宅の用途に供する部分の床面積の合計のその延べ面積に対する割合に応じて政令で定める方法により算出した数値(特定行政庁が都道府県都市計画審議会の議を経て指定する区域内にあつては,当該都市計画において定められた数値から当該算出した数値までの範囲内で特定行政庁が都道府県都市計画審議会の議を経て別に定めた数値)を同項第2号又は第3号に定める数値とみなして,同項及び第3項から前項までの規定を適用する.ただし,当該建築物が第3項の規定により建築物の延べ面積の算定に当たりその床面積が当該建築物の延べ面積に算入されない部分を有するときは,当該部分の床面積を含む当該建築物の容積率は,当該建築物がある地域に関する都市計画において定められた第1項第2号又は第3号に定める数値の1.5倍以下でなければならない.

1 第1種住居地域,第2種住居地域,準住居地域,近隣商業地域若しくは準工業地域(高層住居誘導地区及び特定行政庁が都道府県都市計画審議会の議を経て指定する区域を除く.)又は商業地域(特定行政庁が都道府県都市計画審議会の議を経て指定する区域を除く.)内にあること.

2 その敷地内に政令で定める規模以上の空地(道路に接して有効な部分が政令で定める規模以上であるものに限る.)を有し,かつ,その敷地面積が政令で定める規模以上であること.

⑨ 建築物の敷地が,幅員15メートル以上の道路(以下この項において「特定道路」という.)に接続する幅員6メートル以上12メートル未満の前面道路のうち当該特定道路からの延長が70メートル以内の部分において接する場合における当該建築物に対する第2項から第7項までの規定の適用については,第2項中「幅員」とあるのは,「幅員(第9項の特定道路に接続する同項の前面道路のうち当該特定道路からの延長が70メートル以内の部分にあつては,その幅員に,当該特定道路から当該建築物の敷地が接する当該前面道路の部分までの延長に応じて政令で定める数値を加えたもの)」とする.

⑩ 建築物の敷地が都市計画において定められた計画道路(第42条第1項第4号に該当するものを除くものとし,以下この項において「計画道路」という.)に接する場合又は当該敷地内に計画道路がある場合において,特定行政庁が交通上,安全上,防火上及び衛生上支障がないと認めて許可した建築物については,当該計画道路を第2項の前面道路とみなして,同項から第7項まで及び前項の規定を適用するものとする.この場合においては,当該敷地のうち計画道路に係る部分の面積は,敷地面積又は敷地の部分の面積に算入しないものとする.

⑪ 前面道路の境界線又はその反対側の境界線からそれぞれ後退して壁面線の指定がある場合において,特定行政庁が次に掲げる基準に適合すると認めて許可した建築物については,当該前面道路の境界線又はその反対側の境界線は,それぞれ当該壁面線にあるものとみなして,第2項から第7項まで及び第9項の規定を適用するものとする.この場合においては,当該建築物の敷地のうち前面道路と壁面線との間の部分の面積は,敷地面積又は敷地の部分の面積に算入しないものとする.

1 当該建築物がある街区内における土地利用の状況等からみて,その街区内において,前面道路と壁面線との間の敷地の部分が当該前面道路と一体的かつ連続的に有効な空地として確保されており,又は確保されることが確実と見込まれること.

2 交通上,安全上,防火上及び衛生上支障がないこと.

⑫ 第2項各号の規定により前面道路の幅員のメートルの数値に乗ずる数値が10分の4とされている建築物で,前面道路の境界線から後退して壁面線の指定がある場合又は第68条の2第1項の規定に基づく条例で定める壁面の位置の制限(道路に面する建築物の壁又はこれに代わる柱の位置及び道路に面する高さ2メートルを超える門又は塀の位置を制限するものに限る.)がある場合において当該壁面線又は当該壁面の位置の制限として定められた限度の線(以下この項及び次項において「壁面線等」という.)を越えないもの(ひさしその他の建築物の部分で政令で定めるものを除く.)については,当該前面道路の境界線は,当該壁面線等にあるものとみなして,第2項から第7項まで及び第9項の規定を適用することができる.ただし,建築物の容積率は,当該前面道路の幅員のメートルの数値に10分の6を乗じたもの以下でなければならない.

⑬ 前項の場合においては,当該建築物の敷地のうち前面道路と壁面線等との間の部分の面積は,敷地面積又は敷地の部分の面積に算入しないものとする.

⑭ 次の各号のいずれかに該当する建築物で,特定行政庁が交通上,安全上,防火上及び衛生上支障がないと認めて許可したものの容積率は,第1項から第9項までの規定にかかわらず,その許可の範囲内において,これらの規定による限度を超えるものとすることができる.

1 同一敷地内の建築物の機械室その他これに類する部分の床面積の合計の建築物の延べ面積に対する割合が著しく大きい場合におけるその敷地内の建築物

2 その敷地の周囲に広い公園,広場,道路その他の空地を有する建築物

⑮ 第44条第２項の規定は,第10項,第11項又は前項の規定による許可をする場合に準用する.

（建蔽率）

第53条 ① 建築物の建築面積（同一敷地内に二以上の建築物がある場合においては,その建築面積の合計）の敷地面積に対する割合（以下「建蔽率」という.）は,次の各号に掲げる区分に従い,当該各号に定める数値を超えてはならない.

1　第１種低層住居専用地域,第２種低層住居専用地域,第１種中高層住居専用地域,第２種中高層住居専用地域,田園住居地域又は工業専用地域内の建築物　10分の３,10分の４,10分の５又は10分の６のうち当該地域に関する都市計画において定められたもの

2　第１種住居地域,第２種住居地域,準住居地域又は準工業地域内の建築物　10分の５,10分の６又は10分の８のうち当該地域に関する都市計画において定められたもの

3　近隣商業地域内の建築物　10分の６又は10分の８のうち当該地域に関する都市計画において定められたもの

4　商業地域内の建築物　10分の８

5　工業地域内の建築物　10分の５又は10分の６のうち当該地域に関する都市計画において定められたもの

6　用途地域の指定のない区域内の建築物　10分の３,10分の４,10分の５,10分の６又は10分の７のうち,特定行政庁が土地利用の状況等を考慮し当該区域を区分して都道府県都市計画審議会の議を経て定めるもの

② 建築物の敷地が前項の規定による建築物の建蔽率に関する制限を受ける地域又は区域の二以上にわたる場合においては,当該建築物の建蔽率は,同項の規定による当該各地域又は区域内の建築物の建蔽率の限度にその敷地の当該地域又は区域内にある各部分の面積の敷地面積に対する割合を乗じて得たものの合計以下でなければならない.

③ 前２項の規定の適用については,第１号又は第２号のいずれかに該当する建築物にあつては第１項各号に定める数値に10分の１を加えたものをもつて当該各号に定める数値とし,第１号及び第２号に該当する建築物にあつては同項各号に定める数値に10分の２を加えたものをもつて当該各号に定める数値とする.

1 防火地域（第１項第２号から第４号までの規定により建蔽率の限度が10分の８とされている地域を除く.）内にあるイに該当する建築物又は準防火地域内にあるイ若しくはロのいずれかに該当する建築物

イ　耐火建築物又はこれと同等以上の延焼防止性能（通常の火災による周囲への延焼を防止するために壁,柱,床その他の建築物の部分及び防火戸その他の政令で定める防火設備に必要とされる性能をいう.ロにおいて同じ.）を有するものとして政令で定める建築物（以下この条及び第67条第１項において「耐火建築物等」という.）

ロ　準耐火建築物又はこれと同等以上の延焼防止性能を有するものとして政令で定める建築物（耐火建築物等を除く.第８項及び第67条第１項において「準耐火建築物等」という.）

2 街区の角にある敷地又はこれに準ずる敷地で特定行政庁が指定するものの内にある建築物

④ 隣地境界線から後退して壁面線の指定がある場合又は第68条の２第１項の規定に基づく条例で定める壁面の位置の制限（隣地境界線に面する建築物の壁又はこれに代わる柱の位置及び隣地境界線に面する高さ２メートルを超える門又は塀の位置を制限するものに限る.）がある場合において,当該壁面線又は壁面の位置の制限として定められた限度の線を越えない建築物（ひさしその他の建築物の部分で政令で定めるものを除く.次項において同じ.）で,特定行政庁が安全上,防火上及び衛生上支障がないと認めて許可したものの建蔽率は,前３項の規定にかかわらず,その許可の範囲内において,前３項の規定による限度を超えるものとすることができる.

⑤ 次の各号のいずれかに該当する建築物で,特定行政庁が安全上,防火上及び衛生上支障がないと認めて許可したものの建蔽率は,第１項から第３項までの規定にかかわらず,その許可の範囲内において,これらの規定による限度を超えるものとすることができる.

1 特定行政庁が街区における避難上及び消火上必要な機能の確保を図るため必要と認めて前面道路の境界線から後退して壁面線を指定した場合における,当該壁面線を越えない建築物

2 特定防災街区整備地区に関する都市計画において特定防災機能（密集市街地整備法第２条第３号に規定する特定防災機能をいう.次号において同じ.）の確保を図るため必要な壁面の位置の制限（道路に面する建築物の壁又はこれに代わる柱の位置及び道路に面する高さ２メートルを超える門又は塀の位置を制限するものに限る.同号において同じ.）が定められた場合における,当該壁面の位置の制限として定められた限度の線を越えない建築物

3 第68条の２第１項の規定に基づく条例において防災街区整備地区計画の区域（特定建築物地区整備計画又は防災街区整備地区整備計画が定められている区域に限る.）における特定防災機能の確保を図るため必要な壁面の位置の制限が定められた場合における,当該壁面の位置の制限として定められた限度の線を越えない建築物

⑥ 前各項の規定は,次の各号のいずれかに該当する建築物については,適用しない.

1 防火地域（第１項第２号から第４号までの規定により建蔽率の限度が10分の８とされている地域に限る.）内にある耐火建築物等

2 巡査派出所,公衆便所,公共用歩廊その他これらに類するもの

3 公園,広場,道路,川その他これらに類するものの内にある建築物で特定行政庁が安全上,防火上及び衛

生上支障がないと認めて許可したもの
⑦ 建築物の敷地が防火地域の内外にわたる場合において,その敷地内の建築物の全部が耐火建築物等であるときは,その敷地は,全て防火地域内にあるものとみなして,第3項第1号又は前項第1号の規定を適用する.
⑧ 建築物の敷地が準防火地域と防火地域及び準防火地域以外の区域とにわたる場合において,その敷地内の建築物の全部が耐火建築物等又は準耐火建築物等であるときは,その敷地は,全て準防火地域内にあるものとみなして,第3項第1号の規定を適用する.
⑨ 第44条第2項の規定は,第4項,第5項又は第6項第3号の規定による許可をする場合に準用する.

(建築物の敷地面積)

第53条の2 ① 建築物の敷地面積は,用途地域に関する都市計画において建築物の敷地面積の最低限度が定められたときは,当該最低限度以上でなければならない.ただし,次の各号のいずれかに該当する建築物の敷地については,この限りでない.
1 前条第6項第1号に掲げる建築物
2 公衆便所,巡査派出所その他これらに類する建築物で公益上必要なもの
3 その敷地の周囲に広い公園,広場,道路その他の空地を有する建築物であつて,特定行政庁が市街地の環境を害するおそれがないと認めて許可したもの
4 特定行政庁が用途上又は構造上やむを得ないと認めて許可したもの
② 前項の都市計画において建築物の敷地面積の最低限度を定める場合においては,その最低限度は,200平方メートルを超えてはならない.
③ 第1項の都市計画において建築物の敷地面積の最低限度が定められ,又は変更された際,現に建築物の敷地として使用されている土地で同項の規定に適合しないもの又は現に存する所有権その他の権利に基づいて建築物の敷地として使用するならば同項の規定に適合しないこととなる土地について,その全部を一の敷地として使用する場合においては,同項の規定は,適用しない.ただし,次の各号のいずれかに該当する土地については,この限りでない.
1 第1項の都市計画における建築物の敷地面積の最低限度が変更された際,建築物の敷地面積の最低限度に関する従前の制限に違反していた建築物の敷地又は所有権その他の権利に基づいて建築物の敷地として使用するならば当該制限に違反することとなつた土地
2 第1項の規定に適合するに至つた建築物の敷地又は所有権その他の権利に基づいて建築物の敷地として使用するならば同項の規定に適合するに至つた土地
④ 第44条第2項の規定は,第1項第3号又は第4号の規定による許可をする場合に準用する.

(第1種低層住居専用地域等内における外壁の後退距離)

第54条 ① 第1種低層住居専用地域,第2種低層住居専用地域又は田園住居地域内においては,建築物の外壁又はこれに代わる柱の面から敷地境界線までの距離(以下この条及び第86条の6第1項において「外壁の後退距離」という.)は,当該地域に関する都市計画において外壁の後退距離の限度が定められた場合においては,政令で定める場合を除き,当該限度以上でなければならない.
② 前項の都市計画において外壁の後退距離の限度を定める場合においては,その限度は,1.5メートル又は1メートルとする.

(第1種低層住居専用地域等内における建築物の高さの限度)

第55条 ① 第1種低層住居専用地域,第2種低層住居専用地域又は田園住居地域内においては,建築物の高さは,10メートル又は12メートルのうち当該地域に関する都市計画において定められた建築物の高さの限度を超えてはならない.
② 前項の都市計画において建築物の高さの限度が10メートルと定められた第1種低層住居専用地域,第2種低層住居専用地域又は田園住居地域内においては,その敷地内に政令で定める空地を有し,かつ,その敷地面積が政令で定める規模以上である建築物であつて,特定行政庁が低層住宅に係る良好な住居の環境を害するおそれがないと認めるものの高さの限度は,同項の規定にかかわらず,12メートルとする.
③ 前2項の規定は,次の各号の1に該当する建築物については,適用しない.
1 その敷地の周囲に広い公園,広場,道路その他の空地を有する建築物であつて,低層住宅に係る良好な住居の環境を害するおそれがないと認めて特定行政庁が許可したもの
2 学校その他の建築物であつて,その用途によつてやむを得ないと認めて特定行政庁が許可したもの
④ 第44条第2項の規定は,前項各号の規定による許可をする場合に準用する.

(建築物の各部分の高さ)

第56条 ① 建築物の各部分の高さは,次に掲げるもの以下としなければならない.
1 別表第3(い)欄及び(ろ)欄に掲げる地域,地区又は区域及び容積率の限度の区分に応じ,前面道路の反対側の境界線からの水平距離が同表(は)欄に掲げる距離以下の範囲内においては,当該部分から前面道路の反対側の境界線までの水平距離に,同表(に)欄に掲げる数値を乗じて得たもの
2 当該部分から隣地境界線までの水平距離に,次に掲げる区分に従い,イ若しくはニに定める数値が1.25とされている建築物で高さが20メートルを超える部分を有するもの又はイからニまでに定める数値が2.5とされている建築物(ロ及びハに掲げる建築物で,特定行政庁が都道府県都市計画審議会の議を経て指定する区域内にあるものを除く.以下この号及び第7項第2号において同じ.)で高さが31メートルを超える部分を有するものにあつては,それぞれその部分から隣地境界線までの水平距離のうち最小のものに相当する距離を加えたものに,イからニま

でに定める数値を乗じて得たものに,イ又はニに定める数値が1.25とされている建築物にあつては20メートルを,イからニまでに定める数値が2.5とされている建築物にあつては31メートルを加えたもの

イ 第1種中高層住居専用地域若しくは第2種中高層住居専用地域内の建築物又は第1種住居地域,第2種住居地域若しくは準住居地域内の建築物(ハに掲げる建築物を除く.) 1.25(第52条第1項第2号の規定により容積率の限度が10分の30以下とされている第1種中高層住居専用地域及び第2種中高層住居専用地域以外の地域のうち,特定行政庁が都道府県都市計画審議会の議を経て指定する区域内の建築物にあつては,2.5)

ロ 近隣商業地域若しくは準工業地域内の建築物(ハに掲げる建築物を除く.)又は商業地域,工業地域若しくは工業専用地域内の建築物 2.5

ハ 高層住居誘導地区内の建築物であつて,その住宅の用途に供する部分の床面積の合計がその延べ面積の3分の2以上であるもの 2.5

ニ 用途地域の指定のない区域内の建築物 1.25又は2.5のうち,特定行政庁が土地利用の状況等を考慮し当該区域を区分して都道府県都市計画審議会の議を経て定めるもの

3 第1種低層住居専用地域,第2種低層住居専用地域若しくは田園住居地域内又は第1種中高層住居専用地域若しくは第2種中高層住居専用地域(次条第1項の規定に基づく条例で別表第4の2の項に規定する(1),(2)又は(3)の号が指定されているものを除く.以下この号及び第7項第3号において同じ.)内においては,当該部分から前面道路の反対側の境界線又は隣地境界線までの真北方向の水平距離に1.25を乗じて得たものに,第1種低層住居専用地域,第2種低層住居専用地域又は田園住居地域内の建築物にあつては5メートルを,第1種中高層住居専用地域又は第2種中高層住居専用地域内の建築物にあつては10メートルを加えたもの

② 前面道路の境界線から後退した建築物に対する前項第1号の規定の適用については,同号中「前面道路の反対側の境界線」とあるのは,「前面道路の反対側の境界線から当該建築物の後退距離(当該建築物(地盤面下の部分その他政令で定める部分を除く.)から前面道路の境界線までの水平距離のうち最小のものをいう.)に相当する距離だけ外側の線」とする.

③ 第1種中高層住居専用地域,第2種中高層住居専用地域,第1種住居地域,第2種住居地域又は準住居地域内における前面道路の幅員が12メートル以上である建築物に対する別表第3の規定の適用については,同表(に)欄中「1.25」とあるのは,「1.25(前面道路の反対側の境界線からの水平距離が前面道路の幅員に1.25を乗じて得たもの以上の区域内においては,1.5)」とする.

④ 前項に規定する建築物で前面道路の境界線から後退したものに対する同項の規定の適用については,同項中「前面道路の反対側の境界線」とあるのは「前面道路の反対側の境界線から当該建築物の後退距離(当該建築物(地盤面下の部分その他政令で定める部分を除く.)から前面道路の境界線までの水平距離のうち最小のものをいう.以下この表において同じ.)に相当する距離だけ外側の線」と,「前面道路の幅員に」とあるのは「,前面道路の幅員に,当該建築物の後退距離に2を乗じて得たものを加えたものに」とすることができる.

⑤ 建築物が第1項第2号及び第3号の地域,地区又は区域の二以上にわたる場合においては,これらの規定中「建築物」とあるのは,「建築物の部分」とする.

⑥ 建築物の敷地が2以上の道路に接し,又は公園,広場,川若しくは海その他これらに類するものに接する場合,建築物の敷地とこれに接する道路若しくは隣地との高低の差が著しい場合その他特別の事情がある場合における前各項の規定の適用の緩和に関する措置は,政令で定める.

⑦ 次の各号のいずれかに掲げる規定によりその高さが制限された場合にそれぞれ当該各号に定める位置において確保される採光,通風等と同程度以上の採光,通風等が当該位置において確保されるものとして政令で定める基準に適合する建築物については,それぞれ当該各号に掲げる規定は,適用しない.

1 第1項第1号,第2項から第4項まで及び前項(同号の規定の適用の緩和に係る部分に限る.) 前面道路の反対側の境界線上の政令で定める位置

2 第1項第2号,第5項及び前項(同号の規定の適用の緩和に係る部分に限る.) 隣地境界線からの水平距離が,第1項第2号イ又はニに定める数値が1.25とされている建築物にあつては16メートル,第1項第2号イからニまでに定める数値が2.5とされている建築物にあつては12.4メートルだけ外側の線上の政令で定める位置

3 第1項第3号,第5項及び前項(同号の規定の適用の緩和に係る部分に限る.) 隣地境界線から真北方向への水平距離が,第1種低層住居専用地域,第2種低層住居専用地域又は田園住居地域内の建築物にあつては4メートル,第1種中高層住居専用地域又は第2種中高層住居専用地域内の建築物にあつては8メートルだけ外側の線上の政令で定める位置

(日影による中高層の建築物の高さの制限)

第56条の2 ① 別表第4(い)欄の各項に掲げる地域又は区域の全部又は一部で地方公共団体の条例で指定する区域(以下この条において「対象区域」という.)内にある同表(ろ)欄の当該各項(4の項にあつては,同項イ又はロのうちから地方公共団体がその地方の気候及び風土,当該区域の土地利用の状況等を勘案して条例で指定するもの)に掲げる建築物は,冬至日の真太陽時による午前8時から午後4時まで(道の区域内にあつては,午前9時から午後3時まで)の間において,それぞれ,同表(は)欄の各項(4の項にあつては,同項イ又はロ)に掲げる平均地盤面からの高さ(2の項及び3の項にあつては,当該各項に掲げる平均地盤面か

らの高さのうちから地方公共団体が当該区域の土地利用の状況等を勘案して条例で指定するもの）の水平面（対象区域外の部分,高層住居誘導地区内の部分,都市再生特別地区内の部分及び当該建築物の敷地内の部分を除く.）に,敷地境界線からの水平距離が5メートルを超える範囲において,同表(に)欄の(1),(2)又は(3)の号（同表の3の項にあつては,(1)又は(2)の号）のうちから地方公共団体がその地方の気候及び風土,土地利用の状況等を勘案して条例で指定する号に掲げる時間以上日影となる部分を生じさせることのないものとしなければならない.ただし,特定行政庁が土地の状況等により周囲の居住環境を害するおそれがないと認めて建築審査会の同意を得て許可した場合又は当該許可を受けた建築物を周囲の居住環境を害するおそれがないものとして政令で定める位置及び規模の範囲内において増築し,改築し,若しくは移転する場合においては,この限りでない.

② 同一の敷地内に二以上の建築物がある場合においては,これらの建築物を一の建築物とみなして,前項の規定を適用する.

③ 建築物の敷地が道路,川又は海その他これらに類するものに接する場合,建築物の敷地とこれに接する隣地との高低差が著しい場合その他これらに類する特別の事情がある場合における第1項本文の規定の適用の緩和に関する措置は,政令で定める.

④ 対象区域外にある高さが10メートルを超える建築物で,冬至日において,対象区域内の土地に日影を生じさせるものは,当該対象区域内にある建築物とみなして,第1項の規定を適用する.

⑤ 建築物が第1項の規定による日影時間の制限の異なる区域の内外にわたる場合又は建築物が,冬至日において,対象区域のうち当該建築物がある区域外の土地に日影を生じさせる場合における同項の規定の適用に関し必要な事項は,政令で定める.

(高架の工作物内に設ける建築物等に対する高さの制限の緩和)

第57条 ① 高架の工作物内に設ける建築物で特定行政庁が周囲の状況により交通上,安全上,防火上及び衛生上支障がないと認めるものについては,前3条の規定は,適用しない.

② 道路内にある建築物（高架の道路の路面下に設けるものを除く.）については,第56条第1項第1号及び第2項から第4項までの規定は,適用しない.

(特例容積率適用地区内における建築物の容積率の特例)

第57条の2 ① 特例容積率適用地区内の二以上の敷地（建築物の敷地となるべき土地及び当該特例容積率適用地区の内外にわたる敷地であつてその過半が当該特例容積率適用地区に属するものを含む.以下この項において同じ.）に係る土地について所有権若しくは建築物の所有を目的とする地上権若しくは賃借権（臨時設備その他一時使用のため設定されたことが明らかなものを除く.以下「借地権」という.）を有する者又はこれらの者の同意を得た者は,1人で,又は数人が共同して,特定行政庁に対し,国土交通省令で定めるところにより,当該二以上の敷地（以下この条及び次条において「特例敷地」という.）のそれぞれに適用される特別の容積率（以下この条及び第60条の2第4項において「特例容積率」という.）の限度の指定を申請することができる.

② 前項の規定による申請をしようとする者は,申請者及び同項の規定による同意をした者以外に当該申請に係る特例敷地について政令で定める利害関係を有する者があるときは,あらかじめ,これらの者の同意を得なければならない.

③ 特定行政庁は,第1項の規定による申請が次の各号に掲げる要件のいずれにも該当すると認めるときは,当該申請に基づき,特例敷地のそれぞれに適用される特例容積率の限度を指定するものとする.

1 申請に係るそれぞれの特例敷地の敷地面積に申請に係るそれぞれの特例容積率の限度を乗じて得た数値の合計が,当該それぞれの特例敷地の敷地面積に第52条第1項各号（第5号及び第6号を除く.以下この号において同じ.）の規定によるそれぞれの建築物の容積率（当該特例敷地について現に次項の規定により特例容積率の限度が公告されているときは,当該特例容積率.以下この号において「基準容積率」という.）の限度を乗じて得た数値の合計以下であること.この場合において,当該それぞれの特例敷地が基準容積率に関する制限を受ける地域又は区域の二以上にわたるときの当該基準容積率の限度は,同条第1項各号の規定による当該各地域又は区域内の建築物の容積率の限度にその特例敷地の当該地域又は区域内にある各部分の面積の敷地面積に対する割合を乗じて得たものの合計とする.

2 申請に係るそれぞれの特例容積率の限度が,申請に係るそれぞれの特例敷地内に現に存する建築物の容積率又は現に建築の工事中の建築物の計画上の容積率以上であること.

3 申請に係るそれぞれの特例容積率の限度が,申請に係るそれぞれの特例敷地における建築物の利用上の必要性,周囲の状況等を考慮して,当該それぞれの特例敷地にふさわしい容積を備えた建築物が建築されることにより当該それぞれの特例敷地の土地が適正かつ合理的な利用形態となるよう定められていること.この場合において,申請に係る特例容積率の限度のうち第52条第1項及び第3項から第8項までの規定による限度を超えるものにあつては,当該特例容積率の限度に適合して建築される建築物が交通上,安全上,防火上及び衛生上支障がないものとなるよう定められていること.

④ 特定行政庁は,前項の規定による指定をしたときは,遅滞なく,特例容積率の限度,特例敷地の位置その他国土交通省令で定める事項を公告するとともに,国土交通省令で定める事項を表示した図書をその事務所に備えて,一般の縦覧に供さなければならない.

⑤ 第3項の規定による指定は,前項の規定による公告に

よつて,その効力を生ずる.

⑥ 第4項の規定により特例容積率の限度が公告されたときは,当該特例敷地内の建築物については,当該特例容積率の限度を第52条第1項各号に掲げる数値とみなして,同条の規定を適用する.

⑦ 第4項の規定により公告された特例敷地のいずれかについて第1項の規定による申請があつた場合において,特定行政庁が当該申請に係る第3項の指定(以下この項において「新規指定」という.)をしたときは,当該特例敷地についての第3項の規定による従前の指定は,新規指定に係る第4項の規定による公告があつた日から将来に向かつて,その効力を失う.

(指定の取消し)

第57条の3 ① 前条第4項の規定により公告された特例敷地である土地について所有権又は借地権を有する者は,その全員の合意により,同条第3項の指定の取消しを特定行政庁に申請することができる.この場合においては,あらかじめ,当該特例敷地について政令で定める利害関係を有する者の同意を得なければならない.

② 前項の規定による申請を受けた特定行政庁は,当該申請に係るそれぞれの特例敷地内に現に存する建築物の容積率又は現に建築の工事中の建築物の計画上の容積率が第52条第1項から第9項までの規定による限度以下であるとき,その他当該建築物の構造が交通上,安全上,防火上及び衛生上支障がないと認めるときは,当該申請に係る指定を取り消すものとする.

③ 特定行政庁は,前項の規定による取消しをしたときは,遅滞なく,国土交通省令で定めるところにより,その旨を公告しなければならない.

④ 第2項の規定による取消しは,前項の規定による公告によつて,その効力を生ずる.

⑤ 前2項に定めるもののほか,第2項の規定による指定の取消しについて必要な事項は,国土交通省令で定める.

(特例容積率適用地区内における建築物の高さの限度)

第57条の4 ① 特例容積率適用地区内においては,建築物の高さは,特例容積率適用地区に関する都市計画において建築物の高さの最高限度が定められたときは,当該最高限度以下でなければならない.ただし,特定行政庁が用途上又は構造上やむを得ないと認めて許可したものについては,この限りでない.

② 第44条第2項の規定は,前項ただし書の規定による許可をする場合に準用する.

(高層住居誘導地区)

第57条の5 ① 高層住居誘導地区内においては,建築物の建蔽率は,高層住居誘導地区に関する都市計画において建築物の建蔽率の最高限度が定められたときは,当該最高限度以下でなければならない.

② 前項の場合において,建築物の敷地が高層住居誘導地区の内外にわたるときは,当該高層住居誘導地区に関する都市計画において定められた建築物の建蔽率の最高限度を,当該建築物の当該高層住居誘導地区内にある部分に係る第53条第1項の規定による建築物の建蔽率の限度とみなして,同条第2項の規定を適用する.

③ 高層住居誘導地区に関する都市計画において建築物の敷地面積の最低限度が定められた場合については,第53条の2(第2項を除く.)の規定を準用する.この場合において,同条第1項中「用途地域」とあるのは,「高層住居誘導地区」と読み替えるものとする.

④ 高層住居誘導地区内の建築物については,第56条の2第1項に規定する対象区域外にある建築物とみなして,同条の規定を適用する.この場合における同条第4項の規定の適用については,同項中「対象区域内の土地」とあるのは,「対象区域(高層住居誘導地区を除く.)内の土地」とする.

(高度地区)

第58条 高度地区内においては,建築物の高さは,高度地区に関する都市計画において定められた内容に適合するものでなければならない.

(高度利用地区)

第59条 ① 高度利用地区内においては,建築物の容積率及び建蔽率並びに建築物の建築面積(同一敷地内に2以上の建築物がある場合においては,それぞれの建築面積)は,高度利用地区に関する都市計画において定められた内容に適合するものでなければならない.ただし,次の各号のいずれかに該当する建築物については,この限りでない.

1 主要構造部が木造,鉄骨造,コンクリートブロック造その他これらに類する構造であつて,階数が2以下で,かつ,地階を有しない建築物で,容易に移転し,又は除却することができるもの

2 公衆便所,巡査派出所その他これらに類する建築物で,公益上必要なもの

3 学校,駅舎,卸売市場その他これらに類する公益上必要な建築物で,特定行政庁が用途上又は構造上やむを得ないと認めて許可したもの

② 高度利用地区内においては,建築物の壁又はこれに代わる柱は,建築物の地盤面下の部分及び国土交通大臣が指定する歩廊の柱その他これに類するものを除き,高度利用地区に関する都市計画において定められた壁面の位置の制限に反して建築してはならない.ただし,前項各号の1に該当する建築物については,この限りでない.

③ 高度利用地区内の建築物については,当該高度利用地区に関する都市計画において定められた建築物の容積率の最高限度を第52条第1項各号に掲げる数値とみなして,同条の規定を適用する.

④ 高度利用地区内においては,敷地内に道路に接して有効な空地が確保されていること等により,特定行政庁が,交通上,安全上,防火上及び衛生上支障がないと認めて許可した建築物については,第56条第1項第1号及び第2項から第4項までの規定は,適用しない.

⑤ 第44条第2項の規定は,第1項第3号又は前項の規定による許可をする場合に準用する.

(敷地内に広い空地を有する建築物の容積率等の特例)

第59条の2 ① その敷地内に政令で定める空地を有し,かつ,その敷地面積が政令で定める規模以上である建

築物で,特定行政庁が交通上,安全上,防火上及び衛生上支障がなく,かつ,その建蔽率,容積率及び各部分の高さについて総合的な配慮がなされていることにより市街地の環境の整備改善に資すると認めて許可したものの容積率又は各部分の高さは,その許可の範囲内において,第52条第1項から第9項まで,第55条第1項,第56条又は第57条の2第6項の規定による限度を超えるものとすることができる.

② 第44条第2項の規定は,前項の規定による許可をする場合に準用する.

(特定街区)

第60条 ① 特定街区内においては,建築物の容積率及び高さは,特定街区に関する都市計画において定められた限度以下でなければならない.

② 特定街区内においては,建築物の壁又はこれに代わる柱は,建築物の地盤面下の部分及び国土交通大臣が指定する歩廊の柱その他これに類するものを除き,特定街区に関する都市計画において定められた壁面の位置の制限に反して建築してはならない.

③ 特定街区内の建築物については,第52条から前条まで並びに第60条の3第1項及び第2項の規定は,適用しない.

第4節の2　都市再生特別地区及び特定用途誘導地区

(都市再生特別地区)

第60条の2 ① 都市再生特別地区内においては,建築物の容積率及び建蔽率,建築物の建築面積(同一敷地内に二以上の建築物がある場合においては,それぞれの建築面積)並びに建築物の高さは,都市再生特別地区に関する都市計画において定められた内容に適合するものでなければならない.ただし,次の各号のいずれかに該当する建築物については,この限りでない.

1 主要構造部が木造,鉄骨造,コンクリートブロック造その他これらに類する構造であつて,階数が2以下で,かつ,地階を有しない建築物で,容易に移転し,又は除却することができるもの

2 公衆便所,巡査派出所その他これらに類する建築物で,公益上必要なもの

3 学校,駅舎,卸売市場その他これらに類する公益上必要な建築物で,特定行政庁が用途上又は構造上やむを得ないと認めて許可したもの

② 都市再生特別地区内においては,建築物の壁又はこれに代わる柱は,建築物の地盤面下の部分及び国土交通大臣が指定する歩廊の柱その他これに類するものを除き,都市再生特別地区に関する都市計画において定められた壁面の位置の制限に反して建築してはならない.ただし,前項各号のいずれかに該当する建築物については,この限りでない.

③ 都市再生特別地区に関する都市計画において定められた誘導すべき用途に供する建築物については,第48条から第49条の2までの規定は,適用しない.

④ 都市再生特別地区内の建築物については,当該都市再生特別地区に関する都市計画において定められた建築物の容積率の最高限度を第52条第1項各号に掲げる数値(第57条の2第6項の規定により当該数値とみなされる特例容積率の限度の数値を含む.)とみなして,第52条の規定を適用する.

⑤ 都市再生特別地区内の建築物については,第56条,第57条の4,第58条及び次条第2項の規定は,適用しない.

⑥ 都市再生特別地区内の建築物については,第56条の2第1項に規定する対象区域外にある建築物とみなして,同条の規定を適用する.この場合における同条第4項の規定の適用については,同項中「対象区域内の土地」とあるのは,「対象区域(都市再生特別地区を除く.)内の土地」とする.

⑦ 第44条第2項の規定は,第1項第3号の規定による許可をする場合に準用する.

(特定用途誘導地区)

第60条の3 ① 特定用途誘導地区内においては,建築物の容積率及び建築物の建築面積(同一敷地内に二以上の建築物がある場合においては,それぞれの建築面積)は,特定用途誘導地区に関する都市計画において建築物の容積率の最低限度及び建築物の建築面積の最低限度が定められたときは,それぞれ,これらの最低限度以上でなければならない.ただし,次の各号のいずれかに該当する建築物については,この限りでない.

1 主要構造部が木造,鉄骨造,コンクリートブロック造その他これらに類する構造であつて,階数が2以下で,かつ,地階を有しない建築物で,容易に移転し,又は除却することができるもの

2 公衆便所,巡査派出所その他これらに類する建築物で,公益上必要なもの

3 学校,駅舎,卸売市場その他これらに類する公益上必要な建築物で,特定行政庁が用途上又は構造上やむを得ないと認めて許可したもの

② 特定用途誘導地区内においては,建築物の高さは,特定用途誘導地区に関する都市計画において建築物の高さの最高限度が定められたときは,当該最高限度以下でなければならない.ただし,特定行政庁が用途上又は構造上やむを得ないと認めて許可したものについては,この限りでない.

③ 特定用途誘導地区内においては,地方公共団体は,その地区の指定の目的のために必要と認める場合においては,国土交通大臣の承認を得て,条例で,第48条第1項から第13項までの規定による制限を緩和することができる.

④ 第44条第2項の規定は,第1項第3号又は第2項ただし書の規定による許可をする場合に準用する.

第5節　防火地域及び準防火地域

(防火地域及び準防火地域内の建築物)

第61条 防火地域又は準防火地域内にある建築物は,その外壁の開口部で延焼のおそれのある部分に防火戸その他の政令で定める防火設備を設け,かつ,壁,柱,床その他の建築物の部分及び当該防火設備を通常の火災による周囲への延焼を防止するためにこれらに必要とされる性能に関して防火地域及び準防火地域の別並びに建築物の規模に応じて政令で定める技術的基準に適合す

るもので,国土交通大臣が定めた構造方法を用いるもの又は国土交通大臣の認定を受けたものとしなければならない.ただし,門又は塀で,高さ2メートル以下のもの又は準防火地域内にある建築物（木造建築物等を除く.）に附属するものについては,この限りでない.

（屋　根）

第62条 防火地域又は準防火地域内の建築物の屋根の構造は,市街地における火災を想定した火の粉による建築物の火災の発生を防止するために屋根に必要とされる性能に関して建築物の構造及び用途の区分に応じて政令で定める技術的基準に適合するもので,国土交通大臣が定めた構造方法を用いるもの又は国土交通大臣の認定を受けたものとしなければならない.

（隣地境界線に接する外壁）

第63条 防火地域又は準防火地域内にある建築物で,外壁が耐火構造のものについては,その外壁を隣地境界線に接して設けることができる.

（看板等の防火措置）

第64条 防火地域内にある看板,広告塔,装飾塔その他これらに類する工作物で,建築物の屋上に設けるもの又は高さ3メートルを超えるものは,その主要な部分を不燃材料で造り,又は覆わなければならない.

（建築物が防火地域又は準防火地域の内外にわたる場合の措置）

第65条 ① 建築物が防火地域又は準防火地域とこれらの地域として指定されていない区域にわたる場合においては,その全部についてそれぞれ防火地域又は準防火地域内の建築物に関する規定を適用する.ただし,その建築物が防火地域又は準防火地域外において防火壁で区画されている場合においては,その防火壁外の部分については,この限りでない.

② 建築物が防火地域及び準防火地域にわたる場合においては,その全部について防火地域内の建築物に関する規定を適用する.ただし,建築物が防火地域外において防火壁で区画されている場合においては,その防火壁外の部分については,準防火地域内の建築物に関する規定を適用する.

（第38条の準用）

第66条 第38条の規定は,その予想しない特殊の構造方法又は建築材料を用いる建築物に対するこの節の規定及びこれに基づく命令の規定の適用について準用する.

第5節の2　特定防災街区整備地区

（特定防災街区整備地区）

第67条 ① 特定防災街区整備地区内にある建築物は,耐火建築物等又は準耐火建築物等としなければならない.ただし,次の各号のいずれかに該当する建築物については,この限りでない.

1 延べ面積が50平方メートル以内の平家建ての附属建築物で,外壁及び軒裏が防火構造のもの
2 卸売市場の上家,機械製作工場その他これらと同等以上に火災の発生のおそれが少ない用途に供する建築物で,主要構造部が不燃材料で造られたものその他これに類する構造のもの
3 高さ2メートルを超える門又は塀で,不燃材料で造られ,又は覆われたもの
4 高さ2メートル以下の門又は塀

② 建築物が特定防災街区整備地区と特定防災街区整備地区として指定されていない区域にわたる場合においては,その全部について,前項の規定を適用する.ただし,その建築物が特定防災街区整備地区外において防火壁で区画されている場合においては,その防火壁外の部分については,この限りでない.

③ 特定防災街区整備地区内においては,建築物の敷地面積は,特定防災街区整備地区に関する都市計画において定められた建築物の敷地面積の最低限度以上でなければならない.ただし,次の各号のいずれかに該当する建築物の敷地については,この限りでない.

1 公衆便所,巡査派出所その他これらに類する建築物で公益上必要なもの
2 特定行政庁が用途上又は構造上やむを得ないと認めて許可したもの

④ 第53条の2第3項の規定は,前項の都市計画において建築物の敷地面積の最低限度が定められ,又は変更された場合に準用する.この場合において,同条第3項中「第1項」とあるのは,「第67条第3項」と読み替えるものとする.

⑤ 特定防災街区整備地区内においては,建築物の壁又はこれに代わる柱は,特定防災街区整備地区に関する都市計画において壁面の位置の制限が定められたときは,建築物の地盤面下の部分を除き,当該壁面の位置の制限に反して建築してはならない.ただし,次の各号のいずれかに該当する建築物については,この限りでない.

1 第3項第1号に掲げる建築物
2 学校,駅舎,卸売市場その他これらに類する公益上必要な建築物で,特定行政庁が用途上又は構造上やむを得ないと認めて許可したもの

⑥ 特定防災街区整備地区内においては,その敷地が防災都市計画施設（密集市街地整備法第31条第2項に規定する防災都市計画施設をいう.以下この条において同じ.）に接する建築物の防災都市計画施設に係る間口率（防災都市計画施設に面する部分の長さの敷地の当該防災都市計画施設に接する部分の長さに対する割合をいう.以下この条において同じ.）及び高さは,特定防災街区整備地区に関する都市計画において建築物の防災都市計画施設に係る間口率の最低限度及び建築物の高さの最低限度が定められたときは,それぞれ,これらの最低限度以上でなければならない.

⑦ 前項の場合においては,同項に規定する建築物の高さの最低限度より低い高さの建築物の部分（同項に規定する建築物の防災都市計画施設に係る間口率の最低限度を超える部分を除く.）は,空隙のない壁が設けられる等防火上有効な構造としなければならない.

⑧ 前2項の建築物の防災都市計画施設に係る間口率及び高さの算定に関し必要な事項は,政令で定める.

⑨ 前3項の規定は,次の各号のいずれかに該当する建築物については,適用しない.

1 第3項第1号に掲げる建築物
2 学校,駅舎,卸売市場その他これらに類する公益上必要な建築物で,特定行政庁が用途上又は構造上やむを得ないと認めて許可したもの
⑩ 第44条第2項の規定は,第3項第2号,第5項第2号又は前項第2号の規定による許可をする場合に準用する.

(第38条の準用)

第67条の2 第38条の規定は,その予想しない特殊の構造方法又は建築材料を用いる建築物に対する前条第1項及び第2項の規定の適用について準用する.

第6節 景観地区

第68条 ① 景観地区内においては,建築物の高さは,景観地区に関する都市計画において建築物の高さの最高限度又は最低限度が定められたときは,当該最高限度以下又は当該最低限度以上でなければならない.ただし,次の各号のいずれかに該当する建築物については,この限りでない.
1 公衆便所,巡査派出所その他これらに類する建築物で,公益上必要なもの
2 特定行政庁が用途上又は構造上やむを得ないと認めて許可したもの
② 景観地区内においては,建築物の壁又はこれに代わる柱は,景観地区に関する都市計画において壁面の位置の制限が定められたときは,建築物の地盤面下の部分を除き,当該壁面の位置の制限に反して建築してはならない.ただし,次の各号のいずれかに該当する建築物については,この限りでない.
1 前項第1号に掲げる建築物
2 学校,駅舎,卸売市場その他これらに類する公益上必要な建築物で,特定行政庁が用途上又は構造上やむを得ないと認めて許可したもの
③ 景観地区内においては,建築物の敷地面積は,景観地区に関する都市計画において建築物の敷地面積の最低限度が定められたときは,当該最低限度以上でなければならない.ただし,次の各号のいずれかに該当する建築物の敷地については,この限りでない.
1 第1項第1号に掲げる建築物
2 特定行政庁が用途上又は構造上やむを得ないと認めて許可したもの
④ 第53条の2第3項の規定は,前項の都市計画において建築物の敷地面積の最低限度が定められ,又は変更された場合に準用する.この場合において,同条第3項中「第1項」とあるのは,「第68条第3項」と読み替えるものとする.
⑤ 景観地区に関する都市計画において建築物の高さの最高限度,壁面の位置の制限(道路に面する壁面の位置を制限するものを含むものに限る.)及び建築物の敷地面積の最低限度が定められている景観地区(景観法第72条第2項の景観地区工作物制限条例で,壁面後退区域(当該壁面の位置の制限として定められた限度の線と敷地境界線との間の土地の区域をいう.)における工作物(土地に定着する工作物以外のものを含む.)の設置の制限(当該壁面後退区域において連続的に有効な空地を確保するため必要なものを含むものに限る.)が定められている区域に限る.)内の建築物で,当該景観地区に関する都市計画の内容に適合し,かつ,敷地内に有効な空地が確保されていること等により,特定行政庁が交通上,安全上,防火上及び衛生上支障がないと認めるものについては,第56条の規定は,適用しない.
⑥ 第44条第2項の規定は,第1項第2号,第2項第2号又は第3項第2号の規定による許可をする場合に準用する.

第7節 地区計画等の区域

(市町村の条例に基づく制限)

第68条の2 ① 市町村は,地区計画等の区域(地区整備計画,特定建築物地区整備計画,防災街区整備地区整備計画,歴史的風致維持向上地区整備計画,沿道地区整備計画又は集落地区整備計画(以下「地区整備計画等」という.)が定められている区域に限る.)内において,建築物の敷地,構造,建築設備又は用途に関する事項で当該地区計画等の内容として定められたものを,条例で,これらに関する制限として定めることができる.
② 前項の規定による制限は,建築物の利用上の必要性,当該区域内における土地利用の状況等を考慮し,地区計画,防災街区整備地区計画,歴史的風致維持向上地区計画又は沿道地区計画の区域にあつては適正な都市機能と健全な都市環境を確保するため,集落地区計画の区域にあつては当該集落地区計画の区域の特性にふさわしい良好な居住環境の確保と適正な土地利用を図るため,それぞれ合理的に必要と認められる限度において,同項に規定する事項のうち特に重要な事項につき,政令で定める基準に従い,行うものとする.
③ 第1項の規定に基づく条例で建築物の敷地面積に関する制限を定める場合においては,当該条例に,当該条例の規定の施行又は適用の際,現に建築物の敷地として使用されている土地で当該規定に適合しないもの又は現に存する所有権その他の権利に基づいて建築物の敷地として使用するならば当該規定に適合しないこととなる土地について,その全部を一の敷地として使用する場合の適用の除外に関する規定(第3条第3項第1号及び第5号の規定に相当する規定を含む.)を定めるものとする.
④ 第1項の規定に基づく条例で建築物の構造に関する防火上必要な制限を定める場合においては,当該条例に,第65条の規定の例により,当該制限を受ける区域の内外にわたる建築物についての当該制限に係る規定の適用に関する措置を定めるものとする.
⑤ 市町村は,用途地域における用途の制限を補完し,当該地区計画等(集落地区計画を除く.)の区域の特性にふさわしい土地利用の増進等の目的を達成するため必要と認める場合においては,国土交通大臣の承認を得て,第1項の規定に基づく条例で,第48条第1項から第13項までの規定による制限を緩和することができる.

(再開発等促進区等内の制限の緩和等)

第68条の3 ① 地区計画又は沿道地区計画の区域のうち

再開発等促進区（都市計画法第12条の5第3項に規定する再開発等促進区をいう.以下同じ.）又は沿道再開発等促進区（沿道整備法第9条第3項に規定する沿道再開発等促進区をいう.以下同じ.）で地区整備計画又は沿道地区整備計画が定められている区域のうち建築物の容積率の最高限度が定められている区域内においては,当該地区計画又は沿道地区計画の内容に適合する建築物で,特定行政庁が交通上,安全上,防火上及び衛生上支障がないと認めるものについては,第52条の規定は,適用しない.

② 地区計画又は沿道地区計画の区域のうち再開発等促進区又は沿道再開発等促進区（地区整備計画又は沿道地区整備計画が定められている区域のうち当該地区整備計画又は沿道地区整備計画において10分の6以下の数値で建築物の建蔽率の最高限度が定められている区域に限る.）内においては,当該地区計画又は沿道地区計画の内容に適合する建築物で,特定行政庁が交通上,安全上,防火上及び衛生上支障がないと認めるものについては,第53条第1項から第3項まで,第7項及び第8項の規定は,適用しない.

③ 地区計画又は沿道地区計画の区域のうち再開発等促進区又は沿道再開発等促進区（地区整備計画又は沿道地区整備計画が定められている区域のうち20メートル以下の高さで建築物の高さの最高限度が定められている区域に限る.）内においては,当該地区計画又は沿道地区計画の内容に適合し,かつ,その敷地面積が政令で定める規模以上の建築物であつて特定行政庁が交通上,安全上,防火上及び衛生上支障がないと認めるものについては,第55条第1項及び第2項の規定は,適用しない.

④ 地区計画又は沿道地区計画の区域のうち再開発等促進区又は沿道再開発等促進区（地区整備計画又は沿道地区整備計画が定められている区域に限る.第6項において同じ.）内においては,敷地内に有効な空地が確保されていること等により,特定行政庁が交通上,安全上,防火上及び衛生上支障がないと認めて許可した建築物については,第56条の規定は,適用しない.

⑤ 第44条第2項の規定は,前項の規定による許可をする場合に準用する.

⑥ 地区計画又は沿道地区計画の区域のうち再開発等促進区又は沿道再開発等促進区内の建築物に対する第48条第1項から第13項まで（これらの規定を第87条第2項又は第3項において準用する場合を含む.）の規定の適用については,第48条第1項から第11項まで及び第13項中「又は公益上やむを得ない」とあるのは「公益上やむを得ないと認め,又は地区計画若しくは沿道地区計画において定められた土地利用に関する基本方針に適合し,かつ,当該地区計画若しくは沿道地区計画の区域における業務の利便の増進上やむを得ない」と,同条第12項中「工業の利便上又は公益上必要」とあるのは「工業の利便上若しくは公益上必要と認め,又は地区計画若しくは沿道地区計画において定められた土地利用に関する基本方針に適合し,かつ,当該地区計画若しくは沿道地区計画の区域における業務の利便の増進上やむを得ない」とする.

⑦ 地区計画の区域のうち開発整備促進区（都市計画法第12条の5第4項に規定する開発整備促進区をいう.以下同じ.）で地区整備計画が定められているものの区域（当該地区整備計画において同法第12条の12の土地の区域として定められている区域に限る.）内においては,別表第2(か)項に掲げる建築物のうち当該地区整備計画の内容に適合するもので,特定行政庁が交通上,安全上,防火上及び衛生上支障がないと認めるものについては,第48条第6項,第7項,第12項及び第14項の規定は,適用しない.

⑧ 地区計画の区域のうち開発整備促進区（地区整備計画が定められている区域に限る.）内の建築物（前項の建築物を除く.）に対する第48条第6項,第7項,第12項及び第14項（これらの規定を第87条第2項又は第3項において準用する場合を含む.）の規定の適用については,第48条第6項,第7項及び第14項中「又は公益上やむを得ない」とあるのは「公益上やむを得ないと認め,又は地区計画において定められた土地利用に関する基本方針に適合し,かつ,当該地区計画の区域における商業その他の業務の利便の増進上やむを得ない」と,同条第12項中「工業の利便上又は公益上必要」とあるのは「工業の利便上若しくは公益上必要と認め,又は地区計画において定められた土地利用に関する基本方針に適合し,かつ,当該地区計画の区域における商業その他の業務の利便の増進上やむを得ない」とする.

（住居と住居以外の用途とを区分して定める地区計画等の区域内における建築物の容積率の特例）

第68条の5の4 次に掲げる条件に該当する地区計画,防災街区整備地区計画又は沿道地区計画の区域内にあるその全部又は一部を住宅の用途に供する建築物については,当該地区計画,防災街区整備地区計画又は沿道地区計画において定められた建築物の容積率の最高限度を第52条第1項第2号又は第3号に定める数値とみなして,同条（第8項を除く.）の規定を適用する.ただし,当該建築物が同条第3項の規定により建築物の延べ面積の算定に当たりその床面積が当該建築物の延べ面積に算入されない部分を有するときは,当該部分の床面積を含む当該建築物の容積率は,当該建築物がある地域に関する都市計画において定められた同条第1項第2号又は第3号に定める数値の1.5倍以下でなければならない.

1 次に掲げる事項が定められている地区整備計画,特定建築物地区整備計画,防災街区整備地区整備計画又は沿道地区整備計画の区域であること.

イ 建築物の容積率の最高限度（都市計画法第12条の9,密集市街地整備法第32条の4又は沿道整備法第9条の5の規定により,それぞれ都市計画法第12条の9第1号,密集市街地整備法第32条の4第1号又は沿道整備法第9条の5第1号に掲げるものの数値が第52条第1項第2号又は第3号に定める数値以上その1.5倍以下で定められているものに限る.）

ロ　建築物の容積率の最低限度
ハ　建築物の敷地面積の最低限度
ニ　壁面の位置の制限（道路に面する壁面の位置を制限するものを含むものに限る.）
2　第68条の2第1項の規定に基づく条例で,前号ロからニまでに掲げる事項に関する制限が定められている区域であること.
3　当該区域が第1種住居地域,第2種住居地域,準住居地域,近隣商業地域,商業地域又は準工業地域内にあること.

（区域の特性に応じた高さ,配列及び形態を備えた建築物の整備を誘導する地区計画等の区域内における制限の特例）

第68条の5の5　① 次に掲げる条件に該当する地区計画等（集落地区計画を除く.以下この条において同じ.）の区域内の建築物で,当該地区計画等の内容に適合し,かつ,特定行政庁が交通上,安全上,防火上及び衛生上支障がないと認めるものについては,第52条第2項の規定は,適用しない.
1　次に掲げる事項が定められている地区整備計画等（集落地区整備計画を除く.）の区域であること.
イ　都市計画法第12条の10,密集市街地整備法第32条の5,地域歴史的風致法第32条又は沿道整備法第9条の6の規定による壁面の位置の制限,壁面後退区域（壁面の位置の制限として定められた限度の線と敷地境界線との間の土地の区域をいう.以下この条において同じ.）における工作物の設置の制限及び建築物の高さの最高限度
ロ　建築物の容積率の最高限度
ハ　建築物の敷地面積の最低限度
2　第68条の2第1項の規定に基づく条例で,前号イ及びハに掲げる事項（壁面後退区域における工作物の設置の制限を除く.）に関する制限が定められている区域であること.
② 前項第1号イ及びハに掲げる事項が定められており,かつ,第68条の2第1項の規定に基づく条例で前項第1号イ及びハに掲げる事項（壁面後退区域における工作物の設置の制限を除く.）に関する制限が定められている地区計画等の区域内にある建築物で,当該地区計画等の内容に適合し,かつ,敷地内に有効な空地が確保されていること等により,特定行政庁が交通上,安全上,防火上及び衛生上支障がないと認めるものについては,第56条の規定は,適用しない.

（地区計画等の区域内における建築物の建蔽率の特例）

第68条の5の6　次に掲げる条件に該当する地区計画等（集落地区計画を除く.）の区域内の建築物については,第1号イに掲げる地区施設等の下にある部分で,特定行政庁が交通上,安全上,防火上及び衛生上支障がないと認めるものの建築面積は,第53条第1項及び第2項,第57条の5第1項及び第2項,第59条第1項,第59条の2第1項,第60条の2第1項,第68条の8,第86条第3項及び第4項,第86条の2第2項及び第3項,第86条の5第3項並びに第86条の6第1項に規定する建築物の建蔽率の算定の基礎となる建築面積に算入しない.
1　地区整備計画等（集落地区整備計画を除く.）が定められている区域のうち,次に掲げる事項が定められている区域であること.
イ　その配置が地盤面の上に定められている通路その他の公共空地である地区施設等（第68条の4第1号ロに規定する施設,地域歴史的風致法第31条第2項第1号に規定する地区施設又は地区防災施設をいう.以下同じ.）
ロ　壁面の位置の制限（イの地区施設等に面する壁面の位置を制限するものを含むものに限る.）
2　第68条の2第1項の規定に基づく条例で,前号ロに掲げる事項に関する制限が定められている区域であること.

（道路の位置の指定に関する特例）

第68条の6　地区計画等に道の配置及び規模又はその区域が定められている場合には,当該地区計画等の区域（次の各号に掲げる地区計画等の区分に応じて,当該各号に定める事項が定められている区域に限る.次条第1項において同じ.）における第42条第1項第5号の規定による位置の指定は,地区計画等に定められた道の配置又はその区域に即して行わなければならない.ただし,建築物の敷地として利用しようとする土地の位置と現に存する道路の位置との関係その他の事由によりこれにより難いと認められる場合においては,この限りでない.
1　地区計画　再開発等促進区若しくは開発整備促進区（いずれも都市計画法第12条の5第5項第1号に規定する施設の配置及び規模が定められているものに限る.）又は地区整備計画
2　防災街区整備地区計画　地区防災施設の区域又は防災街区整備地区整備計画
3　歴史的風致維持向上地区計画　歴史的風致維持向上地区整備計画
4　沿道地区計画　沿道再開発等促進区（沿道整備法第9条第4項第1号に規定する施設の配置及び規模が定められているものに限る.）又は沿道地区整備計画
5　集落地区計画　集落地区整備計画

（予定道路の指定）

第68条の7　① 特定行政庁は,地区計画等に道の配置及び規模又はその区域が定められている場合で,次の各号の1に該当するときは,当該地区計画等の区域において,地区計画等に定められた道の配置及び規模又はその区域に即して,政令で定める基準に従い,予定道路の指定を行うことができる.ただし,第2号又は第3号に該当する場合で当該指定に伴う制限により当該指定の際現に当該予定道路の敷地となる土地を含む土地について所有権その他の権利を有する者が当該土地をその権利に基づいて利用することが著しく妨げられることとなるときは,この限りでない.
1　当該指定について,当該予定道路の敷地となる土地の所有者その他の政令で定める利害関係を有する者

の同意を得たとき.

2 土地区画整理法による土地区画整理事業又はこれに準ずる事業により主要な区画道路が整備された区域において,当該指定に係る道が新たに当該区画道路に接続した細街路網を一体的に形成するものであるとき.

3 地区計画等においてその配置及び規模又はその区域が定められた道の相当部分の整備が既に行われている場合で,整備の行われていない道の部分に建築物の建築等が行われることにより整備された道の機能を著しく阻害するおそれがあるとき.

② 特定行政庁は,前項の規定により予定道路の指定を行う場合（同項第1号に該当する場合を除く.）においては,あらかじめ,建築審査会の同意を得なければならない.

③ 第46条第1項後段,第2項及び第3項の規定は,前項に規定する場合について準用する.

④ 第1項の規定により予定道路が指定された場合においては,当該予定道路を第42条第1項に規定する道路とみなして,第44条の規定を適用する.

⑤ 第1項の規定により予定道路が指定された場合において,建築物の敷地が予定道路に接するとき又は当該敷地内に予定道路があるときは,特定行政庁が交通上,安全上,防火上及び衛生上支障がないと認めて許可した建築物については,当該予定道路を第52条第2項の前面道路とみなして,同項から同条第7項まで及び第9項の規定を適用するものとする.この場合においては,当該敷地のうち予定道路に係る部分の面積は,敷地面積又は敷地の部分の面積に算入しないものとする.

⑥ 第44条第2項の規定は,前項の規定による許可をする場合に準用する.

（建築物の敷地が地区計画等の区域の内外にわたる場合の措置）

第68条の8 第68条の2第1項の規定に基づく条例で建築物の容積率の最高限度又は建築物の建蔽率の最高限度が定められた場合において,建築物の敷地が当該条例による制限を受ける区域の内外にわたるときは,当該条例で定められた建築物の容積率の最高限度又は建築物の建蔽率の最高限度を,それぞれ当該建築物の当該条例による制限を受ける区域内にある部分に係る第52条第1項及び第2項の規定による建築物の容積率の限度又は第53条第1項の規定による建築物の建蔽率の限度とみなして,第52条第7項,第14項及び第15項又は第53条第2項及び第4項から第6項までの規定を適用する.

第8節 都市計画区域及び準都市計画区域以外の区域内の建築物の敷地及び構造

第68条の9 ① 第6条第1項第4号の規定に基づき,都道府県知事が関係市町村の意見を聴いて指定する区域内においては,地方公共団体は,当該区域内における土地利用の状況等を考慮し,適正かつ合理的な土地利用を図るため必要と認めるときは,政令で定める基準に従い,条例で,建築物又はその敷地と道路との関係,建築物の容積率,建築物の高さその他の建築物の敷地又は構造に関して必要な制限を定めることができる.

② 景観法第74条第1項の準景観地区内においては,市町村は,良好な景観の保全を図るため必要があると認めるときは,政令で定める基準に従い,条例で,建築物の高さ,壁面の位置その他の建築物の構造又は敷地に関して必要な制限を定めることができる.

◈ 第3章の2 型式適合認定等

（型式適合認定）

第68条の10 ① 国土交通大臣は,申請により,建築材料又は主要構造部,建築設備その他の建築物の部分で,政令で定めるものの型式が,前3章の規定又はこれに基づく命令の規定（第68条の25第1項の構造方法等の認定の内容を含む.）のうち当該建築材料又は建築物の部分の構造上の基準その他の技術的基準に関する政令で定める一連の規定に適合するものであることの認定（以下「型式適合認定」という.）を行うことができる.

② 型式適合認定の申請の手続その他型式適合認定に関し必要な事項は,国土交通省令で定める.

（型式部材等製造者の認証）

第68条の11 ① 国土交通大臣は,申請により,規格化された型式の建築材料,建築物の部分又は建築物で,国土交通省令で定めるもの（以下この章において「型式部材等」という.）の製造又は新築（以下この章において単に「製造」という.）をする者について,当該型式部材等の製造者としての認証を行う.

② 前項の申請をしようとする者は,国土交通省令で定めるところにより,国土交通省令で定める事項を記載した申請書を提出して,これを行わなければならない.

③ 国土交通大臣は,第1項の規定による認証をしたときは,国土交通省令で定めるところにより,その旨を公示しなければならない.

◈ 第4章 建築協定

（建築協定の目的）

第69条 市町村は,その区域の一部について,住宅地としての環境又は商店街としての利便を高度に維持増進する等建築物の利用を増進し,かつ,土地の環境を改善するために必要と認める場合においては,土地の所有者及び借地権を有する者（土地区画整理法第98条第1項（大都市地域における住宅及び住宅地の供給の促進に関する特別措置法第83条において準用する場合を含む.次条第3項,第74条の2第1項及び第2項並びに第75条の2第1項,第2項及び第5項において同じ.）の規定により仮換地として指定された土地にあつては,当該土地に対応する従前の土地の所有者及び借地権を有する者.以下「土地の所有者等」と総称する.）が当該土地について一定の区域を定め,その区域内における建築物の敷地,位置,構造,用途,形態,意匠又は建築設備に関する基準についての協定（以下「建築協定」という.）を締結することができる旨を,条例で,定めることができる.

（建築協定の認可の申請）

第70条 ① 前条の規定による建築協定を締結しようとす

る土地の所有者等は,協定の目的となつている土地の区域(以下「建築協定区域」という.),建築物に関する基準,協定の有効期間及び協定違反があつた場合の措置を定めた建築協定書を作成し,その代表者によつて,これを特定行政庁に提出し,その認可を受けなければならない.

② 前項の建築協定書においては,同項に規定するもののほか,前条の条例で定める区域内の土地のうち,建築協定区域に隣接した土地であつて,建築協定区域の一部とすることにより建築物の利用の増進及び土地の環境の改善に資するものとして建築協定区域の土地となることを当該建築協定区域内の土地の所有者等が希望するもの(以下「建築協定区域隣接地」という.)を定めることができる.

③ 第1項の建築協定書については,土地の所有者等の全員の合意がなければならない.ただし,当該建築協定区域内の土地(土地区画整理法第98条第1項の規定により仮換地として指定された土地にあつては,当該土地に対応する従前の土地)に借地権の目的となつている土地がある場合においては,当該借地権の目的となつている土地の所有者以外の土地の所有者等の全員の合意があれば足りる.

④ 第1項の規定によつて建築協定書を提出する場合において,当該建築協定区域が建築主事を置く市町村の区域外にあるときは,その所在地の市町村の長を経由しなければならない.

(申請に係る建築協定の公告)

第71条 市町村の長は,前条第1項又は第4項の規定による建築協定書の提出があつた場合においては,遅滞なく,その旨を公告し,20日以上の相当の期間を定めて,これを関係人の縦覧に供さなければならない.

(公開による意見の聴取)

第72条 ① 市町村の長は,前条の縦覧期間の満了後,関係人の出頭を求めて公開による意見の聴取を行わなければならない.

② 建築主事を置く市町村以外の市町村の長は,前項の意見の聴取をした後,遅滞なく,当該建築協定書を,同項の規定による意見の聴取の記録を添えて,都道府県知事に送付しなければならない.この場合において,当該市町村の長は,当該建築協定書の内容について意見があるときは,その意見を付さなければならない.

(建築協定の認可)

第73条 ① 特定行政庁は,当該建築協定の認可の申請が,次に掲げる条件に該当するときは,当該建築協定を認可しなければならない.

1 建築協定の目的となつている土地又は建築物の利用を不当に制限するものでないこと.

2 第69条の目的に合致するものであること.

3 建築協定において建築協定区域隣接地を定める場合には,その区域の境界が明確に定められていることその他の建築協定区域隣接地について国土交通省令で定める基準に適合するものであること.

② 特定行政庁は,前項の認可をした場合においては,遅滞なく,その旨を公告しなければならない.この場合において,当該建築協定が建築主事を置く市町村の区域外の区域に係るものであるときは,都道府県知事は,その認可した建築協定に係る建築協定書の写し一通を当該建築協定区域及び建築協定区域隣接地の所在地の市町村の長に送付しなければならない.

③ 第1項の規定による認可をした市町村の長又は前項の規定によつて建築協定書の写の送付を受けた市町村の長は,その建築協定書を当該市町村の事務所に備えて,一般の縦覧に供さなければならない.

(建築協定の変更)

第74条 ① 建築協定区域内における土地の所有者等(当該建築協定の効力が及ばない者を除く.)は,前条第1項の規定による認可を受けた建築協定に係る建築協定区域,建築物に関する基準,有効期間,協定違反があつた場合の措置又は建築協定区域隣接地を変更しようとする場合においては,その旨を定め,これを特定行政庁に申請してその認可を受けなければならない.

② 前4条の規定は,前項の認可の手続に準用する.

第74条の2 ① 建築協定区域内の土地(土地区画整理法第98条第1項の規定により仮換地として指定された土地にあつては,当該土地に対応する従前の土地)で当該建築協定の効力が及ばない者の所有するものの全部又は一部について借地権が消滅した場合においては,その借地権の目的となつていた土地(同項の規定により仮換地として指定された土地に対応する従前の土地にあつては,当該土地についての仮換地として指定された土地)は,当該建築協定区域から除かれるものとする.

② 建築協定区域内の土地で土地区画整理法第98条第1項の規定により仮換地として指定されたものが,同法第86条第1項の換地計画又は大都市地域における住宅及び住宅地の供給の促進に関する特別措置法第72条第1項の換地計画において当該土地に対応する従前の土地についての換地として定められず,かつ,土地区画整理法第91条第3項(大都市地域における住宅及び住宅地の供給の促進に関する特別措置法第82条において準用する場合を含む.)の規定により当該土地に対応する従前の土地の所有者に対してその共有持分を与えるように定められた土地としても定められなかつたときは,当該土地は,土地区画整理法第103条第4項(大都市地域における住宅及び住宅地の供給の促進に関する特別措置法第83条において準用する場合を含む.)の公告があつた日が終了した時において当該建築協定区域から除かれるものとする.

③ 前2項の場合においては,当該借地権を有していた者又は当該仮換地として指定されていた土地に対応する従前の土地に係る土地の所有者等(当該建築協定の効力が及ばない者を除く.)は,遅滞なく,その旨を特定行政庁に届け出なければならない.

④ 特定行政庁は,前項の規定による届出があつた場合その他第1項又は第2項の規定により建築協定区域内の土地が当該建築協定区域から除かれたことを知つた場

合においては,遅滞なく,その旨を公告しなければならない.

（建築協定の効力）

第75条 第73条第2項又はこれを準用する第74条第2項の規定による認可の公告（次条において「建築協定の認可等の公告」という.）のあつた建築協定は,その公告のあつた日以後において当該建築協定区域内の土地の所有者等となつた者（当該建築協定について第70条第3項又はこれを準用する第74条第2項の規定による合意をしなかつた者の有する土地の所有権を承継した者を除く.）に対しても,その効力があるものとする.

（建築協定の認可等の公告のあつた日以後建築協定に加わる手続等）

第75条の2 ① 建築協定区域内の土地の所有者（土地区画整理法第98条第1項の規定により仮換地として指定された土地にあつては,当該土地に対応する従前の土地の所有者）で当該建築協定の効力が及ばないものは,建築協定の認可等の公告のあつた日以後いつでも,特定行政庁に対して書面でその意思を表示することによつて,当該建築協定に加わることができる.

② 建築協定区域隣接地の区域内の土地に係る土地の所有者等は,建築協定の認可等の公告のあつた日以後いつでも,当該土地に係る土地の所有者等の全員の合意により,特定行政庁に対して書面でその意思を表示することによつて,建築協定に加わることができる.ただし,当該土地（土地区画整理法第98条第1項の規定により仮換地として指定された土地にあつては,当該土地に対応する従前の土地）の区域内に借地権の目的となつている土地がある場合においては,当該借地権の目的となつている土地の所有者以外の土地の所有者等の全員の合意があれば足りる.

③ 建築協定区域隣接地の区域内の土地に係る土地の所有者等で前項の意思を表示したものに係る土地の区域は,その意思の表示があつた時以後,建築協定区域の一部となるものとする.

④ 第73条第2項及び第3項の規定は,第1項又は第2項の規定による意思の表示があつた場合に準用する.

⑤ 建築協定は,第1項又は第2項の規定により当該建築協定に加わつた者がその時において所有し,又は借地権を有していた当該建築協定区域内の土地（土地区画整理法第98条第1項の規定により仮換地として指定された土地にあつては,当該土地に対応する従前の土地）について,前項において準用する第73条第2項の規定による公告のあつた日以後において土地の所有者等となつた者（当該建築協定について第2項の規定による合意をしなかつた者の有する土地の所有権を承継した者及び前条の規定の適用がある者を除く.）に対しても,その効力があるものとする.

（建築協定の廃止）

第76条 ① 建築協定区域内の土地の所有者等（当該建築協定の効力が及ばない者を除く.）は,第73条第1項の規定による認可を受けた建築協定を廃止しようとする場合においては,その過半数の合意をもつてその旨を定め,これを特定行政庁に申請してその認可を受けなければならない.

② 特定行政庁は,前項の認可をした場合においては,遅滞なく,その旨を公告しなければならない.

（土地の共有者等の取扱い）

第76条の2 土地の共有者又は共同借地権者は,第70条第3項（第74条第2項において準用する場合を含む.）,第75条の2第1項及び第2項並びに前条第1項の規定の適用については,合わせて一の所有者又は借地権者とみなす.

（建築協定の設定の特則）

第76条の3 ① 第69条の条例で定める区域内における土地で,一の所有者以外に土地の所有者等が存しないものの所有者は,当該土地の区域を建築協定区域とする建築協定を定めることができる.

② 前項の規定による建築協定を定めようとする者は,建築協定区域,建築物に関する基準,協定の有効期間及び協定違反があつた場合の措置を定めた建築協定書を作成し,これを特定行政庁に提出して,その認可を受けなければならない.

③ 前項の建築協定書においては,同項に規定するもののほか,建築協定区域隣接地を定めることができる.

④ 第70条第4項及び第71条から第73条までの規定は,第2項の認可の手続に準用する.

⑤ 第2項の規定による認可を受けた建築協定は,認可の日から起算して3年以内において当該建築協定区域内の土地に二以上の土地の所有者等が存することとなつた時から,第73条第2項の規定による認可の公告のあつた建築協定と同一の効力を有する建築協定となる.

⑥ 第74条及び第76条の規定は,前項の規定により第73条第2項の規定による認可の公告のあつた建築協定と同一の効力を有する建築協定となつた建築協定の変更又は廃止について準用する.

（建築物の借主の地位）

第77条 建築協定の目的となつている建築物に関する基準が建築物の借主の権限に係る場合においては,その建築協定については,当該建築物の借主は,土地の所有者等とみなす.

◈ 第4章の2 指定建築基準適合判定資格者検定機関等

第1節 指定建築基準適合判定資格者検定機関

（指 定）

第77条の2 第5条の2第1項の規定による指定は,1を限り,建築基準適合判定資格者検定事務を行おうとする者の申請により行う.

第2節 指定確認検査機関

（指定の基準）

第77条の20 国土交通大臣又は都道府県知事は,指定の申請が次に掲げる基準に適合していると認めるときでなければ,指定をしてはならない.

1 第77条の24第1項の確認検査員（常勤の職員である者に限る.）の数が,確認検査を行おうとする建築物の種類,規模及び数に応じて国土交通省令で定める数以上であること.

2 前号に定めるもののほか,職員,確認検査の業務の実施の方法その他の事項についての確認検査の業務の実施に関する計画が,確認検査の業務の適確な実施のために適切なものであること.

3 その者の有する財産の評価額(その者が法人である場合にあつては,資本金,基本金その他これらに準ずるものの額)が国土交通省令で定める額以上であること.

4 前号に定めるもののほか,第2号の確認検査の業務の実施に関する計画を適確に実施するに足りる経理的基礎を有するものであること.

5 法人にあつては役員,法人の種類に応じて国土交通省令で定める構成員又は職員(第77条の24第1項の確認検査員を含む.以下この号において同じ.)の構成が,法人以外の者にあつてはその者及びその職員の構成が,確認検査の業務の公正な実施に支障を及ぼすおそれがないものであること.

6 その者又はその者の親会社等が第77条の35の5第1項の指定構造計算適合性判定機関である場合には,当該指定構造計算適合性判定機関に対してされた第18条の2第4項の規定により読み替えて適用される第6条の3第1項の規定による構造計算適合性判定の申請に係る建築物の計画について,第6条の2第1項の規定による確認をしないものであること.

7 前号に定めるもののほか,その者又はその者の親会社等が確認検査の業務以外の業務を行つている場合には,その業務を行うことによつて確認検査の業務の公正な実施に支障を及ぼすおそれがないものであること.

8 前各号に定めるもののほか,確認検査の業務を行うにつき十分な適格性を有するものであること.

(指定の公示等)

第77条の21 ① 国土交通大臣又は都道府県知事は,指定をしたときは,指定を受けた者(以下「指定確認検査機関」という.)の名称及び住所,指定の区分,業務区域並びに確認検査の業務を行う事務所の所在地を公示しなければならない.

② 指定確認検査機関は,その名称若しくは住所又は確認検査の業務を行う事務所の所在地を変更しようとするときは,変更しようとする日の2週間前までに,その指定をした国土交通大臣又は都道府県知事(以下この節において「国土交通大臣等」という.)にその旨を届け出なければならない.

③ 国土交通大臣等は,前項の規定による届出があつたときは,その旨を公示しなければならない.

(業務区域の変更)

第77条の22 ① 指定確認検査機関は,業務区域を増加しようとするときは,国土交通大臣等の認可を受けなければならない.

② 指定確認検査機関は,業務区域を減少したときは,国土交通省令で定めるところにより,その旨を国土交通大臣等に届け出なければならない.

③ 第77条の18第3項及び第77条の20第1号から第4号までの規定は,第1項の認可について準用する.この場合において,第77条の18第3項中「業務区域」とあるのは,「増加しようとする業務区域」と読み替えるものとする.

④ 国土交通大臣等は,第1項の認可をしたとき又は第2項の規定による届出があつたときは,その旨を公示しなければならない.

(指定の更新)

第77条の23 ① 指定は,5年以上10年以内において政令で定める期間ごとにその更新を受けなければ,その期間の経過によつて,その効力を失う.

② 第77条の18から第77条の20までの規定は,前項の指定の更新の場合について準用する.

(確認検査員)

第77条の24 ① 指定確認検査機関は,確認検査を行うときは,確認検査員に確認検査を実施させなければならない.

② 確認検査員は,第77条の58第1項の登録を受けた者のうちから,選任しなければならない.

③ 指定確認検査機関は,確認検査員を選任し,又は解任したときは,国土交通省令で定めるところにより,その旨を国土交通大臣等に届け出なければならない.

④ 国土交通大臣等は,確認検査員の在任により指定確認検査機関が第77条の20第5号に掲げる基準に適合しなくなつたときは,指定確認検査機関に対し,その確認検査員を解任すべきことを命ずることができる.

◈ 第4章の3 建築基準適合判定資格者等の登録

第1節 建築基準適合判定資格者の登録

(登 録)

第77条の58 ① 建築基準適合判定資格者検定に合格した者は,国土交通大臣の登録を受けることができる.

② 前項の登録は,国土交通大臣が建築基準適合判定資格者登録簿に,氏名,生年月日,住所その他の国土交通省令で定める事項を登載してするものとする.

(欠格条項)

第77条の59 次の各号のいずれかに該当する者は,前条第1項の登録を受けることができない.

1 未成年者

2 禁錮以上の刑に処せられ,又は建築基準法令の規定若しくは建築士法の規定により刑に処せられ,その執行を終わり,又は執行を受けることがなくなつた日から起算して5年を経過しない者

3 第77条の62第1項第4号又は第2項第3号から第5号までの規定により前条第1項の登録を消除され,その消除の日から起算して5年を経過しない者

4 第77条の62第2項第3号から第5号までの規定により確認検査の業務を行うことを禁止され,その禁止の期間中に同条第1項第1号の規定により前条第1項の登録を消除され,まだその期間が経過しない者

5 建築士法第7条第4号に該当する者

6 公務員で懲戒免職の処分を受け,その処分の日から

起算して3年を経過しない者

（都道府県知事の経由）

第77条の63 ① 第77条の58第1項の登録の申請，登録証の交付，訂正，再交付及び返納その他の同項の登録に関する国土交通大臣への書類の提出は，住所地又は勤務地の都道府県知事を経由して行わなければならない．

② 登録証の交付及び再交付その他の第77条の58第1項の登録に関する国土交通大臣の書類の交付は，住所地又は勤務地の都道府県知事を経由して行うものとする．

第5章　建築審査会

（建築審査会）

第78条 ① この法律に規定する同意及び第94条第1項前段の審査請求に対する裁決についての議決を行わせるとともに，特定行政庁の諮問に応じて，この法律の施行に関する重要事項を調査審議させるために，建築主事を置く市町村及び都道府県に，建築審査会を置く．

② 建築審査会は，前項に規定する事務を行う外，この法律の施行に関する事項について，関係行政機関に対し建議することができる．

（建築審査会の組織）

第79条 ① 建築審査会は，委員5人以上をもつて組織する．

② 委員は，法律，経済，建築，都市計画，公衆衛生又は行政に関しすぐれた経験と知識を有し，公共の福祉に関し公正な判断をすることができる者のうちから，市町村長又は都道府県知事が任命する．

（委員の欠格条項）

第80条 次の各号のいずれかに該当する者は，委員となることができない．

1 破産手続開始の決定を受けて復権を得ない者

2 禁錮以上の刑に処せられ，その執行を終わるまで又はその執行を受けることがなくなるまでの者

第6章　雑　則

（被災市街地における建築制限）

第84条 ① 特定行政庁は，市街地に災害のあつた場合において都市計画又は土地区画整理法による土地区画整理事業のため必要があると認めるときは，区域を指定し，災害が発生した日から1月以内の期間を限り，その区域内における建築物の建築を制限し，又は禁止することができる．

② 特定行政庁は，更に1月を超えない範囲内において前項の期間を延長することができる．

（簡易な構造の建築物に対する制限の緩和）

第84条の2 壁を有しない自動車車庫，屋根を帆布としたスポーツの練習場その他の政令で指定する簡易な構造の建築物又は建築物の部分で，政令で定める基準に適合するものについては，第22条から第26条まで，第27条第1項及び第3項，第35条の2，第61条，第62条並びに第67条第1項の規定は，適用しない．

（仮設建築物に対する制限の緩和）

第85条 ① 非常災害があつた場合において，非常災害区域等（非常災害が発生した区域又はこれに隣接する区域で特定行政庁が指定するものをいう．第87条の3第1項において同じ．）内においては，災害により破損した建築物の応急の修繕又は次の各号のいずれかに該当する応急仮設建築物の建築でその災害が発生した日から1月以内にその工事に着手するものについては，建築基準法令の規定は，適用しない．ただし，防火地域内に建築する場合については，この限りでない．

1 国，地方公共団体又は日本赤十字社が災害救助のために建築するもの

2 被災者が自ら使用するために建築するもので延べ面積が30平方メートル以内のもの

② 災害があつた場合において建築する停車場，官公署その他これらに類する公益上必要な用途に供する応急仮設建築物又は工事を施工するために現場に設ける事務所，下小屋，材料置場その他これらに類する仮設建築物については，第6条から第7条の6まで，第12条第1項から第4項まで，第15条，第18条（第25項を除く．），第19条，第21条から第23条まで，第26条，第31条，第33条，第34条第2項，第35条，第36条（第19条，第21条，第26条，第31条，第33条，第34条第2項及び第35条に係る部分に限る．），第37条，第39条及び第40条の規定並びに第3章の規定は，適用しない．ただし，防火地域又は準防火地域内にある延べ面積が50平方メートルを超えるものについては，第62条の規定の適用があるものとする．

③ 前2項の応急仮設建築物を建築した者は，その建築工事を完了した後3月を超えて当該建築物を存続させようとする場合においては，その超えることとなる日前に，特定行政庁の許可を受けなければならない．ただし，当該許可の申請をした場合において，その超えることとなる日前に当該申請に対する処分がされないときは，当該処分がされるまでの間は，なお当該建築物を存続させることができる．

④ 特定行政庁は，前項の許可の申請があつた場合において，安全上，防火上及び衛生上支障がないと認めるときは，2年以内の期間を限つて，その許可をすることができる．

⑤ 特定行政庁は，仮設興行場，博覧会建築物，仮設店舗その他これらに類する仮設建築物（次項及び第101条第1項第10号において「仮設興行場等」という．）について安全上，防火上及び衛生上支障がないと認める場合においては，1年以内の期間（建築物の工事を施工するためその工事期間中当該従前の建築物に代えて必要となる仮設店舗その他の仮設建築物については，特定行政庁が当該工事の施工上必要と認める期間）を定めてその建築を許可することができる．この場合においては，第12条第1項から第4項まで，第21条から第27条まで，第31条，第34条第2項，第35条の2，第35条の3及び第37条の規定並びに第3章の規定は，適用しない．

⑥ 特定行政庁は，国際的な規模の会議又は競技会の用に供することその他の理由により1年を超えて使用する特別の必要がある仮設興行場等について，安全上，防火上及び衛生上支障がなく，かつ，公益上やむを得ないと認める場合においては，前項の規定にかかわらず，当該仮設興行場等の使用上必要と認める期間を定めてその建築を許可することができる．この場合においては，同

項後段の規定を準用する.

⑦ 特定行政庁は,前項の規定による許可をする場合においては,あらかじめ,建築審査会の同意を得なければならない.

(景観重要建造物である建築物に対する制限の緩和)

第85条の2 景観法第19条第1項の規定により景観重要建造物として指定された建築物のうち,良好な景観の保全のためその位置又は構造をその状態において保存すべきものについては,市町村は,同法第22条及び第25条の規定の施行のため必要と認める場合においては,国土交通大臣の承認を得て,条例で,第21条から第25条まで,第28条,第43条,第44条,第47条,第52条,第53条,第54条から第56条の2まで,第58条,第61条,第62条,第67条第1項及び第5項から第7項まで並びに第68条第1項及び第2項の規定の全部若しくは一部を適用せず,又はこれらの規定による制限を緩和することができる.

(伝統的建造物群保存地区内の制限の緩和)

第85条の3 文化財保護法第143条第1項又は第2項の伝統的建造物群保存地区内においては,市町村は,同条第1項後段(同条第2項後段において準用する場合を含む.)の条例において定められた現状変更の規制及び保存のための措置を確保するため必要と認める場合においては,国土交通大臣の承認を得て,条例で,第21条から第25条まで,第28条,第43条,第44条,第52条,第53条,第55条,第56条,第61条,第62条及び第67条第1項の規定の全部若しくは一部を適用せず,又はこれらの規定による制限を緩和することができる.

(一の敷地とみなすこと等による制限の緩和)

第86条 ① 建築物の敷地又は建築物の敷地以外の土地で二以上のものが1団地を形成している場合において,当該1団地(その内に第8項の規定により現に公告されている他の対象区域があるときは,当該他の対象区域の全部を含むものに限る.以下この項,第6項及び第7項において同じ.)内に建築される一又は二以上の構えを成す建築物(二以上の構えを成すものにあつては,総合的設計によつて建築されるものに限る.以下この項及び第3項において「一又は二以上の建築物」という.)のうち,国土交通省令で定めるところにより,特定行政庁が当該一又は二以上の建築物の位置及び構造が安全上,防火上及び衛生上支障がないと認めるものに対する第23条,第43条,第52条第1項から第14項まで,第53条第1項若しくは第2項,第54条第1項,第55条第2項,第56条第1項から第4項まで,第6項若しくは第7項,第56条の2第1項から第3項まで,第57条の2,第57条の3第1項から第4項まで,第59条第1項,第59条の2第1項,第60条第1項,第60条の2第1項,第60条の3第1項,第61条又は第68条の3第1項から第3項までの規定(次項から第4項までにおいて「特例対象規定」という.)の適用については,当該1団地を当該一又は二以上の建築物の一の敷地とみなす.

② 一定の一団の土地の区域(その内に第8項の規定により現に公告されている他の対象区域があるときは,当該他の対象区域の全部を含むものに限る.以下この項及び第6項において同じ.)内に現に存する建築物の位置及び構造を前提として,安全上,防火上及び衛生上必要な国土交通省令で定める基準に従い総合的見地からした設計によつて当該区域内に建築物が建築される場合において,国土交通省令で定めるところにより,特定行政庁がその位置及び構造が安全上,防火上及び衛生上支障がないと認める当該区域内に存することとなる各建築物に対する特例対象規定の適用については,当該一定の一団の土地の区域をこれらの建築物の一の敷地とみなす.

③ 建築物の敷地又は建築物の敷地以外の土地で二以上のものが,政令で定める空地を有し,かつ,面積が政令で定める規模以上である1団地を形成している場合において,当該1団地(その内に第8項の規定により現に公告されている他の対象区域があるときは,当該他の対象区域の全部を含むものに限る.以下この項,第6項,第7項及び次条第8項において同じ.)内に建築される一又は二以上の建築物のうち,国土交通省令で定めるところにより,特定行政庁が,当該一又は二以上の建築物の位置及び建蔽率,容積率,各部分の高さその他の構造について,交通上,安全上,防火上及び衛生上支障がなく,かつ,総合的な配慮がなされていることにより市街地の環境の整備改善に資すると認めて許可したものについては,特例対象規定(第59条の2第1項を除く.)の適用について,当該1団地を当該一又は二以上の建築物の一の敷地とみなすとともに,当該建築物の各部分の高さ又は容積率を,その許可の範囲内において,第55条第1項の規定又は当該1団地を一の敷地とみなして適用する第52条第1項から第9項まで,第56条若しくは第57条の2第6項の規定による限度を超えるものとすることができる.

④ その面積が政令で定める規模以上である一定の一団の土地の区域(その内に第8項の規定により現に公告されている他の対象区域があるときは,当該他の対象区域の全部を含むものに限る.以下この項,第6項及び次条第8項において同じ.)内に現に存する建築物の位置及び建蔽率,容積率,各部分の高さその他の構造を前提として,安全上,防火上及び衛生上必要な国土交通省令で定める基準に従い総合的見地からした設計によつて当該区域内に建築物が建築され,かつ,当該区域内に政令で定める空地を有する場合において,国土交通省令で定めるところにより,特定行政庁が,その建築物の位置及び建蔽率,容積率,各部分の高さその他の構造について,交通上,安全上,防火上及び衛生上支障がなく,かつ,総合的な配慮がなされていることにより市街地の環境の整備改善に資すると認めて許可したときは,当該区域内に存することとなる各建築物に対する特例対象規定(第59条の2第1項を除く.)の適用について,当該一定の一団の土地の区域をこれらの建築物の一の敷地とみなすとともに,建築される建築物の各部分の高さ又は容積率を,その許可の範囲内において,第55条第1項の規定又は当該一定の一団の土地の区域を一の敷地とみなして適用する第52条第1項から第9項

まで,第56条若しくは第57条の2第6項の規定による限度を超えるものとすることができる.

⑤ 第44条第2項の規定は,前2項の規定による許可をする場合に準用する.

⑥ 第1項から第4項までの規定による認定又は許可を申請しようとする者は,国土交通省令で定めるところにより,対象区域(第1項若しくは第3項の1団地又は第2項若しくは第4項の一定の一団の土地の区域をいう.以下同じ.)内の建築物の位置及び構造に関する計画を策定して提出するとともに,その者以外に当該対象区域の内にある土地について所有権又は借地権を有する者があるときは,当該計画について,あらかじめ,これらの者の同意を得なければならない.

⑦ 第1項又は第3項の場合において,次に掲げる条件に該当する地区計画等(集落地区計画を除く.)の区域内の建築物については,1団地内に二以上の構えを成す建築物の総合的設計による建築を,工区を分けて行うことができる.

1 地区整備計画等(集落地区整備計画を除く.)が定められている区域のうち,次に掲げる事項が定められている区域であること.

イ 地区施設等の配置及び規模

ロ 壁面の位置の制限(地区施設等に面する壁面の位置を制限するものを含むものに限る.)

2 第68条の2第1項の規定に基づく条例で,前号ロに掲げる事項に関する制限が定められている区域であること.

⑧ 特定行政庁は,第1項から第4項までの規定による認定又は許可をしたときは,遅滞なく,当該認定又は許可に係る第6項の計画に関して,対象区域その他国土交通省令で定める事項を公告するとともに,対象区域,建築物の位置その他国土交通省令で定める事項を表示した図書をその事務所に備えて,一般の縦覧に供さなければならない.

⑨ 第1項から第4項までの規定による認定又は許可は,前項の規定による公告によつて,その効力を生ずる.

⑩ 第8項の規定により公告された対象区域(以下「公告対象区域」という.)の全部を含む土地の区域内の建築物の位置及び構造について第1項から第4項までの規定による認定又は許可の申請があつた場合において,特定行政庁が当該申請に係る第1項若しくは第2項の規定による認定(以下この項において「新規認定」という.)又は第3項若しくは第4項の規定による許可(以下この項において「新規許可」という.)をしたときは,当該公告対象区域内の建築物の位置及び構造についての第1項若しくは第2項若しくは次条第1項の規定による従前の認定又は第3項若しくは第4項若しくは次条第2項若しくは第3項の規定による従前の許可は,新規認定又は新規許可に係る第8項の規定による公告があつた日から将来に向かつて,その効力を失う.

(一の敷地とみなすこと等の認定又は許可の取消し)

第86条の5 ① 公告対象区域内の土地について所有権又は借地権を有する者は,その全員の合意により,当該公告対象区域内の建築物に係る第86条第1項若しくは第2項若しくは第86条の2第1項の規定による認定又は第86条第3項若しくは第4項若しくは第86条の2第2項若しくは第3項の規定による許可の取消しを特定行政庁に申請することができる.

② 前項の規定による認定の取消しの申請を受けた特定行政庁は,当該申請に係る公告認定対象区域内の建築物の位置及び構造が安全上,防火上及び衛生上支障がないと認めるときは,当該申請に係る認定を取り消すものとする.

③ 第1項の規定による許可の取消しの申請を受けた特定行政庁は,当該申請に係る公告許可対象区域内の建築物の位置及び建蔽率,容積率,各部分の高さその他の構造について,交通上,安全上,防火上及び衛生上支障がなく,かつ,市街地の環境の整備改善を阻害することがないと認めるときは,当該申請に係る許可を取り消すものとする.

④ 特定行政庁は,前2項の規定による取消しをしたときは,遅滞なく,国土交通省令で定めるところにより,その旨を公告しなければならない.

⑤ 第2項又は第3項の規定による取消しは,前項の規定による公告によつて,その効力を生ずる.

⑥ 前2項に定めるもののほか,第2項又は第3項の規定による認定又は許可の取消しについて必要な事項は,国土交通省令で定める.

(総合的設計による1団地の住宅施設についての制限の特例)

第86条の6 ① 1団地の住宅施設に関する都市計画を定める場合においては,第1種低層住居専用地域,第2種低層住居専用地域又は田園住居地域については,第52条第1項第1号に規定する容積率,第53条第1項第1号に規定する建蔽率,第54条第2項に規定する外壁の後退距離及び第55条第1項に規定する建築物の高さと異なる容積率,建蔽率,距離及び高さの基準を定めることができる.

② 前項の都市計画に基づき建築物を総合的設計によつて建築する場合において,当該建築物が同項の規定により当該都市計画に定められた基準に適合しており,かつ,特定行政庁がその各建築物の位置及び構造が当該第1種低層住居専用地域,第2種低層住居専用地域又は田園住居地域内の住居の環境の保護に支障がないと認めるときは,当該建築物については,第52条第1項第1号,第53条第1項第1号,第54条第1項及び第55条第1項の規定は,適用しない.

(用途の変更に対するこの法律の準用)

第87条 ① 建築物の用途を変更して第6条第1項第1号の特殊建築物のいずれかとする場合(当該用途の変更が政令で指定する類似の用途相互間におけるものである場合を除く.)においては,同条(第3項,第5項及び第6項を除く.),第6条の2(第3項を除く.),第6条の4(第1項第1号及び第2号の建築物に係る部分に限る.),第7条第1項並びに第18条第1項から第3

項まで及び第14項から第16項までの規定を準用する.この場合において,第7条第1項中「建築主事の検査を申請しなければならない」とあるのは,「建築主事に届け出なければならない」と読み替えるものとする.

② 建築物(次項の建築物を除く.)の用途を変更する場合においては,第48条第1項から第14項まで,第51条,第60条の2第3項及び第68条の3第7項の規定並びに第39条第2項,第40条,第43条第3項,第43条の2,第49条から第50条まで,第60条の3第3項,第68条の2第1項及び第5項並びに第68条の9第1項の規定に基づく条例の規定を準用する.

③ 第3条第2項の規定により第27条,第28条第1項若しくは第3項,第29条,第30条,第35条から第35条の3まで,第36条中第28条第1項若しくは第35条に関する部分,第48条第1項から第14項まで若しくは第51条の規定又は第39条第2項,第40条,第43条第3項,第43条の2,第49条から第50条まで,第68条の2第1項若しくは第68条の9第1項の規定に基づく条例の規定(次条第1項において「第27条等の規定」という.)の適用を受けない建築物の用途を変更する場合においては,次の各号のいずれかに該当する場合を除き,これらの規定を準用する.

1 増築,改築,大規模の修繕又は大規模の模様替をする場合

2 当該用途の変更が政令で指定する類似の用途相互間におけるものであつて,かつ,建築物の修繕若しくは模様替をしない場合又はその修繕若しくは模様替が大規模でない場合

3 第48条第1項から第14項までの規定に関しては,用途の変更が政令で定める範囲内である場合

④ 第86条の7第2項(第35条に係る部分に限る.)及び第86条の7第3項(第28条第1項若しくは第3項,第29条,第30条,第35条の3又は第36条(居室の採光面積に係る部分に限る.以下この項において同じ.)に係る部分に限る.)の規定は,第3条第2項の規定により第28条第1項若しくは第3項,第29条,第30条,第35条,第35条の3又は第36条の規定の適用を受けない建築物の用途を変更する場合について準用する.この場合において,第86条の7第2項及び第3項中「増築等」とあるのは「用途の変更」と,「第3条第3項第3号及び第4号」とあるのは「第87条第3項」と読み替えるものとする.

(工作物への準用)

第88条 ① 煙突,広告塔,高架水槽,擁壁その他これらに類する工作物で政令で指定するもの及び昇降機,ウォーターシュート,飛行塔その他これらに類する工作物で政令で指定するもの(以下この項において「昇降機等」という.)については,第3条,第6条(第3項,第5項及び第6項を除くものとし,第1項及び第4項は,昇降機等については第1項第1号から第3号までの建築物に係る部分,その他のものについては同項第4号の建築物に係る部分に限る.),第6条の2(第3項を除く.),第6条の4(第1項第1号及び第2号の建築物に係る部分に限る.),第7条から第7条の4まで,第7条の5(第6条の4第1項第1号及び第2号の建築物に係る部分に限る.),第8条から第11条まで,第12条第5項(第3号を除く.)及び第6項から第9項まで,第13条,第15条の2,第18条(第4項から第13項まで及び第24項を除く.),第20条,第28条の2(同条各号に掲げる基準のうち政令で定めるものに係る部分に限る.),第32条,第33条,第34条第1項,第36条(避雷設備及び昇降機に係る部分に限る.),第37条,第38条,第40条,第3章の2(第68条の20第2項については,同項に規定する建築物以外の認証型式部材等に係る部分に限る.),第86条の7第1項(第28条の2(第86条の7第1項の政令で定める基準に係る部分に限る.)に係る部分に限る.),第86条の7第2項(第20条に係る部分に限る.),第86条の7第3項(第32条,第34条第1項及び第36条(昇降機に係る部分に限る.)に係る部分に限る.),前条,次条並びに第90条の規定を,昇降機等については,第7条の6,第12条第1項から第4項まで,第12条の2,第12条の3及び第18条第24項の規定を準用する.この場合において,第20条第1項中「次の各号に掲げる建築物の区分に応じ,それぞれ当該各号に定める基準」とあるのは,「政令で定める技術的基準」と読み替えるものとする.

② 製造施設,貯蔵施設,遊戯施設等の工作物で政令で指定するものについては,第3条,第6条(第3項,第5項及び第6項を除くものとし,第1項及び第4項は,第1項第1号から第3号までの建築物に係る部分に限る.),第6条の2(第3項を除く.),第7条,第7条の2,第7条の6から第9条の3まで,第11条,第12条第5項(第3号を除く.)及び第6項から第9項まで,第13条,第15条の2,第18条(第4項から第13項まで及び第19項から第23項までを除く.),第48条から第51条まで,第60条の2第3項,第60条の3第3項,第68条の2第1項及び第5項,第68条の3第6項から第9項まで,第86条の7第1項(第48条第1項から第14項まで及び第51条に係る部分に限る.),第87条第2項(第48条第1項から第14項まで,第49条から第51条まで,第60条の2第3項,第60条の3第3項並びに第68条の2第1項及び第5項に係る部分に限る.),第87条第3項(第48条第1項から第14項まで,第49条から第51条まで及び第68条の2第1項に係る部分に限る.),前条,次条,第91条,第92条の2並びに第93条の2の規定を準用する.この場合において,第6条第2項及び別表第2中「床面積の合計」とあるのは「築造面積」と,第68条の2第1項中「敷地,構造,建築設備又は用途」とあるのは「用途」と読み替えるものとする.

③ 第3条,第8条から第11条まで,第12条(第5項第3号を除く.),第12条の2,第12条の3,第13条,第15条の2並びに第18条第1項及び第25項の規定は,第64条に規定する工作物について準用する.

④ 第1項中第6条から第7条の5まで,第18条(第1項及び第25項を除く.)及び次条に係る部分は,宅地造成等規制法(昭和36年法律第191号)第8条第1項本文

若しくは第12条第１項,都市計画法第29条第１項若しくは第２項若しくは第35条の２第１項本文又は津波防災地域づくりに関する法律（平成23年法律第123号）第73条第１項若しくは第78条第１項の規定による許可を受けなければならない場合の擁壁については,適用しない.

（工事現場における確認の表示等）

第89条 ① 第６条第１項の建築,大規模の修繕又は大規模の模様替の工事の施工者は,当該工事現場の見易い場所に,国土交通省令で定める様式によつて,建築主,設計者,工事施工者及び工事の現場管理者の氏名又は名称並びに当該工事に係る同項の確認があつた旨の表示をしなければならない.

② 第６条第１項の建築,大規模の修繕又は大規模の模様替の工事の施工者は,当該工事に係る設計図書を当該工事現場に備えておかなければならない.

（工事現場の危害の防止）

第90条 ① 建築物の建築,修繕,模様替又は除却のための工事の施工者は,当該工事の施工に伴う地盤の崩落,建築物又は工事用の工作物の倒壊等による危害を防止するために必要な措置を講じなければならない.

② 前項の措置の技術的基準は,政令で定める.

③ 第３条第２項及び第３項,第９条（第13項及び第14項を除く.）,第９条の２,第９条の３（設計者及び宅地建物取引業者に係る部分を除く.）並びに第18条第１項及び第25項の規定は,第１項の工事の施工について準用する.

（工事中の特殊建築物等に対する措置）

第90条の２ ① 特定行政庁は,第９条又は第10条の規定による場合のほか,建築,修繕若しくは模様替又は除却の工事の施工中に使用されている第６条第１項第１号から第３号までの建築物が,安全上,防火上又は避難上著しく支障があると認める場合においては,当該建築物の建築主又は所有者,管理者若しくは占有者に対して,相当の猶予期限を付けて,当該建築物の使用禁止,使用制限その他安全上,防火上又は避難上必要な措置を採ることを命ずることができる.

② 第９条第２項から第９項まで及び第11項から第15項までの規定は,前項の場合に準用する.

（工事中における安全上の措置等に関する計画の届出）

第90条の３ 別表第１（い）欄の（１）項,（２）項及び（４）項に掲げる用途に供する建築物並びに地下の工作物内に設ける建築物で政令で定めるものの新築の工事又はこれらの建築物に係る避難施設等に関する工事の施工中において当該建築物を使用し,又は使用させる場合においては,当該建築主は,国土交通省令で定めるところにより,あらかじめ,当該工事の施工中における当該建築物の安全上,防火上又は避難上の措置に関する計画を作成して特定行政庁に届け出なければならない.

（建築物の敷地が区域,地域又は地区の内外にわたる場合の措置）

第91条 建築物の敷地がこの法律の規定（第52条,第53条,第54条から第56条の２まで,第57条の２,第57条の３,第67条第１項及び第２項並びに別表第３の規定を除く.以下この条において同じ.）による建築物の敷地,構造,建築設備又は用途に関する禁止又は制限を受ける区域（第22条第１項の市街地の区域を除く.以下この条において同じ.）,地域（防火地域及び準防火地域を除く.以下この条において同じ.）又は地区（高度地区を除く.以下この条において同じ.）の内外にわたる場合においては,その建築物又はその敷地の全部について敷地の過半の属する区域,地域又は地区内の建築物に関するこの法律の規定又はこの法律に基づく命令の規定を適用する.

（面積,高さ及び階数の算定）

第92条 建築物の敷地面積,建築面積,延べ面積,床面積及び高さ,建築物の軒,天井及び床の高さ,建築物の階数並びに工作物の築造面積の算定方法は,政令で定める.

（許可又は確認に関する消防長等の同意等）

第93条 ① 特定行政庁,建築主事又は指定確認検査機関は,この法律の規定による許可又は確認をする場合においては,当該許可又は確認に係る建築物の工事施工地又は所在地を管轄する消防長（消防本部を置かない市町村にあつては,市町村長.以下同じ.）又は消防署長の同意を得なければ,当該許可又は確認をすることができない.ただし,確認に係る建築物が防火地域及び準防火地域以外の区域内における住宅（長屋,共同住宅その他政令で定める住宅を除く.）である場合又は建築主事若しくは指定確認検査機関が第87条の４において準用する第６条第１項若しくは第６条の２第１項の規定による確認をする場合においては,この限りでない.

② 消防長又は消防署長は,前項の規定によつて同意を求められた場合においては,当該建築物の計画が法律又はこれに基づく命令若しくは条例の規定（建築主事又は指定確認検査機関が第６条の４第１項第１号若しくは第２号に掲げる建築物の建築,大規模の修繕,大規模の模様替若しくは用途の変更又は同項第３号に掲げる建築物の建築について確認する場合において同意を求められたときは,同項の規定により読み替えて適用される第６条第１項の政令で定める建築基準法令の規定を除く.）で建築物の防火に関するものに違反しないものであるときは,同項第４号に係る場合にあつては,同意を求められた日から３日以内に,その他の場合にあつては,同意を求められた日から７日以内に同意を与えてその旨を当該特定行政庁,建築主事又は指定確認検査機関に通知しなければならない.この場合において,消防長又は消防署長は,同意することができない事由があると認めるときは,これらの期限内に,その事由を当該特定行政庁,建築主事又は指定確認検査機関に通知しなければならない.

③ 第60条の20第１項（第68条の22第２項において準用する場合を含む.）の規定は,消防長又は消防署長が第１項の規定によつて同意を求められた場合に行う審査について準用する.

④ 建築主事又は指定確認検査機関は,第１項ただし書の

場合において第6条第1項(第87条の4において準用する場合を含む.)の規定による確認申請書を受理したとき若しくは第6条の2第1項(第87条の4において準用する場合を含む.)の規定による確認の申請を受けたとき又は第18条第2項(第87条第1項又は第87条の4において準用する場合を含む.)の規定による通知を受けた場合においては,遅滞なく,これを当該申請又は通知に係る建築物の工事施工地又は所在地を管轄する消防長又は消防署長に通知しなければならない.

⑤ 建築主事又は指定確認検査機関は,第31条第2項に規定する屎尿浄化槽又は建築物における衛生的環境の確保に関する法律(昭和45年法律第20号)第2条第1項に規定する特定建築物に該当する建築物に関して,第6条第1項(第87条第1項において準用する場合を含む.)の規定による確認の申請書を受理した場合,第6条の2第1項(第87条第1項において準用する場合を含む.)の規定による確認の申請を受けた場合又は第18条第2項(第87条第1項において準用する場合を含む.)の規定による通知を受けた場合においては,遅滞なく,これを当該申請又は通知に係る建築物の工事施工地又は所在地を管轄する保健所長に通知しなければならない.

⑥ 保健所長は,必要があると認める場合においては,この法律の規定による許可又は確認について,特定行政庁,建築主事又は指定確認検査機関に対して意見を述べることができる.

(書類の閲覧)

第93条の2 特定行政庁は,確認その他の建築基準法令の規定による処分並びに第12条第1項及び第3項の規定による報告に関する書類のうち,当該処分若しくは報告に係る建築物若しくは建築物の敷地の所有者,管理者若しくは占有者又は第3者の権利利益を不当に侵害するおそれがないものとして国土交通省令で定めるものについては,国土交通省令で定めるところにより,閲覧の請求があつた場合には,これを閲覧させなければならない.

(国土交通省令への委任)

第93条の3 この法律に定めるもののほか,この法律の規定に基づく許可その他の処分に関する手続その他この法律の実施のため必要な事項は,国土交通省令で定める.

(不服申立て)

第94条 ① 建築基準法令の規定による特定行政庁,建築主事若しくは建築監視員,都道府県知事,指定確認検査機関又は指定構造計算適合性判定機関の処分又はその不作為についての審査請求は,行政不服審査法第4条第1号に規定する処分庁又は不作為庁が,特定行政庁,建築主事若しくは建築監視員又は都道府県知事である場合にあつては当該市町村又は都道府県の建築審査会に,指定確認検査機関である場合にあつては当該処分又は不作為に係る建築物又は工作物について第6条第1項(第87条第1項,第87条の4又は第88条第1項若しくは第2項において準用する場合を含む.)の規定による確認をする権限を有する建築主事が置かれた市町村又は都道府県の建築審査会に,指定構造計算適合性判定機関である場合にあつては第18条の2第1項の規定により当該指定構造計算適合性判定機関にその構造計算適合性判定を行わせた都道府県知事が統括する都道府県の建築審査会に対してするものとする.この場合において,不作為についての審査請求は,建築審査会に代えて,当該不作為庁が,特定行政庁,建築主事,建築監視員又は都道府県知事である場合にあつては当該市町村の長又は都道府県知事に,指定確認検査機関である場合にあつては当該指定確認検査機関に,指定構造計算適合性判定機関である場合にあつては当該指定構造計算適合性判定機関に対してすることもできる.

② 建築審査会は,前項前段の規定による審査請求がされた場合においては,当該審査請求がされた日(行政不服審査法第23条の規定により不備を補正すべきことを命じた場合にあつては,当該不備が補正された日)から1月以内に,裁決をしなければならない.

③ 建築審査会は,前項の裁決を行う場合においては,行政不服審査法第24条の規定により当該審査請求を却下する場合を除き,あらかじめ,審査請求人,特定行政庁,建築主事,建築監視員,都道府県知事,指定確認検査機関,指定構造計算適合性判定機関その他の関係人又はこれらの者の代理人の出頭を求めて,公開による口頭審査を行わなければならない.

④ 第1項前段の規定による審査請求については,行政不服審査法第31条の規定は適用せず,前項の口頭審査については,同法第9条第3項の規定により読み替えられた同法第31条第2項から第5項までの規定を準用する.

第95条 建築審査会の裁決に不服がある者は,国土交通大臣に対して再審査請求をすることができる.

第96条 削除

(権限の委任)

第97条 この法律に規定する国土交通大臣の権限は,国土交通省令で定めるところにより,その一部を地方整備局長又は北海道開発局長に委任することができる.

第7章　罰　則

第98条 ① 次の各号のいずれかに該当する者は,3年以下の懲役又は300万円以下の罰金に処する.

1 第9条第1項又は第10項前段(これらの規定を第88条第1項から第3項まで又は第90条第3項において準用する場合を含む.)の規定による特定行政庁又は建築監視員の命令に違反した者

2 第20条(第1項第1号から第3号までに係る部分に限る.),第21条,第26条,第27条,第35条又は第35条の2の規定に違反した場合における当該建築物又は建築設備の設計者(設計図書に記載された認定建築材料等(型式適合認定に係る型式の建築材料若しくは建築物の部分,構造方法等の認定に係る構造方法を用いる建築物の部分若しくは建築材料又は特殊構造方法等認定に係る特殊の構造方法を用いる建築物の部分若しくは特殊の建築材料をいう.以下同じ.)の全部又は一部として当該認定建築材料等の全部又は一部と異なる建築材料又は建築物の部分を引き渡した場合においては当該建築材料又は建築物の部分を引き渡した者,設計図書を用いないで工事を施工し,又は設計図書に従わないで工事を施工した場合（設計図書に記載された認定建築材料等と異なる建築材料又は建築物の部分を引き渡された場合において,当該建築材料又は建築物の部分を使用して工事を施工した場合を除く.）においては当該建築物又は建築設備の工事施工者）

3　第36条（防火壁,防火床及び防火区画の設置及び構造に係る部分に限る.）の規定に基づく政令の規定に違反した場合における当該建築物の設計者（設計図書に記載された認定建築材料等の全部又は一部として当該認定建築材料等の全部又は一部と異なる建築材料又は建築物の部分を引き渡した場合においては当該建築材料又は建築物の部分を引き渡した者,設計図書を用いないで工事を施工し,又は設計図書に従わないで工事を施工した場合（設計図書に記載された認定建築材料等と異なる建築材料又は建築物の部分を引き渡された場合において,当該建築材料又は建築物の部分を使用して工事を施工した場合を除く.）においては当該建築物の工事施工者）

4　第87条第3項において準用する第27条,第35条又は第35条の2の規定に違反した場合における当該建築物の所有者,管理者又は占有者

5　第87条第3項において準用する第36条（防火壁,防火床及び防火区画の設置及び構造に関して,第35条の規定を実施し,又は補足するために安全上及び防火上必要な技術的基準に係る部分に限る.）の規定に基づく政令の規定に違反した場合における当該建築物の所有者,管理者又は占有者

② 前項第2号又は第3号に規定する違反があつた場合において,その違反が建築主又は建築設備の設置者の故意によるものであるときは,当該設計者又は工事施工者を罰するほか,当該建築主又は建築設備の設置者に対して同項の刑を科する.

第99条 ① 次の各号のいずれかに該当する者は,1年以下の懲役又は100万円以下の罰金に処する.

1　第6条第1項（第87条第1項,第87条の4又は第88条第1項若しくは第2項において準用する場合を含む.）,第7条の6第1項（第87条の4又は第88条第2項において準用する場合を含む.）又は第68条の19第2項（第88条第1項において準用する場合を含む.）の規定に違反した者

2　第6条第8項（第87条の4又は第88条第1項若しくは第2項において準用する場合を含む.）又は第7条の3第6項（第87条の4又は第88条第1項において準用する場合を含む.）の規定に違反した場合における当該建築物,工作物又は建築設備の工事施工者

3　第7条第2項若しくは第3項（これらの規定を第87条の4又は第88条第1項若しくは第2項において準用する場合を含む.）又は第7条の3第2項若しくは第3項（これらの規定を第87条の4又は第88条第1項において準用する場合を含む.）の期限内に第7条第1項（第87条の4又は第88条第1項若しくは第2項において準用する場合を含む.）又は第7条の3第1項（第87条の4又は第88条第1項において準用する場合を含む.）の規定による申請をせず,又は虚偽の申請をした者

4　第9条第10項後段（第88条第1項から第3項まで又は第90条第3項において準用する場合を含む.）,第10条第2項若しくは第3項（これらの規定を第88条第1項又は第3項において準用する場合を含む.）,第11条第1項（第88条第1項から第3項までにおいて準用する場合を含む.）又は第90条の2第1項の規定による特定行政庁又は建築監視員の命令に違反した者

5　第12条第5項（第1号に係る部分に限る.）又は第15条の2第1項（これらの規定を第88条第1項から第3項までにおいて準用する場合を含む.）の規定による報告をせず,又は虚偽の報告をした者

6　第12条第6項又は第15条の2第1項（これらの規定を第88条第1項から第3項までにおいて準用する場合を含む.）の規定による物件の提出をせず,又は虚偽の物件の提出をした者

7　第12条第7項又は第15条の2第1項（これらの規定を第88条第1項から第3項までにおいて準用する場合を含む.）の規定による検査若しくは試験を拒み,妨げ,若しくは忌避し,又は質問に対して答弁せず,若しくは虚偽の答弁をした者

8　第20条（第1項第4号に係る部分に限る.）,第22条第1項,第23条,第25条,第28条第3項,第28条の2（第88条第1項において準用する場合を含む.）,第32条（第88条第1項において準用する場合を含む.）,第33条（第88条第1項において準用する場合を含む.）,第34条第1項（第88条第1項において準用する場合を含む.）,第34条第2項,第35条の3,第37条（第88条第1項において準用する場合を含む.）,第61条,第62条,第64条,第67条第1項又は第88条第1項において準用する第20条の規定に違反した場合における当該建築物,工作物又は建築設備の設計者（設計図書に記載された認定建築材料等の全部又は一部として当該認定建築材料等の全部又は一部と異なる建築材料又は建築物の部分を引き渡した場合においては当該建築材料又は建築物の部分を引き渡した者,設計図書を用いないで工事を施工し,又は設計図書に従わないで工事を施工した場合（設計図書に記載された認定建築材料等と異なる建築材料又は建築物の部分を引き渡された場合において,当該建築材料又は建築物の部分を使用して工事を施工した場合を除く.）においては当該建築物,工作物又は建築設備の工事施工者）

9　第36条（消火設備,避雷設備及び給水,排水その他の配管設備の設置及び構造並びに煙突及び昇降機の構造に係る部分に限り,第88条第1項において準用する場合を含む.）の規定に基づく政令の規定に違

反した場合における当該建築物,工作物又は建築設備の設計者(設計図書に記載された認定建築材料等の全部又は一部として当該認定建築材料等の全部又は一部と異なる建築材料又は建築物の部分を引き渡した場合においては当該建築材料又は建築物の部分を引き渡した者,設計図書を用いないで工事を施工し,又は設計図書に従わないで工事を施工した場合(設計図書に記載された認定建築材料等と異なる建築材料又は建築物の部分を引き渡された場合において,当該建築材料又は建築物の部分を使用して工事を施工した場合を除く.)においては当該建築物,工作物又は建築設備の工事施工者)

10 第77条の8第1項(第77条の17の2第2項において準用する場合を含む.)の規定に違反して,その職務に関して知り得た秘密を漏らした者

11 第77条の8第2項(第77条の17の2第2項において準用する場合を含む.)の規定に違反して,事前に建築基準適合判定資格者検定若しくは構造計算適合判定資格者検定の問題を漏らし,又は不正の採点をした者

12 第77条の25第1項,第77条の35の10第1項又は第77条の43第1項(第77条の56第2項において準用する場合を含む.)の規定に違反して,その職務に関して知り得た秘密を漏らし,又は盗用した者

13 第77条の35第2項の規定による確認検査の業務の停止の命令に違反した者

14 第77条の62第2項(第77条の66第2項において準用する場合を含む.)の規定による禁止に違反して,確認検査又は構造計算適合性判定の業務を行つた者

15 第87条第3項において準用する第28条第3項又は第35条の3の規定に違反した場合における当該建築物の所有者,管理者又は占有者

16 第87条第3項において準用する第36条(消火設備の設置及び構造に関して,第35条の規定を実施し,又は補足するために安全上及び防火上必要な技術的基準に係る部分に限る.)の規定に基づく政令の規定に違反した場合における当該建築物の所有者,管理者又は占有者

② 前項第8号又は第9号に規定する違反があつた場合において,その違反が建築主,工作物の築造主又は建築設備の設置者の故意によるものであるときは,当該設計者又は工事施工者を罰するほか,当該建築主,工作物の築造主又は建築設備の設置者に対して同項の刑を科する.

第100条 第77条の15第2項(第77条の17の2第2項において準用する場合を含む.),第77条の35の19第2項又は第77条の51第2項(第77条の56第2項において準用する場合を含む.)の規定による建築基準適合判定資格者検定事務,構造計算適合判定資格者検定事務又は構造計算適合性判定,認定等若しくは性能評価の業務の停止の命令に違反したときは,その違反行為をした指定建築基準適合判定資格者検定機関若しくは指定構造計算適合判定資格者検定機関の役員若しくは職員(建築基準適合判定資格者検定委員及び構造計算適合判定資格者検定委員を含む.)又は指定構造計算適合性判定機関,指定認定機関若しくは指定性能評価機関(いずれもその者が法人である場合にあつては,その役員)若しくはその職員(構造計算適合性判定員,認定員及び評価員を含む.)(第104条において「指定建築基準適合判定資格者検定機関等の役員等」という.)は,1年以下の懲役又は100万円以下の罰金に処する.

別表第1 耐火建築物等としなければならない特殊建築物(第6条,第21条,第27条,第28条,第35条－第35条の3,第90条の3関係)

	(い)	(ろ)	(は)	(に)
	用途	(い)欄の用途に供する階	(い)欄の用途に供する部分((1)項の場合にあつては客席,(2)項及び(4)項の場合にあつては2階,(5)項の場合にあつては3階以上の部分に限り,かつ,病院及び診療所についてはその部分に患者の収容施設がある場合に限る.)の床面積の合計	(い)欄の用途に供する部分の床面積の合計
(1)	劇場,映画館,演芸場,観覧場,公会堂,集会場その他これらに類するもので政令で定めるもの	3階以上の階	200平方メートル(屋外観覧席にあつては,1000平方メートル)以上	
(2)	病院,診療所(患者の収容施設があるものに限る.),ホテル,旅館,下宿,共同住宅,寄宿舎その他これらに類するもので政令で定めるもの	3階以上の階	300平方メートル以上	
(3)	学校,体育館その他これらに類するもので政令で定める	3階以上の階	2000平方メートル以上	

	もの			
(4)	百貨店,マーケット,展示場,キャバレー,カフェー,ナイトクラブ,バー,ダンスホール,遊技場その他これらに類するもので政令で定めるもの	3階以上の階	500平方メートル以上	
(5)	倉庫その他これに類するもので政令で定めるもの		200平方メートル以上	1500平方メートル以上
(6)	自動車車庫,自動車修理工場その他これらに類するもので政令で定めるもの	3階以上の階		150平方メートル以上

別表第2　用途地域等内の建築物の制限（第27条,第48条,第68条の3関係）

(い)	第1種低層住居専用地域内に建築することができる建築物	1　住宅 2　住宅で事務所,店舗その他これらに類する用途を兼ねるもののうち政令で定めるもの 3　共同住宅,寄宿舎又は下宿 4　学校（大学,高等専門学校,専修学校及び各種学校を除く.）,図書館その他これらに類するもの 5　神社,寺院,教会その他これらに類するもの 6　老人ホーム,保育所,福祉ホームその他これらに類するもの 7　公衆浴場（風俗営業等の規制及び業務の適正化等に関する法律（昭和23年法律第122号）第2条第6項第1号に該当する営業（以下この表において「個室付浴場業」という.）に係るものを除く.） 8　診療所 9　巡査派出所,公衆電話所その他これらに類する政令で定める公益上必要な建築物 10　前各号の建築物に附属するもの（政令で定めるものを除く.）
(ろ)	第2種低層住居専用地域内に建築することができる建築物	1　(い)項第1号から第9号までに掲げるもの 2　店舗,飲食店その他これらに類する用途に供するもののうち政令で定めるものでその用途に供する部分の床面積の合計が150平方メートル以内のもの（3階以上の部分をその用途に供するものを除く.） 3　前2号の建築物に附属するもの（政令で定めるものを除く.）
(は)	第1種中高層住居専用地域内に建築することができる建築物	1　(い)項第1号から第9号までに掲げるもの 2　大学,高等専門学校,専修学校その他これらに類するもの 3　病院 4　老人福祉センター,児童厚生施設その他これらに類するもの 5　店舗,飲食店その他これらに類する用途に供するもののうち政令で定めるものでその用途に供する部分の床面積の合計が500平方メートル以内のもの（3階以上の部分をその用途に供するものを除く.） 6　自動車車庫で床面積の合計が300平方メートル以内のもの又は都市計画として決定されたもの（3階以上の部分をその用途に供するものを除く.） 7　公益上必要な建築物で政令で定めるもの 8　前各号の建築物に附属するもの（政令で定めるものを除く.）
(に)	第2種中高層住居専用地域内に建築してはならない建築物	1　(ほ)項第2号及び第3号,(へ)項第3号から第5号まで,(と)項第4号並びに(り)項第2号及び第3号に掲げるもの 2　工場（政令で定めるものを除く.） 3　ボーリング場,スケート場,水泳場その他これらに類する政令で定める運動施設 4　ホテル又は旅館 5　自動車教習所 6　政令で定める規模の畜舎 7　3階以上の部分を(は)項に掲げる建築物以外の建築物の用途に供するもの（政令で定めるものを除く.） 8　(は)項に掲げる建築物以外の建築物の用途に供するものでその用途に供する部分の床面積の合計が1500平方メートルを超えるもの（政令で定めるものを除く.）
(ほ)	第1種住居地域内に建築してはならない建築物	1　(へ)項第1号から第5号までに掲げるもの 2　マージャン屋,ぱちんこ屋,射的場,勝馬投票券発売所,場外車券売場その他これらに類するもの 3　カラオケボックスその他これに類するもの 4　(は)項に掲げる建築物以外の建築物の用途に供するものでその用途に供する部分の床面積の合計が3000平方メートルを超えるもの（政令で定めるものを除く.）
		1　(と)項第3号及び第4号並びに(り)項に掲げるもの

(へ)	第2種住居地域内に建築してはならない建築物	2　原動機を使用する工場で作業場の床面積の合計が50平方メートルを超えるもの 3　劇場,映画館,演芸場若しくは観覧場又はナイトクラブその他これに類する政令で定めるもの 4　自動車車庫で床面積の合計が300平方メートルを超えるもの又は3階以上の部分にあるもの(建築物に附属するもので政令で定めるもの又は都市計画として決定されたものを除く.) 5　倉庫業を営む倉庫 6　店舗,飲食店,展示場,遊技場,勝馬投票券発売所,場外車券売場その他これらに類する用途で政令で定めるものに供する建築物でその用途に供する部分の床面積の合計が1万平方メートルを超えるもの
(と)	準住居地域内に建築してはならない建築物	1　(り)項に掲げるもの 2　原動機を使用する工場で作業場の床面積の合計が50平方メートルを超えるもの(作業場の床面積の合計が150平方メートルを超えない自動車修理工場を除く.) 3　次に掲げる事業(特殊の機械の使用その他の特殊の方法による事業であつて住居の環境を害するおそれがないものとして政令で定めるものを除く.)を営む工場 (1)　容量10リットル以上30リットル以下のアセチレンガス発生器を用いる金属の工作 (1の2)　印刷用インキの製造 (2)　出力の合計が0.75キロワット以下の原動機を使用する塗料の吹付 (2の2)　原動機を使用する魚肉の練製品の製造 (3)　原動機を使用する2台以下の研磨機による金属の乾燥研磨(工具研磨を除く.) (4)　コルク,エボナイト若しくは合成樹脂の粉砕若しくは乾燥研磨又は木材の粉砕で原動機を使用するもの (4の2)　厚さ0.5ミリメートル以上の金属板のつち打加工(金属工芸品の製造を目的とするものを除く.)又は原動機を使用する金属のプレス(液圧プレスのうち矯正プレスを使用するものを除く.)若しくはせん断 (4の3)　印刷用平版の研磨 (4の4)　糖衣機を使用する製品の製造 (4の5)　原動機を使用するセメント製品の製造 (4の6)　ワイヤーフォーミングマシンを使用する金属線の加工で出力の合計が0.75キロワットを超える原動機を使用するもの (5)　木材の引割若しくはかんな削り,裁縫,機織,撚(ねん)糸,組ひも,編物,製袋又はやすりの目立で出力の合計が0.75キロワットを超える原動機を使用するもの (6)　製針又は石材の引割で出力の合計が1.5キロワットを超える原動機を使用するもの (7)　出力の合計が2.5キロワットを超える原動機を使用する製粉 (8)　合成樹脂の射出成形加工 (9)　出力の合計が10キロワットを超える原動機を使用する金属の切削 (10)　メッキ (11)　原動機の出力の合計が1.5キロワットを超える空気圧縮機を使用する作業 (12)　原動機を使用する印刷 (13)　ベンディングマシン(ロール式のものに限る.)を使用する金属の加工 (14)　タンブラーを使用する金属の加工 (15)　ゴム練用又は合成樹脂練用のロール機(カレンダーロール機を除く.)を使用する作業 (16)　(1)から(15)までに掲げるもののほか,安全上若しくは防火上の危険の度又は衛生上若しくは健康上の有害の度が高いことにより,住居の環境を保護する上で支障があるものとして政令で定める事業 4　(る)項第1号(1)から(3)まで,(11)又は(12)の物品((ぬ)項第4号及び(る)項第2号において「危険物」という.)の貯蔵又は処理に供するもので政令で定めるもの 5　劇場,映画館,演芸場若しくは観覧場のうち客席の部分の床面積の合計が200平方メートル以上のもの又はナイトクラブその他これに類する用途で政令で定めるものに供する建築物でその用途に供する部分の床面積の合計が200平方メートル以上のもの 6　前号に掲げるもののほか,劇場,映画館,演芸場若しくは観覧場,ナイトクラブその他これに類する用途で政令で定めるもの又は店舗,飲食店,展示場,遊技場,勝馬投票券発売所,場外車券売場その他これらに類する用途で政令で定めるものに供する建築物でその用途に供する部分(劇場,映画館,演芸場又は観覧場の用途に供する部分にあつては,客席の部分に限る.)の床面積の合計が1万平方メートルを超えるもの
		1　(い)項第1号から第9号までに掲げるもの 2　農産物の生産,集荷,処理又は貯蔵に供するもの(政令で定めるものを除く.) 3　農業の生産資材の貯蔵に供するもの

(ち)	田園住居地域内に建築することができる建築物	4　地域で生産された農産物の販売を主たる目的とする店舗その他の農業の利便を増進するために必要な店舗,飲食店その他これらに類する用途に供するもののうち政令で定めるものでその用途に供する部分の床面積の合計が500平方メートル以内のもの（3階以上の部分をその用途に供するものを除く.） 5　前号に掲げるもののほか,店舗,飲食店その他これらに類する用途に供するもののうち政令で定めるものでその用途に供する部分の床面積の合計が150平方メートル以内のもの（3階以上の部分をその用途に供するものを除く.） 6　前各号の建築物に附属するもの(政令で定めるものを除く.)
(り)	近隣商業地域内に建築してはならない建築物	1　(ぬ)項に掲げるもの 2　キャバレー,料理店その他これらに類するもの 3　個室付浴場業に係る公衆浴場その他これに類する政令で定めるもの
(ぬ)	商業地域内に建築してはならない建築物	1　(る)項第1号及び第2号に掲げるもの 2　原動機を使用する工場で作業場の床面積の合計が150平方メートルを超えるもの（日刊新聞の印刷所及び作業場の床面積の合計が300平方メートルを超えない自動車修理工場を除く.） 3　次に掲げる事業（特殊の機械の使用その他の特殊の方法による事業であつて商業その他の業務の利便を害するおそれがないものとして政令で定めるものを除く.）を営む工場 （1）　玩具煙火の製造 （2）　アセチレンガスを用いる金属の工作（アセチレンガス発生器の容量30リットル以下のもの又は溶解アセチレンガスを用いるものを除く.） （3）　引火性溶剤を用いるドライクリーニング,ドライダイイング又は塗料の加熱乾燥若しくは焼付（赤外線を用いるものを除く.） （4）　セルロイドの加熱加工又は機械のこぎりを使用する加工 （5）　絵具又は水性塗料の製造 （6）　出力の合計が0.75キロワットを超える原動機を使用する塗料の吹付 （7）　亜硫酸ガスを用いる物品の漂白 （8）　骨炭その他動物質炭の製造 （8の2）　せつけんの製造 （8の3）　魚粉,フェザーミール,肉骨粉,肉粉若しくは血粉又はこれらを原料とする飼料の製造 （8の4）　手すき紙の製造 （9）　羽又は毛の洗浄,染色又は漂白 (10)　ぼろ,くず綿,くず紙,くず糸,くず毛その他これらに類するものの消毒,選別,洗浄又は漂白 (11)　製綿,古綿の再製,起毛,せん毛,反毛又はフェルトの製造で原動機を使用するもの (12)　骨,角,牙,ひづめ若しくは貝殻の引割若しくは乾燥研磨又は3台以上の研磨機による金属の乾燥研磨で原動機を使用するもの (13)　鉱物,岩石,土砂,コンクリート,アスファルト・コンクリート,硫黄,金属,ガラス,れんが,陶磁器,骨又は貝殻の粉砕で原動機を使用するもの (13の2)　レディーミクストコンクリートの製造又はセメントの袋詰で出力の合計が2.5キロワットを超える原動機を使用するもの (14)　墨,懐炉灰又はれん炭の製造 (15)　活字若しくは金属工芸品の鋳造又は金属の溶融で容量の合計が50リットルを超えないるつぼ又は窯を使用するもの（印刷所における活字の鋳造を除く.） (16)　瓦,れんが,土器,陶磁器,人造砥（と）石,るつぼ又はほうろう鉄器の製造 (17)　ガラスの製造又は砂吹 (17の2)　金属の溶射又は砂吹 (17の3)　鉄板の波付加工 (17の4)　ドラム缶の洗浄又は再生 (18)　スプリングハンマーを使用する金属の鍛造 (19)　伸線,伸管又はロールを用いる金属の圧延で出力の合計が4キロワット以下の原動機を使用するもの (20)　(1)から(19)までに掲げるもののほか,安全上若しくは防火上の危険の度又は衛生上若しくは健康上の有害の度が高いことにより,商業その他の業務の利便を増進する上で支障があるものとして政令で定める事業 4　危険物の貯蔵又は処理に供するもので政令で定めるもの
(る)	準工業地域内に建築してはならない建築物	1　次に掲げる事業（特殊の機械の使用その他の特殊の方法による事業であつて環境の悪化をもたらすおそれのない工業の利便を害するおそれがないものとして政令で定めるものを除く.）を営む工場 （1）　火薬類取締法（昭和25年法律第149号）の火薬類（玩具煙火を除く.）の製造 （2）　消防法（昭和23年法律第186号）第2条第7項に規定する危険物の製造（政令で定めるものを除く.） （3）　マッチの製造 （4）　ニトロセルロース製品の製造 （5）　ビスコース製品,アセテート又は銅アンモニアレーヨンの製造 （6）　合成染料若しくはその中間物,顔料又は塗料の製造（漆又は水性塗

(る)	準工業地域内に建築してはならない建築物	料の製造を除く.) (7)　引火性溶剤を用いるゴム製品又は芳香油の製造 (8)　乾燥油又は引火性溶剤を用いる擬革紙布又は防水紙布の製造 (9)　木材を原料とする活性炭の製造(水蒸気法によるものを除く.) (10)　石炭ガス類又はコークスの製造 (11)　可燃性ガスの製造(政令で定めるものを除く.) (12)　圧縮ガス又は液化ガスの製造(製氷又は冷凍を目的とするものを除く.) (13)　塩素,臭素,ヨード,硫黄,塩化硫黄,弗(ふつ)化水素酸,塩酸,硝酸,硫酸,燐(りん)酸,苛性カリ,苛性ソーダ,アンモニア水,炭酸カリ,洗濯ソーダ,ソーダ灰,さらし粉,次硝酸蒼(そう)鉛,亜硫酸塩類,チオ硫酸塩類,砒(ひ)素化合物,鉛化合物,バリウム化合物,銅化合物,水銀化合物,シアン化合物,クロールズルホン酸,クロロホルム,4塩化炭素,ホルマリン,ズルホナール,グリセリン,イヒチオールズルホン酸アンモン,酢酸,石炭酸,安息香酸,タンニン酸,アセトアニリド,アスピリン又はグアヤコールの製造 (14)　たんぱく質の加水分解による製品の製造 (15)　油脂の採取,硬化又は加熱加工(化粧品の製造を除く.) (16)　ファクチス,合成樹脂,合成ゴム又は合成繊維の製造 (17)　肥料の製造 (18)　製紙(手すき紙の製造を除く.)又はパルプの製造 (19)　製革,にかわの製造又は毛皮若しくは骨の精製 (20)　アスファルトの精製 (21)　アスファルト,コールタール,木タール,石油蒸溜(りゅう)産物又はその残りかすを原料とする製造 (22)　セメント,石膏(こう),消石灰,生石灰又はカーバイドの製造 (23)　金属の溶融又は精練(容量の合計が50リットルを超えないるつぼ若しくは窯を使用するもの又は活字若しくは金属工芸品の製造を目的とするものを除く.) (24)　炭素粉を原料とする炭素製品若しくは黒鉛製品の製造又は黒鉛の粉砕 (25)　金属厚板又は形鋼の工作で原動機を使用するはつり作業(グラインダーを用いるものを除く.),びよう打作業又は孔(あな)埋作業を伴うもの (26)　鉄釘類又は鋼球の製造 (27)　伸線,伸管又はロールを用いる金属の圧延で出力の合計が4キロワットを超える原動機を使用するもの (28)　鍛造機(スプリングハンマーを除く.)を使用する金属の鍛造 (29)　動物の臓器又は排せつ物を原料とする医薬品の製造 (30)　石綿を含有する製品の製造又は粉砕 (31)　(1)から(30)までに掲げるもののほか,安全上若しくは防火上の危険の度又は衛生上若しくは健康上の有害の度が高いことにより,環境の悪化をもたらすおそれのない工業の利便を増進する上で支障があるものとして政令で定める事業 2　危険物の貯蔵又は処理に供するもので政令で定めるもの 3　個室付浴場業に係る公衆浴場その他これに類する政令で定めるもの
(を)	工業地域内に建築してはならない建築物	1　(る)項第3号に掲げるもの 2　ホテル又は旅館 3　キャバレー,料理店その他これらに類するもの 4　劇場,映画館,演芸場若しくは観覧場又はナイトクラブその他これに類する政令で定めるもの 5　学校(幼保連携型認定こども園を除く.) 6　病院 7　店舗,飲食店,展示場,遊技場,勝馬投票券発売所,場外車券売場その他これらに類する用途で政令で定めるものに供する建築物でその用途に供する部分の床面積の合計が1万平方メートルを超えるもの
(わ)	工業専用地域内に建築してはならない建築物	1　(を)項に掲げるもの 2　住宅 3　共同住宅,寄宿舎又は下宿 4　老人ホーム,福祉ホームその他これらに類するもの 5　物品販売業を営む店舗又は飲食店 6　図書館,博物館その他これらに類するもの 7　ボーリング場,スケート場,水泳場その他これらに類する政令で定める運動施設 8　マージャン屋,ぱちんこ屋,射的場,勝馬投票券発売所,場外車券売場その他これらに類するもの
(か)	用途地域の指定のない区域(都市計画法第7条第1項に規定する市街化調整区域を除く.)	劇場,映画館,演芸場若しくは観覧場,ナイトクラブその他これに類する用途で政令で定めるもの又は店舗,飲食店,展示場,遊技場,勝馬投票券発売所,場外車券売場その他これらに類する用途で政令で定めるものに供する建築物でその用途に供する部分(劇場,映画館,演芸場又は観覧場の用途に供

	内に建築してはならない建築物	する部分にあつては,客席の部分に限る.)の床面積の合計が1万平方メートルを超えるもの

別表第3 前面道路との関係についての建築物の各部分の高さの制限(第56条,第91条関係)

	(い)	(ろ)	(は)	(に)
	建築物がある地域,地区又は区域	第52条第1項,第2項,第7項及び第9項の規定による容積率の限度	距離	数値
1	第1種低層住居専用地域,第2種低層住居専用地域,第1種中高層住居専用地域,第2種中高層住居専用地域若しくは田園住居地域内の建築物又は第1種住居地域,第2種住居地域若しくは準住居地域内の建築物(4の項に掲げる建築物を除く.)	10分の20以下の場合	20メートル	1.25
		10分の20を超え,10分の30以下の場合	25メートル	
		10分の30を超え,10分の40以下の場合	30メートル	
		10分の40を超える場合	35メートル	
2	近隣商業地域又は商業地域内の建築物	10分の40以下の場合	20メートル	1.5
		10分の40を超え,10分の60以下の場合	25メートル	
		10分の60を超え,10分の80以下の場合	30メートル	
		10分の80を超え,10分の100以下の場合	35メートル	
		10分の100を超え,10分の110以下の場合	40メートル	
		10分の110を超え,10分の120以下の場合	45メートル	
		10分の120を超える場合	50メートル	
3	準工業地域内の建築物(4の項に掲げる建築物を除く.)又は工業地域若しくは工業専用地域内の建築物	10分の20以下の場合	20メートル	1.5
		10分の20を超え,10分の30以下の場合	25メートル	
		10分の30を超え,10分の40以下の場合	30メートル	
		10分の40を超える場合	35メートル	
4	第1種住居地域,第2種住居地域,準住居地域又は準工業地域内について定められた高層住居誘導地区内の建築物であつて,その住宅の用途に供する部分の床面積の合計がその延べ面積の3分の2以上であるもの		35メートル	1.5
5	用途地域の指定のない区域内の建築物	10分の20以下の場合	20メートル	1.25又は1.5のうち,特定行政庁が土地利用の状況等を考慮し当該区域を区分して都道府県都市計画審議会の議を経て定めるもの
		10分の20を超え,10分の30以下の場合	25メートル	
		10分の30を超える場合	30メートル	

備考

1 建築物がこの表(い)欄に掲げる地域,地区又は区域の二以上にわたる場合においては,同欄中「建築物」とあるのは,「建築物の部分」とする.

2 建築物の敷地がこの表(い)欄に掲げる地域,地区又は区域の二以上にわたる場合における同表(は)欄に掲げる距離の適用に関し必要な事項は,政令で定める.

3 この表(い)欄1の項に掲げる第1種中高層住居専用地域若しくは第2種中高層住居専用地域(第52条第1項第2号の規定により,容積率の限度が10分の40以上とされている地域に限る.)又は第1種住居地域,第

２種住居地域若しくは準住居地域のうち，特定行政庁が都道府県都市計画審議会の議を経て指定する区域内の建築物については，（は）欄１の項中「25メートル」とあるのは「20メートル」と，「30メートル」とあるのは「25メートル」と，「35メートル」とあるのは「30メートル」と，（に）欄１の項中「1.25」とあるのは「1.5」とする．

別表第４　日影による中高層の建築物の制限（第56条，第56条の２関係）

	（い）	（ろ）	（は）	（に）		
	地域又は区域	制限を受ける建築物	平均地盤面からの高さ		敷地境界線からの水平距離が10メートル以内の範囲における日影時間	敷地境界線からの水平距離が10メートルを超える範囲における日影時間
1	第１種低層住居専用地域，第２種低層住居専用地域又は田園住居地域	軒の高さが７メートルを超える建築物又は地階を除く階数が３以上の建築物	1.5メートル	(1)	３時間（道の区域内にあつては，２時間）	２時間（道の区域内にあつては，1.5時間）
				(2)	４時間（道の区域内にあつては，３時間）	2.5時間（道の区域内にあつては，２時間）
				(3)	５時間（道の区域内にあつては，４時間）	３時間（道の区域内にあつては，2.5時間）
2	第１種中高層住居専用地域又は第２種中高層住居専用地域	高さが10メートルを超える建築物	４メートル又は6.5メートル	(1)	３時間（道の区域内にあつては，２時間）	２時間（道の区域内にあつては，1.5時間）
				(2)	４時間（道の区域内にあつては，３時間）	2.5時間（道の区域内にあつては，２時間）
				(3)	５時間（道の区域内にあつては，４時間）	３時間（道の区域内にあつては，2.5時間）
3	第１種住居地域，第２種住居地域，準住居地域，近隣商業地域又は準工業地域	高さが10メートルを超える建築物	４メートル又は6.5メートル	(1)	４時間（道の区域内にあつては，３時間）	2.5時間（道の区域内にあつては，２時間）
				(2)	５時間（道の区域内にあつては，４時間）	３時間（道の区域内にあつては，2.5時間）
4	用途地域の指定のない区域	イ　軒の高さが７メートルを超える建築物又は地階を除く階数が３以上の建築物	1.5メートル	(1)	３時間（道の区域内にあつては，２時間）	２時間（道の区域内にあつては，1.5時間）
				(2)	４時間（道の区域内にあつては，３時間）	2.5時間（道の区域内にあつては，２時間）
				(3)	５時間（道の区域内にあつては，４時間）	３時間（道の区域内にあつては，2.5時間）
		ロ　高さが10メートルを超える建築物	４メートル	(1)	３時間（道の区域内にあつては，２時間）	２時間（道の区域内にあつては，1.5時間）
				(2)	４時間（道の区域内にあつては，３時間）	2.5時間（道の区域内にあつては，２時間）
				(3)	５時間（道の区域内にあつては，４時間）	３時間（道の区域内にあつては，2.5時間）

この表において，平均地盤面からの高さとは，当該建築物が周囲の地面と接する位置の平均の高さにおける水平面からの高さをいうものとする．

⑨ 国土利用計画法（抄）

昭49・6・25法律第92号，昭49・12・24施行
最終改正：平29・4・26法律第25号

◆ 第1章 総 則

（目 的）

第1条 この法律は，国土利用計画の策定に関し必要な事項について定めるとともに，土地利用基本計画の作成，土地取引の規制に関する措置その他土地利用を調整するための措置を講ずることにより，国土形成計画法（昭和25年法律第205号）による措置と相まつて，総合的かつ計画的な国土の利用を図ることを目的とする．

◆ 第2章 国土利用計画

◆ 第3章 土地利用基本計画等

（土地利用基本計画）

第9条 ① 都道府県は，当該都道府県の区域について，土地利用基本計画を定めるものとする．

② 土地利用基本計画は，政令で定めるところにより，次の地域を定めるものとする．

1 都市地域
2 農業地域
3 森林地域
4 自然公園地域
5 自然保全地域

◆ 第4章 土地に関する権利の移転等の許可

（規制区域の指定）

第12条 ① 都道府県知事は，当該都道府県の区域のうち，次に掲げる区域を，期間を定めて，規制区域として指定するものとする．

1 都市計画法（昭和43年法律第100号）第4条第2項に規定する都市計画区域にあつては，その全部又は一部の区域で土地の投機的取引が相当範囲にわたり集中して行われ，又は行われるおそれがあり，及び地価が急激に上昇し，又は上昇するおそれがあると認められるもの
2 都市計画法第4条第2項に規定する都市計画区域以外の区域にあつては，前号の事態が生ずると認められる場合において，その事態を緊急に除去しなければ適正かつ合理的な土地利用の確保が著しく困難となると認められる区域

② 規制区域の指定の期間は，次項の規定による公告があつた日から起算して5年以内で定めるものとする．

③ 都道府県知事は，規制区域を指定する場合には，その旨並びにその区域及び期間を公告しなければならない．

④ 規制区域の指定は，前項の規定による公告によつてその効力を生ずる．

（土地に関する権利の移転等の許可）

第14条 ① 規制区域に所在する土地について，土地に関する所有権若しくは地上権その他の政令で定める使用及び収益を目的とする権利又はこれらの権利の取得を目的とする権利（以下「土地に関する権利」という．）の移転又は設定（対価を得て行われる移転又は設定に限る．以下同じ．）をする契約（予約を含む．以下「土地売買等の契約」という．）を締結しようとする場合には，当事者は，都道府県知事の許可を受けなければならない．その許可に係る事項のうち，土地に関する権利の移転若しくは設定の予定対価の額（予定対価が金銭以外のものであるときは，これを時価を基準として金銭に見積つた額．以下同じ．）の変更（その額を減額する場合を除く．）をして，又は土地に関する権利の移転若しくは設定後における土地の利用目的の変更をして，当該契約を締結しようとするときも，同様とする．

② 前項の規定は，民事調停法（昭和26年法律第222号）による調停に基づく場合その他政令で定める場合には，適用しない．

③ 第1項の許可を受けないで締結した土地売買等の契約は，その効力を生じない．

（土地に関する権利の買取り請求）

第19条 ① 規制区域に所在する土地について土地に関する権利を有している者は，第14条第1項の許可の申請をした場合において，不許可の処分を受けたときは，都道府県知事に対し，当該土地に関する権利を買い取るべきことを請求することができる．

◆ 第5章 土地に関する権利の移転等の届出

（土地に関する権利の移転又は設定後における利用目的等の届出）

第23条 ① 土地売買等の契約を締結した場合には，当事者のうち当該土地売買等の契約により土地に関する権利の移転又は設定を受けることとなる者（次項において「権利取得者」という．）は，その契約を締結した日から起算して2週間以内に，次に掲げる事項を，国土交通省令で定めるところにより，当該土地が所在する市町村の長を経由して，都道府県知事に届け出なければならない．

1 土地売買等の契約の当事者の氏名又は名称及び住所並びに法人にあつては，その代表者の氏名
2 土地売買等の契約を締結した年月日
3 土地売買等の契約に係る土地の所在及び面積
4 土地売買等の契約に係る土地に関する権利の種別及び内容
5 土地売買等の契約による土地に関する権利の移転又は設定後における土地の利用目的
6 土地売買等の契約に係る土地の土地に関する権利の移転又は設定の対価の額（対価が金銭以外のものであるときは，これを時価を基準として金銭に見積つた額）
7 前各号に掲げるもののほか，国土交通省令で定める事項

② 前項の規定は，次の各号のいずれかに該当する場合には，適用しない．

1 次のイからハまでに規定する区域に応じそれぞれその面積が次のイからハまでに規定する面積未満の土地について土地売買等の契約を締結した場合（権

利取得者が当該土地を含む一団の土地で次のイからハまでに規定する区域に応じそれぞれその面積が次のイからハまでに規定する面積以上のものについて土地に関する権利の移転又は設定を受けることとなる場合を除く.)
イ 都市計画法第7条第1項の規定による市街化区域にあつては,2000平方メートル
ロ 都市計画法第4条第2項に規定する都市計画区域(イに規定する区域を除く.)にあつては,5000平方メートル
ハ イ及びロに規定する区域以外の区域にあつては,10000平方メートル
2 第12条第1項の規定により指定された規制区域,第27条の3第1項の規定により指定された注視区域又は第27条の6第1項の規定により指定された監視区域に所在する土地について,土地売買等の契約を締結した場合
3 前2号に定めるもののほか,民事調停法による調停に基づく場合,当事者の一方又は双方が国等である場合その他政令で定める場合
③ 第15条第2項の規定は,第1項の規定による届出のあつた場合について準用する.

(土地の利用目的に関する勧告)
第24条 ① 都道府県知事は,前条第1項の規定による届出があつた場合において,その届出に係る土地に関する権利の移転又は設定後における土地の利用目的に従つた土地利用が土地利用基本計画その他の土地利用に関する計画(国土交通省令で定めるところにより,公表されているものに限る.)に適合せず,当該土地を含む周辺の地域の適正かつ合理的な土地利用を図るために著しい支障があると認めるときは,土地利用審査会の意見を聴いて,その届出をした者に対し,その届出に係る土地の利用目的について必要な変更をすべきことを勧告することができる.
② 前項の規定による勧告は,前条第1項の規定による届出があつた日から起算して3週間以内にしなければならない.
③ 都道府県知事は,前条第1項の規定による届出があつた場合において,実地の調査を行うため必要があるときその他前項の期間内にその届出をした者に対し第1項の規定による勧告をすることができない合理的な理由があるときは,3週間の範囲内において,前項の期間を延長することができる.この場合においては,その届出をした者に対し,同項の期間内に,その延長する期間及びその期間を延長する理由を通知しなければならない.

(勧告に基づき講じた措置の報告)
第25条 都道府県知事は,前条第1項の規定による勧告をした場合において,必要があると認めるときは,その勧告を受けた者に対し,その勧告に基づいて講じた措置について報告をさせることができる.

(公 表)
第26条 都道府県知事は,第24条第1項の規定による勧告をした場合において,その勧告を受けた者がその勧告に従わないときは,その旨及びその勧告の内容を公表することができる.

(土地に関する権利の処分についてのあつせん等)
第27条 都道府県知事は,第24条第1項の規定による勧告に基づき当該土地の利用目的が変更された場合において,必要があると認めるときは,当該土地に関する権利の処分についてのあつせんその他の措置を講ずるよう努めなければならない.

(助 言)
第27条の2 都道府県知事は,第23条第1項の規定による届出があつた場合において,その届出をした者に対し,その届出に係る土地に関する権利の移転又は設定後における土地の利用目的について,当該土地を含む周辺の地域の適正かつ合理的な土地利用を図るために必要な助言をすることができる.

(注視区域の指定)
第27条の3 ① 都道府県知事は,当該都道府県の区域のうち,地価が一定の期間内に社会的経済的事情の変動に照らして相当な程度を超えて上昇し,又は上昇するおそれがあるものとして国土交通大臣が定める基準に該当し,これによつて適正かつ合理的な土地利用の確保に支障を生ずるおそれがあると認められる区域(第12条第1項の規定により規制区域として指定された区域又は第27条の6第1項の規定により監視区域として指定された区域を除く.)を,期間を定めて,注視区域として指定することができる.
② 都道府県知事は,注視区域を指定しようとする場合には,あらかじめ,土地利用審査会及び関係市町村長の意見を聴かなければならない.
③ 第12条第2項から第5項まで及び第10項から第12項までの規定は,注視区域の指定について準用する.この場合において,同条第11項中「第1項」とあるのは「第27条の3第1項」と,「行うものとする」とあるのは「行うことができる」と読み替えるものとする.
④ 第2項及び第12条第5項の規定は,前項において準用する同条第12項の規定による注視区域の指定の解除及びその公告について準用する.この場合において,同条第5項中「第3項」とあるのは「第27条の3第3項において準用する第12条第12項」と,「指定された区域及び期間その他国土交通省令で定める事項」とあり,及び「当該事項」とあるのは「その旨」と読み替えるものとする.
⑤ 第3項において準用する第12条第12項及び前項の規定は,注視区域に係る区域の減少及びその公告について準用する.
⑥ 注視区域の全部又は一部の区域が,第12条第1項の規定により規制区域として指定された場合又は第27条の6第1項の規定により監視区域として指定された場合においては,当該注視区域の指定が解除され,又は当該一部の区域について注視区域に係る区域の減少があつたものとする.この場合においては,第12条第3項(第27条の6第3項において準用する場合を含む.)の規定による公告をもつて注視区域の指定の解除又は区域

の減少の公告があつたものとみなす.

(注視区域における土地に関する権利の移転等の届出)

第27条の4 ① 注視区域に所在する土地について土地売買等の契約を締結しようとする場合には,当事者は,第15条第1項各号に掲げる事項を,国土交通省令で定めるところにより,当該土地が所在する市町村の長を経由して,あらかじめ,都道府県知事に届け出なければならない.その届出に係る事項のうち,土地に関する権利の移転若しくは設定の予定対価の額の変更(その額を減額する場合を除く.)をして,又は土地に関する権利の移転若しくは設定後における土地の利用目的の変更をして,当該契約を締結しようとするときも,同様とする.

② 前項の規定は,次の各号のいずれかに該当する場合には,適用しない.

1 第23条第2項第1号イからハまでに規定する区域に応じそれぞれその面積が同号イからハまでに規定する面積未満の土地について土地売買等の契約を締結する場合(土地売買等の契約の当事者の一方又は双方が当該土地を含む一団の土地で同号イからハまでに規定する区域に応じそれぞれその面積が同号イからハまでに規定する面積以上のものについて土地に関する権利の移転又は設定をすることとなる場合を除く.)

2 前号に定めるもののほか,民事調停法による調停に基づく場合,当事者の一方又は双方が国等である場合その他政令で定める場合

③ 第1項の規定による届出をした者は,その届出をした日から起算して6週間を経過する日までの間,その届出に係る土地売買等の契約を締結してはならない.ただし,次条第1項の規定による勧告又は同条第3項の規定による通知を受けた場合は,この限りでない.

④ 第15条第2項の規定は,第1項の規定による届出のあつた場合について準用する.

(注視区域における土地売買等の契約に関する勧告等)

第27条の5 ① 都道府県知事は,前条第1項の規定による届出があつた場合において,その届出に係る事項が次の各号のいずれかに該当し当該土地を含む周辺の地域の適正かつ合理的な土地利用を図るために著しい支障があると認めるときは,土地利用審査会の意見を聴いて,その届出をした者に対し,当該土地売買等の契約の締結を中止すべきことその他その届出に係る事項について必要な措置を講ずべきことを勧告することができる.

1 届出に係る土地に関する権利の移転又は設定の予定対価の額が,近傍類地の取引価格等を考慮して政令で定めるところにより算定した土地に関する権利の相当な価額(その届出に係る土地が地価公示法第2条第1項に規定する公示区域に所在し,かつ,同法第6条の規定による公示価格を取引の指標とすべきものである場合において,その届出に係る土地に関する権利が所有権であるときは,政令で定めるところにより同条の規定による公示価格を規準として算定した所有権の価額)に照らし,著しく適正を欠くこと.

2 届出に係る土地に関する権利の移転又は設定後における土地の利用目的が土地利用基本計画その他の土地利用に関する計画に適合しないこと.

3 届出に係る土地に関する権利の移転又は設定後における土地の利用目的が,道路,水道その他の公共施設若しくは学校その他の公益的施設の整備の予定からみて,又は周辺の自然環境の保全上,明らかに不適当なものであること.

② 前項の規定による勧告は,前条第1項の規定による届出があつた日から起算して6週間以内にしなければならない.

③ 都道府県知事は,第1項の規定による勧告をする必要がないと認めたときは,遅滞なく,その旨を前条第1項の規定による届出をした者に通知しなければならない.

④ 第25条から第27条までの規定は,第1項の規定による勧告について準用する.この場合において,同条中「当該土地の利用目的が変更された」とあるのは,「当該土地売買等の契約の締結が中止された」と読み替えるものとする.

(監視区域の指定)

第27条の6 ① 都道府県知事は,当該都道府県の区域のうち,地価が急激に上昇し,又は上昇するおそれがあり,これによつて適正かつ合理的な土地利用の確保が困難となるおそれがあると認められる区域(第12条第1項の規定により規制区域として指定された区域を除く.)を,期間を定めて,監視区域として指定することができる.

② 都道府県知事は,監視区域を指定しようとする場合には,あらかじめ,土地利用審査会及び関係市町村長の意見を聴かなければならない.

③ 第12条第2項から第5項まで及び第10項から第12項までの規定は,監視区域の指定について準用する.この場合において,同条第11項中「第1項」とあるのは「第27条の6第1項」と,「行うものとする」とあるのは「行うことができる」と読み替えるものとする.

④ 第2項及び第12条第5項の規定は,前項において準用する同条第12項の規定による監視区域の指定の解除及びその公告について準用する.この場合において,同条第5項中「第3項」とあるのは「第27条の6第3項において準用する第12条第12項」と,「指定された区域及び期間その他国土交通省令で定める事項」とあり,及び「当該事項」とあるのは「その旨」と読み替えるものとする.

⑤ 第3項において準用する第12条第12項及び前項の規定は,監視区域に係る区域の減少及びその公告について準用する.

⑥ 監視区域の全部又は一部の区域が,第12条第1項の規定により規制区域として指定された場合においては,当該監視区域の指定が解除され,又は当該一部の区域について監視区域に係る区域の減少があつたものとする.この場合においては,同条第3項の規定による公告をもつて監視区域の指定の解除又は区域の減少の公告があつたものとみなす.

(監視区域における土地に関する権利の移転等の届出)

第27条の7 ① 第27条の4の規定は,監視区域に所在する土地について土地売買等の契約を締結しようとする場合について準用する.この場合において,同条第2項第1号中「同号イからハまでに規定する面積未満」とあるのは「同号イからハまでに規定する面積に満たない範囲内で都道府県知事が都道府県の規則で定める面積未満」と,「同号イからハまでに規定する面積以上」とあるのは「当該都道府県の規則で定められた面積以上」と,同条第3項中「次条第1項」とあるのは「第27条の8第1項」と,「同条第3項」とあるのは「同条第2項において準用する第27条の5第3項」と読み替えるものとする.

② 都道府県知事は,前条第1項の規定により監視区域を指定するときは,前項において読み替えて準用する第27条の4第2項第1号に規定する都道府県の規則を定めなければならない.

③ 都道府県知事は,前条第3項において準用する第12条第10項の規定による調査の結果,必要があると認めるときは,前項の都道府県の規則で定める面積を変更するものとする.

④ 前条第2項の規定は,第2項の都道府県の規則を定めようとする場合について準用する.

(監視区域における土地売買等の契約に関する勧告等)

第27条の8 ① 都道府県知事は,前条第1項において準用する第27条の4第1項の規定による届出があつた場合において,その届出に係る事項が次の各号のいずれかに該当すると認めるときは,土地利用審査会の意見を聴いて,その届出をした者に対し,当該土地売買等の契約の締結を中止すべきことその他その届出に係る事項について必要な措置を講ずべきことを勧告することができる.

1 その届出に係る事項が第27条の5第1項各号のいずれかに該当し当該土地を含む周辺の地域の適正かつ合理的な土地利用を図るために著しい支障があること.

2 その届出が土地に関する権利の移転をする契約の締結につきされたものである場合において,その届出に係る事項が次のイからへまでのいずれにも該当し当該土地を含む周辺の地域の適正な地価の形成を図る上で著しい支障を及ぼすおそれがあること.

イ 届出に係る土地に関する権利を移転しようとする者が当該権利を土地売買等の契約により取得したものであること(その土地売買等の契約が民事調停法による調停に基づくものである場合,当該権利が国等から取得されたものである場合その他政令で定める場合を除く.).

ロ 届出に係る土地に関する権利を移転しようとする者により当該権利が取得された後2年を超えない範囲内において政令で定める期間内にその届出がされたものであること.

ハ 届出に係る土地に関する権利を移転しようとする者が,当該権利を取得した後,その届出に係る土地を自らの居住又は事業のための用その他の自ら利用するための用途(一時的な利用その他の政令で定める利用を除く.以下この号において「自ら利用するための用途」という.)に供していないこと.

ニ 届出に係る土地に関する権利を移転しようとする者が次のいずれにも該当しないこと.

(1) 事業として届出に係る土地について区画形質の変更又は建築物その他の工作物の建築若しくは建設(以下この号において「区画形質の変更等」という.)を行つた者

(2) 債権の担保その他の政令で定める通常の経済活動として届出に係る土地に関する権利を取得した者

ホ 届出に係る土地に関する権利の移転が次のいずれにも該当しないこと.

(1) 債権の担保その他の政令で定める通常の経済活動として行われるもの

(2) 区画形質の変更等の事業の用又はこれらの事業の用に供する土地の代替の用に供するために土地に関する権利を買い取られた者に対しその権利の代替の用に供するために行われるものであつて政令で定めるもの

(3) 届出に係る土地に関する権利を移転しようとする者に政令で定める特別の事情があつて行われるもの

ヘ 届出に係る土地に関する権利の移転を受けようとする者が次のいずれにも該当しないこと.

(1) 届出に係る土地を自ら利用するための用途に供しようとする者

(2) 事業として届出に係る土地について区画形質の変更等を行つた後,その事業としてその届出に係る土地に関する権利を移転しようとする者

(3) 届出に係る土地を自ら利用するための用途に供しようとする者にその届出に係る土地に関する権利を移転することが確実であると認められる者

(4) 届出に係る土地について区画形質の変更等を事業として行おうとする者にその届出に係る土地に関する権利を移転することが確実であると認められる者

② 第25条から第27条までの規定並びに第27条の5第2項及び第3項の規定は,前項の規定による勧告について準用する.この場合において,第27条中「当該土地の利用目的が変更された」とあるのは「当該土地売買等の契約の締結が中止された」と,第27条の5第2項及び第3項中「前条第1項」とあるのは「第27条の7第1項において準用する第27条の4第1項」と読み替えるものとする.

第6章 遊休土地に関する措置

(遊休土地である旨の通知)

第28条 ① 都道府県知事は,第14条第1項の許可又は第23条第1項若しくは第27条の4第1項(第27条の7第

1項において準用する場合を含む.）の規定による届出に係る土地を所有している者のその所有に係る土地（都市計画法第58条の6第1項の規定による通知に係る土地を除く.）が次の各号の要件に該当すると認めるときは,国土交通省令で定めるところにより,当該土地の所有者（当該土地の全部又は一部について地上権その他の政令で定める使用及び収益を目的とする権利が設定されているときは,当該権利を有している者及び当該土地の所有者）に当該土地が遊休土地である旨を通知するものとする.

1 その土地が,その所在する次のイからハまでに規定する区域に応じそれぞれ次のイからハまでに規定する面積以上の一団の土地であること.

イ 規制区域にあつては,次の⑴から⑶までに規定する区域に応じそれぞれ次の⑴から⑶までに規定する面積

⑴ 都市計画法第7条第1項の規定による市街化区域にあつては,1000平方メートル

⑵ 都市計画法第4条第2項に規定する都市計画区域（⑴に規定する区域を除く.）にあつては,3000平方メートル

⑶ ⑴及び⑵に規定する区域以外の区域にあつては,5000平方メートル

ロ 監視区域にあつては,第27条の7第2項の都道府県の規則で定める面積（当該面積がイの⑴から⑶までに規定する区域に応じそれぞれイの⑴から⑶までに規定する面積に満たないときは,それぞれイの⑴から⑶までに規定する面積）

ハ 規制区域及び監視区域以外の区域にあつては,第23条第2項第1号イからハまでに規定する区域に応じそれぞれ同号イからハまでに規定する面積

2 その土地の所有者が当該土地を取得した後2年を経過したものであること.

3 その土地が住宅の用,事業の用に供する施設の用その他の用途に供されていないことその他の政令で定める要件に該当するものであること.

4 土地利用基本計画その他の土地利用に関する計画に照らしその土地を含む周辺の地域における計画的な土地利用の増進を図るため,当該土地の有効かつ適切な利用を特に促進する必要があること.

② 市町村長は,当該市町村の区域内に所在する土地のうち前項の要件に該当するものがあるときは,都道府県知事に対し,同項の規定による通知をすべき旨を申し出ることができる.

③ 都道府県知事は,都市計画法第7条第1項の規定による市街化区域に所在する土地について第1項の規定による通知をしたときは,遅滞なく,その旨をその通知に係る土地が所在する市町村の長に通知しなければならない.

（遊休土地に係る計画の届出）

第29条 ① 前条第1項の規定による通知を受けた者は,その通知があつた日から起算して6週間以内に,国土交通省令で定めるところにより,その通知に係る遊休土地の利用又は処分に関する計画を,当該土地が所在する市町村の長を経由して,都道府県知事に届け出なければならない.

② 第15条第2項の規定は,前項の規定による届出のあつた場合について準用する.

（助 言）

第30条 都道府県知事は,前条第1項の規定による届出をした者に対し,その届出に係る遊休土地の有効かつ適切な利用の促進に関し,必要な助言をすることができる.

（勧告等）

第31条 ① 都道府県知事は,第29条第1項の規定による届出があつた場合において,その届出に係る計画に従つて当該遊休土地を利用し,又は処分することが当該土地の有効かつ適切な利用の促進を図る上で支障があると認めるときは,土地利用審査会の意見を聴いて,その届出をした者に対し,相当の期限を定めて,その届出に係る計画を変更すべきことその他必要な措置を講ずべきことを勧告することができる.

② 第25条の規定は,前項の規定による勧告について準用する.

（遊休土地の買取りの協議）

第32条 ① 都道府県知事は,前条第1項の規定による勧告をした場合において,その勧告を受けた者がその勧告に従わないときは,その勧告に係る遊休土地の買取りを希望する地方公共団体,土地開発公社その他政令で定める法人（以下「地方公共団体等」という.）のうちから買取りの協議を行う者を定めて,その者が買取りの協議を行う旨をその勧告を受けた者に通知するものとする.

② 前項の規定により協議を行う者として定められた地方公共団体等は,同項の規定による通知があつた日から起算して6週間を経過する日までの間,その通知を受けた者と当該遊休土地の買取りの協議を行うことができる.この場合において,その通知を受けた者は,正当な理由がなければ,当該遊休土地の買取りの協議を行うことを拒んではならない.

（遊休土地の買取り価格）

第33条 地方公共団体等は,前条の規定により遊休土地を買い取る場合には,近傍類地の取引価格等を考慮して政令で定めるところにより算定した当該土地の相当な価額（その買取りの協議に係る遊休土地が地価公示法第2条第1項に規定する公示区域に所在し,かつ,同法第6条の規定による公示価格を取引の指標とすべきものであるときは,政令で定めるところにより同条の規定による公示価格を規準として算定した価額）を基準とし,当該土地の取得の対価の額及び当該土地の管理に要した費用の額を勘案して算定した価格をもつてその価格としなければならない.

（買取りに係る遊休土地の利用）

第34条 第32条の規定により遊休土地を買い取つた地方公共団体等は,土地利用基本計画その他の土地利用に関する計画に従つて当該土地の有効かつ適切な利用を

図らなければならない.

(土地利用に関する計画の決定等の措置)

第35条 都道府県知事は,第32条の規定による遊休土地の買取りの協議が成立しない場合において,住宅を建設し,又は公園,広場その他の公共施設若しくは学校その他の公益的施設を整備することが特に必要であると認めるときは,速やかに,都市計画その他の土地利用に関する計画の決定等の措置を講ずることにより,当該土地の有効かつ適切な利用が図られるようにしなければならない.

◆ 第7章 審議会等及び土地利用審査会

◆ 第8章 雑 則

◆ 第9章 罰 則

第46条 第14条第1項の規定に違反して,許可を受けないで土地売買等の契約を締結した者は,3年以下の懲役又は200万円以下の罰金に処する.

第47条 次の各号の1に該当する者は,6月以下の懲役又は100万円以下の罰金に処する.

1 第23条第1項又は第29条第1項の規定に違反して,届出をしなかつた者
2 第27条の4第1項(第27条の7第1項において準用する場合を含む.)の規定に違反して,届出をしないで土地売買等の契約を締結した者
3 第23条第1項,第27条の4第1項(第27条の7第1項において準用する場合を含む.)又は第29条第1項の規定による届出について,虚偽の届出をした者

第48条 第27条の4第3項(第27条の7第1項において準用する場合を含む.)の規定に違反して,土地売買等の契約を締結した者は,50万円以下の罰金に処する.

⑩ 農 地 法(抄)

昭27・7・15法律第229号,昭27・10・21施行
最終改正:令元・5・24法律第12号

◆ 第1章 総 則

(目 的)

第1条 この法律は,国内の農業生産の基盤である農地が現在及び将来における国民のための限られた資源であり,かつ,地域における貴重な資源であることにかんがみ,耕作者自らによる農地の所有が果たしてきている重要な役割も踏まえつつ,農地を農地以外のものにすることを規制するとともに,農地を効率的に利用する耕作者による地域との調和に配慮した農地についての権利の取得を促進し,及び農地の利用関係を調整し,並びに農地の農業上の利用を確保するための措置を講ずることにより,耕作者の地位の安定と国内の農業生産の増大を図り,もつて国民に対する食料の安定供給の確保に資することを目的とする.

(定 義)

第2条 ① この法律で「農地」とは,耕作の目的に供される土地をいい,「採草放牧地」とは,農地以外の土地で,主として耕作又は養畜の事業のための採草又は家畜の放牧の目的に供されるものをいう.

② この法律で「世帯員等」とは,住居及び生計を一にする親族(次に掲げる事由により一時的に住居又は生計を異にしている親族を含む.)並びに当該親族の行う耕作又は養畜の事業に従事するその他の二親等内の親族をいう.

1 疾病又は負傷による療養
2 就 学
3 公選による公職への就任
4 その他農林水産省令で定める事由

(農地について権利を有する者の責務)

第2条の2 農地について所有権又は賃借権その他の使用及び収益を目的とする権利を有する者は,当該農地の農業上の適正かつ効率的な利用を確保するようにしなければならない.

◆ 第2章 権利移動及び転用の制限等

(農地又は採草放牧地の権利移動の制限)

第3条 ① 農地又は採草放牧地について所有権を移転し,又は地上権,永小作権,質権,使用貸借による権利,賃借権若しくはその他の使用及び収益を目的とする権利を設定し,若しくは移転する場合には,政令で定めるところにより,当事者が農業委員会の許可を受けなければならない.ただし,次の各号のいずれかに該当する場合及び第5条第1項本文に規定する場合は,この限りでない.

1 第46条第1項又は第47条の規定によつて所有権が移転される場合
2 削除
3 第37条から第40条までの規定によつて農地中間管理権(農地中間管理事業の推進に関する法律第2条第5項に規定する農地中間管理権をいう.以下同じ.)が設定される場合
4 第41条の規定によつて同条第1項に規定する利用権が設定される場合
5 これらの権利を取得する者が国又は都道府県である場合
6 土地改良法(昭和24年法律第195号),農業振興地域の整備に関する法律(昭和44年法律第58号),集落地域整備法(昭和62年法律第63号)又は市民農園整備促進法(平成2年法律第44号)による交換分合によつてこれらの権利が設定され,又は移転される場合
7 農業経営基盤強化促進法第19条の規定による公告があつた農用地利用集積計画の定めるところによつて同法第4条第3項第1号の権利が設定され,又は移転される場合
7の2 農地中間管理事業の推進に関する法律第18条第7項の規定による公告があつた農用地利用配分計画の定めるところによつて賃借権又は使用貸借による権利が設定され,又は移転される場合
8 特定農山村地域における農林業等の活性化のための基盤整備の促進に関する法律(平成5年法律第72

号）第９条第１項の規定による公告があつた所有権移転等促進計画の定めるところによつて同法第２条第３項第３号の権利が設定され，又は移転される場合
9 農山漁村の活性化のための定住等及び地域間交流の促進に関する法律（平成19年法律第48号）第８条第１項の規定による公告があつた所有権移転等促進計画の定めるところによつて同法第５条第８項の権利が設定され，又は移転される場合
9の２ 農林漁業の健全な発展と調和のとれた再生可能エネルギー電気の発電の促進に関する法律（平成25年法律第81号）第17条の規定による公告があつた所有権移転等促進計画の定めるところによつて同法第５条第４項の権利が設定され，又は移転される場合
10 民事調停法（昭和26年法律第222号）による農事調停によつてこれらの権利が設定され，又は移転される場合
11 土地収用法（昭和26年法律第219号）その他の法律によつて農地若しくは採草放牧地又はこれらに関する権利が収用され，又は使用される場合
12 遺産の分割，民法（明治29年法律第89号）第768条第２項（同法第749条及び第771条において準用する場合を含む.）の規定による財産の分与に関する裁判若しくは調停又は同法第958条の３の規定による相続財産の分与に関する裁判によつてこれらの権利が設定され，又は移転される場合
13 農地中間管理機構が，農林水産省令で定めるところによりあらかじめ農業委員会に届け出て，農業経営基盤強化促進法第７条第１号に掲げる事業の実施によりこれらの権利を取得する場合
14 農業協同組合法第10条第３項の信託の引受けの事業又は農業経営基盤強化促進法第７条第２号に掲げる事業（以下これらを「信託事業」という.）を行う農業協同組合又は農地中間管理機構が信託事業による信託の引受けにより所有権を取得する場合及び当該信託の終了によりその委託者又はその一般承継人が所有権を取得する場合
14の２ 農地中間管理機構が，農林水産省令で定めるところによりあらかじめ農業委員会に届け出て，農地中間管理事業（農地中間管理事業の推進に関する法律第２条第３項に規定する農地中間管理事業をいう.以下同じ.）の実施により農地中間管理権を取得する場合
14の３ 農地中間管理機構が引き受けた農地貸付信託（農地中間管理事業の推進に関する法律第２条第５項第２号に規定する農地貸付信託をいう.）の終了によりその委託者又はその一般承継人が所有権を取得する場合
15 地方自治法（昭和22年法律第67号）第252条の19第１項の指定都市（以下単に「指定都市」という.）が古都における歴史的風土の保存に関する特別措置法（昭和41年法律第１号）第19条の規定に基づいてする同法第11条第１項の規定による買入れによつて所有権を取得する場合
16 その他農林水産省令で定める場合

② 前項の許可は，次の各号のいずれかに該当する場合には，することができない.ただし，民法第269条の２第１項の地上権又はこれと内容を同じくするその他の権利が設定され，又は移転されるとき，農業協同組合法第10条第２項に規定する事業を行う農業協同組合又は農業協同組合連合会が農地又は採草放牧地の所有者から同項の委託を受けることにより第１号に掲げる権利が取得されることとなるとき，同法第11条の50第１項第１号に掲げる場合において農業協同組合又は農業協同組合連合会が使用貸借による権利又は賃借権を取得するとき，並びに第１号，第２号，第４号及び第５号に掲げる場合において政令で定める相当の事由があるときは，この限りでない.
1 所有権，地上権，永小作権，質権，使用貸借による権利，賃借権若しくはその他の使用及び収益を目的とする権利を取得しようとする者又はその世帯員等の耕作又は養畜の事業に必要な機械の所有の状況，農作業に従事する者の数等からみて，これらの者がその取得後において耕作又は養畜の事業に供すべき農地及び採草放牧地の全てを効率的に利用して耕作又は養畜の事業を行うと認められない場合
2 農地所有適格法人以外の法人が前号に掲げる権利を取得しようとする場合
3 信託の引受けにより第１号に掲げる権利が取得される場合
4 第１号に掲げる権利を取得しようとする者（農地所有適格法人を除く.）又はその世帯員等がその取得後において行う耕作又は養畜の事業に必要な農作業に常時従事すると認められない場合
5 第１号に掲げる権利を取得しようとする者又はその世帯員等がその取得後において耕作の事業に供すべき農地の面積の合計及びその取得後において耕作又は養畜の事業に供すべき採草放牧地の面積の合計が，いずれも，北海道では２ヘクタール，都府県では50アール（農業委員会が，農林水産省令で定める基準に従い，市町村の区域の全部又は一部についてこれらの面積の範囲内で別段の面積を定め，農林水産省令で定めるところにより，これを公示したときは，その面積）に達しない場合
6 農地又は採草放牧地につき所有権以外の権原に基づいて耕作又は養畜の事業を行う者がその土地を貸し付け，又は質入れしようとする場合（当該事業を行う者又はその世帯員等の死亡又は第２条第２項各号に掲げる事由によりその土地について耕作，採草又は家畜の放牧をすることができないため一時貸し付けようとする場合，当該事業を行う者がその土地をその世帯員等に貸し付けようとする場合，その土地を水田裏作（田において稲を通常栽培する期間以外の期間稲以外の作物を栽培することをいう.以下同じ.）の目的に供するため貸し付けようとする場合及び農地所有適格法人の常時従事者たる構成員がその土地をその法人に貸し付けようとする場合を除

く.)

7 第1号に掲げる権利を取得しようとする者又はその世帯員等がその取得後において行う耕作又は養畜の事業の内容並びにその農地又は採草放牧地の位置及び規模からみて,農地の集団化,農作業の効率化その他周辺の地域における農地又は採草放牧地の農業上の効率的かつ総合的な利用の確保に支障を生ずるおそれがあると認められる場合

③ 農業委員会は,農地又は採草放牧地について使用貸借による権利又は賃借権が設定される場合において,次に掲げる要件の全てを満たすときは,前項(第2号及び第4号に係る部分に限る.)の規定にかかわらず,第1項の許可をすることができる.

1 これらの権利を取得しようとする者がその取得後においてその農地又は採草放牧地を適正に利用していないと認められる場合に使用貸借又は賃貸借の解除をする旨の条件が書面による契約において付されていること.

2 これらの権利を取得しようとする者が地域の農業における他の農業者との適切な役割分担の下に継続的かつ安定的に農業経営を行うと見込まれること.

3 これらの権利を取得しようとする者が法人である場合にあつては,その法人の業務を執行する役員又は農林水産省令で定める使用人(次条第1項第3号において「業務執行役員等」という.)のうち,1人以上の者がその法人の行う耕作又は養畜の事業に常時従事すると認められること.

④ 農業委員会は,前項の規定により第1項の許可をしようとするときは,あらかじめ,その旨を市町村長に通知するものとする.この場合において,当該通知を受けた市町村長は,市町村の区域における農地又は採草放牧地の農業上の適正かつ総合的な利用を確保する見地から必要があると認めるときは,意見を述べることができる.

⑤ 第1項の許可は,条件をつけてすることができる.

⑥ 第1項の許可を受けないでした行為は,その効力を生じない.

(農地又は採草放牧地の権利移動の許可の取消し等)

第3条の2 ① 農業委員会は,次の各号のいずれかに該当する場合には,農地又は採草放牧地について使用貸借による権利又は賃借権の設定を受けた者(前条第3項の規定の適用を受けて同条第1項の許可を受けた者に限る.次項第1号において同じ.)に対し,相当の期限を定めて,必要な措置を講ずべきことを勧告することができる.

1 その者がその農地又は採草放牧地において行う耕作又は養畜の事業により,周辺の地域における農地又は採草放牧地の農業上の効率的かつ総合的な利用の確保に支障が生じている場合

2 その者が地域の農業における他の農業者との適切な役割分担の下に継続的かつ安定的に農業経営を行つていないと認める場合

3 その者が法人である場合にあつては,その法人の業務執行役員等のいずれもがその法人の行う耕作又は養畜の事業に常時従事していないと認める場合

② 農業委員会は,次の各号のいずれかに該当する場合には,前条第3項の規定によりした同条第1項の許可を取り消さなければならない.

1 農地又は採草放牧地について使用貸借による権利又は賃借権の設定を受けた者がその農地又は採草放牧地を適正に利用していないと認められるにもかかわらず,当該使用貸借による権利又は賃借権を設定した者が使用貸借又は賃貸借の解除をしないとき.

2 前項の規定による勧告を受けた者がその勧告に従わなかつたとき.

③ 農業委員会は,前条第3項第1号に規定する条件に基づき使用貸借若しくは賃貸借が解除された場合又は前項の規定による許可の取消しがあつた場合において,その農地又は採草放牧地の適正かつ効率的な利用が図られないおそれがあると認めるときは,当該農地又は採草放牧地の所有者に対し,当該農地又は採草放牧地についての所有権の移転又は使用及び収益を目的とする権利の設定のあつせんその他の必要な措置を講ずるものとする.

(農地又は採草放牧地についての権利取得の届出)

第3条の3 農地又は採草放牧地について第3条第1項本文に掲げる権利を取得した者は,同項の許可を受けてこれらの権利を取得した場合,同項各号(第12号及び第16号を除く.)のいずれかに該当する場合その他農林水産省令で定める場合を除き,遅滞なく,農林水産省令で定めるところにより,その農地又は採草放牧地の存する市町村の農業委員会にその旨を届け出なければならない.

(農地の転用の制限)

第4条 ① 農地を農地以外のものにする者は,都道府県知事(農地又は採草放牧地の農業上の効率的かつ総合的な利用の確保に関する施策の実施状況を考慮して農林水産大臣が指定する市町村(以下「指定市町村」という.)の区域内にあつては,指定市町村の長.以下「都道府県知事等」という.)の許可を受けなければならない.ただし,次の各号のいずれかに該当する場合は,この限りでない.

1 次条第1項の許可に係る農地をその許可に係る目的に供する場合

2 国又は都道府県等(都道府県又は指定市町村をいう.以下同じ.)が,道路,農業用用排水施設その他の地域振興上又は農業振興上の必要性が高いと認められる施設であつて農林水産省令で定めるものの用に供するため,農地を農地以外のものにする場合

3 農業経営基盤強化促進法第19条の規定による公告があつた農用地利用集積計画の定めるところによつて設定され,又は移転された同法第4条第3項第1号の権利に係る農地を当該農用地利用集積計画に定める利用目的に供する場合

4 農地中間管理事業の推進に関する法律第18条第7項の規定による公告があつた農用地利用配分計画の

定めるところによつて設定され,又は移転された賃借権又は使用貸借による権利に係る農地を当該農用地利用配分計画に定める利用目的に供する場合

5 特定農山村地域における農林業等の活性化のための基盤整備の促進に関する法律第９条第１項の規定による公告があつた所有権移転等促進計画の定めるところによつて設定され,又は移転された同法第２条第３項第３号の権利に係る農地を当該所有権移転等促進計画に定める利用目的に供する場合

6 農山漁村の活性化のための定住等及び地域間交流の促進に関する法律第８条第１項の規定による公告があつた所有権移転等促進計画の定めるところによつて設定され,又は移転された同法第５条第８項の権利に係る農地を当該所有権移転等促進計画に定める利用目的に供する場合

7 土地収用法その他の法律によつて収用し,又は使用した農地をその収用又は使用に係る目的に供する場合

8 市街化区域（都市計画法（昭和43年法律第100号）第７条第１項の市街化区域と定められた区域（同法第23条第１項の規定による協議を要する場合にあつては,当該協議が調つたものに限る.）をいう.）内にある農地を,政令で定めるところによりあらかじめ農業委員会に届け出て,農地以外のものにする場合

9 その他農林水産省令で定める場合

② 前項の許可を受けようとする者は,農林水産省令で定めるところにより,農林水産省令で定める事項を記載した申請書を,農業委員会を経由して,都道府県知事等に提出しなければならない.

③ 農業委員会は,前項の規定により申請書の提出があつたときは,農林水産省令で定める期間内に,当該申請書に意見を付して,都道府県知事等に送付しなければならない.

④ 農業委員会は,前項の規定により意見を述べようとするとき（同項の申請書が同一の事業の目的に供するため30アールを超える農地を農地以外のものにする行為に係るものであるときに限る.）は,あらかじめ,農業委員会等に関する法律（昭和26年法律第88号）第43条第１項に規定する都道府県機構（以下「都道府県機構」という.）の意見を聴かなければならない.ただし,同法第42条第１項の規定による都道府県知事の指定がされていない場合は,この限りでない.

⑤ 前項に規定するもののほか,農業委員会は,第３項の規定により意見を述べるため必要があると認めるときは,都道府県機構の意見を聴くことができる.

⑥ 第１項の許可は,次の各号のいずれかに該当する場合には,することができない.ただし,第１号及び第２号に掲げる場合において,土地収用法第26条第１項の規定による告示（他の法律の規定による告示又は公告で同項の規定による告示とみなされるものを含む.次条第２項において同じ.）に係る事業の用に供するため農地を農地以外のものにしようとするとき,第１号イに掲げる農地を農業振興地域の整備に関する法律第８条第４項に規定する農用地利用計画（以下単に「農用地利用計画」という.）において指定された用途に供するため農地以外のものにしようとするときその他政令で定める相当の事由があるときは,この限りでない.

1 次に掲げる農地を農地以外のものにしようとする場合

イ 農用地区域（農業振興地域の整備に関する法律第８条第２項第１号に規定する農用地区域をいう.以下同じ.）内にある農地

ロ イに掲げる農地以外の農地で,集団的に存在する農地その他の良好な営農条件を備えている農地として政令で定めるもの（市街化調整区域（都市計画法第７条第１項の市街化調整区域をいう.以下同じ.）内にある政令で定める農地以外の農地にあつては,次に掲げる農地を除く.）

⑴ 市街地の区域内又は市街地化の傾向が著しい区域内にある農地で政令で定めるもの

⑵ ⑴の区域に近接する区域その他市街地化が見込まれる区域内にある農地で政令で定めるもの

2 前号イ及びロに掲げる農地（同号ロ⑴に掲げる農地を含む.）以外の農地を農地以外のものにしようとする場合において,申請に係る農地に代えて周辺の他の土地を供することにより当該申請に係る事業の目的を達成することができると認められるとき.

3 申請者に申請に係る農地を農地以外のものにする行為を行うために必要な資力及び信用があると認められないこと,申請に係る農地を農地以外のものにする行為の妨げとなる権利を有する者の同意を得ていないことその他農林水産省令で定める事由により,申請に係る農地の全てを住宅の用,事業の用に供する施設の用その他の当該申請に係る用途に供することが確実と認められない場合

4 申請に係る農地を農地以外のものにすることにより,土砂の流出又は崩壊その他の災害を発生させるおそれがあると認められる場合,農業用用排水施設の有する機能に支障を及ぼすおそれがあると認められる場合その他の周辺の農地に係る営農条件に支障を生ずるおそれがあると認められる場合

5 申請に係る農地を農地以外のものにすることにより,地域における効率的かつ安定的な農業経営を営む者に対する農地の利用の集積に支障を及ぼすおそれがあると認められる場合その他の地域における農地の農業上の効率的かつ総合的な利用の確保に支障を生ずるおそれがあると認められる場合として政令で定める場合

6 仮設工作物の設置その他の一時的な利用に供するため農地を農地以外のものにしようとする場合において,その利用に供された後にその土地が耕作の目的に供されることが確実と認められないとき.

⑦ 第１項の許可は,条件を付けてすることができる.

⑧ 国又は都道府県等が農地を農地以外のものにしよう

とする場合（第１項各号のいずれかに該当する場合を除く.）においては,国又は都道府県等と都道府県知事等との協議が成立することをもつて同項の許可があつたものとみなす.

⑨ 都道府県知事等は,前項の協議を成立させようとするときは,あらかじめ,農業委員会の意見を聴かなければならない.

⑩ 第４項及び第５項の規定は,農業委員会が前項の規定により意見を述べようとする場合について準用する.

⑪ 第１項に規定するもののほか,指定市町村の指定及びその取消しに関し必要な事項は,政令で定める.

(農地又は採草放牧地の転用のための権利移動の制限)

第５条 ① 農地を農地以外のものにするため又は採草放牧地を採草放牧地以外のもの（農地を除く.次項及び第４項において同じ.）にするため,これらの土地について第３条第１項本文に掲げる権利を設定し,又は移転する場合には,当事者が都道府県知事等の許可を受けなければならない.ただし,次の各号のいずれかに該当する場合は,この限りでない.

１ 国又は都道府県等が,前条第１項第２号の農林水産省令で定める施設の用に供するため,これらの権利を取得する場合

２ 農地又は採草放牧地を農業経営基盤強化促進法第19条の規定による公告があつた農用地利用集積計画に定める利用目的に供するため当該農用地利用集積計画の定めるところによつて同法第４条第３項第１号の権利が設定され,又は移転される場合

３ 農地又は採草放牧地を農地中間管理事業の推進に関する法律第18条第７項の規定による公告があつた農用地利用配分計画に定める利用目的に供するため当該農用地利用配分計画の定めるところによつて賃借権又は使用貸借による権利が設定され,又は移転される場合

４ 農地又は採草放牧地を特定農山村地域における農林業等の活性化のための基盤整備の促進に関する法律第９条第１項の規定による公告があつた所有権移転等促進計画に定める利用目的に供するため当該所有権移転等促進計画の定めるところによつて同法第２条第３項第３号の権利が設定され,又は移転される場合

５ 農地又は採草放牧地を農山漁村の活性化のための定住等及び地域間交流の促進に関する法律第８条第１項の規定による公告があつた所有権移転等促進計画に定める利用目的に供するため当該所有権移転等促進計画の定めるところによつて同法第５条第８項の権利が設定され,又は移転される場合

６ 土地収用法その他の法律によつて農地若しくは採草放牧地又はこれらに関する権利が収用され,又は使用される場合

７ 前条第１項第８号に規定する市街化区域内にある農地又は採草放牧地につき,政令で定めるところによりあらかじめ農業委員会に届け出て,農地及び採草放牧地以外のものにするためこれらの権利を取得する場合

８ その他農林水産省令で定める場合

② 前項の許可は,次の各号のいずれかに該当する場合には,することができない.ただし,第１号及び第２号に掲げる場合において,土地収用法第26条第１項の規定による告示に係る事業の用に供するため第３条第１項本文に掲げる権利を取得しようとするとき,第１号イに掲げる農地又は採草放牧地につき農用地利用計画において指定された用途に供するためこれらの権利を取得しようとするときその他政令で定める相当の事由があるときは,この限りでない.

１ 次に掲げる農地又は採草放牧地につき第３条第１項本文に掲げる権利を取得しようとする場合

イ 農用地区域内にある農地又は採草放牧地

ロ イに掲げる農地又は採草放牧地以外の農地又は採草放牧地で,集団的に存在する農地又は採草放牧地その他の良好な営農条件を備えている農地又は採草放牧地として政令で定めるもの（市街化調整区域内にある政令で定める農地又は採草放牧地以外の農地又は採草放牧地にあつては,次に掲げる農地又は採草放牧地を除く.）

⑴ 市街地の区域内又は市街地化の傾向が著しい区域内にある農地又は採草放牧地で政令で定めるもの

⑵ ⑴の区域に近接する区域その他市街地化が見込まれる区域内にある農地又は採草放牧地で政令で定めるもの

２ 前号イ及びロに掲げる農地（同号ロ⑴に掲げる農地を含む.）以外の農地を農地以外のものにするため第３条第１項本文に掲げる権利を取得しようとする場合又は同号イ及びロに掲げる採草放牧地（同号ロ⑴に掲げる採草放牧地を含む.）以外の採草放牧地を採草放牧地以外のものにするためこれらの権利を取得しようとする場合において,申請に係る農地又は採草放牧地に代えて周辺の他の土地を供することにより当該申請に係る事業の目的を達成することができると認められるとき.

３ 第３条第１項本文に掲げる権利を取得しようとする者に申請に係る農地を農地以外のものにする行為又は申請に係る採草放牧地を採草放牧地以外のものにする行為を行うために必要な資力及び信用があると認められないこと,申請に係る農地を農地以外のものにする行為又は申請に係る採草放牧地を採草放牧地以外のものにする行為の妨げとなる権利を有する者の同意を得ていないことその他農林水産省令で定める事由により,申請に係る農地又は採草放牧地の全てを住宅の用,事業の用に供する施設の用その他の当該申請に係る用途に供することが確実と認められない場合

４ 申請に係る農地を農地以外のものにすること又は申請に係る採草放牧地を採草放牧地以外のものにすることにより,土砂の流出又は崩壊その他の災害を発生させるおそれがあると認められる場合,農業用

用排水施設の有する機能に支障を及ぼすおそれがあると認められる場合その他の周辺の農地又は採草放牧地に係る営農条件に支障を生ずるおそれがあると認められる場合
5 申請に係る農地を農地以外のものにすること又は申請に係る採草放牧地を採草放牧地以外のものにすることにより，地域における効率的かつ安定的な農業経営を営む者に対する農地又は採草放牧地の利用の集積に支障を及ぼすおそれがあると認められる場合その他の地域における農地又は採草放牧地の農業上の効率的かつ総合的な利用の確保に支障を生ずるおそれがあると認められる場合として政令で定める場合
6 仮設工作物の設置その他の一時的な利用に供するため所有権を取得しようとする場合
7 仮設工作物の設置その他の一時的な利用に供するため，農地につき所有権以外の第３条第１項本文に掲げる権利を取得しようとする場合においてその利用に供された後にその土地が耕作の目的に供されることが確実と認められないとき，又は採草放牧地につきこれらの権利を取得しようとする場合においてその利用に供された後にその土地が耕作の目的若しくは主として耕作若しくは養畜の事業のための採草若しくは家畜の放牧の目的に供されることが確実と認められないとき．
8 農地を採草放牧地にするため第３条第１項本文に掲げる権利を取得しようとする場合において，同条第２項の規定により同条第１項の許可をすることができない場合に該当すると認められるとき．

③ 第３条第５項及び第６項並びに前条第２項から第５項までの規定は，第１項の場合に準用する．この場合において，同条第４項中「申請書が」とあるのは「申請書が，農地を農地以外のものにするため又は採草放牧地を採草放牧地以外のもの（農地を除く．）にするためこれらの土地について第３条第１項本文に掲げる権利を取得する行為であつて，」と，「農地を農地以外のものにする行為」とあるのは「農地又はその農地と併せて採草放牧地についてこれらの権利を取得するもの」と読み替えるものとする．

④ 国又は都道府県等が，農地を農地以外のものにするため又は採草放牧地を採草放牧地以外のものにするため，これらの土地について第３条第１項本文に掲げる権利を取得しようとする場合（第１項各号のいずれかに該当する場合を除く．）においては，国又は都道府県等と都道府県知事等との協議が成立することをもつて第１項の許可があつたものとみなす．

⑤ 前条第９項及び第10項の規定は，都道府県知事等が前項の協議を成立させようとする場合について準用する．この場合において，同条第10項中「準用する」とあるのは，「準用する．この場合において，第４項中「申請書が」とあるのは「申請書が，農地を農地以外のものにするため又は採草放牧地を採草放牧地以外のもの（農地を除く．）にするためこれらの土地について第３条第１項本文に掲げる権利を取得する行為であつて，」と，「農地を農地以外のものにする行為」とあるのは「農地又はその農地と併せて採草放牧地についてこれらの権利を取得するもの」と読み替えるものとする」と読み替えるものとする．

◆ 第３章 利用関係の調整等

（農地又は採草放牧地の賃貸借の対抗力）

第16条 農地又は採草放牧地の賃貸借は，その登記がなくても，農地又は採草放牧地の引渡があつたときは，これをもつてその後その農地又は採草放牧地について物権を取得した第三者に対抗することができる．

（農地又は採草放牧地の賃貸借の解約等の制限）

第18条 ① 農地又は採草放牧地の賃貸借の当事者は，政令で定めるところにより都道府県知事の許可を受けなければ，賃貸借の解除をし，解約の申入れをし，合意による解約をし，又は賃貸借の更新をしない旨の通知をしてはならない．ただし，次の各号のいずれかに該当する場合は，この限りでない．
1 解約の申入れ，合意による解約又は賃貸借の更新をしない旨の通知が，信託事業に係る信託財産につき行われる場合（その賃貸借がその信託財産に係る信託の引受け前から既に存していたものである場合及び解約の申入れ又は合意による解約にあつてはこれらの行為によつて賃貸借の終了する日，賃貸借の更新をしない旨の通知にあつてはその賃貸借の期間の満了する日がその信託に係る信託行為によりその信託が終了することとなる日前１年以内にない場合を除く．）
2 合意による解約が，その解約によつて農地若しくは採草放牧地を引き渡すこととなる期限前６月以内に成立した合意でその旨が書面において明らかであるものに基づいて行われる場合又は民事調停法による農事調停によつて行われる場合
3 賃貸借の更新をしない旨の通知が，10年以上の期間の定めがある賃貸借（解約をする権利を留保しているもの及び期間の満了前にその期間を変更したものでその変更をした時以後の期間が10年未満であるものを除く．）又は水田裏作を目的とする賃貸借につき行われる場合
4 第３条第３項の規定の適用を受けて同条第１項の許可を受けて設定された賃借権に係る賃貸借の解除が，賃借人がその農地又は採草放牧地を適正に利用していないと認められる場合において，農林水産省令で定めるところによりあらかじめ農業委員会に届け出て行われる場合
5 農業経営基盤強化促進法第19条の規定による公告があつた農用地利用集積計画の定めるところによつて同法第18条第２項第６号に規定する者に設定された賃借権に係る賃貸借の解除が，その者がその農地又は採草放牧地を適正に利用していないと認められる場合において，農林水産省令で定めるところによりあらかじめ農業委員会に届け出て行われる場合
6 農地中間管理機構が農地中間管理事業の推進に関

する法律第2条第3項第1号に掲げる業務の実施により借り受け,又は同項第2号に掲げる業務の実施により貸し付けた農地又は採草放牧地に係る賃貸借の解除が,同法第20条又は第21条第2項の規定により都道府県知事の承認を受けて行われる場合

② 前項の許可は,次に掲げる場合でなければ,してはならない.

1 賃借人が信義に反した行為をした場合

2 その農地又は採草放牧地を農地又は採草放牧地以外のものにすることを相当とする場合

3 賃借人の生計(法人にあつては,経営),賃貸人の経営能力等を考慮し,賃貸人がその農地又は採草放牧地を耕作又は養畜の事業に供することを相当とする場合

4 その農地について賃借人が第36条第1項の規定による勧告を受けた場合

5 賃借人である農地所有適格法人が農地所有適格法人でなくなつた場合並びに賃借人である農地所有適格法人の構成員となつている賃貸人がその法人の構成員でなくなり,その賃貸人又はその世帯員等がその許可を受けた後において耕作又は養畜の事業に供すべき農地及び採草放牧地の全てを効率的に利用して耕作又は養畜の事業を行うことができると認められ,かつ,その事業に必要な農作業に常時従事すると認められる場合

6 その他正当の事由がある場合

③ 都道府県知事は,第1項の規定により許可をしようとするときは,あらかじめ,都道府県機構の意見を聴かなければならない.ただし,農業委員会等に関する法律第42条第1項の規定による都道府県知事の指定がされていない場合は,この限りでない.

④ 第1項の許可は,条件をつけてすることができる.

⑤ 第1項の許可を受けないでした行為は,その効力を生じない.

⑥ 農地又は採草放牧地の賃貸借につき解約の申入れ,合意による解約又は賃貸借の更新をしない旨の通知が第1項ただし書の規定により同項の許可を要しないで行なわれた場合には,これらの行為をした者は,農林水産省令で定めるところにより,農業委員会にその旨を通知しなければならない.

⑦ 前条又は民法第617条(期間の定めのない賃貸借の解約の申入れ)若しくは第618条(期間の定めのある賃貸借の解約をする権利の留保)の規定と異なる賃貸借の条件でこれらの規定による場合に比して賃借人に不利なものは,定めないものとみなす.

⑧ 農地又は採草放牧地の賃貸借に付けた解除条件(第3条第3項第1号,農業経営基盤強化促進法第18条第2項第6号及び農地中間管理事業の推進に関する法律第18条第2項第5号に規定する条件を除く.)又は不確定期限は,付けないものとみなす.

第19条 削除

◆ 第4章　遊休農地に関する措置

◆ 第5章　雑　則

(違反転用に対する処分)

第51条 ① 都道府県知事等は,政令で定めるところにより,次の各号のいずれかに該当する者(以下この条において「違反転用者等」という.)に対して,土地の農業上の利用の確保及び他の公益並びに関係人の利益を衡量して特に必要があると認めるときは,その必要の限度において,第4条若しくは第5条の規定によつてした許可を取り消し,その条件を変更し,若しくは新たに条件を付し,又は工事その他の行為の停止を命じ,若しくは相当の期限を定めて原状回復その他違反を是正するため必要な措置(以下この条において「原状回復等の措置」という.)を講ずべきことを命ずることができる.

1 第4条第1項若しくは第5条第1項の規定に違反した者又はその一般承継人

2 第4条第1項又は第5条第1項の許可に付した条件に違反している者

3 前2号に掲げる者から当該違反に係る土地について工事その他の行為を請け負つた者又はその工事その他の行為の下請人

4 偽りその他不正の手段により,第4条第1項又は第5条第1項の許可を受けた者

◆ 第6章　罰　則

第64条 次の各号のいずれかに該当する者は,3年以下の懲役又は300万円以下の罰金に処する.

1 第3条第1項,第4条第1項,第5条第1項又は第18条第1項の規定に違反した者

2 偽りその他不正の手段により,第3条第1項,第4条第1項,第5条第1項又は第18条第1項の許可を受けた者

3 第51条第1項の規定による都道府県知事等の命令に違反した者

第67条 法人の代表者又は法人若しくは人の代理人,使用人その他の従業者が,その法人又は人の業務又は財産に関し,次の各号に掲げる規定の違反行為をしたときは,行為者を罰するほか,その法人に対して当該各号に定める罰金刑を,その人に対して各本条の罰金刑を科する.

1 第64条第1号若しくは第2号(これらの規定中第4条第1項又は第5条第1項に係る部分に限る.)又は第3号　1億円以下の罰金刑

2 第64条(前号に係る部分を除く.)又は前2条　各本条の罰金刑

⑪ 土地区画整理法(抄)

昭29・5・20法律第119号,昭30・4・1施行
最終改正:令元・6・14法律第37号

◆ 第1章　総　則

(この法律の目的)

第1条 この法律は,土地区画整理事業に関し,その施行

者,施行方法,費用の負担等必要な事項を規定することにより,健全な市街地の造成を図り,もつて公共の福祉の増進に資することを目的とする.

(定 義)

第2条 ① この法律において「土地区画整理事業」とは,都市計画区域内の土地について,公共施設の整備改善及び宅地の利用の増進を図るため,この法律で定めるところに従つて行われる土地の区画形質の変更及び公共施設の新設又は変更に関する事業をいう.

② 前項の事業の施行のため若しくはその事業の施行に係る土地の利用の促進のため必要な工作物その他の物件の設置,管理及び処分に関する事業又は埋立若しくは干拓に関する事業が前項の事業にあわせて行われる場合においては,これらの事業は,土地区画整理事業に含まれるものとする.

③ この法律において「施行者」とは,土地区画整理事業を施行する者をいう.

④ この法律において「施行地区」とは,土地区画整理事業を施行する土地の区域をいう.

⑤ この法律において「公共施設」とは,道路,公園,広場,河川その他政令で定める公共の用に供する施設をいう.

⑥ この法律において「宅地」とは,公共施設の用に供されている国又は地方公共団体の所有する土地以外の土地をいう.

⑦ この法律において「借地権」とは,借地借家法(平成3年法律第90号)にいう借地権をいい,「借地」とは,借地権の目的となつている宅地をいう.

⑧ この法律において「施行区域」とは,都市計画法(昭和43年法律第100号)第12条第2項の規定により土地区画整理事業について都市計画に定められた施行区域をいう.

(土地区画整理事業の施行)

第3条 ① 宅地について所有権若しくは借地権を有する者又は宅地について所有権若しくは借地権を有する者の同意を得た者は,1人で,又は数人共同して,当該権利の目的である宅地について,又はその宅地及び一定の区域の宅地以外の土地について土地区画整理事業を施行することができる.ただし,宅地について所有権又は借地権を有する者の同意を得た者にあつては,独立行政法人都市再生機構,地方住宅供給公社その他土地区画整理事業を施行するため必要な資力,信用及び技術的能力を有する者で政令で定めるものに限る.

② 宅地について所有権又は借地権を有する者が設立する土地区画整理組合は,当該権利の目的である宅地を含む一定の区域の土地について土地区画整理事業を施行することができる.

③ 宅地について所有権又は借地権を有する者を株主とする株式会社で次に掲げる要件のすべてに該当するものは,当該所有権又は借地権の目的である宅地を含む一定の区域の土地について土地区画整理事業を施行することができる.

1 土地区画整理事業の施行を主たる目的とするものであること.

2 公開会社(会社法(平成17年法律第86号)第2条第5号に規定する公開会社をいう.)でないこと.

3 施行地区となるべき区域内の宅地について所有権又は借地権を有する者が,総株主の議決権の過半数を保有していること.

4 前号の議決権の過半数を保有している者及び当該株式会社が所有する施行地区となるべき区域内の宅地の地積とそれらの者が有する借地権の目的となつているその区域内の宅地の地積との合計が,その区域内の宅地の総地積と借地権の目的となつている宅地の総地積との合計の3分の2以上であること.この場合において,これらの者が宅地の共有者又は共同借地権者であるときは,当該宅地又は借地権の目的となつている宅地の地積に当該者が有する所有権又は借地権の共有持分の割合を乗じて得た面積を,当該宅地又は借地権の目的となつている宅地について当該者が有する宅地又は借地権の目的となつている宅地の地積とみなす.

④ 都道府県又は市町村は,施行区域の土地について土地区画整理事業を施行することができる.

⑤ 国土交通大臣は,施行区域の土地について,国の利害に重大な関係がある土地区画整理事業で災害の発生その他特別の事情により急施を要すると認められるもののうち,国土交通大臣が施行する公共施設に関する工事と併せて施行することが必要であると認められるもの又は都道府県若しくは市町村が施行することが著しく困難若しくは不適当であると認められるものについては自ら施行し,その他のものについては都道府県又は市町村に施行すべきことを指示することができる.

(都市計画事業として施行する土地区画整理事業)

第3条の4 ① 施行区域の土地についての土地区画整理事業は,都市計画事業として施行する.

② 都市計画法第60条から第74条までの規定は,都市計画事業として施行する土地区画整理事業には適用しない.

③ 施行区域内における建築物の建築の制限に関しては,都市計画法第53条第3項中「第65条第1項に規定する告示」とあるのは「土地区画整理法第76条第1項各号に掲げる公告」と,「当該告示」とあるのは「当該公告」とする.

◈ 第2章 施行者

第1節 個人施行者

(施行の認可)

第4条 ① 土地区画整理事業を第3条第1項の規定により施行しようとする者は,1人で施行しようとする者にあつては規準及び事業計画を定め,数人共同して施行しようとする者にあつては規約及び事業計画を定め,その土地区画整理事業の施行について都道府県知事の認可を受けなければならない.この場合において,土地区画整理事業を施行しようとする者がその申請をしようとするときは,国土交通省令で定めるところにより,施行地区となるべき区域を管轄する市町村長を経由して行わなければならない.

② 第3条第1項に規定する者が施行区域の土地につい

て施行する土地区画整理事業については,前項に規定する認可をもつて都市計画法第59条第4項に規定する認可とみなす.ただし,同法第79条,第80条第1項,第81条第1項及び第89条第1項の規定の適用については,この限りでない.

(規準又は規約)

第5条 前条第1項の規準又は規約には,次の各号(規準にあつては,第5号から第7号までを除く.)に掲げる事項を記載しなければならない.

1 土地区画整理事業の名称
2 施行地区(施行地区を工区に分ける場合においては,施行地区及び工区)に含まれる地域の名称
3 土地区画整理事業の範囲
4 事務所の所在地
5 費用の分担に関する事項
6 業務を代表して行う者を定める場合においては,その職名,定数,任期,職務の分担及び選任の方法に関する事項
7 会議に関する事項
8 事業年度
9 公告の方法
10 その他政令で定める事項

(事業計画)

第6条 ① 第4条第1項の事業計画においては,国土交通省令で定めるところにより,施行地区(施行地区を工区に分ける場合においては,施行地区及び工区),設計の概要,事業施行期間及び資金計画を定めなければならない.

② 住宅の需要の著しい地域に係る都市計画区域で国土交通大臣が指定するものの区域において新たに住宅市街地を造成することを目的とする土地区画整理事業の事業計画においては,施行地区における住宅の建設を促進するため特別な必要があると認められる場合には,国土交通省令で定めるところにより,住宅を先行して建設すべき土地の区域(以下「住宅先行建設区」という.)を定めることができる.

③ 住宅先行建設区は,施行地区における住宅の建設を促進する上で効果的であると認められる位置に定め,その面積は,住宅が先行して建設される見込みを考慮して相当と認められる規模としなければならない.

④ 都市計画法第12条第2項の規定により市街地再開発事業(都市再開発法(昭和44年法律第38号)による市街地再開発事業をいう.以下同じ.)について都市計画に定められた施行区域をその施行地区に含む土地区画整理事業の事業計画においては,国土交通省令で定めるところにより,当該施行区域内の全部又は一部について,土地区画整理事業と市街地再開発事業を一体的に施行すべき土地の区域(以下「市街地再開発事業区」という.)を定めることができる.

⑤ 市街地再開発事業区の面積は,第85条の3第1項の規定による申出が見込まれるものについての換地の地積の合計を考慮して相当と認められる規模としなければならない.

⑥ 高度利用地区(都市計画法第8条第1項第3号の高度利用地区をいう.以下同じ.)の区域,都市再生特別地区(都市再生特別措置法(平成14年法律第22号)第36条第1項の規定による都市再生特別地区をいう.以下同じ.)の区域又は特定地区計画等区域(都市再開発法第2条の2第1項第4号に規定する特定地区計画等区域をいう.以下同じ.)をその施行地区に含む土地区画整理事業の事業計画においては,国土交通省令で定めるところにより,当該高度利用地区の区域,都市再生特別地区の区域又は特定地区計画等区域内の全部又は一部(市街地再開発事業区が定められた区域を除く.)について,土地の合理的かつ健全な高度利用の推進を図るべき土地の区域(以下「高度利用推進区」という.)を定めることができる.

⑦ 高度利用推進区の面積は,第85条の4第1項及び第2項の規定による申出が見込まれるものについての換地の地積及び共有持分を与える土地の地積との合計を考慮して相当と認められる規模としなければならない.

⑧ 事業計画においては,環境の整備改善を図り,交通の安全を確保し,災害の発生を防止し,その他健全な市街地を造成するために必要な公共施設及び宅地に関する計画が適正に定められていなければならない.

⑨ 事業計画においては,施行地区は施行区域の内外にわたらないように定め,事業施行期間は適切に定めなければならない.

⑩ 事業計画は,公共施設その他の施設又は土地区画整理事業に関する都市計画が定められている場合においては,その都市計画に適合して定めなければならない.

⑪ 事業計画の設定について必要な技術的基準は,国土交通省令で定める.

(宅地以外の土地を管理する者の承認)

第7条 第4条第1項の事業計画を定めようとする者は,宅地以外の土地を施行地区に編入する場合においては,当該土地を管理する者の承認を得なければならない.

(事業計画に関する関係権利者の同意)

第8条 ① 第4条第1項に規定する認可を申請しようとする者は,その者以外に施行地区となるべき区域内の宅地について権利を有する者がある場合においては,事業計画についてこれらの者の同意を得なければならない.但し,その権利をもつて認可を申請しようとする者に対抗することができない者については,この限りでない.

② 前項の場合において,宅地について権利を有する者のうち所有権又は借地権を有する者以外の者について同意を得られないとき,又はその者を確知することができないときは,その同意を得られない理由又は確知することができない理由を記載した書面を添えて,第4条第1項に規定する認可を申請することができる.

(施行の認可の基準等)

第9条 ① 都道府県知事は,第4条第1項に規定する認可の申請があつた場合においては,次の各号の1に該当する事実があると認めるとき,及び次項の規定に該当するとき以外は,その認可をしなければならない.

1 申請手続が法令に違反していること．
2 規準若しくは規約又は事業計画の決定手続又は内容が法令に違反していること．
3 市街地とするのに適当でない地域又は土地区画整理事業以外の事業によつて市街地とすることが都市計画において定められた区域が施行地区に編入されていること．
4 土地区画整理事業を施行するために必要な経済的基礎及びこれを的確に施行するために必要なその他の能力が十分でないこと．

② 都道府県知事は，都市計画法第7条第1項の市街化調整区域と定められた区域が施行地区に編入されている場合においては，当該区域内において土地区画整理事業として行われる同法第4条第12項に規定する開発行為が同法第34条各号の1に該当すると認めるときでなければ，第4条第1項に規定する認可をしてはならない．

③ 都道府県知事は，第4条第1項に規定する認可をした場合においては，遅滞なく，国土交通省令で定めるところにより，施行者の氏名又は名称，事業施行期間，施行地区（施行地区を工区に分ける場合においては，施行地区及び工区．以下この項において同じ．）その他国土交通省令で定める事項を公告し，かつ，施行区域の土地について施行する土地区画整理事業については，国土交通大臣及び関係市町村長に施行地区及び設計の概要を表示する図書を送付しなければならない．

④ 市町村長は，第13条第4項，第103条第4項又は第124条第3項の公告の日まで，政令で定めるところにより，前項の図書を当該市町村の事務所において公衆の縦覧に供しなければならない．

⑤ 第3条第1項の規定による施行者（以下「個人施行者」という．）は，第3項の公告があるまでは，施行者として，又は規準若しくは規約若しくは事業計画をもつて第三者に対抗することができない．

（施行者の変動）

第11条 ① 個人施行者について相続，合併その他の一般承継があつた場合において，その一般承継人が施行者以外の者であるときは，その一般承継人は，施行者となる．

② 施行地区内の宅地について個人施行者の有する所有権又は借地権の全部又は一部を施行者以外の者（前項に規定する一般承継人を除く．）が承継した場合においては，その者は，施行者となる．

③ 施行地区内の宅地について個人施行者の有する借地権の全部又は一部が消滅した場合（当該借地権についての一般承継に伴う混同により消滅した場合を除く．）において，その借地権の目的となつていた宅地の所有者又はその宅地の賃貸人が施行者以外の者であるときは，その消滅した借地権が地上権である場合にあつてはその宅地の所有者が，その消滅した借地権が賃借権である場合にあつてはその宅地の賃貸人がそれぞれ施行者となる．

④ 1人で施行する土地区画整理事業において，前3項の規定により施行者が数人となつた場合においては，その土地区画整理事業は，第3条第1項の規定により数人共同して施行する土地区画整理事業となるものとする．この場合において，施行者は，遅滞なく，第4条第1項の規約を定め，その規約について都道府県知事の認可を受けなければならない．

⑤ 前項の規定による認可の申請は，施行地区を管轄する市町村長を経由して行わなければならない．

⑥ 数人共同して施行する土地区画整理事業において，当該施行者について一般承継があり，又は施行地区内の宅地について当該施行者の有する所有権若しくは借地権の一般承継以外の事由による承継若しくは消滅があつたことにより施行者が1人となつた場合においては，その土地区画整理事業は，第3条第1項の規定により1人で施行する土地区画整理事業となるものとする．この場合において，その土地区画整理事業について定められていた規約のうち，規準に記載すべき事項に相当する事項は，その土地区画整理事業に係る規準としての効力を有するものとし，その他の事項はその効力を失うものとする．

⑦ 個人施行者について一般承継があり，又は施行地区内の宅地について，個人施行者の有する所有権若しくは借地権の一般承継以外の事由による承継若しくは消滅があつたことにより施行者に変動を生じた場合（第4項前段に規定する場合を除く．）においては，施行者は，遅滞なく，国土交通省令で定めるところにより，施行地区を管轄する市町村長を経由して，新たに施行者となつた者の氏名又は名称及び住所並びに施行者でなくなつた者の氏名又は名称を都道府県知事に届け出なければならない．

⑧ 都道府県知事は，第4項後段の規定により定められた規約について認可した場合又は前項の規定による届出を受理した場合においては，遅滞なく，国土交通省令で定める事項を公告しなければならない．

⑨ 個人施行者は，前項の公告があるまでは，施行者の変動，第4項後段の規定により定めた規約又は第6項後段に規定する規約の一部の失効をもつて第三者に対抗することができない．

第2節　土地区画整理組合

第1款　設　立

（設立の認可）

第14条 ① 第3条第2項に規定する土地区画整理組合（以下「組合」という．）を設立しようとする者は，7人以上共同して，定款及び事業計画を定め，その組合の設立について都道府県知事の認可を受けなければならない．この場合において，組合を設立しようとする者がその申請をしようとするときは，国土交通省令で定めるところにより，施行地区となるべき区域を管轄する市町村長を経由して行わなければならない．

② 組合を設立しようとする者は，事業計画の決定に先立つて組合を設立する必要があると認める場合においては，前項の規定にかかわらず，7人以上共同して，定款及び事業基本方針を定め，その組合の設立について都道府県知事の認可を受けることができる．この場合においては，前項後段の規定を準用する．

③ 前項の規定により設立された組合は,都道府県知事の認可を受けて,事業計画を定めるものとする.この場合において,組合がその申請をしようとするときは,国土交通省令で定めるところにより,施行地区を管轄する市町村長を経由して行わなければならない.
④ 組合が施行区域の土地について施行する土地区画整理事業については,第1項又は前項に規定する認可をもつて都市計画法第59条第4項に規定する認可とみなす.第4条第2項ただし書の規定は,この場合に準用する.

(定款及び事業計画又は事業基本方針に関する宅地の所有者及び借地権者の同意)

第18条 第14条第1項又は第2項に規定する認可を申請しようとする者は,定款及び事業計画又は事業基本方針について,施行地区となるべき区域内の宅地について所有権を有するすべての者及びその区域内の宅地について借地権を有するすべての者のそれぞれの3分の2以上の同意を得なければならない.この場合においては,同意した者が所有するその区域内の宅地の地積と同意した者が有する借地権の目的となつているその区域内の宅地の地積との合計が,その区域内の宅地の総地積と借地権の目的となつている宅地の総地積との合計の3分の2以上でなければならない.

(借地権の申告)

第19条 ① 前条に規定する同意を得ようとする者は,あらかじめ,施行地区となるべき区域の公告を当該区域を管轄する市町村長に申請しなければならない.
② 市町村長は,前項に規定する申請があつた場合においては,政令で定めるところにより,遅滞なく,施行地区となるべき区域を公告しなければならない.
③ 前項の規定により公告された施行地区となるべき区域内の宅地について未登記の借地権を有する者は,前項の公告があつた日から1月以内に当該市町村長に対し,その借地権の目的となつている宅地の所有者と連署し,又はその借地権を証する書面を添えて,国土交通省令で定めるところにより,書面をもつてその借地権の種類及び内容を申告しなければならない.
④ 未登記の借地権で前項の規定による申告のないものは,前項の申告の期間を経過した後は,前条の規定の適用については,存しないものとみなす.

(事業計画の案の作成及び組合員への周知等)

第19条の2 ① 第14条第2項の規定により設立された組合は,同条第3項の事業計画を定めようとするときは,あらかじめ,事業計画の案を作成し,国土交通省令で定めるところにより,説明会の開催その他組合員に当該事業計画の案を周知させるため必要な措置を講じなければならない.
② 前項の組合員は,同項の事業計画の案について意見がある場合においては,国土交通省令で定めるところにより,組合に意見書を提出することができる.ただし,事業基本方針において定められた事項については,この限りでない.
③ 組合は,前項の規定により意見書の提出があつたときは,その意見書に係る意見を勘案し,必要があると認めるときは事業計画の案に修正を加えなければならない.
④ 組合が成立した後,最初の役員が選挙され,又は選任されるまでの間は,前3項の規定による組合の事務は,第14条第2項の規定による認可を受けた者が行うものとする.

第2款　管　理

(組合員)

第25条 ① 組合が施行する土地区画整理事業に係る施行地区内の宅地について所有権又は借地権を有する者は,すべてその組合の組合員とする.
② 施行地区内の宅地について存する未登記の借地権で第19条第3項又は第85条第1項の規定による申告のないものは,その申告のない限り,前項の規定の適用については,存しないものとみなし,施行地区内の宅地について存する未登記の借地権で第19条第3項又は第85条第1項の規定による申告があつたもののうち同条第3項の規定による届出のないものは,その届出のない限り,前項の規定の適用については,その借地権の移転,変更又は消滅がないものとみなす.

(経費の賦課徴収)

第40条 ① 組合は,その事業に要する経費に充てるため,賦課金として参加組合員以外の組合員に対して金銭を賦課徴収することができる.
③ 組合員は,賦課金の納付について,相殺をもつて組合に対抗することができない.

第3款　解散及び合併

(解　散)

第45条 ① 組合は,左の各号に掲げる事由に因り解散する.
2　総会の議決
④ 組合は,第1項第2号から第4号までの1に掲げる事由に因り解散しようとする場合において,その組合に借入金があるときは,その解散についてその債権者の同意を得なければならない.

第3節　区画整理会社

(施行の認可)

第51条の2 ① 土地区画整理事業を第3条第3項の規定により施行しようとする者は,規準及び事業計画を定め,その土地区画整理事業の施行について都道府県知事の認可を受けなければならない.この場合において,その認可の申請は,国土交通省令で定めるところにより,施行地区となるべき区域を管轄する市町村長を経由して行わなければならない.
② 第3条第3項に規定する者が施行区域の土地について施行する土地区画整理事業については,前項に規定する認可をもつて都市計画法第59条第4項に規定する認可とみなす.第4条第2項ただし書の規定は,この場合について準用する.

(規　準)

第51条の3 前条第1項の規準には,次に掲げる事項を記載しなければならない.
1　土地区画整理事業の名称
2　施行地区(施行地区を工区に分ける場合においては,施行地区及び工区)に含まれる地域の名称

3 土地区画整理事業の範囲
4 事務所の所在地
5 費用の分担に関する事項
6 事業年度
7 公告の方法
8 その他政令で定める事項

(事業計画)

第51条の4 第6条の規定は,第51条の2第1項の事業計画について準用する.

(宅地以外の土地を管理する者の承認)

第51条の5 第7条の規定は,第51条の2第1項の事業計画を定めようとする者について準用する.

(規準及び事業計画に関する宅地の所有者及び借地権者の同意)

第51条の6 第51条の2第1項に規定する認可を申請しようとする者は,規準及び事業計画について,施行地区となるべき区域内の宅地について所有権を有するすべての者及びその区域内の宅地について借地権を有するすべての者のそれぞれの3分の2以上の同意を得なければならない.この場合においては,同意した者が所有するその区域内の宅地の地積と同意した者が有する借地権の目的となつているその区域内の宅地の地積との合計が,その区域内の宅地の総地積と借地権の目的となつている宅地の総地積との合計の3分の2以上でなければならない.

(借地権の申告)

第51条の7 ① 前条に規定する同意を得ようとする者は,あらかじめ,施行地区となるべき区域の公告を当該区域を管轄する市町村長に申請しなければならない.

② 第19条第2項から第4項までの規定は,前項に規定する申請があつた場合について準用する.この場合において,同条第4項中「前条」とあるのは,「第51条の6」と読み替えるものとする.

(規準及び事業計画の縦覧並びに意見書の処理)

第51条の8 ① 都道府県知事は,第51条の2第1項に規定する認可の申請があつた場合においては,政令で定めるところにより,施行地区となるべき区域を管轄する市町村長に,当該規準及び事業計画を2週間公衆の縦覧に供させなければならない.ただし,当該申請に関し明らかに次条第1項各号のいずれかに該当する事実があり,認可すべきでないと認める場合又は同条第2項の規定により認可をしてはならないことが明らかであると認める場合においては,この限りでない.

② 利害関係者は,前項の規定により縦覧に供された規準及び事業計画について意見がある場合においては,縦覧期間満了の日の翌日から起算して2週間を経過する日までに,都道府県知事に意見書を提出することができる.ただし,都市計画において定められた事項については,この限りでない.

③ 都道府県知事は,前項の規定により意見書の提出があつた場合においては,その内容を審査し,その意見書に係る意見を採択すべきであると認めるときは,第51条の2第1項に規定する認可を申請した者に対し規準及び事業計画に必要な修正を加えるべきことを命じ,その意見書に係る意見を採択すべきでないと認めるときは,その旨を意見書を提出した者に通知しなければならない.

④ 前項の規定による意見書の内容の審査については,行政不服審査法第2章第3節(第29条,第30条,第32条第2項,第38条,第40条,第41条第3項及び第42条を除く.)の規定を準用する.この場合において,同節中「審理員」とあるのは,「都道府県知事」と読み替えるものとする.

⑤ 第51条の2第1項に規定する認可を申請した者が,第3項の規定により規準及び事業計画に修正を加え,その旨を都道府県知事に申告した場合においては,その修正に係る部分について,更にこの条に規定する手続を行うべきものとする.

(施行の認可の基準等)

第51条の9 ① 都道府県知事は,第51条の2第1項に規定する認可の申請があつた場合においては,次の各号のいずれかに該当する事実があると認めるとき以外は,その認可をしなければならない.

1 申請者が第3条第3項各号に掲げる要件のすべてに該当する株式会社でないこと.
2 申請手続が法令に違反していること.
3 規準又は事業計画の決定手続又は内容が法令(前条第3項の規定による都道府県知事の命令を含む.)に違反していること.
4 市街地とするのに適当でない地域又は土地区画整理事業以外の事業によつて市街地とすることが都市計画において定められた区域が施行地区に編入されていること.
5 土地区画整理事業を施行するために必要な経済的基礎及びこれを的確に施行するために必要なその他の能力が十分でないこと.

② 前項の規定にかかわらず,都道府県知事は,都市計画法第7条第1項の市街化調整区域と定められた区域が施行地区に編入されている場合においては,当該区域内において土地区画整理事業として行われる同法第4条第12項に規定する開発行為が同法第34条各号のいずれかに該当すると認めるときでなければ,第51条の2第1項に規定する認可をしてはならない.

③ 都道府県知事は,第51条の2第1項に規定する認可をした場合においては,遅滞なく,国土交通省令で定めるところにより,施行者の名称,事業施行期間,施行地区(施行地区を工区に分ける場合においては,施行地区及び工区.以下この項において同じ.)その他国土交通省令で定める事項を公告し,かつ,施行区域の土地について施行する土地区画整理事業については,国土交通大臣及び関係市町村長に施行地区及び設計の概要を表示する図書を送付しなければならない.

④ 市町村長は,第51条の13第4項において準用する前項,第103条第4項又は第125条の2第5項の公告の日まで,政令で定めるところにより,前項の図書を当該市町村の事務所において公衆の縦覧に供しなければならない.

⑤ 第3条第3項の規定による施行者（以下「区画整理会社」という.）は,第3項の公告があるまでは,施行者として,又は規準若しくは事業計画をもつて第三者に対抗することができない.

（規準又は事業計画の変更）

第51条の10 ① 区画整理会社は,規準又は事業計画を変更しようとする場合においては,その変更について都道府県知事の認可を受けなければならない.この場合において,区画整理会社がその申請をしようとするときは,国土交通省令で定めるところにより,施行地区又は新たに施行地区となるべき区域を管轄する市町村長を経由して行わなければならない.

② 第7条の規定は事業計画を変更しようとする区画整理会社について,第51条の6の規定は規準又は事業計画の変更についての認可を申請しようとする区画整理会社について,第51条の7の規定は新たに施行地区となるべき区域がある場合にこの項において準用する第51条の6に規定する同意を得ようとする区画整理会社及び新たに施行地区となるべき区域の公告があつた場合における借地権の申告について,第51条の8の規定は規準又は事業計画の変更（政令で定める軽微な変更を除く.）について前項に規定する認可の申請があつた場合について,前条の規定は同項に規定する認可の申請があつた場合又は同項に規定する認可をした場合について準用する.この場合において,第51条の6,第51条の7第1項及び第51条の8第1項中「施行地区となるべき区域」とあるのは「施行地区及び新たに施行地区となるべき区域」と,第51条の6中「者及び」とあるのは「者並びに」と,第51条の7第2項中「第51条の6」とあるのは「第51条の10第2項において準用する第51条の6」と,前条第1項第1号中「でないこと」とあるのは「でないこと.この場合において,同項第3号及び第4号中「施行地区となるべき区域」とあるのは,「施行地区及び新たに施行地区となるべき区域」とする」と,同条第3項中「を公告し」とあるのは「についての変更に係る事項を公告し」と,「施行地区及び設計の概要」とあるのは「変更に係る施行地区又は設計の概要」と,同条第5項中「施行者として,又は規準若しくは事業計画をもつて」とあるのは「規準又は事業計画の変更をもつて」と読み替えるものとする.

③ 区画整理会社は,施行地区の縮小又は費用の分担に関し,規準又は事業計画を変更しようとする場合において,その区画整理会社に土地区画整理事業の施行のための借入金があるときは,その変更についてその債権者の同意を得なければならない.

（区画整理会社の合併又は事業の譲渡等）

第51条の11 ① 区画整理会社の合併若しくは分割又は区画整理会社が施行する土地区画整理事業の全部若しくは一部の譲渡及び譲受けは,都道府県知事の認可を受けなければ,その効力を生じない.

② 第51条の2第1項後段の規定は前項に規定する認可の申請をしようとする者について,第51条の9の規定は同項に規定する認可の申請があつた場合又は同項に規定する認可をした場合について準用する.この場合において,第51条の2第1項後段中「施行地区となるべき区域」とあるのは「施行地区」と,第51条の9第1項中「次の各号のいずれかに該当する事実があると認めるとき」とあるのは「次の各号（第3号及び第4号を除く.）のいずれかに該当する事実があると認めるとき又は規準若しくは事業計画の変更を伴うとき」と,同項第1号中「でないこと」とあるのは「でないこと.この場合において,同項第3号及び第4号中「施行地区となるべき区域」とあるのは,「施行地区」とする」と読み替えるものとする.

（承　継）

第51条の12 区画整理会社の合併若しくは分割（当該土地区画整理事業の全部を承継させるものに限る.）又は区画整理会社の施行する土地区画整理事業の全部の譲渡があつた場合においては,合併後存続する会社,合併により設立された会社若しくは分割により土地区画整理事業を承継した会社又は土地区画整理事業の全部を譲り受けた者は,土地区画整理事業の施行者の地位及び従前の区画整理会社が土地区画整理事業に関して有する権利義務（従前の区画整理会社がその土地区画整理事業に関し,行政庁の許可,認可その他の処分に基づいて有する権利義務を含む.）を,承継する.

（土地区画整理事業の廃止又は終了）

第51条の13 ① 区画整理会社は,土地区画整理事業を廃止し,又は終了しようとする場合においては,その廃止又は終了について都道府県知事の認可を受けなければならない.この場合において,区画整理会社がその申請をしようとするときは,国土交通省令で定めるところにより,施行地区を管轄する市町村長を経由して行わなければならない.

② 都道府県知事は,第51条の4において準用する第6条第2項の規定により事業計画に住宅先行建設区が定められている場合においては,第85条の2第5項の規定により指定された宅地についての第117条の2第1項に規定する指定期間を経過した後でなければ,前項に規定する土地区画整理事業の終了についての認可をしてはならない.ただし,住宅先行建設区内の換地に住宅が建設されたこと等により施行地区における住宅の建設を促進する上で支障がないと認められる場合においては,指定期間内においても当該認可をすることができる.

③ 区画整理会社は,土地区画整理事業を廃止しようとする場合において,その区画整理会社に土地区画整理事業の施行のための借入金があるときは,その廃止についてその債権者の同意を得なければならない.

④ 第51条の9第3項（図書の送付に係る部分を除く.）及び第5項の規定は,第1項に規定する認可をした場合の公告について準用する.この場合において,同条第5項中「施行者として,又は規準若しくは事業計画をもつて」とあるのは,「土地区画整理事業の廃止又は終了をもつて」と読み替えるものとする.

第4節　都道府県及び市町村

（施行規程及び事業計画の決定）

第52条 ① 都道府県又は市町村は，第３条第４項の規定により土地区画整理事業を施行しようとする場合においては，施行規程及び事業計画を定めなければならない．この場合において，その事業計画において定める設計の概要について，国土交通省令で定めるところにより，都道府県にあつては国土交通大臣の，市町村にあつては都道府県知事の認可を受けなければならない．

② 都道府県又は市町村が第３条第４項の規定により施行する土地区画整理事業について事業計画を定めた場合においては，都道府県にあつては前項に規定する認可をもつて都市計画法第59条第２項に規定する認可と，市町村にあつては前項に規定する認可をもつて同条第１項に規定する認可とみなす．第４条第２項ただし書の規定は，この場合に準用する．

（施行規程）

第53条 ① 前条第１項の施行規程は，当該都道府県又は市町村の条例で定める．

② 前項の施行規程には，左の各号に掲げる事項を記載しなければならない．

1 土地区画整理事業の名称
2 施行地区（施行地区を工区に分ける場合においては，施行地区及び工区）に含まれる地域の名称
3 土地区画整理事業の範囲
4 事務所の所在地
5 費用の分担に関する事項
6 保留地を定めようとする場合においては，保留地の処分方法に関する事項
7 土地区画整理審議会並びにその委員及び予備委員に関する事項（委員の報酬及び費用弁償に関する事項を除く．）
8 その他政令で定める事項

（土地区画整理審議会の設置）

第56条 ① 都道府県又は市町村が第３条第４項の規定により施行する土地区画整理事業ごとに，都道府県又は市町村に，土地区画整理審議会（以下この節において「審議会」という．）を置く．

② 施行地区を工区に分けた場合においては，審議会は，工区ごとに置くことができる．

③ 審議会は，換地計画，仮換地の指定及び減価補償金の交付に関する事項についてこの法律に定める権限を行う．

④ 審議会は，その任務を終了した場合においては，廃止されるものとする．

◈ 第３章 土地区画整理事業

第１節 通 則

（建築行為等の制限）

第76条 ① 次に掲げる公告があつた日後，第103条第４項の公告がある日までは，施行地区内において，土地区画整理事業の施行の障害となるおそれがある土地の形質の変更若しくは建築物その他の工作物の新築，改築若しくは増築を行い，又は政令で定める移動の容易でない物件の設置若しくは堆積を行おうとする者は，国土交通大臣が施行する土地区画整理事業にあつては国土交通大臣の，その他の者が施行する土地区画整理事業にあつては都道府県知事（市の区域内において個人施行者，組合若しくは区画整理会社が施行し，又は市が第３条第４項の規定により施行する土地区画整理事業にあつては，当該市の長．以下この条において「都道府県知事等」という．）の許可を受けなければならない．

1 個人施行者が施行する土地区画整理事業にあつては，その施行についての認可の公告又は施行地区の変更を含む事業計画の変更（以下この項において「事業計画の変更」という．）についての認可の公告
2 組合が施行する土地区画整理事業にあつては，第21条第３項の公告又は事業計画の変更についての認可の公告
3 区画整理会社が施行する土地区画整理事業にあつては，その施行についての認可の公告又は事業計画の変更についての認可の公告
4 市町村，都道府県又は国土交通大臣が第３条第４項又は第５項の規定により施行する土地区画整理事業にあつては，事業計画の決定の公告又は事業計画の変更の公告
5 機構等が第３条の２又は第３条の３の規定により施行する土地区画整理事業にあつては，施行規程及び事業計画の認可の公告又は事業計画の変更の認可の公告

② 都道府県知事等は，前項に規定する許可の申請があつた場合において，その許可をしようとするときは，施行者の意見を聴かなければならない．

③ 国土交通大臣又は都道府県知事等は，第１項に規定する許可をする場合において，土地区画整理事業の施行のため必要があると認めるときは，許可に期限その他必要な条件を付することができる．この場合において，これらの条件は，当該許可を受けた者に不当な義務を課するものであつてはならない．

④ 国土交通大臣又は都道府県知事等は，第１項の規定に違反し，又は前項の規定により付した条件に違反した者がある場合においては，これらの者又はこれらの者から当該土地，建築物その他の工作物又は物件についての権利を承継した者に対して，相当の期限を定めて，土地区画整理事業の施行に対する障害を排除するため必要な限度において，当該土地の原状回復を命じ，又は当該建築物その他の工作物若しくは物件の移転若しくは除却を命ずることができる．

⑤ 前項の規定により土地の原状回復を命じ，又は建築物その他の工作物若しくは物件の移転若しくは除却を命じようとする場合において，過失がなくてその原状回復又は移転若しくは除却を命ずべき者を確知することができないときは，国土交通大臣又は都道府県知事等は，その措置を自ら行い，又はその命じた者若しくは委任した者にこれを行わせることができる．この場合においては，相当の期限を定めて，これを原状回復し，又は移転し，若しくは除却すべき旨及びその期限までに原状回復し，又は移転し，若しくは除却しないときは，国土交通大臣若しくは都道府県知事等又はその命じた

者若しくは委任した者が,原状回復し,又は移転し,若しくは除却する旨をあらかじめ公告しなければならない.

(建築物等の移転及び除却)

第77条 ① 施行者は,第98条第1項の規定により仮換地若しくは仮換地について仮に権利の目的となるべき宅地若しくはその部分を指定した場合,第100条第1項の規定により従前の宅地若しくはその部分について使用し,若しくは収益することを停止させた場合又は公共施設の変更若しくは廃止に関する工事を施行する場合において,従前の宅地又は公共施設の用に供する土地に存する建築物その他の工作物又は竹木土石等(以下これらをこの条及び次条において「建築物等」と総称する.)を移転し,又は除却することが必要となつたときは,これらの建築物等を移転し,又は除却することができる.

② 施行者は,前項の規定により建築物等を移転し,又は除却しようとする場合においては,相当の期限を定め,その期限後においてはこれを移転し,又は除却する旨をその建築物等の所有者及び占有者に対し通知するとともに,その期限までに自ら移転し,又は除却する意思の有無をその所有者に対し照会しなければならない.

③ 前項の場合において,住居の用に供している建築物については,同項の相当の期限は,3月を下つてはならない.ただし,建築物の一部について政令で定める軽微な移転若しくは除却をする場合又は前条第1項の規定に違反し,若しくは同条第3項の規定により付された条件に違反して建築されている建築物で既に同条第4項若しくは第5項の規定により移転若しくは除却が命ぜられ,若しくはその旨が公告されたものを移転し,若しくは除却する場合については,この限りでない.

④ 第1項の規定により建築物等を移転し,又は除却しようとする場合において,施行者は,過失がなくて建築物等の所有者を確知することができないときは,これに対し第2項の通知及び照会をしないで,過失がなくて占有者を確知することができないときは,これに対し同項の通知をしないで,移転し,又は除却することができる.この場合においては,相当の期限を定め,その期限後においてはこれを移転し,又は除却する旨の公告をしなければならない.

⑤ 前項後段の公告は,官報その他政令で定める定期刊行物に掲載して行うほか,その公告すべき内容を政令で定めるところにより当該土地区画整理事業の施行地区内の適当な場所に掲示して行わなければならない.この場合において,施行者は,公告すべき内容を当該土地区画整理事業の施行地区を管轄する市町村長に通知し,当該市町村長は,当該掲示がされている旨の公告をしなければならない.

⑥ 第3項の規定は,第4項後段の規定により公告をする場合における期限について準用する.

⑦ 施行者は,第2項の規定により建築物等の所有者に通知した期限後又は第4項後段の規定により公告された期限後においては,いつでも自ら建築物等を移転し,若しくは除却し,又はその命じた者若しくは委任した者に建築物等を移転させ,若しくは除却させることができる.この場合において,個人施行者,組合又は区画整理会社は,建築物等を移転し,又は除却しようとするときは,あらかじめ,建築物等の所在する土地の属する区域を管轄する市町村長の認可を受けなければならない.

⑧ 前項の規定により建築物等を移転し,又は除却する場合においては,その建築物等の所有者及び占有者は,施行者の許可を得た場合を除き,その移転又は除却の開始から完了に至るまでの間は,その建築物等を使用することができない.

⑨ 第7項の規定により建築物等を移転し,又は除却しようとする者は,その身分を示す証票又は市町村長の認可証を携帯し,関係人の請求があつた場合においては,これを提示しなければならない.

(移転等に伴う損失補償)

第78条 ① 前条第1項の規定により施行者が建築物等を移転し,若しくは除却したことにより他人に損失を与えた場合又は同条第2項の照会を受けた者が自ら建築物等を移転し,若しくは除却したことによりその者が損失を受け,若しくは他人に損失を与えた場合においては,施行者(施行者が国土交通大臣である場合においては国.次項,第101条第1項から第3項まで及び第104条第11項において同じ.)は,その損失を受けた者に対して,通常生ずべき損失を補償しなければならない.

② 前条第1項の規定により施行者が移転し,若しくは除却した建築物等又は同条第2項の照会を受けた者が自ら移転し,若しくは除却した建築物等が,第76条第4項若しくは第5項,都市計画法第81条第1項若しくは第2項又は建築基準法(昭和25年法律第201号)第9条の規定により移転又は除却を命ぜられているものである場合においては,施行者は,前項の規定にかかわらず,これらの建築物等の所有者に対しては,移転又は除却により生じた損失を補償することを要しないものとし,前条第1項の規定によりこれらの建築物等を移転し,又は除却した場合におけるその移転又は除却に要した費用は,これらの建築物等の所有者から徴収することができるものとする.

③ 第73条第2項から第4項までの規定は,第1項の規定による損失の補償について準用する.この場合において,同条第4項中「国土交通大臣,都道府県知事,市町村長若しくは機構理事長等又は前条第1項後段に掲げる者」とあるのは「施行者」と,「同項又は同条第6項」とあるのは「第77条第1項」と読み替えるものとする.

④ 行政代執行法(昭和23年法律第43号)第5条及び第6条の規定は施行者(個人施行者,組合及び区画整理会社を除く.)が第2項の規定により費用を徴収する場合について,第41条の規定は組合又は区画整理会社が同項の規定により徴収する徴収金を滞納する者がある場合について準用する.この場合において,同条第1項から第3項までの規定中「組合」とあるのは「組合又は区画整理会社」と,同条第2項中「定款」とあるのは「定款又は規準」と,同条第4項中「組合の理事」

とあるのは「組合の理事又は区画整理会社の代表者」と読み替えるものとする.

⑤ 施行者は,前条第1項の規定により除却した建築物等に対する補償金を支払う場合において,その建築物等について先取特権,質権又は抵当権があるときは,その補償金を供託しなければならない.ただし,先取特権,質権又は抵当権を有する債権者から供託をしなくてもよい旨の申出があつた場合においては,この限りでない.

⑥ 前項に規定する先取特権,質権又は抵当権を有する債権者は,同項の規定により供託された補償金についてその権利を行うことができる.

（土地の使用等）

第79条 ① 第3条第4項若しくは第5項,第3条の2又は第3条の3の規定による施行者は,移転し,又は除却しなければならない建築物に居住する者を一時的に収容するために必要な施設,公共施設に関する工事の施行のために必要な材料置場等の施設その他土地区画整理事業の施行のために欠くことのできない施設を設置するため必要がある場合においては,土地収用法で定めるところに従い,土地を使用することができる.

② 前項の規定により施行地区内の土地を使用する場合においては,土地収用法第28条の3及び第142条の規定は適用せず,同法第89条第3項中「第28条の3第1項」とあるのは,「土地区画整理法第76条第1項」とする.

第80条 第98条第1項の規定により仮換地若しくは仮換地について仮に権利の目的となるべき宅地若しくはその部分を指定した場合又は第100条第1項の規定により従前の宅地若しくはその部分について使用し,若しくは収益することを停止させた場合において,それらの処分に因り使用し,又は収益することができる者のなくなつた従前の宅地又はその部分については,施行者又はその命じた者若しくは委任した者は,その宅地の所有者及び占有者の同意を得ることなく,土地区画整理事業の工事を行うことができる.

（標識の設置）

第81条 ① 施行者は,土地区画整理事業の施行に必要な測量を行うため,又は仮換地若しくは換地の位置を表示するため必要がある場合においては,国土交通省令で定める標識を設けることができる.

② 何人も,第103条第4項の公告がある日までは,前項の規定により設けられた標識を施行者の承諾を得ないで移転し,若しくは除却し,又は汚損し,若しくはき損してはならない.

（土地の分割及び合併）

第82条 ① 施行者は,土地区画整理事業の施行のために必要がある場合においては,所有者に代わつて土地の分割又は合併の手続をすることができる.

② 施行者は,次条の規定による届出をする場合において,一筆の土地が施行地区の内外又は二以上の工区にわたるときは,その届出とともに,その土地の分割の手続をしなければならない.

（登記所への届出）

第83条 施行者は,第76条第1項各号に掲げる公告があつた場合においては,当該施行地区を管轄する登記所に,国土交通省令で定める事項を届け出なければならない.

（関係簿書の備付け）

第84条 ① 施行者は,規準,規約,定款又は施行規程並びに事業計画又は事業基本方針及び換地計画に関する図書その他政令で定める簿書を主たる事務所に備え付けておかなければならない.

② 利害関係者から前項の簿書の閲覧又は謄写の請求があつた場合においては,施行者は,正当な理由がない限り,これを拒んではならない.

（権利の申告）

第85条 ① 施行地区（個人施行者の施行する土地区画整理事業に係るものを除く.）内の宅地についての所有権以外の権利で登記のないものを有し,又は有することとなつた者は,当該権利の存する宅地の所有者若しくは当該権利の目的である権利を有する者と連署し,又は当該権利を証する書類を添えて,国土交通省令で定めるところにより,書面をもつてその権利の種類及び内容を施行者に申告しなければならない.

② 第19条第3項（第39条第2項及び第51条の7第2項（第51条の10第2項において準用する場合を含む.）において準用する場合を含む.）の規定による申告のあつた未登記の借地権は,前項の規定による申告があつたものとみなす.

③ 第1項の規定による申告に係る登記のない権利（前項の規定により第1項の規定による申告があつたものとみなされた借地権を含む.）の移転,変更又は消滅があつた場合においては,当該移転,変更又は消滅に係る当事者の双方又は一方は,連署し,又は当該移転,変更若しくは消滅があつたことを証する書類を添えて,国土交通省令で定めるところにより,書面をもつてその旨を施行者に届け出なければならない.

④ 個人施行者以外の施行者は,議決権又は選挙権を行う者を確定するため必要がある場合においては借地権について,換地計画の決定又は仮換地の指定のため必要がある場合においては宅地についての所有権以外の権利について,その必要な限度において,第1項又は前項の規定にかかわらず,定款,規準又は施行規程で定めるところにより,一定期間第1項の申告又は前項の届出を受理しないこととすることができる.

⑤ 個人施行者以外の施行者は,第1項の規定により申告しなければならない権利でその申告のないもの（第2項の規定により第1項の規定による申告があつたものとみなされた借地権を除く.）については,その申告がない限り,これを存しないものとみなして,次条第5項,第85条の3第4項,第85条の4第5項及び本章第2節から第6節までの規定による処分又は決定をすることができるものとし,第1項の規定による申告があつた施行地区内の宅地について存する登記のない権利（第2項の規定により第1項の規定による申告があつたものとみなされた借地権を含む.）で第3項の規定による届出のないものについては,その届出のない限り,その権利の移転,変更又は消滅がないものとみなして,次

条第5項,第85条の3第4項,第85条の4第5項及び本章第2節から第6節までの規定による処分又は決定をすることができる.

⑥ 組合が成立した後,最初の役員が選挙され,又は選任されるまでの間は,第1項又は第3項の規定により組合に対してされた申告又は届出は,第14条第1項又は第2項に規定する認可を受けた者が受理するものとする.

第2節　換地計画

(換地計画の決定及び認可)

第86条 ① 施行者は,施行地区内の宅地について換地処分を行うため,換地計画を定めなければならない.この場合において,施行者が個人施行者,組合,区画整理会社,市町村又は機構等であるときは,国土交通省令で定めるところにより,その換地計画について都道府県知事の認可を受けなければならない.

② 個人施行者,組合又は区画整理会社が前項の規定による認可の申請をしようとするときは,換地計画に係る区域を管轄する市町村長を経由して行わなければならない.

③ 施行地区が工区に分かれている場合においては,第1項の換地計画は,工区ごとに定めることができる.

④ 都道府県知事は,第1項に規定する認可の申請があつた場合においては,次の各号のいずれかに該当する事実があると認めるとき以外は,その認可をしなければならない.

1 申請手続が法令に違反していること.

2 換地計画の決定手続又は内容が法令に違反していること.

3 換地計画の内容が事業計画の内容と抵触していること.

⑤ 前項の規定にかかわらず,都道府県知事は,換地計画に係る区域に市街地再開発事業の施行地区(都市再開発法第2条第3号に規定する施行地区をいう.)が含まれている場合においては,当該市街地再開発事業の施行に支障を及ぼさないと認めるときでなければ,第1項に規定する認可をしてはならない.

(換地計画に関する関係権利者の同意,縦覧及び意見書の処理)

第88条 ① 第8条の規定は換地計画について認可を申請しようとする個人施行者について,第51条の6の規定は換地計画について認可を申請しようとする区画整理会社について準用する.この場合において,第8条第1項及び第51条の6中「施行地区となるべき区域」とあるのは,「換地計画に係る区域」と読み替えるものとする.

② 個人施行者以外の施行者は,換地計画を定めようとする場合においては,政令で定めるところにより,その換地計画を2週間公衆の縦覧に供しなければならない.

③ 利害関係者は,前項の規定により縦覧に供された換地計画について意見がある場合においては,縦覧期間内に,施行者に意見書を提出することができる.

④ 施行者は,前項の規定により意見書の提出があつた場合においては,その内容を審査し,その意見書に係る意見を採択すべきであると認めるときは換地計画に必要な修正を加え,その意見書に係る意見を採択すべきでないと認めるときはその旨を意見書を提出した者に通知しなければならない.

⑤ 施行者が前項の規定により換地計画に必要な修正を加えた場合においては,その修正に係る部分について更に第2項からこの項までに規定する手続を行うべきものとする.ただし,その修正が政令で定める軽微なもの又は形式的なものである場合においては,この限りでない.

⑥ 第3条第4項若しくは第5項,第3条の2又は第3条の3の規定による施行者は,第2項の規定により縦覧に供すべき換地計画を作成しようとする場合及び第4項の規定により意見書の内容を審査する場合においては,土地区画整理審議会の意見を聴かなければならない.

⑦ 施行者は,第4項の規定により意見書の内容を審査する場合において,その意見書が農地法(昭和27年法律第229号)にいう農地又は採草放牧地に係るものであり,かつ,その意見書を提出した者が当該換地計画に係る区域内の宅地について所有権又は借地権を有する者以外の者であるときは,その農地又は採草放牧地を管轄する農業委員会の意見を聴かなければならない.

(換　地)

第89条 ① 換地計画において換地を定める場合においては,換地及び従前の宅地の位置,地積,土質,水利,利用状況,環境等が照応するように定めなければならない.

② 前項の規定により換地を定める場合において,従前の宅地について所有権及び地役権以外の権利又は処分の制限があるときは,その換地についてこれらの権利又は処分の制限の目的となるべき宅地又はその部分を前項の規定に準じて定めなければならない.

(所有者の同意により換地を定めない場合)

第90条 宅地の所有者の申出又は同意があつた場合においては,換地計画において,その宅地の全部又は一部について換地を定めないことができる.この場合において,施行者は,換地を定めない宅地又はその部分について地上権,永小作権,賃借権その他の宅地を使用し,又は収益することができる権利を有する者があるときは,換地を定めないことについてこれらの者の同意を得なければならない.

(清算金)

第94条 換地又は換地について権利(処分の制限を含み,所有権及び地役権を含まない.以下この条において同じ.)の目的となるべき宅地若しくはその部分を定め,又は定めない場合において,不均衡が生ずると認められるときは,従前の宅地又はその宅地について存する権利の目的である宅地若しくはその部分及び換地若しくは換地について定める権利の目的となるべき宅地若しくはその部分又は第89条の4若しくは第91条第3項の規定により共有となるべきものとして定める土地の位置,地積,土質,水利,利用状況,環境等を総合的に考慮して,金銭により清算するものとし,換地計画においてその額を定めなければならない.この場合において,前条第1項,第2項,第4項又は第5項の規定により建築物の一部及びその建築物の存する土地の共有持分を与えるように定める宅地又は借地権については,当該建築物の一部及びその建築物の存する土地の位置,面積,利用状況,環境等をも考慮しなければならないものとする.

(特別の宅地に関する措置)

第95条 ① 次に掲げる宅地に対しては,換地計画において,その位置,地積等に特別の考慮を払い,換地を定めることができる.

6 公共施設の用に供している宅地

(保留地)

第96条 ① 第3条第1項から第3項までの規定により施行する土地区画整理事業の換地計画においては,土地区画整理事業の施行の費用に充てるため,又は規準,規約若しくは定款で定める目的のため,一定の土地を換地として定めないで,その土地を保留地として定めることができる.

② 第3条第4項若しくは第5項,第3条の2又は第3条の3の規定により施行する土地区画整理事業の換地計画においては,その土地区画整理事業の施行後の宅地の価額の総額（第93条第1項,第2項,第4項又は第5項の規定により建築物の一部及びその建築物の存する土地の共有持分を与えるように定める場合においては,当該建築物の価額を含むものとする.以下同じ.）がその土地区画整理事業の施行前の宅地の価額の総額を超える場合においては,土地区画整理事業の施行の費用に充てるため,その差額に相当する金額を超えない価額の一定の土地を換地として定めないで,その土地を保留地として定めることができる.

③ 第3条第4項若しくは第5項,第3条の2又は第3条の3の規定による施行者は,前項の規定により保留地を定めようとする場合においては,土地区画整理審議会の同意を得なければならない.

第3節 仮換地の指定

(仮換地の指定)

第98条 ① 施行者は,換地処分を行う前において,土地の区画形質の変更若しくは公共施設の新設若しくは変更に係る工事のため必要がある場合又は換地計画に基づき換地処分を行うため必要がある場合においては,施行地区内の宅地について仮換地を指定することができる.この場合において,従前の宅地について地上権,永小作権,賃借権その他の宅地を使用し,又は収益することができる権利を有する者があるときは,その仮換地について仮にそれらの権利の目的となるべき宅地又はその部分を指定しなければならない.

② 施行者は,前項の規定により仮換地を指定し,又は仮換地について仮に権利の目的となるべき宅地若しくはその部分を指定する場合においては,換地計画において定められた事項又はこの法律に定める換地計画の決定の基準を考慮してしなければならない.

③ 第1項の規定により仮換地を指定し,又は仮換地について仮に権利の目的となるべき宅地若しくはその部分を指定しようとする場合においては,あらかじめ,その指定について,個人施行者は,従前の宅地の所有者及びその宅地についての同項後段に規定する権利をもつて施行者に対抗することができる者並びに仮換地となるべき宅地の所有者及びその宅地についての同項後段に規定する権利をもつて施行者に対抗することができる者の同意を得なければならず,組合は,総会若しくはその部会又は総代会の同意を得なければならないものとし,第3条第4項若しくは第5項,第3条の2又は第3条の3の規定による施行者は,土地区画整理審議会の意見を聴かなければならないものとする.

④ 区画整理会社は,第1項の規定により仮換地を指定し,又は仮換地について仮に権利の目的となるべき宅地若しくはその部分を指定しようとする場合においては,あらかじめ,その指定について,施行地区内の宅地について所有権を有するすべての者及びその区域内の宅地について借地権を有するすべての者のそれぞれの3分の2以上の同意を得なければならない.この場合においては,同意した者が所有するその区域内の宅地の地積と同意した者が有する借地権の目的となつているその区域内の宅地の地積との合計が,その区域内の宅地の総地積と借地権の目的となつている宅地の総地積との合計の3分の2以上でなければならない.

⑤ 第1項の規定による仮換地の指定は,その仮換地となるべき土地の所有者及び従前の宅地の所有者に対し,仮換地の位置及び地積並びに仮換地の指定の効力発生の日を通知してするものとする.

⑥ 前項の規定により通知をする場合において,仮換地となるべき土地について地上権,永小作権,賃借権その他の土地を使用し,又は収益することができる権利を有する者があるときは,これらの者に仮換地の位置及び地積並びに仮換地の指定の効力発生の日を,従前の宅地についてこれらの権利を有する者があるときは,これらの者にその宅地に対する仮換地となるべき土地について定められる仮にこれらの権利の目的となるべき宅地又はその部分及び仮換地の指定の効力発生の日を通知しなければならない.

⑦ 第1項の規定による仮換地の指定又は仮換地について仮に権利の目的となるべき宅地若しくはその部分の指定については,行政手続法（平成5年法律第88号）第3章の規定は,適用しない.

(仮換地の指定の効果)

第99条 ① 前条第1項の規定により仮換地が指定された場合においては,従前の宅地について権原に基づき使用し,又は収益することができる者は,仮換地の指定の効力発生の日から第103条第4項の公告がある日まで,仮換地又は仮換地について仮に使用し,若しくは収益することができる権利の目的となるべき宅地若しくはその部分について,従前の宅地について有する権利の内容である使用又は収益と同じ使用又は収益をすることができるものとし,従前の宅地については,使用し,又は収益することができないものとする.

② 施行者は,前条第1項の規定により仮換地を指定した場合において,その仮換地に使用又は収益の障害とな

る物件が存するときその他特別の事情があるときは，その仮換地について使用又は収益を開始することができる日を同条第5項に規定する日と別に定めることができる．この場合においては，同項及び同条第6項の規定による通知に併せてその旨を通知しなければならない．

③ 前2項の場合においては，仮換地について権原に基づき使用し，又は収益することができる者は，前条第5項に規定する日（前項前段の規定によりその仮換地について使用又は収益を開始することができる日を別に定めた場合においては，その日）から第103条第4項の公告がある日まで，当該仮換地を使用し，又は収益することができない．

（使用収益の停止）

第100条 ① 施行者は，換地処分を行う前において，土地の区画形質の変更若しくは公共施設の新設若しくは変更に係る工事のため必要がある場合又は換地計画に基き換地処分を行うため必要がある場合においては，換地計画において換地を定めないこととされる宅地の所有者又は換地について権利の目的となるべき宅地若しくはその部分を定めないこととされる権利を有する者に対して，期日を定めて，その期日からその宅地又はその部分について使用し，又は収益することを停止させることができる．この場合においては，その期日の相当期間前に，その旨をこれらの者に通知しなければならない．

② 前項の規定により宅地又はその部分について使用し，又は収益することが停止された場合においては，当該宅地又はその部分について権原に基き使用し，又は収益することができる者は，同項の期日から第103条第4項の公告がある日まで，当該宅地又はその部分について使用し，又は収益することができない．

③ 第1項の規定による宅地又はその部分についての使用又は収益の停止については，行政手続法第3章の規定は，適用しない．

（仮換地に指定されない土地の管理）

第100条の2 第98条第1項の規定により仮換地若しくは仮換地について仮に権利の目的となるべき宅地若しくはその部分を指定した場合又は前条第1項の規定により従前の宅地若しくはその部分について使用し，若しくは収益することを停止させた場合において，それらの処分に因り使用し，又は収益することができる者のなくなつた従前の宅地又はその部分については，当該処分に因り当該宅地又はその部分を使用し，又は収益することができる者のなくなつた時から第103条第4項の公告がある日までは，施行者がこれを管理するものとする．

（仮換地の指定等に伴う補償）

第101条 ① 従前の宅地の所有者及びその宅地について地上権，永小作権，賃借権その他の宅地を使用し，又は収益することができる権利を有する者が，第99条第2項の規定によりその仮換地について使用又は収益を開始することができる日を別に定められたため，従前の宅地について使用し，又は収益することができなくなつたことにより損失を受けた場合においては，施行者は，その損失を受けた者に対して，通常生ずべき損失を補償しなければならない．

② 仮換地の所有者及びその仮換地について地上権，永小作権，賃借権その他の土地を使用し，又は収益することができる権利を有する者が，第99条第3項の規定によりその仮換地を使用し，又は収益することができなくなつたことに因り損失を受けた場合においては，施行者は，その損失を受けた者に対して，通常生ずべき損失を補償しなければならない．

③ 従前の宅地の所有者及びその宅地について地上権，永小作権，賃借権その他の宅地を使用し，又は収益することができる権利を有する者が，第100条第2項の規定によりその従前の宅地を使用し，又は収益することができなくなつたことに因り損失を受けた場合においては，施行者は，その損失を受けた者に対して，通常生ずべき損失を補償しなければならない．

④ 第73条第2項及び第3項の規定は，前各項の規定による損失の補償について準用する．

⑤ 第78条第5項及び第6項の規定は，施行者が第1項から第3項までの規定による補償金を支払う場合について準用する．この場合において，同条第5項中「その建築物等について」とあるのは，「当該宅地又はその宅地について存する権利について」と読み替えるものとする．

（仮清算）

第102条 ① 施行者は，第98条第1項の規定により仮換地を指定した場合又は第100条第1項の規定により使用し，若しくは収益することを停止させた場合において，必要があると認めるときは，第94条に定めるところに準じて仮に算出した仮清算金を，清算金の徴収又は交付の方法に準ずる方法により徴収し，又は交付することができる．

② 第112条の規定は，施行者が前項の規定により仮清算金を交付する場合において，宅地又は宅地について存する権利について先取特権，質権又は抵当権があるときについて準用する．

第4節 換地処分

（換地処分）

第103条 ① 換地処分は，関係権利者に換地計画において定められた関係事項を通知してするものとする．

② 換地処分は，換地計画に係る区域の全部について土地区画整理事業の工事が完了した後において，遅滞なく，しなければならない．ただし，規準，規約，定款又は施行規程に別段の定めがある場合においては，換地計画に係る区域の全部について工事が完了する以前においても換地処分をすることができる．

③ 個人施行者，組合，区画整理会社，市町村又は機構等は，換地処分をした場合においては，遅滞なく，その旨を都道府県知事に届け出なければならない．

④ 国土交通大臣は，換地処分をした場合においては，その旨を公告しなければならない．都道府県知事は，都道府県が換地処分をした場合又は前項の届出があつた場合においては，換地処分があつた旨を公告しなければ

ならない.

⑤ 換地処分の結果,市町村の区域内の町又は字の区域又は名称について変更又は廃止をすることが必要となる場合においては,前項の公告に係る換地処分の効果及びこれらの変更又は廃止の効力が同時に発生するように,その公告をしなければならない.

⑥ 換地処分については,行政手続法第３章の規定は,適用しない.

(換地処分の効果)

第104条 ① 前条第４項の公告があつた場合においては,換地計画において定められた換地は,その公告があつた日の翌日から従前の宅地とみなされるものとし,換地計画において換地を定めなかつた従前の宅地について存する権利は,その公告があつた日が終了した時において消滅するものとする.

② 前条第４項の公告があつた場合においては,従前の宅地について存した所有権及び地役権以外の権利又は処分の制限について,換地計画において換地について定められたこれらの権利又は処分の制限の目的となるべき宅地又はその部分は,その公告があつた日の翌日から従前の宅地について存したこれらの権利又は処分の制限の目的である宅地又はその部分とみなされるものとし,換地計画において換地について目的となるべき宅地の部分を定められなかつたこれらの権利は,その公告があつた日が終了した時において消滅するものとする.

③ 前２項の規定は,行政上又は裁判上の処分で従前の宅地に専属するものに影響を及ぼさない.

④ 施行地区内の宅地について存する地役権は,第１項の規定にかかわらず,前条第４項の公告があつた日の翌日以後においても,なお従前の宅地の上に存する.

⑤ 土地区画整理事業の施行に因り行使する利益がなくなつた地役権は,前条第４項の公告があつた日が終了した時において消滅する.

⑥ 第89条の４又は第91条第３項の規定により換地計画において土地の共有持分を与えられるように定められた宅地を有する者は,前条第４項の公告があつた日の翌日において,換地計画において定められたところにより,その土地の共有持分を取得するものとする.この場合において,従前の宅地について存した先取特権,質権若しくは抵当権又は仮登記,買戻しの特約その他権利の消滅に関する事項の定めの登記若しくは処分の制限の登記に係る権利は,同項の公告があつた日の翌日以後においては,その土地の共有持分の上に存するものとする.

⑦ 第93条第１項,第２項,第４項又は第５項の規定により換地計画において建築物の一部及びその建築物の存する土地の共有持分を与えられるように定められた宅地又は借地権を有する者は,前条第４項の公告があつた日の翌日において,換地計画において定められたところにより,その建築物の一部及びその建築物の存する土地の共有持分を取得するものとする.前項後段の規定は,この場合について準用する.

⑧ 第94条の規定により換地計画において定められた清算金は,前条第４項の公告があつた日の翌日において確定する.

⑨ 第95条第２項又は第３項の規定により換地計画において定められた換地は,前条第４項の公告があつた日の翌日において,当該換地の所有者となるべきものとして換地計画において定められた者が取得する.

⑩ 第95条の２の規定により換地計画において参加組合員に対して与えるべきものとして定められた宅地は,前条第４項の公告があつた日の翌日において,当該宅地の所有者となるべきものとして換地計画において定められた参加組合員が取得する.

⑪ 第96条第１項又は第２項の規定により換地計画において定められた保留地は,前条第４項の公告があつた日の翌日において,施行者が取得する.

(公共施設の用に供する土地の帰属)

第105条 ① 換地計画において換地を宅地以外の土地に定めた場合において,その土地に存する公共施設が廃止されるときは,これに代るべき公共施設の用に供する土地は,その廃止される公共施設の用に供していた土地が国の所有する土地である場合においては国に,地方公共団体の所有する土地である場合においては地方公共団体に,第103条第４項の公告があつた日の翌日においてそれぞれ帰属する.

② 換地計画において換地を宅地以外の土地に定めた場合においては,その土地について存する従前の権利は,第103条第４項の公告があつた日が終了した時において消滅する.

③ 土地区画整理事業の施行により生じた公共施設の用に供する土地は,第１項の規定に該当する場合を除き,第103条第４項の公告があつた日の翌日において,その公共施設を管理すべき者（当該公共施設を管理すべき者が地方自治法（昭和22年法律第67号）第２条第９項第１号に規定する第１号法定受託事務（以下単に「第１号法定受託事務」という.）として管理する地方公共団体であるときは,国）に帰属するものとする.

(土地区画整理事業の施行により設置された公共施設の管理)

第106条 ① 土地区画整理事業の施行により公共施設が設置された場合においては,その公共施設は,第103条第４項の公告があつた日の翌日において,その公共施設の所在する市町村の管理に属するものとする.ただし,管理すべき者について,他の法律又は規準,規約,定款若しくは施行規程に別段の定めがある場合においては,この限りでない.

② 施行者は,第103条第４項の公告がある日以前においても,公共施設に関する工事が完了した場合においては,前項の規定にかかわらず,その公共施設を管理する者となるべき者にその管理を引き継ぐことができる.

③ 施行者は,第103条第４項の公告があつた日の翌日において,公共施設に関する工事を完了していない場合においては,第１項の規定にかかわらず,その工事が完了したときにおいて,その公共施設を管理すべき者に

その管理を引き継ぐことができる.但し,当該公共施設のうち工事を完了した部分についてその管理を引き継ぐことができると認められる場合においては,この限りでない.

④ 公共施設を管理すべき者は,前2項の規定により施行者からその公共施設について管理の引継の申出があつた場合においては,その公共施設に関する工事が事業計画において定められた設計の概要に適合しない場合の外,その引継を拒むことができない.

(換地処分に伴う登記等)

第107条 ① 施行者は,第103条第4項の公告があつた場合においては,直ちに,その旨を換地計画に係る区域を管轄する登記所に通知しなければならない.

② 施行者は,第103条第4項の公告があつた場合において,施行地区内の土地及び建物について土地区画整理事業の施行に因り変動があつたときは,政令で定めるところにより,遅滞なく,その変動に係る登記を申請し,又は嘱託しなければならない.

③ 第103条第4項の公告があつた日後においては,施行地区内の土地及び建物に関しては,前項に規定する登記がされるまでは,他の登記をすることができない.但し,登記の申請人が確定日付のある書類によりその公告前に登記原因が生じたことを証明した場合においては,この限りでない.

④ 施行地区内の土地及びその土地に存する建物の登記については,政令で,不動産登記法(平成16年法律第123号)の特例を定めることができる.

(保留地等の処分)

第108条 ① 第3条第4項若しくは第5項,第3条の2又は第3条の3の規定による施行者は,第104条第11項の規定により取得した保留地を,当該保留地を定めた目的のために,当該保留地を定めた目的に適合し,かつ,施行規程で定める方法に従つて処分しなければならない.この場合において,施行者が国土交通大臣であるときは国の,都道府県であるときは都道府県の,市町村であるときは市町村の,それぞれの財産の処分に関する法令の規定は,適用しない.

② 第3条第4項又は第5項の規定による施行者は,第104条第7項前段の規定により建築物の一部及びその建築物の存する土地の共有持分を取得させる場合については,施行者が国土交通大臣であるときは国の,都道府県であるときは都道府県の,市町村であるときは市町村の,それぞれの財産の処分に関する法令の規定は,適用しない.

第6節 清 算

(清算金の徴収及び交付)

第110条 ① 施行者は,第103条第4項の公告があつた場合においては,第104条第8項の規定により確定した清算金を徴収し,又は交付しなければならない.この場合において,確定した清算金の額と第102条第1項の規定により徴収し,又は交付した仮清算金の額との間に差額があるときは,施行者は,その差額に相当する金額を徴収し,又は交付しなければならない.

第4章 費用の負担等

第5章 監 督

第6章 雑 則

(処分,手続等の効力)

第129条 土地区画整理事業を施行しようとする者,組合を設立しようとする者若しくは施行者又は土地区画整理事業の施行に係る土地若しくはその土地に存する工作物その他の物件について権利を有する者の変更があつた場合においては,この法律又はこの法律に基づく命令,規準,規約,定款若しくは施行規程の規定により従前のこれらの者がした処分,手続その他の行為は,新たにこれらの者となつた者がしたものとみなし,従前のこれらの者に対してした処分,手続その他の行為は,新たにこれらの者となつた者に対してしたものとみなす.

第7章 罰 則

12 宅地造成等規制法(抄)

昭36・11・7法律第191号,昭37・2・1施行
最終改正:平26・5・30法律第42号

第1章 総 則

(目 的)

第1条 この法律は,宅地造成に伴う崖(がけ)崩れ又は土砂の流出による災害の防止のため必要な規制を行うことにより,国民の生命及び財産の保護を図り,もつて公共の福祉に寄与することを目的とする.

(定 義)

第2条 この法律において,次の各号に掲げる用語の意義は,それぞれ当該各号に定めるところによる.

1 宅地　農地,採草放牧地及び森林並びに道路,公園,河川その他政令で定める公共の用に供する施設の用に供されている土地以外の土地をいう.

2 宅地造成　宅地以外の土地を宅地にするため又は宅地において行う土地の形質の変更で政令で定めるもの(宅地を宅地以外の土地にするために行うものを除く.)をいう.

3 災害　崖崩れ又は土砂の流出による災害をいう.

4 設計　その者の責任において,設計図書(宅地造成に関する工事を実施するために必要な図面(現寸図その他これに類するものを除く.)及び仕様書をいう.)を作成することをいう.

5 造成主　宅地造成に関する工事の請負契約の注文者又は請負契約によらないで自らその工事をする者をいう.

6 工事施行者　宅地造成に関する工事の請負人又は請負契約によらないで自らその工事をする者をいう.

7 造成宅地　宅地造成に関する工事が施行された宅地をいう.

第2章 宅地造成工事規制区域

(宅地造成工事規制区域)

第3条 ① 都道府県知事（地方自治法（昭和22年法律第67号）第252条の19第1項の指定都市（以下「指定都市」という.）又は同法第252条の22第1項の中核市（以下「中核市」という.）の区域内の土地については,それぞれ指定都市又は中核市の長.第24条を除き,以下同じ.）は,この法律の目的を達成するために必要があると認めるときは,関係市町村長（特別区の長を含む.以下同じ.）の意見を聴いて,宅地造成に伴い災害が生ずるおそれが大きい市街地又は市街地となろうとする土地の区域であつて,宅地造成に関する工事について規制を行う必要があるものを,宅地造成工事規制区域として指定することができる.

② 前項の指定は,この法律の目的を達成するため必要な最小限度のものでなければならない.

③ 都道府県知事は,第1項の指定をするときは,国土交通省令で定めるところにより,当該宅地造成工事規制区域を公示するとともに,その旨を関係市町村長に通知しなければならない.

④ 第1項の指定は,前項の公示によつてその効力を生ずる.

（測量又は調査のための土地の立入り）

第4条 ① 都道府県知事又はその命じた者若しくは委任した者は,宅地造成工事規制区域の指定のため他人の占有する土地に立ち入つて測量又は調査を行う必要がある場合においては,その必要の限度において,他人の占有する土地に立ち入ることができる.

② 前項の規定により他人の占有する土地に立ち入ろうとする者は,立ち入ろうとする日の3日前までにその旨を土地の占有者に通知しなければならない.

③ 第1項の規定により,建築物が所在し,又はかき,さく等で囲まれた他人の占有する土地に立ち入ろうとする場合においては,その立ち入ろうとする者は,立入りの際,あらかじめ,その旨をその土地の占有者に告げなければならない.

④ 日出前及び日没後においては,土地の占有者の承諾があつた場合を除き,前項に規定する土地に立ち入つてはならない.

⑤ 土地の占有者又は所有者は,正当な理由がない限り,第1項の規定による立入りを拒み,又は妨げてはならない.

（土地の立入り等に伴う損失の補償）

第7条 ① 都道府県（指定都市又は中核市の区域内の土地については,それぞれ指定都市又は中核市.以下この条及び第9条において同じ.）は,第4条第1項又は第5条第1項若しくは第3項の規定による行為により他人に損失を与えた場合においては,その損失を受けた者に対して,通常生ずべき損失を補償しなければならない.

② 前項の規定による損失の補償については,都道府県と損失を受けた者が協議しなければならない.

③ 前項の規定による協議が成立しない場合においては,都道府県又は損失を受けた者は,政令で定めるところにより,収用委員会に土地収用法（昭和26年法律第219号）第94条第2項の規定による裁決を申請することができる.

◈ 第3章 宅地造成工事規制区域内における宅地造成に関する工事等の規制

（宅地造成に関する工事の許可）

第8条 ① 宅地造成工事規制区域内において行われる宅地造成に関する工事については,造成主は,当該工事に着手する前に,国土交通省令で定めるところにより,都道府県知事の許可を受けなければならない.ただし,都市計画法（昭和43年法律第100号）第29条第1項又は第2項の許可を受けて行われる当該許可の内容（同法第35条の2第5項の規定によりその内容とみなされるものを含む.）に適合した宅地造成に関する工事については,この限りでない.

② 都道府県知事は,前項本文の許可の申請に係る宅地造成に関する工事の計画が次条の規定に適合しないと認めるときは,同項本文の許可をしてはならない.

③ 都道府県知事は,第1項本文の許可に,工事の施行に伴う災害を防止するため必要な条件を付することができる.

（宅地造成に関する工事の技術的基準等）

第9条 ① 宅地造成工事規制区域内において行われる宅地造成に関する工事は,政令（その政令で都道府県の規則に委任した事項に関しては,その規則を含む.）で定める技術的基準に従い,擁壁,排水施設その他の政令で定める施設（以下「擁壁等」という.）の設置その他宅地造成に伴う災害を防止するため必要な措置が講ぜられたものでなければならない.

② 前項の規定により講ずべきものとされる措置のうち政令（同項の政令で都道府県の規則に委任した事項に関しては,その規則を含む.）で定めるものの工事は,政令で定める資格を有する者の設計によらなければならない.

（許可又は不許可の通知）

第10条 ① 都道府県知事は,第8条第1項本文の許可の申請があつた場合においては,遅滞なく,許可又は不許可の処分をしなければならない.

② 前項の処分をするには,文書をもつて当該申請者に通知しなければならない.

（国又は都道府県の特例）

第11条 国又は都道府県（指定都市又は中核市の区域内においては,それぞれ指定都市又は中核市を含む.以下この条において同じ.）が,宅地造成工事規制区域内において行う宅地造成に関する工事については,国又は都道府県と都道府県知事との協議が成立することをもつて第8条第1項本文の許可があつたものとみなす.

（変更の許可等）

第12条 ① 第8条第1項本文の許可を受けた者は,当該許可に係る宅地造成に関する工事の計画の変更をしようとするときは,国土交通省令で定めるところにより,都道府県知事の許可を受けなければならない.ただし,国土交通省令で定める軽微な変更をしようとするときは,この限りでない.

② 第8条第1項本文の許可を受けた者は,前項ただし書

の国土交通省令で定める軽微な変更をしたときは,遅滞なく,その旨を都道府県知事に届け出なければならない.

③ 第8条第2項及び第3項並びに前3条の規定は,第1項の許可について準用する.

④ 第1項又は第2項の場合における次条の規定の適用については,第1項の許可又は第2項の規定による届出に係る変更後の内容を第8条第1項本文の許可の内容とみなす.

(工事完了の検査)

第13条 ① 第8条第1項本文の許可を受けた者は,当該許可に係る工事を完了した場合においては,国土交通省令で定めるところにより,その工事が第9条第1項の規定に適合しているかどうかについて,都道府県知事の検査を受けなければならない.

② 都道府県知事は,前項の検査の結果工事が第9条第1項の規定に適合していると認めた場合においては,国土交通省令で定める様式の検査済証を第8条第1項本文の許可を受けた者に交付しなければならない.

(監督処分)

第14条 ① 都道府県知事は,偽りその他不正な手段により第8条第1項本文若しくは第12条第1項の許可を受けた者又はその許可に付した条件に違反した者に対して,その許可を取り消すことができる.

② 都道府県知事は,宅地造成工事規制区域内において行われている宅地造成に関する工事で,第8条第1項若しくは第12条第1項の規定に違反して第8条第1項本文若しくは第12条第1項の許可を受けず,これらの許可に付した条件に違反し,又は第9条第1項の規定に適合していないものについては,当該造成主又は当該工事の請負人(請負工事の下請人を含む.)若しくは現場管理者に対して,当該工事の施行の停止を命じ,又は相当の猶予期限を付けて,擁壁等の設置その他宅地造成に伴う災害の防止のため必要な措置をとることを命ずることができる.

③ 都道府県知事は,第8条第1項若しくは第12条第1項の規定に違反して第8条第1項本文若しくは第12条第1項の許可を受けないで宅地造成に関する工事が施行された宅地又は前条第1項の規定に違反して同項の検査を受けず,若しくは同項の検査の結果工事が第9条第1項の規定に適合していないと認められた宅地については,当該宅地の所有者,管理者若しくは占有者又は当該造成主に対して,当該宅地の使用を禁止し,若しくは制限し,又は相当の猶予期限を付けて,擁壁等の設置その他宅地造成に伴う災害の防止のため必要な措置をとることを命ずることができる.

④ 都道府県知事は,第2項の規定により工事の施行の停止を命じようとする場合において,緊急の必要により弁明の機会の付与を行うことができないときは,同項に規定する工事に該当することが明らかな場合に限り,弁明の機会の付与を行わないで,同項に規定する者に対して,当該工事の施行の停止を命ずることができる.この場合において,これらの者が当該工事の現場にいないときは,当該工事に従事する者に対して,当該工事に係る作業の停止を命ずることができる.

⑤ 都道府県知事は,第2項又は第3項の規定により必要な措置をとることを命じようとする場合において,過失がなくてその措置をとることを命ずべき者を確知することができず,かつ,これを放置することが著しく公益に反すると認められるときは,その者の負担において,その措置を自ら行い,又はその命じた者若しくは委任した者に行わせることができる.この場合においては,相当の期限を定めて,その措置をとるべき旨及びその期限までにその措置をとらないときは,都道府県知事又はその命じた者若しくは委任した者がその措置を行うべき旨をあらかじめ公告しなければならない.

(工事等の届出)

第15条 ① 宅地造成工事規制区域の指定の際,当該宅地造成工事規制区域内において行われている宅地造成に関する工事の造成主は,その指定があつた日から21日以内に,国土交通省令で定めるところにより,当該工事について都道府県知事に届け出なければならない.

② 宅地造成工事規制区域内の宅地において,擁壁等に関する工事その他の工事で政令で定めるものを行おうとする者(第8条第1項本文若しくは第12条第1項の許可を受け,又は同条第2項の規定による届出をした者を除く.)は,その工事に着手する日の14日前までに,国土交通省令で定めるところにより,その旨を都道府県知事に届け出なければならない.

③ 宅地造成工事規制区域内において,宅地以外の土地を宅地に転用した者(第8条第1項本文若しくは第12条第1項の許可を受け,又は同条第2項の規定による届出をした者を除く.)は,その転用した日から14日以内に,国土交通省令で定めるところにより,その旨を都道府県知事に届け出なければならない.

(宅地の保全等)

第16条 ① 宅地造成工事規制区域内の宅地の所有者,管理者又は占有者は,宅地造成(宅地造成工事規制区域の指定前に行われたものを含む.以下次項,次条第1項及び第24条において同じ.)に伴う災害が生じないよう,その宅地を常時安全な状態に維持するように努めなければならない.

② 都道府県知事は,宅地造成工事規制区域内の宅地について,宅地造成に伴う災害の防止のため必要があると認める場合においては,その宅地の所有者,管理者,占有者,造成主又は工事施行者に対し,擁壁等の設置又は改造その他宅地造成に伴う災害の防止のため必要な措置をとることを勧告することができる.

(改善命令)

第17条 ① 都道府県知事は,宅地造成工事規制区域内の宅地で,宅地造成に伴う災害の防止のため必要な擁壁等が設置されておらず,又は極めて不完全であるために,これを放置するときは,宅地造成に伴う災害の発生のおそれが大きいと認められるものがある場合においては,その災害の防止のため必要であり,かつ,土地の利用状況その他の状況からみて相当であると認められる限度において,当該宅地又は擁壁等の所有者,管理者又は占有者に対して,相当の猶予期限を付けて,擁壁等の設置若しくは改造又は地形若しくは盛土の改良のための工事を行うことを命ずることができる.

② 前項の場合において,同項の宅地又は擁壁等の所有者,管理者又は占有者（以下この項において「宅地所有者等」という.）以外の者の宅地造成に関する不完全な工事その他の行為によつて前項の災害の発生のおそれが生じたことが明らかであり,その行為をした者（その行為が隣地における土地の形質の変更であるときは,その土地の所有者を含む.以下この項において同じ.）に前項の工事の全部又は一部を行わせることが相当であると認められ,かつ,これを行わせることについて当該宅地所有者等に異議がないときは,都道府県知事は,その行為をした者に対して,同項の工事の全部又は一部を行うことを命ずることができる.

③ 第14条第5項の規定は,前2項の場合について準用する.

（立入検査）

第18条 ① 都道府県知事又はその命じた者若しくは委任した者は,第8条第1項,第12条第1項,第13条第1項,第14条第1項から第4項まで又は前条第1項若しくは第2項の規定による権限を行うため必要がある場合においては,当該宅地に立ち入り,当該宅地又は当該宅地において行われている宅地造成に関する工事の状況を検査することができる.

② 第6条第1項及び第3項の規定は,前項の場合について準用する.

③ 第1項の規定による立入検査の権限は,犯罪捜査のために認められたものと解してはならない.

（報告の徴取）

第19条 都道府県知事は,宅地造成工事規制区域内における宅地の所有者,管理者又は占有者に対して,当該宅地又は当該宅地において行われている工事の状況について報告を求めることができる.

◈ 第4章 造成宅地防災区域

第20条 ① 都道府県知事は,この法律の目的を達成するために必要があると認めるときは,関係市町村長の意見を聴いて,宅地造成に伴う災害で相当数の居住者その他の者に危害を生ずるものの発生のおそれが大きい一団の造成宅地（これに附帯する道路その他の土地を含み,宅地造成工事規制区域内の土地を除く.）の区域であつて政令で定める基準に該当するものを,造成宅地防災区域として指定することができる.

② 都道府県知事は,擁壁等の設置又は改造その他前項の災害の防止のため必要な措置を講ずることにより,造成宅地防災区域の全部又は一部について同項の指定の事由がなくなつたと認めるときは,当該造成宅地防災区域の全部又は一部について同項の指定を解除するものとする.

③ 第3条第2項から第4項まで及び第4条から第7条までの規定は,第1項の規定による指定及び前項の規定による指定の解除について準用する.

◈ 第5章 造成宅地防災区域内における災害の防止のための措置

（災害の防止のための措置）

第21条 ① 造成宅地防災区域内の造成宅地の所有者,管理者又は占有者は,前条第1項の災害が生じないよう,その造成宅地について擁壁等の設置又は改造その他必要な措置を講ずるように努めなければならない.

② 都道府県知事は,造成宅地防災区域内の造成宅地について,前条第1項の災害の防止のため必要があると認める場合においては,その造成宅地の所有者,管理者又は占有者に対し,擁壁等の設置又は改造その他同項の災害の防止のため必要な措置をとることを勧告することができる.

（改善命令）

第22条 ① 都道府県知事は,造成宅地防災区域内の造成宅地で,第20条第1項の災害の防止のため必要な擁壁等が設置されておらず,又は極めて不完全であるために,これを放置するときは,同項の災害の発生のおそれが大きいと認められるものがある場合においては,その災害の防止のため必要であり,かつ,土地の利用状況その他の状況からみて相当であると認められる限度において,当該造成宅地又は擁壁等の所有者,管理者又は占有者に対して,相当の猶予期限を付けて,擁壁等の設置若しくは改造又は地形若しくは盛土の改良のための工事を行うことを命ずることができる.

② 前項の場合において,同項の造成宅地又は擁壁等の所有者,管理者又は占有者（以下この項において「造成宅地所有者等」という.）以外の者の宅地造成に関する不完全な工事その他の行為によつて第20条第1項の災害の発生のおそれが生じたことが明らかであり,その行為をした者（その行為が隣地における土地の形質の変更であるときは,その土地の所有者を含む.以下この項において同じ.）に前項の工事の全部又は一部を行わせることが相当であると認められ,かつ,これを行わせることについて当該造成宅地所有者等に異議がないときは,都道府県知事は,その行為をした者に対して,同項の工事の全部又は一部を行うことを命ずることができる.

③ 第14条第5項の規定は,前2項の場合について準用する.

◈ 第6章 雑 則

◈ 第7章 罰 則

第26条 第14条第2項,第3項又は第4項前段の規定による都道府県知事の命令に違反した者は,1年以下の懲役又は50万円以下の罰金に処する.

第27条 次の各号のいずれかに該当する者は,6月以下の懲役又は30万円以下の罰金に処する.

1 第4条第1項（第20条第3項において準用する場合を含む.）の規定による土地の立入りを拒み,又は妨げた者

2 第5条第1項（第20条第3項において準用する場合を含む.）に規定する場合において,市町村長の許可を受けないで障害物を伐除した者又は都道府県知事の許可を受けないで土地に試掘等を行つた者

3 第8条第1項又は第12条第1項の規定に違反して,

宅地造成に関する工事をした造成主
4 第9条第1項の規定に違反して宅地造成に関する工事が施行された場合における当該宅地造成に関する工事の設計をした者(設計図書を用いないで工事を施行し,又は設計図書に従わないで工事を施行したときは,当該工事施行者)
5 第15条の規定による届出をせず,又は虚偽の届出をした者
6 第17条第1項若しくは第2項又は第22条第1項若しくは第2項の規定による都道府県知事の命令に違反した者
7 第18条第1項(第23条において準用する場合を含む.)の規定による立入検査を拒み,妨げ,又は忌避した者

13 住宅の品質確保の促進等に関する法律(抄)

平11・6・23法律第81号,平12・4・1施行
最終改正:令元・6・14法律第37号

◈ 第1章 総 則

(目 的)

第1条 この法律は,住宅の性能に関する表示基準及びこれに基づく評価の制度を設け,住宅に係る紛争の処理体制を整備するとともに,新築住宅の請負契約又は売買契約における瑕疵担保責任について特別の定めをすることにより,住宅の品質確保の促進,住宅購入者等の利益の保護及び住宅に係る紛争の迅速かつ適正な解決を図り,もって国民生活の安定向上と国民経済の健全な発展に寄与することを目的とする.

(定 義)

第2条 ① この法律において「住宅」とは,人の居住の用に供する家屋又は家屋の部分(人の居住の用以外の用に供する家屋の部分との共用に供する部分を含む.)をいう.
② この法律において「新築住宅」とは,新たに建設された住宅で,まだ人の居住の用に供したことのないもの(建設工事の完了の日から起算して1年を経過したものを除く.)をいう.
③ この法律において「日本住宅性能表示基準」とは,住宅の性能に関し表示すべき事項及びその表示の方法の基準であって,次条の規定により定められたものをいう.
④ この法律において「住宅購入者等」とは,住宅の購入若しくは住宅の建設工事の注文をし,若しくはしようとする者又は購入され,若しくは建設された住宅に居住をし,若しくはしようとする者をいう.
⑤ この法律において「瑕疵」とは,種類又は品質に関して契約の内容に適合しない状態をいう.

◈ 第2章 日本住宅性能表示基準

◈ 第3章 住宅性能評価

◈ 第4章 住宅型式性能認定等

◈ 第5章 特別評価方法認定

◈ 第6章 住宅に係る紛争の処理体制

◈ 第7章 瑕疵担保責任

(住宅の新築工事の請負人の瑕疵担保責任)

第94条 ① 住宅を新築する建設工事の請負契約(以下「住宅新築請負契約」という.)においては,請負人は,注文者に引き渡した時から10年間,住宅のうち構造耐力上主要な部分又は雨水の浸入を防止する部分として政令で定めるもの(次条において「住宅の構造耐力上主要な部分等」という.)の瑕疵(構造耐力又は雨水の浸入に影響のないものを除く.次条において同じ.)について,民法(明治29年法律第89号)第415条,第541条及び第542条並びに同法第559条において準用する同法第562条及び第563条に規定する担保の責任を負う.
② 前項の規定に反する特約で注文者に不利なものは,無効とする.
③ 第1項の場合における民法第637条の規定の適用については,同条第1項中「前条本文に規定する」とあるのは「請負人が住宅の品質確保の促進等に関する法律(平成11年法律第81号)第94条第1項に規定する瑕疵がある目的物を注文者に引き渡した」と,同項及び同条第2項中「不適合」とあるのは「瑕疵」とする.

(新築住宅の売主の瑕疵担保責任)

第95条 ① 新築住宅の売買契約においては,売主は,買主に引き渡した時(当該新築住宅が住宅新築請負契約に基づき請負人から当該売主に引き渡されたものである場合にあっては,その引渡しの時)から10年間,住宅の構造耐力上主要な部分等の瑕疵について,民法第415条,第541条,第542条,第562条及び第563条に規定する担保の責任を負う.
② 前項の規定に反する特約で買主に不利なものは,無効とする.
③ 第1項の場合における民法第566条の規定の適用については,同条中「種類又は品質に関して契約の内容に適合しない」とあるのは「住宅の品質確保の促進等に関する法律(平成11年法律第81号)第95条第1項に規定する瑕疵がある」と,「不適合」とあるのは「瑕疵」とする.

(一時使用目的の住宅の適用除外)

第96条 前2条の規定は,一時使用のため建設されたことが明らかな住宅については,適用しない.

(瑕疵担保責任の期間の伸長等)

第97条 住宅新築請負契約又は新築住宅の売買契約においては,請負人が第94条第1項に規定する瑕疵その他の住宅の瑕疵について同項に規定する担保の責任を負うべき期間又は売主が第95条第1項に規定する瑕疵その他の住宅の瑕疵について同項に規定する担保の責任を負うべき期間は,注文者又は買主に引き渡した時から20年以内とすることができる.

◈ 第8章 雑 則

◈ 第9章 罰 則

Ⅳ　税・その他

⑭ 不動産鑑定評価基準（抄）

平14・7・3全部改正，国土地第83号国土交通事務次官通知
最終改正：平26・5・1国土鑑第8号の5

総　論

第1章　不動産の鑑定評価に関する基本的考察

不動産の鑑定評価とはどのようなことであるか，それは何故に必要であるか，われわれの社会においてそれはどのような役割を果たすものであるか，そしてこの役割の具体的な担当者である不動産鑑定士及び不動産鑑定士補（以下「不動産鑑定士」という．）に対して要請されるものは何であるか，不動産鑑定士は，まず，これらについて十分に理解し，体得するところがなければならない．

第1節　不動産とその価格

不動産は，通常，土地とその定着物をいう．土地はその持つ有用性の故にすべての国民の生活と活動とに欠くことのできない基盤である．そして，この土地を我々人間が各般の目的のためにどのように利用しているかという土地と人間との関係は，不動産のあり方，すなわち，不動産がどのように構成され，どのように貢献しているかということに具体的に現れる．この不動産のあり方は，自然的，社会的，経済的及び行政的な要因の相互作用によって決定されるとともに経済価値の本質を決定づけている．一方，この不動産のあり方は，その不動産の経済価値を具体的に表している価格を選択の主要な指標として決定されている．

不動産の価格は，一般に，

⑴ その不動産に対してわれわれが認める効用
⑵ その不動産の相対的稀少性
⑶ その不動産に対する有効需要

の三者の相関結合によって生ずる不動産の経済価値を，貨幣額をもって表示したものである．そして，この不動産の経済価値は，基本的にはこれら三者を動かす自然的，社会的，経済的及び行政的な要因の相互作用によって決定される．不動産の価格とこれらの要因との関係は，不動産の価格が，これらの要因の影響の下にあると同時に選択指標としてこれらの要因に影響を与えるという二面性を持つものである．

第2節　不動産とその価格の特徴

不動産が国民の生活と活動に組み込まれどのように貢献しているかは具体的な価格として現れるものであるが，土地は他の一般の諸財と異なって次のような特性を持っている．

⑴ 自然的特性として，地理的位置の固定性，不動性（非移動性），永続性（不変性），不増性，個別性（非同質性，非代替性）等を有し，固定的であって硬直的である．
⑵ 人文的特性として，用途の多様性（用途の競合，転換及び併存の可能性），併合及び分割の可能性，社会的及び経済的位置の可変性等を有し，可変的であって伸縮的である．

不動産は，この土地の持つ諸特性に照応する特定の自然的条件及び人文的条件を与件として利用され，その社会的及び経済的な有用性を発揮するものである．そして，これらの諸条件の変化に伴って，その利用形態並びにその社会的及び経済的な有用性は変化する．

不動産は，また，その自然的条件及び人文的条件の全部又は一部を共通にすることによって，他の不動産とともにある地域を構成し，その地域の構成分子としてその地域との間に，依存，補完等の関係に及びその地域内の他の構成分子である不動産との間に協働，代替，競争等の関係にたち，これらの関係を通じてその社会的及び経済的な有用性を発揮するものである（不動産の地域性）．

このような地域には，その規模，構成の内容，機能等に従って各種のものが認められるが，そのいずれもが，不動産の集合という意味において，個別の不動産の場合と同様に，特定の自然的条件及び人文的条件との関係を前提とする利用のあり方の同一性を基準として理解されるものであって，他の地域と区別されるべき特性をそれぞれ有するとともに，他の地域との間に相互関係にたち，この相互関係を通じて，その社会的及び経済的位置を占めるものである（地域の特性）．

このような不動産の特徴により，不動産の価格についても，他の一般の諸財の価格と異なって，およそ次のような特徴を指摘することができる．

⑴ 不動産の経済価値は，一般に，交換の対価である価格として表示されるとともに，その用益の対価である賃料として表示される．そして，この価格と賃料との間には，いわゆる元本と果実との間に認められる相関関係を認めることができる．
⑵ 不動産の価格（又は賃料）は，その不動産に関する所有権，賃借権等の権利の対価又は経済的利益の対価であり，また，二つ以上の権利利益が同一の不動産の上に存する場合には，それぞれの権利利益について，その価格（又は賃料）が形成され得る．
⑶ 不動産の属する地域は固定的なものではなくて，常に拡大縮小，集中拡散，発展衰退等の変化の過程にあるものであるから，不動産の利用形態が最適なものであるかどうか，仮に現在最適なものであっても，時の経過に伴ってこれを持続できるかどうか，これらは常に検討されなければならない．したがって，不動産の価格（又は賃料）は，通常，過去と将来とにわたる長期的な考慮の下に形成される．今日の価格（又は賃料）は，昨日の展開であ

り，明日を反映するものであって常に変化の過程にあるものである．

⑷ 不動産の現実の取引価格等は，取引等の必要に応じて個別的に形成されるのが通常であり，しかもそれは個別的な事情に左右されがちのものであって，このような取引価格等から不動産の適正な価格を見出すことは一般の人には非常に困難である．したがって，不動産の適正な価格については専門家としての不動産鑑定士の鑑定評価活動が必要となるものである．

第3節 不動産の鑑定評価

このように一般の諸財と異なる不動産についてその適正な価格を求めるためには，鑑定評価の活動に依存せざるを得ないこととなる．

不動産の鑑定評価は，その対象である不動産の経済価値を判定し，これを貨幣額をもって表示することである．それは，この社会における一連の価格秩序の中で，その不動産の価格及び賃料がどのような所に位するかを指摘することであって，

⑴ 鑑定評価の対象となる不動産の的確な認識の上に，

⑵ 必要とする関連資料を十分に収集して，これを整理し，

⑶ 不動産の価格を形成する要因及び不動産の価格に関する諸原則についての十分な理解のもとに，

⑷ 鑑定評価の手法を駆使して，その間に，

⑸ 既に収集し，整理されている関連諸資料を具体的に分析して，対象不動産に及ぼす自然的，社会的，経済的及び行政的な要因の影響を判断し，

⑹ 対象不動産の経済価値に関する最終判断に到達し，これを貨幣額をもって表示するものである．

この判断の当否は，これら各段階のそれぞれについての不動産鑑定士の能力の如何及びその能力の行使の誠実さの如何に係るものであり，また，必要な関連諸資料の収集整理の適否及びこれらの諸資料の分析解釈の練達の程度に依存するものである．したがって，鑑定評価は，高度な知識と豊富な経験及び的確な判断力を持ち，さらに，これらが有機的かつ総合的に発揮できる練達堪能な専門家によってなされるとき，初めて合理的であって，客観的に論証できるものとなるのである．

不動産の鑑定評価とは，現実の社会経済情勢の下で合理的と考えられる市場で形成されるであろう市場価値を表示する適正な価格を，不動産鑑定士が的確に把握する作業に代表されるように，練達堪能な専門家によって初めて可能な仕事であるから，このような意味において，不動産の鑑定評価とは，不動産の価格に関する専門家の判断であり，意見であるといってよいであろう．

それはまた，この社会における一連の価格秩序のなかで，対象不動産の価格の占める適正なあり所を指摘することであるから，その社会的公共的意義は極めて大きいといわなければならない．

◈ 第2章 不動産の種別及び類型

不動産の鑑定評価においては，不動産の地域性並びに有形的利用及び権利関係の態様に応じた分析を行う必要があり，その地域の特性等に基づく不動産の種類ごとに検討することが重要である．

不動産の種類とは，不動産の種別及び類型の二面から成る複合的な不動産の概念を示すものであり，この不動産の種別及び類型が不動産の経済価値を本質的に決定づけるものであるから，この両面の分析をまって初めて精度の高い不動産の鑑定評価が可能となるものである．

不動産の種別とは，不動産の用途に関して区分される不動産の分類をいい，不動産の類型とは，その有形的利用及び権利関係の態様に応じて区分される不動産の分類をいう．

第1節 不動産の種別

Ⅰ 地域の種別

地域の種別は，宅地地域，農地地域，林地地域等に分けられる．

宅地地域とは，居住，商業活動，工業生産活動等の用に供される建物，構築物等の敷地の用に供されることが，自然的，社会的，経済的及び行政的観点からみて合理的と判断される地域をいい，住宅地域，商業地域，工業地域等に細分される．さらに住宅地域，商業地域，工業地域等については，その規模，構成の内容，機能等に応じた細分化が考えられる．

農地地域とは，農業生産活動のうち耕作の用に供されることが，自然的，社会的，経済的及び行政的観点からみて合理的と判断される地域をいう．

林地地域とは，林業生産活動のうち木竹又は特用林産物の生育の用に供されることが，自然的，社会的，経済的及び行政的観点からみて合理的と判断される地域をいう．

なお，宅地地域，農地地域，林地地域等の相互間において，ある種別の地域から他の種別の地域へと転換しつつある地域及び宅地地域，農地地域等のうちにあって，細分されたある種別の地域から，その地域の他の細分された地域へと移行しつつある地域があることに留意すべきである．

Ⅱ 土地の種別

土地の種別は，地域の種別に応じて分類される土地の区分であり，宅地，農地，林地，見込地，移行地等に分けられ，さらに地域の種別の細分に応じて細分される．宅地とは，宅地地域のうちにある土地をいい，住宅地，商業地，工業地等に細分される．この場合において，住宅地とは住宅地域のうちにある土地をいい，商業地とは商業地域のうちにある土地をいい，工業地とは工業地域のうちにある土地をいう．

農地とは，農地地域のうちにある土地をいう．

林地とは，林地地域のうちにある土地（立木竹を除く．）をいう．

見込地とは,宅地地域,農地地域,林地地域等の相互間において,ある種別の地域から他の種別の地域へと転換しつつある地域のうちにある土地をいい,宅地見込地,農地見込地等に分けられる.

移行地とは,宅地地域,農地地域等のうちにあって,細分されたある種別の地域から他の種別の地域へと移行しつつある地域のうちにある土地をいう.

第2節　不動産の類型

宅地並びに建物及びその敷地の類型を例示すれば,次のとおりである.

Ⅰ　宅　地

宅地の類型は,その有形的利用及び権利関係の態様に応じて,更地,建付地,借地権,底地,区分地上権等に分けられる.

更地とは,建物等の定着物がなく,かつ,使用収益を制約する権利の付着していない宅地をいう.

建付地とは,建物等の用に供されている敷地で建物等及びその敷地が同一の所有者に属している宅地をいう.

借地権とは,借地借家法（廃止前の借地法を含む.）に基づく借地権（建物の所有を目的とする地上権又は土地の賃借権）をいう.

底地とは,宅地について借地権の付着している場合における当該宅地の所有権をいう.

区分地上権とは,工作物を所有するため,地下又は空間に上下の範囲を定めて設定された地上権をいう.

Ⅱ　建物及びその敷地

建物及びその敷地の類型は,その有形的利用及び権利関係の態様に応じて,自用の建物及びその敷地,貸家及びその敷地,借地権付建物,区分所有建物及びその敷地等に分けられる.

自用の建物及びその敷地とは,建物所有者とその敷地の所有者とが同一人であり,その所有者による使用収益を制約する権利の付着していない場合における当該建物及びその敷地をいう.

貸家及びその敷地とは,建物所有者とその敷地の所有者とが同一人であるが,建物が賃貸借に供されている場合における当該建物及びその敷地をいう.

借地権付建物とは,借地権を権原とする建物が存する場合における当該建物及び借地権をいう.

区分所有建物及びその敷地とは,建物の区分所有等に関する法律第2条第3項に規定する専有部分並びに当該専有部分に係る同条第4項に規定する共用部分の共有持分及び同条第6項に規定する敷地利用権をいう.

◈ 第3章　不動産の価格を形成する要因

不動産の価格を形成する要因（以下「価格形成要因」という.）とは,不動産の効用及び相対的稀少性並びに不動産に対する有効需要の三者に影響を与える要因をいう.不動産の価格は,多数の要因の相互作用の結果として形成されるものであるが,要因それ自体も常に変動する傾向を持っている.したがって,不動産の鑑定評価を行うに当たっては,価格形成要因を市場参加者の観点から明確に把握し,かつ,その推移及び動向並びに諸要因間の相互関係を十分に分析して,前記三者に及ぼすその影響を判定することが必要である.

価格形成要因は,一般的要因,地域要因及び個別的要因に分けられる.

第1節　一般的要因

一般的要因とは,一般経済社会における不動産のあり方及びその価格の水準に影響を与える要因をいう.それは,自然的要因,社会的要因,経済的要因及び行政的要因に大別される.

一般的要因の主なものを例示すれば,次のとおりである.

Ⅰ　自然的要因

1.地質,地盤等の状態
2.土壌及び土層の状態
3.地勢の状態
4.地理的位置関係
5.気象の状態

Ⅱ　社会的要因

1.人口の状態
2.家族構成及び世帯分離の状態
3.都市形成及び公共施設の整備の状態
4.教育及び社会福祉の状態
5.不動産の取引及び使用収益の慣行
6.建築様式等の状態
7.情報化の進展の状態
8.生活様式等の状態

Ⅲ　経済的要因

1.貯蓄,消費,投資及び国際収支の状態
2.財政及び金融の状態
3.物価,賃金,雇用及び企業活動の状態
4.税負担の状態
5.企業会計制度の状態
6.技術革新及び産業構造の状態
7.交通体系の状態
8.国際化の状態

Ⅳ　行政的要因

1.土地利用に関する計画及び規制の状態
2.土地及び建築物の構造,防災等に関する規制の状態
3.宅地及び住宅に関する施策の状態
4.不動産に関する税制の状態
5.不動産の取引に関する規制の状態

第2節　地域要因

地域要因とは,一般的要因の相関結合によって規模,構成の内容,機能等にわたる各地域の特性を形成し,その地域に属する不動産の価格の形成に全般的な影響を与える要因をいう.

Ⅰ　宅地地域

1.住宅地域

住宅地域の地域要因の主なものを例示すれば，次のとおりである．

⑴ 日照，温度，湿度，風向等の気象の状態
⑵ 街路の幅員，構造等の状態
⑶ 都心との距離及び交通施設の状態
⑷ 商業施設の配置の状態
⑸ 上下水道，ガス等の供給・処理施設の状態
⑹ 情報通信基盤の整備の状態
⑺ 公共施設，公益的施設等の配置の状態
⑻ 汚水処理場等の嫌悪施設等の有無
⑼ 洪水，地すべり等の災害の発生の危険性
⑽ 騒音，大気の汚染，土壌汚染等の公害の発生の程度
⑾ 各画地の面積，配置及び利用の状態
⑿ 住宅，生垣，街路修景等の街並みの状態
⒀ 眺望，景観等の自然的環境の良否
⒁ 土地利用に関する計画及び規制の状態

2．商業地域

前記1．に掲げる地域要因のほか，商業地域特有の地域要因の主なものを例示すれば，次のとおりである．

⑴ 商業施設又は業務施設の種類，規模，集積度等の状態
⑵ 商業背後地及び顧客の質と量
⑶ 顧客及び従業員の交通手段の状態
⑷ 商品の搬入及び搬出の利便性
⑸ 街路の回遊性，アーケード等の状態
⑹ 営業の種別及び競争の状態
⑺ 当該地域の経営者の創意と資力
⑻ 繁華性の程度及び盛衰の動向
⑼ 駐車施設の整備の状態
⑽ 行政上の助成及び規制の程度

3．工業地域

前記1．に掲げる地域要因のほか，工業地域特有の地域要因の主なものを例示すれば，次のとおりである．

⑴ 幹線道路，鉄道，港湾，空港等の輸送施設の整備の状況
⑵ 労働力確保の難易
⑶ 製品販売市場及び原材料仕入市場との位置関係
⑷ 動力資源及び用排水に関する費用
⑸ 関連産業との位置関係
⑹ 水質の汚濁，大気の汚染等の公害の発生の危険性
⑺ 行政上の助成及び規制の程度

Ⅱ 農地地域

農地地域の地域要因の主なものを例示すれば，次のとおりである．

1．日照，温度，湿度，風雨等の気象の状態
2．起伏，高低等の地勢の状態
3．土壌及び土層の状態
4．水利及び水質の状態
5．洪水，地すべり等の災害の発生の危険性
6．道路等の整備の状態
7．集落との位置関係
8．集荷地又は産地市場との位置関係
9．消費地との距離及び輸送施設の状態
10．行政上の助成及び規制の程度

Ⅲ 林地地域

林地地域の地域要因の主なものを例示すれば，次のとおりである．

1．日照，温度，湿度，風雨等の気象の状態
2．標高，地勢等の状態
3．土壌及び土層の状態
4．林道等の整備の状態
5．労働力確保の難易
6．行政上の助成及び規制の程度

なお，ある種別の地域から他の種別の地域へと転換し，又は移行しつつある地域については，転換し，又は移行すると見込まれる転換後又は移行後の種別の地域の地域要因をより重視すべきであるが，転換又は移行の程度の低い場合においては，転換前又は移行前の種別の地域の地域要因をより重視すべきである．

第3節 個別的要因

個別的要因とは，不動産に個別性を生じさせ，その価格を個別的に形成する要因をいう．個別的要因は，土地，建物等の区分に応じて次のように分けられる．

Ⅰ 土地に関する個別的要因

1．宅 地

⑴ 住宅地

住宅地の個別的要因の主なものを例示すれば，次のとおりである．

① 地勢，地質，地盤等
② 日照，通風及び乾湿
③ 間口，奥行，地積，形状等
④ 高低，角地その他の接面街路との関係
⑤ 接面街路の幅員，構造等の状態
⑥ 接面街路の系統及び連続性
⑦ 交通施設との距離
⑧ 商業施設との接近の程度
⑨ 公共施設，公益的施設等との接近の程度
⑩ 汚水処理場等の嫌悪施設等との接近の程度
⑪ 隣接不動産等周囲の状態
⑫ 上下水道，ガス等の供給・処理施設の有無及びその利用の難易
⑬ 情報通信基盤の利用の難易
⑭ 埋蔵文化財及び地下埋設物の有無並びにその状態
⑮ 土壌汚染の有無及びその状態
⑯ 公法上及び私法上の規制，制約等

⑵ 商業地

商業地の個別的要因の主なものを例示すれば，次のとおりである．

① 地勢,地質,地盤等
② 間口,奥行,地積,形状等
③ 高低,角地その他の接面街路との関係
④ 接面街路の幅員,構造等の状態
⑤ 接面街路の系統及び連続性
⑥ 商業地域の中心への接近性
⑦ 主要交通機関との接近性
⑧ 顧客の流動の状態との適合性
⑨ 隣接不動産等周囲の状態
⑩ 上下水道,ガス等の供給・処理施設の有無及びその利用の難易
⑪ 情報通信基盤の利用の難易
⑫ 埋蔵文化財及び地下埋設物の有無並びにその状態
⑬ 土壌汚染の有無及びその状態
⑭ 公法上及び私法上の規制,制約等

(3) 工業地

工業地の個別的要因の主なものを例示すれば,次のとおりである.

① 地勢,地質,地盤等
② 間口,奥行,地積,形状等
③ 高低,角地その他の接面街路との関係
④ 接面街路の幅員,構造等の状態
⑤ 接面街路の系統及び連続性
⑥ 従業員の通勤等のための主要交通機関との接近性
⑦ 幹線道路,鉄道,港湾,空港等の輸送施設との位置関係
⑧ 電力等の動力資源の状態及び引込の難易
⑨ 用排水等の供給・処理施設の整備の必要性
⑩ 上下水道,ガス等の供給・処理施設の有無及びその利用の難易
⑪ 情報通信基盤の利用の難易
⑫ 埋蔵文化財及び地下埋設物の有無並びにその状態
⑬ 土壌汚染の有無及びその状態
⑭ 公法上及び私法上の規制,制約等

2.農　地

農地の個別的要因の主なものを例示すれば,次のとおりである.

(1) 日照,乾湿,雨量等の状態
(2) 土壌及び土層の状態
(3) 農道の状態
(4) 灌漑排水の状態
(5) 耕うんの難易
(6) 集落との接近の程度
(7) 集荷地との接近の程度
(8) 災害の危険性の程度
(9) 公法上及び私法上の規制,制約等

3.林　地

林地の個別的要因の主なものを例示すれば,次のとおりである.

(1) 日照,乾湿,雨量等の状態
(2) 標高,地勢等の状態
(3) 土壌及び土層の状態
(4) 木材の搬出,運搬等の難易
(5) 管理の難易
(6) 公法上及び私法上の規制,制約等

4.見込地及び移行地

見込地及び移行地については,転換し,又は移行すると見込まれる転換後又は移行後の種別の地域内の土地の個別的要因をより重視すべきであるが,転換又は移行の程度の低い場合においては,転換前又は移行前の種別の地域内の土地の個別的要因をより重視すべきである.

Ⅱ　建物に関する個別的要因

建物の各用途に共通する個別的要因の主なものを例示すれば,次のとおりである.

1.建築(新築,増改築等又は移転)の年次
2.面積,高さ,構造,材質等
3.設計,設備等の機能性
4.施工の質と量
5.耐震性,耐火性等建物の性能
6.維持管理の状態
7.有害な物質の使用の有無及びその状態
8.建物とその環境との適合の状態
9.公法上及び私法上の規制,制約等

なお,市場参加者が取引等に際して着目するであろう個別的要因が,建物の用途毎に異なることに留意する必要がある.

Ⅲ　建物及びその敷地に関する個別的要因

前記Ⅰ及びⅡに例示したもののほか,建物及びその敷地に関する個別的要因の主なものを例示すれば,敷地内における建物,駐車場,通路,庭等の配置,建物と敷地の規模の対応関係等建物等と敷地との適応の状態,修繕計画・管理計画の良否とその実施の状態がある.

さらに,賃貸用不動産に関する個別的要因には,賃貸経営管理の良否があり,その主なものを例示すれば,次のとおりである.

1.賃借人の状況及び賃貸借契約の内容
2.貸室の稼働状況
3.躯体・設備・内装等の資産区分及び修繕費用等の負担区分

◆第4章　不動産の価格に関する諸原則

不動産の価格は,不動産の効用及び相対的稀少性並びに不動産に対する有効需要に影響を与える諸要因の相互作用によって形成されるが,その形成の過程を考察するとき,そこに基本的な法則性を認めることができる.不動産の鑑定評価は,その不動産の価格の形成過程を追究し,分析することを本質とするものであるから,不動産の経済価値に関する適切な最終判断に到達するためには,鑑定評価に必要な指針としてこれらの法則性を認識し,かつ,これらを具体的に現した以下の諸原則を活用すべきである.

これらの原則は,一般の経済法則に基礎を置くものであるが,鑑定評価の立場からこれを認識し,表現したものである.

なお,これらの原則は,孤立しているものではなく,直接的又は間接的に相互に関連しているものであることに留意しなければならない.

Ⅰ　需要と供給の原則

一般に財の価格は,その財の需要と供給との相互関係によって定まるとともに,その価格は,また,その財の需要と供給とに影響を及ぼす.

不動産の価格もまたその需要と供給との相互関係によって定まるのであるが,不動産は他の財と異なる自然的特性及び人文的特性を有するために,その需要と供給及び価格の形成には,これらの特性の反映が認められる.

Ⅱ　変動の原則

一般に財の価格は,その価格を形成する要因の変化に伴って変動する.

不動産の価格も多数の価格形成要因の相互因果関係の組合せの流れである変動の過程において形成されるものである.したがって,不動産の鑑定評価に当たっては,価格形成要因が常に変動の過程にあることを認識して,各要因間の相互因果関係を動的に把握すべきである.特に,不動産の最有効使用（Ⅳ参照）を判定するためには,この変動の過程を分析することが必要である.

Ⅲ　代替の原則

代替性を有する二以上の財が存在する場合には,これらの財の価格は,相互に影響を及ぼして定まる.

不動産の価格も代替可能な他の不動産又は財の価格と相互に関連して形成される.

Ⅳ　最有効使用の原則

不動産の価格は,その不動産の効用が最高度に発揮される可能性に最も富む使用（以下「最有効使用」という.）を前提として把握される価格を標準として形成される.この場合の最有効使用は,現実の社会経済情勢の下で客観的にみて,良識と通常の使用能力を持つ人による合理的かつ合法的な最高最善の使用方法に基づくものである.

なお,ある不動産についての現実の使用方法は,必ずしも最有効使用に基づいているものではなく,不合理な又は個人的な事情による使用方法のために,当該不動産が十分な効用を発揮していない場合があることに留意すべきである.

Ⅴ　均衡の原則

不動産の収益性又は快適性が最高度に発揮されるためには,その構成要素の組合せが均衡を得ていることが必要である.したがって,不動産の最有効使用を判定するためには,この均衡を得ているかどうかを分析することが必要である.

Ⅵ　収益逓増及び逓減の原則

ある単位投資額を継続的に増加させると,これに伴って総収益は増加する.しかし,増加させる単位投資額に対応する収益は,ある点までは増加するが,その後は減少する.

この原則は,不動産に対する追加投資の場合についても同様である.

Ⅶ　収益配分の原則

土地,資本,労働及び経営（組織）の各要素の結合によって生ずる総収益は,これらの各要素に配分される.したがって,このような総収益のうち,資本,労働及び経営（組織）に配分される部分以外の部分は,それぞれの配分が正しく行われる限り,土地に帰属するものである.

Ⅷ　寄与の原則

不動産のある部分がその不動産全体の収益獲得に寄与する度合いは,その不動産全体の価格に影響を及ぼす.

この原則は,不動産の最有効使用の判定に当たっての不動産の追加投資の適否の判定等に有用である.

Ⅸ　適合の原則

不動産の収益性又は快適性が最高度に発揮されるためには,当該不動産がその環境に適合していることが必要である.したがって,不動産の最有効使用を判定するためには,当該不動産が環境に適合しているかどうかを分析することが必要である.

Ⅹ　競争の原則

一般に,超過利潤は競争を惹起し,競争は超過利潤を減少させ,終局的にはこれを消滅させる傾向を持つ.不動産についても,その利用による超過利潤を求めて,不動産相互間及び他の財との間において競争関係が認められ,したがって,不動産の価格は,このような競争の過程において形成される.

Ⅺ　予測の原則

財の価格は,その財の将来の収益性等についての予測を反映して定まる.

不動産の価格も,価格形成要因の変動についての市場参加者による予測によって左右される.

◈ 第5章　鑑定評価の基本的事項

不動産の鑑定評価に当たっては,基本的事項として,対象不動産,価格時点及び価格又は賃料の種類を確定しなければならない.

第1節　対象不動産の確定

不動産の鑑定評価を行うに当たっては,まず,鑑定評価の対象となる土地又は建物等を物的に確定することのみならず,鑑定評価の対象となる所有権及び所有権以外の権利を確定する必要がある.

対象不動産の確定は,鑑定評価の対象を明確に他の不動産と区別し,特定することであり,それは不動産鑑定士が鑑定評価の依頼目的及び条件に照応する対象不動産と当該不動産の現実の利用状況とを照合して確認するという実践行為を経て最終的に確定されるべきものである.

Ⅰ　対象確定条件

1.対象不動産の確定に当たって必要となる鑑定評価の条件を対象確定条件という.対象確定条件は,鑑定評価の対象とする不動産の所在,範囲等の物的事項及び所有権,賃借権等の対象不動産の権利の態様に関する事項を確定するために必要な条件であり,依頼目的に応じて次のような条件がある.

(1) 不動産が土地のみの場合又は土地及び建物等の結合により構成されている場合において,その状態を所与として鑑定評価の対象とすること.

(2) 不動産が土地及び建物等の結合により構成されている場合において,その土地のみを建物等が存しない独立のもの(更地)として鑑定評価の対象とすること(この場合の鑑定評価を独立鑑定評価という.).

(3) 不動産が土地及び建物等の結合により構成されている場合において,その状態を所与として,その不動産の構成部分を鑑定評価の対象とすること(この場合の鑑定評価を部分鑑定評価という.).

(4) 不動産の併合又は分割を前提として,併合後又は分割後の不動産を単独のものとして鑑定評価の対象とすること(この場合の鑑定評価を併合鑑定評価又は分割鑑定評価という.).

(5) 造成に関する工事が完了していない土地又は建築に係る工事(建物を新築するもののほか,増改築等を含む.)が完了していない建物について,当該工事の完了を前提として鑑定評価の対象とすること(この場合の鑑定評価を未竣工建物等鑑定評価という.).

なお,上記に掲げるもののほか,対象不動産の権利の態様に関するものとして,価格時点と異なる権利関係を前提として鑑定評価の対象とすることがある.

2.対象確定条件を設定するに当たっては,対象不動産に係る諸事項についての調査及び確認を行った上で,依頼目的に照らして,鑑定評価書の利用者の利益を害するおそれがないかどうかの観点から当該条件設定の妥当性を確認しなければならない.

なお,未竣工建物等鑑定評価を行う場合は,上記妥当性の検討に加え,価格時点において想定される竣工後の不動産に係る物的確認を行うために必要な設計図書等及び権利の態様の確認を行うための請負契約書等を収集しなければならず,さらに,当該未竣工建物等に係る法令上必要な許認可等が取得され,発注者の資金調達能力等の観点から工事完了の実現性が高いと判断されなければならない.

Ⅱ　地域要因又は個別的要因についての想定上の条件

対象不動産について,依頼目的に応じ対象不動産に係る価格形成要因のうち地域要因又は個別的要因について想定上の条件を設定する場合がある.この場合には,設定する想定上の条件が鑑定評価書の利用者の利益を害するおそれがないかどうかの観点に加え,特に実現性及び合法性の観点から妥当なものでなければならない.一般に,地域要因について想定上の条件を設定することが妥当と認められる場合は,計画及び諸規制の変更,改廃に権能を持つ公的機関の設定する事項に主として限られる.

Ⅲ　調査範囲等条件

不動産鑑定士の通常の調査の範囲では,対象不動産の価格への影響の程度を判断するための事実の確認が困難な特定の価格形成要因が存する場合,当該価格形成要因について調査の範囲に係る条件(以下「調査範囲等条件」という.)を設定することができる.ただし,調査範囲等条件を設定することができるのは,調査範囲等条件を設定しても鑑定評価書の利用者の利益を害するおそれがないと判断される場合に限る.

Ⅳ　鑑定評価が鑑定評価書の利用者の利益に重大な影響を及ぼす場合における条件設定の制限

証券化対象不動産(各論第3章第1節において規定するものをいう.)の鑑定評価及び会社法上の現物出資の目的となる不動産の鑑定評価等,鑑定評価が鑑定評価書の利用者の利益に重大な影響を及ぼす可能性がある場合には,原則として,鑑定評価の対象とする不動産の現実の利用状況と異なる対象確定条件,地域要因又は個別的要因についての想定上の条件及び調査範囲等条件の設定をしてはならない.ただし,証券化対象不動産の鑑定評価で,各論第3章第2節に定める要件を満たす場合には未竣工建物等鑑定評価を行うことができるものとする.

Ⅴ　条件設定に関する依頼者との合意等

1.条件設定をする場合,依頼者との間で当該条件設定に係る鑑定評価依頼契約上の合意がなくてはならない.

2.条件設定が妥当ではないと認められる場合には,依頼者に説明の上,妥当な条件に改定しなければならない.

第2節　価格時点の確定

価格形成要因は,時の経過により変動するものであるから,不動産の価格はその判定の基準となった日においてのみ妥当するものである.したがって,不動産の鑑定評価を行うに当たっては,不動産の価格の判定の基準日を確定する必要があり,この日を価格時点という.また,賃料の価格時点は,賃料の算定の期間の収益性を反映するものとしてその期間の期首となる.

価格時点は,鑑定評価を行った年月日を基準として現在の場合(現在時点),過去の場合(過去時点)及び将来の場合(将来時点)に分けられる.

第3節 鑑定評価によって求める価格又は賃料の種類の確定

不動産鑑定士による不動産の鑑定評価は,不動産の適正な価格を求め,その適正な価格の形成に資するものでなければならない.

Ⅰ 価 格

不動産の鑑定評価によって求める価格は,基本的には正常価格であるが,鑑定評価の依頼目的に対応した条件により限定価格,特定価格又は特殊価格を求める場合があるので,依頼目的に対応した条件を踏まえて価格の種類を適切に判断し,明確にすべきである.なお,評価目的に応じ,特定価格として求めなければならない場合があることに留意しなければならない.

1.正常価格

正常価格とは,市場性を有する不動産について,現実の社会経済情勢の下で合理的と考えられる条件を満たす市場で形成されるであろう市場価値を表示する適正な価格をいう.この場合において,現実の社会経済情勢の下で合理的と考えられる条件を満たす市場とは,以下の条件を満たす市場をいう.

⑴ 市場参加者が自由意思に基づいて市場に参加し,参入,退出が自由であること.

なお,ここでいう市場参加者は,自己の利益を最大化するため次のような要件を満たすとともに,慎重かつ賢明に予測し,行動するものとする.

① 売り急ぎ,買い進み等をもたらす特別な動機のないこと.

② 対象不動産及び対象不動産が属する市場について取引を成立させるために必要となる通常の知識や情報を得ていること.

③ 取引を成立させるために通常必要と認められる労力,費用を費やしていること.

④ 対象不動産の最有効使用を前提とした価値判断を行うこと.

⑤ 買主が通常の資金調達能力を有していること.

⑵ 取引形態が,市場参加者が制約されたり,売り急ぎ,買い進み等を誘引したりするような特別なものではないこと.

⑶ 対象不動産が相当の期間市場に公開されていること.

2.限定価格

限定価格とは,市場性を有する不動産について,不動産と取得する他の不動産との併合又は不動産の一部を取得する際の分割等に基づき正常価格と同一の市場概念の下において形成されるであろう市場価値と乖離することにより,市場が相対的に限定される場合における取得部分の当該市場限定に基づく市場価値を適正に表示する価格をいう.

限定価格を求める場合を例示すれば,次のとおりである.

⑴ 借地権者が底地の併合を目的とする売買に関連する場合

⑵ 隣接不動産の併合を目的とする売買に関連する場合

⑶ 経済合理性に反する不動産の分割を前提とする売買に関連する場合

3.特定価格

特定価格とは,市場性を有する不動産について,法令等による社会的要請を背景とする鑑定評価目的の下で,正常価格の前提となる諸条件を満たさないことにより正常価格と同一の市場概念の下において形成されるであろう市場価値と乖離することとなる場合における不動産の経済価値を適正に表示する価格をいう.

特定価格を求める場合を例示すれば,次のとおりである.

⑴ 各論第3章第1節に規定する証券化対象不動産に係る鑑定評価目的の下で,投資家に示すための投資採算価値を表す価格を求める場合

⑵ 民事再生法に基づく鑑定評価目的の下で,早期売却を前提とした価格を求める場合

⑶ 会社更生法又は民事再生法に基づく鑑定評価目的の下で,事業の継続を前提とした価格を求める場合

4.特殊価格

特殊価格とは,文化財等の一般的に市場性を有しない不動産について,その利用現況等を前提とした不動産の経済価値を適正に表示する価格をいう.

特殊価格を求める場合を例示すれば,文化財の指定を受けた建造物,宗教建築物又は現況による管理を継続する公共公益施設の用に供されている不動産について,その保存等に主眼をおいた鑑定評価を行う場合である.

Ⅱ 賃 料

不動産の鑑定評価によって求める賃料は,一般的には正常賃料又は継続賃料であるが,鑑定評価の依頼目的に対応した条件により限定賃料を求めることができる場合があるので,依頼目的に対応した条件を踏まえてこれを適切に判断し,明確にすべきである.

1.正常賃料

正常賃料とは,正常価格と同一の市場概念の下において新たな賃貸借等(賃借権若しくは地上権又は地役権に基づき,不動産を使用し,又は収益することをいう.)の契約において成立するであろう経済価値を表示する適正な賃料(新規賃料)をいう.

2.限定賃料

限定賃料とは,限定価格と同一の市場概念の

下において新たな賃貸借等の契約において成立するであろう経済価値を適正に表示する賃料(新規賃料)をいう.

限定賃料を求めることができる場合を例示すれば,次のとおりである.

(1) 隣接不動産の併合使用を前提とする賃貸借等に関連する場合

(2) 経済合理性に反する不動産の分割使用を前提とする賃貸借等に関連する場合

3.継続賃料

継続賃料とは,不動産の賃貸借等の継続に係る特定の当事者間において成立するであろう経済価値を適正に表示する賃料をいう.

◈第6章　地域分析及び個別分析

対象不動産の地域分析及び個別分析を行うに当たっては,まず,それらの基礎となる一般的要因がどのような具体的な影響力を持っているかを的確に把握しておくことが必要である.

第1節　地域分析

Ⅰ　地域分析の意義

地域分析とは,その対象不動産がどのような地域に存するか,その地域はどのような特性を有するか,また,対象不動産に係る市場はどのような特性を有するか,及びそれらの特性はその地域内の不動産の利用形態と価格形成について全般的にどのような影響力を持っているかを分析し,判定することをいう.

Ⅱ　地域分析の適用

1.地域及びその特性

地域分析に当たって特に重要な地域は,用途的観点から区分される地域(以下「用途的地域」という.),すなわち近隣地域及びその類似地域と,近隣地域及びこれと相関関係にある類似地域を含むより広域的な地域,すなわち同一需給圏である.

また,近隣地域の特性は,通常,その地域に属する不動産の一般的な標準的使用に具体的に現れるが,この標準的使用は,利用形態からみた地域相互間の相対的位置関係及び価格形成を明らかにする手掛りとなるとともに,その地域に属する不動産のそれぞれについての最有効使用を判定する有力な標準となるものである.

なお,不動産の属する地域は固定的なものではなく,地域の特性を形成する地域要因も常に変動するものであることから,地域分析に当たっては,対象不動産に係る市場の特性の把握の結果を踏まえて地域要因及び標準的使用の現状と将来の動向とをあわせて分析し,標準的使用を判定しなければならない.

(1) 用途的地域

① 近隣地域

近隣地域とは,対象不動産の属する用途的地域であって,より大きな規模と内容とを持つ地域である都市あるいは農村等の内部にあって,居住,商業活動,工業生産活動等人の生活と活動とに関して,ある特定の用途に供されることを中心として地域的にまとまりを示している地域をいい,対象不動産の価格の形成に関して直接に影響を与えるような特性を持つものである.

近隣地域は,その地域の特性を形成する地域要因の推移,動向の如何によって,変化していくものである.

② 類似地域

類似地域とは,近隣地域の地域の特性と類似する特性を有する地域であり,その地域に属する不動産は,特定の用途に供されることを中心として地域的にまとまりを持つものである.この地域のまとまりは,近隣地域の特性との類似性を前提として判定されるものである.

(2) 同一需給圏

同一需給圏とは,一般に対象不動産と代替関係が成立して,その価格の形成について相互に影響を及ぼすような関係にある他の不動産の存する圏域をいう.それは,近隣地域を含んでより広域的であり,近隣地域と相関関係にある類似地域等の存する範囲を規定するものである.

一般に,近隣地域と同一需給圏内に存する類似地域とは,隣接すると否とにかかわらず,その地域要因の類似性に基づいて,それぞれの地域の構成分子である不動産相互の間に代替,競争等の関係が成立し,その結果,両地域は相互に影響を及ぼすものである.

また,近隣地域の外かつ同一需給圏内の類似地域の外に存する不動産であっても,同一需給圏内に存し対象不動産とその用途,規模,品等等の類似性に基づいて,これら相互の間に代替,競争等の関係が成立する場合がある.

同一需給圏は,不動産の種類,性格及び規模に応じた需要者の選好性によってその地域的範囲を異にするものであるから,その種類,性格及び規模に応じて需要者の選好性を的確に把握した上で適切に判定する必要がある.

同一需給圏の判定に当たって特に留意すべき基本的な事項は,次のとおりである.

① 宅　地

ア 住宅地

同一需給圏は,一般に都心への通勤可能な地域の範囲に一致する傾向がある.ただし,地縁的選好性により地域的範囲が狭められる傾向がある.なお,地域の名声,品位等による選好性の強さが同一需給圏の地域的範囲に特に影響を与える場合があることに留意すべきである.

イ 商業地

同一需給圏は,高度商業地については,一般に広域的な商業背後地を基礎に成り立つ商業収益に関して代替性の及ぶ地域の範囲に一致する傾向があり,したがって,その範囲は高度商業地の性格に応じて広域的に形成される傾向がある.

また,普通商業地については,一般に狭い商業背後地を基礎に成り立つ商業収益に関して代替性の及ぶ地域の範囲に一致する傾向がある.ただし,地縁的選好性により地域的範囲が狭められる傾向がある.

ウ 工業地

同一需給圏は,港湾,高速交通網等の利便性を指向する産業基盤指向型工業地等の大工場地については,一般に原材料,製品等の大規模な移動を可能にする高度の輸送機関に関して代替性を有する地域の範囲に一致する傾向があり,したがって,その地域的範囲は,全国的な規模となる傾向がある.

また,製品の消費地への距離,消費規模等の市場接近性を指向する消費地指向型工業地等の中小工場地については,一般に製品の生産及び販売に関する費用の経済性に関して代替性を有する地域の範囲に一致する傾向がある.

エ 移行地

同一需給圏は,一般に当該土地が移行すると見込まれる土地の種別の同一需給圏と一致する傾向がある.ただし,熟成度の低い場合には,移行前の土地の種別の同一需給圏と同一のものとなる傾向がある.

② 農　地

同一需給圏は,一般に当該農地を中心とする通常の農業生産活動の可能な地域の範囲内に立地する農業経営主体を中心とするそれぞれの農業生産活動の可能な地域の範囲に一致する傾向がある.

③ 林　地

同一需給圏は,一般に当該林地を中心とする通常の林業生産活動の可能な地域の範囲内に立地する林業経営主体を中心とするそれぞれの林業生産活動の可能な地域の範囲に一致する傾向がある.

④ 見込地

同一需給圏は,一般に当該土地が転換すると見込まれる土地の種別の同一需給圏と一致する傾向がある.ただし,熟成度の低い場合には,転換前の土地の種別の同一需給圏と同一のものとなる傾向がある.

⑤ 建物及びその敷地

同一需給圏は,一般に当該敷地の用途に応じた同一需給圏と一致する傾向があるが,当該建物及びその敷地一体としての用途,規模,品等等によっては代替関係にある不動産の存する範囲が異なるために当該敷地の用途に応じた同一需給圏の範囲と一致しない場合がある.

2.対象不動産に係る市場の特性

地域分析における対象不動産に係る市場の特性の把握に当たっては,同一需給圏における市場参加者がどのような属性を有しており,どのような観点から不動産の利用形態を選択し,価格形成要因についての判断を行っているかを的確に把握することが重要である.あわせて同一需給圏における市場の需給動向を的確に把握する必要がある.

また,把握した市場の特性については,近隣地域における標準的使用の判定に反映させるとともに鑑定評価の手法の適用,試算価格又は試算賃料の調整等における各種の判断においても反映すべきである.

第2節　個別分析

Ⅰ　個別分析の意義

不動産の価格は,その不動産の最有効使用を前提として把握される価格を標準として形成されるものであるから,不動産の鑑定評価に当たっては,対象不動産の最有効使用を判定する必要がある.個別分析とは,対象不動産の個別的要因が対象不動産の利用形態と価格形成についてどのような影響力を持っているかを分析してその最有効使用を判定することをいう.

Ⅱ　個別分析の適用

1.個別的要因の分析上の留意点

個別的要因は,対象不動産の市場価値を個別的に形成しているものであるため,個別的要因の分析においては,対象不動産に係る典型的な需要者がどのような個別的要因に着目して行動し,対象不動産と代替,競争等の関係にある不動産と比べた優劣及び競争力の程度をどのように評価しているかを的確に把握することが重要である.

また,個別的要因の分析結果は,鑑定評価の手法の適用,試算価格又は試算賃料の調整等における各種の判断においても反映すべきである.

2.最有効使用の判定上の留意点

不動産の最有効使用の判定に当たっては,次の事項に留意すべきである.

⑴ 良識と通常の使用能力を持つ人が採用するであろうと考えられる使用方法であること.

⑵ 使用収益が将来相当の期間にわたって持続し得る使用方法であること.

⑶ 効用を十分に発揮し得る時点が予測し得ない将来でないこと.

(4) 個々の不動産の最有効使用は,一般に近隣地域の地域の特性の制約下にあるので,個別分析に当たっては,特に近隣地域に存する不動産の標準的使用との相互関係を明らかにし判定することが必要であるが,対象不動産の位置,規模,環境等によっては,標準的使用の用途と異なる用途の可能性が考えられるので,こうした場合には,それぞれの用途に対応した個別的要因の分析を行った上で最有効使用を判定すること.

(5) 価格形成要因は常に変動の過程にあることを踏まえ,特に価格形成に影響を与える地域要因の変動が客観的に予測される場合には,当該変動に伴い対象不動産の使用方法が変化する可能性があることを勘案して最有効使用を判定すること.

特に,建物及びその敷地の最有効使用の判定に当たっては,次の事項に留意すべきである.

(6) 現実の建物の用途等が更地としての最有効使用に一致していない場合には,更地としての最有効使用を実現するために要する費用等を勘案する必要があるため,建物及びその敷地と更地の最有効使用の内容が必ずしも一致するものではないこと.

(7) 現実の建物の用途等を継続する場合の経済価値と建物の取壊しや用途変更等を行う場合のそれらに要する費用等を適切に勘案した経済価値を十分比較考量すること.

第7章　鑑定評価の方式

不動産の鑑定評価の方式には,原価方式,比較方式及び収益方式の三方式がある.原価方式は不動産の再調達(建築,造成等による新規の調達をいう.)に要する原価に着目して,比較方式は不動産の取引事例又は賃貸借等の事例に着目して,収益方式は不動産から生み出される収益に着目して,それぞれ不動産の価格又は賃料を求めようとするものである.

不動産の鑑定評価の方式は,価格を求める手法と賃料を求める手法に分類される.それぞれの鑑定評価の手法の適用により求められた価格又は賃料を試算価格又は試算賃料という.

第1節　価格を求める鑑定評価の手法

不動産の価格を求める鑑定評価の基本的な手法は,原価法,取引事例比較法及び収益還元法に大別され,このほかこれら三手法の考え方を活用した開発法等の手法がある.

Ⅰ　試算価格を求める場合の一般的留意事項

1.一般的要因と鑑定評価の各手法の適用との関連

価格形成要因のうち一般的要因は,不動産の価格形成全般に影響を与えるものであり,鑑定評価手法の適用における各手順において常に考慮されるべきものであり,価格判定の妥当性を検討するために活用しなければならない.

2.事例の収集及び選択

鑑定評価の各手法の適用に当たって必要とされる事例には,原価法の適用に当たって必要な建設事例,取引事例比較法の適用に当たって必要な取引事例及び収益還元法の適用に当たって必要な収益事例(以下「取引事例等」という.)がある.取引事例等は,鑑定評価の各手法に即応し,適切にして合理的な計画に基づき,豊富に秩序正しく収集し,選択すべきであり,投機的取引であると認められる事例等適正さを欠くものであってはならない.

取引事例等は,次の要件の全部を備えるもののうちから選択するものとする.

(1) 次の不動産に係るものであること

① 近隣地域又は同一需給圏内の類似地域若しくは必要やむを得ない場合には近隣地域の周辺の地域(以下「同一需給圏内の類似地域等」という.)に存する不動産

② 対象不動産の最有効使用が標準的使用と異なる場合等において同一需給圏内に存し対象不動産と代替,競争等の関係が成立していると認められる不動産(以下「同一需給圏内の代替競争不動産」という.).

(2) 取引事例等に係る取引等の事情が正常なものと認められるものであること又は正常なものに補正することができるものであること.

(3) 時点修正をすることが可能なものであること.

(4) 地域要因の比較及び個別的要因の比較が可能なものであること.

3.事情補正

取引事例等に係る取引等が特殊な事情を含み,これが当該取引事例等に係る価格等に影響を及ぼしているときは適切に補正しなければならない.

(1) 現実に成立した取引事例等には,不動産市場の特性,取引等における当事者双方の能力の多様性と特別の動機により売り急ぎ,買い進み等の特殊な事情が存在する場合もあるので,取引事例等がどのような条件の下で成立したものであるかを資料の分析に当たり十分に調査しなければならない.

(2) 特殊な事情とは,正常価格を求める場合には,正常価格の前提となる現実の社会経済情勢の下で合理的と考えられる諸条件を欠くに至らしめる事情のことである.

4.時点修正

取引事例等に係る取引等の時点が価格時点と異なることにより,その間に価格水準に変動があると認められる場合には,当該取引事例等の価格等を価格時点の価格等に修正しなければならない.

5.地域要因の比較及び個別的要因の比較

取引事例等の価格等は,その不動産の存する用途的地域に係る地域要因及び当該不動産の個別的要因を反映しているものであるから,取引事例等に係る不動産が同一需給圏内の類似地域等に存するもの又は同一需給圏内の代替競争不動産である場合においては,近隣地域と当該事例に係る不動産の存する地域との地域要因の比較及び対象不動産と当該事例に係る不動産との個別的要因の比較を,取引事例等に係る不動産が近隣地域に存するものである場合においては,対象不動産と当該事例に係る不動産の個別的要因の比較をそれぞれ行う必要がある.

Ⅱ 原 価

1.意 義

原価法は,価格時点における対象不動産の再調達原価を求め,この再調達原価について減価修正を行って対象不動産の試算価格を求める手法である(この手法による試算価格を積算価格という.).

原価法は,対象不動産が建物又は建物及びその敷地である場合において,再調達原価の把握及び減価修正を適切に行うことができるときに有効であり,対象不動産が土地のみである場合においても,再調達原価を適切に求めることができるときはこの手法を適用することができる.

2.適用方法

⑴ 再調達原価の意義

再調達原価とは,対象不動産を価格時点において再調達することを想定した場合において必要とされる適正な原価の総額をいう.

なお,建設資材,工法等の変遷により,対象不動産の再調達原価を求めることが困難な場合には,対象不動産と同等の有用性を持つものに置き換えて求めた原価(置換原価)を再調達原価とみなすものとする.

⑵ 再調達原価を求める方法

再調達原価は,建設請負により,請負者が発注者に対して直ちに使用可能な状態で引き渡す通常の場合を想定し,発注者が請負者に対して支払う標準的な建設費に発注者が直接負担すべき通常の付帯費用を加算して求めるものとする.

なお,置換原価は,対象不動産と同等の有用性を持つ不動産を新たに調達することを想定した場合に必要とされる原価の総額であり,発注者が請負者に対して支払う標準的な建設費に発注者が直接負担すべき通常の付帯費用を加算して求める.

これらの場合における通常の付帯費用には,建物引渡しまでに発注者が負担する通常の資金調達費用や標準的な開発リスク相当額等が含まれる場合があることに留意する必要がある.

① 土地の再調達原価は,その素材となる土地の標準的な取得原価に当該土地の標準的な造成費と発注者が直接負担すべき通常の付帯費用とを加算して求めるものとする.

なお,土地についての原価法の適用において,宅地造成直後の対象地の地域要因と価格時点における対象地の地域要因とを比較し,公共施設,利便施設等の整備及び住宅等の建設等により,社会的,経済的環境の変化が価格水準に影響を与えていると客観的に認められる場合には,地域要因の変化の程度に応じた増加額を熟成度として加算することができる.

② 建物及びその敷地の再調達原価は,まず,土地の再調達原価(再調達原価が把握できない既成市街地における土地にあっては取引事例比較法及び収益還元法によって求めた更地の価格に発注者が直接負担すべき通常の付帯費用を加算した額)又は借地権の価格に発注者が直接負担すべき通常の付帯費用を加算した額を求め,この価格に建物の再調達原価を加算して求めるものとする.

③ 再調達原価を求める方法には,直接法及び間接法があるが,収集した建設事例等の資料としての信頼度に応じていずれかを適用するものとし,また,必要に応じて併用するものとする.

ア 直接法は,対象不動産について直接的に再調達原価を求める方法である.直接法は,対象不動産について,使用資材の種別,品等及び数量並びに所要労働の種別,時間等を調査し,対象不動産の存する地域の価格時点における単価を基礎とした直接工事費を積算し,これに間接工事費及び請負者の適正な利益を含む一般管理費等を加えて標準的な建設費を求め,さらに発注者が直接負担すべき通常の付帯費用を加算して再調達原価を求めるものとする.

また,対象不動産の素材となった土地(素地)の価格並びに実際の造成又は建設に要する直接工事費,間接工事費,請負者の適正な利益を含む一般管理費等及び発注者が直接負担した付帯費用の額並びにこれらの明細(種別,品等,数量,時間,単価等)が判明している場合には,これらの明細を分析して適切に補正し,かつ,必要に応じて時点修正を行って再調達原価を求めることができる.

イ 間接法は,近隣地域若しくは同一需給圏内の類似地域等に存する対象不動産と類似の不動産又は同一需給圏内の代替競争不動産から間接的に対象不動産の再調達原価を求める方法である.

間接法は,当該類似の不動産等について,素地の価格やその実際の造成又は建設に要した直接工事費,間接工事費,請負者の適正な利益を含む一般管理費等及び発注者が直接負担した付帯費用の額並びにこれらの明細(種別,品等,数量,時間,単価等)を明確に把握できる場合に,これらの明細を分析して適切に補正し,必要に応じて時点修正を行い,かつ,地域要因の比較及び個別的要因の比較を行って,対象不動産の再調達原価を求めるものとする.

3.減価修正

減価修正の目的は,減価の要因に基づき発生した減価額を対象不動産の再調達原価から控除して価格時点における対象不動産の適正な積算価格を求めることである.

減価修正を行うに当たっては,減価の要因に着目して対象不動産を部分的かつ総合的に分析検討し,減価額を求めなければならない.

(1) 減価の要因

減価の要因は,物理的要因,機能的要因及び経済的要因に分けられる.

これらの要因は,それぞれ独立しているものではなく,相互に関連し,影響を与え合いながら作用していることに留意しなければならない.

① 物理的要因

物理的要因としては,不動産を使用することによって生ずる摩滅及び破損,時の経過又は自然的作用によって生ずる老朽化並びに偶発的な損傷があげられる.

② 機能的要因

機能的要因としては,不動産の機能的陳腐化,すなわち,建物と敷地との不適応,設計の不良,型式の旧式化,設備の不足及びその能率の低下等があげられる.

③ 経済的要因

経済的要因としては,不動産の経済的不適応,すなわち,近隣地域の衰退,不動産とその付近の環境との不適合,不動産と代替,競争等の関係にある不動産又は付近の不動産との比較における市場性の減退等があげられる.

(2) 減価修正の方法

減価額を求めるには,次の二つの方法があり,これらを併用するものとする.

① 耐用年数に基づく方法

耐用年数に基づく方法は,対象不動産の価格時点における経過年数及び経済的残存耐用年数の和として把握される耐用年数を基礎として減価額を把握する方法である.

経済的残存耐用年数とは,価格時点において,対象不動産の用途や利用状況に即し,物理的要因及び機能的要因に照らした劣化の程度並びに経済的要因に照らした市場競争力の程度に応じてその効用が十分に持続すると考えられる期間をいい,この方法の適用に当たり特に重視されるべきものである.耐用年数に基づく方法には,定額法,定率法等があるが,これらのうちいずれの方法を用いるかは,対象不動産の用途や利用状況に即して決定すべきである.

なお,対象不動産が二以上の分別可能な組成部分により構成されていて,それぞれの経過年数又は経済的残存耐用年数が異なる場合に,これらをいかに判断して用いるか,また,耐用年数満了時における残材価額をいかにみるかについても,対象不動産の用途や利用状況に即して決定すべきである.

② 観察減価法

観察減価法は,対象不動産について,設計,設備等の機能性,維持管理の状態,補修の状況,付近の環境との適合の状態等各減価の要因の実態を調査することにより,減価額を直接求める方法である.

観察減価法の適用においては,対象不動産に係る個別分析の結果を踏まえた代替,競争等の関係にある不動産と比べた優劣及び競争力の程度等を適切に反映すべきである.

Ⅲ 取引事例比較法

1.意　義

取引事例比較法は,まず多数の取引事例を収集して適切な事例の選択を行い,これらに係る取引価格に必要に応じて事情補正及び時点修正を行い,かつ,地域要因の比較及び個別的要因の比較を行って求められた価格を比較考量し,これによって対象不動産の試算価格を求める手法である(この手法による試算価格を比準価格という.).

取引事例比較法は,近隣地域若しくは同一需給圏内の類似地域等において対象不動産と類似の不動産の取引が行われている場合又は同一需給圏内の代替競争不動産の取引が行われている場合に有効である.

2.適用方法

(1) 事例の収集及び選択

取引事例比較法は,市場において発生した取引事例を価格判定の基礎とするものであるので,多数の取引事例を収集することが必要である.

取引事例は,原則として近隣地域又は同一需給圏内の類似地域に存する不動産に係るもののうちから選択するものとし,必要やむを得ない場合には近隣地域の周辺の地域に存する不動産に係るもののうちから,対象不動産の最有効使用が標準的使用と異なる場合等には,同一需給圏内の代替競争不動産に係るもののうちから選択するものとするほか,次の要件の全部を備えなければならない.

① 取引事情が正常なものと認められるものであること又は正常なものに補正することができるものであること.

② 時点修正をすることが可能なものであること.

③ 地域要因の比較及び個別的要因の比較が可能なものであること.

⑵ 事情補正及び時点修正

取引事例が特殊な事情を含み,これが当該事例に係る取引価格に影響していると認められるときは,適切な補正を行い,取引事例に係る取引の時点が価格時点と異なることにより,その間に価格水準の変動があると認められるときは,当該事例の価格を価格時点の価格に修正しなければならない.

時点修正に当たっては,事例に係る不動産の存する用途的地域又は当該地域と相似の価格変動過程を経たと認められる類似の地域における土地又は建物の価格の変動率を求め,これにより取引価格を修正すべきである.

⑶ 地域要因の比較及び個別的要因の比較

取引価格は,取引事例に係る不動産の存する用途的地域の地域要因及び当該不動産の個別的要因を反映しているものであるから,取引事例に係る不動産が同一需給圏内の類似地域等に存するもの又は同一需給圏内の代替競争不動産である場合においては,近隣地域と当該事例に係る不動産の存する地域との地域要因の比較及び対象不動産と当該事例に係る不動産との個別的要因の比較を,取引事例に係る不動産が近隣地域に存するものである場合においては,対象不動産と当該事例に係る不動産との個別的要因の比較をそれぞれ行うものとする.

また,このほか地域要因及び個別的要因の比較については,それぞれの地域における個別的要因が標準的な土地を設定して行う方法がある.

⑷ 配分法

取引事例が対象不動産と同類型の不動産の部分を内包して複合的に構成されている異類型の不動産に係る場合においては,当該取引事例の取引価格から対象不動産と同類型の不動産以外の部分の価格が取引価格等により判明しているときは,その価格を控除し,又は当該取引事例について各構成部分の価格の割合が取引価格,新規投資等により判明しているときは,当該事例の取引価格に対象不動産と同類型の不動産の部分に係る構成割合を乗じて,対象不動産の類型に係る事例資料を求めるものとする(この方法を配分法という.).

Ⅳ 収益還元法

1.意 義

収益還元法は,対象不動産が将来生み出すであろうと期待される純収益の現在価値の総和を求めることにより対象不動産の試算価格を求める手法である(この手法による試算価格を収益価格という.).

収益還元法は,賃貸用不動産又は賃貸以外の事業の用に供する不動産の価格を求める場合に特に有効である.

また,不動産の価格は,一般に当該不動産の収益性を反映して形成されるものであり,収益は,不動産の経済価値の本質を形成するものである.したがって,この手法は,文化財の指定を受けた建造物等の一般的に市場性を有しない不動産以外のものには基本的にすべて適用すべきものであり,自用の不動産といえども賃貸を想定することにより適用されるものである.

なお,市場における不動産の取引価格の上昇が著しいときは,取引価格と収益価格との乖離が増大するものであるので,先走りがちな取引価格に対する有力な験証手段として,この手法が活用されるべきである.

2.収益価格を求める方法

収益価格を求める方法には,一期間の純収益を還元利回りによって還元する方法(以下「直接還元法」という.)と,連続する複数の期間に発生する純収益及び復帰価格を,その発生時期に応じて現在価値に割り引き,それぞれを合計する方法(Discounted Cash Flow 法(以下「DCF法」という.))がある.

これらの方法は,基本的には次の式により表される.

⑴ 直接還元法

$$P=\frac{a}{R}$$

P:求める不動産の収益価格

a:一期間の純収益

R:還元利回り

⑵ DCF法

$$P=\sum_{k=1}^{n}\frac{a_k}{(1+Y)^k}+\frac{P_R}{(1+Y)^n}$$

P:求める不動産の収益価格

a_k:毎期の純収益

Y:割引率

n:保有期間(売却を想定しない場合には分析期間.以下同じ.)

P_R：復帰価格

復帰価格とは,保有期間の満了時点における対象不動産の価格をいい,基本的には次の式により表される.

$$P_R=\frac{a_{n+1}}{R_n}$$

a_{n+1}：n＋1期の純収益

R_n：保有期間の満了時点における還元利回り(最終還元利回り)

3.適用方法

⑴ 純収益

① 純収益の意義

純収益とは,不動産に帰属する適正な収益をいい,収益目的のために用いられている不動産とこれに関与する資本(不動産に化体されているものを除く.),労働及び経営(組織)の諸要素の結合によって生ずる総収益から,資本(不動産に化体されているものを除く.),労働及び経営(組織)の総収益に対する貢献度に応じた分配分を控除した残余の部分をいう.

② 純収益の算定

対象不動産の純収益は,一般に1年を単位として総収益から総費用を控除して求めるものとする.また,純収益は,永続的なものと非永続的なもの,償却前のものと償却後のもの等,総収益及び総費用の把握の仕方により異なるものであり,それぞれ収益価格を求める方法及び還元利回り又は割引率を求める方法とも密接な関連があることに留意する必要がある.

なお,直接還元法における純収益は,対象不動産の初年度の純収益を採用する場合と標準化された純収益を採用する場合があることに留意しなければならない.

純収益の算定に当たっては,対象不動産からの総収益及びこれに係る総費用を直接的に把握し,それぞれの項目の細部について過去の推移及び将来の動向を慎重に分析して,対象不動産の純収益を適切に求めるべきである.この場合において収益増加の見通しについては,特に予測の限界を見極めなければならない.

特にDCF法の適用に当たっては,毎期の純収益及び復帰価格並びにその発生時期が明示されることから,純収益の見通しについて十分な調査を行うことが必要である.

なお,直接還元法の適用に当たって,対象不動産の純収益を近隣地域若しくは同一需給圏内の類似地域等に存する対象不動産と類似の不動産又は同一需給圏内の代替競争不動産の純収益によって間接的に求める場合には,それぞれの地域要因の比較及び個別的要因の比較を行い,当該純収益について適切に補正することが必要である.

ア 総収益の算定及び留意点

(ア) 対象不動産が賃貸用不動産又は賃貸以外の事業の用に供する不動産である場合

賃貸用不動産の総収益は,一般に,支払賃料に預り金的性格を有する保証金等の運用益,賃料の前払的性格を有する権利金等の運用益及び償却額並びに駐車場使用料等のその他収入を加えた額(以下「支払賃料等」という.)とする.賃貸用不動産についてのDCF法の適用に当たっては,特に賃貸借契約の内容並びに賃料及び貸室の稼動率の毎期の変動に留意しなければならない.

賃貸以外の事業の用に供する不動産の総収益は,一般に,売上高とする.ただし,賃貸以外の事業の用に供する不動産であっても,売上高のうち不動産に帰属する部分をもとに求めた支払賃料等相当額,又は,賃貸に供することを想定することができる場合における支払賃料等をもって総収益とすることができる.

なお,賃貸用不動産のうち賃借人により賃貸以外の事業に供されている不動産の総収益の算定及び賃貸以外の事業の用に供する不動産の総収益の算定に当たっては,当該不動産が供されている事業について,その現状と動向に十分留意しなければならない.

(イ) 対象不動産が更地である場合において,当該土地に最有効使用の賃貸用建物等の建築を想定する場合

対象不動産に最有効使用の賃貸用建物等の建設を想定し,当該複合不動産が生み出すであろう総収益を適切に求めるものとする.

イ 総費用の算定及び留意点

賃貸用不動産(ア(イ)の複合不動産を想定する場合を含む.)の総費用は,減価償却費(償却前の純収益を求める場合には,計上しない.),維持管理費(維持費,管理費,修繕費等),公租公課(固定資産税,都市計画税等),損害保険料等の諸経費等を加算して求めるものとする.

賃貸以外の事業の用に供する不動産の総費用は,売上原価,販売費及び一般管理費等を加算して求めるものとする.ただし,賃貸以外の事業の用に供する不動産であっても,売上高のうち不動産に帰属

する部分をもとに求めた支払賃料等相当額,又は,賃貸に供することを想定することができる場合における支払賃料等をもって総収益とした場合,総費用は上記賃貸用不動産の算定の例によるものとする.

なお,DCF法の適用に当たっては,特に保有期間中における大規模修繕費等の費用の発生時期に留意しなければならない.

⑵ 還元利回り及び割引率

① 還元利回り及び割引率の意義

還元利回り及び割引率は,共に不動産の収益性を表し,収益価格を求めるために用いるものであるが,基本的には次のような違いがある.

還元利回りは,直接還元法の収益価格及びDCF法の復帰価格の算定において,一期間の純収益から対象不動産の価格を直接求める際に使用される率であり,将来の収益に影響を与える要因の変動予測と予測に伴う不確実性を含むものである.

割引率は,DCF法において,ある将来時点の収益を現在時点の価値に割り戻す際に使用される率であり,還元利回りに含まれる変動予測と予測に伴う不確実性のうち,収益見通しにおいて考慮された連続する複数の期間に発生する純収益や復帰価格の変動予測に係るものを除くものである.

② 還元利回り及び割引率の算定

ア 還元利回り及び割引率を求める際の留意点

還元利回り及び割引率は,共に比較可能な他の資産の収益性や金融市場における運用利回りと密接な関連があるので,その動向に留意しなければならない.

さらに,還元利回り及び割引率は,地方別,用途的地域別,品等別等によって異なる傾向を持つため,対象不動産に係る地域要因及び個別的要因の分析を踏まえつつ適切に求めることが必要である.

イ 還元利回りを求める方法

還元利回りを求める方法を例示すると次のとおりである.

(ア) 類似の不動産の取引事例との比較から求める方法

この方法は,対象不動産と類似の不動産の取引事例から求められる利回りをもとに,取引時点及び取引事情並びに地域要因及び個別的要因の違いに応じた補正を行うことにより求めるものである.

(イ) 借入金と自己資金に係る還元利回りから求める方法

この方法は,対象不動産の取得の際の資金調達上の構成要素(借入金及び自己資金)に係る各還元利回りを各々の構成割合により加重平均して求めるものである.

(ウ) 土地と建物に係る還元利回りから求める方法

この方法は,対象不動産が建物及びその敷地である場合に,その物理的な構成要素(土地及び建物)に係る各還元利回りを各々の価格の構成割合により加重平均して求めるものである.

(エ) 割引率との関係から求める方法

この方法は,割引率をもとに対象不動産の純収益の変動率を考慮して求めるものである.

ウ 割引率を求める方法

割引率を求める方法を例示すると次のとおりである.

(ア) 類似の不動産の取引事例との比較から求める方法

この方法は,対象不動産と類似の不動産の取引事例から求められる割引率をもとに,取引時点及び取引事情並びに地域要因及び個別的要因の違いに応じた補正を行うことにより求めるものである.

(イ) 借入金と自己資金に係る割引率から求める方法

この方法は,対象不動産の取得の際の資金調達上の構成要素(借入金及び自己資金)に係る各割引率を各々の構成割合により加重平均して求めるものである.

(ウ) 金融資産の利回りに不動産の個別性を加味して求める方法

この方法は,債券等の金融資産の利回りをもとに,対象不動産の投資対象としての危険性,非流動性,管理の困難性,資産としての安全性等の個別性を加味することにより求めるものである.

⑶ 直接還元法及びDCF法の適用のあり方

直接還元法又はDCF法のいずれの方法を適用するかについては,収集可能な資料の範囲,対象不動産の類型及び依頼目的に即して適切に選択することが必要である.

第2節 賃料を求める鑑定評価の手法

不動産の賃料を求める鑑定評価の手法は,新規賃料にあっては積算法,賃貸事例比較法,収益分析法等があり,継続賃料にあっては差額配分法,利回り法,スライド法,賃貸事例比較法等がある.

Ⅰ 賃料を求める場合の一般的留意事項

賃料の鑑定評価は,対象不動産について,賃料の算定の期間に対応して,実質賃料を求めることを原則とし,賃料の算定の期間及び支払いの時期に係る条件並びに権利金,敷金,保証金等の一時金の授受に関する条件が付されて支払賃料を求めることを依頼された場合には,実質賃料とともに,その一部である支払賃料を求めることができるものとする.

1.実質賃料と支払賃料

実質賃料とは,賃料の種類の如何を問わず賃貸人等に支払われる賃料の算定の期間に対応する適正なすべての経済的対価をいい,純賃料及び不動産の賃貸借等を継続するために通常必要とされる諸経費等(以下「必要諸経費等」という.) から成り立つものである.

支払賃料とは,各支払時期に支払われる賃料をいい,契約に当たって,権利金,敷金,保証金等の一時金が授受される場合においては,当該一時金の運用益及び償却額と併せて実質賃料を構成するものである.

なお,慣行上,建物及びその敷地の一部の賃貸借に当たって,水道光熱費,清掃・衛生費,冷暖房費等がいわゆる付加使用料,共益費等の名目で支払われる場合もあるが,これらのうちには実質的に賃料に相当する部分が含まれている場合があることに留意する必要がある.

2.支払賃料の求め方

契約に当たって一時金が授受される場合における支払賃料は,実質賃料から,当該一時金について賃料の前払的性格を有する一時金の運用益及び償却額並びに預り金的性格を有する一時金の運用益を控除して求めるものとする.

なお,賃料の前払的性格を有する一時金の運用益及び償却額については,対象不動産の賃貸借等の持続する期間の効用の変化等に着目し,実態に応じて適切に求めるものとする.

運用利回りは,賃貸借等の契約に当たって授受される一時金の性格,賃貸借等の契約内容並びに対象不動産の種類及び性格等の相違に応じて,当該不動産の期待利回り,不動産の取引利回り,長期預金の金利,国債及び公社債利回り,金融機関の貸出金利等を比較考量して決定するものとする.

3.賃料の算定の期間

鑑定評価によって求める賃料の算定の期間は,原則として,宅地並びに建物及びその敷地の賃料にあっては1月を単位とし,その他の土地にあっては1年を単位とするものとする.

4.継続賃料を求める場合

継続賃料の鑑定評価額は,現行賃料を前提として,契約当事者間で現行賃料を合意しそれを適用した時点(以下「直近合意時点」という.)以降において,公租公課,土地及び建物価格,近隣地域若しくは同一需給圏内の類似地域等における賃料又は同一需給圏内の代替競争不動産の賃料の変動等のほか,賃貸借等の契約の経緯,賃料改定の経緯及び契約内容を総合的に勘案し,契約当事者間の公平に留意の上決定するものである.

Ⅱ 新規賃料を求める鑑定評価の手法

1.積算法

(1) 意 義

積算法は,対象不動産について,価格時点における基礎価格を求め,これに期待利回りを乗じて得た額に必要諸経費等を加算して対象不動産の試算賃料を求める手法である(この手法による試算賃料を積算賃料という.).

積算法は,対象不動産の基礎価格,期待利回り及び必要諸経費等の把握を的確に行い得る場合に有効である.

(2) 適用方法

① 基礎価格

基礎価格とは,積算賃料を求めるための基礎となる価格をいい,原価法及び取引事例比較法により求めるものとする.

② 期待利回り

期待利回りとは,賃貸借等に供する不動産を取得するために要した資本に相当する額に対して期待される純収益のその資本相当額に対する割合をいう.

期待利回りを求める方法については,収益還元法における還元利回りを求める方法に準ずるものとする.この場合において,賃料の有する特性に留意すべきである.

③ 必要諸経費等

不動産の賃貸借等に当たってその賃料に含まれる必要諸経費等としては,次のものがあげられる.

ア 減価償却費(償却前の純収益に対応する期待利回りを用いる場合には,計上しない.)
イ 維持管理費(維持費,管理費,修繕費等)
ウ 公租公課(固定資産税,都市計画税等)
エ 損害保険料(火災,機械,ボイラー等の各種保険)
オ 貸倒れ準備費
カ 空室等による損失相当額

2.賃貸事例比較法

(1) 意 義

賃貸事例比較法は,まず多数の新規の賃貸借等の事例を収集して適切な事例の選択を行い,これらに係る実際実質賃料(実際に支払われている不動産に係るすべての経済的対価をいう.)に必要に応じて事情補正及び時点修正を行い,かつ,地域要因の比較及び個別的要因の比較を行って求められた賃料を比較考量し,これによって対象不動産の試算賃料を求める手法である(この手法による試算賃料を比準賃料という.).

賃貸事例比較法は,近隣地域又は同一需給圏内の類似地域等において対象不動産と類似の不動産の賃貸借等が行われている場合又は同一需給圏内の代替競争不動産の賃貸借等が行われている場合に有効である.

⑵ 適用方法

① 事例の収集及び選択

賃貸借等の事例の収集及び選択については,取引事例比較法における事例の収集及び選択に準ずるものとする.この場合において,賃貸借等の契約の内容について類似性を有するものを選択すべきことに留意しなければならない.

② 事情補正及び時点修正並びに地域要因の比較及び個別的要因の比較

事情補正及び時点修正並びに地域要因の比較及び個別的要因の比較については,取引事例比較法の場合に準ずるものとする.

3.収益分析法

⑴ 意 義

収益分析法は,一般の企業経営に基づく総収益を分析して対象不動産が一定期間に生み出すであろうと期待される純収益(減価償却後のものとし,これを収益純賃料という.)を求め,これに必要諸経費等を加算して対象不動産の試算賃料を求める手法である(この手法による試算賃料を収益賃料という.).

収益分析法は,企業の用に供されている不動産に帰属する純収益を適切に求め得る場合に有効である.

⑵ 適用方法

① 収益純賃料の算定

収益純賃料の算定については,収益還元法における純収益の算定に準ずるものとする.この場合において,賃料の有する特性に留意しなければならない.

② 収益賃料を求める手法

収益賃料は,収益純賃料の額に賃貸借等に当たって賃料に含まれる必要諸経費等を加算することによって求めるものとする.

なお,一般企業経営に基づく総収益を分析して収益純賃料及び必要諸経費等を含む賃料相当額を収益賃料として直接求めることができる場合もある.

Ⅲ 継続賃料を求める鑑定評価の手法

1.差額配分法

⑴ 意 義

差額配分法は,対象不動産の経済価値に即応した適正な実質賃料又は支払賃料と実際実質賃料又は実際支払賃料との間に発生している差額について,契約の内容,契約締結の経緯等を総合的に勘案して,当該差額のうち賃貸人等に帰属する部分を適切に判定して得た額を実際実質賃料又は実際支払賃料に加減して試算賃料を求める手法である.

⑵ 適用方法

① 対象不動産の経済価値に即応した適正な実質賃料は,価格時点において想定される新規賃料であり,積算法,賃貸事例比較法等により求めるものとする.

対象不動産の経済価値に即応した適正な支払賃料は,契約に当たって一時金が授受されている場合については,実質賃料から権利金,敷金,保証金等の一時金の運用益及び償却額を控除することにより求めるものとする.

② 賃貸人等に帰属する部分については,継続賃料固有の価格形成要因に留意しつつ,一般的要因の分析及び地域要因の分析により差額発生の要因を広域的に分析し,さらに対象不動産について契約内容及び契約締結の経緯等に関する分析を行うことにより適切に判断するものとする.

2.利回り法

⑴ 意 義

利回り法は,基礎価格に継続賃料利回りを乗じて得た額に必要諸経費等を加算して試算賃料を求める手法である.

⑵ 適用方法

① 基礎価格及び必要諸経費等の求め方については,積算法に準ずるものとする.

② 継続賃料利回りは,直近合意時点における基礎価格に対する純賃料の割合を踏まえ,継続賃料固有の価格形成要因に留意しつつ,期待利回り,契約締結時及びその後の各賃料改定時の利回り,基礎価格の変動の程度,近隣地域若しくは同一需給圏内の類似地域等における対象不動産と類似の不動産の賃貸借等の事例又は同一需給圏内の代替競争不動産の賃貸借等の事例における利回りを総合的に比較考量して求めるものとする.

3.スライド法

⑴ 意 義

スライド法は,直近合意時点における純賃料に変動率を乗じて得た額に価格時点における必要諸経費等を加算して試算賃料を求める手法である.

なお,直近合意時点における実際実質賃料又は実際支払賃料に即応する適切な変動率が求められる場合には,当該変動率を乗じて得た額を試算賃料として直接求めることができるものとする.

⑵ 適用方法

① 変動率は,直近合意時点から価格時点までの間における経済情勢等の変化に即応する変動分を表すものであり,継続賃料固有の価格形成要因に留意しつつ,土地及び建物価格の変動,物価変動,所得水準の変動等を示す各種指数や整備された不動産インデックス等を総合的に勘案して求めるものとする.

② 必要諸経費等の求め方は,積算法に準ずるものとする.

4.賃貸事例比較法

賃貸事例比較法は,新規賃料に係る賃貸事例比較法に準じて試算賃料を求める手法である.試算賃料を求めるに当たっては,継続賃料固有の価格形成要因の比較を適切に行うことに留意しなければならない.

第8章 鑑定評価の手順

鑑定評価を行うためには,合理的かつ現実的な認識と判断に基づいた一定の秩序的な手順を必要とする.この手順は,一般に鑑定評価の基本的事項の確定,依頼者,提出先等及び利害関係等の確認,処理計画の策定,対象不動産の確認,資料の収集及び整理,資料の検討及び価格形成要因の分析,鑑定評価の手法の適用,試算価格又は試算賃料の調整,鑑定評価額の決定並びに鑑定評価報告書の作成の作業から成っており,不動産の鑑定評価に当たっては,これらを秩序的に実施すべきである.

第1節 鑑定評価の基本的事項の確定

鑑定評価に当たっては,まず,鑑定評価の基本的事項を確定しなければならない.このため,鑑定評価の依頼目的,条件及び依頼が必要となった背景について依頼者に明瞭に確認するものとする.

第2節 依頼者,提出先等及び利害関係等の確認

前節による依頼者への確認においては,あわせて,次に掲げる事項を確認するものとする.

Ⅰ 依頼者並びに鑑定評価書が依頼者以外の者へ提出される場合における当該提出先

及び鑑定評価額が依頼者以外の者へ開示される場合における当該開示の相手方

Ⅱ 関与不動産鑑定士及び関与不動産鑑定業者に係る利害関係等

1.関与不動産鑑定士及び関与不動産鑑定業者の対象不動産に関する利害関係等 関与不動産鑑定士(当該鑑定評価に関与するすべての不動産鑑定士をいう.以下同じ.)及び関与不動産鑑定業者(関与不動産鑑定士の所属する不動産鑑定業者をいう.以下同じ.)について,対象不動産に関する利害関係又は対象不動産に関し利害関係を有する者との縁故若しくは特別の利害関係の有無及びその内容を明らかにしなければならない.

2.依頼者と関与不動産鑑定士及び関与不動産鑑定業者との関係

依頼者と関与不動産鑑定士及び関与不動産鑑定業者との間の特別の資本的関係,人的関係及び取引関係の有無並びにその内容を明らかにしなければならない.

3.提出先等と関与不動産鑑定士及び関与不動産鑑定業者との関係

鑑定評価書が依頼者以外の者へ提出される場合における当該提出先又は鑑定評価額が依頼者以外の者へ開示される場合における当該開示の相手方(以下「提出先等」という.)と関与不動産鑑定士及び関与不動産鑑定業者との間の特別の資本的関係,人的関係及び取引関係の有無並びにその内容を明らかにしなければならない.ただし,提出先等が未定の場合又は明らかとならない場合における当該提出先等については,その旨を明らかにすれば足りる.

Ⅲ 鑑定評価額の公表の有無

第3節 処理計画の策定

処理計画の策定に当たっては,第1節により確定された鑑定評価の基本的事項に基づき,実施すべき作業の性質及び量,処理能力等に即応して,対象不動産の確認,資料の収集及び整理,資料の検討及び価格形成要因の分析,鑑定評価の手法の適用,試算価格又は試算賃料の調整,鑑定評価額の決定等鑑定評価の作業に係る処理計画を秩序的に策定しなければならない.

第4節 対象不動産の確認

対象不動産の確認に当たっては,第1節により確定された対象不動産についてその内容を明瞭にしなければならない.対象不動産の確認は,対象不動産の物的確認及び権利の態様の確認に分けられ,実地調査,聴聞,公的資料の確認等により,的確に行う必要がある.

Ⅰ 対象不動産の物的確認

対象不動産の物的確認に当たっては,土地についてはその所在,地番,数量等を,建物についてはこれらのほか家屋番号,建物の構造,用途等を,それぞれ実地に確認することを通じて,第1節により確定された対象不動産の存否及びその内容を,確認資料(第5節Ⅰ参照)を用いて照合しなければならない.

また,物的確認を行うに当たっては,対象不動産について登記事項証明書等により登記又は登録されている内容とその実態との異同について把握する必要がある.

Ⅱ 権利の態様の確認

権利の態様の確認に当たっては,Ⅰによって物的に確認された対象不動産について,当該不動産に係るすべての権利関係を明瞭に確認することにより,第1節により確定された鑑定評価の対象となる権利の存否及びその内容を,確認資料を用いて照合しなければならない.

第5節 資料の収集及び整理

鑑定評価の成果は,採用した資料によって左右されるものであるから,資料の収集及び整理は,鑑定評価の作業に活用し得るように適切かつ合理的な計画に基づき,実地調査,聴聞,公的資料の確認等により的確に行うものとし,公正妥当を欠くようなことがあってはならない.

鑑定評価に必要な資料は,おおむね次のように分けられる.

Ⅰ 確認資料

確認資料とは,不動産の物的確認及び権利の態様の確認に必要な資料をいう.確認資料としては,登記事項証明書,土地又は建物等の図面,写真,不動産の所在地に関する地図等があげられる.

Ⅱ 要因資料

要因資料とは,価格形成要因に照応する資料をいう.要因資料は,一般的要因に係る一般資料,地域要因に係る地域資料及び個別的要因に係る個別資料に分けられる.一般資料及び地域資料は,平素からできるだけ広くかつ組織的に収集しておくべきである.個別資料は,対象不動産の種類,対象確定条件等案件の相違に応じて適切に収集すべきである.

Ⅲ 事例資料

事例資料とは,鑑定評価の手法の適用に必要とされる現実の取引価格,賃料等に関する資料をいう.事例資料としては,建設事例,取引事例,収益事例,賃貸借等の事例等があげられる.

なお,鑑定評価先例価格は鑑定評価に当たって参考資料とし得る場合があり,売買希望価格等についても同様である.

第６節 資料の検討及び価格形成要因の分析

資料の検討に当たっては,収集された資料についてそれが鑑定評価の作業に活用するために必要にして十分な資料であるか否か,資料が信頼するに足りるものであるか否かについて考察しなければならない.この場合においては,価格形成要因を分析するために,その資料が対象不動産の種類並びに鑑定評価の依頼目的及び条件に即応しているか否かについて検討すべきである.

価格形成要因の分析に当たっては,収集された資料に基づき,一般的要因を分析するとともに,地域分析及び個別分析を通じて対象不動産についてその最有効使用を判定しなければならない.

さらに,価格形成要因について,専門職業家としての注意を尽くしてもなお対象不動産の価格形成に重大な影響を与える要因が十分に判明しない場合には,原則として他の専門家が行った調査結果等を活用することが必要である.ただし,依頼目的や依頼者の事情による制約がある場合には,依頼者の同意を得て,想定上の条件を設定して鑑定評価を行うこと若しくは調査範囲等条件を設定して鑑定評価を行うこと,又は自己の調査分析能力の範囲内で当該要因に係る価格形成上の影響の程度を推定して鑑定評価を行うことができる.この場合,想定上の条件又は調査範囲等条件を設定するためには条件設定に係る一定の要件を満たすことが必要であり,また,推定を行うためには客観的な推定ができると認められることが必要である.

第７節 鑑定評価の手法の適用

鑑定評価の手法の適用に当たっては,鑑定評価の手法を当該案件に即して適切に適用すべきである.この場合,地域分析及び個別分析により把握した対象不動産に係る市場の特性等を適切に反映した複数の鑑定評価の手法を適用すべきであり,対象不動産の種類,所在地の実情,資料の信頼性等により複数の鑑定評価の手法の適用が困難な場合においても,その考え方をできるだけ参酌するように努めるべきである.

第８節 試算価格又は試算賃料の調整

試算価格又は試算賃料の調整とは,鑑定評価の複数の手法により求められた各試算価格又は試算賃料の再吟味及び各試算価格又は試算賃料が有する説得力に係る判断を行い,鑑定評価における最終判断である鑑定評価額の決定に導く作業をいう.

試算価格又は試算賃料の調整に当たっては,対象不動産の価格形成を論理的かつ実証的に説明できるようにすることが重要である.このため,鑑定評価の手順の各段階について,客観的,批判的に再吟味し,その結果を踏まえた各試算価格又は各試算賃料が有する説得力の違いを適切に反映することによりこれを行うものとする.この場合において,特に次の事項に留意すべきである.

Ⅰ 各試算価格又は試算賃料の再吟味

１.資料の選択,検討及び活用の適否

２.不動産の価格に関する諸原則の当該案件に即応した活用の適否

３.一般的要因の分析並びに地域分析及び個別分析の適否

４.各手法の適用において行った各種補正,修正等に係る判断の適否

５.各手法に共通する価格形成要因に係る判断の整合性

６.単価と総額との関連の適否

Ⅱ 各試算価格又は試算賃料が有する説得力に係る判断

１.対象不動産に係る地域分析及び個別分析の結果と各手法との適合性

２.各手法の適用において採用した資料の特性及び限界からくる相対的信頼性

第９節 鑑定評価額の決定

第１節から第８節で述べた手順を十分に尽した後,専門職業家としての良心に従い適正と判断される鑑定評価額を決定すべきである.

この場合において,地価公示法施行規則第１条第１項に規定する国土交通大臣が定める公示区域において土地の正常価格を求めるときは,公示価格を規

準としなければならない.

第10節 鑑定評価報告書の作成

鑑定評価額が決定されたときは,鑑定評価報告書を作成するものとする.

第9章 鑑定評価報告書

鑑定評価報告書は,不動産の鑑定評価の成果を記載した文書であり,不動産鑑定士が自己の専門的学識と経験に基づいた判断と意見を表明し,その責任を明らかにすることを目的とするものである.

第1節 鑑定評価報告書の作成指針

鑑定評価報告書は,鑑定評価の基本的事項及び鑑定評価額を表し,鑑定評価額を決定した理由を説明し,その不動産の鑑定評価に関与した不動産鑑定士の責任の所在を示すことを主旨とするものであるから,鑑定評価報告書の作成に当たっては,まずその鑑定評価の過程において採用したすべての資料を整理し,価格形成要因に関する判断,鑑定評価の手法の適用に係る判断等に関する事項を明確にして,これに基づいて作成すべきである.

鑑定評価報告書の内容は,不動産鑑定業者が依頼者に交付する鑑定評価書の実質的な内容となるものである.したがって,鑑定評価報告書は,鑑定評価書を通じて依頼者のみならず第三者に対しても影響を及ぼすものであり,さらには不動産の適正な価格の形成の基礎となるものであるから,その作成に当たっては,誤解の生ずる余地を与えないよう留意するとともに,特に鑑定評価額の決定の理由については,依頼者のみならず第三者に対して十分に説明し得るものとするように努めなければならない.

第3節 附属資料

対象不動産等の所在を明示した地図,土地又は建物等の図面,写真等の確認資料,事例資料等は,必要に応じて鑑定評価報告書に添付するものとする.

なお,他の専門家が行った調査結果等を活用するために入手した調査報告書等の資料についても,必要に応じて,附属資料として添付するものとする.ただし,当該他の専門家の同意が得られないときは,この限りでない.

各 論(略)

15 地価公示法(抄)

昭44・6・23法律第49号,昭44・7・1施行
最終改正:平26・5・30法律第42号

第1章 総 則

(目 的)

第1条 この法律は,都市及びその周辺の地域等において,標準地を選定し,その正常な価格を公示することにより,一般の土地の取引価格に対して指標を与え,及び公共の利益となる事業の用に供する土地に対する適正な補償金の額の算定等に資し,もつて適正な地価の形成に寄与することを目的とする.

(土地の取引を行なう者の責務)

第1条の2 都市及びその周辺の地域等において,土地の取引を行なう者は,取引の対象土地に類似する利用価値を有すると認められる標準地について公示された価格を指標として取引を行なうよう努めなければならない.

第2章 地価の公示の手続

(標準地の価格の判定等)

第2条 ① 土地鑑定委員会は,都市計画法(昭和43年法律第100号)第4条第2項に規定する都市計画区域その他の土地取引が相当程度見込まれるものとして国土交通省令で定める区域(国土利用計画法(昭和49年法律第92号)第12条第1項の規定により指定された規制区域を除く.以下「公示区域」という.)内の標準地について,毎年1回,国土交通省令で定めるところにより,2人以上の不動産鑑定士の鑑定評価を求め,その結果を審査し,必要な調整を行つて,一定の基準日における当該標準地の単位面積当たりの正常な価格を判定し,これを公示するものとする.

② 前項の「正常な価格」とは,土地について,自由な取引が行なわれるとした場合におけるその取引(農地,採草放牧地又は森林の取引(農地,採草放牧地及び森林以外のものとするための取引を除く.)を除く.)において通常成立すると認められる価格(当該土地に建物その他の定着物がある場合又は当該土地に関して地上権その他当該土地の使用若しくは収益を制限する権利が存する場合には,これらの定着物又は権利が存しないものとして通常成立すると認められる価格)をいう.

(標準地の選定)

第3条 前条第1項の標準地は,土地鑑定委員会が,国土交通省令で定めるところにより,自然的及び社会的条件からみて類似の利用価値を有すると認められる地域において,土地の利用状況,環境等が通常と認められる一団の土地について選定するものとする.

(標準地についての鑑定評価の基準)

第4条 不動産鑑定士は,第2条第1項の規定により標準地の鑑定評価を行うにあたつては,国土交通省令で定めるところにより,近傍類地の取引価格から算定される推定の価格,近傍類地の地代等から算定される推定の価格及び同等の効用を有する土地の造成に要する推定の費用の額を勘案してこれを行わなければならない.

(鑑定評価書の提出)

第5条 第2条第1項の規定により標準地の鑑定評価を行つた不動産鑑定士は,土地鑑定委員会に対し,鑑定評価額その他の国土交通省令で定める事項を記載した鑑定評価書を提出しなければならない.

(標準地の価格等の公示)

第6条 土地鑑定委員会は,第2条第1項の規定により標準地の単位面積当たりの正常な価格を判定したときは,すみやかに,次に掲げる事項を官報で公示しなければ

ならない．
1 標準地の所在の郡，市，区，町村及び字並びに地番
2 標準地の単位面積当たりの価格及び価格判定の基準日
3 標準地の地積及び形状
4 標準地及びその周辺の土地の利用の現況
5 その他国土交通省令で定める事項

（公示に係る事項を記載した書面等の送付及び閲覧）
第7条 ① 土地鑑定委員会は，前条の規定による公示をしたときは，速やかに，関係市町村（特別区を含むものとし，地方自治法（昭和22年法律第67号）第252条の19第1項の指定都市にあつては，当該市の区又は総合区．次項において同じ．）の長に対して，公示した事項のうち当該市町村が属する都道府県に存する標準地に係る部分を記載した書面及び当該標準地の所在を表示する図面を送付しなければならない．
② 関係市町村の長は，政令で定めるところにより，前項の図書を当該市町村の事務所において一般の閲覧に供しなければならない．
③ 前項の規定により市町村（特別区を含む．）が処理することとされている事務は，地方自治法第2条第9項第1号に規定する第1号法定受託事務とする．

◆ 第3章 公示価格の効力

（不動産鑑定士の土地についての鑑定評価の準則）
第8条 不動産鑑定士は，公示区域内の土地について鑑定評価を行う場合において，当該土地の正常な価格（第2条第2項に規定する正常な価格をいう．）を求めるときは，第6条の規定により公示された標準地の価格（以下「公示価格」という．）を規準としなければならない．

（公共事業の用に供する土地の取得価格の算定の準則）
第9条 土地収用法（昭和26年法律第219号）その他の法律によつて土地を収用することができる事業を行う者は，公示区域内の土地を当該事業の用に供するため取得する場合（当該土地に関して地上権その他当該土地の使用又は収益を制限する権利が存する場合においては，当該土地を取得し，かつ，当該権利を消滅させる場合）において，当該土地の取得価格（当該土地に関して地上権その他当該土地の使用又は収益を制限する権利が存する場合においては，当該権利を消滅させるための対価を含む．）を定めるときは，公示価格を規準としなければならない．

（収用する土地に対する補償金の額の算定の準則）
第10条 土地収用法第71条の規定により，公示区域内の土地について，当該土地に対する同法第71条の事業の認定の告示の時における相当な価格を算定するときは，公示価格を規準として算定した当該土地の価格を考慮しなければならない．

（公示価格を規準とすることの意義）
第11条 前3条の場合において，公示価格を規準とするとは，対象土地の価格（当該土地に建物その他の定着物がある場合又は当該土地に関して地上権その他当該土地の使用若しくは収益を制限する権利が存する場合には，これらの定着物又は権利が存しないものとして成立すると認められる価格）を求めるに際して，当該対象土地とこれに類似する利用価値を有すると認められる1又は2以上の標準地との位置，地積，環境等の土地の客観的価値に作用する諸要因についての比較を行ない，その結果に基づき，当該標準地の公示価格と当該対象土地の価格との間に均衡を保たせることをいう．

◆ 第4章 土地鑑定委員会

（設置等）
第12条 ① この法律及び不動産の鑑定評価に関する法律（昭和38年法律第152号．不動産鑑定士特例試験及び不動産鑑定士補特例試験に関する法律（昭和45年法律第15号）第12条において準用する場合を含む．）に基づく権限を行わせるため，国土交通省に，土地鑑定委員会（以下「委員会」という．）を置く．
② 委員会は，その所掌事務を行うため必要があると認めるときは，関係行政機関の長及び関係地方公共団体に対し，資料の提出，意見の開陳，説明その他必要な協力を求めることができる．
第13条 削除

（組 織）
第14条 ① 委員会は，委員7人をもつて組織する．
② 委員のうち6人は，非常勤とする．

（委 員）
第15条 ① 委員は，不動産の鑑定評価に関する事項又は土地に関する制度について学識経験を有する者のうちから，両議院の同意を得て，国土交通大臣が任命する．

（秘密を守る義務）
第24条 第2条第1項の規定により標準地の鑑定評価を行つた不動産鑑定士は，正当な理由がなく，その鑑定評価に際して知ることのできた秘密を漏らしてはならない．

（鑑定評価命令）
第25条 ① 委員会は，第2条第1項の鑑定評価のため必要があると認めるときは，不動産鑑定士に対し，標準地の鑑定評価を命ずることができる．
② 前項の規定に基づく命令により標準地の鑑定評価を行つた不動産鑑定士に対しては，国土交通省令で定めるところにより，旅費及び報酬を支給する．

（不動産の鑑定評価に関する法律の特例）
第26条 不動産鑑定士が第2条第1項の規定により行う標準地の鑑定評価についての不動産の鑑定評価に関する法律の適用に関しては，当該標準地の鑑定評価は，同法第2条第2項に規定する不動産の鑑定評価に含まれないものとする．

（国土審議会の調査審議等）
第26条の2 ① 国土審議会は，国土交通大臣の諮問に応じ，不動産の鑑定評価に関する重要事項を調査審議する．
② 国土審議会は，前項に規定する重要事項について，国土交通大臣に意見を述べることができる．

16 地方税法(抄)

昭25・7・31法律第226号,昭25・7・31施行
最終改正：令2・3・31法律第5号

◈第1章 総則

第1節 通則

（用語）

第1条 ① この法律において,次の各号に掲げる用語の意義は,当該各号に定めるところによる.

1 地方団体　道府県又は市町村をいう.
2 地方団体の長　道府県知事又は市町村長をいう.
3 徴税吏員　道府県知事若しくはその委任を受けた道府県職員又は市町村長若しくはその委任を受けた市町村職員をいう.
4 地方税　道府県税又は市町村税をいう.
5 標準税率　地方団体が課税する場合に通常よるべき税率でその財政上その他の必要があると認める場合においては,これによることを要しない税率をいい,総務大臣が地方交付税の額を定める際に基準財政収入額の算定の基礎として用いる税率とする.
6 納税通知書　納税者が納付すべき地方税について,その賦課の根拠となつた法律及び当該地方団体の条例の規定,納税者の住所及び氏名,課税標準額,税率,税額,納期,各納期における納付額,納付の場所並びに納期限までに税金を納付しなかつた場合において執られるべき措置及び賦課に不服がある場合における救済の方法を記載した文書で当該地方団体が作成するものをいう.
7 普通徴収　徴税吏員が納税通知書を当該納税者に交付することによつて地方税を徴収することをいう.
8 申告納付　納税者がその納付すべき地方税の課税標準額及び税額を申告し,及びその申告した税金を納付することをいう.
9 特別徴収　地方税の徴収について便宜を有する者にこれを徴収させ,且つ,その徴収すべき税金を納入させることをいう.
10 特別徴収義務者　特別徴収によつて地方税を徴収し,且つ,納入する義務を負う者をいう.

② この法律中道府県に関する規定は都に,市町村に関する規定は特別区に準用する.この場合においては,「道府県」,「道府県税」,「道府県民税」,「道府県たばこ税」,「道府県知事」又は「道府県職員」とあるのは,それぞれ「都」,「都税」,「都民税」,「都たばこ税」,「都知事」又は「都職員」と,「市町村」,「市町村税」,「市町村民税」,「市町村たばこ税」,「市町村長」又は「市町村職員」とあるのは,それぞれ「特別区」,「特別区税」,「特別区民税」,「特別区たばこ税」,「特別区長」又は「特別区職員」と読み替えるものとする.

（道府県が課することができる税目）

第4条 ① 道府県税は,普通税及び目的税とする.

② 道府県は,普通税として,次に掲げるものを課するものとする.ただし,徴収に要すべき経費が徴収すべき税額に比して多額であると認められるものその他特別の事情があるものについては,この限りでない.

1 道府県民税
2 事業税
3 地方消費税
4 不動産取得税
5 道府県たばこ税
6 ゴルフ場利用税
7 自動車取得税
8 軽油引取税
9 自動車税
10 鉱区税

③ 道府県は,前項各号に掲げるものを除くほか,別に税目を起こして,普通税を課することができる.

（市町村が課することができる税目）

第5条 ① 市町村税は,普通税及び目的税とする.

② 市町村は,普通税として,次に掲げるものを課するものとする.ただし,徴収に要すべき経費が徴収すべき税額に比して多額であると認められるものその他特別の事情があるものについては,この限りでない.

1 市町村民税
2 固定資産税
3 軽自動車税
4 市町村たばこ税
5 鉱産税
6 特別土地保有税

③ 市町村は,前項に掲げるものを除く外,別に税目を起して,普通税を課することができる.

④ 鉱泉浴場所在の市町村は,目的税として,入湯税を課するものとする.

⑤ 指定都市等（第701条の31第1項第1号の指定都市等をいう.）は,目的税として,事業所税を課するものとする.

⑥ 市町村は,前2項に規定するものを除くほか,目的税として,次に掲げるものを課することができる.

1 都市計画税
2 水利地益税
3 共同施設税
4 宅地開発税
5 国民健康保険税

⑦ 市町村は,第4項及び第5項に規定するもの並びに前項各号に掲げるものを除くほか,別に税目を起こして,目的税を課することができる.

第3節 連帯納税義務等

第10条の2 ① 共有物,共同使用物,共同事業,共同事業により生じた物件又は共同行為に対する地方団体の徴収金は,納税者が連帯して納付する義務を負う.

② 共有物,共同使用物,共同事業又は共同行為に係る地方団体の徴収金は,特別徴収義務者である共有者,共同使用者,共同事業者又は共同行為者が連帯して納入する義務を負う.

③ 事業の法律上の経営者が単なる名義人であつて，当該経営者の親族その他当該経営者と特殊の関係のある個人で政令で定めるもの（以下本項において「親族等」という.）が事実上当該事業を経営していると認められる場合においては，前項の規定の適用については，当該経営者と当該親族等とは，共同事業者とみなす.

◈ 第2章 道府県の普通税

（地方消費税の課税標準額の端数計算の特例）

第72条の82 地方消費税については，第20条の4の2第1項の規定にかかわらず，消費税額を課税標準額とする.

（地方消費税の税率）

第72条の83 地方消費税の税率は，63分の17とする.

第4節 不動産取得税

第1款 通 則

（不動産取得税に関する用語の意義）

第73条 不動産取得税について，次の各号に掲げる用語の意義は，それぞれ当該各号に定めるところによる.

1 不動産 土地及び家屋を総称する.

2 土地 田，畑，宅地，塩田，鉱泉地，池沼，山林，牧場，原野その他の土地をいう.

3 家屋 住宅，店舗，工場，倉庫その他の建物をいう.

4 住宅 人の居住の用に供する家屋又は家屋のうち人の居住の用に供する部分で，政令で定めるものをいう.

5 価格 適正な時価をいう.

6 建築 家屋を新築し，増築し，又は改築することをいう.

7 増築 家屋の床面積又は体積を増加することをいう.

8 改築 家屋の壁，柱，床，はり，屋根，天井，基礎，昇降の設備その他家屋と一体となつて効用を果たす設備で政令で定めるものについて行われた取替え又は取付けで，その取替え又は取付けのための支出が資本的支出と認められるものをいう.

（不動産取得税の納税義務者等）

第73条の2 ① 不動産取得税は，不動産の取得に対し，当該不動産所在の道府県において，当該不動産の取得者に課する.

② 家屋が新築された場合には，当該家屋について最初の使用又は譲渡（独立行政法人都市再生機構，地方住宅供給公社又は家屋を新築して譲渡することを業とする者で政令で定めるものが注文者である家屋の新築に係る請負契約に基づく当該注文者に対する請負人からの譲渡が当該家屋の新築後最初に行われた場合には，当該譲渡の後最初に行われた使用又は譲渡.以下この項において同じ.）が行われた日において家屋の取得があつたものとみなし，当該家屋の所有者又は譲受人を取得者とみなして，これに対して不動産取得税を課する.ただし，家屋が新築された日から6月を経過して，なお，当該家屋について最初の使用又は譲渡が行われない場合には，当該家屋が新築された日から6月を経過した日において家屋の取得があつたものとみなし，当該家屋の所有者を取得者とみなして，これに対して不動産取得税を課する.

③ 家屋を改築したことにより，当該家屋の価格が増加した場合には，当該改築をもつて家屋の取得とみなして，不動産取得税を課する.

（用途による不動産取得税の非課税）

第73条の4 道府県は，次の各号に規定する者が不動産をそれぞれ当該各号に掲げる不動産として使用するために取得した場合には，当該不動産の取得に対しては，不動産取得税を課することができない.

1 独立行政法人郵便貯金簡易生命保険管理・郵便局ネットワーク支援機構，独立行政法人水資源機構，独立行政法人鉄道建設・運輸施設整備支援機構，日本放送協会，土地改良区，土地改良区連合，国立研究開発法人日本原子力研究開発機構，国立研究開発法人理化学研究所及び国立研究開発法人量子科学技術研究開発機構が直接その本来の事業の用に供する不動産で政令で定めるもの

2 宗教法人が専らその本来の用に供する宗教法人法（昭和26年法律第126号）第3条に規定する境内建物及び境内地（旧宗教法人令（昭和20年勅令第719号）の規定による宗教法人のこれに相当する建物及び土地を含む.）

3 学校法人又は私立学校法第64条第4項の法人（以下この号において「学校法人等」という.）がその設置する学校において直接保育又は教育の用に供する不動産（第4号の4に該当するものを除く.），学校法人等がその設置する寄宿舎で学校教育法（昭和22年法律第26号）第1条の学校又は同法第124条の専修学校に係るものにおいて直接その用に供する不動産，公益社団法人若しくは公益財団法人，宗教法人又は社会福祉法人がその設置する幼稚園において直接保育の用に供する不動産（同号に該当するものを除く.）及び公益社団法人若しくは公益財団法人で職業能力開発促進法（昭和44年法律第64号）第24条の規定による認定職業訓練を行うことを目的とするもの又は職業訓練法人で政令で定めるもの若しくは都道府県職業能力開発協会がその職業訓練施設において直接職業訓練の用に供する不動産並びに公益社団法人又は公益財団法人がその設置する図書館において直接その用に供する不動産及び公益社団法人若しくは公益財団法人又は宗教法人がその設置する博物館法第2条第1項の博物館において直接その用に供する不動産

（形式的な所有権の移転等に対する不動産取得税の非課税）

第73条の7 道府県は，次に掲げる不動産の取得に対しては，不動産取得税を課することができない.

1 相続（包括遺贈及び被相続人から相続人に対してなされた遺贈を含む.）による不動産の取得

2 法人の合併又は政令で定める分割による不動産の取得

2の2 法人が新たに法人を設立するために現物出資（現金出資をする場合における当該出資の額に相当

する資産の譲渡を含む.）を行う場合（政令で定める場合に限る.）における不動産の取得

２の３ 共有物の分割による不動産の取得（当該不動産の取得者の分割前の当該共有物に係る持分の割合を超える部分の取得を除く.）

２の４ 会社更生法（平成14年法律第154号）第183条（金融機関等の更生手続の特例等に関する法律（平成８年法律第95号.以下この号において「更生特例法」という.）第104条又は第273条において準用する場合を含む.），更生特例法第103条第１項（更生特例法第346条において準用する場合を含む.）又は更生特例法第272条（更生特例法第363条において準用する場合を含む.）の規定により更生計画において株式会社，協同組織金融機関（更生特例法第２条第２項に規定する協同組織金融機関をいう.以下この号において同じ.）又は相互会社（更生特例法第２条第６項に規定する相互会社をいう.以下この号において同じ.）から新株式会社，新協同組織金融機関又は新相互会社に移転すべき不動産を定めた場合における新株式会社，新協同組織金融機関又は新相互会社の当該不動産の取得

３ 委託者から受託者に信託財産を移す場合における不動産の取得（当該信託財産の移転が第73条の２第２項本文の規定に該当する場合における不動産の取得を除く.）

４ 信託の効力が生じた時から引き続き委託者のみが信託財産の元本の受益者である信託により受託者から当該受益者（次のいずれかに該当する者に限る.）に信託財産を移す場合における不動産の取得

イ 当該信託の効力が生じた時から引き続き委託者である者

ロ 当該信託の効力が生じた時における委託者から第１号に規定する相続をした者

ハ 当該信託の効力が生じた時における委託者が合併により消滅した場合における当該合併後存続する法人又は当該合併により設立された法人

ニ 当該信託の効力が生じた時における委託者が第２号に規定する政令で定める分割をした場合における当該分割により設立された法人又は当該分割により事業を承継した法人

第２款　課税標準及び税率

（不動産取得税の課税標準）

第73条の13 ① 不動産取得税の課税標準は，不動産を取得した時における不動産の価格とする.

② 家屋の改築をもつて家屋の取得とみなした場合に課する不動産取得税の課税標準は，当該改築に因り増加した価格とする.

（不動産取得税の課税標準の特例）

第73条の14 ① 住宅の建築（新築された住宅でまだ人の居住の用に供されたことのないものの購入を含むものとし，政令で定めるものに限る.）をした場合における当該住宅の取得に対して課する不動産取得税の課税標準の算定については，一戸（共同住宅，寄宿舎その他これらに類する多数の人の居住の用に供する住宅（以下不動産取得税において「共同住宅等」という.）にあつては，居住の用に供するために独立的に区画された一の部分で政令で定めるもの）について1200万円を価格から控除するものとする.

② 共同住宅等以外の住宅の建築（新築された住宅でまだ人の居住の用に供されたことのないものの購入を含む.以下この項及び第４項において同じ.）をした者が，当該住宅の建築後１年以内にその住宅と一構となるべき住宅を新築し，又はその住宅に増築した場合には，前後の住宅の建築をもつて一戸の住宅の建築とみなして，前項の規定を適用する.

③ 個人が自己の居住の用に供する耐震基準適合既存住宅（既存住宅（新築された住宅でまだ人の居住の用に供されたことのないもの以外の住宅で政令で定めるものをいう.第73条の24第３項において同じ.）のうち地震に対する安全性に係る基準として政令で定める基準（第73条の27の２第１項において「耐震基準」という.）に適合するものとして政令で定めるものをいう.第73条の24第２項及び第３項において同じ.）を取得した場合における当該住宅の取得に対して課する不動産取得税の課税標準の算定については，一戸について，当該住宅が新築された時において施行されていた地方税法第73条の14第１項の規定により控除するものとされていた額を価格から控除するものとする.

④ 第１項及び前項の規定は，当該住宅の取得者から，当該道府県の条例で定めるところにより，当該住宅の取得につきこれらの規定の適用があるべき旨の申告がなされた場合に限り適用するものとする.この場合において，当該住宅が，住宅の建築後１年以内に，その住宅と一構となるべき住宅として新築された住宅であるとき，又はその住宅に増築された住宅であるときは，最初の住宅の建築に係る住宅の取得につき，第１項の規定の適用があるべき旨の申告がなされていたときに限り，適用するものとする.

⑤ 公営住宅及びこれに準ずる住宅（以下この項において「公営住宅等」という.）を地方公共団体から当該公営住宅等の入居者又は入居者の組織する団体が譲渡を受けた場合における当該公営住宅等の取得に対して課する不動産取得税の課税標準の算定については，当該譲渡に係る住宅をもつて建築に係る住宅とみなして，第１項の規定を適用する.

（不動産取得税の税率）

第73条の15 不動産取得税の標準税率は，100分の４とする.

（不動産取得税の免税点）

第73条の15の２ ① 道府県は，不動産取得税の課税標準となるべき額が，土地の取得にあつては10万円，家屋の取得のうち建築に係るものにあつては一戸（共同住宅等にあつては，居住の用に供するために独立的に区画された一の部分をいう.以下本条において同じ.）につき23万円，その他のものにあつては一戸につき12万円に満たない場合においては，不動産取得税を課することができない.

② 土地を取得した者が当該土地を取得した日から１年以内に当該土地に隣接する土地を取得した場合又は家屋を取得した者が当該家屋を取得した日から１年以内に当該家屋と一構となるべき家屋を取得した場合においては,それぞれその前後の取得に係る土地又は家屋の取得をもつて一の土地の取得又は一戸の家屋の取得とみなして,前項の規定を適用する.

第３款 賦課及び徴収

(不動産取得税の納期)

第73条の16 不動産取得税の納期については,当該道府県の条例の定めるところによる.

(不動産取得税の徴収の方法)

第73条の17 ① 不動産取得税の徴収については,普通徴収の方法によらなければならない.

② 不動産取得税を徴収しようとする場合において納税者に交付すべき納税通知書は,遅くとも,その納期限前10日までに納税者に交付しなければならない.

(不動産取得税の賦課徴収に関する申告又は報告の義務)

第73条の18 ① 不動産を取得した者は,当該道府県の条例の定めるところによつて,不動産の取得の事実その他不動産取得税の賦課徴収に関し同条例で定める事項を申告し,又は報告しなければならない.

② 前項の規定による申告又は報告は,文書をもつてし,当該不動産の所在地の市町村長を経由しなければならない.

(不動産の価格の決定等)

第73条の21 ① 道府県知事は,固定資産課税台帳に固定資産の価格が登録されている不動産については,当該価格により当該不動産に係る不動産取得税の課税標準となるべき価格を決定するものとする.但し,当該不動産について増築,改築,損かい,地目の変換その他特別の事情がある場合において当該固定資産の価格により難いときは,この限りでない.

② 道府県知事は,固定資産課税台帳に固定資産の価格が登録されていない不動産又は前項但書の規定に該当する不動産については,第388条第１項の固定資産評価基準によつて,当該不動産に係る不動産取得税の課税標準となるべき価格を決定するものとする.

③ 道府県知事は,前項の規定によつて不動産の価格を決定した場合においては,直ちに,当該価格その他必要な事項を当該不動産の所在地の市町村長に通知しなければならない.

④ 道府県知事は,不動産取得税の課税標準となるべき価格の決定を行つた結果,固定資産課税台帳に登録されている不動産の価格について,市町村間に不均衡を認めた場合においては,理由を附けて,関係市町村の長に対し,固定資産税の課税標準となるべき価格の決定について助言をするものとする.

(住宅の用に供する土地の取得に対する不動産取得税の減額)

第73条の24 ① 道府県は,次の各号のいずれかに該当する場合には,当該土地の取得に対して課する不動産取得税については,当該税額から150万円（当該土地に係る不動産取得税の課税標準となるべき価格を当該土地の面積の平方メートルで表した数値で除して得た額に当該土地の上に新築した住宅（政令で定める住宅に限る.以下この条において「特例適用住宅」という.）一戸（共同住宅等にあつては,居住の用に供するために独立的に区画された一の部分で政令で定めるもの）についてその床面積の２倍の面積の平方メートルで表した数値（当該数値が200を超える場合には,200とする.）を乗じて得た金額が150万円を超えるときは,当該乗じて得た金額）に税率を乗じて得た額を減額するものとする.

1 土地を取得した日から２年以内に当該土地の上に特例適用住宅が新築された場合（当該取得をした者（以下この号において「取得者」という.）が当該土地を当該特例適用住宅の新築の時まで引き続き所有している場合又は当該特例適用住宅の新築が当該取得者から当該土地を取得した者により行われる場合に限る.）

2 土地を取得した者が当該土地を取得した日前１年の期間内に当該土地の上に特例適用住宅を新築していた場合

3 新築された特例適用住宅でまだ人の居住の用に供されたことのないもの及び当該特例適用住宅の用に供する土地を当該特例適用住宅が新築された日から１年以内に取得した場合

② 道府県は,次の各号のいずれかに該当する場合には,当該土地の取得に対して課する不動産取得税については,当該税額から150万円（当該土地に係る不動産取得税の課税標準となるべき価格を当該土地の面積の平方メートルで表した数値で除して得た額に当該土地の上にある耐震基準適合既存住宅等（耐震基準適合既存住宅及び新築された特例適用住宅でまだ人の居住の用に供されたことのないもののうち当該特例適用住宅に係る土地について前項の規定の適用を受けるもの以外のものをいう.以下この項において同じ.）一戸についてその床面積の２倍の面積の平方メートルで表した数値（当該数値が200を超える場合には,200とする.）を乗じて得た金額が150万円を超えるときは,当該乗じて得た金額）に税率を乗じて得た額を減額するものとする.

1 土地を取得した者が当該土地を取得した日から１年以内に当該土地の上にある自己の居住の用に供する耐震基準適合既存住宅等を取得した場合

2 土地を取得した者が当該土地を取得した日前１年の期間内に当該土地の上にある自己の居住の用に供する耐震基準適合既存住宅等を取得していた場合

③ 道府県は,次の各号のいずれかに該当する場合には,当該土地の取得に対して課する不動産取得税については,当該税額から150万円（当該土地に係る不動産取得税の課税標準となるべき価格を当該土地の面積の平方メートルで表した数値で除して得た額に当該土地の上にある耐震基準不適合既存住宅（既存住宅のうち耐震基準適合既存住宅以外のものをいう.以下この条から第73条の27の２までにおいて同じ.）一戸についてそ

の床面積の２倍の面積の平方メートルで表した数値（当該数値が200を超える場合には,200とする.）を乗じて得た金額が150万円を超えるときは,当該乗じて得た金額）に税率を乗じて得た額を減額するものとする.

1 土地を取得した者が当該土地を取得した日から１年以内に当該土地の上にある耐震基準不適合既存住宅を取得した場合（当該耐震基準不適合既存住宅の取得が第73条の27の２第１項の規定に該当する場合に限る.）

2 土地を取得した者が当該土地を取得した日前１年の期間内に当該土地の上にある耐震基準不適合既存住宅を取得していた場合（当該耐震基準不適合既存住宅の取得が第73条の27の２第１項の規定に該当する場合に限る.）

④ 土地を取得した者が当該土地を取得した日から１年以内に当該土地に隣接する土地を取得した場合には,前後の取得に係る土地の取得をもつて一の土地の取得と,最初に土地を取得した日をもつてこれらの土地を取得した日とみなして,前３項の規定を適用する.

⑤ 第１項から第３項までの規定は,当該土地の取得に対して課する不動産取得税につき次条第１項の規定により徴収猶予がなされた場合その他政令で定める場合を除き,当該土地の取得者から,当該道府県の条例で定めるところにより,当該土地の取得につきこれらの規定の適用があるべき旨の申告がなされた場合に限り適用するものとする.この場合において,当該土地が,土地を取得した日から１年以内に取得したその土地に隣接する土地であるときは,最初の取得に係る土地の取得につき,これらの規定の適用があるべき旨の申告がなされていたときに限り,適用するものとする.

◈ 第３章 市町村の普通税

第２節 固定資産税

第１款 通 則

（固定資産税に関する用語の意義）

第341条 固定資産税について,次の各号に掲げる用語の意義は,それぞれ当該各号に定めるところによる.

1 固定資産 土地,家屋及び償却資産を総称する.

2 土地 田,畑,宅地,塩田,鉱泉地,池沼,山林,牧場,原野その他の土地をいう.

3 家屋 住家,店舗,工場（発電所及び変電所を含む.）,倉庫その他の建物をいう.

4 償却資産 土地及び家屋以外の事業の用に供することができる資産（鉱業権,漁業権,特許権その他の無形減価償却資産を除く.）でその減価償却額又は減価償却費が法人税法又は所得税法の規定による所得の計算上損金又は必要な経費に算入されるもののうちその取得価額が少額である資産その他の政令で定める資産以外のもの（これに類する資産で法人税又は所得税を課されない者が所有するものを含む.）をいう.ただし,自動車税の課税客体である自動車並びに軽自動車税の課税客体である原動機付自転車,軽自動車,小型特殊自動車及び二輪の小型自動車を除くものとする.

5 価格 適正な時価をいう.

6 基準年度 昭和31年度及び昭和33年度並びに昭和33年度から起算して３年度又は３の倍数の年度を経過したごとの年度をいう.

7 第２年度 基準年度の翌年度をいう.

8 第３年度 第２年度の翌年度（昭和33年度を除く.）をいう.

9 固定資産課税台帳 土地課税台帳,土地補充課税台帳,家屋課税台帳,家屋補充課税台帳及び償却資産課税台帳を総称する.

10 土地課税台帳 登記簿に登記されている土地について第381条第１項に規定する事項を登録した帳簿をいう.

11 土地補充課税台帳 登記簿に登記されていない土地でこの法律の規定によつて固定資産税を課することができるものについて第381条第２項に規定する事項を登録した帳簿をいう.

12 家屋課税台帳 登記簿に登記されている家屋（建物の区分所有等に関する法律第２条第３項の専有部分の属する家屋（同法第４条第２項の規定により共用部分とされた附属の建物を含む.以下「区分所有に係る家屋」という.）の専有部分が登記簿に登記されている場合においては,当該区分所有に係る家屋とする.以下固定資産税について同様とする.）について第381条第３項に規定する事項を登録した帳簿をいう.

13 家屋補充課税台帳 登記簿に登記されている家屋以外の家屋でこの法律の規定によつて固定資産税を課することができるものについて第381条第４項に規定する事項を登録した帳簿をいう.

14 償却資産課税台帳 償却資産について第381条第５項に規定する事項を登録した帳簿をいう.

（固定資産税の課税客体等）

第342条 ① 固定資産税は,固定資産に対し,当該固定資産所在の市町村において課する.

② 償却資産のうち船舶,車両その他これらに類する物件については,第389条第１項第１号の規定の適用がある場合を除き,その主たる定けい場又は定置場所在の市町村を前項の市町村とし,船舶についてその主たる定けい場が不明である場合においては,定けい場所在の市町村で船籍港があるものを主たる定けい場所在の市町村とみなす.

（固定資産税の納税義務者等）

第343条 ① 固定資産税は,固定資産の所有者（質権又は100年より永い存続期間の定めのある地上権の目的である土地については,その質権者又は地上権者とする.以下固定資産税について同様とする.）に課する.

② 前項の所有者とは,土地又は家屋については,登記簿又は土地補充課税台帳若しくは家屋補充課税台帳に所有者（区分所有に係る家屋については,当該家屋に係る建物の区分所有等に関する法律第２条第２項の区分所有者とする.以下固定資産税について同様とする.）として登記又は登録がされている者をいう.この場合

において,所有者として登記又は登録がされている個人が賦課期日前に死亡しているとき,若しくは所有者として登記又は登録がされている法人が同日前に消滅しているとき,又は所有者として登記されている第348条第1項の者が同日前に所有者でなくなつているときは,同日において当該土地又は家屋を現に所有している者をいうものとする.

③ 第1項の所有者とは,償却資産については,償却資産課税台帳に所有者として登録されている者をいう.

④ 市町村は,固定資産の所有者の所在が震災,風水害,火災その他の事由により不明である場合には,その使用者を所有者とみなして,固定資産課税台帳に登録し,その者に固定資産税を課することができる.この場合において,当該市町村は,当該登録をしようとするときは,あらかじめ,その旨を当該使用者に通知しなければならない.

(固定資産税の非課税の範囲)

第348条 ① 市町村は,国並びに都道府県,市町村,特別区,これらの組合,財産区及び合併特例区に対しては,固定資産税を課することができない.

② 固定資産税は,次に掲げる固定資産に対しては課することができない.ただし,固定資産を有料で借り受けた者がこれを次に掲げる固定資産として使用する場合には,当該固定資産の所有者に課することができる.

1 国並びに都道府県,市町村,特別区,これらの組合及び財産区が公用又は公共の用に供する固定資産

(土地又は家屋に対して課する固定資産税の課税標準)

第349条 ① 基準年度に係る賦課期日に所在する土地又は家屋(以下「基準年度の土地又は家屋」という.)に対して課する基準年度の固定資産税の課税標準は,当該土地又は家屋の基準年度に係る賦課期日における価格(以下「基準年度の価格」という.)で土地課税台帳若しくは土地補充課税台帳(以下「土地課税台帳等」という.)又は家屋課税台帳若しくは家屋補充課税台帳(以下「家屋課税台帳等」という.)に登録されたものとする.

② 基準年度の土地又は家屋に対して課する第2年度の固定資産税の課税標準は,当該土地又は家屋に係る基準年度の固定資産税の課税標準の基礎となつた価格で土地課税台帳等又は家屋課税台帳等に登録されたものとする.ただし,基準年度の土地又は家屋について第2年度の固定資産税の賦課期日において次の各号に掲げる事情があるため,基準年度の固定資産税の課税標準の基礎となつた価格によることが不適当であるか又は当該市町村を通じて固定資産税の課税上著しく均衡を失すると市町村長が認める場合においては,当該土地又は家屋に対して課する第2年度の固定資産税の課税標準は,当該土地又は家屋に類似する土地又は家屋の基準年度の価格に比準する価格で土地課税台帳等又は家屋課税台帳等に登録されたものとする.

1 地目の変換,家屋の改築又は損壊その他これらに類する特別の事情

2 市町村の廃置分合又は境界変更

③ 基準年度の土地又は家屋に対して課する第3年度の固定資産税の課税標準は,当該土地又は家屋に係る基準年度の固定資産税の課税標準の基礎となつた価格(第2年度において前項ただし書に掲げる事情があつたため,同項ただし書の規定によつて当該土地又は家屋に対して課する第2年度の固定資産税の課税標準とされた価格がある場合においては,当該価格とする.以下本項において同じ.)で土地課税台帳等又は家屋課税台帳等に登録されたものとする.ただし,基準年度の土地又は家屋について第3年度の固定資産税の賦課期日において前項各号に掲げる事情があるため,基準年度の固定資産税の課税標準の基礎となつた価格によることが不適当であるか又は当該市町村を通じて固定資産税の課税上著しく均衡を失すると市町村長が認める場合においては,当該土地又は家屋に対して課する第3年度の固定資産税の課税標準は,当該土地又は家屋に類似する土地又は家屋の基準年度の価格に比準する価格で土地課税台帳等又は家屋課税台帳等に登録されたものとする.

④ 第2年度において新たに固定資産税を課することとなる土地又は家屋(以下「第2年度の土地又は家屋」という.)に対して課する第2年度の固定資産税の課税標準は,当該土地又は家屋に類似する土地又は家屋の基準年度の価格に比準する価格で土地課税台帳等又は家屋課税台帳等に登録されたものとする.

⑤ 第2年度の土地又は家屋に対して課する第3年度の固定資産税の課税標準は,当該土地又は家屋に係る第2年度の固定資産税の課税標準の基礎となつた価格で土地課税台帳等又は家屋課税台帳等に登録されたものとする.ただし,第2年度の土地又は家屋について,第3年度の固定資産税の賦課期日において第2項各号に掲げる事情があるため,第2年度の固定資産税の課税標準の基礎となつた価格によることが不適当であるか又は当該市町村を通じて固定資産税の課税上著しく均衡を失すると市町村長が認める場合においては,当該土地又は家屋に対して課する第3年度の固定資産税の課税標準は,当該土地又は家屋に類似する土地又は家屋の基準年度の価格に比準する価格で土地課税台帳等又は家屋課税台帳等に登録されたものとする.

⑥ 第3年度において新たに固定資産税を課することとなる土地又は家屋(以下「第3年度の土地又は家屋」という.)に対して課する第3年度の固定資産税の課税標準は,当該土地又は家屋に類似する土地又は家屋の基準年度の価格に比準する価格で土地課税台帳等又は家屋課税台帳等に登録されたものとする.

(住宅用地に対する固定資産税の課税標準の特例)

第349条の3の2 ① 専ら人の居住の用に供する家屋又はその一部を人の居住の用に供する家屋で政令で定めるものの敷地の用に供されている土地で政令で定めるもの(前条(第11項を除く.)の規定の適用を受けるもの及び空家等対策の推進に関する特別措置法(平成26年法律第127号)第14条第2項の規定により所有者等(同法第3条に規定する所有者等をいう.)に対し

勧告がされた同法第2条第2項に規定する特定空家等の敷地の用に供されている土地を除く.以下この条,次条第1項,第352条の2第1項及び第3項並びに第384条において「住宅用地」という.)に対して課する固定資産税の課税標準は,第349条及び前条第11項の規定にかかわらず,当該住宅用地に係る固定資産税の課税標準となるべき価格の3分の1の額とする.

② 住宅用地のうち,次の各号に掲げる区分に応じ,当該各号に定める住宅用地に該当するもの(以下この項において「小規模住宅用地」という.)に対して課する固定資産税の課税標準は,第349条,前条第11項及び前項の規定にかかわらず,当該小規模住宅用地に係る固定資産税の課税標準となるべき価格の6分の1の額とする.

1 住宅用地でその面積が200平方メートル以下であるもの　当該住宅用地

2 住宅用地でその面積が200平方メートルを超えるもの　当該住宅用地の面積を当該住宅用地の上に存する住居で政令で定めるものの数(以下この条及び第384条第1項において「住居の数」という.)で除して得た面積が200平方メートル以下であるものにあつては当該住宅用地,当該除して得た面積が200平方メートルを超えるものにあつては200平方メートルに当該住居の数を乗じて得た面積に相当する住宅用地

③ 前項に規定する住居の数の認定その他同項の規定の適用に関し必要な事項は,総務省令で定める.

(固定資産税の税率)

第350条 ① 固定資産税の標準税率は,100分の1.4とする.

② 市町村は,当該市町村の固定資産税の1の納税義務者であつてその所有する固定資産に対して課すべき当該市町村の固定資産税の課税標準の総額が当該市町村の区域内に所在する固定資産に対して課すべき当該市町村の固定資産税の課税標準の総額の3分の2を超えるものがある場合において,固定資産税の税率を定め,又はこれを変更して100分の1.7を超える税率で固定資産税を課する旨の条例を制定しようとするときは,当該市町村の議会において,当該納税義務者の意見を聴くものとする.

(固定資産税の免税点)

第351条 市町村は,同一の者について当該市町村の区域内におけるその者の所有に係る土地,家屋又は償却資産に対して課する固定資産税の課税標準となるべき額が土地にあつては30万円,家屋にあつては20万円,償却資産にあつては150万円に満たない場合においては,固定資産税を課することができない.ただし,財政上その他特別の必要がある場合においては,当該市町村の条例の定めるところによつて,その額がそれぞれ30万円,20万円又は150万円に満たないときであつても,固定資産税を課することができる.

(区分所有に係る家屋に対して課する固定資産税)

第352条 ① 区分所有に係る家屋に対して課する固定資産税については,当該区分所有に係る家屋の建物の区分所有等に関する法律第2条第3項に規定する専有部分(以下この条及び次条において「専有部分」という.)に係る同法第2条第2項に規定する区分所有者(以下固定資産税について「区分所有者」という.)は,第10条の2第1項の規定にかかわらず,当該区分所有に係る家屋に係る固定資産税額を同法第14条第1項から第3項までの規定の例により算定した専有部分の床面積の割合(専有部分の天井の高さ,附帯設備の程度その他総務省令で定める事項について著しい差違がある場合には,その差違に応じて総務省令で定めるところにより当該割合を補正した割合)により按分した額を,当該各区分所有者の当該区分所有に係る家屋に係る固定資産税として納付する義務を負う.

(区分所有に係る家屋の敷地の用に供されている土地等に対して課する固定資産税)

第352条の2 ① 区分所有に係る家屋の敷地の用に供されている土地(以下この項,次項及び第5項において「共用土地」という.)で次に掲げる要件を満たすものに対して課する固定資産税については,当該共用土地に係る納税義務者で当該共用土地に係る区分所有に係る家屋の各区分所有者であるもの(当該共用土地に係る区分所有に係る家屋の一の専有部分を2以上の者が共有する場合には,当該専有部分に関しては,これらの2以上の者を一の区分所有者とする.以下この項及び第5項において「共用土地納税義務者」という.)は,第10条の2第1項の規定にかかわらず,当該共用土地に係る固定資産税額を当該共用土地に係る各共用土地納税義務者の当該共用土地に係る持分の割合(当該共用土地が住宅用地である部分及び住宅用地以外である部分を併せ有する土地である場合その他の総務省令で定める場合には,総務省令で定めるところにより当該持分の割合を補正した割合)により按分した額を,当該各共用土地納税義務者の当該共用土地に係る固定資産税として納付する義務を負う.

1 当該共用土地に係る区分所有に係る家屋の区分所有者全員により共有されているものであること.

2 当該共用土地に係る各共用土地納税義務者の当該共用土地に係る持分の割合が,その者の当該共用土地に係る区分所有に係る家屋の区分所有者全員の共有に属する共用部分に係る建物の区分所有等に関する法律第14条第1項から第3項までの規定による割合と一致するものであること.

第2款　賦課及び徴収

(固定資産税の賦課期日)

第359条 固定資産税の賦課期日は,当該年度の初日の属する年の1月1日とする.

(固定資産税の納期)

第362条 ① 固定資産税の納期は,4月,7月,12月及び2月中において,当該市町村の条例で定める.但し,特別の事情がある場合においては,これと異なる納期を定めることができる.

② 固定資産税額(第364条第10項の規定によつて都市計画税をあわせて徴収する場合にあつては,固定資産税

額と都市計画税額との合算額とする.）が市町村の条例で定める金額以下であるものについては,当該市町村は,前項の規定によつて定められた納期のうちいずれか一の納期において,その全額を徴収することができる.

（固定資産税の徴収の方法等）

第364条 ① 固定資産税の徴収については,普通徴収の方法によらなければならない.

② 固定資産税を徴収しようとする場合において納税者に交付する納税通知書に記載すべき課税標準額は,土地,家屋及び償却資産の価額並びにこれらの合計額とする.

⑦ 市町村は,第5項の規定により固定資産税を徴収する場合において納税者に交付する納税通知書は,第2項の規定にかかわらず,第5項の固定資産以外の固定資産と区分して,交付しなければならない.この場合においては,同項の固定資産に対して課する固定資産税及び同項の固定資産以外の固定資産に対して課する固定資産税については,それぞれ一の地方税とみなして,第20条の4の2の規定を適用する.

⑨ 第2項若しくは第7項の納税通知書又は第3項の課税明細書は,遅くとも,納期限前10日までに納税者に交付しなければならない.

⑩ 市町村は,固定資産税を賦課し,及び徴収する場合には,当該納税者に係る都市計画税を併せて賦課し,及び徴収することができる.

第4款 固定資産課税台帳

（固定資産課税台帳等の備付け）

第380条 ① 市町村は,固定資産の状況及び固定資産税の課税標準である固定資産の価格を明らかにするため,固定資産課税台帳を備えなければならない.

② 市町村は,総務省令で定めるところにより,前項の固定資産課税台帳の全部又は一部の備付けを電磁的記録（電子的方式,磁気的方式その他の人の知覚によつては認識することができない方式で作られる記録であつて,電子計算機による情報処理の用に供されるものをいう.以下本節において同じ.）の備付けをもつて行うことができる.

③ 市町村は,第1項の固定資産課税台帳のほか,当該市町村の条例の定めるところによつて,地籍図,土地使用図,土壌分類図,家屋見取図,固定資産売買記録簿その他固定資産の評価に関して必要な資料を備えて逐次これを整えなければならない.

（固定資産課税台帳の閲覧）

第382条の2 ① 市町村長は,納税義務者その他の政令で定める者の求めに応じ,固定資産課税台帳のうちこれらの者に係る固定資産として政令で定めるものに関する事項（総務省令で定める事項を除く.以下この項において同じ.）が記載（当該固定資産課税台帳の備付けが第380条第2項の規定により電磁的記録の備付けをもつて行われている場合には,記録.次項,次条及び第394条において同じ.）をされている部分又はその写し（当該固定資産課税台帳の備付けが第380条第2項の規定により電磁的記録の備付けをもつて行われている場合には,当該固定資産課税台帳に記録をされている事項を記載した書類.次項及び第387条第3項において同じ.）をこれらの者の閲覧に供しなければならない.

② 市町村長は,前項の規定により固定資産課税台帳又はその写しを閲覧に供する場合には,固定資産課税台帳に記載をされている事項を映像面に表示して閲覧に供することができる.

（固定資産課税台帳に記載をされている事項の証明書の交付）

第382条の3 市町村長は,第20条の10の規定によるもののほか,政令で定める者の請求があつたときは,これらの者に係る固定資産として政令で定めるものに関して固定資産課税台帳に記載をされている事項のうち政令で定めるものについての証明書を交付しなければならない.

（固定資産の申告）

第383条 固定資産税の納税義務がある償却資産の所有者（第389条第1項の規定によつて道府県知事若しくは総務大臣が評価すべき償却資産又は第742条第1項若しくは第3項の規定によつて道府県知事が指定した償却資産の所有者を除く.）は,総務省令の定めるところによつて,毎年1月1日現在における当該償却資産について,その所在,種類,数量,取得時期,取得価額,耐用年数,見積価額その他償却資産課税台帳の登録及び当該償却資産の価格の決定に必要な事項を1月31日までに当該償却資産の所在地の市町村長に申告しなければならない.

第5款 固定資産の評価及び価格の決定

（固定資産税に係る総務大臣の任務）

第388条 ① 総務大臣は,固定資産の評価の基準並びに評価の実施の方法及び手続（以下「固定資産評価基準」という.）を定め,これを告示しなければならない.この場合において,固定資産評価基準には,その細目に関する事項について道府県知事が定めなければならない旨を定めることができる.

（固定資産評価員の設置）

第404条 ① 市町村長の指揮を受けて固定資産を適正に評価し,且つ,市町村長が行う価格の決定を補助するため,市町村に,固定資産評価員を設置する.

② 固定資産評価員は,固定資産の評価に関する知識及び経験を有する者のうちから,市町村長が,当該市町村の議会の同意を得て,選任する.

③ 二以上の市町村の長は,当該市町村の議会の同意を得て,その協議によつて協同して同一の者を当該各市町村の固定資産評価員に選任することができる.この場合の選任については,前項の規定による議会の同意を要しないものとする.

④ 市町村は,固定資産税を課される固定資産が少い場合においては,第1項の規定にかかわらず,固定資産評価員を設置しないで,この法律の規定による固定資産評価員の職務を市町村長に行わせることができる.

(固定資産の実地調査)

第408条 市町村長は,固定資産評価員又は固定資産評価補助員に当該市町村所在の固定資産の状況を毎年少くとも1回実地に調査させなければならない.

(固定資産の価格等の決定等)

第410条 ① 市町村長は,前条第4項に規定する評価調書を受理した場合においては,これに基づいて固定資産の価格等を毎年3月31日までに決定しなければならない.ただし,災害その他特別の事情がある場合においては,4月1日以後に決定することができる.

② 市町村長は,前項の規定によつて固定資産の価格等を決定した場合においては,遅滞なく,総務省令で定めるところにより,地域ごとの宅地の標準的な価格を記載した書面を一般の閲覧に供しなければならない.

(固定資産の価格等の登録)

第411条 ① 市町村長は,前条第1項の規定によつて固定資産の価格等を決定した場合においては,直ちに当該固定資産の価格等を固定資産課税台帳に登録しなければならない.

② 市町村長は,前項の規定によつて固定資産課税台帳に登録すべき固定資産の価格等のすべてを登録した場合においては,直ちに,その旨を公示しなければならない.

(土地価格等縦覧帳簿及び家屋価格等縦覧帳簿の作成)

第415条 ① 市町村長は,総務省令で定めるところによつて,土地課税台帳等に登録された土地(この法律の規定により固定資産税を課することができるものに限る.)の所在,地番,地目,地積(第348条の規定の適用を受ける土地にあつては,同条の規定の適用を受ける部分の面積を除く.)及び当該年度の固定資産税に係る価格を記載した帳簿(次項,次条第1項及び第2項並びに第419条第4項から第7項までにおいて「土地価格等縦覧帳簿」という.)並びに家屋課税台帳等に登録された家屋(この法律の規定により固定資産税を課することができるものに限る.)の所在,家屋番号,種類,構造,床面積(第348条の規定の適用を受ける家屋にあつては,同条の規定の適用を受ける部分の面積を除く.)及び当該年度の固定資産税に係る価格を記載した帳簿(次項,次条第1項及び第2項並びに第419条第4項から第7項までにおいて「家屋価格等縦覧帳簿」という.)を,毎年3月31日までに作成しなければならない.ただし,災害その他特別の事情がある場合においては,4月1日以後に作成することができる.

② 市町村長は,総務省令で定めるところにより,前項の土地価格等縦覧帳簿又は家屋価格等縦覧帳簿の作成を電磁的記録の作成をもつて行うことができる.

(土地価格等縦覧帳簿及び家屋価格等縦覧帳簿の縦覧)

第416条 ① 市町村長は,固定資産税の納税者が,その納付すべき当該年度の固定資産税に係る土地又は家屋について土地課税台帳等又は家屋課税台帳等に登録された価格と当該土地又は家屋が所在する市町村内の他の土地又は家屋の価格とを比較することができるよう,毎年4月1日から,4月20日又は当該年度の最初の納期限の日のいずれか遅い日以後の日までの間,その指定する場所において,土地価格等縦覧帳簿又はその写し(当該土地価格等縦覧帳簿の作成が前条第2項の規定により電磁的記録の作成をもつて行われている場合にあつては,当該土地価格等縦覧帳簿に記録をされている事項を記載した書類.次項において同じ.)を当該市町村内に所在する土地に対して課する固定資産税の納税者の縦覧に供し,かつ,家屋価格等縦覧帳簿又はその写し(当該家屋価格等縦覧帳簿の作成が前条第2項の規定により電磁的記録の作成をもつて行われている場合にあつては,当該家屋価格等縦覧帳簿に記録をされている事項を記載した書類.次項において同じ.)を当該市町村内に所在する家屋に対して課する固定資産税の納税者の縦覧に供しなければならない.ただし,災害その他特別の事情がある場合においては,4月2日以後の日から,当該日から20日を経過した日又は当該年度の最初の納期限の日のいずれか遅い日以後の日までの間を縦覧期間とすることができる.

第6款 固定資産の価格に係る不服審査

(固定資産課税台帳に登録された価格に関する審査の申出)

第432条 ① 固定資産税の納税者は,その納付すべき当該年度の固定資産税に係る固定資産について固定資産課税台帳に登録された価格(第389条第1項,第417条第2項又は第743条第1項若しくは第2項の規定によつて道府県知事又は総務大臣が決定し,又は修正し市町村長に通知したものを除く.)について不服がある場合においては,第411条第2項の規定による公示の日から納税通知書の交付を受けた日後3月を経過する日まで若しくは第419条第3項の規定による公示の日から同日後3月を経過する日(第420条の更正に基づく納税通知書の交付を受けた者にあつては,当該納税通知書の交付を受けた日後3月を経過する日)までの間において,又は第417条第1項の通知を受けた日から3月以内に,文書をもつて,固定資産評価審査委員会に審査の申出をすることができる.ただし,当該固定資産のうち第411条第3項の規定によつて土地課税台帳等又は家屋課税台帳等に登録されたものとみなされる土地又は家屋の価格については,当該土地又は家屋について第349条第2項第1号に掲げる事情があるため同条同項ただし書,第3項ただし書又は第5項ただし書の規定の適用を受けるべきものであることを申し立てる場合を除いては,審査の申出をすることができない.

② 行政不服審査法第10条から第12条まで,第15条,第18条第1項ただし書及び第3項,第19条第2項(第3号及び第5号を除く.)及び第4項並びに第23条の規定は,前項の審査の申出の手続について準用する.この場合において,同法第11条第2項中「第9条第1項の規定により指名された者(以下「審理員」という.)」とあるのは「地方税法第432条第1項の審査の申出を受けた固定資産評価審査委員会(以下「審査庁」という.)」と,同法第19条第2項中「次に掲げる事項」とあるのは「次に掲げる事項その他条例で定める事項」と読み替えるものとする.

◆第４章 目的税

第６節 都市計画税

（都市計画税の課税客体等）

第702条 ① 市町村は,都市計画法に基づいて行う都市計画事業又は土地区画整理法に基づいて行う土地区画整理事業に要する費用に充てるため,当該市町村の区域で都市計画法第５条の規定により都市計画区域として指定されたもの（以下この項において「都市計画区域」という.）のうち同法第７条第１項に規定する市街化区域（当該都市計画区域について同項に規定する区域区分に関する都市計画が定められていない場合には,当該都市計画区域の全部又は一部の区域で条例で定める区域）内に所在する土地及び家屋に対し,その価格を課税標準として,当該土地又は家屋の所有者に都市計画税を課することができる.当該都市計画区域のうち同項に規定する市街化調整区域内に所在する土地及び家屋の所有者に対して都市計画税を課さないことが当該市街化区域内に所在する土地及び家屋の所有者に対して都市計画税を課することとの均衡を著しく失すると認められる特別の事情がある場合には,当該市街化調整区域のうち条例で定める区域内に所在する土地及び家屋についても,同様とする.

② 前項の「価格」とは,当該土地又は家屋に係る固定資産税の課税標準となるべき価格（第349条の３第９項から第11項まで,第21項から第23項まで,第25項,第27項から第30項まで,第32項又は第33項の規定の適用を受ける土地又は家屋にあつては,その価格にそれぞれ当該各項に定める率を乗じて得た額）をいい,前項の「所有者」とは,当該土地又は家屋に係る固定資産税について第343条（第３項,第９項及び第10項を除く.）において所有者とされ,又は所有者とみなされる者をいう.

（都市計画税の非課税の範囲）

第702条の２ ① 市町村は,国,非課税独立行政法人,国立大学法人等及び日本年金機構並びに都道府県,市町村,特別区,これらの組合,財産区,合併特例区及び地方独立行政法人に対しては,都市計画税を課することができない.

② 前項に規定するもののほか,市町村は,第348条第２項から第５項まで,第７項若しくは第９項又は第351条の規定により固定資産税を課することができない土地又は家屋に対しては,都市計画税を課することができない.

（住宅用地等に対する都市計画税の課税標準の特例）

第702条の３ ① 第349条の３の２第１項又は第349条の３の３第１項（同条第２項において準用する場合及び同条第３項（同条第４項において準用する場合を含む.）の規定により読み替えて適用される場合を含む.次項において同じ.）の規定の適用を受ける土地に対して課する都市計画税の課税標準は,第702条第１項の規定にかかわらず,当該土地に係る都市計画税の課税標準となるべき価格の３分の２の額とする.

② 第349条の３の２第２項の規定又は第349条の３の３第１項の規定により読み替えて適用される第349条の３の２第２項の規定の適用を受ける土地に対して課する都市計画税の課税標準は,第702条第１項及び前項の規定にかかわらず,当該土地に係る都市計画税の課税標準となるべき価格の３分の１の額とする.

（都市計画税の税率）

第702条の４ 都市計画税の税率は,100分の0.3を超えることができない.

（都市計画税の賦課期日）

第702条の６ 都市計画税の賦課期日は,当該年度の初日の属する年の１月１日とする.

（都市計画税の納期）

第702条の７ ① 都市計画税の納期は,４月,７月,12月及び２月中において,当該市町村の条例で定める.ただし,特別の事情がある場合においては,これと異なる納期を定めることができる.

② 都市計画税額（次条第１項前段の規定によつて固定資産税をあわせて徴収する場合にあつては,都市計画税額と固定資産税額との合算額とする.）が市町村の条例で定める金額以下であるものについては,当該市町村は,前項の規定によつて定められた納期のうちいずれか一の納期において,その全額を徴収することができる.

附 則 抄

（不動産取得税の新築家屋の取得の日等に係る特例）

第10条の２ ① 独立行政法人都市再生機構,地方住宅供給公社又は家屋を新築して譲渡することを業とする者で政令で定めるものが売り渡す新築の住宅に係る第73条の２第２項ただし書の規定の適用については,当該住宅の新築が平成10年10月１日から令和４年３月31日までの間に行われたときに限り,同項ただし書中「６月」とあるのは,「１年」とする.

② 土地が取得され,かつ,当該土地の上に第73条の24第１項に規定する特例適用住宅が新築された場合における同項及び第73条の25第１項の規定の適用については,当該土地の取得が平成16年４月１日から令和４年３月31日までの間に行われたときに限り,第73条の24第１項第１号中「２年」とあるのは「３年（同日から３年以内に特例適用住宅が新築されることが困難である場合として政令で定める場合には,４年）」と,第73条の25第１項中「２年」とあるのは「３年（同号に規定する政令で定める場合には,４年）」とする.

（住宅の取得及び土地の取得に対する不動産取得税の税率の特例）

第11条の２ ① 平成18年４月１日から令和３年３月31日までの間に住宅又は土地の取得が行われた場合における不動産取得税の標準税率は,第73条の15の規定にかかわらず,100分の３とする.

② 前項に規定する住宅又は土地の取得が第73条の24第１項から第３項まで,第73条の27の２第１項,第73条の27の３第１項又は附則第11条の４第１項,第４項若しくは第６項の規定に該当する場合におけるこれらの規定の適用については,これらの規定中「税率」とある

のは,「当該税額の算定に用いられた税率」とする.

(宅地評価土地の取得に対して課する不動産取得税の課税標準の特例)

第11条の5 ① 宅地評価土地(宅地及び宅地比準土地(宅地以外の土地で当該土地の取得に対して課する不動産取得税の課税標準となるべき価格が,当該土地とその状況が類似する宅地の不動産取得税の課税標準とされる価格に比準する価格により決定されるものをいう.)をいう.第3項において同じ.)を取得した場合における当該土地の取得に対して課する不動産取得税の課税標準は,第73条の13第1項の規定にかかわらず,当該取得が平成18年1月1日から令和3年3月31日までの間に行われた場合に限り,当該土地の価格の2分の1の額とする.

② 前項の規定の適用がある土地の取得について第73条の24第1項から第3項まで及び前条第6項の規定の適用がある場合におけるこれらの規定の適用については,これらの規定中「価格」とあるのは,「価格の2分の1に相当する額」とする.

(新築された住宅に対する固定資産税の減額)

第15条の6 ① 市町村は,昭和38年1月2日から令和4年3月31日までの間に新築された住宅(区分所有に係る家屋にあつては人の居住の用に供する建物の区分所有等に関する法律第2条第3項に規定する専有部分(以下この条から附則第15条の9の2までにおいて「専有部分」という.)のうち政令で定める専有部分を有する家屋をいい,区分所有に係る家屋以外の家屋にあつては人の居住の用に供する家屋のうち政令で定める家屋をいう.以下この条,次条並びに附則第15条の8,第15条の9第1項及び第15条の9の2第1項において同じ.)で政令で定めるものに対して課する固定資産税については,次項,次条第1項若しくは第2項又は附則第15条の8の規定の適用がある場合を除き,当該住宅に対して新たに固定資産税が課されることとなつた年度から3年度分の固定資産税に限り,当該住宅に係る固定資産税額(区分所有に係る住宅(区分所有に係る家屋である住宅をいう.以下この条から附則第15条の8までにおいて同じ.)にあつてはこの項の規定の適用を受ける部分に係る税額として各区分所有者ごとに政令で定めるところにより算定した額の合算額とし,区分所有に係る住宅以外の住宅(人の居住の用に供する部分以外の部分を有する住宅その他の政令で定める住宅に限る.)にあつてはこの項の規定の適用を受ける部分に係る税額として政令で定めるところにより算定した額とする.)の2分の1に相当する額を当該住宅に係る固定資産税額から減額するものとする.

② 市町村は,昭和39年1月2日から令和4年3月31日までの間に新築された中高層耐火建築物(主要構造部を耐火構造とした建築物又は建築基準法第2条第9号の3イ若しくはロのいずれかに該当する建築物で,地上階数(政令で定めるところにより計算した地上階数をいう.)3以上を有するものをいう.次条第2項において同じ.)である住宅で政令で定めるものに対して課する固定資産税については,次条第1項若しくは第2項又は附則第15条の8の規定の適用がある場合を除き,当該住宅に対して新たに固定資産税が課されることとなつた年度から5年度分の固定資産税に限り,当該住宅に係る固定資産税額(区分所有に係る住宅にあつてはこの項の規定の適用を受ける部分に係る税額として各区分所有者ごとに政令で定めるところにより算定した額の合算額とし,区分所有に係る住宅以外の住宅(人の居住の用に供する部分以外の部分を有する住宅その他の政令で定める住宅に限る.)にあつてはこの項の規定の適用を受ける部分に係る税額として政令で定めるところにより算定した額とする.)の2分の1に相当する額を当該住宅に係る固定資産税額から減額するものとする.

(耐震改修が行われた住宅等に対する固定資産税の減額)

第15条の9 ① 市町村は,昭和57年1月1日以前から所在する住宅のうち,平成18年1月1日から令和4年3月31日までの間に政令で定める耐震改修(地震に対する安全性の向上を目的とした増築,改築,修繕又は模様替をいう.以下この条から附則第15条の10までにおいて同じ.)が行われたものであつて,地震に対する安全性に係る基準として政令で定める基準(同条第1項において「耐震基準」という.)に適合することにつき総務省令で定めるところにより証明がされたもの(以下この項から第3項までにおいて「耐震基準適合住宅」という.)に対して課する固定資産税については,次条第1項,第4項又は第5項の規定の適用がある場合を除き,当該耐震改修が平成18年1月1日から平成21年12月31日までの間に完了した場合には当該耐震改修が完了した日の属する年の翌年の1月1日(当該耐震改修が完了した日が1月1日である場合には,同日.以下この項において同じ.)を賦課期日とする年度から3年度分,当該耐震改修が平成22年1月1日から平成24年12月31日までの間に完了した場合には当該耐震改修が完了した日の属する年の翌年の1月1日を賦課期日とする年度から2年度分,当該耐震改修が平成25年1月1日から令和4年3月31日までの間に完了した場合には当該耐震改修が完了した日の属する年の翌年の1月1日を賦課期日とする年度分(当該耐震基準適合住宅が当該耐震改修が完了する直前に建築物の耐震改修の促進に関する法律第5条第3項第2号に規定する通行障害既存耐震不適格建築物(同法第7条第2号又は第3号に掲げる建築物であるものに限る.)であつた場合には,当該耐震改修が完了した日の属する年の翌年の1月1日を賦課期日とする年度から2年度分)の固定資産税に限り,当該耐震基準適合住宅に係る固定資産税額(区分所有に係る耐震基準適合住宅(区分所有に係る家屋である耐震基準適合住宅をいう.以下この項において同じ.)にあつてはこの項の規定の適用を受ける部分に係る税額として各区分所有者ごとに政令で定めるところにより算定した額の合算額とし,区分所有に係る耐震基準適合住宅以外の耐震基準適合住宅(人の居住の用に供する部分以外の部分を有する耐震基準適合住宅その他の政令で定める耐震基準適合住宅に限る.）にあつてはこの項の規定の適用を受ける部分に係る税額として政令で定めるところにより算定した額とする.）の2分の1に相当する額を当該耐震基準適合住宅に係る固定資産税額から減額するものとする.

② 前項の規定は,耐震基準適合住宅に係る固定資産税の納税義務者から,当該耐震基準適合住宅に係る耐震改修が完了した日から3月以内に,当該市町村の条例で定めるところにより,当該耐震基準適合住宅につき同項の規定の適用があるべき旨の申告書の提出がされた場合に限り,適用するものとする.

③ 市町村長は,前項に規定する期間の経過後に同項の申告書の提出がされた場合において,当該期間内に当該申告書の提出がされなかつたことについてやむを得ない理由があると認めるときは,当該申告書に係る耐震基準適合住宅につき第1項の規定を適用することができる.

④ 市町村は,新築された日から10年以上を経過した住宅（区分所有に係る家屋以外の家屋で政令で定めるものに限る.）のうち,人の居住の用に供する部分（貸家の用に供する部分を除く.以下この条及び次条において「特定居住用部分」という.）において平成28年4月1日から令和4年3月31日までの間に高齢者,障害者その他の政令で定める者（以下この項,次項及び第8項において「高齢者等」という.）の居住の安全性及び高齢者等に対する介助の容易性の向上に資する改修工事で政令で定めるもの（以下この項から第6項までにおいて「居住安全改修工事」という.）が行われたもの（第8項において「改修住宅」という.）であつて,特定居住用部分に高齢者等が居住しているもの（以下この項,第6項及び第7項において「高齢者等居住改修住宅」という.）に対して課する固定資産税については,第1項又は次条第1項若しくは第4項の規定の適用がある場合又は既にこの項の規定の適用を受けたことがある場合を除き,当該居住安全改修工事が完了した日の属する年の翌年の1月1日（当該居住安全改修工事が完了した日が1月1日である場合には,同日.次項において同じ.）を賦課期日とする年度分の固定資産税に限り,当該高齢者等居住改修住宅に係る固定資産税額（第9項の規定の適用がある場合には同項の規定を適用する前の額とし,特定居住用部分以外の部分を有する高齢者等居住改修住宅その他の政令で定める高齢者等居住改修住宅にあつてはこの項の規定の適用を受ける部分に係る税額として政令で定めるところにより算定した額に限る.）の3分の1に相当する額を当該高齢者等居住改修住宅に係る固定資産税額から減額するものとする.

⑤ 市町村は,新築された日から10年以上を経過した区分所有に係る家屋の専有部分で政令で定めるもののうち,特定居住用部分において平成28年4月1日から令和4年3月31日までの間に居住安全改修工事が行われたもの（第8項において「改修専有部分」という.）であつて,特定居住用部分に高齢者等が居住しているもの（以下この項から第7項までにおいて「高齢者等居住改修専有部分」という.）の区分所有者が当該高齢者等居住改修専有部分について納付する義務を負うものとされる固定資産税額については,当該区分所有に係る家屋に対して第1項又は次条第1項若しくは第5項の規定の適用がある場合又は当該高齢者等居住改修専有部分が既にこの項の規定の適用を受けたことがある場合を除き,当該居住安全改修工事が完了した日の属する年の翌年の1月1日を賦課期日とする年度分の固定資産税額に限り,第352条第1項又は第2項の規定により当該区分所有者が納付する義務を負うものとされる固定資産税額（第10項の規定の適用がある場合には同項の規定を適用する前の額とし,特定居住用部分以外の部分を有する高齢者等居住改修専有部分その他の政令で定める高齢者等居住改修専有部分にあつてはこの項の規定の適用を受ける部分に係る額として政令で定めるところにより算定した額に限る.）の3分の1に相当する額を同条第1項又は第2項の規定により当該区分所有者が納付する義務を負うものとされる固定資産税額から減額するものとする.

⑥ 前2項の規定は,高齢者等居住改修住宅又は高齢者等居住改修専有部分に係る固定資産税の納税義務者から,当該高齢者等居住改修住宅又は当該高齢者等居住改修専有部分に係る居住安全改修工事が完了した日から3月以内に,総務省令で定める書類を添付して,当該高齢者等居住改修住宅又は当該高齢者等居住改修専有部分につきこれらの規定の適用があるべき旨の申告書の提出がされた場合に限り,適用するものとする.

⑦ 市町村長は,前項に規定する期間の経過後に同項の申告書の提出がされた場合において,当該期間内に当該申告書の提出がされなかつたことについてやむを得ない理由があると認めるときは,当該申告書に係る高齢者等居住改修住宅又は高齢者等居住改修専有部分につき第4項又は第5項の規定を適用することができる.

⑧ 第4項又は第5項の場合において,改修住宅又は改修専有部分の特定居住用部分に高齢者等が居住しているかどうかの判定は,第6項の申告書が提出された時の現況による.

⑨ 市町村は,平成20年1月1日以前から所在する住宅（区分所有に係る家屋以外の家屋で政令で定めるものに限る.）のうち,特定居住用部分において同年4月1日から令和4年3月31日までの間に外壁,窓等を通しての熱の損失の防止に資する改修工事で政令で定めるもの（以下この項から第11項まで及び次条第4項から第6項までにおいて「熱損失防止改修工事」という.）が行われたもの（以下この項,第11項及び第12項において「熱損失防止改修住宅」という.）に対して課する固定資産税については,第1項又は次条第1項若しくは第4項の規定の適用がある場合又は既にこの項の規定の適用を受けたことがある場合を除き,当該熱損失防止改修工事が完了した日の属する年の翌年の1月1日（当該熱損失防止改修工事が完了した日が1月1

日である場合には,同日.次項において同じ.)を賦課期日とする年度分の固定資産税に限り,当該熱損失防止改修住宅に係る固定資産税額(第4項の規定の適用がある場合には同項の規定を適用する前の額とし,特定居住用部分以外の部分を有する熱損失防止改修住宅その他の政令で定める熱損失防止改修住宅にあつてはこの項の規定の適用を受ける部分に係る税額として政令で定めるところにより算定した額に限る.)の3分の1に相当する額を当該熱損失防止改修住宅に係る固定資産税額から減額するものとする.

⑩ 市町村は,平成20年1月1日以前から所在する区分所有に係る家屋の専有部分で政令で定めるもののうち,特定居住用部分において同年4月1日から令和4年3月31日までの間に熱損失防止改修工事が行われたもの(以下この条において「熱損失防止改修専有部分」という.)の区分所有者が当該熱損失防止改修専有部分について納付する義務を負うものとされる固定資産税額については,当該区分所有に係る家屋に対して第1項又は次条第1項若しくは第5項の規定の適用がある場合又は当該熱損失防止改修専有部分が既にこの項の規定の適用を受けたことがある場合を除き,当該熱損失防止改修工事が完了した日の属する年の翌年の1月1日を賦課期日とする年度分の固定資産税額に限り,第352条第1項又は第2項の規定により当該区分所有者が納付する義務を負うものとされる固定資産税額(第5項の規定の適用がある場合には同項の規定を適用する前の額とし,特定居住用部分以外の部分を有する熱損失防止改修専有部分その他の政令で定める熱損失防止改修専有部分にあつてはこの項の規定の適用を受ける部分に係る額として政令で定めるところにより算定した額に限る.)の3分の1に相当する額を同条第1項又は第2項の規定により当該区分所有者が納付する義務を負うものとされる固定資産税額から減額するものとする.

⑪ 前2項の規定は,熱損失防止改修住宅又は熱損失防止改修専有部分に係る固定資産税の納税義務者から,当該熱損失防止改修住宅又は当該熱損失防止改修専有部分に係る熱損失防止改修工事が完了した日から3月以内に,総務省令で定める書類を添付して,当該熱損失防止改修住宅又は当該熱損失防止改修専有部分につきこれらの規定の適用があるべき旨の申告書の提出がされた場合に限り,適用するものとする.

⑫ 市町村長は,前項に規定する期間の経過後に同項の申告書の提出がされた場合において,当該期間内に当該申告書の提出がされなかつたことについてやむを得ない理由があると認めるときは,当該申告書に係る熱損失防止改修住宅又は熱損失防止改修専有部分につき第9項又は第10項の規定を適用することができる.

(固定資産税の税額に係る課税明細書の記載事項の特例)

第16条 市町村は,第364条第3項若しくは第4項又は附則第15条の4に定めるもののほか,附則第15条の6から第15条の11までの規定の適用を受ける土地又は家屋については,これらの規定により減額する税額を固定資産税の課税明細書に記載しなければならない.

(土地に対して課する平成30年度から令和2年度までの各年度分の固定資産税及び都市計画税の特例に関する用語の意義)

第17条 この条から附則第29条の8までにおいて,次の各号に掲げる用語の意義は,それぞれ当該各号に定めるところによる.

1 農地　田又は畑をいう.ただし,農地法第4条第1項又は第5条第1項の規定により許可を受けた田若しくは畑又は田若しくは畑のうち田及び畑以外のものにすることについて同法第4条第1項又は第5条第1項の許可を受けることを要しないもので政令で定めるものを除く.

2 宅地等　農地以外の土地をいう.

3 住宅用地　宅地等のうち第349条の3の2第1項に規定する住宅用地をいう.

4 商業地等　宅地等のうち住宅用地以外の宅地及び宅地比準土地(宅地以外の土地で当該土地に対して課する当該年度分の固定資産税の課税標準となるべき価格が,当該土地とその状況が類似する宅地の固定資産税の課税標準とされる価格に比準する価格により決定されたものをいう.)をいう.

5 地目の変換等　地目の変換その他これに類する特別の事情をいう.